말하기 2

그 의도에서 조음까지

나남
nanam

한국학술진흥재단 학술명저번역총서
서양편 214

말하기 2
그 의도에서 조음까지

2008년 4월 15일 발행
2008년 4월 15일 1쇄

지은이_ 빌름 르펠트
옮긴이_ 김지홍
발행자_ 趙相浩
발행처_ (주) 나남
주소_ 413-756 경기도 파주시 교하읍
출판도시 518-4
전화_ (031) 955-4600 (代)
FAX_ (031) 955-4555
등록_ 제 1-71호(79.5.12)
홈페이지_ http://www.nanam.net
전자우편_ post@nanam.net
인쇄인_ 유성근(삼화인쇄주식회사)

ISBN 978-89-300-8288-4
ISBN 978-89-300-8215-0 (세트)
책값은 뒤표지에 있습니다.

'한국학술진흥재단 학술명저번역총서'는 우리 시대 기초학문의 부흥을 위해
한국학술진흥재단과 (주)나남이 공동으로 펼치는 서양명저 번역간행사업입니다.

말하기 2

그 의도에서 조음까지

빌름 르펠트 지음 | 김지홍 옮김

나남
nanam

"To nobody Els but you."
(다른 사람이 아닌 오직 당신께 바칩니다.)

옮긴이 머리말

이 책에서는 인간의 여러 행위들 가운데 가장 특별하고 현저한 '언어행위'를 놓고서, 언어를 산출할 적에 우리 머리 속에서 어떤 과정들을 거쳐 그런 행위가 일어나는지를 설명한다. 언어심리학의 과제는 우리 머리 속에서 언어 산출과 이해에 관련된 부서가 무엇이며, 그 부서들의 작용이 어떠한지, 그리고 언어습득이 어떻게 일어나는지를 밝혀내려는 것이다.

인간의 생각을 명시적으로 다루는 일은 튜링(Turing)의 '연산과정'이라는 가정을 받아들이면서 시작된다. 연산작용은 머리 속에서 독자적인 관련부서들이 차례대로 이어지면서 일어난다. 말하기, 즉 언어산출 과정도 이런 질서 위에 구현될 것으로 믿어진다. 언어는 형식과 내용이 비자연적 방식으로 결합된 산물이다. 따라서 우리 머리 속에 내용을 떠맡는 부서가 있어야 하고, 형식을 떠맡는 부서가 있어야 하며, 또한 이들을 점검하는 부서가 있어야 한다. 다시 말하여, 개념 형성기로부터 시작하여 문법형식 주조기를 거쳐 소리를 만들어내는 기관으로 이어져야 하며, 입 밖으로 나온 소리와 바로 그 이전의 머리 속 소리들이 스스로 점검되는 과정이 있는 것이다. 이 책에서는 영어자료들을 놓고서 이런 부서들에서 어떤 일들이 일어나는지 상세히 서술하고 논증한다.

이 책은 언어심리학의 언어산출 분야에서 '정상과학'의 지위에 있는 권위를 지니며, 여기서 제시된 흐름도를 바탕으로 하여 계속 후속연구들이 진행되었다. 언어산출에서 유독 첫 부서와 마지막 부서만을 우리들이 직관적으로 쉽게 자각할 수 있다. 중간에 이어지는 여러 과정들은 대체로 자동적이며 무의식적인 과정으로 간주된다. 이는 앞으로도 여러 분야에서 언어산출에 관련된 과정을 심도 있게 다루어줘야 함을 함의하고 있다.

번역자는 국어교육의 기초를 닦기 위하여 인접학문으로서 언어심리학을 공부해 왔다. 특히 언어의 산출과 처리, 그리고 이들을 매개하는 작업기억에 대한 논의를 읽어오고 있다. 일천한 번역자의 배경지식으로 말미암아 이 번역이 만족스럽게 이뤄졌다고 장담할 수 없다. 비록 언어학 관련내용들이 여기저기 들어 있어 논의의 본질을 쉽게 깨달을 수 있었으나, 아직 많은 부분이 크게 부족하다. 대방가의 가르침과 일깨움을 기다릴 뿐이다.

번역원고를 여러 번 철저히 심사해 주신 세 분의 심사위원께 머리 숙여 감사드린다. 그 분들은 낱말선택에서부터 잘못된 번역문장의 지적에 이르기까지, 이 책을 지금의 모습으로 완성시키는 데 큰 기여를 해 주셨다. 또한 경상대학교 영어교육과 M. J. 기오토 교수는 번역과정에서 부닥친 여러 의문점에 대하여 친절히 상담해 주었다. 사의를 표한다.

2008년 초봄에

김 지 홍

머리말

말하기는 우리에게서 가장 소중한 일 가운데 하나입니다. 우리는 하루에도 여러 시간 동안 대화를 나누기도 하고 이야기를 하며, 가르치기도 하고 말다툼 따위도 벌입니다. 물론 스스로에게도 말을 합니다. 말하기는 더욱이 가장 복잡한 인지 · 언어 · 근육운동 기술 가운데 하나입니다. 조음은 대략 1초마다 15개의 음성을 만들어 내면서 자동적으로 흘러나옵니다. 이런 재빠른 소리와는 달리, 우리는 상대방의 이야기를 이해하려고 하는 내용에만 주목하게 됩니다.

이런 매혹적인 인간의 기술이 언어심리학 안에서 응당 받아야 할 주목을 제대로 받지 못하였습니다. 언어심리학은 인간 언어의 산출과 이해와 습득에 대한 과학입니다. 그러나 주된 연구와 교육내용은 뒤에 있는 두 가지 주제인 이해 및 습득과 관련됩니다. 곧 언어산출은 언어심리학의 서자인 셈입니다. 두 권으로 된 버터워스(Butterworth, 1980c, 1983b)의 뛰어난 업적이 이 주제에 대한 유일한 자원입니다. 아직까지 언어산출에 대한 교재도 없고, 일관되게 제대로 씌어진 편람조차 없습니다.

1985년 유럽 과학재단(European Science Foundation)에서는 유럽연합 본부가 있는 벨기에 브뤼셀에서 열린 언어심리학 여름강좌에 저를 초빙하여 '말하기'에 대한 강의를 해달라고 요청하였습니다. 저는 이

요청을 기쁘게 받아들였고, 개론교재 정도로 생각한 바를 써 나가기 시작하였습니다. 그 주제에 관한 아주 제한된 언어심리학 문헌의 양에 비추어, 대략 1년 반이면 충분히 준비할 수 있을 것으로 생각하였습니다.

그러나 제가 발견한 주요 결과는 말하기 관련 문헌이 방대하다는 사실이었습니다. 그것들 대부분은 또한 표준 언어심리학 자원에서는 찾아지지 않는 것이었습니다. 다른 학문분야들에서는 언어심리학자가 무시해 버린 질문들을 제기하였습니다. '대화 분석 · 화용론 · 담화 의미론 · 인공지능 · 통사론 · 음운론 · 입말 의사소통 · 음성학' 영역의 연구자들은 무수한 이론적 통찰력과 경험적 발견내용들로 말하기 분야의 발전에 이바지했습니다. 그렇지만 이런 엄청난 관련문헌에서의 커다란 문제는, 그것들이 각각 높은 칸막이로 둘러쳐져 있다는 점입니다. 즉, 음성학자들은 음운론을 무시하고, 대화 분석가들은 담화 의미론과 음성학을 무시하며, 인공지능 연구자들은 언어심리학을 무시하는 일 따위입니다.

현재 이 책은 이러한 매우 이질적인 연구영역들에 대하여 '조감도'를 제시해 줍니다. 이는 우리 몸 속에 들어 있는 언어산출 기관에 대하여 지금까지 이룬 별개의 접근들을 놓고서 통합된 이론을 제공해 주려는 노력입니다. 그렇다고 언어심리학의 주요 목표로서 말하기에 대한 우리 능력의 밑바닥에 깔려 있는 '머릿속 정보처리 과정'을 이해하는 일에 대한 관심을 소홀히 하지는 않습니다.

이 책의 짜임은 간단합니다. 정보 처리기로서 화자에 대하여 개관하는 장이 있고, 이어서 대화상대로서의 화자에 대한 장이 이어집니다. 이 책에서는 말소리의 생성을 단계별로 추적합니다. 그 단계는 '메시지 생성 · 문법 부호화 · 음운 부호화 · 조음하기'로 이뤄집니다. 마지막 장에서는 화자 스스로 점검하기 및 스스로 고치기를 다루게 됩니다. 처리하기 단계마다 각기 고유한 종류의 출력물이나 표상을 연산해 냅니다. 처리하기의 논제 그 자체를 살펴보기에 앞서서, 저는 늘 이들 표상에 대하여 먼저 논의를 진행합니다. 놀랄 것도 없이, 표상에 대한 장이나 절은, 처리과정을 논의하는 이 책의 일부 내용들보다도 좀더 강하게 언어학적 취향을 담게 됩니다.

이 책에서 제가 택한 전략은, 이론적인 논제들을 형식화해 놓기보다 오히려 예증해 놓는 일입니다. 이 책에서는 '공식 · 줄임말 · 컴퓨터용어 · 통계' 따위를 거의 쓰지 않습니다. 그 대신에, 많은 문제해결 사례와 예증사례, 그리고 많은 뒷받침 도표들을 담고 있습니다. 따라서 언어심리학자와 고급수준의 연구생들뿐만 아니라, 또한 앞에서 언급된 나머지 학문영역들에 관심을 둔 사람이면 누구한테나 쉽게 읽힐 수 있을 것입니다.

산더미 같은 관련문헌들을 두루 살펴 나가면서, 여러분이나 저 자신이나 '입에 담은 만큼만 소화시킨다'고 생각하여, 논의범위에 대해 다음과 같이 결단을 내렸습니다. 이 책에서는 어른들의 정상적인 자발적 발화산출을 집중적으로 다룹니다. 그러나 여기서 말소리와 언어의 신경학적 토대를 다루지는 않습니다. 이 책에서는 특히 실어증과 다른 관련 신경학적 장애도 전혀 거론하지 않습니다. 비록 이따금씩 읽기자료들이 이용된 실험에 대한 언급이 있겠지만, 읽기과정에 대해서도 논의하지 않습니다. '큰 소리 내어 읽기'(*reading aloud*)는 여러 가지 중요한 점에서 자발적으로 말하기와 차이가 납니다. 그러므로 자발적인 말하기의 조건들에 대하여 읽기과정에 대한 결과가 하나의 규칙으로서 일반화될 수는 없습니다. 말하기는 보통 '손짓 · 응시유형 · 몸짓' 따위가 수반됩니다. 이러한 언어-딸림 행위들도 의사소통에서 중요한 역할을 하지만 이 책에서 다뤄지지 않습니다. 마지막으로 빌헬름 분트(Wilhelm Wundt)와 카를 뷜러(Karl Bühler)와 다른 개척자들을 드문드문 언급함에도 불구하고, 이 책에서 말소리 및 말하기에 대한 연구사도 다뤄지지 않습니다.

사람들이 낱말을 운용하는 방식은 믿어지지 않을 만큼 대단합니다. 하지만 아직도 그 심리학적 세부내용들이 대체로 신비 속에 감춰져 있습니다. 불가피하게 이 책은 미완성일 수밖에 없습니다. 이 책에서 집중적으로 다루고 있는 영역도 이론적 논의가 충분치 않습니다. 저는 이 책보다 좀더 좋은 책이 나올 날을 손꼽아 기다립니다.

빌름 르펠트

- 대명사 용법에 대하여

영어에 있는 인칭 대명사 용법의 현재 혼란상에 대하여, 저자는 다음 관례를 따릅니다. 남성이든 여성이든 아니면 통칭이든 상관없이, 화자는 남성 대명사 표현을 쓰게 될 것입니다. 청자나 수신자는 여성으로 취급될 것입니다. 둘 또는 그 이상의 대화 상대방(즉 화자들 및 청자들)이 있을 경우에는, 첫 번째 사람이 남성으로, 두 번째 사람이 여성으로 쓰입니다. 그리고 계속 성을 바꿔 가면서 쓰게 될 것입니다. 언어 이해의 연구에 대한 근거가 주어지는 경우에 언어심리학에 있는 관례의 일반적 용법에 따라 인칭 지시표현을 대부분 여성으로 쓰게 될 것입니다.

- 전사에 대하여

저자는 국제 음성표기 기호의 전사 관례를 따를 것입니다. 이용된 음성 기호들은 이 책의 끝에 실어 둔 부록에 목록으로 들어 있습니다.

- 본문 중 영문을 우리말로 옮길 때에는 외래어 표기법을 따르지 않고, 현지 발음을 그대로 한글로 옮겨 적었다.
- 영어의 r 및 f 등은 로/루, 퐈/퓌 등으로 표시하여 l 및 p와 구별하였다.
- 영어에서 "A, B, and C"로 나열된 것은 "A · B · C" 등으로 가운데온점을 찍었다.

말하기 2

그 의도에서 조음까지

차 례

• 옮긴이 머리말 7
• 머리말 9
• 덧붙임 13
• 일러두기 14

제 8 장 낱말 및 연속 발화를 위한 음성계획 19
1. 낱말들에 대한 계획 21
2. 연속 발화를 위한 계획 55
3. 요 약 82

제 9 장 낱말들에 대한 음성계획 생성 85
1. 말소리가 나올 듯 말 듯 혀끝에서 맴도는 현상 89
2. 틀(*frames*) · 홈(*slots*) · 마개(*fillers*), 그리고 처리 층위 91
3. 대체 가능한 어휘하부 단위들 109
4. 홈-마개 이론과 오류들의 야기 원인 140
5. 활성화 확산 이론 154
6. 음운 부호화에서 순차적 차례 169
7. 요 약 172

제 10 장　연속 발화를 위한 음성계획의 생성 177
1. 계획 짜기 기본틀에 대한 밑그림 181
2. 운율의 생성 195
3. 억양의 생성 245
4. 연속 발화에서 낱말형태들의 생성 256
5. 요 약 264

제 11 장　조음하기 267
1. 조음 임시저장고 관리 270
2. 발성기관 및 말소리의 기원 283
3. 말소리 운동 제어 302
4. 요 약 334

제 12 장　스스로 점검하기와 스스로 고치기 339
1. 스스로 점검하기 343
2. 차단 및 편집-수정 표현의 사용 375
3. 고쳐 나가기 386
4. 요 약 410

• 옮긴이 해제 413
• 참고문헌 433
• 부 록 : 국제 음성표기 기호 471
• 찾아보기 473
• 약 력 507

1권 차례 말하기 1 : 그 의도에서 조음까지

제 1 장 정보처리기로서의 화자

1. 한 가지 사례연구
2. 화자에 대한 청사진
3. 상대적으로 자율적인 전문기관으로서의 처리 구성부문
4. 실행상의 제어와 자동성
5. 처리단위와 점증적 산출
6. 요 약

제 2 장 대화 참여자로서의 화자

1. 상호작용
2. 상황 중심의 지시표현
3. 의 도
4. 요 약

제 3 장 메시지의 구조

1. 지식 표상의 양태 및 언어화 이전의 메시지
2. 의미론적 개체와 의미론적 관계
3. 메시지의 의미역 구조
4. 서술관점과 정보 구조
5. 서법 · 시상 · 지시표현
6. 언어마다 특수한 요구사항
7. 요 약

제 4 장 메시지 생성
1. 의도로부터 메시지까지
2. 담화기록 보관과 메시지 구성을 위한 그 중요성
3. 거시적 설계 1: 표현될 정보에 대한 결정
4. 거시적 설계 2: 표현을 위한 정보 순서화
5. 미시적 설계
6. 요 약

제 5 장 표면구조
1. 통사 측면
2. 운율 측면
3. 요 약

제 6 장 어휘 항목과 레마(*lemma*)에 접속하기
1. 머릿속 어휘부에 있는 항목들의 구조 및 조직
2. 레마의 구조
3. 레마 접속에 대한 여러 이론
4. 레마 접속의 실패
5. 어휘 접속의 시간 경로
6. 요 약

제 7 장 표면구조의 생성
1. 문법 부호화의 기본틀
2. 문법 부호화의 단위
3. 주제 및 다른 핵심 항목들의 부호화
4. 결속의 부호화
5. 문법 부호화에서 되짚어보기
6. 요 약

제8장

낱말 및 연속 발화를 위한 음성계획

언어형식 주조 절차의 첫 번째 단계인 문법 부호화는 두 번째 단계가 뒤이어지는데, 거기에서 발화 형식에 대한 표상이 생성된다. 입력물로 이용될 수 있음에 따라, 그것은 계속 이어지는 표면구조의 단편들을 취한다. 그것은 점증적으로 조음기관이 구현해야 할 형태 명세내역들을 산출한다. 이것이 화자의 '음성계획'이다. 화자는 레마(*lemma*)들에 대한 어떤 표면 열(*string*)로부터 연속 발화를 위한 음성계획으로 진행하는 데에 다양한 중간 표상들을 산출한다. 음운 부호화는 연속된 낱말들을 위해 저장된 음성계획을 인출하고 그것들을 이어 놓는 것처럼 단순한 것이 아니다. 오히려 음성계획은 어떤 열의 분절음들에 운율이 깃든 재-음절화 과정이다. 어쨌거나 각 낱말의 분절음과 기본 운율이 '형태 어휘부'(*form lexicon*) 속에 저장되어 있다. 이들 낱말 유형이 연결되어 있는 경우에, 새로운 유형들이 생겨난다. 분절음은 특히 낱말 경계에서 탈락되거나 추가될 수 있다. 낱말 강세들은 전체적으로 더 커다란 열을 위한 더욱 규칙적인 운율을 만들어 내기 위하여 뒤바뀐다. 다수의 이들 운용 방식은 더 쉽게 발음할 수 있는 유형을 만들어 내기 위해 기여한다. 그리고 조음기관에 대하여 입력물이 어떻게 되어야 하는지를 단언할 수 있다. 제 8장에서는 '음성계획'(*phonetic plans*)의 산출에 포함된 형태 명세내역들을 일부 개관한다. 이들 목표 표상들이 화자에 의해 어떻게 수립되는지는 제 9장 및 제 10장의 주제가 될 것이다.

이 개관은 두 단계로 진행될 것이다. 제 8장 1절에서는 낱말의 형태에 대하여 관심을 둔다. 제 6장에서 살펴보았듯이, 낱말들은 형태 구조 및 음운 구조를 지닌다. 이 구조는 화자의 '형태 어휘부' 속에 구체화되어 있거나, 또는 말하기 과정에서 더 작은 어휘 요소들로부터 구성될 수 있다. 화자가 이런 형태정보를 어휘부로부터 인출하고, 그것을 그 낱말을 위한 음성계획을 만들어 내는 데 이용하는 과정은, 낱말형태 속성들이 '여러 층위'로 조직화되어 있다는 사실을 시사한다. 제 8장 2절에서는 연속된 발화를 다룬다. 표면구조에 대한 음운 부호화는, 종종 여러 낱말에 걸친 음성계획을 필요로 한다. 연속 발화를 위한 음성계획은 그 나름의 형태 속성들을 지닌다. 분절음적이고 운율적이며 선율적(*melodic*)이다.

어휘 및 어휘들을 묶어 주는 초-어휘 형태에 대한 논의를 하기 전에, 먼저 산출된 표상들의 현상학적 지위를 살펴본다. 리늘(Linell 1979)이 시사하였듯이, 이들 표상은 '음성 행위'(*phonetic acts*)들을 위한 계획이다. 그렇듯이, 이것들은 변별적으로 조음되는 지위를 지닌다. 그리고 이들 음성계획은 상당한 정도로 의식적 접속이 가능하다. 특히 이것들은 화자에게 목표 소리 유형들에 대한 심상(*image*)으로 제시될 수 있다. 이는 일상적으로 '내재적'(*internal*) 또는 '목소리로 내지 않은'(*subvocal*) 말소리로 알려져 있다. 입 밖으로 나온 외현적 조음이 없이도, '내재적 발화'가 존재할 수 있다는 점은 주목할 만한 사실이다. 음성계획들에 대한 의식적인 접근 가능성은, 화자로 하여금 자유롭게 그것들이 조음되어야 하는지 아닌지 여부를 또렷하게 결정할 수 있도록 한다. 이 점은 표면구조의 현상학적 지위와 현격하게 구별된다. 문법 관계들은 언어학적으로 훈련을 받지 않은 화자들에게는 의식적으로 접속될 수 없다. 아마 그것들이 말하는 과정 속에 있을 경우는, 훈련된 언어학자들에게까지도 불가능할 수 있다. 표면구조는 직접적으로 점검될 수 없다. 표면구조는 자동적으로 만들어져서, 음성계획 속으로 들어간다. 그렇지만, 음성계획의 어떤 측면이 점검될 수 있는지, 어떤 측면이 점검될 수 없는지는 경험적 논의거리이다. 화자에게 형태표상에 대한 단일한 모든 측면이 접속될 수 있는 것이 아님은 분명하다.

화자들은 말을 할 경우에, 스스로 언제나 소리 심상(내재적 발화임)을 산출하는 것은 아니다. 아마 이런 측면에서 중요한 개인별 차이가 있을 것이다(McNeill 1987). 음성계획들에 대한 접속 가능성은 내재적 발화의 출현에 달려 있지 않다. 이하에서는, 중립적 용어로서 '형태표상'(*form representation*) 및 '음성계획'(*phonetic plan*)이란 용어가 현재 구성부문의 산출물을 가리키기 위해 쓰일 것이다. 이 산출물이 내재적 발화로서 이용 가능한지 여부는 결정하지 않은 채 남겨 둔다.

1. 낱말들에 대한 계획

하나의 낱말은 내적으로 두 층위로 짜여 있다. 형태론 층위와 음운론 층위이다. 형태론 층위에서, 한 낱말은 하나 또는 그 이상의 형태소로 이루어져 있다. 가령, 어근·접두사·접미사들이다. 음운론 층위에서, 한 낱말은 음절로, 그리고 자음·모음과 같은 분절음으로 이뤄진다. 이들 두 층위의 조직은 복잡한 상호관계를 구현한다. 이하에서 우리는 먼저 조직화에 대한 형태론 층위의 몇 가지 기본 속성을 살펴보게 될 것이다. 그러고 나서 음운론 층위로 관심을 돌리는데, 서로 다른 '층렬'(*tiers*)들로 조직되어 있다. 우리는 형태론과 음운론 사이의 상호 관련성들에 대한 몇 가지 언급을 함으로써 끝을 맺을 것이다.

1) 형태론

형태론적 구조는 표면구조를 상기시킨다. 마치 문장이 유의미한 구와 절의 계층적 조직인 것처럼, 하나의 낱말은 유의미한 '낱말·어근·접사'의 계층적 조직이다. 낱말의 형태론적 구성성분들은 파생과 합성과 굴절을 만들어 내기 위하여 결합한다.

파생: danger-ous, loud-ness, in-sufficient
(위험-스런, 소란-함, 불-충분한)
합성: sun-shine, dry-clean
(햇-빛, 건식-세탁)
굴절: walk-ed, car-s
(걸-었다, 자동차-들)

영어에서 접사들은 'in-'(비-)과 같이 접두사이거나 '-ness'(-함)와 같이 접미사들이다. 아랍어와 같이 다른 언어들은 접요사(어근 속으로 들어가는 접사)들을 지닌다. 그렇지만 이하에서는 영어의 파생과 합성과 굴절에만 국한하여 살펴나갈 것이다.

■ 파생어

영어에서 파생은 낱말이나 어근에 접사(접두사 또는 접미사)들을 추가함으로써 생겨날 수 있다. 낱말 접사를 하나도 갖고 있지 않은 낱말은 각각 그 자체로 어근이다. 가령, car(자동차), sunshine(햇빛). 따라서 많은 어근들이 그 자체로서 낱말이 된다. 그러나 또한 자립성이 없으므로, 낱말이 되지 못하는 어근들도 있다. 가령, 'de-ceive'(속이다)에 있는 어근 'ceive'는 자립성이 없다. 어근의 접사들과 함께 논의를 시작하기로 한다.

하나의 어근은 새로운 어근을 만들기 위해 접사와 결합할 수 있다.

명사 어근 nation(민족/나라)을 택해 보자. 이는 어근 접사 '-al'(-의)을 취할 수 있다. 이는 형용사 어근이 되게 한다. national(민족의/나라의). 다시 이 형용사 어근은 접사 '-ity'(-상태/-성)를 택할 수 있다. 이는 명사 어근이 되게 한다. nationality(국적/국민성). 물론 전체 구성도 하나의 낱말이다. 나뭇가지 구조는 다음과 같다.

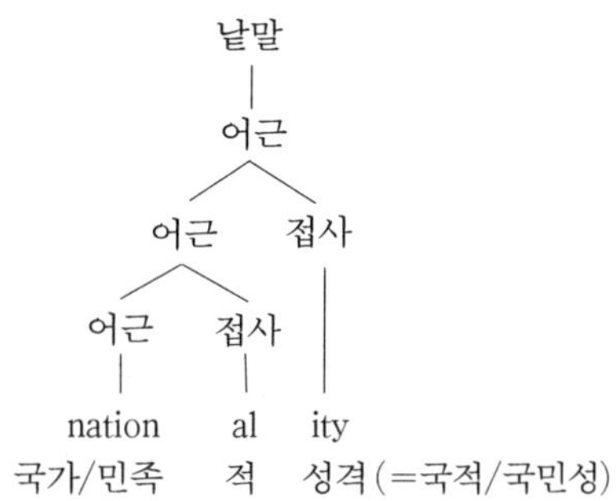

다른 '어근 접사'(*root affixes*)들은 -ous, -ive, -ate, -ory, -ify 등이다. 씨글(Siegel 1974)은 '제 1부류 접사'로 불렀고, 키파스끼(Kiparsky 1983)에서는 '제 1차적 접사'로 불렀다.

어근의 소리 형태(발음 및 강세)에 영향을 미칠 수 있는 것이 어근 접사의 특징이다. nation〔néiʃən〕에 있는 첫 번째 모음 〔éi〕는, national〔nǽʃənl〕에 있는 첫 번째 모음 〔æ〕와 차이가 난다. 그리고 national〔nǽʃənl〕로부터 nationality〔næʃənǽləti〕로 옮아가면서, 그 낱말 강세가 첫 번째 음절로부터 세 번째 음절로 바뀐다.

이는 '낱말 접사'(*word affixes*)에 대해서는 다르다. 낱말 접사는 핵어 낱말에 훨씬 덜 끼어든다. 예를 들면, 낱말 접사 '-less'(-없는) 및 '-ness'(-함)를 택해 보자. 낱말 nation은 -less와 결합하여 형용사 'nationless'(덜 국가적인/덜 민족적인)를 만든다. 뒤의 낱말은 -ness와 결합하여 명사를 만든다. 나뭇가지 그림으로서 이는 다음과 같다.

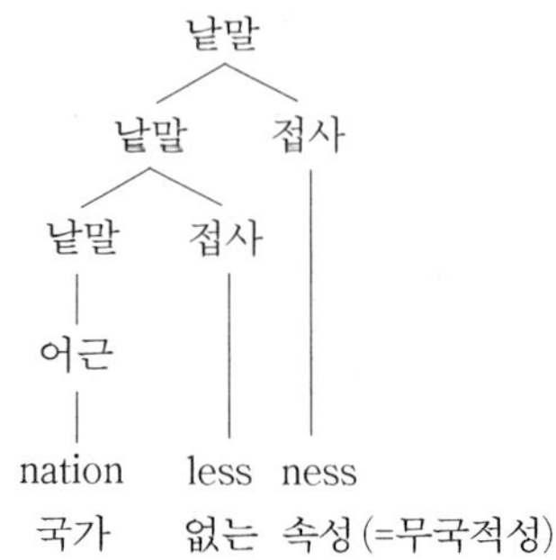

이런 경우에 접사의 추가는, 모음 성격이나 핵어 낱말의 강세 유형에 영향을 주지 않는다. 낱말 접사의 다른 예들은 '-er'(-하는 주체), '-y'(-의 성질을 띤), '-ize'(-으로 되다), '-ish'(-에 속하는) 등이다. 다른 이름으로는 '제 2부류 접사' 또는 '제 2차적 접사'로 불린다.

낱말 접사와 어근 접사가 하나의 낱말로 결합할 수 있지만, 낱말 접사는 언제나 어근 접사 바깥에 위치한다. nation-al-ize(국가/민족-적으로-되다)는 가능하지만, *nation-less-ity는 불가능하다. 이를 각각 나뭇가지 그림으로 보이면 다음과 같다.

〔가능한 결합〕

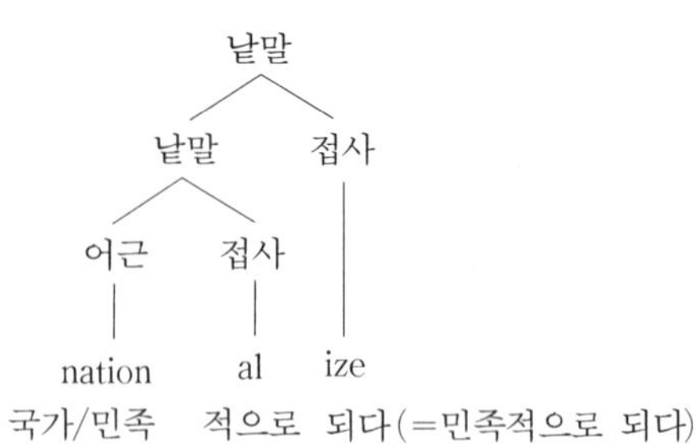

〔불가능한 결합〕

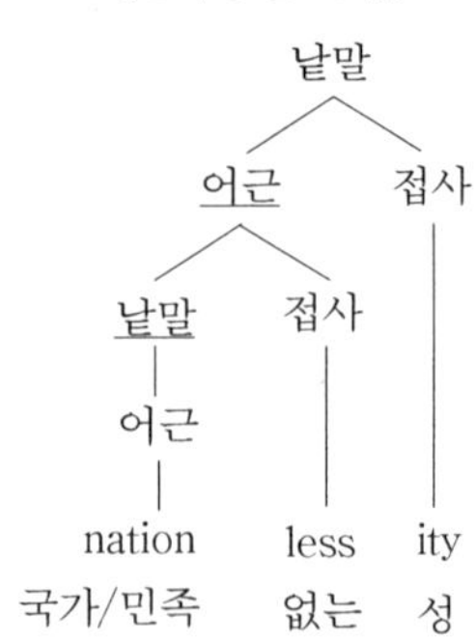

여기서 우리가 따르고 있는 쎌컥(Selkirk 1982, 1984a)에서는, 영어에 있는 가장 일반적인 이런 현상을 간단한 조건을 이용하여 설명한다. 형태론 나뭇가지 그림에서 '어근' 교점은 '낱말' 교점을 지배하지 않는다는 조건이다. 위에 있는 불가능한 결합의 사례에서와 같다.

마지막으로 파생 접두사가 있는데, 거기에도 똑같은 규칙성이 드러난다. 낱말 접두사는 'ex-'(外-) 및 'non-'(非-)이며, 어근 접두사는 'in-'(不-) 및 'de-'(反/脫/低-)이다. 서로 뒤섞일 경우에는 낱말 접두사들이 'non-de-scending'(비-하-강의/아래로 가지 않는)에서와 같이 어근 접두사의 왼쪽에 나온다.

낱말 접사이면서 또한 어근 접사가 될 수 있는 접사들도 몇몇 있다. 가령 'un-'(非-)와 '-ment'(-하는 결과나 수단)이다. governmental(정부의)에서는, -ment(-하는 수단)가 어근 접사이다. 그 접사에 다른 어근 접사 -al(-의)이 이어져 있기 때문이다. punishment(처벌)에서는, -ment(-한 결과)가 낱말 접사이다. 이것이 낱말 접사 -ish(-에 속하는)에 뒤따르고 있기 때문이다. 이런 저런 예외들에 대한 설명을 보려면 쎌컥(1982)을 참고하기 바란다.

■ 합성어

영어의 모든 합성어는 주요 어휘 범주들(명사・동사・형용사・전치사)로부터 나온 낱말로 구성되어 있으며, 대부분 그것들의 결합이 가능하다. 예를 들면,

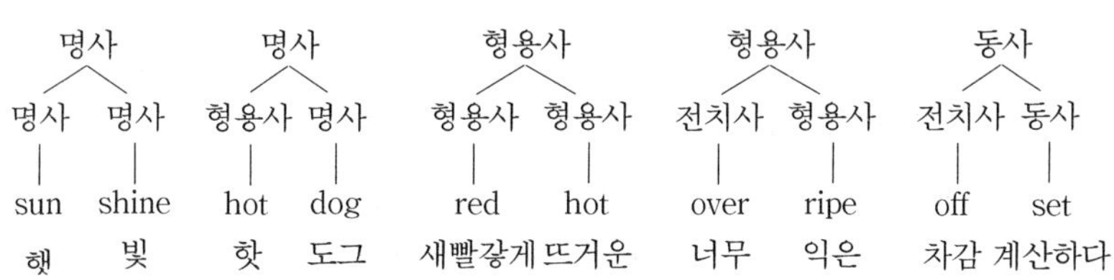

불가능한 결합의 사례는, *'명사+동사'와 *'동사+형용사'이다. 대부분의 합성어들은 핵어를 지닌다. 합성된 전체로서 그 합성어와 똑같은 통사 범주를 지니는 것은 가장 오른쪽 요소이다. 위에 있는 사례에서 모두 가장 오른쪽에 있는 요소가 전체 범주이다. 명사 shine(빛), 명사 dog(도그), 형용사 hot(뜨거운) 등. 다른 요소는 보통 핵어의 의미를 수식하지만, 이런 수식의 측면에서 모든 합성어가 투명한 것은 아니다. '형용사+명사' 합성어 'hot dog'(음식 이름으로서 핫도그)는 합성된 의미 추출이 '명사+명사' 합성어 'sheepdog'(양치기 개)보다 훨씬 불투명하다.

또한 합성어가 그 자체로서 다시 형태론적으로 복잡한 낱말을 결합하거나 접사를 추가함으로써 더 복잡한 합성어를 만들어 낼 수 있다. 예를 들면, black-board chalk, pass-ing note, far-fetch-ed-ness(칠판 분필, 경과음/비-화성음, 멀리-끌어당기-는-속성/억지성) 등이다. 독자들은 이들과 다른 사례들에 대하여 형태 나뭇가지 그림을 그려볼 수 있다.

합성어는 어근의 결합일까, 아니면 낱말의 결합일까? 아마 낱말의 결합일 가능성이 높을 것이다. 만일 합성어가 낱말의 결합이라면, 결과로서 나오는 합성어도 또한 낱말임에 틀림없다. 왜냐하면 "낱말 교점이 어근 교점에 의해 지배를 받을 수 없기" 때문이다. 만일 합성어가 그 자체로 하나의 낱말이라면, 합성어는 제 1부류 접사(또는 어근 접사)를 선택할 수 없다. 합성어는 오직 제 2부류(또는 낱말 접사)만을 택할 수 있다. 이것은 일반적으로 사실인 듯하다. 예를 들면 'laid-back<u>ness</u>'(느긋함/한가함)라고 하는 것은 괜찮지만, *laid-back<u>ity</u>라고 말할 수는 없다. 접사를 가진 낱말들도 'fighter-bomber'(전투-폭격 양용 비행기)에서와 같이 합성어로 될 수 있음도 주지되어야 한다. 차례로, 또한 이들이 낱말 접사에 의해 접미될 수도 있다. 'fighter-bomberless'(전폭기 없는). 달리 말하여, 합성법과 제 2부류 접미화는 동일한 '층위'에서 일어나는 듯하다. 그렇지만 영어에서 더 높은 층위의 접미사 붙이기가 있다. 규칙적인 굴절(활용 및 곡용) 층위이다.[1]

■ 굴절 접사(= 굴절 어미)

영어에서 규칙적인 굴절은 구조상 아주 단순하다. 굴절은 명사나 동사의 어간에 접사(= 어미)를 하나 더한 것으로 이뤄진다. 접사는 언제나 접미사이다. '복수'라는 특수 구별자질 매개인자를 지닐 경우에, 레마 car(자동차)에 상응하는 낱말형태를 선택해 보자. 이는 다음과 같은 형태론적 구조를 지닌다.

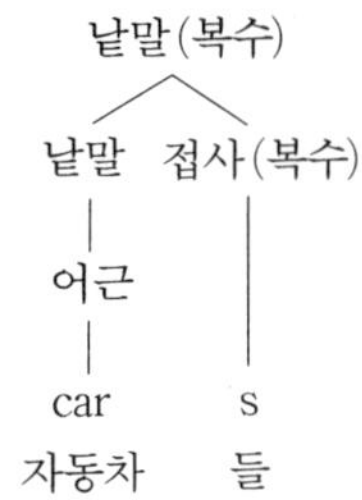

비슷하게, 동사 형태 swims(헤엄친다: 현재 단수)도 다음 구조를 지닌다.

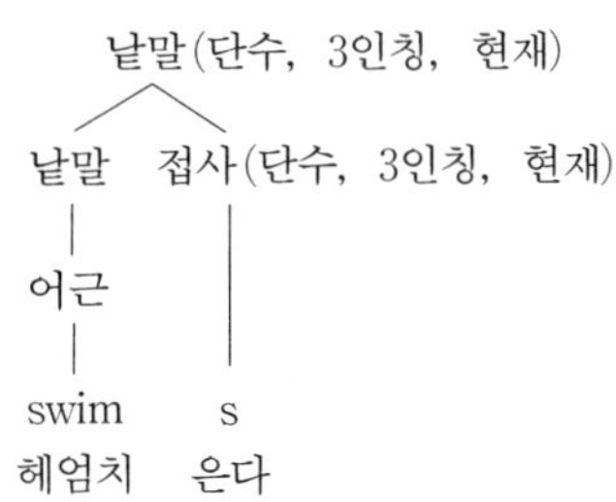

1) 굴절은 동사의 활용과 명사의 곡용을 포괄하는 용어이다. 그런데 이들은 흔히 어미(동사 활용어미, 명사 곡용어미)라고 불린다. 이 책에서는 '활용접미사, 곡용접미사'라고 부르고 있다. 전통 문법에서 굴절의 대상은 자립할 수 있는 낱

swim(헤엄치다)에 대한 레마에 구체화된 세 가지 특수 어미활용 요소들이(이 예에서는 '단수, 3인칭, 현재시제'임) 모두 함께 접미사 '-s'로 실현되어 있다. 만일 수가 복수였더라면, 접미사 '-s'가 없이 실현되었을 것이다.

셀컥(Selkirk 1982)과는 반대로, 할리 · 모해넌(Halle and Mohanan 1985)에서는 규칙적인 굴절(활용과 곡용)이 일반적인 낱말의 접사 붙이기와는 동등하지 않다고 논의한다. 주요 핵심은 접사이건 아니건 또는 합성어이건 아니건 간에, 굴절은 모든 종류의 낱말에 붙을 수 있다는 점이다. 그러나 굴절 어미가 추가된다면 더 이상 접사가 붙을 수 없다. 가령 *'swim-s-<u>ness</u>'처럼 불가능하다. 다른 차이점은 굴절 어미를 지닌 낱말이 합성어에서 첫 번째 낱말로 거의 이용될 수 없다는 점이다. 가령 *'<u>swim-s</u>-water'에서처럼 불가능하다. 그렇지만 이런 사실에 대해서는 의미론적 이유가 있을 수 있다. 더욱이나 예외들도 많이 있다. 가령 'swimming pool'(수영장)에서처럼 가능하다. 영어에서 진정한 제3의 형태론적 층위가 있는지 여부는 논란거리이다.

영어의 굴절(활용 및 곡용) 구조는 빈약하다. 독일어와 같이 다른 언어에서는 곡용 형태론이 훨씬 더 풍부하다. 그러나 독일어와 영어는 동일한 접미사에 레마의 상이한 특수 구별자질들을 투영한다는 점에서 공통적이다. 'he thinks'(그가 생각한다)에서 '-s'는 동시에 '3인칭 · 단수 · 현재'를 표현한다. 따라서 영어는 '굴절어'(*inflectional language*)라고 불린다. 이른바 '교착어'(*agglutinative language*, 부착어)는 특수 구별자질들을 죽 이어진 접사들로 배분한다. 각 접사마다 다른 자질을

말을 대상으로 한다. 그렇지만 이 책에서는 Selkirk(1982)에 따라 그 대상을 낱말 만들기의 어근(자립성이 없음)까지도 포함하고 있다. 따라서 한 언어 요소에 다른 요소가 덧붙는 결합에만 초점을 맞추고 있음을 알 수 있다. 굴절과 접사는 생산성 여부에서 차이가 난다. 모든 낱말을 대상으로 결합할 경우에 굴절이 된다. 그러나 일부 몇 낱말만을 대상으로 결합할 경우에 접사라고 부른다.

구현한다. 터키어 · 핀란드어 · 헝가리어 · 일본어 등이 이런 종류의 언어이다. 제 6장에서 논의되었듯이 교착어의 화자는 말할 때마다 규칙적으로 새로운 낱말을 산출한다.[2] 그렇지만 굴절어의 성인 화자들은 이전에 거의 모든 파생 형태와 굴절 형태들을 이용하여 보았으며, 머릿속 어휘부로부터 쉽게 그것들을 인출할 수 있다. 예외적인 새 낱말은 거의 합성어이다. 여전히 거의 모든 형태론적 복합 낱말들이 화자의 머릿속 어휘부에 저장되어 있다는 사실은, 그 산출에서 한 낱말의 내적 구조가 무관함을 의미하는 것이 아니다. 발화 실수와 다른 산출 현상들은 한 낱말의 형태론이 발화하는 동안 그 인출에서 어떤 역할을 맡고 있음을 말해 준다.

굴절이 더해지는 대상은 전통적으로 '어간'이라고 불렸다(어근+접사=어간). 위에 있는 사례들에서 '어근'인 car(자동차)와 swim(헤엄치다)은 동시에 어간이 된다. 따라서 이제 우리는 '낱말 · 어근 · 어간'이라는 개념을 갖게 되었다. 각 낱말은 최소한 하나의 어근을 담고 있다(또는 어근으로 구성되어 있다). 많은 어근들이 그 차체로 낱말이 될 수 있지만, de<u>ceive</u>(속이다)나 per<u>ceive</u>(지각하다)에 있는 '-ceive'와 같이 어떤 것은 낱말이 될 수 없다. 한 낱말이 굴절된다면, 어간은 어떤 것이든 상관없이 굴절 접사가 적용되는 내용이 된다. 이제 낱말에 대한 음운론으로 관심을 돌리기로 한다.

---

2) 이 진술은 오류이다. 가령 동일한 교착어로서 우리말의 예를 보기로 한다. '먹었다/먹으셨다/먹으셨겠다/먹으셨겠더라/먹으셨겠더라도…' 등 어미 활용에서 새로운 어미(이 책에서는 '접사'로 부름)들이 계속 이어질 수 있다. 그렇지만 이것들을 결코 새로운 낱말로 인식하는 것이 아니다. 오직 '하나'의 낱말 '먹다'만이 있을 뿐이다. 이런 활용은 '먹다'를 낱말을 중심으로 여러 가지 대우 관계와 시제 관계와 양태 관계들이 변동될 뿐이다.

2) 낱말 음운론에서 층렬 표상

한 낱말은 하나 또는 그 이상의 음절로 이뤄진다. 각 음절은 자음 또는 모음과 같이 어떤 음성 재료를 담을 수 있는 하나 또는 그 이상의 홈들로 이뤄져 있다. 한 낱말의 최종적인 음성계획은, 음성 재료가 이른바 이런 시간대 홈(*timing slots*)들[3] 위에다 어떻게 분포되어 있는지를 나타낸다. 이런 표상의 축은 시간대 홈의 열(*row*)에 지나지 않는다. 이는 뼈대 층렬이나 또는 다른 용어로서 '시간대 층렬'로도 불린다. 그러나 이들 홈은 작은 사슬들로 나뉘어져 있다. 우선 이어진 음절들 속으로 그것들을 묶어 놓는 일이 있다. 그리고 기부(*onsets*) 및 운(*rimes*)에서와[4] 같이, 모든 음절이 추가적인 구성성분들로 구성될 수 있다. 뼈대 층렬에 있는 홈들에 대한 이런 구성성분 조직은 이른바 '음절 층렬'에서 표상된다.

그 홈들의 음성 내용은 두 가지 종류이다. 특질(*quality*)과 운율(*prosody*)이다(음운론 문헌에서는 혼동스럽게 '특질'을 melody '선율'로도 부름). 음성 내용의 특질은 말소리가 유성음인지 무성음인지, 콧소리인지 콧소리가 아닌지, 터짐소리인지 터짐소리가 아닌지 여부에 대한 자질들로 결정된다. 이들 특질은 분절음 층렬에서 구체화된다. 반면에

---

3) timing(시간에 맞는, 적시의)이란 수식어는 곧 이어 다시 timing tier(시간대 층렬)라고도 쓰인다. 이는 〈그림 8-1〉에서 보듯이 시간을 축으로 하여 앞뒤로 배열된다는 뜻을 지녔다. 여기서는 '시간대'(時間帶)로 번역해 둔다. 제 11장에서 조음과 관련된 논의에서는 이 용어가 '시간안배' 또는 '시간 조절'이란 의미를 지니게 된다.

4) onset(기부/시작 부분/개시 부분)의 짝은 rime(운/각운)이다. rime(운)은 다시 nucleus(핵)와 coda(결부)로 나뉜다. 음절 구성과 관련하여서 '기승전결'의 전개 방식을 빌려, 대립되는 onset과 coda를 각각 '기부'와 '결부'로 번역해 둔다. 음절 이외의 경우에는 onset을 '개시'(開始)로 번역하였다. 성대진동 개시·말소리 개시 대기시간·자극 개시 등과 같다. 이 경우에 onset의 대립 짝은 coda가 아닌 offset이다. 이는 '종결'(終結)로 번역된다.

〈그림 8-1〉 조음 계획에 있는 층렬들의 짝에 대한 초기 표상

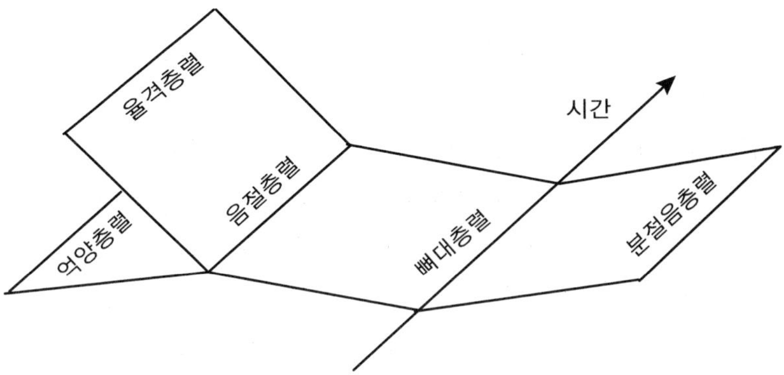

운율 계획은 의도된 발화의 율격(*metrical*) 및 억양(*intonational*) 유형을 구체화한다. 그것들은 각각 율격 층렬과 억양 층렬에서 구체화된다.

상이한 층렬들이 서로간에 어떻게 관련이 되는지에 대해서는 자세히 알려진 것이 없지만(다양한 가정들을 보려면 Clements 1985를 참고하기 바람), 〈그림 8-1〉은 이하에 있는 논의를 위하여 출발점이 될 수 있다.

층렬 조직은 한쪽 모서리를 다 함께 아교로 붙여 놓은 한 묶음의 책 쪽수들과 같다. 각 쪽의 모서리는 하나의 층렬을 나타낸다. 각 쪽은 두 개의 층렬에 연결되어 있다. 뼈대 층렬은 오른쪽 면을 통하여 분절음 층렬에 연결되며, 왼쪽 면을 통하여 음절 층렬에 연결되어 있다. 차례로 음절 층렬은 직접적으로 율격 층렬 및 억양 층렬에 연결되어 있다. 더 뒤에서는 오른쪽에 있는 분절음 층렬이, 자질(*feature*) 층렬들을 포함하는 추가적인 묶음의 쪽수를 위하여 중추가 됨을 시사할 것이다. 각 쪽은 두 개의 층렬에 이어져 있다. 이는 층렬들 사이에 있는 '연합 선들'을 보여 준다(즉 포함된 두 층렬의 단위들 사이에서 자세한 연결들을 보여줌). 이하에 있는 하위 절들에서는 층렬들 및 그 상호연결에 대한 요약 논의가 주어질 것이다.

3) 뼈대 층렬

뼈대 층렬은 홈들의 순서 열이며, 이들 홈은 음성 내용을 담을 수 있다. 다 채워진 홈은 하나의 음성 분절음 또는 낱소리(*phone*)가 된다.[5] 화자가 하나의 낱소리를 발음하고 나서 그 다음 낱소리를 낸다는 진술은 사실이 아니다. 여전히 화자의 음성계획(*phonetic plan*)은 낱소리들의 순서 열로 이루어진다. 그렇지만 각각의 낱소리는 조음기에 의해서 좀더 큰 조음동작(*articulatory gesture*)을 구성하는 일부로 실현될 것이다. 가장 작은 그런 동작은 하나의 전체 음절에 대한 조음이 된다.

뼈대 층렬의 가장 단순한 표상은 다음과 같고,

XXXX⋯,

시간대 홈들의 순서 열이 채워지게 된다. 실제로 일부 음운론 연구자

---

5) 토박이들의 의식 속에서 뜻을 구분해 주는 소리인지 여부에 따라, 구조주의 음운론에서는 소리를 크게 음소(*phonemes*)와 음성(*phones*)으로 나누었다. 우리말에서는 유성음 'ㄱ'〔g〕과 무성음 'ㄱ'〔k〕이 전혀 뜻 구분에 쓰이지 않는다. 반면에 대다수의 언어와 달리 유독 우리말에서는 모음 '으' 〔ɨ〕와 모음 '어' 〔ə〕가 낱말의 뜻을 구별하는 데 이용된다. 우리말 화자에게서 'g'와 'k'는 음성이다. 반면에 'ɨ'와 'ə'는 음소이다. 토박이들의 의식 속에서 하나의 소리가 뜻 구분에 관여하는지 여부에 따라 '음소'와 '음성'을 구분하기 때문이다. 뜻 구분에 간여하지 않는 소리를 또한 '변이음'(*allophone*)이라고도 한다. 생성문법 이론으로 음운론을 다루면서 심층 구조와 표면구조라는 두 층위가 생겨났다. 심층 구조는 '음소'들로 이뤄져 있고, 표면구조로 도출되어 나오면서 일부 음소들이 '음성'(변이음)으로 바뀌게 된다. phone이란 용어는 다른 소리들과 함께 어울려 있을 때(언어 환경 속에 있을 때)에는 '변이음'이란 용어를 쓰며, 그렇지 않을 때에는 '낱개의 소리'란 뜻으로 단음(單音) 또는 소음(素音)으로도 번역한다. 이 책에서는 기저 표상에 해당되는 '음성계획'에서도 phone을 이용한다고 언급한다. 이를 고려하면 '낱소리'로 번역해 두는 것이 낫다고 판단된다(좀더 뒤에서 저자는 음절 계획에서 낱소리가 음소로 표상된다고 언급함). 언어학의 관례로서 변이음에 해당하는 낱소리(또는 음성)는 '〔 〕' 속에 써 놓고, 뜻 구분에 쓰이는 음소는 '/ /' 속에 써 놓는다.

들은 그 표상을 아무런 추가 표시 없이 그대로 놔 둔다(가령 Halle and Mohanan 1985를 보기 바람). 그렇지만 다른 사람들은 공명도 내용으로[6] 채워져야 하는 홈과 비-공명도 재료들로 채워져야 하는 홈 사이를 구별한다. 공명도가 높은 낱소리는 상대적으로 크게 들린다. 대부분의 최대 공명도 소리는 〔a〕와 〔ɔ〕와 같은 모음들이다. 최소 공명도 소리는 〔p〕와 〔k〕와 같이 무성 폐쇄음들이다. 다른 것들은 두 극점 사이에 분포한다. 예를 들면 〔r〕·〔l〕·〔m〕·〔n〕은 공명도의 중간 범위에 있다(Selkirk 1984b). 하나의 음절은 언제나 높은 낭음성[7] 봉우리 마디

---

6) 공명도(*sonority* 소리 울림 정도: 청자의 귀에 도달되는 음향 에너지의 강도를 나타내므로 '가청도'〔可聽度〕로도 번역함)에서 수치가 높은 음들을 말하는데, Jesperson(1904)에서는 다음과 같이 보았다.

공명도 1: 무성 자음(폐쇄음 p, k, t) 및 마찰음(f, s, ç, x)
공명도 2: 유성 폐쇄음(b, d, g)
공명도 3: 유성 마찰음(v, z, ɣ)
공명도 4: 비음 및 유음(m, n. l, ŋ)
공명도 5: 탄설음(r)
공명도 6: 폐모음(i, y, u)
공명도 7: 반폐모음(e, o, ɸ)
공명도 8: 개모음(ɔ, æ, ɑ)

7) 낭랑한(*sonorous, sonorant*) 음이란 '주기파'(*periodic wave*)를 가리킨다. 모음들은 모두 주기파이다. 자음들은 주기를 찾을 수 없는 비-주기파(또는 '소음' *noise*)로 불린다. 번역어에 밝을 낭(朗)을 쓰는 까닭은, 낭랑하고 밝게 들리기 때문이다. 때로 '명음'(鳴音, 울림소리)으로도 번역된다. 명음 또는 '자명음'(自鳴音, 스스로 울리는 소리)은 모음을 가리킨다. '공명음'(共鳴音, 명음과 함께 나는 소리)은 자음을 가리킨다. '자음'(子音)과 '모음'(母音)은 자식 소리와 어미 소리라는 말이다. 어미(모음)가 더 기본적이고, 그 어미에 따라 자식(자음)이 의존하는 사실을 드러내고 있다. 우리나라 사람들은 글자에 이끌려서, 음절의 기본이 맨 처음에 자리 잡는 첫 자음(初聲)이라고 생각하기 일쑤이다. 이는 잘못이다. 이와는 달리 중국인들은 음절의 기본이 중성과 종성으로 이루어진 운(韻)이라고 생각한다. 음절을 생각하기 때문이다. 그러나 음절과 소리의 기본은 '모음'이다. Liberman(1984) 《언어의 생리학과 진화 *The Biology and Evolution of Language*》(Harvard University Press)에서는 중기 구석기 시대에 현생 인류가 탄생할 때 성대가 아래로 하강함으로써, 적어도 세

를 지닌다(주로 모음임). 이는 낭음성 크기가 덜한 다른 소리들에 의해서 앞서거나 뒤이어질 수 있다. 많은 음운론 연구자들은 뼈대 층렬에서 어느 홈이 음절 봉우리를 담고 있어야 하는지를 나타내 준다. 즉 '음절성'(*syllabicity*)이 뼈대 층렬에 표상되어 있는 것이다(Hayes 1986). 그런 홈은 V에 의해 표시된다. 물론 이것은 '모음'(*vowel*)에서 따온 것이지만, 뜻이 더 확대되어 다만 '그 음절에서 공명도가 높은 분절음'을 의미할 뿐이다. 모든 다른 홈들은 C로 표시된다. 이는 '자음'(*consonant*)에서 나왔지만, 뜻이 확대되어 다만 상대적으로 '그 음절에서 공명도가 낮은 분절음'을 의미할 뿐이다.

음절 봉우리가 긴 모음에서와 같이 두 개의 홈에 걸쳐 확대될 수 있다. 그러나 공명도가 낮은 요소에 의해서 분리된 두 개의 봉우리를 지닐 수는 없다. 실제로 "한 음절 안에서 공명도는 봉우리로부터 음절 경계에까지 계속 줄어든다"는 일반적인 규칙이 있다(Selkirk 1984b의 '공명도 이어가기 일반화' 규칙임). 봉우리는 '공명도 언덕'의 꼭대기이다. 이 꼭대기가 제2공명도 봉우리들이 없는 상태에서는 경계 쪽을 향하여 미끄러져 내려간다. 아마 우리는 이런 규칙의 더 약한 내용을 허용해야 할 것이다.

"공명도는 봉우리로부터 멀어져 가면 증가하지 않게 된다."

동등한 크기의 공명도를 지닌 분절음들이 나란히 놓일 수도 있다.

가지 모음(아·이·우)이 생겨난 것으로 추정한다. 자음은 소릿길을 막거나 방해함으로써 생겨난다. 곧, 두 입술이나 윗니나 혓바닥으로 날숨 공기의 흐름을 방해해 놓는 것이 자음인 것이다. 자음은 모음이 없이는 발음될 수 없다. 언어학에서는 자음이 발음될 수 있도록 하는 모음을 약모음(*schwa*, 애매모음)라고 말하고, [ə]로 표시한다. 우리말에서는 이 약모음이 뜻을 구분해 주는 분명한 음소로 쓰이고 있으므로, 국어를 다루는 경우에 결코 '약모음'(애매모음)이라고 부를 수 없다. 가령, '들:덜'의 대립쌍에서 'ɨ:ə'란 모음의 차이가 서로 뜻을 구분해 주므로 둘 모두 음소인 것이다.

여기서 우리는 뼈대 층렬을 위한 CV 표기법을 받아들일 것이다 (Clements and Keyser 1983). 예를 들면 홈들의 순서 열은 다음과 같을 것이다.

C V V C V

이는 두 개의 음절을 표상한다. 왜냐하면 두 개의 봉우리가 있기 때문이다. 긴 것과 짧은 것이다. 이 특별한 층렬은 'meter'〔미터〕(재다) 라는 낱말의 재료에 의해 채워질 수 있다. 첫 번째 음절이 봉우리로서 〔i〕를 지닌다. 두 개의 홈을 선택하는 긴 모음이다. 공명도가 덜한 〔m〕이 이 모음을 선행한다. 이는 맨 처음 개시되는 C 홈을 채우게 된다. 두 번째 음절은 봉우리로서 〔r〕을 지닌다. 이는 앞서 있는 〔t〕보다 공명도가 더 높다. 따라서 분절음들은 다음과 같이 홈들과 관련된다.

```
홈:      C  V  V  C  V
         |   \/   |  |
분절음:  m    i   t  r
```

이하에서, 낱소리 또는 음성 열들은 대괄호 속에 넣을 것이다. 음성계획에서 낱소리들이 구현되는 (초기 표상의) 음소는 빗금들 '/ /' 사이에 주어진다. 따라서 〔m〕은 음성계획에 있는 낱소리이며, 이것이 음절 환경 속에서 음소 /m/을 실현한다.

4) 음절 층렬

뼈대 층렬에 있는 홈들은 좀더 큰 음절 단위로서 묶인다. 이들은 음절 층렬에 표상된다. 가장 단순한 표상은, 홈들이 다만 연속된 음절 교점에 이어진 경우가 될 듯하다. 그렇다면 meter〔미터〕(재다) 에 대한 음절 표상은 다음처럼 될 것이다.[8]

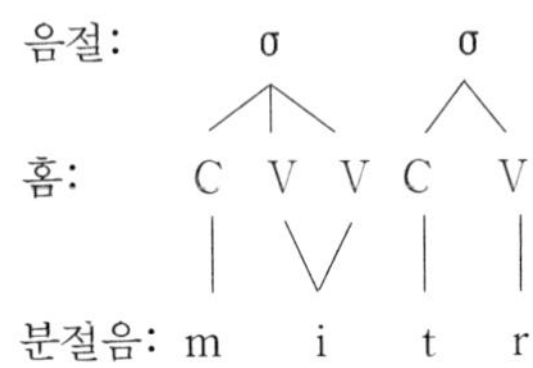

어떤 종류의 열이 음절이 될 수 있을까? 모든 언어는 CV 또는 CVV 음절을 갖고 있으며, 대부분의 언어에서 V 음절을 갖고 있다. 많은 언어에서 CVC 음절을 갖고 있고, 일부 언어는 VC 음절도 갖고 있다. 영어는 이것들을 모두 갖고 있다. 더욱이 영어에서는 단일 음절 낱말 scraped(긁히다)에서처럼[9] 한 음절 속에서 두 개의 V연결이나 또는 두 개 혹은 세 개의 C의 연결을 만들어 내는 것도 가능하다.[10]

한 음절 속에서 그러한 V와 C의 열들은, 이른바 '음절 구성성분'들로 더 나뉠 수 있다. 한 음절의 주요 구성성분은 기부(*onset*)와 운

---

8) 음절(*syllable*) 표기의 약속은 첫 글자를 희랍어 'σ'로 써서 나타낸다.

9) 우리말에서 음절을 계산하는 방식은 '(자음)+모음+(자음)'이다. 기부의 겹자음을 허용하지 않으며(결부에서 'ㄹㄱ, ㄹㅂ, …' 등의 겹자음만 일부 허용됨), 모음 〔으〕와 〔어〕가 뜻을 구별하는 분명한 음소라는 특징이 있다. 따라서 '스끄뢰입트'는 우리말 음절 계산 방식으로는 '5음절'이다. 그렇지만 영어에서는 음절 계산법이 우리와 다르다. 먼저 'scr, spt, str'에서처럼 기부 겹자음이 허용되므로, 맨 처음에 있는 자음들이 음절 경계를 이루지 못하고, 또한 이 자음에 수반되어 나오는 약모음 〔ə〕도 뜻을 구분하는 데에 쓰이지 않으므로, 음절을 구성할 수 없다. 결국 '스끄ㄹ-애입-ㅌ'에서처럼 첫 부분과 마지막 부분이 음절을 구성하지 못한다. 오직 가운데 있는 부분(이중모음 '애이'가 음절핵이 됨)만이 입을 한 번 벌리고 닫는 소리가 되어 '1음절'로 계산한다. 뒤에 나오는 script(각본)에서도 동일한 음절 계산 방법에 따라 '1음절'이 된다('스끄ㄹ-입-ㅌ'). 음절 계산 방법에 대한 이런 차이는 아마 Pike(1947) 《음운학 *Phonemics*》(University of Michigan Press)에서 구분해 놓은 음절 박자언어(*syllable-timed language*)와 강세 박자 언어(*stress-timed language*)와 관련될 듯하다.

10) 우리말 음절 구성의 자연스런 정도를 정연찬(1997:132) 《개정 한국어 음운론》(한국문화사)에서는 다음과 같이 밝히고 있다. 'CV > V > CVC > VC'

(*rime*) 이다. 각 음절은 하나의 운을 갖는다. 운은 음절 봉우리로부터 시작한다. 그 음절이 바로 단 하나의 V라면, 그 V가 운이다. 추가적인 자음들이 봉우리에 뒤이어진다면, 그것들도 또한 운에 속한다. 따라서 art〔알〕(예술) 은 하나의 낱말이며, 하나의 음절이고, 하나의 운이다. 하나의 운은 자연스럽게 핵(*nucleus*) 과 결부(*coda*) 로 나뉜다. 핵은 봉우리 홈(들) 을 포함한다. 결부는 나머지 남아 있는 C 홈(들) 을

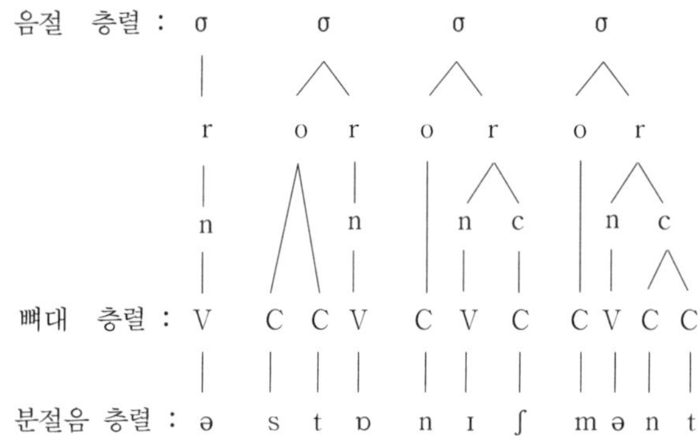

※단, 'σ'는 음절, 'r, o'는 운과 기부, 'n, c'는 핵과 결부를 뜻함

포함한다. 음절 art〔알〕(예술) 은 핵으로서 /a/를 갖고 있으며, 결부로서 /rt/를 갖는다.

음절의 기부는 그 봉우리를 앞서고 있는 C들의 열이다. meter〔미터〕(재다) 에서 /m/ 및 /t/는 각각 음절 기부들이다. 기부는 또한 공명도 낮은 요소들의 무리가 될 수 있다(= 기부 자음군을 뜻함). 1음절 낱말 script〔스끄륍트〕(각본) 에서 /skr/와 같다. 만일 아무런 C도 V를 선행하지 않는다면, 기부는 비어 있다. 주요 음절 유형의 일부가 4음절 낱말 'astonishment'〔어스따니쉬먼트〕(놀람) 에[11] 드러나 있다.

11) 우리말의 음절 계산 방식으로는 '어-스-따-니-쉬-먼-트'와 같이 음절이 나뉘어 누구나 '7음절'로 생각한다. 그러나 영어에서는 우리와 음절 계산 방식이 다르

맨 첫 음절의 /ə/는 단일한 홈을 채운다. 그 봉우리가 동시에 핵이고, 운이며, 전체 음절이 된다. 두 번째 음절 /stɑ/는 기부 /st/를 갖고 있다. 더욱이 두 개의 홈에 걸쳐 가지가 나뉘어져 있는데, 각 홈에 /s/와 /t/를 담고 있다. 운은 가지가 나뉘지 않았다. 다음 음절 /nɪʃ/는 기부 /n/을 갖고 있고 가지가 나뉘지 않았다. 그러나 운은 가지가 나뉘어져서, 핵 /ɪ/와 결부 /ʃ/로 이뤄져 있다. 결부도 또한 가지가 나뉠 수 있다. 이것이 네 번째 음절 /mənt/의 경우이다. 여기서는 기부 /m/과 핵 /ə/는 가지가 나뉘지 않았다. 그러나 결부는 가지가 나뉘어져 두 개의 C 홈이 있다. 각각 /n/과 /t/로 채워져 있으며, /n/이 /t/보다 공명성이 더 높다. 곧 살펴보게 되겠지만, 하나의 음절이 가지로 나뉘는 방식은, 율격 층렬에서 강세를 받게 될 것인지 여부를 결정하는 어떤 요인이 된다.

영어의 다중음절 낱말에서, 각 V는 서로 다른 음절의 봉우리 일부이다. 다음의 사례(1)에 있는 낱말들을 비교해 보기 바란다. contract〔칸트뢱트〕(계약/하청), contractor〔칸트뢱터〕(계약자/하청업자),

---

다. 먼저 시작 모음 ə〔어〕가 있다. 그리고 복합 자음(중국에서는 '복성모'라고 부르며, 국어사 쪽에서는 'ᄢᅡᆯ'의 예에와 같이 '어두 자음군'으로도 부름) st〔스뜨〕가 뒤에 이어지는 모음 ɒ〔아〕와 함께 하나의 음절을 이룬다〔스따〕. 이어 ni〔니〕가 분명한 한 음절이 되고 이어지는 '쉬'는 앞의 핵 모음에 딸려 있다〔니쉬〕. 마지막으로 mən〔먼〕이 한 음절을 이루며, 마지막 자음 t〔트〕가 마치 우리말 겹받침처럼 선행한 자음에 딸려서 하나의 음절을 이룬다〔먼트〕. 곧 영어의 음절 계산은 '어-스따-니쉬-먼트'처럼 나뉘며, 이를 헤아리면 '4음절'이 된다. 곧 각 음절마다 봉우리를 이루는 모음 '어+아+이+어'가 있다. 음절 계산 방법은 특히 언어마다 다를 수 있음에 유의하기 바란다. 가령 중국어에서는 여러 운(韻)들을 모아서 '섭'(攝)이라는 통합 단위를 내세운다. 섭은 핵 모음의 앞과 뒤로 각각 딸림 모음들이 들어가 있다. 즉, 우리말의 반모음 '오'〔w〕나 '딴 이'〔y〕가 핵 모음에 덧얹힐 수 있는 것이다. 따라서 중국어의 음절 관념은 우리보다 더욱 커진다. 홍무정운역훈에 보면 'ᆔ'(絹권, 願원, 旋쒼)과 같이 4중 모음군이 있다('권'을 우리말로는 '기우이언'을 빨리 단숨에 발음해야 함). 이들이 모두 중국어에서는 '1음절'로 계산된다.

retinal〔뢰틴늘〕(망막의).

(1) 예 contract, contractor, retinal

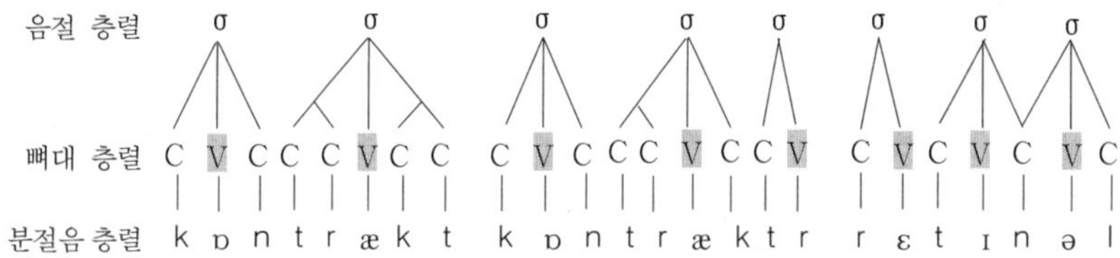

contract〔칸트뢕트〕는 두 개의 V 봉우리를 가졌으므로 2음절이다.[12] contractor〔칸트뢕터〕와 retinal〔뢰틴늘〕은 각각 3음절이다. 여기서 V가 음절의 봉우리이다. 자음들은 인접한 음절을 건너서 어떻게 분포될까? 주요한 규칙은 V가 가능한 대로 선행하는 자음들을 많이 끌어당긴다는 것이다. 따라서 contr-act나 cont-ract가 아니라, 대신 con-tract를 갖게 된다. 두 번째 음절의 모음은 /t/와 /r/을 모두 선택한다. 이는 '기부 최대화'(*maximization of onset*) 규칙으로 알려져 있다. 오직 '나머지' 것만이 선행하는 음절의 결부 몫으로 된다. contract〔칸트뢕트〕(계약)에서 /n/이 나머지 C이다. 이것이 선행 음절인 'con' 아래 모아진다. 왜 /n/이 또한 두 번째 음절의 기부 자음군 속으로 끌려 들어가지 않을까? 주요한 이유는 낱소리 〔n〕이 〔t〕보다 공명도가 더 높기 때문이다. 만일 〔n〕이 제 2음절로 끌려간다면, 귀결되어 나오는 음절인 〔ntrækt〕는, 두 개의 공명도 봉우리 〔n〕과 〔æ〕를 갖게 될 것

---

12) 우리말의 계산 방법으로는, 모음이 '칸-트-뢕-트'와 같이 네 개가 들어 있으므로, 음절 핵인 각 모음을 세어 '4음절'로 생각한다. 그렇지만 영어에서는 계산 방식이 다르다('칸-ㅌ뢕ㅌ'처럼 써 볼 수 있음). 먼저 '칸'이 1음절이다. 이어 자음군(겹자음, 복합자음)이 결부뿐만 아니라 기부에서도 허용되며, tract〔트뢕트〕가 오직 '1음절'로만 계산된다. t에 딸려 있는 약모음(애매모음) 'ə'는, 분명한 음소인 우리말과는 달리, 음소로 취급하지 않는다. 따라서 음절을 만들 수 없다. 영어의 계산 방식으로는 '칸-ㅌ뢕ㅌ'가 '2음절'로 되는 것이다.

이다. 이는 '공명도 이어가기 일반화' 규칙과 모순이 된다. 게다가, 자음군에 대한 언어 특유의 제약들이 있을 수 있다. 각 언어마다 음절 기부와 음절 결부에서 가능한 자음군 그리고 불가능한 자음군을 구체적으로 밝혀 주는 이른바 '음소배열 규칙'(*phonotactic rules*)들이 있다.

contract〔칸트뤡트〕(계약)의 두 번째 음절은 'tract'이다. 그렇지만 contractor〔칸트뤡터〕(계약자)의 두 번째 음절은 'trac'이다. 이것은 다시 '기부 최대화' 규칙 때문이다. contractor〔칸트뤡터〕(계약자)의 세 번째 음절은 V로 시작되는 것을 좋아하지 않는다. 이는 음절 기부 자음들을 모아 놓고자 한다. 이것이 /t/를 선택한다. 그렇지만 이는 더 앞선 자음 /k/까지 선택할 수는 없다. 왜냐하면 영어에서 음절 기부로서 /kt/라는 자음군은 음소배열상 불가능하기 때문이다(비록 다른 언어에서는 이런 자음군이 허용된다고 하더라도). 그러므로 결과적으로 'con-trac-tor'로 음절이 이뤄진다. 이런 예는 접사의 추가가 어떻게 재음절화 — 음절 경계에 있는 요소들의 재배열 — 를 이끌어 가는지를 보여 준다.

비록 '기부 최대화' 규칙 아주 일반적으로 적용되지만, 또한 예외도 있다. nationlessness〔네이션리스니스〕(무국적성)에서는 음절 휴지가 less와 ness 사이에 있다. 그럼에도 /sn/은 영어에서 가능한 음절 기부 자음군이다. 제 8장 1절 1항에서, 낱말 접사들은 '소리를 침해하지' 않음이 논의되었다. 여기서 우리는 낱말 접사들이 또한 그들 자신의 음절 정체성을 유지하는 경향이 있음을 본다. 이는 어근 접사들에서는 차이가 난다. 'plaint'〔플레인트〕(불평, 한탄) →'plain-tive'〔플레인-티브〕(구슬픈, 가련한)에서와 같이, 어근 접사는 쉽게 어근으로부터 자음들을 끌어들인다.

앞에서 본 'retinal'〔뤠틴늘〕(망막의) 사례는 또 다른 중요한 음절화 특징을 보여준다. '기부 최대화'는 음절화 're-ti-nal'을 예측할 듯하다. 마지막 음절 기부인 자음 /n/이 또한 여전히 선행하는 음절에도 참여하므로, 이 낱말은 음절로서 're, tin, nal'을 포함한다. 이런 현상은 '이중 음절화'(*ambisyllabicity*)로 불린다. 모음들 사이의 환경에서(즉 VCV 모습인데, V가 둘 모두 강세를 받지 않음) 어떤 자음은 이웃 음절들 사이에서 이어진 소리(*liaison*, 連讀)를 만들 수 있다. 미국 영어에서, retinal〔뤧틴늘〕의 설탄음 /t/도 또한 아마 이중 음절적인 듯하다.

5) 분절음 층렬

화자의 음성계획은, 계속 연결된 시간대 홈에 어떤 낱소리들이 들어가는지를 나타낸다. 하나의 음절에서 낱소리들의 연결은, 그 음절을 구현하기 위하여 화자에 의해 만들어질 조음동작을 구체화해 준다. 세계의 언어에 있는 상이한 낱소리의 숫자는 사뭇 제한되어 있다. 정확한 크기가 어떠하든 간에, 상이한 언어들에서 음성 분절음이 대략 전사될 수 있도록 '국제 음성표기 기호'(IPA, *International Phonetic Alphabet*)가 마련될 수 있을 만큼 적다. 〈부록 A〉에 주어져 있는 국제 음성표기 기호(IPA)는 음성 분절음들을 나타내기 위하여 이 책에서 이용된다. 예를 들면, 낱소리 순서 열 cat〔캩〕(고양이)은 〔kæt〕으로 전사되며, nation〔네이션〕(민족/국가)은 〔neɪʃən〕으로 전사될 것이다.

낱소리는 분리되지 않는 전체가 아니다. 낱소리는 만들어질 조음동작의 다양한 자질들을 나타낸다. 말소리를 내보내는 일은, '호흡계·후두·성도(소릿길)'라는 상이한 부분들의 가동을 포함하는 아주 복잡한 근육운동 활동이다. 낱소리를 내기 위하여, 숨 들이쉬기 또는 숨 내쉬기를 요구할 수 있고, 유성음(성대의 주기적 진동)을[13] 요구할/않

13) 기본적으로 모음은 유성음이다. 유성음이란 규칙적 파장을 갖는 소리이다. 성대는 '여닫이 운동'만을 하면서 공기 덩이를 툭툭 밖으로 내보낸다. 이 공기 덩이들이 합쳐져서 규칙적 파장을 이루게 된다. 규칙적 파장의 여러 꼭지점들은 모음을 분류하는 데 이용한다(제 1꼭지점과 제 2꼭지점만으로 모든 모음들을 구별할 수 있음). 반면에 자음들은 전문 용어로 '소음'(*noise*)이라고 불리는 비

을 수도 있으며, 연구개·혀·입술의 위치나 움직임과 같이 일정 범위의 성도(소릿길) 명세내역들을 요구할 것이다. 낱소리는 그런 동작의 구성부문들에 대한 추상적인 표상이다. 그것들의 자세한 실행은 음성계획에서 구체화되지 않는다. 그것은 조음 구성부문의 과제이다.

그렇다면, 분절음 층위에서 어느 자질들이 구체화되는 것일까? 저자는 완벽한 목록을 제시해 놓지 않겠지만, 주요한 범주들을 언급할 것이다(또한 제 11장 1절 3항을 참고하기 바람). 호흡 층위에서, 화자는 들숨소리와 날숨소리 사이에 구별을 할 가능성이 있다.[14] 그러나 영어와 대부분의(전부는 아님) 다른 언어들에서는 오직 날숨으로 된 말소리만 갖고 있다. 후두 층위에서 가장 중요한 자질은 유성음 성질이다. 모든 입말 언어에서 유성음과 무성음 사이를 대립시킨다.[15] 영어에서 〔d〕와 〔t〕는 바로 이런 자질에서 차이가 난다. 또한 분절음 〔b〕와 〔p〕, 그리고 〔g〕와 〔k〕에서도 그러하다. 후두 상위 층위(즉, 소릿

-주기파(*non-periodic sound wave*)이다. 자음들은 유성음과 무성음으로 나뉜다. 유성음으로 분류되는 자음들은, 모음에 얹히는 속도가 80~100㎳ 사이이다. 이 다음에 빨리 얹히는 것이 우리말 'ㄲㄸㅃ…'의 된소리 자음(경음)이다. 세 번째가 예사소리(평음) 'ㄱㄷㅂ…'이며, 마지막이 거센소리(유기음) 'ㅋㅌㅍ…'이다.

14) 우리말에서 특히 여성들이 놀랐을 때 들숨으로써 '어'나 '허'라고 소리를 내는 것, 그리고 안타깝다는 뜻으로 '쯧쯧'하는 혀를 차는 소리가 유일한 '들숨' 소리이다. 그런데 아프리카의 일부 스와힐리어에서는 혀끝을 입천장에 대었다가 떼는 '떽떽' 흡착음 소리(*click*)를 내기도 한다. 이런 소수의 자음을 제외하면, 모두가 '날숨'으로 소리를 만든다. 비록 예외적으로 들숨 소리가 우리말에서도 관찰되지만, 우리말 글자체계는 모두 '날숨 소리'를 전제로 하여 만들어졌다.

15) '젖병 빨기 유형'의 관찰을 통하여 갓 태어난 아기들도 유성음·무성음의 차이를 인식하는 것으로 알려져 있다. 유성음과 무성음의 구분이 가장 기본적인 것이다. 그렇지만 우리말에서는 오직 '무성음·경음·격음'만을 구별한다. 우리말을 접하는 아기는 1살 전후로 하여 유성음에 대한 반응이 사라져 가는 것으로 알려져 있다. 국어사에서도 경음과 유기음이 나중에 발달했다고 본다. 이것들이 음소로 완전히 자리잡기 이전에는, 고대 한국어도 다른 언어들과 같이 유성음과 무성음만을 구분하는 2분지 대립을 갖고 있었을 것으로 짐작된다.

길 층위)에서는 두 가지 주요한 범주 자질이 변별될 수 있다. '조음위치' 자질과 '조음방식' 자질이다.

조음위치 자질은 성도(소릿길)의 어디에서 그 말소리가 만들어지는지를 가리킨다. 조음위치 자질의 몇 사례는 다음과 같다. 양순음 자질(위아래 입술소리: 입술과 무관한 소리)은 〔m〕〔p〕〔b〕처럼 두 입술이 붙어 협착을 만들어야 한다. 설정성 자질(*coronal*)은 〔t〕나 〔θ〕에서처럼, 혀끝에 의해 만들어진 협착을 요구한다. 후방성 자질(후방성: 전방성)은 〔g〕나 〔h〕에서처럼 주요 협착이 잇몸 훨씬 뒤쪽에서 일어난다(전방성은 잇몸으로부터 이빨 뒤쪽에서 협착이 일어남).

조음방식 자질은 조음위치 외에 다양한 조음의 추가적 측면을 구체화해 준다. 그것들 가운데에서 비음 자질(콧소리: 입안 소리)은 〔m〕과 〔ŋ〕에서와[16] 같이 목젖이 내려가서 말소리와 함께 비강이 울릴 것인지 여부를 가리켜 준다. 원순 자질(둥긂: 둥글지 않음)은 〔u〕에서와 같이 두 입술을 쭉 내밀고서[17] 만들어지는 소리를 뜻한다. 조찰 자질

---

16) 'ŋ'라는 표시는 'G'를 뒤집어 놓고서 길게 늘여 놓은 것이다. 국제 음성 기호를 만들 적에, 먼저 기본적인 소리들에 대한 기호를 만들었다. 다음에 그 기호들을 변형시켜서 2차적인 기호를 만들었다. 또 필요하다면 특수 부호를 덧붙여 놓는다. 〔응〕이라는 소리와 유성음 〔그〕는 조음 모습이 동일하다. 다만 하나는 코를 통해서 나오고, 다른 하나는 입을 통해서 나오는 차이가 있을 뿐이다. 따라서 더 기본적인 입안 소리 'G'에 바탕을 두고서, 그 기호를 변형시켜 'ŋ'로 표시해 놓았다. 우리말에서 뜻 구분을 해 주는 음소 〔으〕는 다른 언어에서는 전혀 뜻 구분의 기능을 하지 않는다. 따라서 이 모음을 어떤 1차 모음의 변형으로 볼 것이냐에 따라서, ① 'u'를 이용하여 'ɯ'처럼 겹쳐 쓰거나, ② 줄표를 그어 'ʉ'라고도 쓸 수 있다. 이는 후설모음의 변형으로 보는 것이다. ③ 그러나 어떤 사람은 전설모음 'i'의 변형으로 보아 'ɨ'처럼 줄표를 가운데 그어서 쓰기도 한다. 중설 모음을 인정하지 않는 학자들은 '으'를 어떤 모음의 변형으로 볼 것인지 결정해 주어야 한다.

17) 우리말에서 '우'와 국제 음성 부호의 〔u〕는 조금 차이가 있다. 우리말의 '우'는 두 입술을 쭉 내미는 정도가 '매우 두드러지다'. 그렇지만 국제 음성 부호 〔u〕는 그 정도가 우리말에 비해 그냥 조금만 내미는 느낌만 준다. 우리말에서는 두 입술을 쭉 내밀어 주어야 비로소 '으'와 구별되어 들린다(일본인들이 우리

또는 마찰 자질은 〔s〕와 〔f〕와 같이 협착 위치에서 마찰 소음을 만들어 내는 일을 포함한다. 위에서 언급한 유성음 자질이 또한 조음방식 자질로도 간주된다. 이들 여러 개의 조음방식과 조음 장소는 제 11장에서 더 논의될 것이다.

하나의 자질은 어떤 언어에서 변별적으로 될 수도 있고, 그렇지 않을 수도 있다. 한 언어에서 두 낱말 사이에 구분이 그 자질의 유무에 달려 있다면, 그것은 변별적이다. 유성음은 영어에서 변별적이다. 왜냐하면 이것이

bill : pill (영수증 : 알약)
tell : dell (말하다 : 협곡)

과 같은 낱말을 대립시키기 때문이다. 콧소리 조음방식 자질도 변별적이다. 이것이

man : ban (사람 : 금지령),
name : dame (이름 : 귀부인)

등을 구별해 주기 때문이다. 어떤 자질들은 변별적이지 않다. 영어에서 유기음(*aspiration*) 자질이 그러하다.

pot : spot〔팥 : 스빹〕(단지 : 얼룩점)

위의 낱말을 비교해 보자. pot의 〔p〕가[18] 유기음으로 발음되므로, 작

말을 할 때 이런 조건이 제대로 실천되지 않아서 이상하게 들림).

18) 〔p〕는 무성음을 나타내므로, 우리말 'ㅂ'에 해당한다. 유기음('ㅎ'소리가 덧얹힘)으로 발음되는 것을 나타내려면 〔p^h〕 또는 이 책에서처럼 〔p′〕로 나타내어야 한다. 영어의 원래 발음은 sky(스까이), strike(스뜨롸익), sports(스뽀츠)

은 공기 덩이 터짐이 외파(*release*)에 뒤따른다. 이를 '유기음화'라고 부른다. spot〔스빹〕이란 낱말은 'p-유기음화' 없이 발음된다('스팥'이 아니라 '스빹'임: 옮긴이). 그러나 유기음 자질이 영어에서는 비-변별적이다. 왜냐하면 그 자질에 따라 서로 구별되는 대립 낱말이 전혀 없기 때문이다. 영어에서 하나는 유기음으로 되고, 다른 소리는 비-유기음으로 됨으로써 서로 다른 대상이 가리키지는 않는다. 가령 p′ot〔팥〕: pot〔밭〕이라는 두 개의 상이한 낱말은 존재하지 않는 것이다. /p/가 유기음으로 되어야 하는지 여부는, 오직 그 음절의 환경에 달려 있다. 그것들은 /p/에 대한 두 개의 맥락 의존적 변이체(*variants*)이다.[19] 오직 비-변별적 자질에서만 차이가 나는 말소리 변이체를 '변이음'(*allophones*)이라고 부른다. 영어에서 〔p′〕(프)과 〔p〕(브)는 변이음이다. 이것들은 모두 동일한 음소 /p/의 변이음 실현이다. 오직 변별적 자질들로 구체화되는 한, 하나의 음소는 하나의 분절음이다. 따라서 pot : spot 〔팥 : 스빹〕은 똑같은 음소 /p/를 담고 있지만, 상이한 변이음으로 실현된다.

'음소'에 대한 좀더 추상적 개념이 심리학상 화자에 대한 이론과 관련되는지, 아니면 낱소리(= 변이음, 음성)가 오직 형태표상에 대해서 관련 층위가 되는지 여부는 중요한 물음이다. 다음 장에서는 음성계획 처리 단위로서 음소의 개념을 강력하게 뒷받침하는, 말소리 오류로부터 나온 증거들을 논의할 것이다. 화자가 spot-and-kill〔스빹-은-킬〕(얼룩점 및 죽이기)을 말하려고 의도하지만, 우연히 잘못 말하여 s<u>k</u>ot-and-<u>p</u>ill〔스깥-은-필〕로 될 경우가 있다. 이런 경우 변이음이 뒤바뀌

처럼 경음(된소리)으로 나온다. 그렇지만 우리말로는 모두 유기음 '크, 트, 프'로 발음하여 '스키, 스트라잌, 스포츠'처럼 쓰고 있다. 이는 우리말 발음 규칙대로 외래어가 동화된 예들이다.

19) 어떤 언어 환경이 마련되면 '무조건' 적용되어야 하므로, 무조건 변이(*unconditional variation*)라고도 부른다.

는 것이 아니라, 음소 /p/와 /k/가 뒤바뀐다. /p/는 pill〔필〕(알약)에서처럼 유기음으로 될 것이다. 반면에 spot〔스빨〕(얼룩점)에서는 그렇지 않았다. 내체로 머릿속 어휘부에서 낱말들에 대한 형태 명세내역은 /spɒt/과 /pɪl/처럼 음소적인 것이 실제 사례인 듯하다. 화자들은 해당 음절 동작들을 인출하기 위해, 이런 표상을 이용한다. 이들 음절 동작에 대한 음성계획들은 음성적(즉 변이음임)으로 되어 있다. 가령 〔spɒt〕과 〔p'ɪl〕이다.[20]

한 언어의 변별자질에 대한 숫자는 아주 적다. 아마 대략 20개 정도일 듯하다. 그것들은 각각 대체로 독립적으로 제어될 수 있는 조음의 측면이 된다. 더 앞에서 "화자가 하나의 소리를 발음하고 나서 다음 소리를 발음하는 것은 아니"라고 언급하였다. 그보다는 오히려 최소한 음절 크기의 '전체 조음동작들'을 함께 계획한다. 일반적으로 그런 전체 조음동작은 자질 변화뿐만 아니라, 또한 자질 유지도 포함한다. 연이어진 음절 홈들은 어떤 특정한 자질들의 값을 보존할 수 있겠지만, 반면에 다른 자질들의 값도 변화시킬 수 있다. 가령 'manner'〔매너〕(방식/예절)라는 낱말에서, 유성음 자질은 전체 낱말에 걸쳐 계속 유지된다. 또는 비음 자질을 택해 보자. 'Nancy'(낭시)라는 불어 지명 발음은 순서 열 〔n〕과 〔ã〕을 담고 있다. 거기서 〔n〕과 〔ã〕이 모두 콧소리(비음)이다. 비음 자질이 두 개의 소리에 걸쳐 유지되고 있는데, 이는 곧 그 낱말의 전체 첫 음절에 해당한다. 이런 점 때문에, 책의

20) '짧은 i'라고 말해지는 'ɪ' 발음은 우리말의 〔이〕와 조음방식이 같지 않다. 영어에서는 '긴 i'(iː)를 발음할 때에 입을 벌리는 정도(개구도)는 우리말과 같다. 그렇지만 아랫입술을 아래로 그리고 옆으로 찢어지듯 더 벌려 주어야 한다. 이와는 달리 '짧은 i'(ɪ)는 아랫입술은 가만히 놔두되, 코가 간지러워 재치기를 할 때에 윗입술이 코 쪽으로 들려 올라가듯이 윗입술을 벌려야 한다. 따라서 위 또는 아래 입술의 움직임이 달라짐으로써, 듣는 사람에게는 더 확실히 구별되어 들리게 되는 것이다. 한편, Trager and Smith(1957)에서는 긴 모음을 긴장(tense) 모음으로 부르고(iː, uː 등) 짧은 모음을 이완(lax) 모음으로 불렀다(i, u 등).

낱장들처럼 분절음 층렬이 총체 묶음의 자질 층렬이 연결되는 '척추'(*spine*)로 이용되어야 한다고 제안되어 왔다. 우리는 최소한 후두 층렬 및 후두 상위 층렬을 만들 수 있다. 후자는 조음위치 층렬 및 조음방식 층렬로 하위 구분될 수 있다. 이는 클레먼츠(Clements 1985)에 의해서 제안되었다. 이와 다른 대안으로서, 음악 악보 위에서 음들을 위해 그렇게 하듯이, 변별자질 각각에 대하여 하나의 별개의 층렬이나 선을 쓸 수도 있다. 그렇지만 여기서는 이를 추구하지 않을 것이다. 중요한 점은, 조음 계획에 대한 엄격한 분절 그림의 올가미를 피한다는 점이다. 조음동작은 여러 시간대에 걸친 단위들에 영향을 미칠 수 있고, 또한 그렇게 표상되어야 한다.

6) 율격 층렬(*metrical tier*)

말하는 일은 어떤 운율적 과정이다. 화자는 자신의 발화를 강세와 비-강세 음절들의 유형에 따라 조직하며, 다른 음절들에 대하여 다양한 정도의 강세와 악센트를 배당할 수 있다. 이런 측면에서, 발화산출은 음악의 산출과 유다르지 않다. 리듬의 짜임새는 아마 음악의 가장 보편적인 속성일 것이다. 언제나 둘이나 셋 또는 그 이상의 묶음으로 박자를 규칙적으로 조직한다. 거의 언제나 율격 조직화는 어느 정도 계층적이다(Longuet-Higgins 1987). 물론, 발화에서는 음악에서의 격식처럼 고정된 시간 단위는 없다. 그렇지만 분명히 박자들의 어떤 계층적 짜임새가 존재한다.

발화의 낱말 층위에서, 다중음절 낱말도 또한 율격 유형을 지닌다고 말할 수 있다. 이런 유형이 율격 층렬에 표상된다. 율격 층렬은 음절 층렬과 연합되어 있다. 강세는 음절에 대한 소리 속성이다. 특히 그 속성은 입말 음절의 지속에 반영되어 있다. 음절이 강세를 받으면, 강세를 받지 않은 경우보다 좀더 길어진다. <u>fór</u>mal〔포:멀〕(공식적인/형식적인)에 있는 강세 받은 음절 for는 <u>for</u>lórn〔포로:은〕(버림받은)에 있는 for보다 더 길다. 이런 관점에서, 율격 층렬은 다음처럼 음절이 이어진 서로 다른 길이의 음표 열로 나타낼 수도 있다.

♪. ♪	♪ ♪.
for mal	for lorn
〔포: 멀〕	〔포 로:은〕

그렇지만, 이것은 너무 암시적일 듯하다. 음절 지속이 강세 변이가 실현되는 유일한 방식은 아니다. 강세는 또한 부분적으로 진폭(*amplitude*) 혹은 강도(*intensity*)상의 변이에 의해서, 그리고 음높이 운동(*pitch movement*)에 의해서 실현된다.[21] 강세는 순수히 시간적 표상보다는, 좀더 추상적인 표상이 필요하다. 더욱이 모음의 질과도 어떤 관련이 있다. forlorn〔포로:은〕과 formal〔포:멀〕에 있는 첫 음절의 음소 /ɔ/는 다르게 실현된다. 영어에서 모음이 강세가 없을 경우, 그 질은 강세를 받은 변이음과 차이가 난다. 간단히 말해, '강세'도 또한 '음소'와 같이 어떤 추상적 범주이다. 강세는 언어에 따라서, 그리고 화자에 따라서, 서로 다른 방식으로 실현된다.

율격 층렬 위에서 낱말의 강세 유형을 표상하는 한 가지 매력적인 방식은 이른바 '율격 격자'(*metrical grid*)라는 수단을 이용하는 것이다

---

21) Borden · Harris · Raphael(1994, 김기호 · 양병곤 · 고도홍 · 구희산 2000:42이하) 《음성과학: 조음 · 음향 · 청각음성학》(한국문화사)을 보면, pitch(음높이)는 말소리의 진동 주파수(*frequency*)와 관련된다. 주파수는 물리적인 계측 내용이지만, pitch(음높이)는 심리적 계측 내용이다. 주파수는 1초 동안 진동 주기 횟수를 헤르츠(Hz)나 1초당 주기(cps)로 표시한다. pitch(음높이)는 멜(mel)로 표시한다. 주파수는 1초당 진동 주기수를 가리키는 것이고, pitch(음높이)는 그 주파수의 지각(조화음의 기본 주파수를 지각)을 가리키는 것이다. 이들은 주파수 1,000Hz 이하에서는 1차 방정식으로 나타낼 수 있지만, 그 이상으로 올라가면 곡선 그래프를 그린다.

(Prince 1983; Selkirk 1984a). 그것은 각 음절에 하나 이상의 박자를 제공해 준다. California〔캘리포:녀〕라는 낱말을 택해 보자. 그것은 다음과 같은 박자 유형을 갖고 있다.

		×	
×		×	
×	×	×	×
Ca	li	for	nia
캘	리	포	녀

주요 낱말 강세나 낱말 악센트는 세 번째 음절인 for 위에 있다. 두 번째 강세는 첫 번째 음절 Ca에 놓인다. 나머지 두 음절은 모두 최소량의 강세를 지닌다. 대부분의 경우에서 우리는 한 낱말의 기본 강세 유형이 화자에게 간단히 이용될 수 있다고 가정한다. 그러나 알려지지 않은 인쇄된 낱말을 대할 경우에, 토박이 화자가 즉각 그 언어 규칙에 합치되는 어떤 강세 유형을 배당하는 것은 분명히 흥미롭다. 가령, 아무렇게나 만든 무의미 낱말 pefinarca〔퍼퓌나:커〕는 거의 California〔캘리포:녀〕와 같이 동일한 강세 유형을 받을 것 같다. 화자들은 강세 배당 규칙들을 무의식적으로 적용한다. 그 규칙은 언어 지식의 일부인 것이다.

이 자리가 영어의 율격 규칙들을 개관하는 곳이 아니지만(특히 Selkirk 1984a를 보기 바람), 강세 배당에서의 주요한 경향들이 언급될 수 있다.

아주 일반적인 첫 번째 관찰은, 한 음절의 운이 강세 유인(*stress attraction*)에서 중요하지만, 반면에 기부는 거기에 아무런 역할도 하지 않는다는 점이다. 한 음절이 가지를 나누어 놓는 운을 가질 경우에, '무거운 음절'(*heavy syllable*)이라고 불린다. 즉, California에 있는 for와 같이 단일한 V보다 운이 더 많을 경우이다. 무거운 음절은 자신의 세로 단(*column*)에서 별도의 박자를 얻게 될 것이다. 하나의 V운을 지닌 음절들은 '가벼운 음절'로 불린다. 가벼운 음절은 무게(*heaviness*)를 위해 별도로 박자를 얻지는 않는다.

두 번째로 강세 교체(*stress alternation*)를 향한 강력한 경향이 있다. 화자들은 강세를 받는 두 음절의 연결을 싫어한다. 가령, 두 개의 무거운 음절의 연결이 있기 때문에, 무거운 음절 연결회피가 임박하였다면, 그것들 중 한 음절은 하나의 박자를 잃을 것이다. 반면에, 화자들은 강세를 받지 않은 음절들의 연결도 싫어한다. 특히 그것들이 세 개 이상의 음절일 경우에 그러하다. 화자는 그런 유형을 깨뜨리기 위하여 박자를 추가해 놓을 것이다. 결과적으로 대안이 되는 강세 유형이 California에 실현되지만, 또한 대부분의 다른 다중음절 낱말에서도 그러하다.

세 번째로, 접사들이 강세 배당에서 특별한 몫을 맡는다. 접두사와 접미사들은 영어에서 결코 강세를 받지 않는다. 접사들은 오직 양끝이 아닌 위치에서만 강세를 받을 수 있으며, 오직 어근 접사일 경우에만 그러하다. 가령, natio<u>nal</u>ity〔네셔<u>낼</u>러티〕(국적/민족성)에서 al에 대한 경우이다.

네 번째로, 허사(조동사 · 대명사 · 관사 등)들은 마치 접사처럼 강세를 받지 않는 경향이 있다. 사실상 음운론적으로 허사들은 전혀 낱말이 아니다.

다섯 번째로, 표면구조 생성에서 레마가 음높이 악센트(*pitch accent*)를 배당받았을 경우에, 최소한 별도의 한 박자가 낱말 악센트를 지닌 음절에 배당된다. 가령, 화자가 'Were you born in Oregon?'(당신이 오리건 주에서 태어났어요?)라는 질문에 대하여 다음과 같이 대답을 할 경우에

No, in California.
(아뇨, 캘리포니아 주예요)

California에 대한 율격 격자(*metrical grid*)는 다음과 같을 것이다.

```
              ×
              ×
  ×           ×
  ×     ×     ×     ×
  Ca    li    for   nia
```

따라서 California의 강세 유형이 화자의 낱말형태 어휘부에 저장된다면, 그것은 음높이 악센트(*pitch accent*)의 특수 자질을 알맞게 받아들이도록 조절될 수 있다. 한 낱말의 기본적인 율격 유형에 대한 다른 조정들은, 이웃하고 있는 낱말들과의 강세 충돌로부터 귀결되어 나올 수 있다(제 8장 2절 2항 및 제 10장 2절 1항을 참고하기 바람).

7) 억양 층렬

지금까지 우리는 한 낱말에 대하여 영어 화자가 구성하는 음성계획이 크게 머릿속 어휘부에 저장되어 있는 정보로부터 도출됨을 살펴보았다. 형태소와 낱말에 대한 음소 구성체가 어휘부에 저장되어 있는 것이다. 따라서 그 언어의 음절에 대한 낱소리(변이음) 구성도 사뭇 그럴 가능성이 있다.[22] 한 낱말에 대한 음성계획을 생성하기 위하여, 화자는 음성적 음절 부호(*phonetic syllabic code*)를 인출하기 위한 열쇠로서 음소 부호를 이용한다. 이런 과정은 제 9장의 주제이다. 그러나

---

22) 이런 생각은 음운론 발전 과정에서 음소의 '추상성'을 너무 강조한 데 대한 반발로 나온 자연 음운론(*Natural Phonology*)에서부터 시작된다. 가령 우리말의 예를 들어보면, 변칙활용을 하는 낱말들은 최소한 두 개 이상의 어근을 머릿속에 저장하고 있다고 본다. 즉, '걷다'는 '걷고, 걸어서 …'로 활용되는데, 하나의 추상적인 기본형을 머릿속 어휘부에 저장하고 있는 것이 아니라, 조건에 따라 실현되는 두 개의 어근 '걷-, 걸-'을 모두 함께 기억하고 있는 것이다. 여기서 말하는 '변이음(*allophonic*) 조건'은 이런 방식으로 이해되어야 한다.

그 낱말의 음성 형태에 대한 어떤 측면들은 어휘부에 저장되어 있지 않고, 계속 구성되어 나와야 한다. 영어와 여러 다른 언어에서, 이는 한 낱말의 억양 유형에 대하여 참이 된다. 이런 유형은 그 낱말의 상세 유형과 신중히 구별되어야 한다. 동일한 강세 유형이 아주 상이한 억양 유형과 함께 어울릴 수 있다. 다음에 California에 대한 몇 가지 가능한 억양 윤곽이 제시되어 있다.

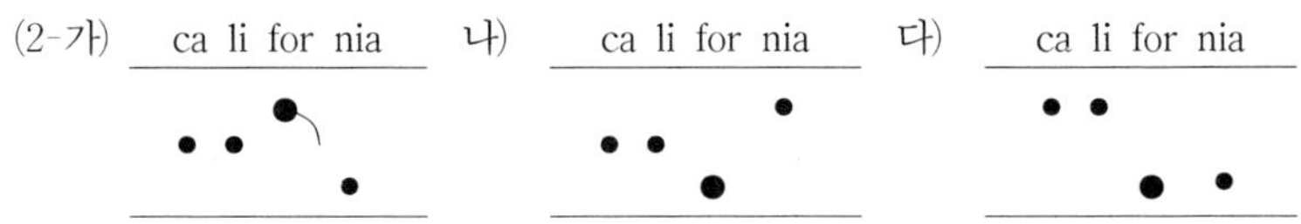

이들 서로 다른 윤곽들이 자연스럽게 발화되는 맥락을 생각해 내는 것은 어렵지 않다. (2-가)는 다음과 같이 단순한 서술 발화에 나타날 수 있다.

'I live in California.'
(나는 캘리포니아 주에 삽니다.)

(2-나)는 다음과 같이 의문문에 쓰일 수 있다.

'Do you live in California?'
(당신은 캘리포니아 주에 삽니까?)

(2-다)는 다음과 같이 감탄하는 문장에 나올 수 있다.

'California again!'
(캘리포니아여, 또 다시!)

세 가지 억양 윤곽들이 서로 다른 세 가지 기능들을 수행한다. 그러나 그것들이 모두 어휘상으로 California의 세 가지 다른 모습으로 저장되어 있는 것은 아니다. 오히려, 그것들은 그 낱말이 참여하는 억양구(*intonational phrase*)로부터 도출되어 나온다.

세 가지 구에서 모두 California는 음높이 악센트를 갖고 있다. 이 음높이 악센트는 그 낱말 악센트를 담고 있는 음절(즉 for임)에 대한 음높이의 차단에 의해서 앞쪽으로든지 아니면 뒤쪽으로든지 모든 억양 윤곽들에서 실현된다. 한 낱말의 억양 모습은 대체로 그것이 음높이 악센트(*pitch accent*)인지 여부에 의해서, 그리고 억양구에서 그것이 어디에 실현되는지에 의해서 결정된다. 여기에 대한 더 많은 내용이 제 8장 2절 3항에서 언급될 것이다.

8) 형태-음소 관계

지금까지 낱말들의 형태론적 구조와 음운론적 구조를 다루어 왔다. 분명히, 두 구조는 긴밀히 관련된다. 음성계획의 음절 홈들에 나타나는 음성 재료는, 한 낱말의 형태소들에 대한 음소 속성들로부터 기원되어 나온다. 그러나 음절 경계가 언제나 형태소 경계를 준수하는 것은 아니다. 형태소 층위로부터 음절 층위로 진행해 나가면서 여러 가지 재배열이 일어난다. 도중에 음소들이 첨가되거나 탈락되며, 자질 값들도 바뀔 수 있다. 이런 모든 것이 '형태-음소 규칙'에 의해 지배된다. 이들 규칙은 여기서 자세히 논의되지 않을 것이다. 다만 영어에서 복수 형태소가 택할 수 있는 상이한 규칙적 음성 모습들만 살펴보게 될 것이다.

pit〔핕〕(과일씨/구덩이) → pits〔핕스〕(복수 형태에 /-s/의 첨가)
toad〔토:드〕(두꺼비) → toads〔토:드즈〕(복수 형태에 /-z/의 첨가)
edge〔에쥐〕(가장자리) → edges〔에쥐즈〕(복수 형태에 /-ɪz/의 첨가)

여기서 우리는 상이한 분절음의 첨가와 재음절화를 본다(/-ɪz/의 경우). 동일한 형태소의 그런 변이체는 변이형태(*allomorphs*)라고 불린다. 단수와 복수 사이의 형태-음소론적 관계들은 영어 토박이 화자에게 알려져 있다. 그것들은 다음처럼 무의미 낱말에도 쉽게 적용된다.

무의미 낱말 rit〔륕〕→rits〔륕스〕(복수 형태에 /-s/의 첨가)
무의미 낱말 tood〔투드〕→toods〔투드즈〕(복수 형태에 /-z/의 첨가)
무의미 낱말 losh〔라슈〕→loshes〔라쉬즈〕(복수 형태에 /-ɪz/의 첨가)

이는 각각의 명사에 대하여 단수와 복수 사이의 형태-음소론적 관계가 화자의 머릿속 어휘부에서 저장되어 있을 뿐만 아니라, 또한 새로운 낱말에도 생산적으로 적용할 수 있는 일련의 규칙들로서 저장되어 있음을 의미한다. 이들 규칙은 아주 간단하다. 그 규칙들은 명사의 마지막 분절음을 가리킨다. 그 분절음이 유성음인지, 설정성 자음인지, 조찰성 자음(*strident*)인지[23] 여부이다. 그 규칙들은 다음과 같이 소유격에 대해서도 똑같은 방식으로 적용된다.

the pit's taste〔더 핕스 테이슽〕(씨의 맛) (소유격 /-s/의 첨가)
the toad's leg〔더 토:드즈 레그〕(두꺼비 다리) (소유격 /-z/의 첨가)
the edge's sharpness〔더 에쥐즈 샵니스〕(날의 예리함) (소유격 /-ɪz/의 첨가)

이것으로 단일한 낱말들을 놓고서 화자의 음성계획에 대한 개관을

23) 이기문·김진우·이상억(1984:105) 《국어음운론》(학연사)에서는 조음(噪音, 시끄러운 소리)으로 번역하였지만, 동일한 번역 용어가 obstruent(장애음/저해음/조음)에서도 쓰인다는 문제가 있다. 여기서는 구희산·고도홍·양병곤·김기호·안성철 역(1998:527) 《음성학과 음운론》(한신문화사)에서 쓴 '조찰성'을 따른다. 이는 시끄러운 치찰음 's'를 부드러운 마찰음 'θ'와 구별해 주려는 것이다.

끝마친다. 그러나 한 낱말의 마지막 음성 모습은 또한 그것이 실현되는 맥락에도 달려 있다. 낱말들은 연속 발화에서 그 환경에 동화된다. 이것이 분절음 구성에는 물론, 율격 속성들에도 영향을 미칠 수 있다. 더욱이 낱말들은 발화의 선율에도 참여한다.

2. 연속 발화를 위한 계획

연속 발화를 위한 음성계획도 또한 여러 층으로 나뉜 구조로 표상될 수 있다. 사실상, 그 층렬들은 낱말 수준의 층렬과 다를 것이 없다. 뼈대 층렬에서는 높고 낮은 공명음 홈들의 연결이 있다. 이들 홈에 있는 낱소리는 분절음 층렬에서 표상된다. 그것들을 음절과 음절 구성성분으로 나누어 놓는 일은 음절 층렬에서 표상된다. 여러 음절들에 걸친 강세 유형은 율격 층렬에서 표상된다. 발화 선율(*utterance melody*)은 억양 층렬에 나타난다. 여기서 우리는 오직 낱말 계획의 연산과 차이가 나도록 만드는 계획의 측면들에만 관심을 갖게 될 것이다. 실제로 분절음과 음절 층위에서, 율격 층위에서, 그리고 억양 층위에서 차이점들이 존재한다.

1) 분절음과 음절

연속 발화를 위한 음성계획은 '변이형태 · 접어화 · 재음절화'에 대한 어떤 특정 선택을 포함할 수 있다. 이들 현상에 대하여 몇 가지 사례를 살펴보기로 한다.

영어 '조동사 축약'에서는 변이형태에 대한 특정한 선택이 있다. have와 is 같은 조동사들은 축약된 형태를 갖는다. 이는 특정한 연속 발화 상황에서 선택된다. 'I have bought it'(내가 그것을 샀다)이라고 말하기보다, 다음과 같이 오히려 축약시킨 형태를 선택할 것이다.

'I've bought it'

비슷하게 연속발화 상황에서는 'Dick is running'(딕이 달리고 있다) 보다는 다음과 같이 축약시킨 형태를 선택하여 말할 것이다.

'Dick's running'

이들의 경우에 축약된 이형태 /-v/ 또는 /-z/는 하나의 낱말로 홀로 설 수 없다. 이것들이 음절이 아니기 때문이다. 오히려, 'I've'와 'Dick's'를 만들기 위하여, 앞에 있는 낱말에 변이형태를 붙여놓음으로써, 새로운 유사 낱말 단위가 형성된다. 이것은 접어화(*cliticization*)로 불린다. /-v/와 /-z/가 앞에 있는 낱말에 달라붙는 것이다. 그 새로운 열은 '음운낱말'(*phonological word*)이라고 불린다. 그런 접어화의 어휘적 지위에 대해서는 알려진 것이 거의 없다.

음운낱말 'I've'가 화자의 머릿속 어휘부에 저장된 하나의 어휘 요소일 것인가? 아마도 그럴 것이다. 왜냐하면 그 잦은 빈도 때문이다. 그러나 'Dick's'는 'Dick is'의 의미를 지니고서 이미 머릿속에 저장된 항목일 것 같지는 않다(단 화자가 우연히 Dick에게 시집을 가서, 언제나 자기 남편에 대해서만 말하는 잦은 빈도의 경우는 예외로 함). 어쨌든, 표면구조에서 서로 다른 두 가지 어휘 항목의 연속은 연속 발화를 위한 음성계획에서 하나의 단일한 유사 낱말 단위로 실현될 가능성이 있다.[24] 이런 내용에 대한 자세한 분석을 보려면 케이씨(Kaisse 1985),

---

24) 우리말에서도 이런 현상이 관찰된다. 가령, '-잖-'라는 융합된 어미는 '-지 않-' 또는 '-지 아니하-'로 환원될 수 없는 용례들이 많다. "철이가 지금 막 오잖니!/ 괜찮니?/ 적잖이 술을 마셨다." 또한 '-단다' 또는 '-대'라는 형태도 '-다

네스퍼 · 보우글(Nespor and Vogel 1986)을 참고하기 바란다.

낱말들이 연속 발화에서 나란히 병치되는 경우에, 그것들은 자신의 연결 마디에서 재음절화 과정을 밟을 가능성이 있다. 실제로 그 낱말이 고립된 채 말해질 경우에는, 분절음들이 결여된 채 실현된다. 영국 영어에서 한 가지 예를 가져오기로 한다. /r/ 생략이다. /r/은 음절 끝 위치에서 소리가 나지 않는다. 따라서 car(자동차)는 〔kɑ〕(카)로 발음되고, care(돌봄)은 〔kɛː〕(케ː)로 발음된다. 그러나 음절의 첫 위치에 있을 경우에는, carry(가져가다) 또는 caring(돌보기)의 〔kæ-ri〕(캐뤼)와 〔kɛə-rɪŋ〕(케어륑)에서처럼, 그 발음이 다시 나타난다. 이는 낱말 내부의 현상이다. 이 현상이 연속 발화에서 낱말들에 걸쳐서도 일어나는지 궁금하게 여길 것이다. 그렇다. 그런 현상이 일어난다. 영국 영어 화자는 다음과 같은 문장에서

'the car is running.'
(그 자동차가 달리고 있다)

조동사 'is'의 접어화 없이 말을 한다. 연결체 'car is'는 〔kɑ-z〕(카즈)로 발음되지 않고, 〔kɑ-riz〕(카뤼즈)로 재음절화된다. car에 있는 /r/ 소리가 이제 다음 음절의 기부에 있게 되고, 따라서 /r/ 발음이 이뤄지는 것이다. 비슷한 현상이 다음과 같이 불어 연음규칙(*liason*)에서도 일어난다.

nous-avons〔누자봉〕(we have …)

고 한다'나 '-다고 해'로 환원되지 않는 사례가 관찰된다. "애야, 비가 온단다! 빨래 거둬들이렴!/ 그 소설이 내용이 참 좋대(설의법 어조로)." 이런 경우를 국어학에서는 형태소 '융합'이라고 부른다('축약'이라면 본래 형태소로 환원이 보장되어야 함). 이 융합 형태들은 영어의 예들과 같이 고유하게 어휘부의 기능범주 요소들로 기억되어야 하는 것들이다.

불어 연음 규칙에 따라 복수 1인칭 대명사의 마지막 /s/ 소리가 다음 음절 시작 위치에서 다시 실현된다.

연속 발화를 위한 음성계획의 분절과 음절 구조는, 고립된 낱말들에 대한 단순한 연산이 아닌 것이다. 특히 변이형태의 사용에 의해서, 접어화에 의해서, 그리고 재음절화에 의해서, 상당한 정도로 재구조화가 가능한 것이다. 이런 저런 재구조화는 특히 빠른 발화에 많이 나타난다. 제 10장에서 다시 이 논제로 돌아갈 것이다.

2) 율격 구조

낱말과 유사 낱말 단위들은 더 작거나 더 큰 운율 단위로 묶이게 된다. 영어와 다른 여러 언어에서 그런 주요 단위는 '억양구'(*intonational phrase*)이다. 용어 이름이 가리키는 대로, 그것은 억양의 한 단위이다. 이는 다음 제 8장 2절 3항에서 논의될 것이다. 예문(3)을 보기 바란다.

(3) //The detective/$_1$ remembered//$_2$ that the station/$_3$ could be entered/$_4$ from the other side as well//$_5$
(//그 탐정은/ 그 기차역이/ 다른 쪽으로부터도/ 들어갈 수 있었음을// 기억해 냈다//)

화자는 다음과 같이 이 문장을 두 개의 억양구 연결로 전달할 수 있다.

'The detective remembered.'
(그 탐정이 기억해 냈다)
'that the station could be entered from the other side as well.'
(그 기차역이 또한 다른 쪽으로부터도 들어갈 수 있었음을)

즉, 그 문장에 대한 두 개의 시제 완형절(또는 기본절)이다. 이렇게 나누는 일은 두 줄 빗금 '//'에 의해 표시되었다. 그러나 억양구도 또한 하나의 내부 율격 구조를 지닌다. 많은 연구자들은 이른바 '음운구'(*phonological phrase*)의 존재를, 억양구의 율격을 구성하는 건축부재(*building block*, 벽돌)로 가정한다(특히 Nespor and Vogel 1986을 참고하기 바람). 이런 견해에 따르면, 각각의 억양구는 하나 또는 그 이상의 음운구로 이뤄진다. 이것들은 다음과 같은 방식으로 표면구조와 관련된 율격 단위들이다(영어에 대하여 그리고 몇 가지 수정 세부사항들을 보류해 둠). 한 문장에 대한 첫 음운구는 그 문장이 시작하는 데에서 시작되며, 명사구(NP)나 동사구(VP)나 형용사구(AP)의 맨 처음 어휘핵어 바로 뒤에서 끝이 난다. 그 다음의 음운구는 바로 앞의 구가 끝나는 지점에서 시작되며, 그 다음의 그런 어휘핵어 뒤에서 끝이 난다. 그렇게 계속 반복된다. 마지막 어휘핵어 뒤에 남아 있는 '꼬리'(*tail*)는 어떤 것이든지 마지막 음운구에 더해진다. 이런 정의에 따르면, 예문 (3)은 다섯 개의 음운구로 이뤄져 있다. 각각 '$/_1$'과 '$//_2$'와 '$/_3$'과 '$/_4$'와 '$//_5$'에 오른쪽 경계를 갖고 있다. 이런 문장에서 각각의 구에 대한 어휘핵어는 detective, remembered, station, entered, side이다.

'음운구'는 이웃한 낱말들의 율격 연대성(*metrical togetherness*)에 의해서 특성 지어진다. 복(Bock 1982), 개뤳(Garrett 1982), 뷘봐잌(Van Wijk 1987)에서는 그것이 실제로 음운 부호화의 단위임, 즉 조음 구성부분을 위한 출력물 꾸러미임을 시사하였다. 그렇지만 다른 연구자들(특히 Selkirk 1984a)은 억양구를 그런 '전부-아니면-전무'(*all-or-none*)의 율격 건축부재로 나눠놓지 않는다. 그들은 오히려 억양구에서 이웃한 낱말들 사이에 있는 율격 연대성의 다양한 정도를 가정한다. 이런 견해에서는, 화자가 어느 정도의 율격 연대성을 준수할 것이라는 점을 제외하면, 억양구를 더 작은 음운론적 꾸러미들로 나눠놓는 엄격한 규칙이란 존재하지 않는다. 달리 말하여, 화자는 어떤 선택사항을 갖고 있는데, 이를 조음기관을 위한 어떤 '꾸러미'(*package*)를 완결짓는 데 이용하거나 이용하지 않을 수 있다. 이용 가능한 선택사항을 이용할 것인지 여부는 다양한 수행 요소들에 달려 있으며, 이를 제 10장에서 다룰 것이다. 가령, 예문(3)에서 화자는 낱말 묶음 the detective(그 탐정은)를 계획한 뒤에 휴지를 위한 선택사항을 무시하고서, 동일한 음운구에 remembered(기억해 냈다)를 추가할 수 있다. 따라서 하나의 출력 꾸러미로서 'the detective remembered'(그 탐정이 기억해 냈다)를 만들어 내게 된다.

그렇다면 살펴보아야 할 논제가 두 가지 있다. ① 화자가 하나의 음운구를 완결짓기 위한 선택사항들이 어디에 있는가? ② 무엇이 화자로 하여금 이용 가능한 선택사항을 쓰도록 만드는 것인가? 두 번째 논제는 제 10장에서 다루어질 것이다. 여기서는 앞의 논제만을 살펴보기로 한다.

더 나은 선택과 더 나쁜 선택이 있다. 하나의 음운구를 완결짓기 위한 아주 좋은 자리는 한 문장의 끝이거나(위에 있는 예문에서 '$/\!/_5$'로 표시된 자리), 또는 절의 끝이다(위 예문에서 '$/\!/_2$'로 그리고 '$/\!/_5$'로 표시된 자리). 또한 아주 흔히 절은 각 억양구의 끝이다. 전치사구에 있는 전치사 바로 뒷자리는 좋은 선택이 아니다. from the other side(다른 쪽으로부터도)에서 전치사 from 바로 뒤는 좋은 선택이 아니다. 여러 가지 요인이 좋은 선택을 이루기 위해 공모한다. 휴지를 위한 잠재적인 위치를 몇 가지 개관하기로 한다.

휴지가 가능한 위치

㉠ 하나의 억양구 끝. 이런 휴지는 의무적이다.

㉡ 한 문장 구성부분의 끝. 한 문장 구성부분은 최종적인 나뭇가지 그림에서(제 7장 1절 3항 참고) 문장 교점 S로 전달되는 교점이다. 일반적으로 이는 문장의 주어와 술어에 해당된다.

㉢ 다중 낱말 구의 끝. 명사구 · 동사구 · 형용사구 · 전치사구의 끝은 운율적 휴지(*prosodic break*)를 위한 좋은 선택이다.

㉣ 명사구 · 동사구 · 형용사구의 어휘핵어 뒤(즉 앞에서 음운구를 정의하는 데에 이용된 기준임). 좋은 휴지 지점은 구성부분 마지막 위치가 아닐지라도, 동사구의 주동사 뒤, 또는 명사구에서 주(*main*) 명사 뒤이다.

㉤ 실사 뒤. 스스로 고치기를 제외한다면, 한 낱말 안에서 화자가 쉬는 경우는 거의 없다. 그리고 화자가 한 낱말 뒤에서 쉰다면, 일반적으로 그 낱말은 실사이다. 구 마지막에 위치한 허사에는 좀처럼 휴지가 뒤따르지 않는다. 가령, 화자가 뒤이어지는 핵어 명사에 접속하는 데 곤란을 느낄 경우를 제외하고서, 일반적으로 전치사구의 핵어는 휴지가 뒤따르지 않는다.

쎌컥(Selkirk 1984a)은 위에 있는 요소들을 놓고서 각각 율격 격자에다 '묵음 반박자'(*silent demibeats*)를(편의상 이 책에서는 대신 '묵음 박자'라는 용어를 쓸 것임) 추가함으로써, 이들 선택을 나타내었다. 다음에 그녀가 제시한 예가 하나 있다.[25]

```
 ×          ×                ×      ×
 ×          ×          ×     ×      ×
 × ×  ×××   ××    ××   ×     × ×  ×  × ×  ×××××
Mary       finished       her  Russian   novel
```

맨 첫 낱말 Mary는 세 개의 묵음 박자가 뒤따른다. 하나는 Mary가

25) 수식어 '러시아'는 '러시아 말로 된' 또는 '러시아 사람이 쓴'의 중의적인 뜻을 지닌다. '소설을 끝마치다'라는 표현도 소설 집필을 끝마치거나, 또는 소설 읽기를 다 마쳤다는 뜻이 들어 있다. '그녀의 소설'도 구입해 놓은 소설을 가리킬 수도 있고, 직접 집필한 소설일 수도 있다. 우리말 번역에서 '그녀의'는 주어인 Mary가 아니라 다른 제 3의 여성도 가리킬 수 있으므로, Mary를 가리키기 위해서 '자신의'라고 적어 둔다.

실사이기 때문이고(ⓜ), 하나는 구의 핵어이기 때문이며(ⓡ), 다른 하나는 하나의 문장 구성부분을 완결짓기 때문이다(ⓛ). 두 번째 있는 낱말 finished는 두 개의 묶음 박사가 뒤따른다. 왜냐하면 그것이 실사이기 때문이며(ⓜ), 구의 핵어이기 때문이다(ⓡ). 소유 대명사 her는 실사도 아니며(ⓜ), 또한 묶음 박자의 추가를 위한 어떤 다른 조건도 충족시키지 못한다 등. 물론 그런 율격 격자의 표상이 낱말들 사이에서 휴지 지속의 직접적 표상으로 해석되어서는 안 된다. 오히려, 이는 낱말들의 율격 연대성의 정도를 나타낸다. 율격상으로 her(그녀의)와 Russian(러시아의)라는 두 낱말의 연대성은, finished(끝마쳤다)와 her(그녀의) 사이에 있는 연대성보다 더 강하다. 최선의 휴지 선택은, 가장 적은 율격 연대성이 있는 지점들이다. 현재의 예문에서는 그것이 Mary와 finished 사이, 그리고 finished와 her 사이이다. 음운구의 분석에서, 이것은 정확히 이 문장에 대한 세 가지 음운구 사이에 있는 경계들이다. 즉, 'Mary'와 'finished'와 'her Russian novel' 사이의 경계이다.

비록 화자가 모든 주요 휴지 선택을 하지 않는다고 해도, 다른 율격 수단에 의해서 자신의 발화에 대한 구 구조를 강조할 수도 있다. 가령, 한 음절을 약간 끌거나 또는 율격적인 시행의 중간휴지(*caesura*)가[26] 있는 작은 휴지를 하나 집어넣을 수도 있는 것이다. 더욱이, 그 구에서 마지막 위치에 있는 이미 우세한 낱말에다 운율 우세성을 더해 놓을 수도 있다. 이는 '핵 강세 부여 규칙'(*nuclear stress rule*)으로 불린다(Chomsky and Halle 1968; Selkirk 1984a; 앞에 있는 제5장 2절 2항 참고 바람). 다시 한 번 앞 예문을 보기로 한다.

---

26) 조성식 외(1990:156) 《영어학 사전》(신아사)에 보면, 어원은 라틴어 끊기(*cutting*)이다. 시행의 중간에서 의미나 격조가 끊김에 따라 조금 쉬는 곳이다. 이는 시행의 끝 위치에서 쉬는 휴지(*end pause*)와 대립된다.

'Mary finished her Russian novel.'
(메리가 자신의 러시아 소설을 끝마쳤다)

명사구 her Russian novel(자신의 러시아 소설)은 자신의 어휘핵어로서 novel(소설)을 갖고 있다. 이는 마지막 위치의 우세한 낱말이다. 핵 강세 부여 규칙은 그 구에 있는 다른 모든 낱말보다 그 낱말이 더 우세해지도록 요구한다. 따라서 그 낱말에 추가 박자가 주어진다. 추가 박자와 더불어, 핵 강세 부여 규칙에 따라 novel은 또한 뒤의 구에서 가장 우세한 낱말이다. 마지막으로, novel은 또한 전체 문장의 가장 마지막 낱말이다. 따라서 또한 그 문장에 대해서 가장 우세한 낱말이 되어야 한다. 자신의 추가된 박자와 더불어, novel이 그렇게 우세해지게 된다. 귀결되어 나온 율격 격자는 다음과 같다.

```
                                             ×
×          ×              ×     ×
×          ×         ×    ×     ×
×× ×××     ××    ××  ×    × ×  ×  ××  ×××××
Mary       finished  her  Russian  novel
```

그렇다면 이상적으로 말하여, 문장의 표면구조는 다양한 율격 수단에 의해서 강조될 수 있다. 사실상 유창한 발화에서 실현되는지 여부와 그 실현 정도는 다른 사안이다. 유념해 두어야 할 것은 "음높이 악센트가 다른 모든 것들을 무효로 만든다"는 점이다. 만일 화자에게 her에다 음높이 악센트를 줄 이유가 있다면(가령 his Russian novel〔그 남자의 러시아 소설〕과 대조되도록 만들기 위하여), her에 가장 큰 두드러짐이 주어질 것이며, novel에는 거의 강세가 없는 듯이 될 것이다.

언급되어야 할 마지막 재조정은, 높고 낮은 강세들에 대한 최적의 교체를 촉진하는 것이다. 화자는 하나의 율격묶음이나 또는 하나의 음운구 속에서 강세의 충돌을 피하려고 애쓸 것이다. 가령, 형용사 abstrAct〔앱스트뢕트〕(추상적인)를 들어보자. 그 낱말의 악센트는 제2음절에 놓여 있다.[27] 그러나 'Abstract Art'(추상화)란 구에서는, 그 낱말의 악센트가 제 1음절에 나타날 것이다. 쎌컥(1984a)은 이들 뒤바뀜 현상들에 대하여 체계적 처리를 제시해 준다. 이를 '박자 이동'(*beat movement*)으로 부른다. 그 박자가 art에 있는 악센트와의 강세 충돌을 피하기 위해서, abstract의 끝에서 두 번째 음절 abst로 이동한다. 이미 낱말 수준에서 살펴보았던 강세 교체 경향은, 또한 분명히 낱말들의 연결된 율격묶음들 안에서도 성립한다. 영어 화자들이 하나의 음운구 속에서는 강세를 받은 음절들의 연결을 싫어한다.

화자의 율격 계획에 대한 이 절이, 말하기 속도를 언급하지 않고서는 완결될 수 없을 것이다. 디스(Deese 1984)는 정상적 대화의 말하기에서 1초당 5~6음절이라는 말하기 속도를 찾아내었다.[28] 화자들은 실질적으로 속도를 높일 수 있다. 틈틈이 1초당 8음절 정도를 담는 아주 빠른 속도의 짤막한 발화 연결체들이 있다. 디스(1984)는 최소한 그런 속도 증가에 의해 떠맡게 되는 몇 가지 기능을 인식할 수 있었다. ① 우리가 발언 순서를 차지해야만 됐을 경우이다. 화자는 발언권을 유지하기 위하여, 문장 종결 쪽을 향해 속도를 내며, 곧장 다음 문장으로 가야 한다. 이런 문장 사이의 연결은 대화 상대방이 문장 끝에서 다음 발언 순서를 빼앗아 가 버리는 일을 방지하기 위해 실행된다. ② 다른 기능은 정서 표출이다. 어떤 것을 온순하게 단정하지 않는 방식으로 말하는 것이다. 아마 이는 다음과 같은 발화에서 생겨났을 것이다.

---

27) 음절이 〔앱스트＋뢕트〕처럼 2음절로 나뉜다.

28) 말소리 산출 속도에 대하여 《말하기 1》의 57쪽에서는 1초에 2~3개 낱말, 1초에 15개 음소를 산출한다고 언급하였다. 또한 406쪽에서는 1분당 150개 낱말을 산출한다고 언급하였다.

There's a very recent paper. I'm trying to think of the author of it. (거기 아주 최근 논문이 있어. 내가 그 논문의 필자를 생각해 내려고 하고 있거든)

두 번째 문장은 아주 빠르게 그리고 납작하게 눌린 억양으로 말해졌다. 분명히, 그러한 속도 매개인자들도 화자의 음성계획에 들어가 있어야 한다.

비록 연속 발화의 운율이 개별 낱말의 율격 속성 위에 세워져 있지만, 그것은 그 나름의 추가 자질을 지닌다. 첫째, 말하기 속도가 있다. 이는 상호작용적이며 감정표출적 기능에 기여할 수 있다. 둘째, 구의 어휘핵어 쪽으로 이끌어 가는 짤막한 연결체에서, 한 묶음의 낱말들이 있다. 이들 작은 율격묶음 속에서, 강세를 교체하는 쪽으로 가는 경향이 있을 것이다. 셋째, 이들 율격 단위나 음운구가 더 큰 유형들을 형성하기 위하여 결합할 수도 있으며, 그 율격 속성들이 특히 핵강세 부여 규칙을 통해서 어느 정도 표면구조 관련성을 강조할 수 있다. 음높이 악센트 마루(*peak*)들은 연속 발화의 율격 유형에서 아주 유표적이다. 좀더 크고 이어진 율격 유형들은 보통 '억양구'로 불린다. 왜냐하면 그것들이 임의의 발화에 선율(*melody*)을 할당해 주는 범위를 구성하기 때문이다.

3) 억 양

억양을 갖춘 언어에서 연속 발화의 가장 특징적인 형식 속성은 선율(*melody*)이다. 우리는 앞에서 영어 화자의 어휘부 속에 낱말들에 대한 억양 유형이 담겨 있지 않고, 다만 강세 유형들만이 담겨져 있음을 살펴보았다. 한 낱말의 억양은 낱말 악센트에 대하여 ① 어느 음절이 어휘상으로 유표적인지에 달려 있고, ② 그 낱말이 표면구조에서 초점으로 되는지 여부에(즉 그 낱말이 음높이 악센트를 받아야 하는지 여부에)

달려 있으며, ③ 그 낱말이 함께 참여하는 문장 선율에 달려 있다.

가장 먼저, 억양은 정서표출 기제이다. 음높이 악센트는 어떤 개념의 두드러짐을 표현하거나, 화자에 의해 유도되는 흥밋거리를 표현하거나, 또는 대조되는 역할을 표현한다. 어떤 발화의 선율은 화자의 감정과 태도를 표현한다. 선율은 '발화의 수사학적 힘 · 그 무게 · 메스꺼움 · 의도된 친밀감이나 적대감' 등을 전달하는 주요 기제이다. 그것은 또한 발화를 지속하거나 그만두려는, 또는 대화 상대방에게 발언권을 넘겨주려는 화자의 의도를 신호해 준다. 언어의 정서표출 기능들은, 비록 그 지시적이고 서술적인 기능에 긴밀하게 조율되지만, 아마 오히려 독자적으로 제어될 수도 있다.

화자의 억양 계획을 논의할 경우에, 우리는 그 뿌리들이 각별함에 유념해야만 한다. 그리고 다른 어떤 발화의 측면들보다도 덜 표상적이며, 더 직접적으로 표출적임에도 유의해야 한다. 여기서는 오직 화자가 자신의 억양 계획 속으로 무엇을 집어넣는지에 대한 소략한 개관의 일부만 제시하기로 한다. 이를 충분히 다루려면, 불가피하게 감정과 태도에 대한 분석을 포함할 것이다. 또한 영국 영어 · 미국 영어 · 화란어 · 독일어 · 스웨덴어 · 불어 그리고 다른 언어들에 대하여 더 확대된 억양 참고문헌들의 개관도 함께 다루어야 할 것이다. 이는 이 책의 범위를 훨씬 넘어 버릴 듯하다(다음 문헌을 참고하기 바란다. Bolinger 1986; Brown, Currie, and Kenworthy 1980; Cruttenden 1986; Cutler and Ladd 1983; Gårding 1983; Gussenhoven 1984; Halliday 1970; 't Hart and Collier 1975; Ladd 1980, 1986; Ladd, Scherer, and Silverman 1986; Liberman and Pierrehumbert 1984; O'Connor and Arnold 1973; Pierrehumbert 1981; Scherer 1986; Thorson 1983; Vaissiére 1983; Van Bezooijen 1984).

■ 억양구의 구조

연속 발화의 억양 윤곽은 '억양구'(*intonational phrase*)로 불리는 더 작거나 혹은 더 큰 구들에 걸쳐 조직된다. 억양구는 하나 또는 둘 이상의 음운구 혹은 율격묶음으로 이루어진다. 그러나 억양구의 크기를 언급하는 일반적인 규칙이란 존재하지 않는다. '말하기 속도・의사소통 상황의 격식성' 등의 요인에 따라, 화자는 더 작거나 더 큰 억양구를 만들려고 결정을 내릴 수 있다. 아주 자연스런 억양구의 사례를 몇 가지 제시하는 것이 도움이 될 듯하다. 하나의 전체로서 문장은, 특히 너무 길지 않을 경우에 종종 하나의 억양구가 된다.

How are you?
(어떻게 지내십니까?)
Go and get the newspaper.
(가서 신문 갖고 와요)
Henry's falling asleep.
(헨리가 졸고 있어요)

이들은 보통 단일한 억양구로 발음된다. 문장이 더 길거나 또는 구조가 더 복잡할 경우에, 둘 또는 셋 이상의 억양구로 쪼개질 수 있다. 이는 다음 예문들에서처럼, 그 문장이 삽입구나 비-한정적 관계절이나 반문하는 수사 의문문을 담고 있을 경우에 아주 자연스럽게 실행된다.

(4) //Connected speech//$_1$ as will now become apparent//$_2$ consists of intonational phrases//$_3$
(//연속 발화는//$_1$ 곧 분명해지겠지만//$_2$ 억양구로 이뤄진다//$_3$)

(5) //The golden temple//$_1$ which is still in use//$_2$ was built by the Siks//$_3$
(//황금 사원은//$_1$ 지금도 이용되는데//$_2$ 시크 교도들에 의해

건립되었다// 3)

(6) //He's your uncle// 1 isn't he?// 2

(//그가 네 삼촌이지// 1 그렇지 않니?// 2)

예문(4)에 있는 as-삽입절과 예문(5)에 있는 비-한정적 관계절과 예문(6)에 있는 반어 의문은 그 나름의 억양구들이다. 예문(4)와 (5)에서 삽입된 구는 주절을 두 부분으로 쪼개고 있으며, 각각 나름대로 억양구가 된다. 예문(6)에서는 수사 의문문 구가 주절에 첨가되었다. 이것 또한 독자적인 억양구이다.

억양구의 존재에 대한 한 가지 직관적 시험은, 문법적 휴지에 의해 이것이 둘러싸일 수 있다는 점이다. 예문(4)~(6)을 소리 내어 읽을 경우, 2중 빗금 표지에 그런 휴지를 삽입하는 것은 아주 자연스럽다. 억양구는 또한 자주 다른 율격 속성들도 보여 준다. 시작 낱말들은 흔히 '시행 시작 잉여음'(*anacrusis*)의[29] 방식으로 말해진다. 즉, 빠른 속도의 악센트 없는 음절들에 대한 열이다. 이는 하나의 전체로서 그 구에 대해 '약박'(*upbeat*)을 만들게 된다. 이는 흔히 억양구 끄트머리에서 일어나는 것과 대조가 된다(즉 마지막 음절 또는 마지막 강세를 받은 음절에 대한 어떤 장음화임). 물론 억양구를 정의하는 특성은 그것이 한 묶음의 어조(*tones*)들 — 유의미한 음높이 형상들 — 중 하나를 구현시켜 보여 준다. 하나의 억양구는 언제나 어떤 종류의 의미 단위이다. 즉 문장이나 절이나 수식어-핵어 결합이나 또는 술어이다. 또한 하나의 억양구에는 언제나 최소한 하나의 음높이 악센트가 존재한다. 아무 요소도 표면구조에서 초점을 받지 않으면, 핵 강세 부여 규칙에 의해

---

29) 조성식 외(1990:60)《영어학 사전》(신아사)에 보면, '시행 시작 잉여음'으로서, 하강 율격을 지닌 시행에서는 율격이 시작되기 전에 '강약' 또는 '강약약' 율격이 나오든지, 상승 율격을 지닌 시행에서는 반대로 '약강' 또는 '약약강' 율격이 나타나는 것을 말한다. 이 책에서는 '약'으로 시작하는 상승 율격의 뜻으로만 설명한다.

서 음높이 악센트는 마지막에 있는 어휘핵어로 간다.

예문(4)~(6)은 오히려 억양구들에 대한 분명한 사례들을 제공해준다. 절—특히 시제가 들어 있는 완형절은, 하나의 억양구로 되기 위하여 특권을 부여받은 후보이다. 그렇다면 문장 수식어도 하나의 독자적 억양구로서 예문(7)에서처럼 따로 마련될 가능성이 있다.

(7) //Unfortunately//$_1$ John had lost his purse//$_2$
(//불행하게도//$_1$ 존은 자신의 지갑을 잃어 버렸다//$_2$)

따로 나눠놓는 억양구의 특별한 사례 하나는 예문(8)에서처럼 이른바 '목록 나열하기'에서 생겨난다.

(8) //Could you bring the tent//$_1$ the barbecue//$_2$ the charcoal //$_3$ and the icebox?//$_4$
(//텐트와//$_1$ 바비큐와//$_2$ 숯과//$_3$ 아이스박스를 좀 들어다 줄 수 있겠습니까?//$_4$)

우리가 억양구의 선율적 속성으로 들어가기 전에, 추가적으로 중요한 개념 하나가 소개되어야 한다. '핵'(*nucleus*)이다. 억양구는 각각 오직 하나의 유일한 핵을 지닌다. 핵은 억양구에서 가장 두드러진 음높이 악센트이다. 만일 오직 하나의 음높이 악센트가 있다면, 그것이 핵이 될 것이다. 더 많이 있다면, 일반적으로 마지막 위치의 것이 가장 두드러진 것으로 될 것이다. 대부분의 억양구에 대하여, 이는 '핵 강세 부여 규칙'의 자연스런 결과이다. 예문(7)에 있는 핵들은 un<u>for</u>tunately의 <u>for</u>와 <u>pur</u>se의 <u>pur</u>이다. 예문(8)에서는 <u>tent</u>, <u>bar</u>(<u>bar</u>becue), <u>char</u>(<u>char</u>coal), <u>ice</u>이다. 여전히 핵이 또한 더 앞의 위치에 나타날 가능성도 있다. 예문(7)에 있는 두 번째 억양구를 택하되, 이번에는 대립적 악센트를 담고 있는 John을 생각해 보자.

jOhn had lost his purse. (as opposed to Peter)
(〔Peter에 대립되는 사람인〕 바로 존이 자기 지갑을 잃어버렸다)

그런 경우에, John이 그 구에서 핵 악센트를 갖는다.

억양구의 핵 음절은 제1악센트를 받는다. 하나의 억양 악센트를 받는 다른 모든 음절들은, 제2악센트를 갖는다고 언급된다. 모든 억양 악센트(간단히 줄여서 '악센트')들은 어떤 종류의 음높이 운동(*pitch movement*)에 의해 만들어진다. 즉 상승이나 하강 또는 상승과 하강의 결합에 의해 만들어지는 것이다. 그러나 강세를 받는 모든 음절들이 억양 악센트를 받는 것은 아니다. 그것들은 모음 장음화에 의해서, 또는 별도로 큰 소리(*loudness*)에 의해서, 운율상 더 두드러지게 될 수 있다. 가령, 'Mary finished her Russian novel'(메리가 자신의 러시아 소설을 끝마쳤다)에서는 음절 Ma, fi, Ru, no에 율격 마루(*peaks*)들이 있었다. 이들이 모두 음높이 이동을 겪는 것은 아니다. 물론 novel의 핵 no가 그러할 것이지만, 다른 세 개의 음절은 일정한 음높이 수준에서 발음될 수 있다. 그런 경우 그것들이 강세를 받겠지만, 악센트를 받는 것은 아니다. 우리는 이것을 제1악센트와 제2악센트에 대립되는 것으로서 '제3강세'(*tertiary stress*)라고 부를 것이다.

비록 억양구의 개념이 널리 쓰이고 받아들여지지만, 논란이 없는 것은 아니다. 래드(Ladd 1986)는 그 이론적이고 경험적인 근거들에 대하여 개관한다.

■ '행간 어조'의 표기

음높이 형상들을 위한 표준화된 표기 체계는 없다. 그런 체계는 너무 구체적이어서도 안 되며, 너무 추상적이어서도 안 된다. 만일 발화의 기본 주파수(그 발화의 F_0,[30] 즉 화자의 성문에 대한 진동 빈도수임)

---

30) 제11장 2절 2항 및 3항에 '성대주름들의 진동 주파수'를 가리키는 기본 주파수

에 대한 실제 과정을 나타내는 것이었다면 너무 구체적이었을 듯하다. 음성계획이 그런 주파수 경로를 모두 상세히 제공해 주지는 않는다. 동일한 음높이 형상이, 남자 목소리보다는 여자 목소리로써 더 높은 주파수 수준에서 발화될 수 있다. 우리가 포착하고자 하는 것이 바로 이런 '동일함'이다. 더욱이 음높이 형상들은 동등한 부류들이다. 동일한 윤곽은 모든 종류의 우연한 변이들과 함께 발화될 수 있다. 우리가 포착하고자 하는 것은 관련 움직임들로서, 억양 의미를 실어 나르는 것들이다. 이들 관련 움직임들은 하알·콜리어('t Hart and Collier 1975)와 다른 음성학자들에 의해서 실험적으로 예시된 것과 같이 아마 오히려 제한된 집합일 것이다.

그 체계는 또한 너무 추상적으로 되어서도 안 된다. 두 부류의 음높이를 높음과 낮음으로 인식하는 것, 즉 모든 음높이 운동을 점멸기 수준의 스위치가 되는 것으로 인식하는 것으로는 아마 충분치 않을 것이다. 가장 중요한 의미를 담고 있는 음높이 현상은, 정확히 음높이 운동의 모습 및 크기에 있다. 그런 속성이 화자의 억양 계획의 표상에서 포착되어야 한다.

아래에서 우리는 이른바 '행간 어조'(*interlinear-tonetic*) 개념을 선택할 것이다(O'Connor and Arnold 1973; 또한 우리가 대체로 이 절에서 따르고 있는 분석으로 Cruttenden 1986을 보기 바람). 이는 너무 구체적인 표상과 너무 추상적인 표상 사이에서 어느 한쪽에도 치우치지 않은 편리한 중간 길로 이끌어 나간다. 이런 표기는 다음 도표에서처럼 예시

에 대한 설명이 나와 있으므로 그곳의 설명과 옮긴이 각주를 참고하기 바란다. 주기파인 각 모음들이 갖는 공명 주파수의 마루들을 F_1, F_2, F_3으로 표시한다. 성대주름에서 나온 기본 주파수 F_0를 바탕으로 하여, 공명이 일어나는 소릿길(구강·인두강·비강)의 모양새가 달라짐으로써, 개별 모음들이 만들어진다. 그 구별은 흔히 두 개의 주파수 마루만 비교하여 보면 알 수 있으므로, 흔히 공명 주파수의 마루 F_1과 F_2만을 따지게 된다. F는 formant(공명 주파수 마루)에서 따왔다.

될 수 있다.

(9)

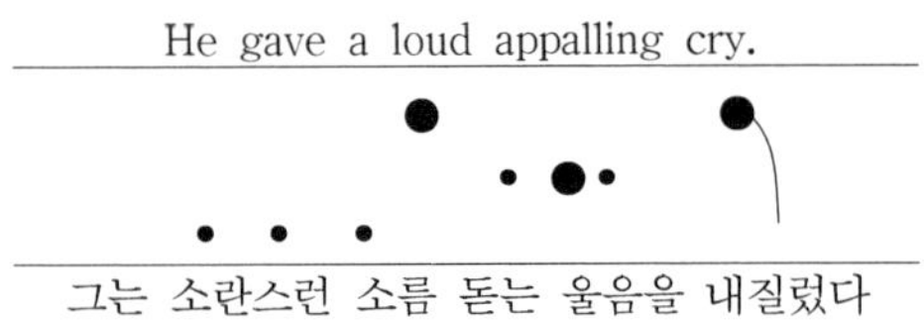

두 개의 수평선은 화자의 음높이 영역에 대한 상한 경계와 하한 경계를 나타낸다. 점들은 음절을 표상한다. 굵은 점들은 강세를 받거나 악센트를 받은 음절이다. 위 예에서는 맨 처음 강세를 받은 음절이 'loud'〔라우드〕(소란스런) 이다. 그것은 음높이 악센트를 지니고, 부정관사 'a'로부터 뛰어 오른다. 이것은 제 2악센트이다. 왜냐하면 loud가 억양구의 핵이 아니기 때문이다. 'appalling'〔어폴링〕(소름 돋는) 에 있는 음절 'pa'도 또한 강세를 받지만, 음높이 이동을 통해서 받는 것이 아니다. 그것은 어떤 균등한 음높이 형상의 한 가운데에 있다. 이것은 제 3강세의 경우이다. 마지막 음절 'cry'〔크롸이〕(울음) 는 억양구의 핵이다. 그것은 제 1음높이 악센트를 갖고 있는데, 앞쪽의 음절로부터 올라온 단계를 통해서이다. 더욱이, 그 음절 속에는 아래로 향한 이동이 있는데, 바닥 선까지 계속 내려간다. 이는 '구의 경계 어조'(phrase's boundary tone) 라고 불리며, 마지막 음절에 있는 종결 이동이다. 곧 보게 되겠지만, 이것이 억양구 어조의 본질적인 부분이다.

■ 핵 앞쪽 율조 및 핵 어조

억양구의 선율은 이제 두 부분으로 나뉠 수 있다. 핵을 앞서 있는 연결체 및 핵으로부터 구 끝까지의 부분이다. 이들 두 부분을 각각 억양구에 대한 '핵 앞쪽 율조'(*prenuclear tune*) 및 '핵 어조'(*nuclear tone*) (또는 그대로 '어조') 로 부를 것이다. 구(*phrase*) 의 억양 의미는 본질적으로 핵 어조에 의해서 지탱된다. 핵 앞쪽 율조는 그 의미를 수정할 수 있지만(그 율조를 부드럽게 하거나 날카롭게 할 수 있음) 본질적으로 그 율조를 변화시킬 수는 없다. 이는 대부분 억양구의 맨 끝에서 화자가 억양 의미를 아주 지엽적으로 표현함을 의미한다. 이는 아주 놀랄 만한 게 되지 못한다. 핵은 그 발화에서 가장 두드러진 요소이다. 그것은 상호작용에서 가장 관심 요소이며, 청자의 관심을 끌어내어야만 하는 것이다. 그것은 (감정이나 태도 또는 수사적인) 억양 의미의 표현을 위한 자연스런 정점이 된다. 반면에 억양구의 핵 앞쪽 부분은 덜 우세하다. 거의 흔히 알려진 옛 정보를 담고 있으며, 여기에다 초점이 모아진 핵 정보가 추가된다. 율조(*tune*)와 어조(*tone*)의 기능 사이에 있는 이런 차이점은 다음과 같이 네 가지 예문에 의해서 분명해질 수 있다.

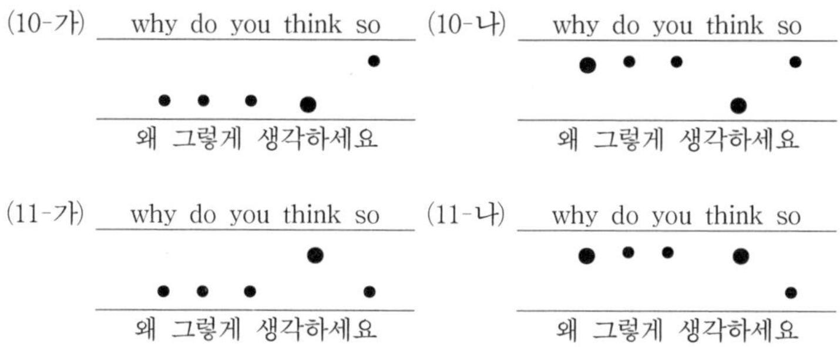

네 가지 예문에서는 모두 'think'(생각하다)가 핵이다. 핵 어조는 'think so'(그렇게 생각하다)까지 뻗어 있다. 예문 (10-가)와 (10-나)는 동일한 핵 어조를 지탱한다. 'think'로부터 'so'까지 완전한 상승이다. 의문문이 이런 방식으로 배치될 경우에, 그것은 대답에서 화자의 진정한 관심거리를 전달한다. 꼭 대답해 달라는 요구가 되는 것이다. 예문 (11-가)와 (11-나)의 핵 어조도 또한 동일하다. 그것들이 모두 완전한 하강이다. 여기서 화자는 동의하지 않는다는 뜻을 전달한다. 대화 상대방의 입장으로부터 어느 정도 심리적 거리를 둔 것이다. 그렇다면,

예문(10)과 (11)에 있는 어조에 의해서 표현된 이들 '열린 태도' 및 '거리를 둔 태도'는, 더욱 핵 앞쪽 율조에 의해서 가다듬어진다. (10-가)와 (11-가)의 율조는 낮은 수준의 율조이다. (10-나)와 (11-나)의 율조는 높은 수준의 율조이다. 높은 수준의 율조는 뒤따르는 어조의 성격을 강화시키는 경향이 있다. 화자의 개방성으로 보아 (10-가)에서보다는 (10-나)의 예문에서 감정이입이 더 들어가 있다. 화자의 심리적 거리 유지하기로 보면, (11-가)보다 (11-나)에서가 약간 더 강조가 되어 있다.

이것들은 물론 오히려 미묘한 상호작용이다. '핵 앞쪽 율조'에 대하여 아주 차이가 나는 설명을 찾아내는 것도 놀랍지 않다(핵 앞쪽 율조는 달리 '어조 앞쪽 악센트' pretonic accents라고도 불림). 연구자들 사이에 실질적으로 직관이 차이가 날 뿐만이 아니라, 또한 이들 율조의 성격에서 다양한 영어 방언들 사이에 사실상 차이가 있는 듯하다. 이어지는 논의는 핵 어조의 간단한 개관에만 국한될 것이다.

■ 일반적인 몇 가지 어조

핵 악센트가 어떻게 만들어지는 것일까? 좀더 일반적인 일곱 가지의 어조를 개관하기로 한다. 그것들은 변별되는 세 가지 자질을 지닌다.

㉠ 그 어조들이 핵으로부터 하강하는지, 아니면 상승하는지 여부
㉡ 핵 그 자체가 앞의 율조와 관련하여 높은지, 아니면 낮은지 여부
㉢ 또 다른 음높이 변화가 핵 꼬리 끌기(*nuclear move*) 뒤에서도 일어나는지 여부

【어조 I】 현격한 하강 어조(*high-fall*)

핵은 선행하는 수준으로부터 꼭대기로 솟아오르고, 그러고 나서 바닥 수준까지 계속 떨어져 간다. 가령, 다음 예문을 보기로 한다.

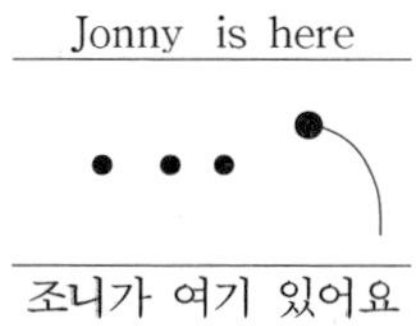

사실 있는 그대로, 이 어조는 진지함을 표현한다. 아마 서술문에 대한 가장 일반적인 어조일 것이다.

【어조 II】 사소한 하강 어조(*low-fall*)

하강이지만 핵 쪽으로 한 단계 올라감이 없는 채 내려간다. 동일한 핵 앞쪽 율조를 중간 수준의 음높이에서 유지하는데, 그 어조는 다음과 같다.

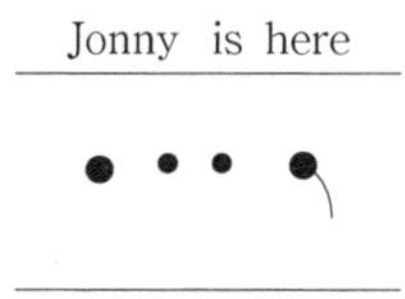

이런 어조도 또한 진지함을 표현하지만, 다소 덜 열정적이며 더 사무적이다.

【어조 III】 사소한 상승 어조(*low-rise*)

핵은 앞선 율조가 끝나는 지점의 수준보다 더 낮은 수준에서 시작한다. 핵 꼬리 끌기(*nuclear move*)는 다음과 같이 조금 상승한다.

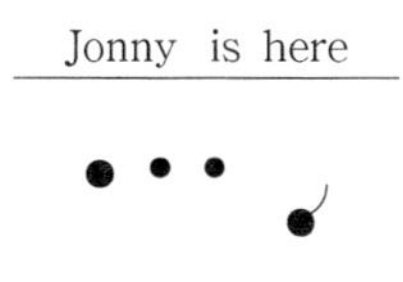

한편 어조 I과 어조 II가 악센트를 받게 될 핵에 도달하는 데 '자연스런' 일을 하지만(즉 뛰어 오름), 반면에 여기 있는 어조 III에서는 핵 악센트가 아래로 내려가서 만들어진다. 이런 어조에서 모순이 되는 것이 있다. 화자는 동시에 악센트를 주면서 아래로 내린다. 많은 연구자들은 이를 '재확신하기' 방식이라고 해석한다. "조니가 여기 있지, 그렇지 않니?" 정도로 해석하는 것이다. 끝에 있는 상승 어조는 반응을 이끌어내지만, 수신자에게 그 사안이 중요한 것이 아님을 이해하도록 해 준다.

【어조 IV】 현격한 상승 어조(*high-rise*)

핵은 앞선 율조로부터 약간 높은 상태에서 시작하며, 그러고 나서 상승한다.

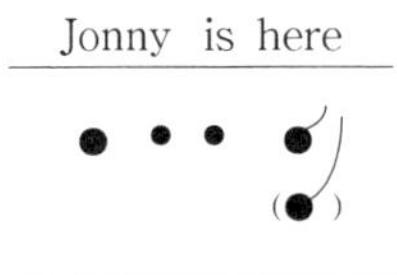

이런 어조는 정보를 얻고자 할 경우에 쓰인다. 그것은 부드러우며, 아마 믿지 못하는 느낌과 함께 진정한 관심거리를 표현할 것이다. "조니가 여기 있다는데, 정말로 그런가요?". 그것은 또한 메아리 기능을 지닌다. 다음에서와 같이 방금 말해진 내용에 대하여 확인을 하는 것이다.

갑: I saw Jonny coming in.
(내가 조니가 들어오는 걸 봤거든요)
을: Jonny is here?
(그렇다면 조니가 정말로 여기 있다는 말이에요?)

어조 Ⅳ의 변이는 완전한 상승 어조이며, 이는 괄호 속에 표시되어 있다. 어조 Ⅲ에서와 같이 어조 Ⅳ에서도 핵은 낮은 상태에서 시작하지만, 어조 Ⅳ의 현격한 음높이를 받은 어미가 있어서, 맨 끝을 아주 높이 끌어올린다. 완전한 상승은 의미상으로 사소한 상승보다 더 현격한 상승과 비슷하다.

【어조 V】 하강 뒤 상승 어조(*fall-rise*)

이는 컵 모양의 이동으로, 핵 음절에서 시작하여, 나머지 음절들에 걸쳐 확대된다. 일반적으로 이런 이동은 선행하는 율조로부터 약간 높은 상태에서 시작한다. 다음의 예가 있다. 누군가 다음처럼 물었다.

Isn't that a very small zoo?
(저건 아주 작은 동물원이 아닌가요?)

이 물음에 대하여 다음처럼 대답한다(거기엔 북극곰도 한 마리 있는데, 그걸 아세요?).

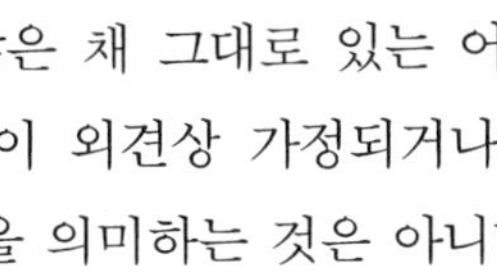

이런 어조는 동의하지 않은 채 그대로 있는 어떤 유보 상태를 표현한다. 화자가 말하는 내용이 외견상 가정되거나 기대된 것과 대립되거나, 또는 심지어 모순됨을 의미하는 것은 아니다. 북극곰의 출현이 그 동물원이 작지 않음을 드러내 준다. 끝에 있는 상승은 올바른 결론으로 이끌어질 어떤 함축적 후속 내용을 시사한다.

'so the zoo cannot be that insignificant.'
(그러므로 그 동물원은 그다지 시시한 건 아닐 수 있거든요)

동일한 어조가 다음 문장에서 'holidays'에 얹힌다.

'she didn't take holidays.'
(그녀는 휴일을 받지 않았어요)

이는 다음과 같이 이어지는 말과 잘 어울릴 수 있다.

'she quit her job!'
(그녀가 일을 그만두었거든요!)

어조는 크뤄튼든(Cruttenden 1986)이 보여주었듯이, 부정의 범위에까지도 영향을 줄 수 있다. 만일 누군가 다음과 같이 말할 경우에

'I am not going to perform anywhere.'
(나는 어디서고 연주하지 않습니다)

부정의 범위는 어조에 달려 있다. 'anywhere' 위에 어조 I (= 현격한 하강 어조)이 얹히면, 그것은 화자가 연주를 전혀 하지 않을 것임을 의미한다. 그렇지만 어조 V (= 하강 뒤 상승 어조)가 얹히면, 화자가 연주를 할 예정이지만 아무데서나 연주하는 것은 아님(가령 오직 '카네기 홀'에서만 연주함)을 의미한다.

때로 이런 어조에 의해 표현된 또 다른 종류의 의미가 있다. 다음과 같이 자기 변명을 하는 경우나 "I told you so"(내가 그게 사실이라고 말해 줬잖아요) 또는 "I am telling you so"(내가 그게 사실이라고 말해 주고 있어요) 등이다. 이것은 다음 문장들에 대해서 성립할 것이다(핵 모

음은 대문자로 씀).

I knEw he was mean.
(난 그가 인색한 걸 이미 알았어)
You will nOtice he drinks.
(그가 술 마시는 걸 목격하게 될 거야)

【어조 VI】 상승 뒤 하강 어조(*rise-fall*)

여기서 핵은 상승하는 음높이 떠밀림이 있지만, 그 구는 완전한 하강으로 끝난다. 핵이 선행하는 율조로부터 한 단계 위에 있는 상태일 경우에 그 어조가 가장 잘 드러난다. 이는 다음 예문과 같다.

Betty has her birthday

베티가 자신의 생일을 치렀단다

완전한 하강의 다른 어조들(Ⅰ과 Ⅱ)처럼, 이는 완결을 표현한다. 어떤 지속도 암시되거나 시사되지 않는다. 그러나 더구나 그것은 상당한 열정을 표현하거나 감명 받은 일을 표현한다. 이런 어조의 '모자' 모양은, 어조 Ⅴ의 '컵' 모양 어조와 대조가 되며, 의미에서 관련된 대조가 있다. 유보는 전혀 없다. 오히려 완전한 시인과 자신의 말에 대한 무제한적 책임이 있으며, 잠재적인 의심이나 반대를 무위로 만든다.

【어조 VII】 평평한 어조(*level*)

여기서는 어떤 평평한 음높이(*even pitch*)가 유지되거나, 또는 핵으로부터 억양구 끝에까지 기껏해야 약간 들리어 있다. 유일한 악센트가 핵에 대하여 한 단계 위나 아래에 있다. 다음 예는 한 단계 위의 음높이를 지닌 것이다.

I called the doctor

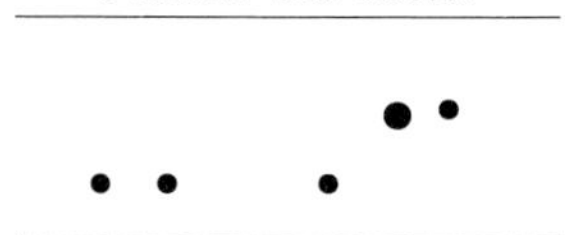

내가 그 의사를 불렀는데

이런 어조의 가장 특성적인 성격은 그것의 비-종결성이다. 어조 I 과 어조 II에서처럼 바닥 선으로 향하지 않음으로써, 그것은 말할 내용이 더 있음을 전달한다. 그러나 화자는 대응을 이끌어 내는 것도 아니다. 그러므로 이것은 전형적으로 비-종결 구를 위한 중립적인 어조이다. 가령, 앞의 예문(8)에서 보았듯이, 목록 나열을 위해 좋은 어조이다.

Could you bring the tent, the barbecue, the charcoal, … .
(당신이 텐트, 바비큐, 숯 … 을 들어다 줄 수 있겠습니까?)

이들 주요한 핵 어조들의 의미는 부분적으로 관습적이며, 영어에(또는 심지어 영어의 어떤 방언에) 특징적이다. 그럼에도, 이들 의미에 대해서 아마 더 보편적인 측면들이 있는 듯하다. 완전한 하강을 지닌 어조는 완결성·종결성을 표현한다. 마지막 상승을 지닌 어조는 비-종결성·열려 있음을 표현한다. 우리는 하강 어조들이 화자의 입장을 단정하지만, 이와는 달리 상승 어조들이 수신자에게 반응을 이끌어 내거나, 도전하게 만들거나, 그 밖의 다른 어떤 것을 하도록 뻗어나간다고 말할 수 있을 듯하다.

■ 음조 및 언어투식 음계

억양에 대하여 적어도 다른 두 가지 잠재적으로 보편적 측면이 있다. 첫 번째 측면은 음조(*key*)에 관심을 둔다. 음조는 억양구에 있는 이동의 범위이다. 화자는 현격히 음높이 수준(즉 자신의 억양에 대한 꼭지점들)을 상승시킴으로써(바닥 선을 낮추는 것이 아님), 좀더 확대된 하강 또는 상승을 만들 수 있다. 브뤄질·쿨타드·존스(Brazil, Coulthard, and Johns 1980)는 다음과 같이 음높이 억양에 대한 세 가지 수준을 구별하였다.

고조(*high*)·중조(*mid*)·저조(*low*)

화자는 억양구 각각에 대해서 그리고 모두에 대해서 반드시 이들 가운데 한 수준을 골라야 한다. 무엇보다 음조를 변화시키는 일은, 배경 및 초점에서 어떤 기능을 지닌다. 앞에서 보았던 예문(5)를 다시 아래 (12)로 가져왔다. 여기서 세 개의 핵은 <u>tem</u>(temple 첫음절)·<u>use</u>·<u>Sikhs</u>이다.

(12) The golden <u>tem</u>ple, which is still in <u>use</u>, was built by the <u>Sikhs</u>.
(황금 사원은 지금도 이용되는데 시크 교도들에 의해 지어졌다)

이 문장에서 세 개의 억양구에 대한 자연스런 억양은 각각 중조·저조·고조이다. 알려진 정보 temple에 중간 음높이 악센트가 주어지고, 배경 정보를 구성하는 use에 작은 음높이 악센트가 주어지며, 이 발화에서 새롭게 초점을 받는 정보를 구성하는 Sikhs에 주요한 상승 악센트가 주어진다. 음높이 범위 및 의도된 주목 효과 사이에 있는 이런 관계는, 또한 세계 언어에서 보편적일 가능성이 있다. 음조는 또한 말하기 속도와도 관련된다. 디스(Deese 1980)는 빠른 발화의 연결체가 억눌린 억양을 띠는 경향이 있음을 찾아내었다.

두 번째 측면은 언어투식 음계(*register*)이다. 언어투식 음계는 기준선에 대한 음높이 수준이다. 외침은 보편적으로 높은 언어투식의 음계이다. 높은 언어투식 음계의 말하기는 비슷한 뿌리를 지닐 가능성이 있다. 감정과 긴장을 표현하는 것이다. 언어투식 음계는 또한 '작음'(*smallness*)도 표현한다. 어린이들의 언어투식 음계, 그리고 비유적으로 무력함 및 존경의 언어투식 음계 등이다.

화자의 억양 계획에 대한 핵심 개념은, '억양구·핵·율조·어조·음조·언어투식 음계'이다. 이것들이 억양 윤곽에 대한 공동 결정요인들이다. 화자가 분명히 전체적으로 이미 만들어진 윤곽 얼개를 지닌 억양 어휘부를 갖고 있는 것은 아니다. 그것에 대해 가장 핍진한 내용은, 어조 어휘와 같은 어떤 것, 상대적으로 작은 묶음의(그렇지만 앞서 본 일곱 개 어조 Ⅰ~Ⅶ보다는 좀더 큰) 전형적인 어조 형상일 가능성이 있다. 이들 형상은 정서 표출적이며, 유의미하다. 음운 부호화 과정에서, 그것들은 핵으로부터 억양구 끝까지 확장되는 발화의 연결체에 투영되어야 한다.

3. 요 약

음운 부호화는 화자의 음성계획에 대한 구성 과정이다. 이 장에서는 낱말 층위와 연속 발화 층위에서 음성계획의 구조를 개관하였다. 낱말에 대한 계획은 그것들의 형태론 위에 세워져 있으며, 다양한 층위나 층렬에서 음운 조직화를 포함한다. 낱말의 파생과 굴곡 형태론이 개관되었다. 영어 토박이 화자에 의해 쓰인 거의 모든 낱말들에 대하여, 이런 내적 구조가 머릿속 어휘부에 저장되어 있음이 다뤄졌다.

낱말들의 음성 형식은 질적 측면과 운율적 측면들을 포함한다. 질적 측면들은 뼈대 층렬의 연속된 홈들을 채워 넣게 될 음성 재료들에 관심을 둔다. 이런 재료는 대체로 공명성(V 또는 C)으로 범주화될 수 있다. 더 나아가 그것은 다양한 다른 음성 특징들에 의해 특성 지어진다. 특히 후두 특징, 그리고 조음방식 및 조음위치 자질처럼 후두 상위 특징이다. 실제로 분절음의 특질 정보를 한 묶음의 독립된 '자질층렬'들 위에 표상할 수 있을 것이다. 연속된 낱소리들은 어떤 음절 조직화에 주어진다. 각 음절은 하나의 공명성 마루를 담고 있다. 이는 공명성이 덜한 낱소리들에 의해서 앞뒤 양쪽으로 배치될 수 있다. 음절의 운은 강하거나 약한 것으로 음절을 특성 짓는다. 차례로, 이는 표상하는 낱말의 운율 구조에 영향을 준다.

한 낱말의 음성계획에 대한 운율 측면은 율격 및 억양 조직화를 포함한다. 각 낱말은 대체로 강세를 받은 음절들에 대한 내적 조직화를 지닌다. 이는 그 낱말에 대하여 저장된 입력 부호의 일부이다. 이런 율격 유형은 율격 격자의 방식에 의해서 편리하게 표상될 수 있다. 주요 강세를 지탱하는 음절은, 표면구조에서 그것이 구체화된 경우에 음높이 악센트가 주어지는 음절이다. 한 낱말의 억양은 영어와 같은 언어에서 어휘적으로 저장되는 것이 아니다(비록 성조 언어에서는 어느 정도 그러하겠지만). 영어에서 낱말의 억양은 그것이 음높이 악센트를 받는지 여부에 달려 있으며, 그것이 참여하는 억양구의 선율에 달려 있다.

연속 발화를 위한 화자의 음성계획은 낱말 계획들에 대한 단순한 연산이 아니다. 우선, 화자는 'I have' 대신에 'I've'처럼 연속 발화를 산출하는 경우에, 자립성 낱말들('I'와 'have') 대신에 접어로 된 변이형태들('I've')을 선택할 가능성이 있다. 접어화의 이런저런 형태들은 새롭게 유사 낱말 단위들(즉 음운낱말)을 만들어 내며, 보통 어느 정도의 재음절화를 포함한다. 또한 연속 발화에 있는 낱말 경계에서 일어날 수 있는 다양한 분절음 및 음절 변화들도 있다.

연속 발화도 또한 특정한 율격 계획을 포함한다. 우리는 명사구·동사구·형용사구의 어휘핵어로 이끄는 발화의 연결체인, 일부 연구자들이 '음운구'로 부르는 내용 속에 들어가는 조직화 내용을 살펴보았다. 그런 율격 꾸러미는 의심의 여지없이 발화 속에 존재한다. 그것은 문장의 표면구조 조직화를 강조한다. 게다가 억양구도 있는데, 하나 또는 둘 이상의 이런 통일된 율격 단위들로 이뤄져 있다. 그것들이 억양 배당을 위한 범위이다.

연속 발화의 억양은 이 장의 마지막 주제였다. 억양의 기능이 표상적이라기보다 정서 표출적이었음이 강조되었다. 이는 화자의 음성계획에서 발화를 아주 특별하게 만들어 준다. 우리는 억양구의 두 부분 사이를 구별하였다. 핵 앞쪽 부분 및 핵으로부터 그 구 끝까지에 이르는 나머지 부분이었다. 전자의 '율조'(*tune*)는 제한하거나 수식하는 기능을 지닌다. 후자의 '어조'(*tone*)는 억양 의미를 지탱한다. 우리는 상이한 핵 어조와 그것들이 보여 주는 적합한 정서 표출 기능들에도 관심을 기울였다. 구 억양에 대한 두 가지 추가 속성이 논의되었다. 음조 및 언어투식 음계였다.

제9장

낱말들에 대한 음성계획 생성

전개 중인 표면구조가 주어진 경우, 한 낱말의 음성 형식을 화자가 어떻게 산출하는 것일까? 이 장에서는 음성계획의 과정을, 저장된 형태표상들과 발음 가능한 음절로 그것들을 투영하는 일에 대한 내용명시(*spelling out*)로[1] 성격 짓게 될 것이다. 저장된 표상들은, 특히 낱말에 대한 형태론적·율격적·분절음적 합성을 포함한다. 음운 부호화의 주요 과제는, 조음기관이 받아들이고 소리를 낼 수 있는 음절들의 열(*string*)을 생성해 주는 일이다. 음절들은 조음 실행의 기본 단위이다. 앞의 장에서 살펴보았듯이, 음절들은 낱소리들로 이뤄진다. 낱소리들이 음절로 실행되는 경우에 복합적이며 잠시 서로 겹치는 조음 동작들이 있다. 성인 화자는 음절들의 목록을 지니고 있다고 짐작된

---

1) 'spell out'은 생성문법에서는 '문자화'로 번역된다(양동휘 1994: 252쪽《문법론》한국문화사; 박명관·장영준 역 2001: 103쪽《최소주의 언어 이론》한국문화사). 그렇지만 이 책에서는 제10장 2절 5항(원문 397쪽)에 'metrical spell out'(율격 내용명시)이란 용어도 쓰고 있으므로, 단지 '문자/철자'에만 국한시킬 수 없다. 여기서는 문자로 쓰듯 명백히 보여 준다는 뜻을 취하여, '내용명시'로 번역해 둔다.

다. 그 목록은 처음에서부터 몇 번이고 되풀이하여 생성될 필요는 없다. 오히려 내용명시된 낱말 표상의 토대 위에서, 음운 부호화 동안에 이렇게 저장된 조음 유형들이 전달된다. 또한 어떤 자유로운 매개인자들도 고정된다. 음절 지속·강세·음높이와 같은 것들이다. 궁극적인 음성입력 계획은 그렇게 구체화된 음절들에 대한 어떤 열(*string*)이다.

이 장에서는 단일한 낱말들에 대한 음운 부호화를 다룬다. 여기에 대해서 어떤 단점이 있다. 즉, 음운 부호화가 쓸모없는 과정처럼 보일 수 있는 것이다. 낱말의 분절음 결합내용을 명시해 주는 일도 또한 저장된 그 낱말의 음절화를 이용할 수 있게 해 준다. 즉, 분절음들에 대하여 음절과 음절 구성요소들로 된 추상적 묶음인 것이다. 그렇다면, 분절음들의 열이 저장된 음절 표상을 전달하는 데에 쓰이는 두 번째 단계가 왜 거기에 있어야 하는 것일까? 이런 외견상 음성계획의 간접적인 방법에 대한 주된 이유는, 연속 발화의 산출에서 찾아질 것이다. 저장된 한 낱말의 음절화 내용은 신성불가침한 것이 아니다. 연속 발화에서 낱말들은 종종 그 이웃 음성들과 병합을 이룬다. 이는 이른바 '재음절화'로 이끌어 간다. 예를 들면, 다음과 같은 예문은

I gave it. 〔아이 개이브 잇〕
(난 그것을 주었어요)

쉽게 다음처럼 재음절화된다.

I ga-vit. 〔아이 개이빗〕
(난 걸-줬어요)

이것이 조음의 유창성을 늘여 준다. 최적으로 발음 가능한 음성계획을 만들기 위하여, 음운부호화 장치는 인접 낱말들에 대한 분절음의 내용명시를 필요로 한다. 그리고 종종 그것이 각 낱말의 형태 부호(*form code*)에 저장된 것을 산출하기보다는, 어떤 다른 음절화 내용을 산출하게 될 것이다. 그렇지만 제 9장에서는 필요에 따라 오직 저장된 그 낱말의 음절화 내용이 정확하게 궁극적인 음성계획에 있는 음절 형태들과 상응하는 경우들만 살펴보게 될 것이다. 연속 발화에서 나타나는 재음절화는 다음 제 10장에서 언급될 것이다.

현재 제 9장의 임무는, 낱말들에 대한 음성계획이 이미 만들어진 전체로 저장되고 인출되는 것이 아님을 보여 주려는 것이다. 오히려 그것은 저장된 다중 층위 표상들에 접속하여 내용을 명시해 주는 일로부터 귀결되어 나오고, 음절 작동내용들을 전달해 주기 위해 음성계획들을 이용하는 일로부터 귀결되어 나온다. 이러한 내용명시(*spelling out*)와 전달(*addressing*)이 혼란스럽게 되어, 가끔 발음 오류(말실수)로 이어질 수 있다. 화자에게는 당혹스러울 수 있지만, 연구자에게는 뭔가를 드러내 주는 현상인 것이다.

이 장은 혀끝에서 맴돌기 현상을 다루면서 시작한다. 이는 화자가 가장 바라는 낱말을 거의 인출할 듯 말 듯 조바심 나는 상황이다. 그 낱말형태의 조각과 도막들이 이용될 수 있지만, 그 전체 내용이 곧장 인출되지 않는 것이다. 그것은 낱말형태에 대한 접속이 매우 지연된 모습이며, 종종 접속과 인출의 기저에 있는 과정들을 밝혀 준다.

제 9장 2절에서 다루는 음운 부호화는 세 가지 주요 층위의 처리를 포함하는 것으로서 기술된다.

① 낱말 형태소와 율격 구조를 인출하기 위하여 레마를 이용하는 일
② 낱말의 음절과 분절음에 접속하기 위하여 형태소를 이용하는 일
③ 저장된 낱소리 음절 계획들을 전달하기 위하여 분절음과 자음군(clusters)을[2] 이용하는 일

2) 한글 맞춤법에서는 '겹받침'이란 말을 쓰므로, 초성과 종성 위치에 나타날 수 있는 '겹자음'이란 용어를 쓸 수도 있다. 우리말의 2중 겹자음은 발음하기 위해

이들 세 가지 층위는 각각 '형태-율격 내용명시 · 분절음 내용명시 · 음성 내용명시'로 불릴 것이다. 그리고 이들 층위는 각각 특징적인 말하기 오류(말실수)의 근본 원인이 될 수 있다.

이것이 추가적으로 제 9장 3절에서 자세히 논의될 것인데, 여기서는 어휘하부 오류(*sublexical errors*)들에 어떤 단위들이 포함될 수 있는지, 어떤 단위들이 포함될 수 없는지를 체계적인 방식으로 살펴본다. 이는 음운 부호화의 세 가지 층위 분석에 대한 추가적인 정교화 내용으로 이끌어 갈 것이다. 그러고 나서 그런 단위들에 대해 어떤 일이 일어날 수 있는지를 놓고서 더 체계적인 처리 설명을 해 나가는 논의로 전환할 것이다. 그것들이 더해지거나, 생략되거나, 뒤바뀔 수 있다 등등. 그리고 궁극적으로 이들 현상은 각각 정상적이며 방해받지 않은 음운 부호화 기저에 있는 과정들을 벗어난 것으로 이해되어야 한다.

말하기에서 어휘하부 형식 오류의 야기 원인을 놓고서 주요한 두 가지 설명이 있다. 그것들이 제 9장의 마지막 절에서 개관될 것이다. 대부분의 경우에 그 두 가지 이론은 경합적이라기보다 상보적이다. 제 9장의 논의에서 근거하고 있는 쉐턱-허프내글(Shattuck-Hufnagel 1979)의 '홈-마개' 이론에 있는 오류 설명은 제 9장 4절에서 다뤄질 것이다. '활성화 확산' 설명도 특히 델(Dell 1986, 1988)을 중심으로 제 9장 5절에서 다뤄진다. 짤막한 마지막 절에서는 이들 두 이론에서 순차적 차례 짓기의 논제를 언급한다.

반드시 그 중 하나를 탈락시켜야 한다. 그렇지만 영어의 겹자음은 3중 겹자음도 흔하다. 'str-, scr-, spt-'와 같이 모두 약모음(*schwa*, 애매모음/중립모음)〔ə〕를 덧붙여 각각 제 음가를 보존한다. 즉 '외파음'으로 발음되는 것이다. '겹자음'이란 용어가 전형적으로 자음 두 개만 붙은 경우를 암시할 수 있다. 대신, 여기서는 국어사에서 써 온 '자음군'(子音群)이란 용어를 쓰기로 한다.

1. 말소리가 나올 듯 말 듯 혀끝에서 맴도는 현상

보통 한 낱말의 형태는 그 레마(*lemma*)가 활성화되는 경우에 쉽게 활성화되지만, 레마로부터 소리 형태에까지 이르는 전이가 방해를 받는 경우에, 고쳐 말할 필요가 있는 우습거나 당황스런 사례들이 있다. 이는 '혀끝에서 맴돌기'(TOT, *tip-of-the-tongue*) 현상으로 알려져 있다. 제임스(James 1893)가 그것을 살펴본 적이 있으나, 브롸운·먹니일(Brown and McNeill 1966)이 혀끝 맴돌기(TOT) 상태를 실험적으로 연구한 첫 업적이다. 그들은 어지간히 이례적인 사물들을 풀이해 놓은 영어사전 속의 정의들을 피험자들에게 제시해 주었다. 예를 들면 다음과 같다.

> "a navigational instrument used in measuring angular distances, especially the altitude of sun, moon, and stars at sea."
> (바다에서 각의 거리, 특히 해·달·별들의 고도를 재는 데 이용된 어떤 항해 도구이다)

피험자들은 그 사물의 이름을 인출해 내어야 했다. 일부 피험자는 즉시 그 도구의 이름을 알아내었다. 다른 피험자들은 그것을 전혀 기억할 수 없었다. 그러나 일부는 그들이 그것을 알고 있으며, 그 낱말을 막 산출할 것처럼 느꼈다. 혀끝 맴돌기(TOT) 상태에 있던 이들 피험자에게, 머릿속에 떠오른 그 낱말을 언급하기 위하여, 그 첫 글자와 음절의 숫자 등을 짐작하도록 요구하였다. 위에 있는 사례에 대해, 피험자들은 시작하는 소리로서 /s/와 음절 숫자로서 2음절을 짐작하였고,[3] secant(끊어 나누는)와 sextet(6중창)과 같은 낱말이 머릿속에

3) 정답도, 같이 떠오른 낱말도, 모두 영어의 음절 계산 방법에 따라 2음절이다. '섹ㅅ-턴ㅌ', '시-컨ㅌ', '섹ㅅ-테ㅌ'처럼 표시할 수 있다. 이하에서는 '섹스턴

떠오르는 경향이 있었다. 가령 compass(나침반)와 같이 의미와 관련된 낱말도 떠올랐다. 분명히 혀끝 맴돌기(TOT) 상태에서 이용될 수 있는 어휘 형태정보들이 많이 있었다. 그 목표 낱말은 sextant〔섹스턴트〕(육분의)였다.

브롸운·먹니일(Brown-McNeill 1966) 실험에서와 그 뒤에 더 확장된 반복 실험에서(Gardiner, Craik and Bleasdale 1973; Yarmey 1973; Koriat and Lieblich 1974, 1977; Rubin 1975; Browman 1978; Reason and Lucas 1984; Kohn, Wingfield, Menn, Goodglass, Berko-Gleason and Hyde 1987; Priller and Mittenecker 1988), 대략 60~70%의 사례에서 첫 소리나 자음군이 올바르게 짐작되었고, 그 낱말의 중간 부분이 더 잘못되기 일쑤였으며, 마지막 분절음에서 피험자들이 짐작을 더 잘하였음이 밝혀졌다.[4] 음절의 숫자는 혀끝 맴돌기(TOT) 상태의 60~80%에서 올바르게 짐작되었고, 보통 어느 음절이 강세를 받는지 피험자들이 알고 있었다. 요약하면, 낱말의 율격 구조뿐만 아니라, 그 시작 분절음과 때로 그 마지막 분절음도 포함하는, 낱말형태 표상에 대한 부분적 활성화가 일어난다. 그러나 그 낱말의 분절음들에 대한 완전한 내용명시는 차단되어 있다.

조은즈·랭포드(Jones and Langford 1987)는 피험자들에게 그 낱말 정의 다음에 '차단 낱말'을 제시해 줌으로써 그런 차단을 유도해 낼 수 있었다. 만일 sextant〔섹스턴트〕(6중창)가 목표 낱말이었다면, secant

---

트, 시컨트, 섹스테트'처럼 써 둔다(우리말 음절 계산 방식으로는 각각 4음절, 3음절, 4음절임).

4) 한 낱말이나 문장이나 첫 부분과 마지막 부분이 상대적으로 잘 기억되는 현상을 '초두성'(*primacy*) 효과와 최신성(*recency*) 효과로 부른다(옛날 궁정에서 목욕할 때 쓰던 욕조와 비슷하여 두 현상을 '욕조효과'로도 부름). 실험보고에 따르면 최신성 효과가 가장 높고, 다음이 초두성 효과가 나타난다. 혀끝 맴돌기 현상은 인출과정과 관련되는 것인데, 비슷한 내용이 관찰된다는 점은 흥미롭다.

〔시컨트〕(끊어 나누는) 가 괜찮은 차단 낱말이 되었을 것이다. 그 낱말 정의 바로 뒤에 그 차단 낱말이 주어진 경우, 피험자가 혀끝 맴돌기(TOT) 상태로 들어가는 기회가 늘어났다. 그 차단 낱말이 사용 빈도의 높낮이 여부는 무관하였다. 오직 그 목표 낱말에 대한 음운 유사성만이 관련되었다. 또한 목표 낱말이 sextant〔섹스턴트〕(육분의) 였던 경우에, 가령 compass〔컴퍼스〕(나침반) 처럼 의미상의 차단 낱말들도 무관하였다. 이는 혀끝 맴돌기(TOT) 상태에서 그 레마를 탐색하지 않으며, 의미상의 토대 위에서 그것이 이미 인출되어 있다는 개념을 뒷받침한다. 실패 내용은 그 형태정보에 대한 완전한 접속이다. 음운 차단 낱말은 이런 탐지를 더욱 오도해 버린다.

이들 실험은 어휘형태 표상이 '전부 아니면 전무'(*all-or-none*) 의 경우가 아님을 보여 준다. 기억 속에서 한 낱말의 표상은 상대적으로 접속 가능한 구성요소들로 이뤄진다. 이들 음절이 이용될 수 없더라도, 음절들의 숫자와 악센트에 대한 율격 정보가 접속될 수 있는 것이다. 조은즈 · 랭포드(Jones and Langford 1987) 는 이를 '낱말 밑그림'(*word sketch*) 이라고 부른다. 우리는 이런 애초의 밑그림이 어떤 모습으로 될지 살펴보기로 한다.

2. 틀(*frames*) · 홈(*slots*) · 마개(*fillers*), 그리고 처리 층위

말하기 오류(말실수, 발화 오류) 는 '낱말 밑그림'이나 틀을 놓고서, 그리고 그것들을 채워 넣게 될 요소들을 놓고서, 독립적인 이용 가능성에 대하여 풍부한 증거를 제공해 준다. 가령 다음과 같은 분절음 뒤바뀜을 살펴보기로 한다.

I <u>s</u>ould be <u>sh</u>eeing him soon. (from Shattuck-Hufnagel 1979)

〔아이 쑫비 쉬잉 힘 쑨〕(나는 곧 그를 보게 될 것이다)

화자가 소동사 should〔슈드〕의 첫 소리 /ʃ/ '슈'에 접속하려고 하였을 때, 본동사 seeing〔씨잉〕의 첫 소리 /s/ '쓰'가 침투해 들어왔다. seeing의 첫 소리 /s/ '쓰'는 틀림없이 should〔슈드〕가 산출되고 있었을 때, 낱말 개시 분절음 후보로서 이미 이용 가능해졌다. 그렇지만 잘못 선택한 뒤에, 그 화자는

I sould be   eeing
〔아이 쑫비 __이잉〕

이라고 말하지 않았다. 곧, seeing〔씨잉〕의 개시 음소가 먼저 이미 이용되어 버렸다는 사실이, 결코 seeing의 낱말 개시 홈을 없애 버리는 것은 아니다. 그것은 계속 유지되고, 여전히 이용 가능한 낱말 개시 후보 /ʃ/ '슈'에 의해 채워진다. 형태소나 음소나 또는 다른 요소들에 대한 자리를 지닌 틀이 존재한다. 발화 동안 이들 틀이 후보 요소들로 채워지는 것이다. 이하에서는, 그 틀이 절차 또는 하위 경로에 대한 '주소지 명패'(*address template*) 임이 논의될 것이다. 일단 어떤 틀이 채워지면, 그 주소지가 완결되고 그 절차가 확인되어 실행될 수 있다. 이는 제1장 3절에서 논의된 뉴얼(Newell)의 의미에서, 산출에 대한 또 다른 경우이다. 즉, 만일(IF) 그 채워진 주소지 틀이 이러저러하다면, 그렇다면(TEHN) 상응하는 형태정보를 명시해 놓는다.

이런 개념을 명백히 하기 위하여, 세 가지 사례를 살펴보기로 한다. 그것들은 낱말형태 생성에 있는 주요한 세 가지 차원의 처리로부터 가져온 것이다. 아울러 그것들은 음성계획을 촉진하는 체계에 대한 첫 밑그림을 제공해 준다. 그 세 가지 층위의 처리는 '형태-율격 내용명시・분절음 내용명시・음성 내용명시'이다.

1) 형태-율격 내용명시

형태-율격 내용명시는, 레마와 그 특수 구별자질 매개인자(곡용 및 활용 어미)들을 입력물로 받아들이며, 한 낱말의 형태 및 율격 합성을 모두 가능해지도록 만들어 준다. 그 예는 한 동사의 올바른 활용 형태를 전달하는 일을 포함한다. 영어 표면구조에서는 특히 동사의 레마가 '인칭 · 수 · 시제'에 대한 특수 구별자질 매개인자들을 지님을 상기하기 바란다. 예를 들면, 동사 eat(먹다)에 대한 어휘 항목은 eat(복수 현재; 먹는다), eats(단수 현재; 먹는다), ate(과거; 먹었다) 등과 같이 다양한 어휘 항목들을 포함한다(제 6장 1절 2항을 참고 바람). 특수 구별자질 매개인자들은 그 동사의 여러 어휘 항목 속에서 올바른 항목을 선택해 내도록 기여한다. 그런데 이것이 어떻게 일어나는 것일까?

우리는 형태 주소지(*form address*)가 홈들로 이뤄진 어떤 틀이라고 가정한다. 즉, 표면구조에 나타나는 모습대로, 그 레마에 대한 홈과 특수 구별자질 매개인자들에 대한 추가적인 홈들이 된다. 더 정확히 말하면, 레마에 대한 홈은 그 레마가 가리키는 형태 주소지이다(제 5장 1절 2항을 참고 바람). 제 6장 2절 1항에서는 레마 형태 주소지가 어떤 숫자로서 표상되었다.[5] 그렇지만, 쉽게 확인하기 위하여 아래에서는 숫자 대신에 주소지 홈에 그 레마의 이름을 써넣을 것이다. 물론 그 이름이 인출될 낱말의 형태는 아니다. 따라서 언급된 세 가지 종류에 국한된 특수 구별자질 매개인자들과 더불어, segmented(분절하였다/분절된), knew(알았다/안)에 대한 형태 및 율격 형식은 다음과 같은 주소지들 아래에 저장되어 있다.

---

5) 그곳에서는 예시를 위하여, 어휘 주소지 지시바늘을 임시로 '713번지'라고 해 두었다.

레마	수(단수/복수)	인칭	시제
segment(분절하다)	어떤 것이든지	어떤 것이든지	과거

레마	수(단수/복수)	인칭	시제
know(알다)	어떤 것이든지	어떤 것이든지	과거

두 사례에서 모두 그 주소지 틀은 다음과 같은 명패(*template*)로 되어 있다.

레마	수(단수/복수)	인칭	시제

동사 범주의 레마가 표면구조에 나타나는 경우, 이런 주소지 틀이 자동적으로 이용 가능해진다. 이제 형태-율격 내용명시 경로를 위한 주소지가 되기 위하여 그 틀이 채워져야만 한다. 적합한 요소에 의해서 각 홈이 채워지는 경우에, 자물쇠가 열리고 형태 및 율격 내용명시 경로들이 이용 가능해진다. 그 경로들은 그 항목의 형태론적 구조와 (만약 있다면) 각 형태소에 대한 음절 마루들에 대한 숫자가 이용될 수 있도록 해 준다. 또한 낱말 악센트를 실어 나르는 그 마루에 표지가 붙는다. segmented(분절하였다/분절된) 대해서, 그 절차는 어간 segment와 접미사 형태소 -ed를 그 순서대로 생성한다. 그것들이 segment에 두 개의 음절 마루를 위치시키고, -ed에 하나의 음절 마루를 얹는다. segment는 낱말 악센트에 대해 표지가 붙는다. knew(알았다/안)에 대해서, 그 하위 경로는 낱말 악센트를 담고 있으며, 단일한 음절 마루를 지닌 단일 형태소를 산출한다. 그 결과들은 각각 다음처럼 표상될 수 있다.[6)]

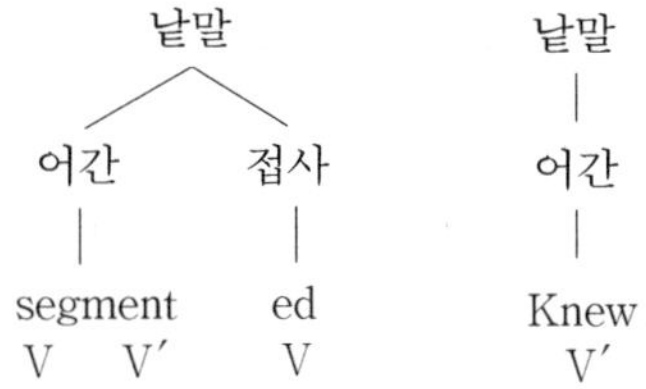

달리 말하여, 그 절차들은 두 묶음의 형태정보를 보여 준다. 한 낱말에 대한 형태론적 표상과 기본적인 율격 유형이다. 지금으로서는 이들 두 종류의 정보가 언제나 동시에 인출된다고 엄격하게 가정할 필요가 없다. 하지만 그런 가정은 현재 제 9장에서 전개될 음운 부호화의 밑그림에 대하여 결정적인 것이 아니다. 혀끝 맴돌기(TOT) 연구들로부터 명백해지듯이, 결정적인 사항은 낱말의 율격 정보가 아주 이른 단계에서 이용될 수 있다는 점이다. 이런 율격 정보는 다음 제 10장에서 보게 될 것이지만, 연속 발화의 산출을 위해서 특히 중요하다.

율격 정보는 각 형태소에 대한 '음절성' 지위로 이뤄진다. 즉, 뼈대 층렬에서 상응하는 마루들의 숫자와 여러 마루들에 걸친 강세 배분으로 이뤄지는 것이다. 이미 제 8장 1절 6항에서 논의되었듯이, 한 낱말의 기본 율격 유형이 그 낱말의 율격 격자에 표상된 대로 두 층위의 강세보다 더 많은 층위의 강세를[7] 포함할 수 있음을 기억하기 바란

6) '상대적으로 공명도가 높은 소리'를 나타내는 V는 원래 vowel(모음)의 첫 글자에서 따왔다. V′는 악센트를 받은 모음을 뜻하는 표기 약속이다. 이 책에서는 낱말을 파생시키거나 단수/복수를 나타내는 접사뿐만 아니라, 명사의 격 곡용과 동사의 활용 어미까지도 모두 '접사'(*affix*)로 부르고 있다. 오른쪽에 있는 나뭇가지 그림에서 '접사' 가지가 없는 것은 '굴곡 언어'의 특징을 보여 준다.

7) 이 율격 격자는 다시 제 10장 2절 2항의 (13)~(15) 사례를 통해 논의된다. 첫 번째 층위는 음절을 구성하는 모음에 강세가 주어진다. 두 번째 층위에서는 '영어 사전'에 표시되어 있는 대로 주요 강세와 부차 강세가 도입된다. 여기까지가 단독 낱말에서 찾을 수 있는 강세이다. 다음 층위에서부터는 구 또는 문장의 작용에 의해서 강세가 주어진다. 세 번째 층위에서는 인접한 낱말의 강세와 충돌되지 않도록 강세 조정이 이뤄진다. 네 번째 층위에서는 구나 절

다. 아마 완전한 율격 유형이 어휘부에 저장되어 있는 대로 이 단계에서 이용될 수 있다고 가정하는 것이 올바르다. 그렇지만 쉽게 제시하기 위하여, 현재의 논의에서는 두 층위의 강세에만 국한하게 될 것이다. 낱말 악센트를 실어 나르는 마루에 대한 강세와 다른 모든 마루들에 대한 강세이다. 악센트를 받은 마루는 V′로, 악센트를 받지 않은 마루는 V로 나타낼 것이다.

이 층위의 내용명시에서는, 저장된 율격 정보만이 이용될 수 있다. 그 낱말의 음높이 악센트 및 맥락상으로 결정된 율격 속성들은(제8장 2절 2항) 우리가 제10장에서 '운율 생성기'로 부르게 될 것에 의해 생성된다.

어떤 분절음의 정보도(제8장 1절 5항) 현재 수준의 표상에서는 이용 가능하지 않다. 인출된 어간들이 segment와 knew로 쓰인 것은, 단지 쉽게 참조하기 위한 방편일 뿐이다. 우리는 또한 이들 개체를 가리키기 위하여 수(단수/복수)도 이용할 수 있었다. 비슷하게 그 접미사가 -ed로 씌어 있지만, 또한 '과거시제 접사'(약호 pta; *past tense affix*)로 써 놓을 수도 있었다.

그 주소지 틀을 채워 놓는 데 잘못된 선택이 있는 경우에는, 그릇된 주소지가 구성되며, 적합하지 않은 내용명시 경로가 인출된다. 다음과 같은 말하기 오류에서, 원래 'that I'd know one if I heard it'(그걸 들었더라면 난 하나는 알고 있었을 것이라고)를 의도하였지만 'that I'd <u>hear</u> one if I <u>knew</u> it'(Garrett 1980b) (그걸 <u>알고</u> 있었더라면 난 하나는 <u>듣고</u> 있었을 것이라고)처럼 레마 hear(듣다)와 know(알다)가 제7장에서 논의된 기제들에 의해서 뒤바뀌었다. 여기서 핵심은, 첫 번째 동사의 '형태-율격 내용명시'를 전달해 주는 데에서, 그릇된 레마 hear(듣다)와 올바른 특정 시제자질(즉, 현재시제)이 마개(*filler*)로 이용되었

의 구성성분에서 마지막 낱말에 강세가 주어진다. 다섯 번째 층위에서는 그 문장 전체의 마지막 낱말에 강세가 주어진다.

다는 점이다. 아울러 그것들이 정확히 주소지를 만들었으며, 그 주소지 아래에 항목 hear(듣다)의 형태가 저장되어 있었다. 비슷하게, 짝으로 된 마개 'know+past'(알다+과거)가 앞에 있는 예에서와 같이 knew(알았다)의 형태-율격 내용명시를 위하여 자물쇠를 열어 놓은 열쇠를 형성하였다.

율격 내용명시(즉 각 낱말에 대한 마루들의 숫자와 그것들의 강세 값)는 마지막 음성 내용명시 층위에서 주소지 틀의 구성을 위하여 핵심적이다. 그것은 그 층위에서 인출될 음절의 숫자를 결정해 놓는다(제 9장 2절 3항을 보기 바람).

2) 분절음 내용명시

분절음 내용명시를 위한 절차는 형태 및 율격 정보를 입력물로 받아들여, 그 낱말의 분절음 구성물을 생성한다. 이 과정에서 음절 구성요소들로써 분절음 묶기도 또한 이용 가능해진다.

음절 내용명시 절차에 대한 주소지 틀은, 어간 및 접사들에 대한 것과 같은 형태론 홈들을 담고 있다. 마개는 바로 이전 층위의 처리하기에서 내용이 명시되었듯이 그것들의 율격 정보를 함께 지닌 형태소들이다. 두 가지 예가 다음에 주어져 있다. 그것들은 동사 형태 segmented(분절하였다, 나누었다)와 복수 명사 형태 segments(분절들, 마디들)에 대한 주소지와 내용명시들이다.

이 수준에 있는 주소지 틀은, 이전 층위의 처리에 대한 내용명시의 기반 위에서 이용 가능해진다. 홈들이 각각 어간 segment(분절하-)와 접사 -ed(-었다)로 채워지는 경우, segmented(분절하였다)의 내용명시를 위해서 그 주소지가 만들어진다. 그 인출 절차는 세 개의 음절을 산출한다. 각각 기부(*onset*)·운(*rime*)·핵(*nucleus*)·결부(*coda*)로 나뉘어진다. 즉, 그 낱말에 대한 음절 층렬 표상인 것이다(제 8장 1절 4항

주소지 틀:

어간	접사

주소지:

어간	접사
segment V V′	ed V

어간	접사
segment V′ V	s V

내용명시:

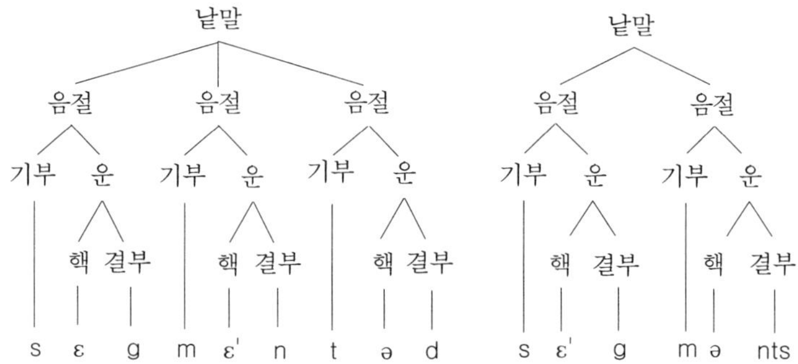

참고). 이 예에서 전부는 아니지만 대부분 '기부 · 핵 · 결부'가 단일한 음소들이다. 예외는 다만 마지막 결부 /nts/ 자음군이다. 이는 더 명시될 필요가 있다. 우리는 어떤 자음군을 입력물로 받아들이고, 개별 분절음이나 음소들을 출력물로 산출하는 '자음군 내용명시 절차'가 있다고 가정할 것이다. 따라서 /nts/ 자음군에 대하여, 이는 다음처럼 묘사될 수 있다.

/nts/ ⇨ [자음군 내용명시] ⇨ /n/, /t/, /s/

이 논제는 제 9장 3절 4항에서 좀더 자세히 다뤄질 것이다.

아마도 내용명시된 분절음이 각각 기부나 핵이나 결부로 범주화되거나, 또는 자음군의 일부로 범주화되는 것이 실제 경우일 것이다(그러나 제 9장 5절을 보기 바람). 제 9장 2절 4항에서 보게 되겠지만, 그 이유는 말하기 오류들에서 기부는 기부와 뒤바뀔 수 있고, 핵은 핵과 뒤바뀔 수 있으며, 결부는 결부와 뒤바뀔 수 있기 때문이다. 그러나 서로 다른 범주의 분절음이 뒤바뀌는 일은 드물다. 그럼에도 이들 범주가 연속 발화에서 수정될 수 있다. 'I ga-vit'(내가 그거-줬어, 내가 거-줬어)에서 결부의 분절음 /v/는 기부 분절음으로 되었다.[8]

두 가지 추가 사항이 주목되어야 한다. 첫 번째는 입력물의 형태소 경계가 분절음들의 음절 군집화(*syllabic grouping*)에서는 유지되지 않는다는 점이다. 접사 '-ed'와 '-s'는 음절 /təd/와 /mənts/의 일부로 생성된다. 두 번째는 이제 운율 정보가 핵 음소들 속으로 번역된다는 점이다.[9] 음절 /mɛn/과 /mənts/의 핵들을 비교해 보기 바란다. 그것들은 이 층위에서 /ɛ/와 /ə/라는 서로 다른 모음이다. 이는 강세 배당의 차이에서 말미암은 결과이다.

이런 층위의 처리과정에서 어떤 종류의 주소지 채우기 오류(*addressing errors*)들이 만들어질 수 있을까? 중요한 마개는 어간 및 접사들과 같이 서로 다른 종류의 형태소들이다. 오류는 부적합한 마개가 이용되는 경우에 일어난다. 다음 오류 사례에서

> take the freez<u>es</u> out of the steak<u>er</u>. 〔take the steaks out of the freezer〕(from Fromkin 1973)
> ('냉장고에서 스테이크를 갖고 가게'를 잘못 말하여, "스테이크에서 냉장고를 갖고 가게")

---

8) 'gave it'이 〔개입+잇〕으로부터 〔개이+빗〕과 같이 재음절화가 일어나면서 'ㅂ'이 종성 위치에서 초성 위치로 바뀌었음을 말하는 것이다.

9) 운소는 언제나 '모음'에 얹힌다. 구조주의 언어학에서는 이런 특성 때문에 운소를 suprasegmental phoneme(초분절 음소/분절음에 얹히는 음소)라고 부른 바 있다. 이 책에서는 이를 '운율 정보가 … 번역된다'고 표현하고 있다. 언어학에서는 흔히 운이 핵 모음 위에 '얹힌다/부가된다'는 표현을 쓴다.

steaks의 어간 'steak-'은 분절음 내용명시 경로를 전달하는 과정에서 freezer의 접사 '-er'과 결합되었다. 결과적으로 잘못된 steaker〔스떼이커〕가 산출되었다. 뒤이어 freezer의 남아 있는 어간 'freez-'와 steaks의 접사 '-s'가 추가 분절음 내용명시 경로를 전달하는 데 이용되었다. 그 결과물이 2음절로 된 freezes〔프뤼지즈〕였다.[10] 그 접사는 /-s/ 대신에 맥락 의존 형태 /-ɪz/ 로 주어져 있다. 그런 맥락 의존 형태는 '변이형태'라고 불린다. 이는 내용명시 경로가 잘못 놓인 steaks의 '-s' 접사가, 사실상 마개 층위에서 아직 명시되지 않은 복수 접사(다만 여기서는 편의상 s로 씀)에 불과하다는 사실을 이용하고 있는 것이다.

현재 처리 수준에서 일어나는 또 다른 현저한 유형의 말하기 오류는 강세 오류이다. 커뜰러(Cutler 1980a)는 그런 오류들에 대하여 광범위하게 분석하여 보고하였다. 그녀의 예문 가운데 하나는 'I put things in that abstrAct that I cannot justify'('그 초록에 내가 입증할 수 없는 것들을 집어넣었다'에서 강세가 잘못되어 명사가 동사로 바뀜)에서 첫 음절에 낱말 악센트가 오는 명사 Abstract(초록)는 두 번째 음절에 잘못 놓여 동사 abstrAct(요약하다)로 되어 버렸다. 이 오류가 어떻게 일어날 수 있었을까? 커뜰러(1980a)는 그런 오류들에서 어휘 강세 얹어놓

---

10) 음절 박자 언어인 우리말로 옮겨 놓으면 〔프뤼지즈〕처럼 된다. 우리말 화자들에게는 이것이 4개의 모음을 담고 있으므로, 결국 '4음절'로 여기게 된다. 그러나 강세 박자 언어인 영어는 ① 자음군을 초성(기부 자음군)과 종성(결부 자음군)에 허용하고, ② 뜻을 구분해 주지 않는 약모음(애매모음) 〔ə〕를 음절 구성 핵으로 여기지 않는다. 따라서 기본 표상에서 'freez'(뒤따르는 접사와 결합하여 재음절화되면 'free'로 됨)가 1음절이 되고, 이어지는 'es'(앞의 어간과 결합하여 재음절화되면 'zees'로 됨)가 1음절이 된다. 이를 합치면 모두 2음절이다(프뤼+지ㅈ). 그리고 '스떼익스'에서 나온 복수 접미사 /-s/〔스〕는, 이제 '프뤼즈'와 결합하면서 /-ɪz/〔이즈〕로 바뀌게 된다. 이를 '맥락 의존 변이형태'라고 부른다. '맥락 의존'이란, 음소 실현이 앞뒤 맥락에 따라 변동하기 때문에 붙여진 이름이다.

기가 언제나 관련 낱말의 강세 얹어놓기임을 보여 주었다. 즉 동일한 형태소의 또 다른 파생임을 보여 준 것이다. 강세 오류의 명사 모습 abstrAct에 대하여, 관련 낱말은 아마 그 동사 abstract(요약하다) 일 것이다. 이는 그 두 번째 음절에 강세를 갖고 있다. 강세 오류의 형용사 모습 articulAtory(형용사: 발음이 명료한) 에 대하여 그 관련 낱말은 articulation(명사: 명료한 발음) 이다. 이런 체계적 관련성은 분절음 내용명시 경로를 전달하는 과정에서 마개에 대한 잘못된 선택에 의해 설명될 수 있다. 앞에서 살펴보았던 사례 segmEnted〔세그멘티드〕(나누었다) 와 sEgment〔세그먼트〕(마디) 를 보기로 한다. 어떤 화자가 다음처럼 말하였다고 가정하기로 한다.

Peter segmented two segments.
(피터가 두 개의 마디를 나누었다)

어떤 단계에서 segmented(동사: 나누었다) 와 segments(명사: 마디들) 에 대한 형태-율격 내용명시가 이용될 수 있다. segmented(나누었다) 에 대한 내용명시 경로를 전달해 주기 위하여, 그 화자가 올바른 과거 시제 접사(-ed) 와 함께 이용될 수 있는 형태소 마디를 다음처럼 명사 형태의 마개로

V′ V

잘못 선택할 수도 있다. 그러고 나서 내용명시 절차는 그릇되게 sEg-men-ted〔세그-먼-티드〕를 산출한다. 그 문장에서 관련 낱말이 어딘가에 나타난다는 점은, 어휘 강세 오류에 대하여 필연적인 게 아니다. 중요한 것은 어쨌거나 그 관련 낱말이 산출 과정에서 활성화되어야 한다는 점이다. 그것이 어떻게 일어날 수 있는지는 제 9장 5절 2항에서 다룰 주제이다.

다음 층위의 처리과정을 살펴보기에 앞서서, 영어 화자가 때때로 올바른 종류의 마개들로 어떤 틀을 완성시켜 놓음으로써 적격한 주소지를 구성할 수 있음에도 불구하고, 한 낱말형태를 인출하는 데에 실패함에 주목하기 바란다. 제6장 1절 3항에서 광범위하게 논의되었듯이, 영어 화자들은 더러 새로운 낱말을 산출해 낸다. 하나의 예가 앞에서 살펴본 말하기 오류에서 *steaker라는 낱말이 될 수 있다. 이는 분명히 영어에서 가능한 낱말이다.[11] 하지만 그 화자가 어휘부 속에 그것을 갖고 있었던 것 같지는 않다. 그럼에도 그 화자는 즉석에서 어떤 내용명시를 만들어 냈다. 아마도 이는 유추에 의해 이뤄진 듯하다(Stemberger 1985b). 유추는 심리학과 언어학에서 오래되고 중요한 개념이지만 여태껏 제대로 이해되지 않은 개념이다.[12]

3) 음성 내용명시

한 낱말의 분절음 연결체를 인출한 뒤에, 음운 부호화 장치는 음절들에 대한 음성계획을 전달하기 위하여 그 연결체들을 이용할 것이다. 한 음절에 대한 음성계획은 조음기관에 의해 실행될 조음동작을 구체적으로 명시한다. 그것은 낱소리들에 대한 연결체로 특성 지어질 수 있지만, 낱소리들은 서로 겹쳐지지 않는 별개의 사건이 아니다.[13] 오

11) 만일 이런 낱말이 가능하다면, 그 의미로서 ① 스테이크만을 조리하는 전문 요리사, 또는 ② 스테이크를 잘 구워낼 수 있는 조리 기구를 가리킬 수 있을 듯하다.

12) 언어학에서는 서로 대립되는 태도가 있다. 인지언어학에 관계하는 사람들은 '유추'를 긍정적이며 기본적으로 생각한다. 그러나 생성문법에서는 매우 부정적이며, 사실을 호도하는 것으로 본다. 앞의 태도는 Langacker(김종도·나익주 역 2001:224)《문법과 개념화》(박이정)와 Lakoff and Johnson(임지룡·윤희수·노양진·나익주 역 2002)《몸의 철학: 신체화된 마음의 서구 사상에 대한 도전》(박이정)을 보기 바란다. 뒤의 태도는 특히 Chomsky(이선우 역 1990: 30, 53)《언어에 대한 지식》(민음사)을 보기 바란다.

히려 낱소리는 각각 그 자체로 임시 동작이며, 그 실행에서 전형적으로 그 음절에 있는 다른 낱소리 동작과 겹쳐져 영향을 입게 된다 (Browman and Goldstein 1986). 더욱이, 한 낱소리의 역동적 속성들은 실질적으로 그 음절에서 그것이 실현되는 위치에 따라, 그리고 그 음절을 구성하는 다른 음성들에 따라 변동된다. 달리 말하여, 한 음절의 음성계획에 있는 낱소리는 언제나 '변이음'이며(제 8장 1절 5항을 보기 바람), 분절음이나 음소의 맥락 의존적 실현체이다.

능숙한 언어사용자는 음절 계획들에 대한 목록을 지니고 있을 가능성이 아주 높다. 이는 자주 이용된 근육운동 작동내용들에 대한 비축물이다. 그렇다면 음성 내용명시는 대체로 이들 음절 작동내용들을 인출하는 일로 이뤄진다. 크롬픈(Crompton 1982)에 의해서 발전된 어떤 개념을 따르면서, 이 하위 절에서는 이들 작동내용이 어떻게 전달될 수 있는지를 논의한다. 첫째, 저장된 음절 작동내용들이 완벽히 고정되어 있지 않다는 점이다. 한 음절은 더 또는 덜 힘을 들이거나, 더 길게 또는 더 짧게 지속되거나, 서로 다른 종류의 음높이 운동으로 발음된다. 이들은 자유 매개인자들로서, 사례별로 고정되어야 한다. 이 논제는 다음 장에서 다뤄질 것이다. 둘째, 아마도 한 언어의 가능한 음절들이 모두 다 화자의 머릿속에 저장되어 있을 것 같지는 않다. 새

13) discrete nonoverlapping events(서로 겹쳐지지 않는 별개의 사건)이란 개념은, 제 10장 1절 3항에서 '동시조음'(*coarticulation*, 동시에 서로 간섭이 이뤄지면서 조음됨)이란 개념과 대립된다. Pinker(1994, 김한영 외 역 1998: 상권 271쪽 이하) 《언어 본능》(그린비)에서 cat(고양이)이란 소리의 녹음 기록을 철자 단위 별로 나누거나 몇 철자 단위를 붙여서(가령 〔ka〕라고 붙여서) 여러 번 들려주더라도, 결코 그 소리를 알아들을 수 없으며, 오직 '찍찍'대는 소리로만 들린다고 하였다. 그 까닭은 첫 자음을 발음할 때에, 이미 뒤에 이어지는 소리와 맨 마지막 소리에 늘 영향을 입기 때문이다. 즉, 온전히 전체 음절 덩이나 낱말 덩이를 다 들어야만 비로소 그 소리를 제대로 인식할 수 있는 것이다. discrete(이산 離散; 따로따로 흩어져 있음)란 말은 discontinuous(단속적 斷續的)라고도 표현된다. 여기서는 서로 확연히 구별된다는 뜻으로 '별개의'라고 번역해 두었다.

로운 형성 내용들이 분명히 가능하다. 아래에서 우리는 이 논제로 다시 되돌아갈 것이다.

음절 계획들은 주소지를 지닌다. 음성 내용명시의 첫 번째 단계는 적격한 주소지를 구성하는 것이다. 우리는 하나의 주소지가 세 가지 홈으로 이뤄진다고 가정한다. 기부에 대한 홈, 핵에 대한 홈, 결부에 대한 홈이다. 이들 홈들은 분절음 내용명시로부터 이용 가능해짐에 따라, 차례로 하나씩 적합한 후속 분절음들에 의해 채워져야 한다. 홈들은 또한 자음군을 받아들일 수 있다. 홈들에 대한 마개가 되기 위하여, '자음군'이 어떻게 형성되는지는 제 9장 3절 4항에서 다뤄질 것이다. 이제 하나의 사례를 통하여 이들 개념들을 작동시켜 보기로 한다.

이 사례는 segmented〔세그멘티드〕(분절하였다) 및 hemisphere〔햄미스퓌어〕(반구) 라는 낱말의 첫 음절인 seg〔세그〕[14] 및 hem〔햄〕에 대한 음성계획을 전달하는 일에 관심을 둔다. 그것들의 주소지는 다음과 같은 주소지 틀을 채워 놓는 일에서 비롯된다.[15]

기부	핵	결부

기부	핵′	결부

14) '1음절'이므로 우리말의 표기법대로 쓴다면 '섹'이라고 써야 할 것이다. 그러나 종성 'ㄱ'는 내파음 〔˺k〕(윽)이 아니라 외파음 〔ʿk〕(그)이다. 이를 반영하기 위해 '세그' 또는 '섹으'처럼 쓸 수 있다(여기서는 앞의 표기를 택함). 예외적으로 유독 우리나라 사람들에게만은 이것이 '2음절'로 간주된다. 왜냐하면 우리말에서 '으'가 뜻 구분에 쓰이는 정상적인 모음이기 때문이다. 다른 나라 말에서는 '으'가 약모음(*schwa*, 애매모음/중립모음)으로 불리며, 전혀 뜻 구분을 해 주는 기능이 없다. 따라서 '섹'이나 '세그'(또는 약모음 표시 없이 '세ㄱ')가 모두 '1음절'로 간주된다.

15) 뒤에 있는 칸에서 '핵′'은 악센트가 얹힌 모음을 가리킨다. <u>hem</u>isphere는 밑줄 친 제 1음절에 악센트가 있다.

이들 주소지 틀은 어디로부터 나오는 것일까? 더 앞쪽에서 맨 처음 내용명시 층위의 율격 산출물이, 음성 내용명시 층위에서 주소지들의 구성에 대한 중요한 입력물이 될 것임이 언급되었다. 그 절차는 아주 간단할 수 있다. 율격 내용명시의 마루(*peak*) 각각에 대하여, 정확히 세 개의 홈을 담고 있는 주소지 틀이 장착되는 것이다. 기부에 대한 홈·핵에 대한 홈·결부에 대한 홈이다. 그것들은 두 가지 종류로 나온다. 강세 없는 음절에 대한 것과 강세를 받은 음절에 대한 것이다. 이는 율격 내용명시에 있는 두 가지 종류의 마루에 대응한다. 앞의 그림에서 왼쪽에 있는 주소지 틀은 강세 없는 음절을 위한 것이다. 오른쪽에 있는 것은 강세를 받은 음절을 위한 것이다.

seg〔세그〕에 대한 분절음 내용명시에서(앞 절에서의 논의를 보기 바람), 첫 번째 분절음 /s/는 음절 기부로 범주화되었다. 두 번째 분절음 /ε/는 강세 없는 핵으로 범주화되었다. 세 번째 분절음 /g/는 결부로 범주화되었다. 이는 정확히 왼쪽에 있는 주소지 틀에 있는 홈들과 부합되는 3벌의 마개인 것이다.

기부	핵	결부
/s/	/ε/	/g/

이제 그 주소지가 완결되며, 그 음절의 음성계획이 인출될 수 있다. 이는 음절에 맞춘 변이음 〔s〕와 〔ε〕와 〔g〕로 이루어진다. 그 음절에 대한 전체 음성계획은 〔sεg〕라는 내용명시로 씌어질 수 있다.

hemisphere〔햄미스퓌어〕(반구)의 hem〔햄〕에 대해서도 이야기가 비슷하다. 분절음 내용명시는 3개의 음소를 내어 준다. 기부와 핵과 결부에 대하여, 각각 /h/와 /ε′/와 /m/이다. 결합에서 그것들은 앞에서 보인 오른쪽에 있는 주소지 틀에 대해 적합한 마개이다. 그 음절에 대하여 완결된 주소지는 다음과 같이 인출된다.

기부	핵′	결부
/h/	/ɛ/′	/m/

그 음성 내용명시는 다음과 같다.

〔hɛ′m〕

핵 음성이 악센트를 위해 표지 ‘′’가 질러져 있음에 주목하기 바란다. 조음 용어에서는 이것이 더 긴 지속이나, 더 많은 진폭이나, 음높이 운동을 의미할 수 있다.

우연히 부적합한 마개가 이용되는 경우에, 주소지 채우기 오류가 생겨날 수 있다. 이는 left hemispher〔레픝 햄미스풔어〕(좌반구/두뇌의 왼쪽 반구)를 잘못 말하여 h͟eft l͟emisphere〔헤픝 램미스풔어〕라는 말하기 오류가 만들어진 경우에 일어난다(Fromkin 1973). 여기서 두 레마에 대한 음절 내용명시가 이용될 수 있었다. 음절 기부가 첫 번째 음절에 대하여 조음 하위 경로를 전달하기 위하여 구체화되어야 했던 경우, 분절음 /h/가 분절음 /l/보다 분명히 더 강하게 활성화되었다. 둘 모두 올바른 범주였다(모두 기부가 됨). 핵 및 결부를 위해 이용될 수 있는 마개들과 더불어, 음절 heft가 잘못 전달되었고, 음성 음절 계획 〔hɛ′ft〕(해픝)이 활성화되었다. 비슷하게, 다음 음절이 작동되었던 경우에, 기부 마개가 하나 필요하였다. /h/가 이용되었지만, /l/도 여전히 이용될 수 있으며 또한 올바른 범주였다. /ɛ′/ 및 /m/과 함께, 음절 lem을 지시하기 위하여 그것은 조음계획 〔lɛ′m〕(램)을 방출하면서 주소지 틀을 채워 넣었다.

또한 이 층위의 내용명시에 대해서, 때때로 영어 토박이 화자가 생산적으로 만들어 낼 것인지 여부에 대해서 분명 궁금히 여길 것이다. 다시 말하여, 가끔 성인 화자가 적격하지만 머릿속에 저장되어 있지 않은 음절을, 즉 그가 이전에 전혀 발화해 보지 않은 음절을 산출할 것인가? 한스 컥먼(Hans Kerkman) 덕택에 영어에서 서로 다른 음절들의 숫자를 소략하게 계산하면, 38,000 낱말 유형을 놓고서 대략 6,600가지가 나온다. 따라서 영어 음절 유형의 숫자는 상대적으로 적으며, 쉽게 화자의 어휘부 속에 저장될 수 있을 것이다. 그리고 일본어와 같이 다른 언어들은 아마 서로 다른 음절들의 숫자를 훨씬 더 적게 갖고 있을 것이다. 더욱이나 이들 음절의 일부는, infarct-s〔인프뢐츠〕(법률이나 서약을 어기다) 에서처럼 음절 〔farkts〕를 포함하여 이례적인 형태소 결합에서만 나타남으로써, 빈도가 아주 낮을 가능성이 있다. 화자들은 유추에 의해서 새롭지만 적격한 종류의 음절들을 산출할 수 있을 것이다. 이는 놀라운 일이 아니다. 왜냐하면 이것이 무엇보다도 먼저 그들이 음절 목록을 습득하는 방식일 것이기 때문이다. 그렇지만 그 새로운 형성 방법에 대한 기제는 알려져 있지 않다.

크롬튼(Crompton 1982) 에 따라 여기서 제안된 것과 같이, 음성 내용명시 기제는 언어산출에서 전체는 아니더라도 대부분의 변이음 변동을 다루어 낼 것이다. 한 분절음 또는 음소에 대한 서로 다른 음성 실현들은, 주로 그것이 실현되는 서로 다른 음절 환경에 달려 있다. 그러나 또한 분절음의 음성 실현에 영향을 끼칠 수 있는 음절 층위를 벗어난 맥락이 있다. 더욱이, 한 음절의 강세와 음높이 속성들은 대체로 맥락에 따라 결정된다. 우리는 이들 변이의 원천들을 살펴보는 일을 제 10장으로 미루겠다. 거기에서는 연속 발화에서 음성계획을 짜는 일을 다룬다.

4) 단위 유사성 제약

앞에 있는 세 가지 사례는 모두, 내용명시 절차들의 주소지 홈 채우기에서 부적합한 마개들이 이용되는 경우에, 말하기 오류가 어떻게 일어날 수 있는지를 보여 주었다. 이하에서는 우리는 표적(*target*, 즉 적합한 마개) 및 침범(*intrusion*, 즉 부적합한 마개)을 언급할 것이다. 어떤 주소지 홈에 대해 있을 수 있는 '침범'란 무엇일까?

내용명시의 세 가지 층위인 형태-운율 층위 · 분절음 층위 · 음성 층위에서는 서로 다른 종류의 홈 마개들을 제공해 주었다. 첫 번째 층위에서는 레마 및 특수 구별자질(활용 · 곡용어미)들이고, 두 번째 층위에서는 형태소(어근 · 어간 · 접사)들이며, 음성 내용명시의 층위에서는 음절 구성요소(기부 · 핵 · 결부)들이었다. 각각의 홈은 그 고유한 범주의 마개를 필요로 하였다. 접사는 어간 홈을 채울 수 없고, 기부는 결부 홈을 채울 수 없다. 마개는 임의의 홈에 대하여 반드시 올바른 통행증을 갖고 있어야 한다. 즉, 그 표상 관련 층위나 층렬에 있는 마개의 범주인 것이다. 결과적으로, 표적 및 침범은 다음과 같은 원리를 준수한다(Shattuck-Hufnagel 1979).

> 단위-유사성 제약(*Unit-similarity Constraint*)
> 침범 요소는 표적 요소와 똑같은 층위의 표상 및 범주이다.

레마는 레마들과 뒤바뀌고, 어간은 어간들과 뒤바뀌며, 접사는 접사들과 뒤바뀌고, 음절 기부는 음절 기부들과 뒤바뀐다. 그러나 어간이나 어근은 결코 접사들과 뒤바뀌지 않고, 접사들은 기부들과 뒤바뀌지 않으며, 기부는 조금도 결부들과 뒤바뀌지 않는다.

지금까지 살펴본 처리의 세 가지 층위는 낱말형태 생성기제의 주요 부분을 맡는다. 그러나 여전히 더 상세한 내용이 제공될 것이다. 그 체계의 제어 구조에 대한 분석으로 넘어가기 전에, 우리는 다른 또는 더 많은 '표적-침범 짝'들이 있는지 여부를 살펴보게 될 것이다. 어떤 종류의 단위들이 대체되어 들어올 수 있는지에 대한 결정은, 형태 생성 경로를 언급하는 데에 어떤 종류의 마개들이 필요한지를 찾아내는 일에 도움을 줄 수 있다. 지금까지, 음절 구성요소들에 대하여 어떤 사례별 증거가 레마·특수 구별자질·어간·접사·마개로서 제공되었다. 그러나 음절이나 변별자질 또는 다른 잠재적 마개들은 어떠한가? 다음 절에서는 말하기 오류에서 무엇이 잘못 놓일 수 있고, 무엇이 잘못 놓일 수 없는지를 개관한다.

3. 대체 가능한 어휘하부 단위들

프롬킨(Fromkin 1971)은 언어학상으로 정의된 어휘하부 단위나 자질이 거의 모두 말하기 오류에서 대체되어 잘못 뒤바뀌어 들어갈 수 있을 것으로 추측하였다. 그렇지만 더 뒤에 나온 연구들에서는(Shattuck-Hufnagel and Klatt 1979; Stemberger 1983a; Dell 1986), 비록 일반적 성격으로서 이것이 사실일 수 있지만, 특정 종류의 말하기 오류가 극히 드물다는 점을 보여 주었다. 다른 실험작업에서는(Treiman 1983, 1984; Levitt and Healy 1985) 무엇이 대체될 수 있고, 무엇이 안 그런지에 대하여 추가적으로 구체적인 내용을 더해 주었다. 그 주요한 어휘하부 단위들을 일부 개관하기로 한다.

1) 형태소

제 8장 1절 1항에서 논의된 모든 형태소 유형들이 말하기 오류에서 뒤바뀌어 들어갈 수 있다. 즉, 어간 및 전체 낱말들이 뒤바뀔 수 있다. 'wearing a name tag'(이름 표찰 달아놓기)를 말해야 하는 상황에서, 다음처럼 뒤바뀔 수 있다.

"naming a wear tag."(어간 name과 낱말 wear가 뒤바뀜: Shattuck

-Hufnagel 1979)

또는 어간과 어근이 뒤바뀔 수 있다. 'I hate hitching on a rainy day'(난 비오는 날 차를 얻어 타는 걸 싫어해)를 말해야 하는 상황에서 다음처럼 뒤바뀔 수 있다.

"I hate raining on a hitchy day."(어간 hitch와 어근 rain이 뒤바뀜: Shattuck-Hufnagel 1979)

따라서 단위-유사성 제약의 관점에서 보면, 전체 낱말·어간·어근들이 비슷한 마개 범주에 속한다. 그러나 이런 범주의 단위들이 결코 접사들과는 뒤바뀌지 않는다. 접사들은 그들 자신과 서로 교체되어 들어갈 수 있는 범주이다. 다음과 같이 'people read the backs of boxes'(사람들이 상자들의 뒷면을 읽었다)를 말해야 하는 상황에서 뒤바뀌기가 일어날 수 있다.

"people read the backses of boxes." (복수 접사들끼리 서로 뒤바뀜: Shattuck-Hufnagel 1979)

또한 'Ministers in the church'(그 성당에 있는 성직자들)를 말해야 하는 상황에서 다음처럼 잘못 말할 수 있다.

"Ministers in the churches." ('성당들'에서와 같이 복수 접사가 집요하게 지속됨: Fromkin 1971)

복수 접사가 잘못해서 계속 지속되는 것이다. 그 접사의 집요한 지속 반복이 churchs〔춰취스〕가 아니라 churches〔춰취즈〕를 산출함에 주목하기 바란다. 즉 올바른 변이형태 접사가 산출된 것이다. 이는 지속된 단위가 곧장 그 음소 /s/가 아니라 변이형태 접사임을 보여 준다.

형태소 오류들은 형태소 내용명시의 층위에서나 또는 분절음 내용명시의 층위에서 일어날 수 있다. 제9장 2절 1항에서 보았던 사례로서, 원래 'I'd know one if I heard it'(내가 그걸 들었더라면 내가 하나는 알고 있었을 거야)을 의도하는 상황에서 다음과 같은 뒤바뀜이 관찰되었다.

I'd <u>hear</u> one if I <u>knew</u> it (동사들이 서로 뒤바뀜: Garrett 1980b)

이는 그 내용명시 경로를 채워 놓는 과정에서 레마 및 특수 구별자질의 잘못된 결합으로 말미암아 더 높은 층위에서도 일어난다. 그러나 다음 예문에서는

"<u>rain</u>ing on a <u>hitch</u>y day"(동사 어간과 형용사 어근이 서로 뒤바뀜: Shattuck-Hufnagel 1979)

이 층위에서 일어난 것 같지 않다. 왜냐하면 포함된 두 개의 레마 rain(비)와 hitch(차를 얻어 타다)가 서로 다른 문법 범주이기 때문이다. 이는 처리의 층위에서 '단위-유사성 제약'을 위배한다. 제7장에서 보았듯이, 레마 뒤바꾸기는 흔히 동일한 통사 범주들에 해당된다. 후자의 오류는 훨씬 더 분절음 내용명시의 층위에서 주소지 채우기 실패(*addressing failure*)에 말미암는 것 같다. 거기에서 어간과 어근이 뒤바뀌는 것이다. 단수를 말할 상황에서 복수인 'church〔취취〕→churches〔취취즈〕'를 말한 경우에 대해서는 그 층위가 결정될 수 없다. 그러나 다른 접사 오류들은 명확하다. 'they needed to be made'(그것들이 만들어질 필요가 있었다)를 의도하는 상황에서

they needed to be mad<u>ed</u>(접사가 지속되어 불필요하게 중첩됨: Shattuck-Hufnagel 1979)

에서와 같이 집요한 반복은 다만 분절음 내용명시에서 어떤 전달하기 실패로 말미암을 수 있다. 더 앞선 층위에서 'make+past'(만들다+과거)는 성공적으로 그 어간 made〔메이드〕(만들었다)를 산출하는 경로를 촉발하였다. 음절 내용명시에서, 다시 잘못된 2음절 형태 maded〔메이디드〕를 산출하기 위하여,[16] 이 어간은 집요하게 지속된 needed〔니디드〕(필요하였다)의 접사 -ed와 결합하였다. 그러므로 말하기 오류에 대한 (그리고 일반적으로 낱말형태 산출에 대한) 분석에서 '과거·복수·제 3인칭'과 같은 특수 구별자질들을 이들이 유도해 내는 접사들과 구별해 놓는 것이 중요하다.

2) 음절

말하기 오류의 문헌에서 음절 대체에 대한 부정기적 보고서들이 있다. 물론 단일 음절 형태소에 의한 모든 대체는 동시에 음절 대치이다. 그렇지만 검사해 봐야 할 사례는 다중음절 형태소의 단일 음절이 이동되거나 대치될 수 있는지 여부이다. 쉐턱-허프내글(Shattuck-Hufnagal 1979)은 한 사례로서 'pussy cat'(새끼 고양이야!, 고양이를 부르는 말)을 말하려고 하였지만 다음처럼 잘못된 경우를 제시하였다.

<u>ca</u>ssy <u>pu</u>t

16) 음절 박자 언어인 우리말로는 '메이디드'가 4음절로 계산된다. 그러나 강세 박자 언어인 영어의 음절 계산 방식으로는 '메이-디드'처럼 음절 경계를 만들므로 2음절이 된다. '에이'가 이중모음이고, 맨 마지막 음절의 '으'가 뜻구분과 무관한 약모음(*schwa*)이기 때문이다. needed도 영어로는 2음절이다(니-디드).

여기서 pu라는 음절이 이동되었다. 그러나 그녀는 그런 오류들이 아주 예외적임에 유의하였다. 델(Dell 1986)도 동일한 관찰을 하였으며, 더 작은 음절 단위의 대치들에 대한 동시발생(*coincidence*)으로써 그 예외들을 설명하였다(위에 있는 예에서는 이것이 음절 기부 /p/ 및 음절 핵 /u/가 될 것이다).

일반적으로 음절들이 말하기 오류에서와 유창한 발화에서 명백히 중요한 역할을 맡기 때문에 순수한 음절 대체가 완벽히 결여된다는 점은 특히 두드러진다. 예를 들면, 웰즈(Wells 1951)의 사례에서와 같이 머카이(MacKay 1972)는 낱말 혼성(*word blends*)이 'be-hortment' 〔behavior(행동) 및 deportment(품행)가 한 낱말처럼 혼성되어 버림〕처럼 종종 음절 경계를 준수함을 관찰하였다. 후지무라・러빈스(Fujimura and Lovins 1978)는 음절이 발화산출에서 가장 작고, 상대적으로 불변의 조음 단위임을 논의하였다. 저자도 또한 그런 견해에 동의한다. 그러나 명백히 음절이 스스로 주소지 홈들에 대한 마개는 아니다. 이는 앞에서 대략 그려 놓은 세 층위 모형과 완전히 일치한다. 세 층위의 어디에서도 주소지를 구성하는 데 필요한 '음절' 범주의 마개는 없는 것이다.

3) 음절 구성성분

제 8장에서는 음절 기부와 운을 구분하였고, 운 안에서 핵과 결부를 구분하였다. 기부와 운은 독자적으로 말하기 오류에 포함될 수 있다. 머카이(MacKay 1972)는 낱말 혼성에서 절단(*breaks*)이 한 음절의 모음 앞에서가 그 모음 뒤에서보다 더 많이 일어날 것임을 관찰하였다. 따라서 'grizzly(회색의)/ghastly(창백하게)'의 혼성 형태가〔gr-astly(억지로 우리말 혼성 형태를 만들어 본다면 '회-백하게' 정도가 됨: Fromkin 1971)〕'mainly(주로)/mostly(대체로)'의 혼성 형태〔mai-stly(억지로 우리말 혼성 형태를 만들어 본다면 '주-체로' 정도가 됨: Fromkin 1971)〕보

다 더 일반적이어야 한다. 음절 기부는 그것이 단일음소이든 자음군이든 상관없이, 말하기 오류에서 전체로서 이동한다. 'space food'(우주식량) 이라고 말해야 할 것을 잘못 말하여 'face spood'(음절 기부에 있는 '자음'과 '자음군'이 서로 뒤바뀜: Fromkin 1971) 라고 한 사례를 주목하기 바란다.

마찬가지로 운도 이동할 수 있다. 'fight very hard'(아주 힘들게 싸우다) 라고 의도하였는데 다음과 같이 뒤바뀌기도 한다.

> fart very hide(첫 낱말과 셋째 낱말의 모음과 종성〔= 운〕이 서로 뒤바뀜: Fromkin 1971)

그렇지만 이런 사례는 오히려 빈도가 낮은 유형의 말하기 오류이다. 운을 구성하는 핵과 결부라는 두 가지 구성요소도 비록 서로 달라붙는 더 강한 성향을 지니지만, 또한 단위들로서 대치될 수 있다(Shattuck-Hufnagel 1983; Stemberger 1983a). 가령, 핵 이동의 사례로 'clip peak'(클립〔종이 집게〕 꼭대기) 라고 말해야 하는 것을 다음처럼 잘못 말하였다.

> cleap pik(Fromkin 1971)

결부 교체의 사례도 다음과 같이 관찰된다. 뒤의 낱말의 결부가 바로 앞에 있는 낱말의 결부로 들어갔고, 이런 실수를 다시 고쳐 말해 준다.

> do a one stetch — step switch(Fromkin 1971)
> ("한 발 스텝 맞바꿈을 실행하다"를 말하는 도중에 실수하고서 stetch를 다시 고쳐 step으로 말함)

핵을 포함하는 300개 이상의 자발적 말하기 오류를 놓고서 광범위하게 분석한 사례들이 쉐턱-허프내글(Shattuck-Hufnagel 1986)에서 보고되었다. 주요한 발견내용은 오류들의 79%가 다음 사례에서 보여주듯이 강세를 받은 음절에서 모음들 사이에 일어났다.

the debote feik — debate focuses on
("그 논쟁이 … 에 초점을 모은다"를 말하는 도중 실수하고 이를 다시 올바르게 고쳐 말함)

거기에서 표적 /eɪ/('디베잍'에서의 /에이/)와 침범요소 /ou/('포우커스'에서의 /오우/)는 모두 강세를 받은 음절에 속한다. '혼합된' 사례들은 드물었다. 침범하는 모음은 언제나 표적 음절의 강세에 동반되었다. 음성 내용명시의 기제가 강세 받은 음절과 강세 없는 음절에 대해서 서로 다른 주소지를 만들어 내었음을 상기하기 바란다. 강세 받은 핵을 위한 홈은, 일반적으로 오직 강세 받은 모음만을 받아들일 것이다. 강세 없는 홈에 대해서 그 역도 성립한다. 이것이 그 자료에서 혼합된 사례의 낮은 수치를 설명해 준다. 그것은 '단위 유사성 제약'의 또 다른 예시인 것이다. 물론 그것이 강세 없는 두 개의 모음을 담고 있는 오류는 아주 드물다는 사실을 설명해 주지는 못한다. 가령 다음 사례에서와 같이

Buffo the — Byffy the Buffalo[17)]

---

17) 원래 의도는 "Buffy the Buffalo"(동화 속의 주인공인 "특정한 버팔로 버피")를 의도하였다. 그러나 실수가 두 번 일어났다. 맨 처음 밑줄이 그어져 있는 첫 번째 오류는, 마지막 낱말 Buffalo의 o에 이끌려 일어났다. 하이픈 뒤에 밑줄이 그어진 두 번째 오류는, 같은 낱말 Buffy 속에서 마지막 모음 y에 이끌려 일어났다. 이런 형식의 예문은 Buffy the Vampire Slaughter(흡혈귀를 죽이는 동화 속의 특정한 여성 주인공 버피), Goofy the Dog(만화 속 주인공인 특정한 개 구피), Jerry the Mouse(만화 속 주인공인 특정한 쥐 제리)에서처럼, 고유명사를 먼저 앞세우고 나서 그 성격을 기술해 준다(고유명사+기술

각각 표적과 침범요소로서 강세 없는 /i/와 /ou/가 담겨 있다. 강세 받은 모음은 강세 없는 것들보다도 훨씬 더 잘못을 저지르기 쉽다.

음절 구성요소들의 이동 가능성에 대한 체계적인 실험연구가 트라이먼(Treiman 1983, 1984)에 의해 이뤄졌다. 그녀는 놀이를 하도록 피험자들에게 서로 다른 유형의 음절들을 포함하는 상이한 낱말 놀이를 내주었다. 한 놀이에서는 피험자들이 하나의 음절로부터 두 개의 새로운 음절을 만들어 내야 했다. 그들은 네 가지 연습 사례들을 듣고서 그것들을 각각 반복할 수 있었는데, 가령 다음과 같다.

kig → k<u>az</u> ig
buf → b<u>az</u> uf
tep → t<u>az</u> ep
nol → n<u>az</u> ol

그러고 나서 한 묶음의 검사 자극들에 대해서도 똑같은 일을 하도록 그들에게 요구하였다. 이 때 핵심 항목은 기부 자음군을 지닌 skef〔스껲〕라는 음절이 될 수 있다. 피험자가 이를 어떻게 나누어 놓을 것인가? 다음 두 가지 답변 중에 하나가 연습 사례들과 합치될 것이다.

skef → sk<u>az</u> ef

여기서는 기부와 운을 나누어 놓았다. 그러나 이런 답변과는 달리

skef → s<u>az</u> kef

구). 후핵 언어인 우리말로 예를 들어 보이면, 기술구가 먼저 선행하고 고유명사가 뒤따르게 된다. 가령, '명장 이순신', '애국자 유관순', '역적 이완용' 등이다(기술구+고유명사).

에서는 자음군의 맨 처음 자음을 떼어 놓아 나머지로부터 분리하였다. 이들 중 오직 첫 번째 답변 유형만이 음절 구성요소인 기부와 운을 따르고 있으며, 그 실험에서 거의 모든 답변들이 이런 유형의 것이다. 즉, 그 음절의 기부 자음군이 보존되는 내용이었다.

다른 음절 놀이에서는 핵과 결부의 통합을 검사하였다. 이것들 중 하나에서, 피험자들이 다시 그 음절을 쪼개어 놓는 일을 배워야 했지만, 이번에는 그들에게 자유로운 선택권이 주어지지 않았다. 쪼개어 놓는 일은

(1) isk → it ask

에서와 같이 진행되어야 하거나, 그렇지 않으면

(2) isk → ist ak

에서처럼 진행되어야 했다. 유형 (1) 에서는 핵과 결부가 그대로 남겨졌다. 그렇지만 유형 (2) 에서는 절단 (*breaks*) 이 핵과 결부 사이에서가 아니라, 결부 속에 있는 마지막 자음 앞에서 이뤄졌다. 피험자들은 유형 (1) 에서보다는 유형 (2) 에서 더 많은 오류를 만들어 내었다. 또한 유형 (2) 은 학습하는 데에 노력이 더 많이 들어갔다. 명백히 결부를 그대로 남겨 두는 것이 더 쉬운 것이다. 이런 발견결과가 주어짐으로써, 트라이먼 (Treiman 1983, 1984) 은 핵과 결부 사이에서 그 경계가 어디에 놓이는지에 대하여 언어학자들 사이에 일치되지 않는 사례들을 검사할 수 있었다. 예를 들어, 제 8장 1절 4항에서 meter〔미터〕(재다) 가 어떻게 분석되었는지를 기억하기 바란다. 거기에서 이른바 유음 분절음 /r/이 높은 공명을 지닌 마루 분절음으로 행동하였다. 즉, 분절음 층렬에서 V로 행동하였던 것이다. 이제 bird〔버드〕(새) 나 earth〔어

쓰] (땅) 와 같은 낱말을 다뤄보기로 한다. /r/이 여전히 핵에 속하는 V인가, 아니면 이와는 달리 오히려 결부의 C인가?[18] 트라이먼 (1983, 1984) 의 음질 놀이에서는 그것이 이떻게 실행될 것인기? 그녀는 그런 사례들을 (3) 과 (4) 유형의 예들로써 검사하였다.

(3) orth → ot̲ i̲rth

(4) orth → ort̲ i̲th

피험자들은 (3) 유형보다 (4) 유형이 훨씬 더 쉬움을 알아내었다. 이는 그 유음이 그 결부의 일부라기보다는, 오히려 핵의 일부라는 개념을 지지하였다. 즉 다음 그림에서 분석 (나) 보다 오히려 (가) 의 분석이 더 나은 것이다.[19]

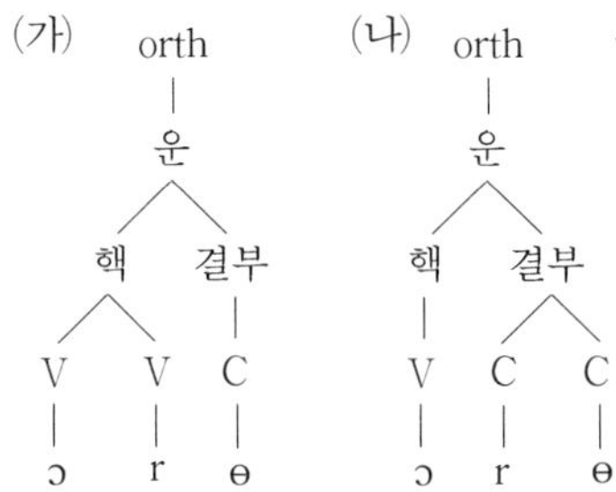

---

18) V와 C는 원래 vowel (모음) 과 consonant (자음) 의 첫 글자에서 따왔지만, 정의에 따라 음절을 만들 때에 상대적으로 공명도가 높은 분절음은 V, 그렇지 않은 분절음에는 C가 주어진다. 곧, 유음 /r/이나 /l/은 인접한 분절음의 공명도 크기에 따라 상대적으로 V나 아니면 C가 주어질 것이다.

19) 우리말 화자에게는 오히려 반대의 결과가 나올 듯하다. 왜냐하면 우리말에서는 겹받침을 허용하므로, 우리말 음절 구조 VCC에 합치되는 구조가 (나) 의 그림이기 때문이다.

가령 “imf→iz amf”와 같이 비음들에 대한 음절 놀이에서는, 유음을 대상으로 한 음절 놀이 및 장애음[20] /t/를 대상으로 한 원래 음절 놀이(1)과 (2) 사이에서 중간의 결과를 보여 주었다. 이들 실험 결과는 또한 말하기 오류에서 ‘chirps’n tweets’〔췁쓴 튀츠〕(작은 새가 지저귀는 울음소리 ‘짹짹’을 가리키는 의성어의 복수 형태인 chirps and tweets)를 말하려 하는데 다음처럼 잘못 말한

cheeps’n twirts

예처럼, 유음 /r/과 /l/은 바로 선행하는 모음에 달라붙는 경향이 있다는 스템버거(Stemberger 1983b)와 쉐턱-허프내글(Shattuck-Hufnagel 1986)의 발견결과와 잘 부합된다. 달리 말하면, 그것들은 자리를 옮기는[21] 핵의 일부로 행동하는 것이다.

마지막으로 특별히 주목할 필요가 있는 하나의 음절 구성요소가 있다. 영(*null*) 요소로서, 영 기부 또는 영 결부가 된다. 표면적으로, orth〔오쓰〕나[22] art〔앝〕(예술/기술)과 같은 음절은 기부를 갖고 있지 않고, 단지 운만을 갖고 있는 듯하다. 그렇지만 비록 비어 있더라도,

---

20) Clark and Yallop(1995: 구희산 외 4인 역 1988: 64) 《음성학과 음운론》(한신문화사)에서는 obstruents를 ‘장애음’으로 번역하였다. Kenstowicz(1994: 안상철 외 3인 역 1997:54) 《생성문법의 음운론》(한신문화사)에서는 ‘저해음’으로 번역하였다. 정연찬(1997:90 이하) 《개정 한국어 음운론》(한국문화사)에서는 향음(響音, 낭랑한 소리)과 대립되는 용어로 조음(噪音, 시끄러운 소리)이라고도 하였다. 여기서는 ‘장애음’이란 용어를 쓰기로 한다. 제 11장 2절 3항에 보면, 이는 폐쇄음·마찰음·파찰음에 대한 상위 개념으로 정의되어 있다.

21) 말하기 오류인 앞의 예에서는 앞쪽 낱말의 핵 ‘i’가 자리를 옮겨 뒤쪽 낱말의 핵으로 실현되었는데, 마치 그 핵에 딸려 있는 일부처럼 ‘r’도 함께 옮아갔다. 원문의 displace란 말은 자리를 뒤바꾸거나 위치를 옮긴다는 뜻을 지닌 한자어 전위(轉位)로도 번역된다.

22) 사전에 orthodox(정통의, 정설의)의 줄임말, 또는 orthopedics(정형외과)의 줄임말로 나와 있다.

기부가 있다고 제안되어 왔다. 비슷하게, 음절 spa〔스빠〕(온천)도 결부를 결여하고 있지만, 영 결부를 갖고 있는 것으로 분석될 수 있다. 이들 분석을 옹호하는 주요한 논의는, 말하기 오류에서 영(*null*) 요소가 기대되거나 교체될 수 있다는 점이다. 쉐턱-허프내글(1979, 1983)은 이런 사안을 논의하면서 그 예로서 Sinclair〔씬클레어〕라고 말해야 하는데 'Doctor-inclair has emphasized'(씬클레어 박사가 … 강조하였다)와 같이 말한 사례를 제시하였다. 거기에서 emphasized 〔엠퍼싸이즈드〕의 영 기부가 Sinclair〔씬클레어〕의 기부가 준비될 때에 미리 앞질러 나타났다. 그렇지 않다면, 이것이 emphasized와 아무런 관련 없이, 단순히 기부 탈락 또는 음소 탈락인 것일까? 오직 신중한 통계 분석만이 결정적인 대답을 제공해 줄 수 있다. 델(Dell 1986)은 영 요소가 기부 생략이나 결부 생략에 언제나 포함된 것은 아니지만, 말하기 오류 자료에 대한 완벽한 설명을 위해서 아마 영 요소가 여전히 필요할 것이라는 통계적 증거를 제시해 주었다.

이상을 요약하면 다음과 같다. 음절 구성요소들이 마개로 기능할 수 있으며, 그것들의 구성성분 범주가 말하기 오류에서 핵심적이라는 상당한 증거가 있다. 기부는 기부와 뒤바뀌고, 운은 운과 뒤바뀌며, 핵은 핵과 뒤바뀌고, 결부는 결부와 뒤바뀐다. 모두 단위 유사성 제약과 일치한다.

4) 분절음

어휘하부 말하기 오류들 가운데 약 3분의 2가 단일한 분절음을 포함하는데, 자음이거나 모음들이다(Shattuck-Hufnagel 1982). 물론 이것들 가운데 다수가 곧 음절 기부나 핵이나 결부이다. 그러나 여전히 기부 또는 결부 자음군에 있는 개별 음소가 말썽이 되는 오류들이 많이 있다. 예를 들면, 'feel like playing'(놀고픈 생각이 들다)을 말하려는

데 다음처럼 잘못 말한 뒤바꾸기 오류가 있다.

peel like flaying

이 사례에서는 기부 자음군 전체 /pl/이 아니라, 단일음소 /p/가 자리를 잘못 잡았다. 프롬킨(Fromkin 1973)은 자음군들의 그런 구분에 대한 인상적인 목록을 제시해 준다. 그녀의 사례들 중 하나는 brake fluid(제동기 용액/브레이크액)를 말하려는데 다음처럼 잘못 말한 경우이다.

blake fruid

이 사례에서 음절 기부의 나머지(/b/와 /f/)는 그대로 놔 둔 채 유음 /r/과 /l/만이 뒤바뀐다.

지금까지 이들 관찰 내용은 제 9장 2절의 세 층위 모형에 의해 다뤄지지 않는다. 그것은 이들 음소가 left hemisphere(좌반구)를 말하려는데 다음처럼 잘못 말한

heft lemisphere

예에서와 같이, 그 자체로서 단일한 음절 구성요소인 경우에만 음소 교체들을 다룰 수 있기 때문이다. 그렇지만 위에 있는 종류의 오류들을 설명해 주기 위해서는, 자음군 구성에 대한 어떤 기제가 필요하다. 더욱이 음성 내용명시가 작동되려면 그런 기제가 필요해진다. 그 층위에 있는 주소지 틀이 세 가지 홈을 담고 있음을 상기하기 바란다. 음절 기부를 위한 홈과 핵을 위한 홈과 결부를 위한 홈이다. brake〔브뢰잌〕(제동기/브레이크)과 같이 1음절을[23] 인출하기 위하여, 기부 홈에

대해서 하나의 단일음소 분절음이 아니라, 하나의 자음군 /br/이 필요하다. 따라서 바로 이전 층위에서 내용명시되어 있는 연속된 분절음들로부터 그런 자음군을 수립하는 방식이 분명히 존재할 것이다.

자음군 구성은 어떻게 모형화될 수 있을까? 현재의 제안은 그것을 곧바로 음성 명시내용과 같이 취급하는 것이다. 즉, 우리는 화자가 기부 자음군들의 목록을 지니고 있다고 가정할 것이다. 그것은 영어에서 다음과 같이

/st/, /br/, /fl/, /skr/, /spr/

그 언어에서 '음소배열론'상으로(*phonotactically*) 허용된 기부 자음군에 대한 작은 집합이다. 비슷하게 음소배열론상으로 가능한 한 묶음의 결부 자음군도 있을 것이다. 자음군은 해당 주소지 틀의 홈들이 채워짐으로써 전달될 수 있다. 음절 기부 자음군에 위하여 이것을 더 자세히 다뤄나가기로 하겠다. 자음군은 말하기 오류를 겪기가 가장 쉽다.

groom〔그룸〕(신랑/마부)이라는 낱말을 택하기로 한다. 분절음 내용명시의 층위에서 분절음들의 순서 열 /g/, /r/, /u/, /m/이 산출된다. 다음 층위에서 음절 주소지에 대한 기부·핵·결부 홈들을 채워 완결하는 데에 그것들이 쓰일 것이다. 기부 홈 속으로는 무엇이 들어가야 하는 것일까? /g/가 아니라, 자음군 /gr/이다. 제 8장 1절 4항에서 우리는 '기부 최대화 규칙'으로 불리는 내용을 논의하였다. 음소배열 규칙들이 허용하는 한, 기부 자음군은 가장 크게 만들어질 것이다.

---

23) 영어에서는 'br'이란 자음군을 기부(초성)에 허용하며, '애이'는 이중모음으로 간주한다. 우리말에서 외래어로 '브레이크'는 4개의 모음을 지닌 4음절 낱말로 간주된다. 그렇지만 영어에서는 '기부-핵-결부'(초성-중성-종성)의 홈을 지닌 1음절 낱말로만 취급된다. 맨 마지막 모음 '으'는 우리말에서와는 달리 다른 나라 말에서는 뜻구분에 참여하지 않아, 모음 음소가 아니라 대신 약모음(애매모음)으로 불린다.

가능한 대로 기부 자음군 구성은 연속적 C-유형('자음적인') 분절음들을 많이 모으며, 주소지 틀을 동일한 숫자의 홈으로 채우는 일로 이뤄진다. 바로 자음이 하나 있는 경우에, 귀결되어 나오는 '자음군'은 단일 요소가 될 것이다. 위의 사례에서는 두 개의 연속 자음들이 있다. /g/와 /r/이다. 두 개의 홈을 지닌 주소지 틀이 이용 가능해지며, 이들 요소로 채워진다. 만일 그 결과가 음소배열상 가능한 주소지라면, 기부 홈에서 해당되는 자음군이 삽입될 수 있다. 이는 다음 그림처럼 보여 줄 수 있다.

주소지 틀:

기부 C_1	기부 C_2

주소지:

기부 C_1	기부 C_2
/g/	/r/

인출된 기부 자음군: /gr/

groom의 다른 분절음 짝들에 대해서는 더 이상 자음군이 찾아지지 않을 것이다. 예를 들어, 그 홈이 각각 /n/과 /t/로 채워질 예정이었더라면, 아무런 자음군도 인출되지 않았을 것이다. 영어에서는 /nt/가 허용되는 기부 자음군이 아니기 때문이다.

그런 연결체가 우연히 일어나는 경우에 어떤 일이 생길까? 그것이 발음될 것인가? 그 대답은 분명히 '아니오!'이다. 프롬킨(1971)에서 가져온 다음 예문을 보기로 한다. 'play the victor'(승리자 노래를 연주하다)를 의도하였는데 다음처럼 잘못 말하였다.

<u>f</u>lay the <u>p</u>ictor

자리를 잘못 잡은 /v/가 -lay 앞에 실현되는 경우에, 무성음으로 동화되어 /f/로 바뀐다. 이것이 어떻게 일어나는지를 놓고서 관련 문헌(Fromkin 1971; Davidson-Nielson 1975; Garrett 1980a; Crompton 1982; Stemberger 1983a; Stemberger and Treiman 1986)에서 여태 해결되지 않는 논의가 있지만, 어딘가에서 분절음 짝(/v/, /l/)은 음소배열상 가능한 기부 자음군 /fl/로 바뀌어야 한다. 그러고 나서, 이것이 음성 내용명시에서 기부 홈에 대한 하나의 마개로 이용될 수 있다. 비슷한 문제가 다음과 같은 사례에서도 관찰된다. 'cellar'〔쎌러〕(포도주 등의 지하 저장실)라고 말하려다가 다음처럼 잘못 말한 오류를 설명하는 데에서도 제기된다.

we have a big stellar down there. (Stemberger 1983a)
(우리는 저기 아래에다 아주 큰 지하 저장실을 갖고 있다.)

여기서 down〔다운〕(아래에)의 /d/가 표적 낱말 cellar〔쎌러〕(저장실)를 발음하는 데 미리 앞질러 나타났을 것이다. 이는 기부 자음군 /sd/가 아니라, /st/로 귀결된 것 같다. 이들 사례의 산출은 다음처럼 전개될 수 있다.

주소지 틀:

기부 C_1	기부 C_2

주소지:

기부 C_1	기부 C_2
/F/	/l/

기부 C_1	기부 C_2
/s/	/T/

인출된 기부 자음군: /fl/ /st/

가장 왼쪽의 주소지 홈에 있는 (원음소) /F/는 /v/나 /f/를 나타낸다.[24] 이것들 중 어느 것이든 상관없이 /l/이 뒤이어지더라도 적법한 주소지가 형성된다. 즉, 자음군 /fl/의 주소지도 적법하다. 달리 말하여, 다음 요소가 /l/이라면, 이 홈의 잠재적인 마개로서는 유성음 자질이 무관하다. 비슷하게 가장 오른쪽의 주소지 홈에 있는 (원음소) /T/도 /t/나 /d/를 의미한다. 이것들 중 어느 것이든 상관없이 /s/가 선행하는 자음군이 만들어진다. 곧, /st/에 대해서 적격한 주소지가 만들어지는 것이다. 비슷하게 /s/와 (원음소) /P/가 짝이 되어 그 주소지 틀에 삽입된 경우에도 적법한 기부 자음군 /sp/가 인출될 수 있다. 여기서 (원음소) /P/는 /b/나 /p/를 나타낸다. 이것이 다음처럼 'small'(자잘한)을 잘못 말한 오류에 대하여

benefit spall — small businesses (Stemberger 1983a)
(스뽈〔'스몰'의 오류〕— 자잘한 사업들에 혜택이 되다)

설명 근거가 제시될 수 있다. 이 오류에서는 businesses〔비지니씨즈〕(사업)의 /b/가 미리 앞질러 나타나서, 그 자음군의 C_2 홈을 채워 놓는다. 그렇지만 그 주소지에서는 '/s/, /b/'와 '/s/, /p/'는 서로 구별되지 않는다. 그것들이 모두 자음군 /sp/를 가리킨다. 영어에서 기부 자음군으로서 /sb/는 음소배열상 불가능한 것이기 때문이다. 분절음 내용명시 /P/, /F/, /T/, /K/는 때로 '원음소'(*archiphonemes*)라고 불

24) 프라그 언어학파에서는 이를 '중화된 원음소'(*neutralized archiphoneme*)라고 부른다. Troubetzkoy (1939 한문희 역 1991:139쪽 이하) 《음운학 원론》(민음사)을 참고하기 바란다. 하나의 음소는 변별자질의 다발로 표시된다. 두 개의 음소가 여러 변별자질들을 공유하지만, 오직 하나의 변별자질의 대립에 의해서 나뉘는 경우에, 그 두 음소의 공통된 내용을 '원음소'라고 부른다. 우리말 받침소리에서 'ㅈ, ㅊ, ㄷ, ㅌ, ㅅ' 등이 음절 끝에서 또는 뒤에 자음 초성이 이어지는 경우에 'ㅅ'으로 중화된다(변별적 대립자질들이 중화되었음). 이 'ㅅ'을 이 받침소리들에 대한 '원음소'(archiphoneme)라고 말한다. 연구자에 따라 원음소는 실재 음소에서 선택될 수도 있고(자연 음운론), 머릿속에서만 있는 추상적 모습으로도 설정될 수 있다(추상 음운론). 이 책에서는 전자를 따르고 있다.

린다(/K/는 /k/와 /g/의 원음소임). 그것들은 적어도 한 가지 자질에 대하여 아직 명세가 이뤄지지 않은 음소들이다.

만일 자음군 구성이 원음소 분절음 명세를 포함할 수 있다면, 명백히 다음 질문이 제기된다. 즉, 원음소들이 바로 이전 층위에 있는 자음군의 내용명시에서 생겨날 수 있는지 여부이다. 예를 들어, still〔스띨〕(여태)이란 낱말이 분절음상 내용명시가 이뤄질 경우, 기부 자음군이 /s/와 /t/로 내용명시가 될 것인가, 아니면 오히려 /s/와 원음소 /T/로 될 것인가? 단, /T/는 유성음화에 대한 명시가 아직 이뤄지지 않은 '원음소'이다. 일반적으로는 아마 원음소로서 충분할 것 같다. (적어도 위에 있는 제안이 올바르다면) 자음군 /st/가 인출될 자음군 구성의 다음 층위에서, 마개들의 짝은 /s/와 원음소 /T/ 이상 더 요구되지 않기 때문이다.

이 질문을 제기한 스뗌버거(Stemberger 1982, 1983a)는 긍정적인 답변을 제공해 주었다. 자음군 내용명시에서 원음소들이 생겨난다는 주장을 뒷받침해 주는 말하기 오류 증거가 있다. 하나의 사례는 scruffy〔스끄뤄퓌〕(단정치 않은)라는 낱말을 포함한다. 위에 있는 분석에 따르면, 그 기부 자음군은 /s/와 /K/와 /r/로 내용이 명시될 것이다. 여기서 /K/는 아직 다 명시되지 않은 자질을 지닌 '원음소'이다. 즉, 이 원음소는 /k/와 /g/를 둘 모두 가리킨다. 자음군 구성의 다음 단계에서, 이 세 가지 /s/와 /K/와 /r/이 자음군 /skr/의 인출에 충분할 것이다. 영어의 음소배열에는 기부 자음군 /sgr/이 없는 것이다. 그렇지만 우연히 자음군의 초두 분절음 /s/가 사라져 버리면 무슨 일이 일어날까? crazy〔크뢰이지〕(미친)와 grasp〔그뢰습〕(붙잡다)에서와 같이, 영어의 음소배열에서 /kr/과 /gr/이 둘 모두 가능한 기부 자음군이다. 실제로 /K/가 자음군 내용명시에서 나타난다면, 그 /s/가 사라진 경우에 /k/가 나타날 수 있을 뿐만 아니라, /g/도 또한 가능하다. 왜냐하면 그 원음소가 추가될 유성음화 자질에 대하여 명시되어 있지 않았기 때문이다. 스땜버거(Stemberger 1983a)는 다음 예를 제시한다.

in your really gruffy — scruffy clothes
(당신의 정말 그뤄퓌〔'스끄뤄퓌'의 오류〕 — 단정치 않은 옷들에서)

이 예문에서 scruffy〔스끄뤄퓌〕(단정치 않은)의 /k/는, 실제로 선행하는 /s/가 우연히 사라진 경우에 /g/로 실현된다. 물론 그런 구별이 어떻게 지각될 수 있는지 궁금할 것이다.

비록 '원음소'의 개념이 그런 사례에 대한 분석을 위하여 매력적이지만, 바로 제8장 1절 5항에 있는 정의상으로 '원음소'가 하나의 음소임이 주목되어야 한다. 그것은 오직 그 변별자질들에 대해서만 명시된 분절음이다. 분절음 /g/와 /k/는 영어에서 기부 자음군에서 /s/를 뒤따르는 경우에 변별적으로 쓰일 수 없다. 따라서 그 맥락에서는 /g/와 /k/가 동일한 음소이다.

지금까지의 결론은, 기부 자음군에 있는 개별 음소들이 그 자체로 음성 구성요소인지 아닌지 여부에 상관없이, 말하기 오류에서 자리를 잘못 잡는 경우가 생긴다는 사실이다. 이들 '자리를 잘못 잡는' 성격은, 우리로 하여금 음절들에 대하여 최대한의 기부 자음군을 만들어 내는 자음군 구성의 과정을 가정하도록 하였다. 그러고 나서 이들이 음성 내용명시 층위에서 기부 홈들에 삽입될 수 있다. 이하의 논의에서는, 자음군 구성이 음성 내용명시의 예비 단계 또는 첫 단계로 간주될 것이다.

기부 자음군 구성의 과정은 여러 가지 방식으로 잘못될 수 있다. 낱말 기부 자음군 오류들에 대한 광범위한 분석이 스땜버거·트롸이먼(Stemberger and Treiman 1986)에서 보고되었다. 자연스럽게 일어나는 것과 실험상으로 유도된 것을 둘 모두 포함한다. 이 연구의 주요 발견은 기부 자음군에 있는 두 번째 자리가, 첫 번째 자리보다 오류에 더 취약하다는 점이었다. 두 번째 자리가 더 잘 없어지거나, 또는 교체되기 일쑤인 것 같다. 두 번째 자리를 포함하는 (5) 와 (6) 같은 오류가, 첫 번째 자리를 포함하는 (7) 과 (8) 같은 사례보다 더 빈번하다.

(5) They p_ace — place too little emphasis on their own results 〔기부 자음군 둘째 자음의 소실〕
(그들은 그들 나름의 결과에 거의 강조를 두지 않는다; '페이스'는 '플레이스'의 오류임)

(6) prace — place Bresnans's arguments … 〔둘째 자음의 교체〕
(브뤼즈넌의 논점들을 제시해 놓으면 … ; '프뢰이스'는 '플레이스'의 오류임)

(7) Their attention _pan — span is … 〔첫째 자음의 소실〕
(그들의 주의 폭은 … ; '뺀'은 '스뺀'의 오류임)

(8) A crate — great quest … 〔첫째 자음의 교체〕
(대단한 탐구 … ; '크뢰잍'은 '그뢰잍'의 오류임)

또한 두 번째 자리에 있는 자음이 첫 번째 자리에 있는 자음보다 더 많이 잘못 추가되는 것 같다. 예문(9) 가 예문(10) 보다 더 잦은 유형의 오류이다.

(9) Oh, so you have to bruy it with the T. V. 〔두 번째 자음의 추가〕
(아, 따라서 그 텔레비전으로 반드시 그걸 사야만 하네요; '브롸이'는 '바이'의 오류임)

(10) the same as the hit frate — hit rate for low-freqency items 〔첫 번째 자음의 추가〕
(낮은 빈도 항목들에 대한 적중률과 동일한 것으로서; '프뢰잍'은 '뢰잍'의 오류임)

여기서 이런 비대칭성에 대한 스땜버거 · 트롸이먼(1986) 의 설명을 자세하게 다루지는 않을 것이다. 그러나 분명히 음운 부호화에서는 자음군의 C_1 자리를 정확하게 채워 넣는 일에 우선성이 주어진다.

자음군 구성에 대한 비슷한 기제가 아마 결부에 대해서도 제안될 수 있을 것이다. 여기서도 또한 오직 음소배열상 가능한 자음군만이 주소지를 채우게 될 것이다. 그러나 그 기제는 결부들에 대한 최대화 규칙이 존재하지 않는다는 점에서 분명히 차이가 난다.

'복합 핵'은[25] 어떠한가? 제 9장 3절 4항에서 우리는 '모음+유음'으로 이뤄진 하나의 핵이 전체로서 이동한다는 스팸버거(1983b)와 쉐턱-허프내글(Shattuck-Hufnagel 1986)의 발견결과들을 살펴보았다. 한 가지 예가 'chirps and tweets'〔춰스 앤 튀이츠〕(짹짹 찍찍)를 다음처럼 잘못 말한 경우이다.

'ch<u>ee</u>ps and tw<u>ir</u>ts'

이 예에서 복합 핵 /ɜr/〔어〕가 자리를 바꿨다. 프롬킨(1971)에 따르면, 이중모음들도 또한 거의 그들의 구성요소 분절음들로 잘 쪼개어지지 않는다. 스팸버거(1983a)는 다음을 한 가지 예로 제시한다.

(11) They m<u>oo</u>y — they may be moving back east again〔주동사 '무브'에 이끌려 '무이'로 됨〕
(그들이 동쪽으로 다시 돌아올 가능성이 있다; '무이'는 '메이'

---

25) 중국어에서는 핵 모음을 중심으로 하여 2중모음 또는 3중모음을 형성하는 경우가 있다. 특히 중모음을 형성하는 모음들을 '개모'(介母, 사이에 끼인 모음)라고 부른다. 대표적으로 'y'와 'w'가 있다. 우리말에서도 2중모음이 있는데('왜, 귀'처럼 w계 상향 이중모음과 '예, 겨'처럼 y계 상향 이중모음), 이 이외의 2중모음에서는 홑모음을 선호하는 경향이 있다(가령 '의사'의 2중모음을 〔으〕처럼 홑모음으로 발음해도 됨). 이 책에서는 '유음'을 V(공명도가 상대적으로 높은 음소)로 간주한다(제 8장 1절 3항과 4항을 참고 바람). 이런 이유로, 여기서 '모음+유음'을 '복합 핵'(VV)으로 언급하고 있다.

의 오류임)

그렇지만 이 사례가 예외적임을 인정한다. 당분간은 '복합 핵'을 위한 특정 '내용명시와 구성' 기제의 존재를 가정할 이유가 없다.

여기서 다뤄질 마지막 논제는, 모든 음소적 분절음들이 똑같이 '자리를 잘못 잡기 일쑤'인지 여부이다. 그 대답은 실질적으로 '예!'이다. 그러나 유보조건이 있다. 쉐턱-허프내글 · 클랱(Shattuck-Hufnagel and Klatt 1979)은 유창한 발화에서 다양한 음소들의 실현 빈도를 계산하였다. 그들은 허사들이 말하기 오류에서 빈도가 아주 드물기 때문에, 그 대상을 실사로 실현되는 것에만 국한하였다. 모든 음소들이 똑같이 자리를 잘못 잡을 수 있다면, 정상적 발화에서 모든 음소들의 출현 빈도는 말하기 오류에서 음소들이 자리를 잘못 잡는 상대적 빈도를 예측해야 할 것이다. MIT 말하기 오류 자료들에 있는 자음들을 놓고서 상관성이 계산되었다. 하나의 음소 표적이 그 의도된 홈에서 산출되지 않을 확률은 그 음소의 실현 빈도와 '0.83'의 상관성이 있었다. 이 상관관계는 거의 70%의 변이를 설명해 준다. 대체로 이는 '약하게' 오류를 입기 쉬운 음소들과 대립되는 '강하게' 침해하는 음소가 전혀 존재하지 않음을 의미하는 것이다. 그리고 실제로 각 음소는 오류 자료에서 침범요소로 나타난 만큼이나 거의 자주 표적으로도 나타났다.

그렇지만 레뷜 · 힐리(Levitt and Healy 1985)에서 유도된 말하기 오류들을 놓고 이뤄진 실험으로는 그런 결과가 얻어지지 않았다. 그들은 빈도가 낮은 음소들이 실제로 다소 더 오류를 받기 일쑤였고, 빈도가 더 높은 음소들이 더 침범하거나 또는 더 '강한' 경향이 있음을 찾아냈다. 쉐턱-허프내글 · 클랱(1979)의 연구에서도 또한 특정 음소들이 기대된 것보다 '더 약하거나' 또는 '더 강하였다'. 특히, /s/와 /t/는 '더 약한' 부류에 속하였다. 그것들은 '구개음화'되는 경향이 있었다. 즉, /s/〔스〕가 /ʃ/〔슈〕나 /ʧ/〔츄〕로 되고, /t/〔트〕가 /ʧ/〔츄〕로 되는 경향이 있었다. /ʃ/〔슈〕로부터 /s/〔스〕로 되는 것처럼 거꾸로 '탈-구개음화'(*depalatalization*) 되는 오류는 일어날 소지가 훨씬 덜한 것 같았다. 그렇지만 이런 비대칭성은 레벌 · 힐리(1985) 연구에서는 재생되지 않았다. 따라서 그것들의 차별적인 음소 강도 효과를 설명할 수 없었다.

두 연구 사이에 있는 약간의 불일치는, 아마 레벌 · 힐리(1985)의 실험연구가 대체로 'ra'와 'li'처럼 단일 음절 표적 항목들의 기부에 나타나는 단일음소들만 포함하였지만, 반면에 쉐턱-허프내글 · 클랩(1979)의 관찰 연구에서는 그 음소의 음절 위치들이 제약되어 있지 않았다는 사실로부터 기인하는 것 같다. 달리 말하여, 하나의 음소가 단일 음절 위치에 대해서는 어느 정도 '강한' 경쟁자가 되지만, 다른 위치에 대해서는 '약한' 경쟁자가 될 수도 있다. 그렇지만 음절에 있는 모든 위치들에 걸쳐서 평균을 내면, 이들 차이점이 사라지며, 모든 음소들이 거의 동등한 평균 강도를 보여 준다.

더욱이, 한편으로 음절에 있는 분절음 홈들에 걸친 음소들의 분포 속성 및 다른 한편으로 오류에 대한 음절 홈들의 서로 다른 취약성 사이에는 복잡한 상호작용이 있다. 이는 쉐턱-허프내글 · 클랩(1979)의 원래 연구에 있는 다음 관찰 내용을 살펴보는 경우에 주목을 끈다. '더 강하고' 겉보기에 덜 취약한 음소들 중에는 /ŋ/이 있었다. 그 논문 필자들은 명백한 근거를 제시해 주었다. 이 분절음은 낱말 기부나 음절 기부 위치에 나타날 수 없다. 거기가 오류를 입기 쉬운 위치인 것이다. 따라서 요약을 한다면, 모든 분절음들이 분절음 홈들에 대하여 경쟁자로서 대략 동등한 세기를 지니지만, 실현 위치상으로 어떤 의존성이 있을 것으로 말할 수 있다.

마무리를 짓기로 한다. 음소 분절음들은 자리를 옮길 수 있는 단위이다. 그러나 그것들이 자리를 옮긴 경우에, 그 새로운 환경에 맞게 조정이 이뤄진다. 이는 음소들이 음성상 자음군이나 음절에서 그것들의 위치에 맞추어 적합하게 실현됨을 의미한다. 크롬튼(Crompton 1982)

에 따라, 이런 변이음 조정은 제안된 주소지 채우기 기제의 자연스런 결과이다. 동일한 기제가 변이음들의 자리 옮김을 막아 버리겠지만,[26] 사실상 이는 결코 관찰되지 않는다.

5) 변별자질

유성음화(*voicing*) 및 비음화(*nasality*)와 같이, 변별자질들이 개별적으로 이동될 수 있을까? 관련 문헌에서 이것이 실제로 가능하다고 거듭 주장되었다. 프롬킨(Fromkin 1971)이 전형적 사례들을 담고 있다. 유성음화 자질의 뒤바뀜이, 'clear blue sky'(맑고 푸른 하늘)를 의도하다가 다음처럼 잘못 말한 사례에서 일어나는 듯하다.

glear plue sky

이 사례에서 /b/의 유성음 자질이, 미리 앞서서 clear〔클리어〕(맑은)의 기부 분절음에 나타났다. 두 개의 새로운 음소가 귀결되어 나왔다. /g/와 /p/이다. 비음화 뒤바뀜도 'pity the new teacher'(새로 오신 선생님을 동정하다)를 의도하지만, 다음처럼 잘못 말한 사례에서 분명하다.

mity the due teacher

맨 처음 낱말의 분절음 /p/가 비음으로 바뀌고서 /m/으로 된다. 세 번째 낱말의 분절음 /n/이 탈-비음화(*denasalized*)되어 /d/로 바뀐다.[27] 두 개의 새로운 음소들이 형성되는 경우에, 우리는 어떤 자질

26) 자리를 옮겨가는 것은 '변이음'이 아니라, 오직 '원음소'이기 때문이다(표면 실현 모습이 옮겨가는 것이 아니라, 다만 그 기저형이 옮겨가는 것임). 옮겨간 자리에서 그 원음소가 변이음으로 실현되는 것이다.

이 대체되었음을 확신할 수 있다.

대부분의 음소 대체들은 사실상 단일 자질이나 자질들 묶음의 교체임을 짐작할 수 있다. 예를 들면, 'is made possible'(가능하게 되다)을 의도하다가 다음과 같이 잘못 말하였다.

is pade mossible

이런 뒤바뀜도 전체적으로 음소 분절음 /m/과 /p/의 교체보다는, 오히려 단지 비음화 자질만의 교체에 기인하는 것일 수 있다. 'you better stop for gas'(당신은 자동차 연료를 채우기 위해 멈추는 것이 더 낫다)라고 의도하다가 다음과 같이 잘못 말한 사례가 있다.

you getter stop for bas

여기서 /g/와 /b/의 분명한 뒤바뀜은, 사실상 한 쌍의 변별자질에 대한 교체일 수 있다. 전방성[28] 및 순음성 자질이다. 그렇지만, 이는

27) 마지막 낱말의 첫 음소가 /t/이다. new의 /n/이 유성음 /d/로 바뀐 것은, /t/에 동화되어 일어난 것이다. 국어 음운현상의 기술 방식대로 설명하면, 두 현상이 모두 '역행 동화' 현상이다. 맨 처음 역행 동화는, 첫 낱말의 /p/에 세 번째 낱말 /n/의 '비음화 자질'이 얹히면서 동화된 결과이다. 이는 같은 계열의 /m/으로 바뀌었다. 두 번째 역행 동화는 맨 마지막 낱말의 첫 소리 /t/에 있는 '치음화 자질'이 얹히면서 동화된 결과이다. 이는 같은 계열의 /d/로 바뀐 것이다.

28) 조성식 외(1990:72쪽) 《영어학 사전》(신아사)에 보면, 전방성 자질(*anteriority*)은 영어의 소리 〔ʃ〕(슈)가 만들어지는 잇몸과 입천장 영역을 중심으로 하여, 그보다 앞쪽에서 날숨이 장애를 받으면서 만들어지는 소리이다. 그 뒤쪽에서 장애를 받아 만들어지거나, 또는 모음처럼 아무 장애 없이 만들어지는 소리는 '비-전방성'(*non-anterior*) 소리이다. 조음 음성학 측면에서 '순음·치음·치경음'이 전방성 자질로 표시된다. 이 설명을 받아들이면, 원문에서 '한 쌍의 변별자질'(*a pair of distintive features*)이라고 언급하여, 마치 서로 양립하거나 대립되는 자질로 기술되어 있지만, 이는 '전방성' 자질이 기본 바탕이

아주 있을 법하지는 않다. 쉐턱-허프내글·클랫(Shattuck-Hufnagel and Klatt 1979)은 후자의 사례처럼 다중 자질 교체가 잦은 빈도로 발생하는 것이 아니기 때문에, 독자적이면서 동시에 일어나는 단일 자질 교체들에 의해서는 예측될 수 없음을 논증하였다. 자질 교체들에 대하여 실제로 분명한 사례는 무시해도 좋을 빈도로 일어난다. 즉 거기에서 새로운 음소들이 형성되는 사례는 거의 없다. 관련 문헌에서도 다만 소수의 사례만 보고되어 있다.

주소 채우기 하위 경로에서 변별자질들은 명백히 마개로서 기능하지 않는다. 발화산출에서 변별자질들의 역할은 상이한 것이다. 이는 제 9장 4절 2항과 제 9장 5절 2항에서 논의될 것이다.

지금까지 우리는 언어학상 잘 정의된 낱말의 부분들에 대한 교체 가능성을 살펴보았다. 즉 형태소·음절·음절 구성요소·음소·변이음·변별자질들이다. 음절들은 교체에 거의 전혀 포함되지 않으며, 변이음은 결코 포함되지 않음이 밝혀졌다. 자질들의 자리 옮김도 가능하지만 예외적이었다. 이는 음성계획의 홈-마개 이론에서 고려되어야 하는 마개들의 종류에 대하여 뭔가를 말해 준다. 마개는 형태소들이며, 음절 구성요소들이며, 음소 분절음들이다. 변이음과 변별자질은 아마 오직 그 홈들이 적합한 단위로 채워진 뒤에라야 계산되는 듯하다. 지금까지 전개되어 온 내용명시 얼개는 바로 이들 마개 유형을 설명해 준다. 그러나 마개들에 대한 우리의 현재 목록은 완벽할 것인가? 쉐턱-허프내글(1983, 1987)에서는 여전히 자리를 옮겨가기 일쑤인 또 다른 낱말 부분이 있음을 논의한다.

되고, 이 위에 다시 순음성과 비-순음성이 이분 대립된다고 말할 수 있다.

6) 낱말 기부 및 낱말 끝부분[29)]

우리가 살펴본 음절 기부는 말하기 오류에 포함된 가장 빈번한 단위들 중 하나이다. 그러나 그것들이 실제로 언제나 '음절' 기부인가, 아니면 그것들이 '낱말' 기부로 성격이 지어져야 하는가? 단일 음절 낱말에서는 음절 기부와 낱말 기부 사이를 구별할 필요가 없다. 그러나 다중음절 낱말에서는 구분될 수 있다. 'ferment'〔퍼멘트, 퍼먼트〕(발효하다, 발효) 같은 낱말에서, 오직 낱말 초두 /f/만이 오류가 일어나기 일쑤인가, 아니면 음절 기부 /f/와 /m/이 둘 모두 오류에 취약한가? 쉐턱-허프내글(Shattuck-Hufnagel 1987)에서의 통계는, 낱말 기부들이 동일한 낱말에 있는 다른 음절의 기부들보다 4.5배나 더 취약함을 보여 준다. 더욱이 낱말 기부들은 그 낱말의 다른 부분들보다도 특정한 유형의 오류(특히 교체)에 대하여 훨씬 더 취약하다. MIT 말뭉치에서 자음 상호작용 오류들의 82%정도가 낱말 기부에서 일어났다.

혹자는, 여전히 이 모든 것이 낱말 기부 음절들이 강세를 받은 음절이 되는 경향에서 말미암는다고 논의할 수 있다. 강세를 받는 음절의 기부가 특히 오류를 입기 쉽다고 생각하는 것이다. 따라서 'fermEnt'〔퍼멘트〕(발효하다) 라는 동사에서는 /m/이 오류가 되기 쉽지만, 그것이 'fErment'〔퍼먼트〕(발효) 라는 명사에서는 /f/일 수 있다. 쉐턱-허프내글(1985, 1987) 에서는 이른바 '혀 배배꼬임' (*tongue-twister*) 실험에서 이를 검사하였다. 거기에서 피험자는 네 가지 낱말이 인쇄된 카드를 받았다(〈표 9-1〉에 Shattuck-Hufnagel 1985의 예들이 주어져 있음)[30)]. 과제는 그 카드를 세 번씩 읽은 뒤에, 그 카드를 뒤집어 놓고

29) 낱말 끝부분(*word ends*)이란 용어는 낱말의 마지막 음절보다 좀더 큰 단위를 가리킬 수 있다.

30) 도표에서 제시된 네 개의 낱말 쌍은 비록 낱개의 낱말이 의미를 지니더라도 전체적으로 의미를 구성하는 것이 아니다. 순음 /p/를 갖고 있는 낱말들을 앞뒤로 놓고서 치순음 /f/와 쉽게 뒤바뀌도록 낱말들을 조합해 놓은 것이다. 즉,

〈표 9-1〉 분절음 말하기 오류에서 낱말 위치와 음절 강세의 효과

유형	예문	오류 횟수	오류가 일어나기 쉬운 /p/ 위치	
			낱말의 기부	강세 음절의 기부
㉠	parade fad foot parole	121	+	−
㉡	repeat fad foot repaid	58	−	+
㉢	peril fad foot parrot	178	+	+
㉣	ripple fad foot rapid	8	−	−

그것을 기억하면서 세 번씩 외는 것이었다. 이런 사례들을 놓고서 피험자들은 때때로 오류를 저질렀다. 예를 들면 'parade fad poot farole'에서와 같이 /p/와 /f/가 잘못 놓이는 사례를 포함하고 있었다. 혀 배배 꼬임 유형 ㉠의 예에서, /p/는 낱말의 기부이지만, 강세를 받은 음절의 기부는 아니다. 유형 ㉡의 예에서, /p/는 강세를 받은 음절의 기부이지만, 낱말의 기부는 아니다. 유형 ㉢에서는 /p/가 강세를 받은 음절이면서 동시에 낱말의 기부이다. 유형 ㉣에서는 전혀 그러하지 않다.

〈표 9-1〉에서는 그 실험에서 일어난 오류의 숫자를 제시한다. 핵심 분절음(즉 그 사례들에서 /p/임)이 낱말의 기부도 아니고 강세를 받은 음절의 기부도 아니었을 경우(㉣ 사례)에는 거의 전혀 영향을 입지 않았다.31) 그것이 오직 강세를 받은 음절의 기부였을 경우(㉡ 사례)에는 실질적으로 더 많은 오류들이 있었다. 그것이 오직 낱말의 기부였

맨 처음 낱말의 /p/가 뒤에 오는 낱말의 /f/와 뒤바뀌거나, 맨 뒤에 있는 낱말의 /p/가 그 앞 낱말의 /f/와 뒤바뀔 수 있도록 꾸며 놓은 것이다. 각 낱말의 의미는 다음과 같다(강세는 밑줄을 그어 놓았음).

㉠ parade(행진하다) fad(유행) foot(발) parole(가석방)
㉡ repeat(반복하다) fad(유행) foot(발) repaid(되갚은)
㉢ peril(위험에 빠뜨리다) fad(유행) foot(발) parrot(앵무새)
㉣ ripple(물결이 퍼지다) fad(유행) foot(발) rapid(빨리)

31) 원문에 initial(개시, 처음, 초두)이란 용어를 쓰고 있지만, 번역에서는 '기부'로 통일해 둔다. 지은이도 initial과 inset을 어휘 사슬로 서로 뒤섞어 쓴다.

을 경우(㉠ 사례)에는 그 오류 비율이 심지어 더 높았다. 그 분절음이 낱말의 기부이면서 강세를 받은 음절의 기부인 경우(사례 ㉢)에는 가장 강력한 효과가 귀결되어 나왔다. 그 실험으로부터 나온 통계는 낱말 기부의 강한 효과와 강세를 받은 음절 기부의 더 약한 효과가 추가적으로 더해짐을 보여 준다. 그것들이 독자적으로 오류의 기회를 증가시켜 놓았다.

따라서 낱말 기부는 마개로서 특별한 지위를 지닌 것으로 보인다. 이것은 제9장 1절에서 논의된 혀끝 맴돌기(TOT) 결과들과 일치한다. 낱말 속에의 음절 위치와 무관하게, 음절 기부는 여전히 그 자체로서 뒤바뀔 수 있는 단위이다. 그렇지만 실험 결과들과 자발적으로 나온 오류 자료들은 모두 강세를 받은 음절의 구성요소들이 특히 오류를 입기 쉬움을 보여 주었다.

모음 오류들에 대하여 쉐턱-허프내글(Shattuck-Hufnagel 1986)에서 찾아 놓은 바와 이런 결과를 비교하는 것은 흥미롭다. 거기에서 가장 취약한 위치는 주요 강세를 담고 있는 음절에 있음이 밝혀졌다. 음절이 낱말 초두였는지 여부는 훨씬 덜 관련되었다. 따라서 전반적으로 낱말 초두 음절에 대해서 어떤 특별한 역할이 있다고 결론짓는 것은 잘못일 것이다. 오히려 특별한 지위를 지닌 것은, 전적으로 낱말 기부(자음 또는 자음군)인 것이다. 쉐턱-허프내글(1986)의 연구는 이런 특별한 지위를 밝혀내는 데 큰 도움을 준다. 그녀는 뒤바꾸기와 같이 동일하게 계획된 발화들로부터 침범요소가 나온 자음 오류(상호작용적 오류)들을, 계획된 발화에서 전혀 침범요소가 분명한 근원을 갖지 않은 오류(비-상호작용적 오류)들과 서로 대비하였다. 이것들을 각각 '상호작용적' 오류와 '비-상호작용적' 오류라고 불렀다. 델(Dell 1986)은 각각 '맥락적' 오류와 '비-맥락적' 오류로 불렀다. 상호작용적 오류의 예는 'a young lady'(젊은 부인)를 의도하다가, 다음처럼 잘못 말한 경우이다.

a lung — a young lady

비-상호삭용적 오류는 'the inflation rate'(통화 팽칭률)를 다음처럼 잘못 말한 경우로서, 오류의 근원을 앞뒤 언어 환경에서 찾을 수 없다.

the inflation wate

낱말 시작 부분이 아닌 음절 기부들이 있는 다중음절 낱말에서 관찰되는 오류들에 대한 분석은 흥미로운 결과를 산출하였다. 상호작용적 오류의 77%가 낱말 기부였다. 반면에 오직 비-상호작용적 오류의 28%만이 낱말 기부였다. 낱말 기부들의 특별한 취약성은 모종의 방식으로 구 계획(즉, 동일한 음운구나 억양구로부터 나온 두 개의 낱말을 포함하는 구 계획)과 관련되는 것일까?

이 관련성을 뒷받침하기 위하여, 쉐턱-허프내글(1987)에서는 또 다른 '혀 배배꼬임'(*tongue-twister*) 실험을 수행하였다. 이번 실험에서는 두 종류의 혀 배배꼬임이 있었다. 의미를 지닌 구와 무의미한 나열 목록이다. 가령 다음과 같은 구 배배꼬임(*phrasal twister*)도 있고

From the leap of the note to the nap of the lute.
(그 쪽지의 도약으로부터 그 류트 현악기의 보풀까지)

이런 구 배배꼬임 각각에 상응하는 나열 목록 배배꼬임(*list twister*)이 다음과 같이 주어졌다.32)

leap note nap lute
(도약, 쪽지, 보풀, 류트 현악기)

32) 일부러 이 배배꼬임 실험 자료에서는 유음 /l/과 비음 /n/이 쉽게 뒤바뀌도록 꾸며졌다. 즉, /l/이 밖에서 /n/을 더 에워싸고 있는 것이다.

구 배배꼬임에서 상호작용적 오류의 77%가 낱말 기부였음이 드러났다. 그렇지만 나열 목록 배배꼬임에서는 단지 44%의 상호작용 오류만이 낱말 기부였다. 명백히 낱말 기부 취약성은 연속된 구 발화산출의 결과인 것이다. 이러한 발견결과는 윌셔(Wilshire 1985)에서 반복되고 확장되었다. 그렇지만 이런 견고한 영향력에 대하여 설명을 도맡아 할 수 있는 연속 발화 기제는 아직까지 알려져 있지 않다.

낱말 기부들의 특별한 지위는, 말하기 오류에서 낱말 끝부분 — 특히 한 음절보다 더 큰 낱말 끝부분들의 교체 가능성에 의해서 상보적으로 보완된다. 쉐턱-허프내글(1983)은 한 가지 예로, 'Howard and Claire'(하워드 씨와 클레어 씨)가 다음처럼 잘못 말해진 경우를 제시하였다.

H<u>aire</u> and Cl<u>oward</u>

여기서 낱말 말미 oward〔아워드〕의 뒤바뀜이 있다(아니면 의도된 순서가 'Clare and Howard'이었고 그것이 낱말 기부 뒤바뀜이었을까?). 그렇지만 말하기 오류에서 음절보다 더 큰 낱말 끝부분들이 단위로서 이동되는 일은 극히 드물다.

교체 가능한 어휘하부 단위들에 대한 이런 개관은, 세 가지 주요 결론으로 이끌어간다. ① 오직 내용명시 기제에서 주소지 홈들이 있는 어휘하부 단위들만이 오류를 입을 수 있다. ② 자음군들은 구성요소 분절음들 속으로 명시되어 들어간다. 그러나 이것이 '복합 핵'들에 대해서는 그렇지 않다. ③ 낱말 기부 자음들은 연속된 구가 발화되는 경우에 특히 오류를 입기 쉽다. 다음 절에서는 현재 확장된 내용명시 모형을 요약할 것이다. 그러고 나서 쉐턱-허프내글(1986)의 홈-마개 이론이 어떻게 다양한 오류들을 설명해 내는지를 논의할 것이다.

4. 홈-마개 이론과 오류들의 야기 원인

1) 처리 층위

문법 부호화 층위에서 표면구조가 전개됨에 따라, 레마들이 자신의 특수 구별자질 매개인자(즉, 동사·명사의 활용·곡용 요소)들과 함께 하나씩 방출된다. 이것들이 각각 음운 부호화를 위하여 입력물에 대한 다음 조각을 구성한다. 여기서 제시된 '홈-마개'(*slots-and-fillers*) 이론의 내용에 따르면, 이런 계획은 세 가지 층위의 처리를 담고 있다. 형태-운율 내용명시·분절음 내용명시·(자음군 구성을 포함한) 음성 내용명시이다. 이들 층위의 처리과정이 다음 〈그림 9-1〉에 예시되어 있다. 복수 명사 cra̲mpons〔크뢈펀스〕(쇠갈고리들)에 대한 음성계획의 과정을 보여 준다.

어떤 레마(아니면 오히려 그 어휘내용 지시바늘)와 그것의 특수 구별자질들은 그 항목의 형태와 운율 정보가 저장된 주소지를 구성한다. 그 주소지는 산출을 위해서 그 정보를 인출하는 IF-진술문이다. 어휘항목 crampon〔크뢈펀〕(쇠갈고리)은 단수 항목과 복수 항목을 담고 있다. 특수 구별자질 '복수'는 그 탐색을 적합한 어휘 항목으로 가도록 한다. 그 화자에 의해서 자주 쓰이는 모든 활용 낱말형태들이, 형태 어휘부에 저장되어 있는 항목들이라고 가정된다. 또한 자주 이용된 파생형태는 각각 독립된 어휘 항목을 구성한다(Cutler 1983a; Stemberger and MacWhinney 1986). 화자가 복합 활용형태에 접속하는 일이 단순형태들보다 더 많은 시간이나 노력이 소요되는 것은 아니다. 활용이거나 파생이거나 복합 형태들이 반드시 구성적으로 될 필요는 없다. 복합 형태들도 (전체 내용이 마치 단일 항목과 같이 어휘부에 저장되어) 단순 형태처럼 이용될 수 있는 것이다.

이 층위에서 내용명시는 형태소들(어간·어근·접사)의 열로만 이

〈그림 9-1〉 'crampons'를 위한 음성계획의 산출에서 처리 층위들

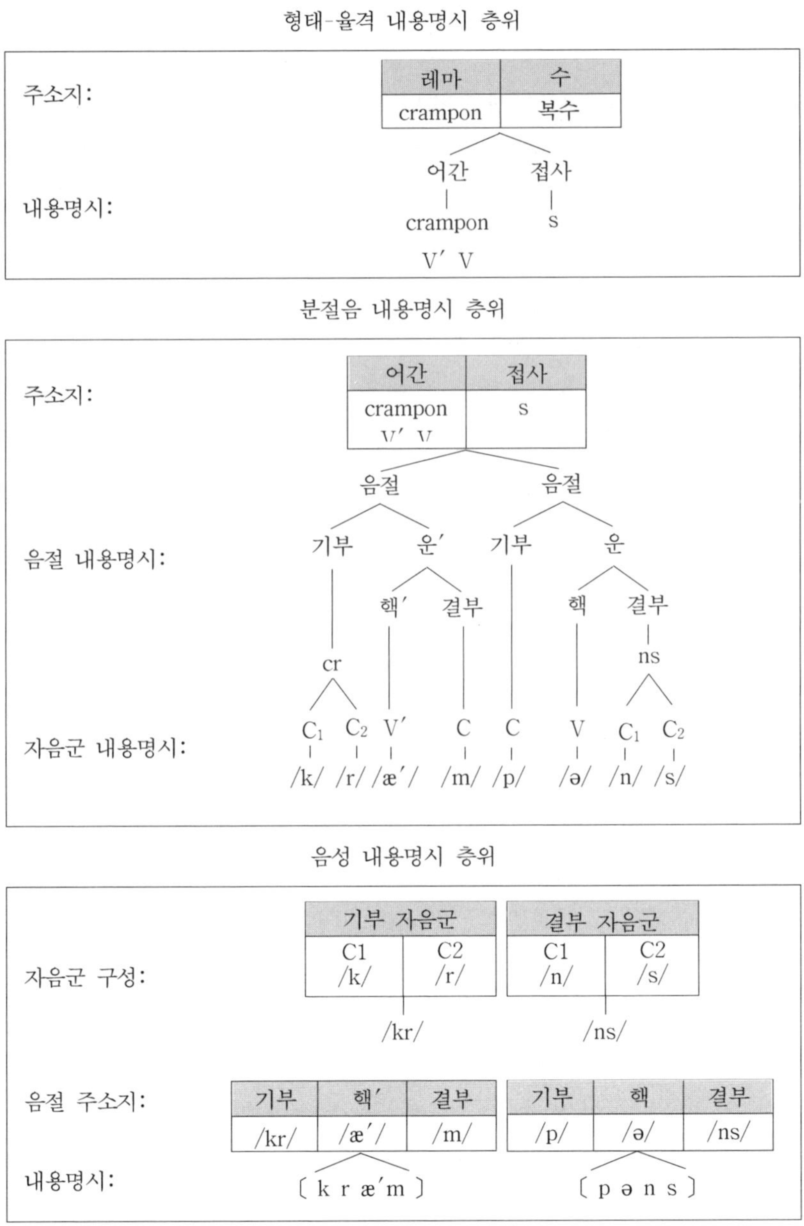

뤄지는 것이 아니다. 또한 각 형태소에 대한 마루의 숫자 및 마루와 관련되어 저장된 강세 분포와 같은 운율 정보로도 이뤄진다. crampons에 내해서는, 어간과 접사가 있고, 두 개의 마루가 있으며, 그 마루 중에 첫 번째 마루는 제1강세를 지닌다. 각 마루는 음성 내용명시 층위에서 음절 주소지의 생성을 촉발하게 될 것이다. 음절 주소지 틀은 아마 두 종류가 쓰일 듯하다. 강세 받은 틀과 강세가 없는 틀이다.

분절음 내용명시 경로는, 입력물로서 운율이 들어간 어근-접사 열들을 받아들이고, 음절들에 대한 하나의 열을 산출하는데, 각각 음절 구성요소들로 내용이 명시된다. 즉, 기부 · 운 · 핵 · 결부이다. 기부와 결부의 자음군은 개별 분절음들로 내용이 더 명시된다. 마지막 결과는 그 항목의 완전한 분절음 내용명시이다. 분절음은 각각 아마 기부나 마루 또는 결부 항목으로 딱지가 붙여질 듯하다(그러나 제9장 6절을 참고하기 바람). 만일 한 분절음이 자음군과 관련된다면, 그것이 앞에 있는 예의 /k/에서 보았던 것처럼 '기부 C_1' 또는 (그 예에서 /n/처럼) '결부 C_1'과 같이 추가적인 딱지가 붙을 수 있다.

마지막으로 음성 내용명시 경로는, 분절음들의 열에 대한 음성 음절 계획(*phonetic syllable plans*)을 찾아내기 위하여 거기에 존재한다. 대체로 음절들에 대한 이들 조음 작동내용은 저장되어 있다. 조음 작동내용들은 오직 올바른 열쇠에 의해서만 전달되어야 한다. 주소지는 '기부 · 핵 · 결부'의 3원 체제로 구성된다. 이것들은 차례로 적합한 분절음이나 자음군들에 의해서 채워진다. crampons의 첫 번째 음절은 그 홈들에 각각 /kr/과 /æ′/와 /m/을 삽입해 줌으로써 만들어진다. 자음군 구성은 이런 삽입 과정보다 앞서 이뤄져야 한다. 자음군 구성의 기제는 음소배열상 부적격한 자음군들이 생겨나지 않도록 막아 준다.

한 음절에 대하여 인출된 음성계획은 낱소리들의 연결체이다. 낱소리가 실행되는 경우 그 낱소리는 시간상으로 이뤄지는 어떤 조음동작이다. 한 음절의 낱소리들은 겹치고 상호작용하는 동작들이다. 각 동작은 유성음화나 비음화와 같이 역동적인 음성 자질들로 구성된다.

크롬튼(Crompton 1982)에서 시사하였듯이, 강세를 받은 음절과 강세 없는 음절들에 대해서 서로 독립적으로 저장된 경로들이 있을 수 있다. crampons〔크뢤펀스〕(쇠갈고리들)에서 〔kræm〕은 강세 받은 음절이며, 〔pəns〕는 강세 없는 음절이다. 강세 받은 틀의 핵 홈은 /ə/처럼 강세 없는 모음을 받아들일 수 없다. 적합하게 채워진 주소지 틀은 올바르게 강세 받은 음절 계획 또는 강세 없는 음절 계획들을 가리킨다.

그렇지만 모든 것이 저장될 수 있는 것은 아니다. 저장된 음절의 음성계획은 그것이 실현된 운율 맥락에 따라 수정될 소지가 있다. 또한 새롭고 드문 음절들을 만들어 내는 기제도 분명히 있을 것이다. 우리는 이들 논제를 제 10장에서 다룰 것이다. 이제 '홈-마개' 이론에서 제안된 제어 구조와 주요한 종류의 어휘하부 형태의 오류들에 대한 그 이론의 설명으로 돌아가기로 한다.

2) 오류들의 야기 원인

홈-마개 설명에 따르면, 낱말형태의 오류들은 주소지 채우기의 실패들로부터 말미암는다. 이는 음성 내용명시 층위에서 가장 쉽게 찾아진다. 이 층위에서 주소지 채우기는 한 음절에 대하여 고유한 주소지를 완결시키기 위하여 이용 가능한 '기부 · 핵 · 결부'의 3원 체계를 만들도록 요구한다. 때로 둘 이상의 적합한 마개가 하나의 홈에 대하여 이용될 수 있거나, 또는 표적 마개가 너무 늦게 이용 가능해진다. 그렇다면 그 홈들은 의도하지 않은 3원 체계에 의해서 채워지며, 비슷하지만 잘못된 음절에 접속된다.

서로 맞바꾸기 · 대치 · 추가 · 누락 · 옮아가기와 같이 서로 다른 유형의 말하기 오류들이 어떻게 이들 환경 아래에서 일어날 수 있는지에 대한 쉐턱-허프내글(Shattuck-Hufnagel 1979)의 설명은 두 단계의 제어 구조를 담고 있다. 즉, 선택 단계가 있고, 대조확인 단계가 뒤이어 진다. 이것이 다양한 종류의 오류를 일으키는 데 어떻게 간여되어 있는지를 살펴보기로 한다.

■ 서로 맞바꾸기

예: 'a gut-busting meal'(배 터질 듯 많이 차린 음식)을 잘못 말한 "a but-gusting meal"

첫 번째 기부 홈에 대해서 하나의 마개가 요구되는 경우에, 이용될 수 있는 두 개의 마개가 있다. /g/와 /b/이다. 이는 이전 층위의 처리에 있는 신속한 분절음 내용명시 때문이다. 가장 높게 활성화된 항목이 이제 그 기부 홈에 복사되기 위해 선택된다. 이것이 우연히 /b/가 된다. 이는 침범요소이다. 일반적으로 마개는 삽입 뒤에 '대조확인'이 이뤄진다. 달리 말하여, 그것의 활성화가 영(*zero*)으로 축약된다. 곧, 더 이상 이용될 수 없는 것이다. 이것이 (이용되지 않은) /g/에 대해서 일어나는 것이 아니라, /b/에 대해서 일어난다. 핵과 결부 홈들이 정상적으로 채워진다. 인출된 음절은 〔gʌt〕 대신에, 〔bʌt〕이다. 더 뒷단계에서 다음 음절의 기부 요소가 요구되는 경우에, /b/는 더 이상 마개로서 이용될 수 없으며, 이 점이 확인점검되었다. 그렇지만 아직 이용되지 않은 /g/가 여전히 이용될 수 있으며, 또 정상적인 종류의 것이다. 그것이 그 홈을 채우고, /ʌ/ 및 /s/와 함께 음절 〔gʌs〕에 접속하는 3원 체계를 형성한다. 요약하면, 서로 맞바꾸기는 정상적인 확인점검이 잘못된 선택을 곧장 뒤따르는 경우에 귀결되어 나온다. 원래의 표적은 여전히 이용될 수 있는 상태로 남아 있을 것이며, 대조확인 요소로 의미가 있는 그 홈을 채워 놓게 될 것이다.

■ 대 치

예: 【미리 앞서 일어남】'if you can change the first part'(만일 당신이 첫 부분을 바꿀 수 있다면)를 잘못 말한 "if you can change the pirst part"

【더 뒤에까지 보존됨】'a phonological rule'(하나의 음운 규칙)을 잘못 말한 "a phonological fool"

대치는 잘못된 선택과 대조확인 오류를 결합해 놓은 것이다. 위에 제시된 '미리 앞서 일어난 오류'에서는, 기부 요소가 요구되자 더 뒤에서 이용될 마개 /p/가 미리 이용 가능해졌고, 표적 마개 /f/보다 더 강하게 활성화되었다. 그것이 그 기부 홈에 복사되었다. 지금까지는 대치가 서로 맞바꾸기에서와 동일한 내용이었다. 그러나 이제 /p/가 대조확인되지 않았고, 기부 마개로서 이용 가능한 채 남아 있다. 제 9장 5절에서 논의될 활성화 확산의 설명에 따르면, /p/가 삽입 뒤에 신속히 재활성화된다. 그러므로 그것이 다음 음절 〔pɑrt〕가 전달된 경우에도 다시 기부 마개로서 이용될 수 있는 것이다.

'더 뒤에까지 보존됨'에서도 동일한 처리 오류가 만들어지지만, 역순으로 되어 있다. 위에 있는 두 번째 예에서는 phonological〔포놀라지클〕(음운의)의 첫 번째 음절에 대해 기부가 요구된 경우에 /f/가 올바르게 삽입된다. 그렇지만 그것이 대조확인되지 않고서, 더 뒤에 있는 음절 기부 홈을 채워 놓는 데 이용될 수 있도록 남아 있다. 이는 새로운 낱말에 대하여 새로운 음절 기부가 요구되는 경우라면, 잘못된 선택으로 이끌어 간다. 여전히 이용 가능한 /f/가 그 시점에 표적 /r/보다 더 활성화된다. 결과적으로 표적 〔rul〕 대신에, 〔ful〕이라는 음절이 전달된다.

■ 누락

예: 'Doctor Sinclair has emphasized'(신클레어 박사가 강조하였다) 를 잘못 말한 "Doctor _inclair has emphasized"

앞에서 논의되었듯이 이런 유형의 오류는 영(*null*) 마개의 존재를 시사한다. emphasized〔엠퍼사이즈드〕(강조하였다)의 첫 번째 음절은, 음절 기부로서 영 요소를 지닌다. 그 영 요소가 마개로서 일찍 이용가능해진 경우에, Sinclair〔씬클레어〕의 첫 번째 음절의 기부 홈을 채우려고 잘못 선택될 수 있다. 그렇지만 그것이 대조확인되지 않은 채, 적합한 경우에 반복 삽입을 위해 이용될 수 있도록 남아 있다. 이런 설명에 따르면 누락은 영 마개를 담고 있는 대치에 지나지 않는다.

그렇지만 누락의 다른 종류들은 다른 설명을 필요로 한다. 그것들은 이른바 중음 탈락이다.[33] 프롬킨(Fromkin 1971)은

rig<u>or</u>ous → rigous 〔뤼거뤄스 → 뤼거스〕 (엄격한)
tremen<u>dous</u>ly → tremenly 〔트뤠멘더슬리 → 트뤠멘리〕 (엄청나게)

로 줄이는 일처럼 그 발화가 축약될 수 있기 때문에, 그것들을 '망원경 오류'라고 부른다.[34] 또한 훨씬 더 광범위한 사례들이 있다 'I have a spot in my heart for him'(나는 그에게 호감이 있다)을 다음처럼 말하

33) haplologies(중음 탈락)는 동일한 소리가 편의상 탈락된다. 영어에서의 예로 'pa<u>pa</u>〔파파〕(아빠) → pa〔파〕', 'prob<u>ab</u>ly〔프롸버블리〕(아마) → probly〔프롸블리〕', 'temp<u>orar</u>y〔템퍼뤄뤼〕(일시적) → tempry〔템프뤼〕', 'lib<u>rar</u>y〔라이브뤄뤼〕(도서관) → libry〔라이브뤼〕' 등이 있다.

34) '망원경 오류'(*telescopic errors*)라는 용어는 비유이다. 망원경으로 바로 보면 멀리 있는 대상이 크게 보이고, 망원경을 뒤로 돌려 거꾸로 보면 멀리 있는 대상이 아주 멀리 작아져 보인다. 제멋대로 늘이고 줄이는 신축자재한 특성에서 따온 것으로 보인다.

는 경우이다.

I have a spart for him.

크롬튼(Crompton 1982)은 (누락 부분을 건너뛰는) 도약이, 하나의 음절 구성요소 경계로부터 또 다른 동일한 구성요소 경계에까지 진행됨을 관찰하였다. 'rig-ous'〔뤼거스〕의 경우에도 동일한 추이가 관찰된다. rig-orous〔뤼거뤄스〕에서 보듯이, 곧 음절 기부로부터 음절 핵까지의 도약이다. 'tremen-ly'〔트뤼리〕의 경우에는 tremen-dously〔트뤼멘더슬리〕에서 알 수 있듯이 그 추이가 결부로부터 기부까지의 도약이다.[35)]이는 주소지 틀의 규칙적 유형이 뒤이어짐을 보여 준다. 기부·핵·결부/기부·핵·결부 등. 중음 탈락에서 기부 자음군이나 결부 자음군은 열려서 쪼개지는 법이 결코 없다. 그 상황은 추이(*transitions*)들이 혼성(*blends*)으로 처리되는 방식과 비교될 수 있다(제 9장 3절 2항을 보기 바람). 커뜰러(Cutler 1980b)에 따르면, 두 낱말의 끝부분이 공통된 분절음으로 모아지는 일은 흔하다고 한다. 프롬킨(Fromkin 1973)으로부터 가져온 예로서 'Nixon witness'〔닉슨 윋니스〕(닉슨 증언)에 대해서 'nitness'〔닡니스〕로 줄어든 것이 있다. 여기서 공통 요소는 두 낱말에 있는 모음 /ɪ/이다.

아직까지 음성 내용명시 단계에서 마개들에 대한 전체 열(*whole strings*)이 어떻게 없어지는지는 분명치 않다. 한 가지 원인은 충분치 않은 음절 틀들이 마련된 것이다. 즉 운율 내용명시의 층위에서 하나의 마루가 하나의 '기부·핵·결부' 틀을 촉발해 놓는 데 실패한 것일 수

35) 'ri+go+rous'는 3음절이므로, 제 2음절의 기부 /g/와 제 3음절의 핵 /o/가 도약의 시작과 끝이다. 'tre+men+dous+ly'는 4음절이며, 제 2음절의 결부 /n/과 제 4음절의 기부 /l/이 도약의 시작과 끝이다. 음영 부분은 누락된 내용을 표시한다.

있다. 그렇다면 이용 가능한 마개들은 너무 적은 숫자의 홈들을 놓고서 서로 경쟁해야 한다. 이를 '틀 생성 오류'(*frame-generation error*)로 부르기로 한다. 또 다른 원인으로 생각해 볼 수 있는 것은, 누락된 요소들이 이웃해 있는 요소들과 비슷하므로, 그것들이 상이한 것으로 인식되지 않고서 동일한 홈 속으로 들어가 놓이는 것일 수 있다. 스템버거 · 먹휘니(Stemberger and MacWhinney 1986)는 '표지 없는 오류'(*no-marking errors*)들을 유도해 냈다. 어간이 그 활용어미의 실현 모습으로 될 수 있는 소리 형태를 보여 주는 경우에, 활용어미가 발음되지 않는 오류이다. 예를 들면, lifting〔리프팅〕(들어올리는)이나 yielding〔이일딩〕(산출해 내는)이란 낱말이 제시되고, 과거시제 형태로 발음하도록 요구된 경우에, 피험자들이 가끔 lifted〔리프티드〕(들어올려진) 대신에 'lift'〔리프트〕로 대답하거나, yielded〔이일디드〕(산출된) 대신에 'yield'〔이일드〕라고 대답한다. 그런 오류들이 또한 자발적인 말하기에서도 관찰된다. 이것이 거의 bake〔베잌〕(굽다)나 grab〔그뢥〕(잡다)과 같은 동사들에 대해서는 결코 생겨나지 않았다. 거기에서는 과거시제 활용어미(d, id, t)와 그 어간의 소리 형태(k, b) 사이에 유사성이 없었기 때문이다.

■ 추가

예: 'has sides sloping in'(측면들이 기울어져 들어가게 한)을 잘못 말한 "has slides sloping in"
'God bless you'(신이 당신을 축복하시길)을 잘못 말한 "Glod bless you"

첫 번째 종류의 예는 가장 흔한 것이다. 그렇지만 sides〔사이드즈〕(측면들)에 대한 /l/의 추가는 명백히 추가일 뿐이다. 가장 직접적인 설명은 sloping〔슬로우핑〕(기울어진)의 기부 자음군 /sl/이 미리 앞서 실현되었다고 보는 것이다. 그렇다면 이는 대치 오류이다. 또한 이는 앞에서 본 예 (10)에 대해서도 그럴 가능성이 있다.

두 번째 종류의 예는 앞에서 본 예 (9)와 비슷하며, 설명하기가 더 어렵다. 그것은 거의 아마 자음군 구성에서 잘못된 선택에 기인하는 듯하다. 음절 기부 마개가 요구된 경우에, 자음군 /gl/이 삽입되었다. 이것이 어떻게 존재할 수 있게 되었을까? 아마도 틀 생성 오류로부터 시작되었던 듯하다. 기부 자음군 주소지가 두 개의 홈으로 마련되었다. 그러고 나서 C_1은 올바르게 /g/로 채워졌다. C_2는 /l/을 받아들였다. 이는 다음 기부 자음군의 C_2 요소이다. 이 /l/은 삽입 뒤에 대조확인이 이뤄지지 않았으며, 따라서 /bl/의 구성을 위해서도 이것이 C_2 마개로서 두 번 이용될 수 있었다. 이런 설명에 따르면, 틀 생성에서의 오류와 잘못 선택된 일과 대조확인 오류의 연결 작용이 있었다고 보는 것이다. 틀 생성 오류의 기원은, 언제나 장소를 찾아내기가 힘들다. 현재 제시된 사례에서는, bless〔블레스〕(축복하다)에 대해 기부 자음군 틀이 올바르게 생성되었지만, 그것이 너무 일찍 생성되었을 가능성이 있다.

■ 옮아가기

예: 'Walter Cronkite'('월터 크롱카일', 사람 이름)을 잘못 말한 "Walter Conkrite"
'Fish Grotto'('물고기 수중동굴', 식당 이름)를 잘못 말한 "Frish Gotto"

첫 번째 예에서 분명히 옮아간 /r/은 아마 옮아가기가 전혀 아닐 듯하다. 대신 그 오류는 /kr/과 /k/라는 두 개의 음절 기부들에 대한 맞바꿈으로 설명될 수 있다. 프롬킨(Fromkin 1971)에서 가져온 두 번째 예는, 틀 생성 오류에서 말미암는다. 자음군을 구성하는 동안 잘못된 선택이 뒤따랐다. Grotto〔그로토〕(수중동굴)에 대해 마련된 자음군 'C_1-C_2' 틀이 너무 일찍 미리 실현되어 버렸다. 그러고 나서 그것은 그 C_1 홈에 잘못되게 /f/를 받아들이고, 그 C_2 홈에 올바르게 /r/을 받아들였다. 이는 기부 자음군 /fr/을 만들어 내었고, /f/와 /r/이 모두 대조확인이 이뤄졌다. 그러고 나서 그 자음군이 첫 번째 음절 기부 홈을 채워 놓았다. 두 번째 음절 기부 홈에 대해서는 마개로서 오직 /g/만이 남아 있었다.

이들 유형의 오류들은 모두 또한 더 높은 층위의 처리과정에서 생겨날 수도 있다. 예를 들면, 형태소들의 '서로 맞바꾸기 · 대치 · 누락 · 추가 · 옮아가기'가 존재할 수 있는 것이다(여러 가지 예들이 앞에서 제시되었음). 그리고 그 기제들도 아마 아주 비슷한 듯하다. 선택의 실패 · 대조확인의 실패 · 틀 생성의 실패를 포함하는 것이다. 그렇지만 틀 생성 실패는 가장 이해가 잘 되고 있지 않는 영역이다.

완벽한 홈-마개 이론의 발전은, 우선 주소지 틀들이 어떻게 마련되는지에 대한 설명을 필요로 한다. 음성 내용명시 층위에서는 이것이 사뭇 단순하다. 거기에서는 '기부 · 핵 · 결부' 틀에 대한 연결체가 운율 내용명시에 있는 마루들의 연결체에 의해 촉발되었다. 그것은 또한 자음군 구성 층위에서도 비교적 단순하다. 이전의 층위에서 내용이 명시된 각 자음군에 대하여, 어떤 틀이 있어야 하는 것이다. 그러나 분절음 내용명시는 더 고도로 구조화된 주소지 틀들의 연결체를 지니고 있다. 그것들은 어간과 접사의 짝이 될 수도 있고, 어근들의 짝이 될 수도 있으며, 또는 여러 개의 접사들을 지닌 어근이 될 수도 있다 등등. 분절음 내용명시에 대한 주소지 틀들의 연결체는, 반드시 더 앞선 '형태 내용명시' 결과들의 기반 위에서 형성되어야 한다. 어떤 레마가 '어간+접사'로 내용이 명시된다면, 하나의 '어간-접사 틀'이 마련된다. 다른 내용명시들에 대해서도 비슷하다. 특정한 오류들이 분절음 내용명시의 층위에서 비정상적 주소지 얼개들을 마련한 일로부터 귀결되어 나오는 것도 또한 불가능하지 않다. 그렇지만 그것은 여기서 더 다뤄지지 않을 것이다. 대신에 우리는 오류들을 일으키는 마지막 요인인 음운 유사성을 살펴볼 것이다.

■ 음운 유사성

분절음 오류들은 아주 일반적인 제약에 지배된다. 표적 및 침범요소가 변별자질 구성에서 비슷해지는 경향이 있는 것이다. 제 9장 3절 5항에서 본 'is made possible'〔이즈 메이드 파서블〕(가능하게 되다) 을 잘못 말한 다음의 서로 맞바꿈은

'is paid mossible'

'a two-pen set'〔어 투 펜 셋〕(두 개의 펜이 든 묶음 한 벌) 을 잘못 말한 다음의 예보다

'a two-sen pet'

더 잘 일어날 것 같다. 표적과 잠재적 침범요소의 변별자질이 차이가 크면 클수록, 오류의 기회는 더욱 적어진다. 이는 누트붐(Nooteboom 1967) 에 의한 화란어 말하기 오류에 대한 분석에서 처음 제시되었다. 뒤이어 독일어에 대해서는 머카이(MacKay 1970) 에 의해 제시되었고, 영어 오류들에 대해서는 프롬킨(Fromkin 1971) 에 의해서 제시되었다. Shattuck-Hufnagel and Klatt(1979) 에서는 MIT 말뭉치의 자음 오류들을 놓고서 이를 예시해 주었다. 쉐턱-허프내글(Shattuck-Hufnagel 1986) 에서는 그 제약이 또한 그 말뭉치의 모음 오류들에 대해서도 성립함을 보여 주었다. 레빌·힐리(Levitt and Healy 1985) 는 실험상으로 유도된 오류들에서 변별자질 유사성 제약을 확증하였다.

비록 그 제약이 명백히 올바르지만, 어떤 공통된 변별자질들이 분절음 혼동의 주요한 결정요인이 되는지는 분명치 않다. 반덴브로키·고울스틴(Van den Broecke and Goldstein 1980)은 자음 오류들에 대해서 미국영어 말뭉치 둘·화란어 말뭉치 하나·독일어 말뭉치 하나(= 모두 네 종류의 말뭉치 자료)를 놓고서 확대된 다중 차원의 분석을 실시하였다. 비록 몇몇 음운 자질 체계가 다른 체계들보다 분절음 혼동 가능성에 대한 더 나은 예측 요인들이었지만, 그들은 '변별자질 유사성 제약'의 명백한 확증을 찾아내었다. 특정 변별자질들은 다른 것들보다 분절음들의 교환 가능성에 대해 더 많은 기여를 한다. 그리고 다시 상이한 변별자질 체계들에 대하여 순서 매기기도 다소 차이가 난다. 그렇지만 공정히 요약하면 다음과 같다. 자음 오류들에서 가장 영향을 많이 입은 변별자질은 조음위치 변별자질들이다. 표적과 침범요소는 빈번히 소릿길(聲道)에서 그 주요한 협착이 이뤄지는 장소가 서로 차이가 난다. 예를 들면, 양순음 /p/는 연구개음 /k/와 뒤바뀌기 쉽다. 달리 말하여, 조음위치는 '유사성'에 대해 큰 기여 요소가 되지 않는 것이다. 영향을 다소 덜 입는 것이 '유성음화' 자질이다. 즉, 유성음화 자질은 유사성(또는 비유사성)에 대하여 더 중요한 결정요인이다. 그 척도의 또 다른 끝점은, 조음방식의 변별자질 '비음화'이다. 비음화 자질은 말하기 오류에서 그대로 유지되는 경향이 있다(단, 위에 있는 예 paid mossible에서는 그러하지 않음). 달리 표현한다면, 비음 자음들은 서로 혼동될 소지가 아주 많은 것이다.

쉐턱-허프내글(Shattuck-Hufnagel 1986)은 모음 오류들에 대해서도 비슷한 분석을 수행하였다. 그녀는 막 언급된 관찰 내용에 대해서 흥미로운 일치점을 찾아내었다. 모음 오류들에서 가장 쉽게 변화된 변별자질은 조음위치 변별자질이었다. '후설 : 전설'이다. 반면에 조음방법 변별자질들은 훨씬 덜 취약하였다. 특히 beat〔비잍〕(치다/박자)에 있는 /i/와 같은 긴장 모음들은 긴장 모음들을 대치하는 경향이 있었다. bit

〔빌〕(약간/조각)에 있는 /ɪ/와 같은 이완 모음들은 이완 모음들과 교체되는 경향이 있었다('i : ɪ'의 구별은 제 8장 1절 5항에 있는 옮긴이 각주 20)을 참고하기 바람). 그러므로 일반적인 유형을 말하면, 조음위치 변별자질들이 말하기 오류들에서 취약하지만, 반면에 조음방법 변별자질들은 더 안정적인 듯하다. 홈-마개 모형 속에서 '유사성 제약'을 위하여 마련된 설명은 존재하지 않는다. 그렇지만 우리는 다음 절에서 다시 유사성 제약으로 돌아갈 것이다. 거기에서는 활성화 확산 설명이 논의된다.

이 하위 절에서는 홈-마개 모형에 따라서 오류들의 원인을 살펴보았다. 그 모형의 주요 특성은 구조적 틀을 마련해 놓는 일과, 이들 얼개를 적합하고 독립적으로 내용명시된 단위들로 채워 넣는 일 사이를 철저히 분리하는 것이다. 그 모형은 중요하고 경험적으로 잘 뒷받침 된 '단위 유사성 제약'을 설명해 준다. 또한 어떤 오류들이 가능하며, 어떤 오류들이 불가능한지에 대하여 원리 잡힌 설명을 제시해 준다. 그리고 오류의 원인을 두 가지 제어 과정인 선택(*selection*)과 대조확인(*checkoff*)의 실패로써 설명한다. 뿐만 아니라, 주소지 얼개들을 마련해 놓는 일을 지배하는 기제에서도 실패가 있을 수 있다.

그 모형은 다양한 오류 유형들에 대한 정확한 계량적 예측을 만들어 내기 위해 기획된 것이 아니다. 특히 그것은 내용명시 기제들에 대해서는 거의 언급하지 않는다. 즉 어휘하부 단위들이 마개들로서 이용될 수 있도록 활성화되고 인출되는 방식들에 대해서는 언급하지 않는 것이다. 또한 삽입된 뒤에 그 단위들을 더 이상 활성화되지 못하게 만들어 놓는 기제인 대조확인 기제는 추가적으로 더 정밀한 탐구가 필요하다. '대조점검 오류'란 것이 정확히 어떤 것인가? 그것이 불활성화에 대한 실패인가? 그렇지 않으면, 오히려 신속한 재활성화 과정인가? 이들 논제 그리고 비슷한 논제들이 활성화 확산 모형에서 중심적이다. 그 모형의 가장 자세한 내용(Dell 1986, 1988)은 홈-마개 모형과 아주 잘 조화되며, 많은 측면에서 서로 보완적이다.

5. 활성화 확산 이론

장기 기억에서 화자가 형태표상에 접속할 수 있는 엄청난 속도는 효율적인 제어 구조를 필요로 한다. 이 절에서 우리는 추가적으로 세 가지 주요 처리 층위들에서 저장된 형태들이 다음 층위를 위한 홈 마개들로서 이용될 수 있도록 만들어 주기 위하여 접속이 어떻게 이뤄지는지를 살펴볼 것이다. 이들 과정에 대하여 가장 공들인 설명은 이른바 '활성화 확산하기'(*spreading activation*보다 '활성화 확산' *activation-spreading* 이란 용어가 더 나음) 이론들에서 찾아질 것이다. 이는 제1장 3절에서 소개되었고, 레마에 대한 접속과 관련하여 제6장 3절 5항에서도 살펴보았다. 낱말형태 접속은 활성화 확산 이론가들에게 레마 접속보다 더 활발한 연구 영역이 되었다. 코제프니코프 · 치스또뷔치(Kozhevnikov and Chistovich 1965), 델 · 롸잌(Dell and Reich 1977, 1980, 1981), 델(Dell 1984, 1986, 1988), 머카이(MacKay 1982, 1987), 마이어 · 고어든(Meyer and Gordon 1985), 스땜버거(Stemberger 1985a)와 같은 문헌에서 명백해진다. 가장 공들인 논의는 델(1986)이다. 현재의 절은 대체로 델의 개념들을 반영한다.

1) 낱말형태 어휘부의 층위 구조

델(Dell 1986)의 활성화 확산 모형은 교점들에 대한 네 가지 계층 또는 층위로 짜여 있다. '의미 층위 · 통사 층위 · 형태 층위 · 음운 층위'이다. 이들 층위는 장기 기억에서 영구히 이용될 수 있는 교점들로 구성되어 있다. 교점들은 활성화될 수 있으며, 활성화가 이뤄지면 다른 층위에 있는 연결 교점들에 자신의 활성화를 확산해 나간다. 통사 층위에서 그 교점들은 레마와 특수 구별자질(곡용 · 활용어미)들을 의미한다. 형태 층위에서 그것들은 어간과 접사들을 가리킨다. 음운 층위에서 그것들은 음절 구성요소와 음소들을 뜻한다. 달리 말하여, 교점 층위들이 앞서 나온 절에서 논의된 처리 층위들에 대한 입력물 및 출력물과 아주 정확히 대응한다. 그렇지만 변이음(*allophones*) 들이 표시되는 층위는 빠지고 없다. 아직까지 변이음의 생성에 대한 활성화 확산 설명은 존재하지 않는다.

층위에서 층위로 진행해 나가는 내용명시(*spelling out*) 는 활성화 확산이나 점화에 의해서 이뤄진다. 예를 들어, 'reset'(재조정하다) 과 'resell'(되팔다) 이란 낱말을 살펴보기로 한다. 통사 · 형태 · 음운 층위에서 그 표상이 〈그림 9-2〉에 제시되어 있다. 통사 층위에 있는 두 개의 레마로부터 이끌려 내려가는 연결들의 거미줄은, 정확히 머릿속 어휘부 속에 있는 레마들의 장기기억 형태표상이다. 그 두 개의 표상은 형태 층위에서 하나의 접사를 공유한다. 또한 음운 층위에서 하나의

〈그림 9-2〉 활성화 확산 이론에서 층위 · 틀 · 연결된 그물의 예

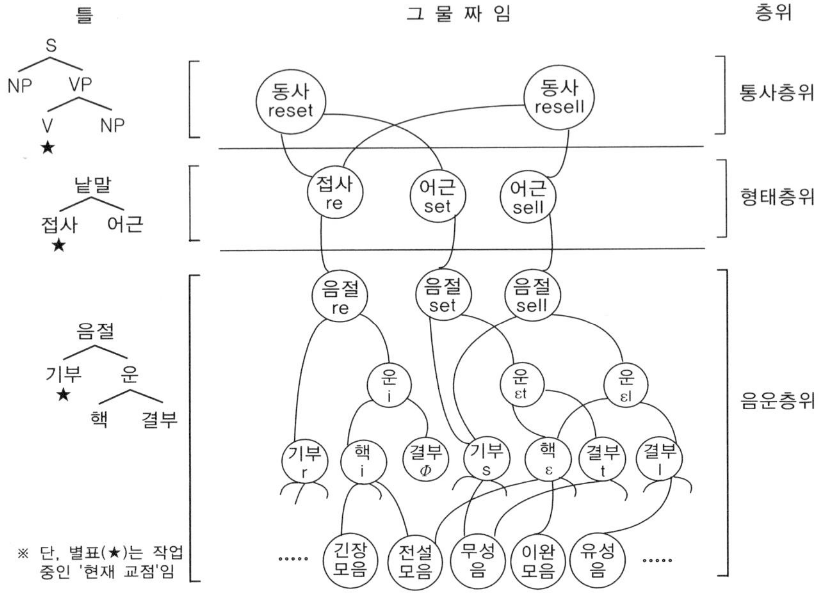

음절과 여러 개의 음소를 공유한다. 표상의 각 층위에서 그리고 시간상으로 독립된 각 시점에서, 하나의 그리고 오직 하나만의 현재 교점이 존재한다. 통사 층위에서 그 동사의 레마 reset(재조정하다)이 전개되고 있는 표면구조에서 '현재 교점'이라고 가정하기로 한다. 통사 틀에서 그것은 별표 '★'로 표시되어 있다. 이는 그것의 활성화 상태가, 일정하지만 실질적인 양에 의해서 증가됨을 의미한다. 시간상 바로 다음 시점에서, 증가된 활성화는 형태 층위에 있는 형태소 교점들 re(재)와 set(조정하다)으로 확산된다. 이것은 형태 내용명시와 똑같다. 활성화는 또한 더욱 음운 층위에 있는 연결 교점들에 확산된다.

이제 형태 층위에서 접두사 교점을 '현재 교점'으로 승진시키는 독립된 구조적 이유가 있을 것이다. 홈-마개 이론에서, 이 이유는 주소지 틀을 전개하는 데에서 특정한 홈에 대한 '현재 이용 가능성'이다. 비록 델(1985)과 머카이(MacKay 1982, 1987; 또한 제12장 1절 4항도 보기 바람)에서 활성화 확산 이론이 임의의 교점을 어떻게 '현재 교점'으로 승진시킬 수 있는지에 대한 제안이 제시되어 있지만, 이들 이론 중 어느 것에서도 이 구조적 틀들이 어떻게 마련되는지에 대한 내용이 제대로 계발되어 있지 않다. 어쨌거나 특정한 종류의 교점이 요구되어야 한다. 예를 들면 어떤 접사 교점이다. 요구된 종류의 교점 또는 채워져야 할 홈은 다시 별표 '★'에 의해서 표시되지만, 이제는 형태론 틀에서 표시된다. 기억에 있는(즉 그물짜임에 있는) 이용될 수 있는 모든 접사들 중 가장 높이 활성화된 것이 선택될 것이다. 접두사 re(재)에 대한 교점이 막 점화되었기 때문에, 그것이 아마 가장 쉽게 '현재 교점'으로 될 것이다. 이는 '현재 교점'들에 배당된, 활성화의 고정된 할 증량에 의해서 심지어 그것의 활성화 상태를 더욱 증가시키기까지 한다. 다음 시점에, 형태소의 추가 활성화가 음운 층위로 확산된다. 즉, 접사 교점에 연결된 음절과 음절 구성요소의 교점들로 확산되는 것이다. 이 층위에 있는 음절 틀은 계속 '기부·핵·결부'를 요구한다.

여기서 잠시 다른 논의를 다루기로 한다. 한 음절의 '기부 · 핵 · 결부'가 순차적인 차례대로 요구된다는 점은, 델(1986)의 원래 제안과 어긋나는데, 다음처럼 진술하였다.

> "간단히 말한다면, 주어진 어떤 음절에 대하여 '기부 · 핵 · 결부'가 동시에 선택된다."

그러나 마이어(Meyer 1988)에 의한 실험연구의 근거하여, 델(1988)에서는 이런 입장을 크게 수정하였다. 마이어(1988)에서는 음절의 홈들이 순차적 차례대로 채워짐이 사실일 것 같다고 하였다. 델(1986)과 부합되게 마이어(1988)에서는 낱말의 음절들도 또한 순차적 차례대로 주소지가 채워짐을 찾아내었기 때문에, 전체적으로 한 낱말의 음성계획이 보통 순차적으로 수립됨(이를테면 '왼쪽으로부터 오른쪽으로')을 결론지을 수 있었다. 그 증거는 한 낱말을 발음하는 데에 적합한 점화를 내어 줌으로써, 피험자의 반응 대기시간을 줄일 수 있다는 점이다. 그러나 마이어(1988)에서는 유일하게 효과적인 점화가 낱말 기부에서 시작한 것들이었음을 알아내었다. 따라서 pitfall〔핕폴〕(함정)이란 낱말에 대해서, p는 좋은 점화가 되지만, it이나 fall은 전혀 효과가 없다. 더욱이, 점화 효과는 더 긴 낱말 시작 연결체들이 점화로 주어짐에 따라 한결같이 증가하였다. 그러므로 pitfall〔핕폴〕(함정)에 대해서는 다음과 같은 점화들이 점점 더 효과적이다.

p < pit < pitf (점화 효과가 점점 커짐)

마이어(1988)에서는 그런 음운 점화들을 제시하기 위하여 우아한 기법을 발전시켰다.

이제 reset(재조정하다)에 대한 음운 부호화에로 되돌아가기로 한다. 그 첫 번째 음절의 기부가 요구된 시점에서(〈그림 9-2〉에서 별표로 가리켜져 있음), 가장 높이 활성화된 기부 교점은 음소 /r/이다. 그것이 '현재 교점'이 되며, 그 추가적 현재 교점 활성화를 아래 층위에 있는 변별자질 교점들로 확산한다. 그러고 나서 그 음절 틀은 핵(/i/를 받음)과 결부(/ϕ/를 받음)를 요구한다. 이것이 첫 번째 음절을 완결시켜 준다. 델(1988)에서는 '기부-핵-결부'보다 다른 음절 틀들을 허용한다. 예를 들면, 영(*null*) 요소에 의지하지 않고서 음절 /ri/를 조절할 수 있는 어떤 CV-틀이다.

현재 교점이 선택되고 그 활성화가 끌어올려져 확산된 뒤에, 그 활성화는 도로 영(*zero*)으로 떨어진다. 이는 홈-마개 이론에 있는 '대조 확인' 기제와 동등하다. 동일한 교점이 현재의 교점으로서 또다시 즉각 이용될 수 있음은 사실이 아닐 것 같다. 그렇지만 그것은 신속히 재활성화될 수 있다.

아주 비슷한 이야기가 어근 형태소 set을 현재 교점으로 승진시키는 일에 대해서도 말해질 수 있다. 형태 층위에서 접두사 뒤에 어간 교점이 찾아지는 경우, set은 가장 강하게 활성화된 교점이다(가령 sell은 아주 활동적인 것이 아님). 그것이 '현재 교점'으로 되고, 그 활성화 층위가 끌어올려진다. 그 교점은 그 활성화를 음운 층위 교점들로 확산한다. 그 층위에서 그 음절 틀에 의해 요구된 현재 교점들은, 계속 기부・핵・결부・기부・핵・결부… 등등이다. 매번 그 유형의 가장 활성화된 교점이 선택된다.

활성화 확산 모형의 중요한 속성은, 임의 교점의 활성화가 더 낮은 층위들뿐만 아니라 또한 더 높은 층위들에까지도 확산된다는 점이다. 그물짜임에 있는 원호(또는 연결)들은 활성화의 확산에 대하여 완전히 두 방향 경로이다. 접두사 re를 살펴보기로 한다. 그것이 활성화되는 경우에(우선 reset으로부터 나온 점화에 의해서, 그러고 나서 현재 교점으로 승진됨으로써), 그것은 reset으로 활성화의 할당량을 되돌려 보낸다. 그렇지만 또한 레마 교점 resell로도 보내고, 접두사 re로 시작되는 형태 내용명시의 모든 레마들로도 보낸다. 차례로, 약간 활성화된 교점 resell이 그 새로 획득한 활성화의 일부 단편을 어간 형태소 sell로 확산한다. 거기에서부터 다시 그 활성화가 음운 층위로까지 끊이지 않고 이어진다. 물론 그 체계는 끊임없이 이런 방식으로 더욱 활성화가 이뤄질 것이다. 이를 막기 위해서, 시간 경과에 따라 모든 교점들은 활성화에 대한 기하급수적 쇠락을 보여 준다는 가정이 만들어진다.

활성화 확산의 제어 구조는 병렬처리 구조이다. 주어진 어떤 층위의 표상에서 전체 집합 교점들에 대한 동시 활성화가 있다. 그리고 모든 층위들에서도 동시 활동이 존재한다. 각 층위마다 언제나 '현재 교점'이 하나 존재한다. 형태 어휘부에 접속하는 데에 긴 대기 열들은 존재하지 않는다. 발화산출에 대한 초고속 수행을 설명해 주기 위하여 필요한 것이 바로 이것이다.

2) 활성화 확산 및 말하기 오류

이제 위쪽 방향으로의 활성화 확산은, 그렇지 않았더라면 이해하기 어려운 여러 가지 말하기 오류 현상들을 설명해 주는 데에 이용될 수 있다. 다음에 그 현상들의 일부가 있다.

■ 낱말 오용

'낱말 오용'(*malapropisms*)은 한 낱말이 형태는 관련되지만, 의미와는 무관한 기존의 다른 낱말에 의해 이뤄지는 대치이다. 이런 유형의 말하기 오류는 페이·커뜰러(Fay and Cutler 1977)에 의해서 처음으로 분석되었다. 그 용어는 쉐뤄든(Sheridan)의 작품에서 잘못된 낱말들을 쓰는 데 탁출하였던 늙은 부인 맬럽롭(Malaprop)에서 따왔다.[36] 침범하는 낱말은 동일한 수의 음절을 가졌고, 똑같이 시작되는 기부를 지니며, 동일한 강세 유형을 갖는 경향이 있다. 혀끝 맴돌기(TOT) 짐작과 아주 닮았다. 푀이 · 커뜰러(1977)는 다음과 같은 사례들을 언급하였다.

work → week('일'을 '주'라고 오용함)
over → open('위에'를 '열다'로 오용함)
corrected → constructed('고쳐진'을 '구성된'으로 오용함)

물론 모든 낱말 오용이 말하기 오류는 아니다. 가끔씩 화자가 실제로 어느 낱말이 뭘 의미하는지 알지 못하는 상황도 생겨나는 것이다.

실제 낱말 오용에 대한 활성화 확산의 설명은 간단하다. 우리는 resell(되팔다)이 접두사 re에 의해서 점화됨을 보았다(〈그림 9-2〉를 보기 바람). resell(되팔다)이 그 활성화의 도막을 형태소 교점 sell에 확산하기 위하여 시간이 충분히 있다면, 현재 교점으로서 set 대신 sell이 선택되는 어떤 최소한의 기회가 있다. reset(재조정하다)으로부터 set까지 흘러들어가고, 추가적으로 더 아래에 있는 교점 /s/와 /ɛ/까지 흘러내려간 그 활성화가, 형태 층위에서 새로운 현재 교점이 선택되기 이전에 어근 교점 sell로 다시 흘러들어갈 시간을 충분히 지닌

---

36) 1775년 쉐뤄든이 쓴 희극 'The Rivals'(경쟁자들)에 등장하는 주인공이라고 한다. 비천한 맬럽롭 부인은 남들에게 교양이 있는 척하려고 애썼다. 그렇지만 일부러 어렵고 긴 낱말들을 짐작으로 선택하였어도, 늘 잘못 되었다. 가령, "Sure, if I reprehend(apprehend의 잘못) anything(something의 잘못) in this world, it is the use of my oracular(vernacular의 잘못) tongue, and nice derangement(arrangement의 잘못) of epitaphs(epigrams의 잘못)"과 같다. 이는 "분명히 그렇죠, 만일 이 세상에서 내가 뭔가를 이해한다면, 그것은 내 토박이말의 사용과 멋진 경구 나열이에요!"를 의미하려고 하였지만, "분명 그렇죠, 만일 이 세상에서 내가 어떤 것이든지 꾸짖는다면, 그것은 내 신탁 언어의 사용과 멋진 묘비명 교란이에요!"로 되어 버렸다. 이를 '언어 오용'이라고도 할 수 있겠지만, 특히 낱말을 잘못 사용하는 경우이므로, '낱말 오용'으로 번역해 둔다.

다면, 이 기회는 심지어 더 높아지기도 한다. 사실상 '현재 교점'으로서 sell이 선택된다면, 낱말 오용이 생겨난다. 즉, 화자가 reset(재조정하다) 대신에 resell(되팔다)을 말하게 될 것이다. 이들 오류가 생겨나기 위해서는 말하기 속도가 느려야 한다. 그렇지 않다면, 역행 확산이 효과를 내기 위하여 충분한 시간을 갖지 못하게 되는 것이다.

■ 어휘 편향

어휘하부 오류들에서는 무의미한 낱말 열들보다 오히려 유의미한 낱말들을 새로 만드는 경향이 있다. 'cold hard cash'(현재 갖고 있는 현금)을 잘못 말한 다음의 말하기 오류는

hold card cash(카드 현금을 갖고 있다)

새로 만들어진 단위들이 유의미한 낱말이다. 이는 'I should be seeing him soon'(난 곧 그를 만나봐야 되겠다)을 잘못 말하여, 무의미한 열들로 귀결되는 다음 오류보다 더 잘 일어날 것 같다.

I sould be sheeing him soon.

델·롸잌(Dell and Reich 1981)은 수집된 말하기 오류들에 대한 큰 말뭉치를 놓고서 이를 통계적으로 입증하였다. 이는 다시 스땜버거(Stemberger 1984)의 업적에서 재확인되었다. 바아스·모뜰리·머카이(Baars, Motley, and MacKay 1975)는 어휘 편향에 대한 실험상의 증거를 제시해 주었다. 이들 필자는 실험상으로 말하기 오류들을 생성한 첫 연구자들이었다. 그 이후 계속 그들의 기법이 많이 이용되어 왔다. 그 기법은 '낱말 쌍'들의 목록을 피험자들에게 읽도록 요구하는 일로 이뤄진다. 그런 목록에 다음과 같은 표적 '낱말 쌍'(= 두 낱말로 묶인

구) 들이 있다.

darn bore〔단 보어〕(젠장! 귀찮은 놈)
dart board〔닫 보어드〕(투창 과녁판)

그 목록에 있는 세 가지 '편향 쌍'들이 하나의 '표적 쌍'보다 앞서 나온다. 하나의 '편향 쌍'은 적어도 기대되는 오류 산출물의 기부 음소들을 담고 있다. 그러므로 darn bore〔단 보어〕(젠장! 귀찮은 놈)에 대한 오류 barn door〔반 도어〕(헛간 문)를 이끌어내기 위하여, ball dome〔볼 도움〕(공 둥근 지붕)과 같은 '편향 쌍'이 주어진다. 이들 조건 아래서, 피험자들은 darn bore〔단 보어〕(젠장! 귀찮은 놈) 쌍에 대하여 barn door〔반 도어〕(헛간 문), 또는 dart board〔닫 보어드〕(투창 과녁판) 쌍에 대해서 무의미한 낱말 bart doard〔받 도어드〕와 같이, 표적 항목들을 놓고서 10~15%의 '낱말 첫소리 뒤바뀜'(*spoonerisms*) 을[37] 산출한다. 바아스·모뜰리·머카이(1975)의 연구에서는, 낱말 첫소리가 서로 뒤바뀌는 경우에 실제 낱말들을 만들어 내는 '표적 쌍'들에 대한 실수가 무의미한 낱말을 만들어 내는 '표적 쌍'들보다 훨씬 더 많이 있음을 찾아내었다.

darn bore(젠장! 귀찮은 놈) → barn door(헛간 문)

와 같이 의미를 지닌 낱말로 바뀐 오류가

37) 옥스퍼드 대학 New College 학장인 W.A. Spooner(1844~1930) 목사가, 1879년 어느 연설에서 찬송가의 문구 Conquering kings(정복하는 왕)를 "Kinquering congs"라고 잘못 말한 적이 있다. spoonerism은 그의 이름을 따서 만들어졌다. 여기서는 낱말의 첫소리들이 서로 뒤바뀌는 일을 가리키므로, '낱말 첫소리 뒤바뀜'으로 번역해 둔다. '두음 교환'이란 한자어도 쓸 수 있을 것이다.

dart board(투창 과녁판) → bart doard(무의미한 낱말)

와 같이 무의미한 낱말로 바뀐 오류보다 훨씬 더 빈번한 실수 유형인 것이다. 말실수에서는 오류가 유의미한 어휘 쪽으로 쏠리는 '어휘 편향'이 있다.

다시 어휘 편향에 대한 활성화 확산 설명은, 활성화가 거꾸로 더 낮은 층위로부터 더 높은 층위들로 흘러드는 일(특히 음운 층위로부터 형태 층위에)에 바탕을 둔다. 이렇게 거꾸로 흘러들어가기는, 오직 그 언어에서 실제로 존재하는 형태소들의 교점을 점화할 수 있을 뿐이다. 즉, 형태 층위에서는 다른 교점들이 존재하지 않는 것이다. darn(젠장!)과 bore(귀찮은 놈)에 대한 교점은 있지만, 무의미한 낱말인 bart와 dart에 대한 교점은 존재하지 않는다. 〈그림 9-2〉에서 set과 sell(팔다)에 대한 교점은 있지만, 무의미한 낱말 sef에 대한 교점은 존재하지 않는다. 이것이 resef라는 오류(무의미 낱말로 된 오류)보다, resell(되팔다)이라는 오류(의미 있는 낱말로 된 오류)를 더 잘 일어나게 만든다. 동시에 활성화 확산 이론은 분명히 더 빠른 속도로 말할 때에는 '어휘 편향' 효과가 줄어들 것임을 예측한다. 역행 확산은 전개되기 위한 시간이 더 필요하다. 이런 예측은 델(1985)에 의한 한 실험에서 실질적으로 뒷받침되었다. 그는 바아스 · 모뜰리 · 머카이(1975)의 기법에 대한 수정된 내용을 이용하였다. 거기에서 그는 피험자가 응답하는 데 이용되는 시간을 다양하게 만들었다. 피험자가 신속히 말해야 했던 경우는 어휘 편향 효과가 사라졌다.

어휘 편향 효과는 또한 제 9장 2절 2항에서 논의된 강세 오류들의 기반에도 존재한다. 동사 segmEnt〔세그멘트〕(분절하다)가 활성화되는 경우에, 그것이 명사 sEgment〔세그먼트〕(분절)를 점화할 것이다. 왜냐하면 그것들이 음운 층위에서 대부분의 교점을 공유하기 때문이다. 이것은 강세를 지닌 다른 관련 낱말이 어떻게 낱말 악센트의 생성에서 끼어들어 방해할 수 있는지를 설명해 준다.

말하기 오류에서 '어휘 편향'의 실마리에 대한 논의는 아직 굳건히 정착되어 있지 않다. 활성화 확산 설명에 대한 다른 한 가지 대안은, '편집-수정' 설명이다. 화자가 무의미한 낱말을 막 발화하기 전에 그것을 차단한다는 것이다. 이런 논제는 제 12장 1절에서 다뤄질 것이다.

■ 반복된 음소의 오류 유발 효과

두 개의 음절에서 각 음절 기부에 뒤이어지는 음소가 동일한 경우에, 낱말 또는 음절 기부의 서로 맞바꿈이 더 잘 일어날 것 같다는 점은 자주 관찰되었다(Wickelgren 1969, 1976; Nooteboom 1973; MacKay 1970; Shattuck-Hufnagel 1985). 다음에 두 가지 사례가 있다. 'fit to kill'(죽이기에 알맞다)을 다음처럼 잘못 말한 사례에서는

kit to fill

두 개의 서로 뒤바뀐 자음에 모두 모음 /ɪ/가 뒤이어지고 있다. 그리고 'left hemisphere'(왼쪽 두뇌 반구, 좌반구)를 다음처럼 잘못 말한 사례에서는

heft lemisphere

두 낱말에서 모두 바로 뒤이어지는 모음이 /ɛ/이다. 델(1984)은 각 낱말에서 뒤이어지는 모음이 서로 다른 경우보다, 서로 동일한 경우에 낱말 기부 맞바꿈이 더 잘 일어날 것 같은지 여부를 연구하기 위하여, 바아스 · 모뜰리 · 머카이(1975)의 기법을 이용하였다. 사실상 그가 찾아낸 것은 긍정적 대답이다. 더욱이 델(1984)에서는 반복된 음소가 반드시 낱말 기부에 이웃한 모음일 필요도 없음을 발견하였다. 그것은

〈그림 9-3〉 음절 교점과 구성요소 교점을 매개해 주는 그림

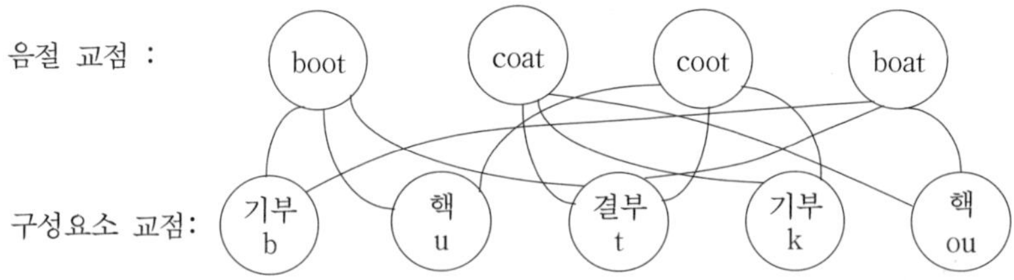

또한 낱말 끝자리 자음일 수도 있는 것이다. 예를 들면, boot coat〔부욷 코욷〕(장화 외투) 쌍에서,[38] 각 결부가 /t/로서 서로 똑같다. 그러나 핵은 그렇지 않다. 그럼에도 기부 음소 /b/와 /k/가 서로 뒤바뀌게 될 기회가 늘어난다. 이는 필시 그것들의 음절이 똑같은 결부로 끝나는 데 기인할 것이다.

활성화 확산 모형에서(또한 Stemberger 1985a도 참고 바람) 이들 효과에 대한 델(1984)의 설명은, 음운 층위에 있는 음절 교점들을 이용한다. 이는 형태소 교점들과 음절 구성요소들에 대한 교점들 사이를 매개해 준다(앞의 〈그림 9-3〉을 보기 바람). 예를 들어, boot〔부욷〕(장화)과 coat〔코욷〕(외투)에 대하여 그 상황은 다음과 같다.

여기서 boot〔부욷〕(장화)은 /b/와 /u/와 /t/를 점화한다. 그렇지만 그 /t/가 이중으로 점화되어 있다. 즉, 그것이 또한 coat〔코욷〕(외투)으로부터도 활성화를 받는다. 이는 이외에도 /k/와 /ou/를 점화한다. /k/와 /u/와 이중으로 점화된 /t/가 다 함께 음절 교점 coot〔쿠욷〕(검둥오리)으로 도로 흘러들어간다. 비슷하게 음절 boat〔보욷〕(작은 배)도 /t/로부터 이중 활성화를 받는다. 이는 실수로 그것이 현재 교점으로 될 수 있는 가능성을 증가시켜 놓는다. 반복된 음소 효과는, 분명히 말하기 속도에 달려 있을 것이다. 빠른 속도에서는 더 낮은 층위

38) 'boot coat'(장화 외투)의 쌍은 서로 잘 어울리는 부츠와 외투를 가리키는 듯하다.

교점들이 더 높은 층위 교점들로 거꾸로 흘러들어갈 시간이 충분치 않은 것이다. 델(1986)은 말하기 속도가 빨라진 경우에 음소 맞바꿈에서 감소 효과가 있다는 증거를 찾아내었다.

■ 대조확인 실패

쉐턱-허프내글(Shattuck-Hufnagel 1979)은 대치 오류—특히 미리 앞질러 일어남(*anticipations*) 및 더 뒤에까지 보존됨(*preservations*)—들이 잘못된 선택과 대조확인 실패의 결합에서 생겨난다고 설명하였음을 기억하기 바란다. 자리를 잘못 잡은 마개가 일단 이용된 뒤에도 여전히 이용될 수 있는 마개로 남아 있다. 명백히 그 활성화가 영(*zero*)으로 되돌아가지 않았던 것이다. 활성화 확산 모형은, 이를 더 낮은 층위로부터 더 높은 층위로 되흘러들어가는 것으로 설명한다. 앞에 있는 도표에서 boot〔부욷〕(장화)라는 음절 교점이 '현재 교점'인 경우, 그것은 그 활성화를 음소 /b/와 /u/와 /t/에 확산한다. boot〔부욷〕(장화)의 활성화는 영(*zero*)으로 재조정된다. 그렇지만 그것들의 순서에서, 활성화된 음소 /b/와 /u/와 /t/는 얻어진 활성화 일부를 boot〔부욷〕(장화)에 되돌린다. 그 결과, boot가 방출(*fired*)되며, 그러고 나서 잠깐 뒤에 또 재활성화된다. 이것이 그것을 '현재 교점'으로서 연속된 선택의 후보가 되도록 만들어 준다. 화자는 boot coat〔부욷 코욷〕(장화 외투) 대신에 boot boot〔부욷 부욷〕을 말할 수 있다. 또한 음절 교점 boat〔보욷〕(작은 배)가 음소 /b/와 /t/에 의해서 활성화될 것이다. 이는 boot boat〔부욷 보욷〕(장화 배)을 만들어 낸다. 거기서 /b/가 더 뒤에까지 보존되어, 말실수가 있게 된다. 이런 설명의 관점에서 보면, 분명히 미리 앞질러 일어남(*anticipations*)과 더 뒤에까지 보존됨(*preservations*)은 특히 더딘 속도의 말하기에서 일어날 것이다. 더디게 말한다면 낮은 층위의 교점으로부터 더 높은 층위의 교점을 (재)활성화하는 시간이 충분히 있기 때문이다. 더 빠른 속도의 말하기에서는

(이용된 마개들에 대한 정상적인 대조확인을 필요로 하는) 서로 맞바꿈이 더 많이 일어날 법하다. 이것이 정확히 델(1986)에서 바아스 · 모뜰리 · 머카이(Baars, Motley, and MacKay 1975)의 기법을 다양한 속도의 말하기들에 적용하였을 때 찾아낸 내용이다.

■ 음소 유사성

그 변별자질 구성으로 보아, 침범하는 음소는 표적 음소와 비슷한 경향이 있다. 이는 제 9장 2절 4항에서 '음소 유사성 제약'으로 불렸다.[39] 변별자질 교점들의 층위가 도입된다면, 활성화 확산 이론은 이런 현상들을 설명할 수 있다. 이 층위는 앞에서 본 〈그림 9-2〉에서 바닥 층위의 교점들로 그려져 있다. 그 설명은 다음처럼 진행된다. 활성화된 음소 교점이 각각 상응하는 변별자질 교점들의 집합에 그 활성화를 확산한다. 즉 유성음화 · 조음 장소 · 비음화처럼 변별자질을 나타내는 교점들에 확산하는 것이다. 그것들의 차례에서, 활성화된 변별자질 교점들은 이들 변별자질을 공유하는 모든 음소 교점들에 활성화를 되돌려 줄 것이다. 따라서 /s/는 '무성음' 변별자질 교점을 통하여 무성음 /t/를 활성화할 것이다. 또 /i/는 '전설모음' 변별자질 교점을 통하여 전설모음 /ɛ/를 활성화할 것이다. 이런 방식으로 비슷한 음소들이 마개 후보로서 그것들의 상호 이용 가능성을 증가시켜 준다. 이것이 침범 음소가 표적 음소와 비슷해질 기회를 높여 주는 것이다.

그렇지만, 변별자질 층위의 기능적 중요성이 모두 함께 분명한 것은 아니다. 한 음소 교점에 연결된 변별자질 교점들의 집합은, 그 특정한 환경에 있는 분절음에 대한 변이음(*allophonic*) 자질 구성을 나타낼 수 없다. 만일 그것이 그런 경우였더라면, 그 모형이 기술하는 분절음 자리 옮기기는[40] 변이음에 의한 변이음의 대체가 되었었을 것이다. 그

39) 음소(*phonemic*) 유사성 제약은 그곳에서 더 일반화된 용어로 '단위(*unit*) 유사성 제약'으로 언급되었다.

러나 우리는 말하기 오류들에서 변이음들이 뒤바뀌는 것이 아님을 알고 있다. 오직 음소들만이 뒤바뀌며, 그것들이 자신의 새로운 환경에 따라 조정이 이뤄지는 것이다. 그러므로 변별자질 집합은 음소를 나타낸다. 즉, 그 집합은 '음성' 출력물 매개인자가 아닌 것이다. 그러나 이는 현재 상태에서 활성화 확산 이론이 음성계획을 생성하지 않음을 의미한다. 즉, 최소한 가장 낮은 층위의 계획인 음절들에 대한 '음성 내용명시'가 여전히 빠지고 없는 것이다.

활성화 확산 이론(특히 델의 이론)에 대한 현재의 개관은, 그 주요 장점 중 하나에 대하여 공정히 다루지 못하고 있다. 즉, 그 계량적인 형식 속성(*quantitative formal nature*)이다. 델(1986)은 그 이론에 대하여 두 가지 컴퓨터 모의실험을 보고하였다. 활성화 확산의 속도와 활성화의 쇠퇴에 대한 매개인자들이 있다. 시간대에서 개별 순간마다 각 교점은 그것이 연결된 모든 교점들로부터 들어오는 활성화를 합산한다. '현재 교점'이 되는 교점을 위하여 활성화에 대한 일정한 별도의 할당량이 존재한다. 이는 '신호 보내기 활성화'(*signalling activation*)로 불린다. 이는 상당히 제약되고 고정된 매개인자들의 집합이다. 이것들과 독립적으로, 말하기 속도 매개인자가 존재한다. 즉, 한 음절의 생성에 배당된 시간(또는 개별 시간 단위의 수)이다. 델(1986)은 활성화 확산의 속도가 일정하며, 말하기 속도와는 독립되어 있다는 유익한 가정을 하였다. 이런 독립성은, '어휘 편향'이 더 늦은 말하기 속도와 더불어 증가할 것임을 예측하며, 빠른 속도의 말하기에서는 '뒤에까지 보존됨'(*perseverations*)과 '미리 앞질러 일어남'(*anticipations*)보다 '서로

---

40) 원문 336쪽과 339쪽에서는 mislocate(자리를 잘못 잡다)를 썼고, 원문 338쪽과 358쪽에서는 misplacement(잘못 놓임)를 썼으며, 원문 338쪽과 340쪽에서는 displace(자리를 옮기다)를 썼다. 여기서는 dislocation(자리 옮김)을 쓴다. 이들은 서로 엄격히 구별되는 것이 아니고, 수사학적으로 다양하게 어휘 사슬(*lexical chain*)을 만들어 주는 사례이다.

뒤바뀜'(*exchange*) 현상이 더 잘 일어날 것이라는 사소하지 않은 결과를 예측할 수 있게 해 준다. 앞에서 살펴보았듯이, 이러한 모형 예측들은 실험상으로 검증되었다.

자신의 모형에 대한 힘을 과장하지 않도록 델(1986)은 아주 신중하였다. 예를 들면, 앞에서 개관된 오류들의 일부 속성은, 당연히 그 모형의 가정들로부터 확산되지 않는다. 특히 그 모형은 말하기 오류들에서 낱말 기부들의 특별한 지위에 대하여 설명을 할 수 없다. 뿐만 아니라 강세 받은 음절과 음절 기부들에 대한 별도의 취약성도 예측해 주지 못한다. 물론 이들 사실을 그 모형에 의해 진술하는 일은 비교적 쉽다. 활성화가 레마로부터 시작하여 다른 음운 구성요소들보다는 그 낱말 기부로, 그 악센트 받은 음절로, 그리고 음절 기부 자음들로 확산되는 방식으로 그 매개인자들을 조절할 수 있는 것이다. 하지만 그렇다면, 그 모형이 그것들의 설명으로서가 아니라, 오직 그 자료를 기술해 주는 형식언어로서만 이용되고 있는 셈이다. 이들 문제에 대해서는 델(1988)을 보기 바란다.

6. 음운 부호화에서 순차적 차례

홈-마개 모형에 따르면, 한 낱말의 분절음 내용명시는 대체로 그 선조적인 순서를 유지한다. 즉, 분절음들에 대한 어떤 순서 열(*ordered string*)이 있는 것이다(Shattuck-Hufnagel 1979). 다음 층위에서 분절음(또는 자음군)들이 뒤이어진 음절 홈(즉 기부·핵·결부 홈)들을 채워 놓도록 요구받는 경우, 분절음들의 열은 주어진 순서대로 이용될 수 있다. 만일 그 낱말이 pitfall〔핕폴〕(함정)이라면, 분절음 내용명시는 /p/, /ɪ/, /t/, /f/, /ɔ/, /l/ 열이다. 그 뒤 이들 분절음은 연속된 음절 틀의 두 가지 홈을 채워 놓기 위하여 똑같은 순서로 이용될 것이며,

올바른 음절 계획 〔pit〕과 〔fɔl〕이 전달될 것이다. 이런 절차가 작동되기 위해서, 분절음들이 기부·핵·결부로 범주화될 필요는 없다. 그 순서 잡힌 위치 때문에, 분절음 /t/는 결코 다음 음절의 기부 홈에서 끝나게 되지 않을 것이다. 굳이 그것을 '결부 분절음'으로 딱지를 붙여 놓는 일은 필요하지 않다.

만일 이런 절차가 엄격히 뒤이어졌더라면, 결코 말하기 오류는 생겨나지 않았었을 것이다. 예를 들어, fitpall이란 오류가 일어날 수 없는 것이다. 그런 오류들이 실제 일어나므로, (물론 Shattuck-Hufnagel도 인식하였듯이) 순서 짓기가 언제나 완전히 구체화되는 것이 아님이 분명하다. 그렇지만 이는 piftall과 같이 기부 및 결부 분절음이 서로 뒤바뀌는 오류를 차단하기 위한 수단을 필요로 한다. '단위 유사성 제약'을 위배하는 그런 오류는 극히 드물다. 내용명시된 분절음들은 그 음절에서 그것들의 기능(기부나 핵이나 결부)으로 범주화되어 있을 것인가?

지금까지 우리는 분절음들이 실제로 그것들의 음절 기능으로써 딱지가 붙여져 있다는 델(1986)의 제안을 따랐다. 그리고 이것은 활성화 확산 이론에서 명백한 요구사항이다. 그 이론에서는 최대한으로 활성화된 음소 교점들의 순서가 정확히 그 음소들에 대한 낱말의 순서와 일치된다는 보장이 없다. 예를 들면, '현재 교점'이 틀림없이 기부 분절음인 경우, 가장 강력하게 활성화된 음소가 우연히 결부로서 끝나야 하는 경우도 또한 사실일 수 있는 것이다. 이를 차단하기 위하여, 델(1986)은 음절 기능에 따라서 음소들에 딱지를 붙였다(〈그림 9-2〉를 보기 바람). 어떤 기부가 요구된 경우에, 현재 교점으로 가장 높이 활성화된 기부 교점이 선택되는 것이다. 이는 이 층위에서 '단위 유사성 제약'이 적용되도록 보장해 준다. 결부에 대하여 기부를 잘못 선택하거나, 또는 반대의 경우가 불가능한 것이다. 기부 침범요소는 반드시 그 자체로 기부 분절음이 되어야 한다. 비슷하게 핵 및 결부 침범요소에 대해서도 마찬가지이다.

그렇지만 마이어(Meyer 1988)는 이것이 과잉파괴(*overkill*)가 될 수 있음을 시사한다. 첫째, 그녀의 실험들에서는 한 낱말의 음절들을 이용할 수 있게 만드는 데에 아주 엄격한 선조적 순서 짓기가 있음을 보여 준다. 델(1986)의 모형은 이 발견결과를 설명하기 위하여 수정될 필요가 있을 것이다. 둘째, 음절 홈들은 오직 특정 종류의 분절음들만을 받아들일 수 있다. 이는 핵 홈에 대해서 가장 분명하다. 그것은 오직 높은 공명도 값을 지닌 음소들(특히 모음)만을 받아들일 것이다. 내용명시된 어떤 모음이 가능한 핵 마개로서 인식되기 위해서 '핵' 범주의 속성으로 딱지가 붙여질 필요는 없다. 또한 어떤 음소들은 결코 기부로 되지 않는다(가령 영어에서 /ŋ/). 언어의 개별 특성에 따라 결코 결부가 되지 않는 음소들도 있을 것이다. 마지막으로 자음군 구성이 독특한 역할을 맡을 수 있다. 제 8장 1절 3항에서 셀컥(Selkirk 1984b)의 '공명음 이어가기 일반화' 규칙을 언급하였다. 한 음절의 공명도는 그 마루로부터 좌우 두 방향으로 기울어져 내려간다. 이는 /sm/이나 /skr/과 같은 기부 자음군이 공명도가 늘어나는 순서대로 그 음소들을 갖고 있음을 의미한다. 비슷하게 /ld/나 /nt/와 같은 결부 자음군도 공명도 값에서 점차 줄어들어가는 음소들로 이뤄진다. 이 속성이 성립되는 범위까지, 그것이 기부 자음군을 결부 자음군으로부터 구별해 낸다. 만일 어떤 음절 주소지의 기부 홈이 오직 공명도가 늘어나고 있는 자음군만 받아들이고, 반면에 결부 홈이 오직 공명도가 줄어들고 있는 자음군만 취한다면, 기부 및 결부 자음군에 관한 한, 그것이 '단위 유사성 제약'의 위배 사항들을 차단하기에 충분할 것이다. 그렇다면 음소들을 '기부 자음군 요소'나 '결부 자음군 요소'로 범주화하는 일은 불필요하게 된다.

이 장은 낱말에 대한 음운 부호화가 비-경제적인 과정으로 보일 수 있다는 관심의 표현으로 시작되었다. 분절음 내용명시의 층위에서는, 한 낱말의 음절 구성이 이용될 수 있다. 그 다음 층위의 처리에서, 내용명시된 분절음들은 똑같은 구성의 음절 계획들을 전달하는 데에 이용된다. 거기에는 왜 지름길이 없는 것일까? 이에 대한 주요한 대답은 나음과 같다. 연속 발화에서 한 낱말에 대한 내용명시된 음절 구성이, 종종 귀결되어 나오는 음절 계획들의 열로 보존되지 않는다. 'gave it him'〔개이브 잍 힘〕(그것을 그를 주었다)과 같은 열들은 유창한 말하기에서 'ga-vi-tim'〔개뷔팀〕으로 재음절화된다. 그것들은 이른바 새로운 '음운낱말'(*phonological words*)로 된다. 그리고 이것이 조음의 용이성과 유창성을 높여 준다. 그러나 이제 우리는 두 번째 내용을 추가할 수 있다. 만일 내용명시된 각 분절음을 그 음절에서 그것의 기능(즉 기부나 핵이나 결부 요소)과 관련하여 엄격하게 딱지를 붙일 필요가 없다면, 음운 부호화는 처음부터 분절음 내용명시 층위에서 한 낱말의 음절 구성에 대하여 완전한 내용명시를 요구하지 않을 가능성이 있다. 그런 견해에서는 음절들이 오직 음운 부호화의 마지막 단계인 음성 내용명시 층위에서만 나타날 것이다. 이 내용을 확정하기 위해서는 추가 연구가 필요하다.

7. 요 약

음운 부호화는 어휘 항목들에 대하여 음운론적인 구체화 내용들이 인출되고, 음절들에 대하여 유창하게 발음될 수 있는 하나의 열로 사상되는 과정이다. 한 낱말의 음운론적 구체화 내용을 풀어내고, 알맞은 음절 작동내용을 인출하기 위해서, 그것들을 이용하는 일은 다양한 층위의 처리과정을 포함한다. 혀끝 맴돌기(TOT) 현상에 대한 연구가 이 견해를 뒷받침한다. 이는 음운론적으로 풀어내기(*phonological unpacking*)의 이런 과정이 저지되거나 늦어지는 현상이다. 그 낱말에 대한 애초의 밑그림이 이용될 수 있지만, 반면에 추가적인 분절음 세

부사항들이 여전히 결여되어 있는 것이다.

음운 부호화에 대하여 상보적인 두 가지 설명이 있다. 쉐턱-허프내글(Shattuck-Hufnagel)이 제안한 어머니가 되는 홈-마개 이론과, 델(Dell)이 제안한 아버지가 되는 활성화 확산 이론이다. 우리의 개관은 홈-마개 관점으로부터 시작하였다. 음운 부호화에서 세 가지 층위의 처리가 있다고 제안되었다. 첫 번째 층위에서는 레마들과 그것들의 특수 구별자질들이 낱말에 대하여 저장된 형태 및 율격 구성을 전달하고 내용명시해 주기 위한 마개들이다. 다음 층위에서는 이런 정보가 그 낱말의 분절음 구성을 전달하고 내용명시해 주기 위하여 이용되었다. 세 번째 층위에서, 낱말의 분절음들에 대한 열이 하나 또는 그 이상의 음성적(= 변이음) 음절 작동내용을 전달하는 데에 이용된다. 이들 음절 프로그램은 조음동작의 구체화 내용들이며, 연속적이지만 서로 겹쳐져 있는 낱소리 동작들로부터 확립된다.

각 층위에는 특정한 유형의 홈 마개들을 '요구하는' 독립적으로 정의된 주소지 틀이 마련되어 있다. 형태-율격 내용명시에 대해서는, 그 주소지 틀들이 레마(또는 차라리 그것들의 어휘내용 지시바늘)들과 그것들의 특수 구별자질들에 대한 홈들로 구성된다. 표면구조에서는 하나의 틀이 각각 연속된 어휘 범주에 대하여 마련된다. 분절음 내용명시의 층위에서는 어근·어간·접사들과 같이 형태소들에 대한 홈들을 포함하는 틀이 마련된다. 음성 내용명시의 층위에서는 음절 작동내용에 대한 틀들이 기부·핵·결부의 3원 체계로 구성된다. 율격 명시내용에서는 하나의 그런 틀이 각 마루에 대해서 마련된다. 이런 층위에서 선결 과정은 자음군 구성이다. 거기에서는 음소배열상 수용될 수 있는 기부나 결부 자음군을 만들어 내기 위해 분절음들이 결합한다.

그러므로 각 층위에서는 나름대로 고유한 마개들을 요구한다. 형태-율격 내용명시에 대해서는 레마와 특수 구별자질들이다. 분절음 내용명시에 대해서는 형태소들이다. 음성 내용명시에 대해서는 음성 분절음들과 음절 구성요소이다. 음절이나 변별자질이나 변이음들은 어떤 것도 저장된 형태표상들의 주소지 마련을 위한 마개로 이용되지 않는다.

홈-마개 이론은 말하기 오류의 발생을 두 가지 제어 과정들에 대하여 가끔 실패한다고 가정함으로써 설명한다. 마개 선택 및 대조확인이다. 게다가 주소지 틀들의 생성에서도 오류가 생겨날 수 있다. 그 이론은 '단위 유사성 제약'에 대하여 자연스런 설명을 제시해 준다. 이는 오류들에서 표적 및 침범요소가 거의 언제나 동일한 구조적 층위와 범주의 것이라는 관찰 내용이다. 그리고 이것과 밀접히 관련된 것으로서, 가능한 말하기 오류와 불가능한 말하기 오류들 사이를 올바르게 구별해 준다.

마개들이 어떻게 이용될 수 있는 것일까? 홈-마개 접근에서는 내용명시에 의해서 그러하다. 상이한 층위의 처리에서 마개 활성화에 대한 더 정교한 설명들이 연결주의 또는 활성화 확산 이론들에서 제안된다. 특히 델(1986)의 설명은 관찰 자료와 실험상으로 유도된 말실수 둘 모두에 있는 낱말형태 오류들을 놓고서 그 종류와 (어느 정도) 상대적 빈도들에 대하여 충분히 예측할 만큼 계량적이며 형식적이다. 그것은 또한 어휘 편향 효과와 말하기 속도 효과와 같이 다양하게 다른 말하기 오류 현상들에 대해서도 설명을 제시해 준다. 이 이론에서는 상이한 종류의 마개들이 상이한 표상의 층위나 층렬에 있는 교점들로 표상되어 있다. 그것들 중에는 낱말이나 레마 교점들을 위한 층위, 형태소 교점들을 위한 층위, 음절·음절 구성요소·음소들에 대한 교점이 있는 음운 층위가 있다. 층위들 사이에서 교점들은 원호로 이어져 있다. 거기에 따라 한 교점의 활성화가 더 낮은 층위에 있는 교점들로 확산되지만, 또한 더 높은 층위에 있는 교점들로도 확산된다. 이렇게 층위로 조직된 그물짜임이 낱말형태 어휘부의 구조와 그것이 접속되는 방식에 대한 이론이다. 그 운용에 대한 본질적 요소는, 활성화된 교점들이 끌어올려지는 순서를 조절하는 구조 틀에 대한 병렬적 활성화로서, 홈-마개 이론으로부터 나온 중심 개념의 하나이다. 변이음들은 음절에 대한 마지막 음성계획에서 실현된다. 변이음 처리 부서가 없는 현재 상태대로는 활성화 확산 이론이 아직 변이음들의 생성에 대해서 설명을 해 주지 못한다.

이 장의 마지막 절에서는 음운 부호화에서 순차적 차례 짓기에 대한 기제를 다시 살펴보았다. 분절음 내용명시 층위에서 분절음들에 대한 차례 짓기가 더 많이 있을수록, 분절음들에다 그것들의 음절 기능들로써 딱지를 붙여 놓을 필요성이 더욱 더 적어진다. 또한 분절음과 자음군의 공명도를 고려함으로써 그렇게 딱지를 붙이는 일이 불필요해질 수 있다. 한 낱말의 음절 구성은 오직 마지막 음성 내용명시 층위에서만 나타날 수도 있다.

제10장

연속 발화를 위한 음성계획의 생성

연속 발화의 생성은 기억으로부터 인출된 낱말형태에 대한 단순한 연결보다 더 많은 것을 포함한다. 낱말들은 하나의 전체로서 더 큰 발화 동작에 참여한다. 화자의 음성계획은 대단히 많은 방식으로 이런 참여를 표현하게 된다.

첫째, 다양한 종류의 형태와 분절음 조절이 있다. 화자는 그 맥락에 맞게 조절된 변이 형태소를 선택할 것이다. 제8장에서 조동사 축약이 하나의 예로 제시되었다. 화자들은 보통 'I have bought it'(나는 그것을 샀어)이라고 말하기보다는 다음처럼 축약 표현을 선호한다.

'I've bought it.'

마찬가지로 'he will go'(그가 갈 것이다)라고 말하기보다는 다음처럼 축약 표현을 선호한다.

'he'll go'

또한 다른 요소들도 이웃하는 낱말에 붙어 접어(*cliticize*)로[1] 될 수 있다. to와 of처럼 작은 낱말(= 허사)들도 다음과 같이 특정 조건들 아래에서 축약되고 접어로 된다.

I wan<u>na</u> go. (나는 가고 싶다)
a bottle'<u>o</u> milk(우유 한 병)

분절음들도 낱말 경계에서 'just fine'〔저슷 파인〕(그래 괜찮아)이 다음처럼 생략된다.

'jus fine'〔저스 파인〕

또는 'got you'〔갇 유〕에[2] 대해서

'got 〔ʧ〕ou'〔가츄〕

라고 말한다. 연속 발화의 생성에서 이처럼 분절음들이 상실되거나, 바뀌거나, 더해질 수 있다. 이는 종종 낱말 경계에서 재음절화로 진행된다. 간단히 말하여, 연속 발화에서 인출된 음절 계획은, 종종 개별

---

1) '기대다'(*lean*)는 희랍 어원을 지닌 clitic(접어)은 두 가지로 나뉜다. host(주인/자립 낱말)로 불리는 자립 가능한 낱말의 뒤쪽으로 붙는 경우를 enclitic으로 부른다. 바로 앞선 자립 낱말에 기댄다는 뜻으로 '전접어'(왼쪽/앞쪽으로 기대어 붙음)로 번역한다. 그러나 바로 뒤따르는 자립 낱말에 기대는 경우를 proclitic이라고 하는데, 이를 '후접어'(오른쪽/뒤쪽으로 기대어 붙음)로 번역한다. 후접어는 제 10장 2절 1항에서 다뤄진다.

2) *Oxford Phrasebuilder Genie*에 보면, ① 누군가를 붙잡았거나(*have caught somebody*), ② 경기에서 남을 완전히 패배시키거나(*have beaten them at something*), ③ 상대의 말뜻을 이해했을 때(*I understand*) 쓰는 속어로 나와 있다.

낱말의 인용 형태들에 대한 음절화와 일치되지 않는다. 유창하게 연속된 조음을 준비하는 것이 음운 부호화의 주요한 기능 하나이기 때문이다. 내용이 명시된 '인용 형태'(*citation forms*) 들의[3] 기다란 열은 반드시 유창하게 발음될 수 있는 음절들의 열로 번역되어야 한다.

둘째, 화자의 운율 계획이 있다. 낱말들은 그 발화의 전반적인 율격 구조에 참여한다. 낱말들이 더 작거나 더 큰 운율구(*rhythmic phrase*)로[4] 함께 묶인다. 이런 구 단위로 함께 묶이는 '연대성'(*togetherness*)은 큰 소리 내기와 지속하기와 그 발화에서 죽 잇따르는 음절들의 음높이에 대한 조절에 의해서, 그리고 짤막한 쉼(*pauses*)의 삽입에 의해서 실현된다. 특히 화자는 계속 내보내는 자신의 발화를 억양구들로 덩이를 만들 것이다. 이는 음높이 형상(*pitch contours*, 고저 음조의 윤

---

3) citation(인용)이란 말을 쓴 것은, 우리 머릿속 장기기억(*long-term memory*) 창고 속에 있는 정보를 작업 기억(*working memory*)으로 끌어오는 것이, 마치 '사전에 있는 정보를 인용'하는 것으로 비유될 수 있기 때문이다. 제 10장 2절 1항에서는 'basic or citation …'처럼 basic(기본)으로도 표현한다. 언어의 산출과 처리과정은 작업 기억의 매개에 의해서 이뤄지는 것으로 알려져 있다. 단기 작업 기억에 대해서는 Baddeley(1986) 《작업 기억 *Working Memory*》(Clarendon Press)과 Gathercole and Baddeley(1993) 《작업 기억과 언어 *Working Memory and Language*》(Psychology Press)와 Miyake and Shah (1999) eds. 《작업 기억의 여러 모형 *Models of Working Memory*》(Cambridge University Press)을 참고하기 바란다. 한편, 언어이해와 관련하여 킨취(Kintsch 1998) 《이해: 인지 패러다임 *Comprehension: A Paradigm for Cognition*》(Cambridge University Press)에서는, 장기기억의 일부를 빌려 작업 기억으로 이용한다고 본다(작업 기억을 넓혀 놓은 크기가 곧 개인의 이해력을 좌우함). 따라서 특별히 '장기기억을 이용한 작업 기억'(*Long-term Working Memory*)이란 말을 쓴다.

4) 제 10장 2절에 보면 연속 발화의 운율(*rhythm*)을 언급하면서, '대체로' 강세 받은 음절들과 짤막한 쉼의 삽입이 교대로 이어지는 것으로 규정한다. 곧 이는 구(*phrase*) 형성을 염두에 두는 것이다. 한편 Kenstowicz(1994, 안상철 · 손형숙 · 강용순 · 김형엽 역 1997:817쪽) 《생성문법의 음운론》(한신문화사)에서는 운율의 마루와 골이 서로 번갈아 이어지면서 한 낱말의 운율 격자를 만든다고 보았다.

곽)의 배당을 위한 영역이다. 화자의 음성계획에서 낱말들이 음높이 악센트를 담고 있는 경우에는, 마루 또는 골을 만들어 내면서 이런 선율 가락(*melodic line*)에 참여한다. 더욱이 선율 가락은 그 발화에서 표현된 명제 의미 이외에도 태도와 감정을 표현한다.

제 10장에서는 연속 발화에 대한 운율 계획이 화자에 의해서 어떻게 산출되며, 이것들이 낱말형태의 생성에 어떻게 영향을 미치는지를 개관할 것이다. 음성계획에 대한 이들 두 가지 측면은 서로 밀접하게 짜여 있다. 예를 들면, 구성요소 낱말들의 음절 속성에 대해 접속하지 않은 채 어떤 발화에 대한 율격 구조를 전체적으로 생성하는 것은 불가능하다. 그렇지만 다음 차례로서, 궁극적으로 전반적인 발화에 대하여 연산이 이뤄진 율격 매개인자들은 반드시 개별 낱말들에 대한 음성 내용명시로 실현되어야 한다. 낱말형태 내용명시의 단계 및 운율 계획의 단계 사이에는 앞뒤로 오가는 측면이 있다. 그러나 연속 발화의 음운 부호화에 포함된 과정들에 대해서는 알려진 것이 아주 적다.

이 장에서는 연속 발화의 생성 밑에 깔려 있는 가능한 기본틀에 대한 개략적인 밑그림과 함께 시작할 것이다(제 10장 1절). '운율 생성기'는 이 기본틀에서 오히려 중심적으로 모습을 드러낸다. 그것은 점증적으로 그리고 낱말형태의 내용명시와 긴밀히 상호작용을 하면서, 발화의 율격 매개인자와 억양 매개인자들을 산출한다. 우리는 이것들이 궁극적으로 음성 내용명시 절차들 속으로 흘러들어가게 되는 것으로 가정할 것이다. 그 기본틀에 대한 이런 전체적인 밑그림 뒤에, 우리는 운율 생성기에 대하여 좀더 자세히 언급하게 될 것이다. 각각 제 10장 2절과 제 10장 3절에서 그 율격 계획과 그 억양 계획을 다룰 것이다. 제 10장 4절에서는 운율 생성기가 분절음 및 음성 내용명시의 과정들에 어떻게 영향을 미치는지, 특히 연속 발화에서 낱말들의 음절화 및 분절음 조절에서 그것이 어떻게 중재 조정하는지를 논의할 것이다.

1. 계획 짜기 기본틀에 대한 밑그림

1) 처리 구성부문

제 1장에서 살펴본 〈그림 1-1〉의 '화자에 대한 청사진'에서, '음운 부호화'로 명칭이 붙은 상자는 연속 발화에 대한 음성계획을 산출하도록 된 처리기를 나타낸다. 〈그림 10-1〉에서와 같이 그 상자를 추가적인 세부 사항들로 채워 넣은 일과 함께 시작해 나가기로 한다.

음운 부호화에 대한 주요 입력물은 전개되고 있는 표면구조이다. 첫째, 특수 구별자질 매개인자들을 지닌 그 최종말단 교점들은 낱말형태 주소지들에 대한 지시바늘이다. 제 9장에서는 이들 낱말형태가 어떻게 기억 창고로부터 인출되는지, 그리고 어떻게 음성계획들 속으로 변형되어 들어가는지를 개관하였다. 이 과정에 있는 주요 단계들은 〈그림

〈그림 10-1〉 연속 발화의 음운 부호화에 대한 개요

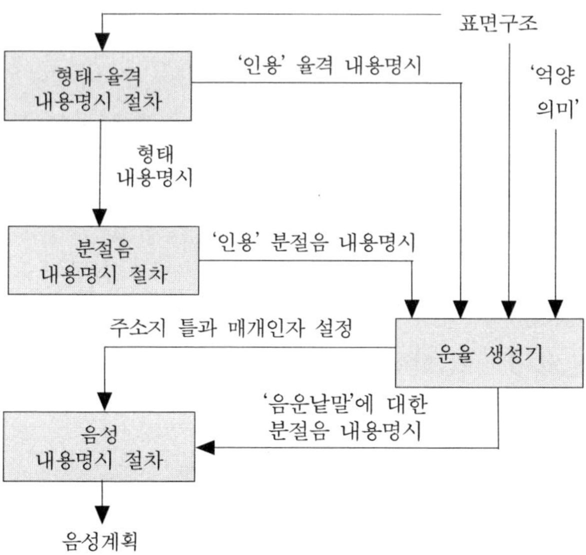

10-1>의 왼쪽에 그려져 있다. 형태-율격 내용명시·분절음 내용명시·음성 내용명시이다. 둘째, 표면구조는 연속 발화를 위하여 음성계획들의 산출에 중요한 역할을 한다. 그것은 무엇보다도 그 발화의 율격 및 억양 속성들을 연산해 주는 처리 구성부문인 '운율 생성기'의 주요 입력물이다. 운율 생성기에 대한 추가 입력물은 제 8장 2절 3항에서 '억양 의미'라 부른 것으로서, 수사학적 의도와 감정과 태도들이다. 그것들은 운율 생성기로 하여금 특정한 율조(*tune*)와 어조(*tone*)를 선택하게 하며, 음조(*key*)와 언어투식 음계(*register*)를 마련해 놓도록 한다. 추가적인 필수 입력물은 율격 내용명시이다. 즉, 각 낱말의 음절 마루들에 대한 숫자와 낱말 악센트를 실어 놓은 음절의 위치와 (만일 있다면) 그 낱말의 특수한 음높이 악센트 자질이다. 관련된 구 구조 정보와 결합하여, 이는 그 발화에 대한 율격 격자는 물론, 음높이 형상까지도 충분히 연산해 낸다(제 8장 2절 2항을 참고하기 바람).

음운 부호화 측면의 일부는 실행 제어(*executive control*) 아래에 있다.[5] 억양 의미는 아마 한 형태의 실행 제어로 간주될 수 있을 듯하다. 경계들 내부에서, 화자는 또한 자유롭게 짤막한 쉼을 삽입할 수도 있고, 발화 속도도 변동시킬 수 있다. 그것이 음운구 및 억양구의 크기에 영향을 줄 뿐만 아니라, 또한 앞으로 보게 되듯이 분절음 및 음성 층위들에서도 중대한 결과를 지니게 된다. 빨리 말하는 경우에, 음성 내용명시가 전반적으로 영향을 입는다. 우리는 델(Dell 1986)이 '말하기 속도가 활성화 확산의 속도에 영향을 주지 않는다'는 유익한 가정을 하였음을 제 9장에서 보았다. 말하기 속도는 오직 매 초당 채워질 음절 틀의 숫자에 영향을 줄 뿐이다. 더 일반적으로, 우리는 속도

---

5) 실행 제어(*executive control*) 부서는 '중앙 제어 부서'로도 불린다(제 1장 4절을 보기 바람). 어떤 심리적 대상을 제어할 수 있다는 것은, 우리의 의지와 의식에 따라 처리과정에 변화를 줄 수 있다는 뜻이다. 이는 무의식적 처리 또는 자동적 처리와 대립되는 개념이다.

매개인자가 음운 부호화에 있는 모든 층위의 처리과정에서 틀 산출의 속도를 정해 놓는다고 가정할 것이다. 활성화 확산의 용어로 언급하면, 그것은 '현재 교점'이 얼마나 오래 현 시점에 머무는지를 결정해 준다.

이제 운율 산출기의 산출물을 다루어 나가기로 한다. 제 9장에서 운율 내용명시에 의해서 음성 내용명시의 주소지 틀들이 촉발되며, 각각의 마루는 음절 틀의 구성을 개시한다고 언급되었다. 이제 이것이 더욱 구체화될 수 있다. 〈그림 10-1〉에서는 운율 생성기를 통해서 그 마루들의 열(*the string of peaks*)이 이어져 있다는 가정을 표현한다. 음성 내용명시 절차는 계속하여 아주 풍부한 신호를 받는다. 그것은 각각의 연속된 음절 틀을 놓고서 그 지속시간·소리 세기·음높이 형상에 대한 기여를 구체화한다. 또한 짤막한 쉼도 삽입한다. 그렇다면 음성 내용명시는 저장된 음성 음절 계획에 대한 단순한 인출뿐만이 아니다. 또한 그것은 지속시간·소리 세기·음높이 이동의 관점에서 그 계획에 대한 매개인자의 고정인 것이다.

운율 생성이 또한 분절음 내용명시에 영향을 준다고 가정할 근거가 있다. 구 경계들은 한 낱말의 음절들이 어떻게 내용명시될 것인지에 대한 결정요인이 될 수 있다. 한 가지 좋은 사례는, 불어 연음(*liaison*) 현상이다.[6] 하나의 규칙으로서, 마지막 자음이 발음되지 않는 불어 낱말들이 많이 있다. 예를 들면 다음과 같다.

trés 〔트헤〕(셋)
court 〔꾸흐〕(짧은)
petit 〔쁘띠〕(작은)

---

6) 〈원저자 각주〉 연음에 대한 실험적 연구는 Zwanenburg, Ouweneel, and Levelt(1977)를 보기 바란다.

그러나 그 다음 낱말이 모음으로 시작되는 경우에, 다음 예에서 보듯이 이런 마지막 자음이 연속 발화에서 삭제되지 않는다.

trés intelligent 〔트레 ^ 장뗄리장〕(아주 이지적인)
court ajournement 〔꾸흐 ^ 따주흐느망〕(짧은 휴회)
petit enfant 〔쁘띠 ^ 땅팡〕(작은 아이)

이는 영어의 부정관사 낱말 'an'에서 일어나는 것과 유사하다. 하나의 규칙으로서, 부정관사의 마지막 음소 /n/은 다음 예에서처럼 그 다음 낱말이 모음으로 시작되는 경우를 제외한다면 발음되지 않는다.[7)]

a ball 〔어 볼〕(공 하나)
an animal 〔언 애니멀〕(동물 한 마리)
an intelligent animal 〔언 인텔리전트 애니멀〕(이지적인 동물 한 명)

지금까지 이것은 한 낱말의 마지막 음절에 대한 분절음 내용명시가, 그 다음 낱말의 기부에 달려 있을 가능성을 보여 준다. 이것은 그 자체로서 연속 발화의 중요한 속성 한 가지이다. 그것은 분절음 내용명시가 단지 낱말 내부의 과정이 아니고, 맥락에 의존할 수 있음을 보여

7) 여기서는 전통문법에서와는 달리 두 개의 부정관사 'a, an'을 모두 기저형으로 상정하는 것이 아니다. 오직 'an' 하나만을 기저형(기본 형태)으로 삼고서, 이 뒤에 자음으로 시작되는 낱말이 이어지면 /n/을 탈락시키는 규칙을 적용함으로써, 표면 형태에서 'a'를 유도하는 것이다. 이런 규칙 적용은 그 언어 화자들이 갖고 있는 직관과 어긋날 소지도 있다. 흔히 전통문법에서 부정관사를 'a'로 대표하고, 예외적으로 뒤에 이어지는 낱말이 모음으로 시작될 때에 'an'을 쓴다고 기술해 왔기 때문이다. 본문에서의 설명은 예외적인 형태 'an'를 기본으로 삼고, 자음 탈락 규칙을 적용하고 있다. 이런 '탈락 규칙'이 영어에서 일반적이라면 정합적인 규칙으로 될 것이다. 그렇지만 전통문법에서의 기술처럼 '삽입 규칙'이 일반적이라면, 이는 이례적인 규칙 설정이 될 것이며, 수용되기 어렵다.

주는 것이다. 더욱이 연음의 경우는, 이런 맥락 의존성에 대한 구 조건(*phrasal conditions*) 들이 있음을 예증해 준다. 케이씨(Kaisse 1985)에게서 가져온 다음 사례들이 이를 예시해 줄 것이다.

trés intellingent 〔트레⌒잘딸리장〕(아주 이지적인)
tré(s) intellingent et modeste 〔트레∨앙딸리장 에 모데스뜨〕(아주 이지적이며 겸손한)

이들 중 첫 번째 사례에는, 일반적인 연음 현상이 있다. /s/가 발음되는 것이다. 그렇지만 두 번째 사례에서 'trés'(아주)가 접속구 'intelligent et modeste'(이지적이며 겸손한) 전체를 꾸민다면, 즉 구 구성이 다음과 같은 경우에는

〔trés〔intelligent et modeste〕〕

연음 현상이 없다. 이 경우에 trés(아주)와 intelligent(이지적인) 사이에 있는 구 경계가 명백히 연음을 막는다.[8] 연음을 허용하거나 막아버리는 구 관계에 대한 정확한 체계화는 여기서의 논의 사항이 아니다(자세한 분석을 보려면 Kaisse 1985를 보기 바람). 다만 논의의 핵심 사항은 연속되는 낱말들 사이에 있는 구 관계가 이따금 그것들의 분절음 내용명시에 영향을 미친다는 사실이다. 더욱이 광범위한 제한 속에서, 연음(또는 여기의 논점과 관련하여 an에 있는 /n/ 탈락)이 말하는 속도와 무관하다는 점이 주목되어야 한다. 그것들이 연속 발화의 일반적인 현상인 것이다.

---

8) 〈원저자 각주〉 그러나 이런 주장에 대한 Kaisse(1985)의 자료 기반(*data base*)이 무엇이었는지 궁금하게 여길 것이다. 불어 토박이 화자들은 이 특정 사례를 놓고서 판단하기에 어려움을 지니는 듯하다.

이상을 요약하면 다음과 같다. 운율 생성기는 분절음 내용명시와 관련된 구 조건들뿐만 아니라, 음성 내용명시에 대한 일정 범위의 운율 매개인자들도 연산해 낸다. 제 10장 2절로부터 시작하여 제 10장 4절에 이르기까지 다루게 될 운율 생성기에 대한 이런 활동들로 넘어가기 전에, 앞에서 본 〈그림 10-1〉의 얼개에서 연속 발화에 대한 어떤 추가적인 현상이 어디에서 생성되는지를 살펴볼 것이다.

2) 비-격식적인 발화

연속 발화 현상과 '비-격식적인 발화' 현상과 '빠른 발화' 현상 사이를 구별하는 것이 중요하다(Kaisse 1985). 연속 발화는 비-격식적일 필요도 없고, 또한 빨리 말할 필요도 없다. 그 속도나 격식성과는 별개로 생겨나는 연속 발화의 일반 속성들이 있다. 불어 연음 현상이 그러한 경우이며, 이 장에서 논의될 율격 및 억양 현상들도 다수 그러하다.

비-격식적인 발화가 '격식 갖춘 발화'(*formal speech*)와 구별되지만, 결코 빠르게 될 필요는 없다. 마치 격식 갖춰 빨리 말하기가 있듯이, 비-격식적인 천천히 말하기도 있는 것이다. 비-격식적인 발화는 특징적인 통사·어휘·음운 속성들을 지닐 수 있는 하나의 언어투식(*register*)으로서[9] 그 언어의 변이체이다. 화자는 자기 마음대로 여러

---

9) 〈원저자 주석〉 register(언어투식)에 대한 이런 용법이 제 8장에서 논의된 음높이 수준의 개념과 혼동되어서는 안 된다.

〈옮긴이 주석〉 제 8장에서는 무게 잡고 정중하게 말할 때 동반되는 어조나, 부담 없이 가볍게 아무렇게나 말할 때 동반되는 어조 등과 관련하여 '언어투식'이 다뤄졌다. 그런 언어투식에 음계가 함께 동반된다(그곳에서는 언어투식 음계로 번역됨). '언어투식'이란 개념은 1970년대에서부터 '언어 변이'(*variation*)라는 개념과 관련하여 다뤄졌다. 언어투식을 규정하는 속성들로서, 초기에는 격식성이나 의례성 여부, 공적이나 사적인 상황 여부, 심리적 거리감 등이 다뤄졌으며, 그 이후 글말투와 입말투도 함께 논의되었다. 곧, 한 개인은 다양한 언어 상황에 맞게 여러 가지 적절한 언어투식들을 구사할 수 있는 능력

가지 그런 언어투식을 지닐 수도 있고, 그렇지 않을 수도 있다('엄마 말투'와 '전보 말투'가 두 가지 사례임[10]). 비-격식적인 발화에서 화자는 'policeman'(경찰) 대신에 'cop'(경찰의 속어)을 쓰는 것처럼, 자신이 지닌 어휘부의 특정한 하위 집합을 이용하는 쪽으로 치우칠 수 있다. 그뿐만 아니라 또한 'I have'보다 오히려 'I've'와 같이 특정한 변이형태들을 이용하는 쪽으로도 치우치게 된다. 우리는 문법 부호화 동안에 전자의 어휘 선택뿐만 아니라, 또한 후자의 변이형태 선택도 이뤄진다고 가정할 것이다. 달리 말하면, 그것들이 표면구조의 층위에서 가리켜지고, 따라서 음운 부호화에 대한 입력물 속에 포함된다. 표면구조의 최종말단 교점들은 의도된 '비-격식적인' 형태들을 가리키게 되는 것이다.

여전히 비-격식적인 발화의 몇몇 측면은 음운 부호화 그 자체에서 그 연원을 갖는다. 어떤 화자가 다음처럼 말하는 경우에,

lea'me alone 〔림미 얼로운〕(날 혼자 있게 내버려 둬)

그는 leave(남겨 두다)의 비-격식적 변이형태를 쓰고 있는 것이 아니

도 함께 지니고 있다. 일본 용어를 받아들여 register를 '사용역'(使用域)으로 쓰는 것은, 이런 모습을 제대로 드러내 줄 수 없다. '사용역'이 사용 영역을 뜻하는지, 사용 범위를 뜻하는지도 명확하지 않다. 굳이 '사용'을 살려 쓰려면, '상황에 맞는 언어사용' 정도로 새길 수 있을 것이다. 제 6장 1절 1항의 옮긴이 각주 3)도 참고하기 바란다.

10) mother+ese(엄마 말투)는 특히 젖먹이 아기에게 말을 건넬 때 낱말이나 문장을 간단히 하며 또한 과장된 어조로 말하는 경우를 가리킨다(가령 "쯔쯔 맘마", "꼬까 쓰쓰" 따위). 전보(電報)는 이제 경조사 전보 이외에 거의 이용하지 않으므로, 젊은 세대에서는 잘 모를 수 있다. 전보는 제한된 분량을 넘는 글자마다, 추가로 돈을 더 지불해야 한다. 따라서 전보 속에 내용을 집어넣을 때에는, 내용 낱말로만 매우 간단히 써넣는다. 가령, '아들 입원, 조속 귀향 바람'이란 전보문은, '큰 아들이 갑자기 아파서 병원에 입원하였으니 조속히 집으로 돌아오시기 바랍니다'를 줄인 표현이다.

라, 오히려 음절 마지막 자음을 탈락시키고 있는 것이다. 의심할 바 없이, 이것은 낱말형태 계획의 층위에서 일어나는 비-격식적 발화 현상의 하나이다. 그렇지만 우리는 비-격식적 발화의 음운 현상이 비-격식적 언어투식에 의해서 오직 간접적으로만 일어난다고 가정할 것이다. 비-격식적 언어투식은 격식을 갖춘 언어투식보다 훨씬 더 빨리 말하기를 허용한다. lea'me alone〔림미 얼로운〕과 같은 형태들이 생겨나는 것은, 오직 빠른 속도들에서일 뿐이다. 그러므로 그런 음운 현상에 대한 긴밀한 원인이 속도인 것이지, 언어투식의 비-격식성은 아니다. 따라서 현재의 장에서는 연속 발화에 대한 일반 현상과 빠른 발화에 대한 일반 현상만을 집중적으로 살펴보게 될 것이다.

3) 빠른 발화

빠른 발화의 가장 두드러진 특징 중에는 축약(*reduction*)과 동화(*assimilation*)가 있다. 축약은 서로 다른 층위의 처리과정에서 일어날 수 있다. 화자는 짤막한 메시지를 생성함으로써, 전보 말투를 이용함으로써, 그리고/또는 (비-격식적인) 축약된 변이형태들에 접속함으로써, 자신의 의사소통 속도를 증가시킬 수 있다. 이 모든 것은 음운 부호화의 층위 이전에 계획된다.

다음 예에서 보듯이 화자는 또한 대명사 및 전치사들과 같이 악센트를 받지 않은 자잘한 낱말들을 축약함으로써 속도를 더 낼 수 있다.

Give'm attention 〔깁머텐션〕(제게 주목해 주세요)
Think o'money 〔씽코머니〕(돈을 생각해 보니)

그런 과정은 축약된 내용명시에 대한 아주 일반적인 모종의 규칙들을 준수하면서, 분절음 내용명시의 층위에서 기원될 수 있다. 이들 규칙은 가령 다음 예에서 보듯이, 전자는 가능하나 후자는 불가능하다.

a bottle o'milk 〔어 바틀로밀크〕(우유 한 병)
*'a bottle o'applejuice'〔어 바틀로애플주스〕(사과 주스 한 병)

이처럼 직접 이웃한 요소들의 성격에 대해서 아주 민감하게 작동한다. 또한 다음 예들에서 보듯이,

Think o'money 〔씽코머니〕(돈을 생각해 보니)
*'What are you thinking o'?, Money?'〔왇아유 씽킹오?, 머니?〕

전자는 가능하나 후자는 불가능하여, 운율구 구조에 대해서도 아주 민감하게 작동함을 알 수 있다.

속도는 또한 두루 영역을 가로질러서 분절음들을 축약함으로써 얻어질 수 있다. 예를 들어, 즈위키(Zwicky 1972)에게서 가져온 다음 사례들에서처럼

p'tato 〔프테이토〕(감자)
t'mato 〔트메이토〕(토마토)

강세 없는 낱말의 개시 모음들을 모두 축약할 수도 있다. 이는 이웃 낱말에도 달려 있지 않고, 구 구조에도 달려 있지 않다. 그렇지만 생겨난 새로운 자음군의 종류들에 대한 제약이 있다. 가령 다음처럼 축약되는 자음군은 허용될 것 같지 않다(Zwicky 1972; Kaisse 1985).

*'m'ternal'〔므터널〕(엄마의)
*'r'member'〔르멤버〕(기억하다)

그렇지만 오직 적격한 기부 자음군만 허용된다는 의미에서, 이들 제약은 음운 배열 제약이 아니다. 영어에서 /pt/와 /tm/은 음절 기부로서

부적격한 배열인 것이다. 그러므로 이런 종류의 축약은, 음절 계획이 전달된 뒤에 일어나는 것 같다. potato와 tomato의 올바른 음절 〔pə〕와 〔tə〕가 전달되지만, 이들 강세 없는 음설에는 지속시간과 소리 세기의 매개인자들에 대한 최소한의 고정 값이 주어지므로, 조음상 그 모음들이 거의 곧바로 사라지는 것이다. mother와 remember의 첫 음절 〔mə〕와 〔ri〕에 대해서는 왜 그런 극단의 최소 고정 값들이 가능하지 않은지는 분명치 않다. 그러나 아마 이들 음절 기부의 높은 공명도와 관련되어야 할 듯하다.11)

이상을 요약하면 다음과 같다. 세 가지 내용명시 층위들에서 모두 축약이 일어날 수 있다. 표면구조 입력물이 축약된 변이형태들을 전달하기 위하여 형태 내용명시를 유도할 수 있다. 분절음 내용명시도 일반적인 구조 의존 규칙들을 준수하면서 축약된 형태들을 산출할 수 있다. 음성 내용명시도 또한 한 음절의 지속시간 및 소리 세기에 대한 극단적인 매개인자 고정 값들에 지배될 수 있는 것이다.

동화(*assimilation*)는 연속 발화에서 아주 일반적인 현상이다. 그러나 느린 발화보다는 빠른 발화에서 더 넓게 확산된다. 그것은 다른 분절음의 영향 아래 어떤 분절음의 변화를 포함한다. 그 변화는 두 개의 분절음을 더욱 비슷하게 만들어 놓는다. 예를 들어, 'ten books'〔텐 북스〕(책 열 권)는 다음처럼 발음된다.

〔tɛm buks〕〔템 북스〕

거기서 /n/은 이웃해 있는 /b/에 대하여 그것의 양순성 자질을 받아들임으로써 동화된다(= 역행 동화임). 대부분의 동화 형태들은 분절음 내용명시 층위에 자리를 잡게 된다. 동화에는 want와 to의 동화

11) 제8장 1절 3항에 있는 옮긴이 각주 6)에서 예스퍼슨(Jesperson 1904)이 지정한 공명도 값을 보면, 폐쇄음 p와 t는 모두 공명도 1에 배당되어 있고, 비음 m와 탄설음 r은 각각 공명도 4와 5에 배당되어 있다.

결과인 'wanna'를 놓고서 많이 연구된 사례에 의해 검증되듯이, 실질적인 구조 의존성이 있을 수 있다. 다음 사례에서는 wanna 동화가 가능하다.

Who do you want to succeed? (당신은 누구를 잇기를 바랍니까?)

그렇지만 다음 사례에서는 wanna 동화가 불가능하다(Dogil 1984; 제 10장 2절 1항 나에 있는 예문(9)를 참고하기 바람).[12)]

Who do you want to succeed you? (당신은 누가 당신을 잇기를 바랍니까?)

그렇지만 구 관련 의존성은, 서로 다른 종류의 동화에 대해서 아주 차이가 난다. 이것은 제 10장 4절에서 다시 다루어질 것이다.

동화는 '동시조음'(*coarticulation*)과 구별되어야 한다. 이웃한 말소리들은 조음 생리학 및 기제 때문에 상호작용하게 된다. 이들 상호작용은 더 빠른 속도의 발화에서는 더욱 강해진다. 그것들은 음절의 조음에 할당된 시간 양에 달려 있다. 이들 매개인자는 음성 내용명시 층위에서 고정된다. 그러므로 동시조음은 앞에서 논의된 'p'tato'〔프테이토〕에서의 모음 축약처럼 동일한 층위에서 일어난다.

축약과 동화는 종종 '접어화'(*cliticization*)와 결합된다. 이것이 또한

---

12) 축약이 가능하려면, 원하는(*want*) 주체와 계승하여 잇는(*succeed*) 주체가 동일한 사람이어야 한다. 앞의 예문에서는 you(당신)이 원하는 주체이자 계승하여 잇는 주체가 된다. 따라서 축약을 방해하는 장벽이 없으며, wanna로 축약된다. 그렇지만 뒤의 예문에서는 원하는 주체는 you(당신)이지만, 계승하여 잇는 주체는 who(누구)이다. 따라서 want와 to 사이에 축약을 가로막는 장벽이 생긴다(생성문법에서는 부정사 to 앞에 공범주 대명사 PRO를 설정해 놓게 됨). 여기서는 wanna 축약이 일어날 수 없다.

연속 발화에서 널리 퍼져 있지만, 이는 특히 빨리 말할 경우에 현저하다. 접어화는 축약된 재료들을 바로 이웃해 있는 낱말들에 붙여 넣는 일로 이뤄진다. 위에 있는 wanna 농화가 그런 경우이다. 축약된 형태소가 그 자신의 음절성을 전혀 지니지 못하는 경우에 접어화는 필수적이다. 'I've'(나+접어 조동사)와 'You've'(너+접어 조동사)에 있는 변이형태 '-ve'는 음절을 이루지 못한다. 그것은 운율 내용명시에서 마루를 전혀 생성하지 못하는 것이다. 그것은 자유롭게 홀로 서는 자립어 낱말도 될 수 없다. 그러므로 그것은 분절음 내용명시 동안에 반드시 앞의 낱말에 부착되어야 하는 것이다. 그 결과가 '음운낱말'(*phonological word*)이다. 분절음 내용명시의 영역은 음운낱말이다(Nespor and Vogel 1986). 'I've'라는 구는 'I'(나)와 'have'(조동사)에 대하여 내용이 명시되고 곧 이어서 축약되는 것이 아니다. 오히려 /aɪv/로서 내용명시된 것이 바로 그 음운낱말이다. 대체로 표면구조에 의해 가리켜진 낱말형태는 각각 음운낱말이다. 주요한 예외로서 음절을 구성하지 못하는 변이형태들을 지닌다. 게다가, 음운 부호화 동안에 새로운 음운낱말이 생겨날 수 있다. 주요한 사례로 접어화가 있다. 운율 생성기는 표면구조에 있는 구 형상 및 운율 내용명시로부터 나온 '음절성 정보'의 기반 위에서 이들 새로운 음운낱말을 연산한다. 또한 심지어 그것들이 둘 모두 음절성을 지닌다 하더라도, 운율 생성기는 추가적으로 그 요소들을 축약하고 덧붙이는 일을 결정할 수 있다. 앞에서 본 wanna 동화가 그런 경우이다. 그것은 단일한 하나의 음운낱말로 되며, 분절음 내용명시 동안에 그처럼 명시되는 것이다.

빠른 발화에 대한 이들 몇 가지 언급은, 앞에 있는 〈그림 10-1〉의 얼개에서 축약·동화·접어화처럼 빠른 발화의 어떤 주요한 현상들을 임시 자리 잡게 하는 데 기여하였다. 유창한 발화 동안에 일어나는 이들 현상의 기원에 대해서 더 정확한 결론을 내리려면, 차후에 철저한 과정 분석을 기다려야 한다. 오직 연속 발화의 생성을 제어하는 구조를 확실히 이해하는 경우에라야, 우리는 그 체계에 대하여 더 정확히 분할 내용을 제안할 수 있을 것이다.

4) 뒤바뀜

앞에 있는 〈그림 10-1〉의 얼개에서 위치하게 될 또 다른 현상은 제 7장에서 개뤹(Garrett 1982)의 예문을 다루면서 이미 언급되었다.

(1) Did you stay up late vEry last night?
(어젯밤 당신은 늦게까지 아주 있었습니까?)

개뤹(1982)은 이런 종류의 말하기 오류를 '뒤바뀜'(*shift*)이라고 불렀다. 거기에서는 어떤 낱말이 이웃해 있는 낱말을 하나 또는 두 개 뛰어 넘는다. 순서 뒤바뀜에 대한 개뤹의 견해는, 그것들이 문법 부호화의 층위에서 일어나는 것이 아니라, 음운 부호화 동안에 일어난다는 것이다. 저자도 여기에 동의한다. '뒤바뀜'은 낱말의 차례 뒤바꿈(*word exchanges*, 제 6장 4절 4항 참고)의 전형적 특징인 통사 범주 제약들을 무시한다. 사례(1)에서 서로 순서가 뒤바뀐 낱말들은 very(아주)와 late(늦게까지)이다. 이들은 서로 다른 통사 범주에 속한다. 스템버거(Stemberger 1985a)에게서 가져온 다음 사례의 it(그걸)과 making(만들며)도 범주가 서로 다르다.

(2) We tried it mAking … mAking it with gravy.
(우리는 만들며 그걸 해 보았는데 … 고기즙으로 그걸 만들며)

여기서 미리 앞질러 나온 것은 폐쇄부류의 낱말 'it'(그것)이다. 개방부류의 낱말을 껑충 뛰어 건너갔다.[13] 개뤹(1982)은 대명사·전치사·관사와 같이 폐쇄부류 요소들이 뒤바뀜에서 압도적임을 관찰하였다.

이는 또한 스뎀버거(Stemberger 1985a)의 자료에서도 성립한다.

〈그림 10-1〉의 얼개에서 뒤바뀜은 어디에 위치할 수 있는 것일까? 서자의 제안은, 표면구조로부터 형태-율격 내용명시까지의 변환 과정에 있다고 본다. 표면구조가 점증적으로 산출됨에 따라, 최종말단 지시바늘은 '왼쪽으로부터 오른쪽으로' 이용 가능해진다. 그것들은 연속적인 주소지 틀에 대한 마개들이 될 것이다. 완결된 주소지는 각각 어떤 항목의 형태-율격 형식 정보에 대한 인출을 일으킬 것이다. 비록 표면구조의 최종말단 요소들이 오류 없는 순서로 생성된다고 하더라도, '더 뒤에' 나온 요소는 더 앞에 있는 요소보다도 더 신속히 내용이 명시될 수 있다. 특히 빈도가 아주 높은 낱말들의 경우에 그러한 미리 앞서 일어남(*anticipation*, 제9장 4절 2항 '대치하기'에 있는 미리 앞서 일어난 오류를 참고 바람)을 기대할 수 있을 것이다. 그것의 형태들은 빈도가 드문 낱말들의 형태보다 더 쉽게 접속된다. 스뎀버거(1985a)는 이런 예측을 확증하였다. 더욱이 폐쇄부류 낱말들은 빈도가 아주 잦다. 이는 뒤바뀜에서 그것들의 압도적인 성격을 설명해 준다.

형태-율격 내용명시에서 순서가 뒤바뀐 결과, 운율 생성기에 의해서 수용된 율격 유형들에서 동시에 발생하는 순서의 뒤바뀜이 있게 된다. 이는 뒤바뀐 낱말의 음높이 악센트가 그것에 붙게 될 것임을 예측해 준다. 그것이 앞의 (1)과 (2)에서 관찰한 바이다. 개뤋(1982), 커뜰러(Cutler 1980a), 스뎀버거(1985a)는 이런 뒤바뀜의 속성을 관찰하고 확증하였다. 그것은 문법 부호화에 있는 오류들과 대조된다. 제7장 1절 2항에서 살펴보았듯이, 흔히 이는 음높이 악센트의 그대로 눌러 앉히기를 보여 준다.

형태-율격 내용명시의 층위에서 잘못된 순서 짓기는, 또한 아마 개

13) '폐쇄부류/개방부류'는 생성문법에서 '기능범주/어휘범주'로 부르며, 전통문법에서 '허사/실사'로 부른다. 이 책에서는 전자를 '작은 부류의/자잘한/작은' 낱말이라고도 표현하였다.

릴(1982)에게서 가져온 다음 예에서 관찰되는 접사 뒤바뀜을 설명할 수 있을 듯하다.

(3) I had forgot abouten that.
(나는 저것에 대해서 잊어 버렸었다)

여기서 forgot-ten('잊다'의 과거분사)의 접사는 about(대하여)에까지 껑충 뛰어 옮아갔고, 거기에 그 접사가 부착되었다. 아마도 forgotten과 about에 대한 두 가지 형태 내용명시 절차가 대체로 동시에 나란히 작동하였던 듯하다. 형태소 about(대하여)은 바로 어간 forgot('잊다'의 과거) 뒤에서 그리고 그 접미사 -ten 바로 앞에서 이용될 수 있었다. 그렇지만 어쨌든 만일 이런 설명이 거의 올바르다면, 그런 어휘하부 뒤바뀜 오류들이 유창한 발화에서 훨씬 더 잦은 것이 아님은 여전히 놀라운 일이다.

이는 연속 발화 생성의 밑바닥에 깔려 있는 음운 부호화 기본틀에 대한 최초의 밑그림을 완결짓는다. 이어지는 다음 세 개의 절들에서는 운율 생성기의 작업 내용을 더 구체적으로 다루게 될 것이다.

2. 운율의 생성

대체로 연속 발화의 운율은 강세 받은 음절과 짤막한 쉼의 삽입이 교대로 나타난다. 화자가 한 음절에다 강세를 줄 수 있는 방식은 여러 가지 있다. ① 하나는 이웃해 있는 음절들보다 그 음절을 더 세게 만들어 주는 것이다. ② 다른 하나는 시간상 그것을 길게 뻗쳐놓는 것이다. ③ 또 다른 하나는 악센트를 부여하는 음높이 운동을 그것에 배당해 주는 것이다. 비록 독립변항들이지만 이들 세 가지 방식은 함께 가는 경향이 있다. 그러므로 아주 추상적인 수준에서 운율의 생성을 강세 및 짤막한 쉼의 유형에 대한 생성으로 살펴보면서 시작하는 것이 좋겠다. 이런 추상적인 유형은 앞에서 살펴본 제8장 2절 2항에서는 율격 구조로 불렸다.

화자에 의해서 어떤 종류의 율격 구조가 수립되는지 다시 개괄하기로 한다. ① 첫째, 자신의 고유한 내적 강세 유형을 지닌 낱말들이 있다. 기본적인 강세 유형들은 율격 내용명시 동안에 기억창고로부터 인출된다. 한 낱말의 음절들 중에서 한 음절에 낱말 악센트가 표시된다. 어떤 종류가 되든지 간에 그것은 음높이 악센트를 끌어당길 것이다. 인출된 낱말들 이외에, 운율 생성기는 접어화에 의해 만들어진 다른 음운낱말도 처리해야 할 것이다. ② 둘째, 수립되어야 할 음운구(*phonological phrase*)가 있다. 그것들은 (대명사 요소가 아닌) 어휘 범주의 핵 투영구로까지 이끌어 가는 발화의 연속적 연결체(Nespor and Vogel 1986)들인 '절대적인' 운율 단위로 간주되거나, 아니면 더 강력하거나 더 미약한 멈춤(*break*, 억양구 바로 뒤에 오는 휴지) 선택 사항들로 이끌어 가는 '상대적인' 운율 단위로 간주될 수 있다(Selkirk 1984a). ③ 셋째, 억양구들이 있다. 일부러 취해진 멈춤 선택인 어떤 실제적 '운율 멈춤'으로부터 시작하여 그 다음 운율 멈춤까지 작동한다고 말할 수 있다. 이들 억양구는 유의미한 음높이 형상을 배당해 주기 위한 영역이다. ④ 마지막으로 전체적인 발화가 있다. 이는 '시행 시작 잉여음'이나 발화 종결부 늘어뜨리기처럼 발언 순서 얻어내기와 관련된 발화 개시 또는 발화 종결의 율격 속성들을 지닐 수 있다.

운율 처리 이론의 한 가지 주요한 원리는, 이들 모든 층위에서 산출이 점증적으로 일어나야 한다는 점이다. 이는 율격 유형이 표면구조로 만들어져야 하며, 형태-율격 내용명시가 이용될 수 있어야 함을 의미한다. 더 뒤에 나올 재료들에 따라 '현재의 결정'을 내리기 위해서, 운율 생성기는 임시저장고에 많은 양의 입력물을 저장해 놓지 말아야 한다. 오히려 운율 생성기는 아주 조금씩 미리 앞을 내다보면서 작업할 수 있어야 하는 것이다. 제 10장 2절 1항에서부터 3항까지 이런 점증적 산출의 관점으로부터 '음운낱말 · 음운구 · 억양구'에 대한 율격 계획을 죽 이어서 차례대로 살펴볼 것이다. 그런 뒤 제 10장 2절 4항에서 지속시간의 여러 측면으로 방향을 돌린다. 즉 '낱말 · 구 · 문장 · 더 큰 단위의 맥락' 속에서 분절음과 음절의 지속시간을 다룰 것이다. 제 10장 2절 5항에서는 등간격 시간성(*isochrony*)의 문제, 즉 '강세로 시간을 재는' 언어의 연속 발화에서, 강세 음절들을 놓고서 추정된 규칙적인 시간 폭 벌이기 논제를 다루게 될 것이다.

1) 음운낱말(*phonological word*)

영어처럼 제약된 어휘 생산성을 지니는 언어의 화자들에게서, 대부분의 낱말에 대한 '기본' 율격 유형 또는 '인용' 율격 유형은 머릿속 어휘부에 저장되어 있다. 이런 율격 유형은 낱말형태 접속에서 내용이 명시되어야 할 첫 번째 자질 중 하나이다. 운율 생성기는 그것을 추가적 율격 처리를 위한 기반으로 받아들인다. 만일 형태 주소지에 대한 어휘내용 지시바늘이 특수 구별자질 '음높이 악센트'를 지닌다면, 이 정보는 또한 운율 생성기에도 전달된다. 그렇다면 첫 번째 과제는 이 정보를 낱말 악센트를 실어 나르는 마루에 대한 별도의 박자로 번역하는 것이다. 이 절차는 다음과 같이 California〔캘리포녀〕의 음높이 악센트를 부여하는 사례로 예시된다.

(4-가) 기본 율격 격자

		×	
×		×	
×	×	×	×
Ca	li	for	nia

⇨

(4-나) 음높이 악센트 얹힌 율격 격자

		×	
		×	
×		×	
×	×	×	×
Ca	li	for	nia

이 사례에서 낱말 California는 다만 편의상 띈 채 씌어 있다. 율격 유형의 조정은 개별 음절들이 명시되기 전에 이뤄질 수 있다.

제 10장 2절 2항에서 저자는 이런 악센트 배당 운용이 어떤 것이든 미리 앞서 보는 일이 전혀 필요하지 않음을 논의할 것이다. 즉, 새로운 낱말들이 운율상으로 내용이 명시됨에 따라 점증적으로 실행될 수 있는 것이다. 이것은 강세 충돌을 막아 주는 운용법에 대해서 약간 다르다. 제 8장 2절 2항에서는 abstract art(추상화)란 구가 예로 주어졌다. 비록 그 형용사의 '인용' 악센트 배당이 abstrAct〔앱스트뢕〕이라는 사실에도 불구하고, 이는 강세 바꾸기와 함께 다음처럼 발음된다.

Abstract Art〔앱스트뢕 알〕

'박자 이동'은 결합하는 두 개의 음절 사이에 있는 강세 충돌을 막아 준다(Selkirk 1984a). 동일한 유형의 박자 이동이 sixteen dollars(16달러)라는 구에서도 관찰될 수 있었다. 머릿속에 저장된 그 구성요소 낱말들의 악센트 유형은 각각 sixtEEn〔식스틴〕과 dOllars〔달러즈〕이다. 그렇지만 충돌을 피하기 위해 그 구에는 강세가 뒤바뀐다. 즉, sIxteen dOllars〔식스틴 달러즈〕이다. 이런 이동 운용방식은 다음과 같이 묘사된다.

(5-가) '인용' 박자					(5-나) 박자 이동			
	×	×			×		×	
×	×	×	×	⇨	×	×	×	×
×	×	×	×		×	×	×	×
six	<u>teen</u>	<u>dol</u>	lars		<u>six</u>	teen	<u>dol</u>	lars
서로 충돌함					충돌이 없음			

박자 이동은 어떤 최소량의 미리 내다보기를 필요로 한다. 그것은 두 가지 종류이다. 첫째, 뒤바뀜에 대한 요구 조건은 뒤따르는 낱말들에 있는 두 개의 강세 음절이 위협적으로 연속되는 것이므로, 두 번째 낱

말의 율격 유형이 첫 번째 낱말에서 박자 이동에 효과를 일으키기 위해서, 반드시 가까이에 있어야 한다. 이는 운율 생성기가 임시저장고에 최소한도로 연속된 두 개의 낱말에 대한 율격 유형들을 저장하도록 요구한다(그러나 제 10장 2절 2항을 보기 바람). 물론 언제나 그것이 그렇게 되는 것은 아니다. 그러나 만일 빠른 발화 속도 때문에 또는 어떤 다른 이유로 말미암아 그렇게 되지 않는다면, 거기에는 박자 이동이 전혀 없을 것이다. 둘째, 박자 이동에 대한 구(*phrasal*) 제약이 있다. 만일 전개될 그 발화가 다음과 같다면, 박자 이동이 없을 것이다.

(6) Dimes I have sixteen, dollars just one.
(동전은 내가 열여섯 개를, 지폐는 딱 한 개를 갖고 있어)

sixteen(열여섯)을 바로 뒤따르고 있는 구 경계에 의해서 박자 이동이 방해를 받는 것이다. 이는 박자 이동의 운용에 대한 입력물이 연속되는 두 개의 낱말에 대한 율격 구조뿐만 아니라, 또한 구 정보도 포함됨을 보여 준다. 그렇지만 후자의 정보는 본질적으로 아주 지엽적이다. 오직 관련 있는 자질은 그 짝의 첫 번째 낱말을 바로 뒤따르고 있는 구 경계가 있는지 없는지 여부이다(그리고 있다면 그것이 어떤 종류의 것인지).

운율 생성기는 또한 접어화에 의해서 새로운 음운낱말들을 만들어 낼 수 있다. 강세를 받지 않는 폐쇄부류 낱말들은, 이웃해 있는 개방부류의 낱말에다 쉽게 접어로 붙게 된다. 접어로 되는 경향은 발화 속도와 더불어 증가한다. 'They have it'(그들이 그것을 갖고 있다)이란 문장은, it이 보통 have 구의 어휘핵어에 접어로 붙은 채, 다음과 같이 하나의 단일한 음운낱말로서 발화될 것이다.

have-it

음운낱말은 음절화의 영역이 된다. have-it에 대한 음성 내용명시는 〔hæv〕와 〔ɪt〕이라는 음절로 이뤄지는 것이 아니라, 재음절화된 〔hæ〕〔vɪt〕으로 이뤄진다.

접어화가 점증적으로 산출될 수 있는 것일까? 다시 말하여, 운율 산출기가 미리 내다보지 않고 이들 음운낱말을 산출할 수 있을까? 전접어(*enclitics*, 앞으로 기대어 붙는 접어)들의 지배적인 경우와 함께 살펴보기로 하겠다. 이는 '작은' 낱말이 그것이 붙는 '큰' 낱말을 뒤따르는 사례이다. 앞에 있는 have-it이 한 가지 예이다. 영어에서 대부분의 전접어들은 강세 받지 않는 단일 음절의 폐쇄부류 낱말들로부터 도출되어 나온다. 특히 대명사 · 조동사 · 불변화사(*particles*, 첨사[14])이다. 그러나 구별되어야 할 두 가지 경우가 있다.

가 물론 접어화는 '작은' 요소가 음절을 이루지 못하는 경우에 의무적이거나 필수적이다.[15] 이는 일반적으로 접어로 된 조동사들에 대한 경우이다. 앞에서 '-ve'와 '-ll'과 같이 접어로 된 조동사 형태가 온전한 형식의 변이형태임이 지적되었다. 이들 변이형태는 표면구조에서 적합한 어휘내용 지시바늘들에 의해서 가리켜지며, 형태-율격 내용명시

---

14) particle(불변화사/첨사)은 영어의 예를 보면 가령 'give up, look for' 등 '동사+전치사'로 이뤄진 구(이를 '구 동사'로 부름)에서 전치사를 가리키거나, 부정사 구문을 이끄는 'to'를 가리키는 말이다. '불변화사'는 동사처럼 어미 활용을 하는 것이 아니라는 점을 드러낸다. '첨사'라는 용어로도 쓴다.

15) 음절 박자 언어인 우리말의 직관으로만 보면, 자음과 모음이 모여 음절이 된다. 따라서 엄연히 '-ve'〔-브〕가 1음절이 된다. 그렇지만, 강세 박자 언어인 영어에서는 운율로 포괄되는 초분절 운소가 음절 구성에 관여하게 된다. 따라서 음절을 구성하려면 반드시 마루와 골이 먼저 형성되어야 한다. 이를 만들어 주는 것이 강세 배당이다. '-ve'〔və〕는 의미를 구별해 주지 못하는 약모음(*schwa*, 애매모음) 〔ə〕을 갖고 있다(영어에서는 '음소'가 아님). 약모음은 강세를 받을 수 없다. 따라서 결코 독자적으로 음절 구성에 참여할 수 없는 것이다. 대신 앞에 있는 낱말에 부착된 뒤에, 그 음절의 종성(받침) 역할을 하는 셈이다.

의 층위에서 직접 주소지를 채우게 된다. 그런 요소의 율격 형태는 비어 있다. 왜냐하면 이들 형태소가 음절 마루를 갖고 있지 않기 때문이다. 운율 생성기에 의해 실행되어야 할 유일한 것은, 앞서 나온 비어 있지 않은 요소에다 빈 요소를 더해 놓는 일이다. 전개 중인 표면구조 정보에 접속함으로써, 운율 생성기는 빈 요소를 특정한 어휘내용 지시바늘의 율격 실현으로 인식한다. 'I've'와 'You'll'과 같이 음운낱말이 애초부터 생겨나는 것은 바로 이런 방식이다. 다음 단계에서, 운율 생성기는 반드시 이들 운율 낱말들의 올바른 분절음 내용명시들을 불러일으켜야 한다. 그런 비-음절적 요소들에 대한 인식과 그것들을 앞에 나온 요소에다 붙여 놓기 위해 뒤따르는 결정은, 분명히 전적으로 지엽적인 일이다. 즉, '더 뒤에 나오는' 관련 정보가 전혀 필요 없는 것이다. 이런 결론은 문법 부호화 동안에 그런 변이형태에 대한 선택이 뒤에 나오는 통사 맥락에 의존할 수 있다는 어쩔 수 없는 가능성을 남겨 놓는다. 예를 들면, 풀럼 · 즈위키(Pullum and Zwicky 1988)의 예문으로부터 도출된 다음의 문장(7)과 (8)을 비교해 보기 바란다.

(7) I know where it's located.
(난 그것이 어디에 위치해 있는지 안다)
(8) I know where it is.
(난 그것이 어디에 있는지 안다)

문장(7)에서는 음절을 구성하지 못하는 변이형태 '-s'가 생성된다. 그렇지만 문장(8)에서는 온전한 형태를 요구한다. *'I know where it's'는 비문법적이다.[16] 이런 차이는 변이형태의 선택에 대해서 더 뒤에

16) 우리말 계사(또는 서술격 조사) '-이다'도 비슷하게 행동한다. 서술어로 나올 때에는 "영수는 축구 선수이다/선수∅다"에서와 같이, 어근 '이'가 줄어들거나 탈락될 수 있다. 그러나 관형절(-은/-을)을 구성할 적에는 "축구 선수인 영수"는 문법적이지만 '이'가 없는 *"축구 선순 영수"는 비문법적이다. 관형절에서는

있는 맥락이 관련될 수 있음을 시사한다.[17)]

[나] '작은' 낱말이 음절을 이루고 음운낱말로서 홀로 설 수 있는 경우에도, 운율 생성기가 여전히 그것을 앞에 나오는 '큰' 낱말에다 접어로 붙여 놓을 수 있다. 가장 연구가 잘된 하나의 사례는 부정사의 불변화사 'to'이다. 'to'는 다음과 같은 문장에서 쉽게 접어로 된다.

(9) Who do you <u>want to</u> (/wɒntə/, /wɒnə/) see?
(당신은 누구를 보고자 합니까?; 원하는 주체와 보는 주체가 동일함)

여기서 새로운 음운낱말 'want-to'가 형성된다. 이는 /wɒntə/〔원터〕로 내용명시되고, 더 축약되어 /wɒnə/〔워너〕가 된다. 이런 종류의 'to' 접어화는 아주 일반적이다. 'ought-to, used-to, supposed -to'(해야만 하다, 하곤 했다, 하기로 되어 있다) 등을 살펴보기 바란다. 이들이 모두 재음절화를 보여 준다. 이는 음운낱말로서 그것들의 지위를 보여 주는 것이다. 여전히 운율 생성기는 그것을 전적으로 지엽적인 결정에 맡겨둘 수 없다. 즉 오직 'X+to'로 된 짝만을 포함한다고 결정할 수 없는 것이다. 이는 예문(10)에서 분명해진다. 이는 앞 예문(9)와 똑같은 'want to'로 된 짝이지만 접어로 붙을 수 없다.

결코 어근 '이'가 탈락될 수 없는 것이다. 이밖에 서술어를 명사절로 만들어 주는 '-음'(명사형 보문자)에서도 탈락이 불가능하며(영수가 축구 {선수임/*선숨}에 틀림없다), 일부 연결어미에서도 탈락이 허용되지 않는다(영수가 축구 {선수이어서/*선수어서} 수업에 들어가지 못했다). 이런 차이를 기술해 주려면, 반드시 뒤에 나오는 특정 환경이 고려되어야 한다. 저자는 바로 뒤의 각주에서 존재동사와 조동사의 차이 때문에 이런 현상이 생겨났다고 설명한다. 그렇지만 이 설명은 국어에 적용될 수 없다.

17) 〈원저자 각주〉 오직 문장(7)에서만 'is'가 조동사이기 때문에, 또한 지엽적인 통사적 차이점도 존재한다.

(10) Who do you want to see this memo?
(당신은 누가 이 메모를 보게 되기를 원합니까?; 원하는 주체와 보는 주체가 서로 다름)

예문(9)와 (10)은 풀럼 · 즈위키(1988)에게서 가져온 것이다. 이들은 'to' 축약을 놓고서 광범위한 문헌에 대하여 자세한 개관을 제시해 준다. 이런 문헌의 요점은, 부정사 'to'의 접어화에 대한 구 구조의 조건들이 있다는 것이다. 운율 생성기는 이들 조건이 충족되는지 여부를 결정하기 위하여, 반드시 표면구조를 참고해야 한다. 그렇지만 현재 우리의 논의 목적을 위한 주요한 물음은, 이것들이 지엽적인 조건인지 여부이다. 또는 그것들이 표면구조의 훨씬 더 뒤에 있는 부분들을 포함할 수 있는지 여부이다. 풀럼 · 즈위키(1988)는 다음 진술로 그 증거에 대한 그들의 개관을 결론짓는다.

"표면 통사 맥락의 아주 작은 부분이, 인접성 조건과 괄호 치기로 보면 지엽적인데, … 어떤 주어진 낱말 순서 열이 축약된 발음을 지닐 수 있는지 여부를 결정하는 데에 관련된다."

달리 말하여, 운율 생성기는 이들 구조 의존적 사례들을 접어로 붙여놓기 위하여 조금 미리 내다보는 것이 필요하다. 전접어의 다른 변이체들에 대해서도 또한 이런 지엽성 가정에 어긋나는 확실한 반례가 존재하지 않음이 덧붙여져야 한다.

후접어(*procliticization*, 뒤쪽으로 기대어 붙음) 현상에 대해서는 그 상황이 오직 약간 차이가 난다. 거기에서는 '작은' 낱말이 뒤따르는 '큰' 낱말에다 접어로 붙는다. 이는 영어에서 훨씬 덜 광범위하다. 주어 위치에 있는 대명사 'it'은 영어의 특정 방언에서 뒤따르는 조동사나 주동사에 접어로 붙는다. 그 예는 다음과 같다.

'<u>t</u> <u>is</u> winter 〔티스 윈터〕 (겨울이야)
'<u>t</u> <u>went</u> away 〔휀트 어웨이〕 (가 버렸어)

그리고 다음처럼 부정관사를 핵 명사에다 후접어로 붙일 수 있는 영어 방언들도 있다.

<u>an</u>apple 〔어내쁠〕 (사과 하나)

이는 〔ə-næpl〕(어-내쁠)로 재음절화된다. 'And go now'(그리고 이제 가다)에서와 같이 발화개시 접속사도 또한 다음처럼 후접어로 될 수 있다.

<u>N</u>gonow 〔은고나우〕

물론 이런 종류의 접어화는 낱말 하나를 미리 내다보도록 요구하지만, 아마 그 이상은 아닐 것이다. 아마 후접어에 대한 구 구조 조건은, 잠재적인 접사 바로 뒤에 주요한 구 경계가 없어야 한다는 점일 것이다. 다음과 같은 문장에서는 접어화가 저지된다.

John, who hated <u>it</u>, <u>went</u> away.
(존은 그걸 싫어했고 도망가 버렸어)

여기서는 〔twɛnt〕(휀트)가 형성될 수 없다.[18] 여기서 요구된 하나의

18) 〈원저자 각주〉 'it' 뒤에 있는 구 경계 말고, 여기서 추가적으로 접어화를 막을 것 같은 두 가지 다른 요인이 있다. 첫째, 'it'은 'went away'의 주어가 아니다. 둘째, 'it'과 'went' 사이에 구성성분 통어(*c-command*) 관계가 존재하지 않는다. A가 진부분 집합 일부가 되는 모든 구성성분들 중에서, 만일 B가 또한 그 진부분 집합의 일부이지만, A의 진부분 집합이 일부가 되지 않는다면, 표면구

낱말 율격 및 구조 미리 내다보기는, 박자 이동에 대하여 최소 범위의 미리 내다보기(*minimal look-ahead*)와 동일하다. 그리고 만일 이런 미리 내다보기가 실패한다면(가령 '큰' 낱말이 제때에 인출되지 않기 때문에), 전접화가 전혀 일어나지 않을 것이다. 그런 경우 화자는 줄어든 형태 "'t-went away"〔퉨트 어웨이〕로 말하지 않고, 원래 형태 "it-went away"〔잍 웬트 어웨이〕로 말할 것이다.

결론은 다음과 같다. 화자는 점증적으로 음운낱말들을 생성할 수 있다. 접어화에 대한 구 구조 및 율격 조건들은 지엽적으로 이용될 수 있는 듯하다. 미리 내다보기는 하나의 낱말 이상 필요치 않다.

음운낱말의 생성을 놓고서, 추가적으로 매듭짓는 언급이 두 가지 이뤄져야 한다. 첫 번째 언급 사항은, 위에서 축약된 조동사 및 다른 종류의 접어들 사이에 만들어진 구별에 관심을 둔다. '-ve'와 '-ll'과 같이 조동사 접어는 표면구조 층위에서 표시된다고 논의되었다. 그것들의 어휘내용 지시바늘은 축약된 변이형태를 선택하는 특수 구별자질을 지닌다. 그러나 'to'와 'it'과 같이 대부분 작은 요소들의 또다른 축약은 변이형태로 취급되지 않았다. 그것은 순수히 운율 생성기에 대한 소관 사항으로 간주되었던 것이다.[19] 이런 축약 및 접어화에 대한 더 일반적인 '최근' 설명에서는 왜 조동사를 포함하지 않는 것일까? 케이씨(Kaisse 1985)는 조동사 축약에 대한 어휘적 설명을 내어 놓는 데 대한 다양한 이유를 제시해 준다. ① 첫 번째 이유는 조동사들의 축약

조 구성성분 A는 구성성분 B를 통어한다. Kaisse(1985)에서는 접어화에 대한 '구성성분 통어 조건'들의 역할을 옹호하는 논의를 한다. 그렇지만, 두 요인들의 실현 범위는 모두 표면구조에서 엄격히 지엽적이다.

19) 'have, will'의 축약 형태 '-ve, -ll'은 머릿속에 별도의 변이 형태소로 미리 저장되어 있다. 그렇지만 'to, it'의 축약 형태 '-ə, t-'는 머릿속에 기억되어 있는 것이 아니라, 규칙 적용에 따라 줄어든 것이다. 앞의 조동사들은 머릿속 어휘부에 기억시켜야 하는 '어휘 기반 설명'(본문에서는 '어휘적 설명'이라고 말함)이라고 한다면, 뒤의 부정사와 대명사는 축약 규칙을 설정하는 '규칙 기반 설명'(본문에서는 '더 일반적 최근 설명'이라고 말함)이라고 말할 수 있다.

형태가 비-규칙적이고, 따라서 아마 그렇게 저장되어 있을 것이라는 점이다. 가령 'will'과 'would'의 축약 형태를 살펴보면, "ll'과 "d'이다. w로 시작되는 다른 영어 낱말들이 이런 방식으로 줄어드는 일은 없다(만일 그런 규칙이 있었더라면 which에 대해서 아마 "ch'〔취〕와 비슷한 어떤 것이 만들어져 나왔었을 법하다). ② 두 번째 이유는 조동사의 온전한 형태와 축약된 형태들 사이에 그것들의 어휘적 지위를 검사해 보면 약간 분포상의 차이가 있다는 점이다. "Where's the lions?"(그 사자들이 어딨지?)라고 말할 수 있지만, 올바르게 천천히 말하기에서는 결코 "Where is the lions?"와 같이 동일한 모습이 실현되지 않는다.[20]

두 번째 언급 사항은, 활용 및 접어 사이에 있는 차이에 관심을 둔다. 축약된 조동사가 만일 접어로 붙게 될 내용명시된 형태소(= 변이형태)로 취급된다면, 왜 활용어미들도 일관되게 똑같은 방식으로 취급하지 않는 것일까? 'walked'〔웍트〕(걸었다)라는 형태를 산출하기 위해서는, 표면구조에 두 개의 어휘내용 지시바늘이 있어야 한다. 하나는 어간 'walk'에 대한 것이고, 다른 하나는 과거 활용어미 '-d'에 대한 것이다. 그렇다면 운율 생성기는 후자를 전자에다 접어로 붙여놓을 것이며, 정규적인 분절음 내용명시 /wɔkt/를 이끌어낼 것이다. 이것은 사실상 'I've'의 산출과 아주 비슷할 것 같다. 활용어미들이 일종의 폐쇄부류 요소들로 간주되는 경우에, 또한 개뤹(Garrett 1982)에게서 가져온 다음 예문에서와 같이

I had forgot abouten that.

활용어미 뒤바뀜 오류들에 대하여 더 쉬운 설명을 지니게 된다. 마치 폐쇄부류 요소가 뒤바뀔 수 있는 것과 같이, 활용어미 '-en'도 뒤바뀌

---

20) 천천히 말하는 경우에, 접어 '-s'를 쓰지 않고, 복수 형태 'are'를 쓰게 된다(Where are the lions?).

는 것이다. 그럼에도 불구하고, 활용어미를 접어들로부터 구별해 주어야 할 강력한 이유들이 있다. 이들 이유는 즈위키 · 풀럼(Zwicky and Pullum 1983)에 의해서 개관되었다. 그것들 중에 다음과 같은 것들이 있다. ① 접어들은 그것들의 주인(*host*, 자립어)에 대해 아주 '선택적'인 것은 아니지만, 이와는 달리 동사 활용어미는 아주 선택적이다. 'is'의 접어 조동사 "s'는, 주어 명사나 대명사에 붙을 뿐만 아니라, 어떤 종류의 주인(*host*, 자립어)에라도 붙을 수 있을 수 있다. 예를 들면 다음에서 보듯이 그 접어 "s'는 전치사에도 기대어 붙는다.

The person I was talking to<u>s</u> going to be angry with me.
(내가 말을 걸고 있었던 그 사람이 나한테 화를 내려고 한다)

대조적으로 활용어미는 오직 특정한 주인 범주에만 붙는다. 예를 들면, 복수 접사 s는 오직 명사 어간에만 붙는 것이다. ② 동사의 활용은 'give : gave'처럼 훨씬 불규칙적이다. 그렇지만 불규칙한 접어화는 존재하지 않는다. ③ 접어들은 다음처럼 다른 접어들에 기대어 덧붙을 수 있다.

I'<u>d've</u> done it.
(난 그것을 다 끝내 버렸을 것 같다; would have의 축약)

그렇지만 'people read the backs<u>es</u> of boxes'(사람들이 상자들의 뒷면을 읽는다)와 같은 말하기 오류를 제외한다면, 활용은 결코 다른 활용에다 덧붙을 수 없다. 이러한 이유들 때문에, 활용 존재방식과 접어의 존재방식 사이를 구별해 주는 것이 필요하게 된다.

2) 음운구 · 격자 · 점증적 산출

표변구조가 '왼쪽으로부터 오른쪽으로' 진개되어 나감에 따라, 화자는 점증적으로 음운낱말을 구성한다. 화자는 또한 점증적으로 이들 낱말을 더 큰 운율구(특히 음운구와 억양구)로 묶을 수 있을 것인가? 이론적인 반론에도 불구하고, 이 하위 절에서 저자는 이것이 거의 언제나 가능함을 논의할 것이다. 화자는 보통 더 뒤에 있는 표면구조에 대해서 많이 미리 살펴보지[21] 않고서도 이들 구를 구성할 수 있다. 먼저 '음운구'부터 살펴보기로 한다.

제 8장 2절에서는 '음운구'(*phonological phrases*)에 대한 엄격한 견해와 좀더 관대한 견해를 제시하였다. 엄격한 견해인 네스퍼 · 보우글(Nespor and Vogel 1986)은, 하나의 발화가 음운구의 연결(*concatenation*)이다. 대략 그것들은 구의 어휘핵어(*lexical head of phrase*)로 이끌어가며, 구의 어휘핵어를 포함하는 발화의 연결체로 정의된다. 상대적으로 좀더 관대한 견해로서, 셀컥(Selkirk 1984a)에서는 음운구가 더 미약하거나 더 강력한 '휴지 선택'으로 이끌어가는 발화의 연결체이다. 두 가지 관점에서 모두 점증성의 논제를 살펴보기로 한다.

㉮ 먼저 '엄격한' 견해부터 시작하기로 한다. 다음 (11)로 반복된 제 8장 2절 2항의 예문(3)을 살펴보기로 한다.

(11) // The detective $/_1$ remembered $//_2$ that the station $/_3$ could be entered $/_4$ from the other side as well $//_5$

---

21) 앞 절에서는 lookahead(미리 내다보기)라는 말을 썼다. 여기서는 preview(미리 살펴보기)를 쓰고 있다. 이들은 어휘 사슬(*lexical chain*)을 이루며, 단조로움을 피하기 위한 수사학적 조치이다(좀더 뒤에 있는 원문 382쪽 넷째 줄에서는 이들 두 낱말이 각각 종속절과 주절에 같이 들어가 있다).

(∥그 탐정은/ 그 기차역이/ 다른 쪽으로부터도/ 들어갈 수 있었음을∥ 기억해 냈다∥)

홑 사선과 겹 사선은 모두 음운구 경계를 나타낸다.

개략적인 첫 번째 접근으로서, 운율 생성기에 의한 음운구의 점증적 구성은 다음처럼 간단해질 수 있다.

음운구의 주요 구성 절차
명사구나 동사구나 형용사구의 핵어처럼, 구의 어휘핵어가 되거나 포함하는 것이 나타날 때까지 음운낱말들을 연결하시오. 결부 구성 절차에 대한 조건이 적용되는 경우를 제외하고, 그 음운낱말 바로 뒤에서 그 구를 종결하시오.

잠시 '결부 구성 절차'를 무시한다면, 이 주요 구성 절차가 '$/_1$'로부터 '$/_4$'까지의 지위들에 대하여 올바른 결과를 내어 줌을 관찰할 수 있다. detective, remembered, station, entered(탐정, 기억해 냈다, 기차역, 들어갔다)가 모두 구의 어휘핵어들이다. 구의 핵어(*head-of-phrase*) 기능은 전개되고 있는 표면구조에서 지엽적으로 가리켜진다(제 5장 1절 3항을 참고하기 바람). 그 구성 절차는 '미리 살펴보기'를 어떤 것도 요구하지 않는다.

그렇지만 마지막 음운구에 대하여 문제가 하나 있다. 그 어휘핵어는 'side'(쪽)이다. 그러나 그 구는 'as well'(또한) 뒤에까지 계속된다. 운율 생성기는 그 구가 'side'(쪽) 뒤에서 끝나지 말아야 함을 어떻게 알게 되는 것일까? 예를 들면, 내다보이는 곳에 더 이상 추가적인 구의 어휘핵어가 없음을 운율 생성기가 알아야만 하는 것일까? 그런 것이 '미리 살펴보기' 요구사항일 듯하다.

그렇지만 그것이 필요하지 않다. side와 as 사이에 있는 지엽적인 표면구조 정보가 운율 생성기에 ① 현재의 전치사구가 끝났으며, ②

새로운 구가 동사구도 전치사구도 형용사구도 명사구도 아님을 말해 준다. 이것은 어떤 것이든 새롭게 만들어진 음운낱말을 현재의 음운구에 더해 주는 데 충분하다. 다시 그것은 엄격히 지엽적인 정보를 포함한다. 더 일반적인 형성 과정은 다음과 같다.

> 음운구의 결부 구성 절차
> 구의 어휘핵어를 포함하고 있는 음운낱말이, 만일 그 주요 구성성분을 완결하지만 동사구 · 전치사구 · 형용사구 · 명사구가 아닌 '부차 구성성분' 경계가 뒤따른다면, 더 이상 낱말들이 뒤이어지지 않거나, 또는 주요 구성성분이 시작될 때까지 뒤따르는 음운낱말들을 현재의 음운낱말에 더해 놓는다.

문장(11)에서 이 결부 구성 절차는 현재의 구인 'from the other side'(다른 쪽으로부터)에다 부차 구성성분인 'as well'(또한)을 덧붙여 줄 것이다. 실제로 그것이 그 음운구를 완결시킬 것이다. 왜냐하면 더 이상 뒤이어진 낱말들이 없기 때문이다. 그러나 화자는 가령 'through a gate'(문을 통하여)로써 지속하였을 수도 있다. 그런 경우, 그는 현재의 구를 'as well' 뒤에서 완결지어 버리고, 새로운 구를 시작해야만 했을 것이다. 왜냐하면 'through'(통해서)가 하나의 주요 구성성분(전치사구)을 시작해 나가기 때문이다.

음운구의 주요 구성 절차 및 결부 구성 절차는 대부분의 경우에 음운구 구성의 점증성을 보장해 준다. 남아 있는 하나의 문젯거리는, 주요 구성성분의 '비-어휘'(*nonlexical*) 핵어와 관련된다. 특히 명사구의 대명사 핵어와 관련되는 것이다. 예를 들면, 만일 앞의 예문(11)이 다음과 같이 끝났다면 무슨 일이 생겼을까?

/$_4$ from the other side <u>of it</u> //$_5$
(<u>그것의</u> 다른 쪽으로부터)

결부 구성 절차는 여기에 적용되지 않는다. 왜냐하면 'side'(쪽) 뒤에 새로운 주요 구성성분인 전치사구 'of it'(그것의)이 시작되기 때문이다. 그럼에도 'of it'(그것의)은 독립적인 음운구가 될 수 없다. 그 명사구가 '비-어휘' 핵어인 폐쇄부류 낱말 'it'(그것)이기 때문이다.[22] 따라서 그것은 현재의 구에 더해질 것이다. 그러나 이를 결정하기 위하여, 운율 생성기는 곧 나타날 비-어휘핵어 'it'(그것)을 '미리 살펴볼' 수 있어야 한다. 이 문제를 놓고서 적어도 가능한 대응 방식이 두 가지 있다. 첫째는 'side-of-it'을 접어로 간주한다. 즉, 하나의 단일한 음운낱말로 간주하는 것이다. 그런 경우에 주요 구성 절차는 올바른 음운구를 수립할 것이다. 음운낱말 'side-of-it'은 구의 어휘핵어를 하나(*side*) 담고 있다. 따라서 그 경계가 그 음운낱말을 뒤따르고 있다. 이런 해결책이 충분한지 여부는 숙제로 남는다. 특히 그런 구의 접어화는 느린 발화에서 실질적으로 구현되지 못할 가능성이 있다. 두 번째 대응 방식은 다음과 같다. 비-어휘핵어를 지닌 주요 구성성분은, 첫 번째 위치(I saw it, 난 그걸 보았다) 또는 두 번째 위치(I heard of it, 난 그걸 들었다)에서 이런 핵어를 지니는 경향이 있다. 왜냐하면 대명사들이 보충어를 자신의 왼쪽에 갖는 것은 아니기 때문이다. 그러므로 요구된 '미리 살펴보기'는 한 개의 폐쇄부류 낱말 이상으로 뻗어가지 않는다. 즉 한 개의 음절 마루 이상으로 뻗어가는 것이 아니다.

그러므로 우리의 임시 결론은, 음운구가 점증적으로 산출될 수 있다는 것이다. 표면구조에 대한 실질적인 임시저장이 전혀 요구되지 않는다. 표면구조가 '왼쪽으로부터 오른쪽으로' 전개되어 나감에 따라 구들

---

22) 생성문법에서 대명사는 반드시 그것이 가리키는 원래 표현에 결속되어야 한다('결속 원리'를 준수함). 이는 마치 변항(*variable*) x, y, z가 맨 앞에 있는 연산자(*operator*)에 ∃x, ∀y, ιz 등에 의해 결속되어야만, 비로소 값을 받아 상항(*constant*)처럼 취급되는 것과 같다. 이런 점에서 대명사는 독립된 지시표현(스스로 실세계 대상을 가리키는 표현)이 아니다. 따라서 어휘 범주에서 제외된다.

이 산출될 수 있는 것이다.

나 이제 음운구에 대한 '관대한' 견해로 돌아가기로 한다. 셀컥(Selkirk 1984a)의 이론적 얼개에서는, 음운구가 다만 하나의 도출 개념임을 기억해야 한다(제 8장 2절 2항을 보기 바람). 사실상 관련 사안은, 율격 격자의 낱말 사이 위치들에 걸쳐 있는 '묵음 박자'의 분포이다. 두 개의 낱말이 많은 박자들에 의해서 분리된 경우에, 우리는 하나의 음운구 경계를 말할 수 있다. 낱말들 사이에 있는 묵음 박자의 숫자는 다양한 요인들에 의해서 결정된다. 우리는 이를 '휴지 선택'으로 불렀다. 그 이론에 따르면 주요 휴지가 선택되는 위치는 다음과 같다.

주요 휴지 선택 위치

㉠ 억양구의 끝

㉡ 문장 구성성분의 끝

㉢ 여러 낱말로 된 명사구나 동사구나 전치사구나 형용사구의 끝

㉣ 명사구나 동사구나 형용사구의 어휘핵어 뒤

㉤ 실사나 개방부류 낱말 뒤

만일 이들 요인이 각자 그것이 적용되는 경우에 하나의 묵음 박자에 이바지한다면, 'Mary finished her Russian novel'(메리가 자신의 러시아 소설을 끝마쳤다)는 다음과 같은 묵음 박자의 분포를 보여 준다.

(12) Mary ×××× finished ×× her Russian × novel ×××××
㉤㉣㉢㉡ ㉤㉣ ㉤ ㉤㉣㉢㉡㉠

박자 열(*beat strings*)들의 크기는 특정한 율격 현상이 생겨날 수 있는지 여부를 결정해 준다. 예를 들면, 결합하는 낱말들 사이에서 강세 충돌은, 오직 박자들에 의해 강세들이 전혀 또는 거의 분리되지 않는

경우에라야, (박자 이동에 의해서) 방지될 것이다. 박자 열들의 크기는 또한 '음높이 운동·짤막한 쉼·성문 폐쇄음·음절 늘이기'와 같이 다양한 경계 표지의 이용을 결정해 준다. 읽기를 대상으로 하여, 바로 언급된 요인들의 관련성을 강력히 확증하는 경계 표지에 대한 체계적 연구를 보려면 디루이(de Rooy 1979)를 참고하기 바란다.

점증성의 논제는 이제 두 가지 물음을 포함한다. ① 운율 생성기가 올바른 숫자의 묵음 박자를 한 낱말과 다음 낱말 사이에 삽입하기 위해 '미리 내다보기'가 얼마만큼 필요할 것인가? ② 각각의 새로운 낱말에 대한 강세 수준을 계산하기 위하여 '미리 내다보기'가 얼마만큼 필요할 것인가? 이 순서대로 이들 물음을 다뤄 나가기로 한다.

한 낱말 뒤에 삽입된 묵음 박자의 숫자는 지배적인 휴지 선택의 숫자에 달려 있다. 그러므로 각각의 선택에 대하여 우리는 다음 질문을 던져야 한다. 그것이 지엽적으로 인식될 수 있는가, 아니면 구조적인 '미리 내다보기'를 필요로 하는가? 이런 측면에서 적어도 분명한 요인은 첫 번째 것(㉠)으로서, 억양구의 끝이다. 우리는 그것을 다시 제 10장 2절 3항에서 살펴볼 것이다. 거기에서 우리는 하나의 요인으로서 그것의 지위가 순환적임을 결론짓게 될 것이다. 문장 교점(S)에 의해서 직접 지배되는 구성성분(주어·술어)인 문장 구성성분의 끝은, 표면구조에서 지엽적으로 주어진다. 이것이 또한 여러 낱말로 된 명사구나 동사구나 형용사구나 전치사구의 끝에서도 성립된다. 운율 생성기는 그 구가 오직 여러 개의 낱말로 되었음만을 기억해야 한다. 명사구와 동사구와 형용사구의 어휘핵어도 또한 표면구조가 전개되어 나감에 따라 즉각 인식될 수 있다. 실사 낱말의 레마들도 그러하다. 이는 각 낱말의 끝에서 운율 생성기가 더 뒤에 있는 표면구조를 미리 살펴보지 않고서도, 이들 조건 중 어느 것이 충족되는지 결정할 수 있음을 의미한다. 그러므로 첫 번째 질문 ①에 대한 답변은, 묵음 박자의 분포가 점증적으로 계산될 수 있다는 것이다.

두 번째 질문 ②는 율격 격자의 생성에 포함된 율격 형성 과정의 논의를 필요로 한다. 제 10장 2절 1항에서 'sIxteen dOllars'〔식스틴 달러즈〕(16불)의 생성을 놓고 시범적으로 보여 주었던 사례(5)의 박자 이동을 살펴보기로 한다. 네스퍼 · 보우글(Nespor and Vogel 1986)에 따르면, 박자 이동의 영역은 음운구이다. 즉, 만일 두 개의 낱말이 하나의 음운구 경계에 의해서 분리되어 있다면, 사례(6)에서와 같이[23] 아무런 박자 이동도 없다. 격자에 비춰 보아 둘 또는 그 이상의 묵음 박자에 의한 분리는, 박자 이동을 막기에 충분할 것이다. 운율 생성기는 첫 번째 낱말에 대해서, 만일 이 낱말의 강세 분포와 이 낱말에 뒤이어지는 묵음 박자의 숫자와 두 번째 낱말의 강세 분포를 안다면, 박자 이동을 계산할 수 있다. 묵음 박자들이 미리 내다보기가 없이도 계산되므로, 요구된 유일한 '미리 살펴보기'는 두 번째 낱말의 율격 형태이다. 그것이 바로 하나의 낱말을 미리 내다봄으로써 알려질 수 있는 것일까? 비록 이론상으로는 명백하지 않더라도, 대부분의 경우에 그것은 그러할 수 있다. 박자 이동이 다만 포함된 두 낱말들의 '인용' 율격 형태에만 달려 있었더라면, 그 경우는 자명했었을 듯하다. 그런 경우에, 다음 낱말의 율격 내용명시에 대한 미리 살펴보기만으로도, 운율 생성기가 박자 이동에 대한 결정을 내리기에 충분할 것이다. 그러나 쎌컥(1984a)의 이론에 따르면, 박자 이동은 율격상 어느 정도 이미 처리가 이뤄진 재료들에 적용되는 것이다. 내용명시된 기본 형태들에 적용되는 것은 아니다. 만일 이런 '미리 처리하기'(*preprocessing*)가 박자 이동에 대한 하나의 조건이라면, 먼저 미리 처리하기에서 얼마만큼 미리 내다보기가 요구되는지를 찾아내어야 한다.

이런 미리 처리하기는 쎌컥(1984a)에서 '텍스트 및 격자 정렬'(*text-to-grid-alignment*)로 불렸다. 이는 다양한 종류의 강세 배당 규칙들을

23) "Dimes I have sixteen, dollars just one."(동전은 내가 16개를, 지폐는 딱 1개를 갖고 있어)

담고 있다. 현재 우리의 논의 목적을 위하여, 그것들을 대부분 개관하지 않을 것이다. 오직 후술될 두 가지 예외와 함께, 낱말 합성을 포함하여 낱말의 인용 형태들에 대한 구성에만 관심을 둔다. 그렇지만 우리는 토박이 영어 화자들이 극단적으로 빈도가 낮은 낱말을 제외하면, 자신이 쓰는 모든 낱말들에 대해서 머릿속에 저장된 이들 기본 형태를 지니는 것으로 가정하고 있다. 아마 화자는 자신이 완전히 새로운 낱말을 만드는 경우에 그 규칙들을 적용할 수 있을 것이지만, 통상적으로 그는 자신의 점증적인 음운 부호화에서 그것들을 지시할 필요는 없을 것이다. 그 두 가지 예외는 '음높이 악센트 우세 규칙'(*Pitch-Accent Prominence Rule*)과 '핵 강세 부여 규칙'(*Nuclear-Stress Rule*)이다. 이들 규칙은 점증적으로 적용될 수 있는 것일까?

'음높이 악센트 우세 규칙'에서는 음높이 악센트를 받은 음절이 음높이 악센트와 연합되지 않은 음절 어떤 것보다도 더욱 우세하다고 언급한다. 더욱이, 이 규칙은 다른 율격 규칙을 어떤 것이든지 무효로 만들어 버린다.

이 후자의 추가 사항은 그 규칙을 아주 간단하게 점증적인 모습으로 적용하도록 만들어 준다. 운율 생성기가 음높이 악센트 낱말의 기본 율격 유형을 받는 경우에, 그것은 낱말 악센트를 싣는 음절에다 별도로 박자를 하나 또는 그 이상 더해 놓음으로써, 특수 음높이 악센트 자질을 처리할 것이다. 이는 이미 논의되었다. 제 10장 2절 1항의 (4-나) 'California' 사례를 보기 바란다. 이 규칙을 올바르게 적용하기 위하여, 운율 생성기는 반드시 두 가지 점을 잘 고려해야 한다. 첫째, 많은 박자들이 별도로 음높이 악센트를 받은 음절에 주어져야 하므로, 현재의 억양구에서 더 앞에 나온 음높이 악센트가 없는 어떤 음절보다도 더욱 우세하다. 이는 이전의 강세 배당에 대한 기록을 요구한다. 그렇지만 미리 내다보기는 전혀 요구하지 않는다. 둘째, 그 구에서 음높이 악센트를 지니지 않은 뒤따르는 낱말은 어떤 것이든 우세함이 덜 주어져야 한다. 그것이 '무효로 만들기'가 의미하는 내용이다. 그러나 음높이 악센트를 배당하는 시점에서, 운율 생성기가 이들 뒤따르는 낱말을 알 필요는 없다. 그것은 이 요구 사항을 추가되는 낱말들이 받아들여져서 처리됨에 따라 구현할 것이다. 요약하면, 음높이 악센트는 순전히 점증적인 기반 위에서 배당될 수 있는 것이다.

'핵 강세 부여 규칙'(*Nuclear-Stress Rule*)은 다음처럼 진술된다(최소한 이것이 그 많은 공식화들 가운데 하나임).

> 핵 강세 부여 규칙
> 제1강세를 주요 범주나 문장에서 마지막 비-대용(*nonanaphoric*) 낱말에 배당하시오.

율격 격자에 비추어 이 규칙을 취급하는 셀컥(1984a)의 방식은 이미 제8장 2절 2항에서 논의되었다. 각 주요 구에서, 많은 박자들이 마지막 낱말의 악센트 받은 음절에다 더해지므로, 그 구에서 그것이 가장 강세를 많이 받은 낱말이 된다. 다음 문장을 살펴보기로 한다.

> 'The sixteen dollars sufficed.'
> (그 16불로 충분하였다.)

'sixteen'에 대한 박자 이동 뒤에 그 격자는 다음과 같을 것이다.

(13)

	×		×			×	충돌을 피한 강세 박자 이동
	×	×	×	×	×	×	'인용'형태의 기본적인 주강세와 부강세
×	×	×	×	×	×	×	음절 형성 모음에 기본적으로 주어진 강세
the	six	teen	dol	lars	suf	ficed	(그 16불로 충분하였다)

주어 명사구 'the sixteen dollars'(그 16불)는 마지막 낱말로 'dollars'(불)를 갖고 있다. 그 구에서 제 1강세를 갖기 위해서는, 즉 'sixteen'보다 더 강세가 주어지기 위해서는, 그 낱말에 다음과 같이 추가 박자가 하나 더 필요하다.

(14)

			×			×	문장 구성성분의 마지막 낱말에 강세 부여
	×		×			×	충돌을 피한 강세 박자 이동
	×	×	×	×	×	×	'인용'형태의 기본적인 주강세와 부강세
×	×	×	×	×	×	×	음절 형성 모음에 기본적으로 주어진 강세
the	six	teen	dol	lars	suf	ficed	(그 16불로 충분하였다)

그러나 핵 강세 부여 규칙이 전체적으로 그 문장의 층위에 다시 한 번 적용될 것이다. 여기서는 'sufficed'(충분하였다)가 그 구성성분의 마지막 낱말이다. 그 낱말은 'dollars'(불)의 강세를 능가하기 위하여 별도로 두 개의 박자가 더 필요하다.

(15)

						×	문장의 마지막 낱말에 우세한 강세 부여
			×			×	문장 구성성분의 마지막 낱말에 강세 부여
	×		×			×	충돌을 피한 강세 박자 이동
	×	×	×	×	×	×	'인용'형태의 기본적인 주강세와 부강세
×	×	×	×	×	×	×	음절 형성 모음에 기본적으로 주어진 강세
the	six	teen	dol	lars	suf	ficed	(그 16불로 충분하였다)

운율 생성기가 핵 강세 부여 규칙을 적용하기 위해서 무엇을 알아야 하는 것일까? 더 뒤에 있는 표면구조에 대한 지식이 없이도, 바로 왼쪽으로부터 오른쪽으로 진행하면서 운율 생성기가 올바른 율격 유형을 산출할 수 있을 것인가? 그것은 다음과 같은 방식으로 산출될 수 있다. 왼쪽으로부터 오른쪽으로 진행해 나가면서, 운율 생성기는 각 낱

말이 주요 구성성분을 완결짓는지 여부를 점검한다. 한 낱말이 주요 구성성분을 완결짓는다면, 그 강세는 그 구에 있는 다른 모든 낱말들의 강세를 충분히 능가하도록 늘어나게 된다. 물론 이를 위해 그 구에서 이전의 강세 배당들에 대한 기록을 살펴볼 필요가 있다. 그러나 '미리 살펴보기'는 전혀 요구되지 않는다. 'dollars'(불)에 대한 핵 강세는 뒤따르는 것으로부터 독립적이다. 특히 그것은 더 뒤에 있는 'sufficed'(충분하였다)에 대한 핵 강세로부터 독립되어 있다. 그러나 운율 생성기는 이전의 표면구조에 대한 기록을 반드시 갖춰 유지해야 한다. 운율 생성기가 'sufficed'에 이르러 그 낱말이 문장을 완결지음을 확인하는 경우에, 반드시 그 문장이 어디에서 시작되는지를 알아야 하는 것이다. 'sufficed'에 그 문장에 있는 다른 어떤 요소보다도 더 강한 강세가 주어질 것이기 때문이다. 요약하면, 핵 강세에 대한 점증적 배당은, 구 구조에 대한 기억과 이전의 강세 배당들에 대한 기억을 필요로 하지만, '미리 내다보기'는 전혀 불필요하다.

한 가지 복잡한 내용은 음높이 악센트의 배당이다(이곳의 결론에 영향을 미치는 것은 아님). 만일 그 구가 하나의 음높이 악센트를 포함한다면, 그 절차는 개관된 대로 진행된다. 만일 음높이 악센트가 하나 있다면, 그 규칙은 적용되지 않는다. 그것이 '무효'가 된다. 만일 둘 또는 그 이상의 음높이 악센트가 있고, 그 구의 마지막 낱말이 음높이 악센트를 지닌다면, 핵 강세 부여 규칙이 다시 적용된다. 그것은 그 구 마지막에 있고 음높이 악센트를 받은 요소에 가장 우세한 강세를 내어 준다.

그러므로 율격 '미리 처리하기'(*preprocessing*)는 미리 내다보기를 필요로 하지 않는다. 대신 오직 기억만을 요구한다고 말하는 것이 안전하다. 따라서 박자 이동은 언제나 낱말 하나 미리 내다보기와 더불어 적용될 수 있다. 즉 다음 낱말의 '미리 처리된' 율격 유형이 다 계산된 뒤에 적용될 수 있는 것이다. 그리고 이런 '미리 처리하기'는 전혀 미리 내다보기를 요구하지 않는다. 박자 이동은 발화에서 대안이 되는 운율을 만들어 내는 세 가지 '격자 조율 규칙'(*grid euphony rules*)들 중 하나이다. 다른 두 가지 규칙은 박자 추가 및 박자 삭제인데, 여기서는 다루지 않을 것이다. 그것들이 그림을 바꿔 놓지 않으며, 다음 낱말의 첫 번째 음절에 대한 강세 수준을 미리 살펴보는 것 이상을 더 요구하는 것이 아니기 때문이다.

그렇지만 잠재적인 '연쇄반응'(*domino*) 효과가 반드시 논의되어야 한다. 박자 이동을 다시 살펴보기로 한다. 현재의 낱말 강세 유형이 다음 낱말의 강세 때문에 바뀐다. 그렇다면 알맞게 고쳐진 현재 낱말의 강세 유형이, 더 앞서 나온 낱말의 강세에 영향을 미칠 수 있는 것은 아닐까? 이론상으로는 영향을 미칠 수 있다. 'sixteen abstract paintings'(16점의 추상화)의 예를 보기로 한다.

(16) sixtEEn abstrAct pAIntings
(기본적인 강세 배열과 충돌이 빚어진 모습)
→ sixtEEn Abstract pAIntings
(충돌을 피한 첫 번째 이동과 다시 충돌이 빚어진 모습)
→ sIxteen Abstract pAIntings
(충돌을 모두 피한 두 번째 이동 모습)

여기서 abstrAct와 pAIntings와의 강세 충돌이, abstrAct의 원래 강세를 이동시켜 Abstract가 되도록 요구한다. 그렇지만 그 결과 sixtEEn과 Abstract가 다시 강세 충돌을 일으키고, 이를 피하기 위해 다시 sixtEEn을 sIxteen으로 바꾸도록 요구하는 것이다. 그리고 실제로 이것이 이 구에 대한 '이상적인 전달' 모습이 될 것 같다. 이런 이상적인 전달 모습은 낱말을 두 개 미리 내다보도록 요구한다. 물론 연쇄반응 효과에 대한 이론적 상한선은 없다. 어떤 분량의 미리 내다보기이든 요구될 수 있는 것이다. 이런 현상의 언어심리학적 의미는 무엇일까?

우리가 '미리 처리하기'(*preprocessing*)로 불렀던 것은 연쇄반응 효과에 지배되지 않는다. 즉 기본적인 낱말 유형들에 대하여 음높이 악센트와 핵 강세의 배당은 연쇄반응과 무관하다. 화자는 어떤 미리 살펴보기도 없이, 언제나 이를 점증적으로 실행할 수 있다. 그렇지만 발화를 실제적으로 운율 있게 만드는 일은, '조율 규칙'들을 적용함을 의미한다. 이는 이론적으로 끝없이 미리 내다보기를 요구하는 것이다. 그렇지만 실제로는 사례(16)과 같은 경우가 드물다. 사실상 낱말 네다섯 개로 된 연쇄반응 효과의 경우를 구성하기란 아주 어려운 것이다. 낱말 하나를 미리 살펴봄으로써, 화자는 거의 언제나 올바르게 운율 깃든 결과를 만들어낼 수 있다. 실제로 화자가 그렇게 하는지 여부는 또다른 사안이다. 우리는 제 10장 2절 5항에서 이를 살펴보게 될 것이다.

화자가 그 발화의 '이상적 전달 모습'에 접속해야 할 타당한 이유가 있는 경우에, 아마 단일한 낱말 둘 이상을 임시저장고에 보관할 것이다. 따라서 사례(16)과 같은 경우가 적절한 시간에 인식될 것이다. 격식 갖춘 언어투식을 이용하는 한 가지 결과가, 음운 부호화에 대한 '창'(*window*)이나 임시저장고를 늘여 놓는 것이라고 짐작해 볼 수 있다. 뿐만 아니라, 음높이 악센트와 핵 강세의 배당을 그대로 놔두면서, 우리는 빠른 발화에서 운율 규칙들이 방해를 받게 될 첫 번째 대상임을 예측해야 한다.

3) 억양구

제 10장 2절 2항에 있는 묵음 박자의 배당에 대한 논의에서 '휴지 위치 선택'이 언급되었다. 언어투식과 발화의 속도에 따라, 화자는 묵음 박자를 표현할 수도 있고, 그렇지 않을 수도 있다. 짤막한 쉼을 약간 삽입한다든지, 음높이 운동을 만들어 준다든지 등등으로써, 그 표현이 구의 마지막 음절을 늘여 놓는 형태를 취할 수도 있다. 그러나 이들 모

든 경우에도 화자는 기본적으로 발화를 지속한다. 화자는 실질적으로 휴지를 택하지 않는 것이다. 그렇지만 화자가 휴지를 선택하는 경우에, 사실상 억양구를 완결짓는다. 이는 화자가 적합한 핵 어조를 선택하였음을 의미한다. 그 휴지 뒤에(보통 200ms 이상의 짤막한 쉼이 뒤이어짐) (만일 있다면) 새로운 억양구를 시작하기 위하여, 화자가 기본선 음높이를 재설정함을 의미한다. 전자의 핵심은 제 10장 3절에서 다뤄질 것이다. 후자는 제 11장에서 다뤄질 것이다. 관련된 물음은 다음과 같다. 화자가 휴지를 선택하게 될지 여부를 무엇이 결정하는 것일까?

첫째, 휴지 결정은 어느 정도 화자의 제어 아래 있다. 화자는 자신의 발화가 청자들에게 아주 쉽고 분명히 이해되기를 원할 수 있다. 따라서 천천히 짧고 높은 음조의 억양구로 말할 수 있다. 그렇다면 화자는 억양구를 완결짓기 위하여 모든 주요 휴지 위치를 선택하게 될 것이다(이런 말하기 모습에 대한 무리한 적용은 비행기 여행 동안 항공기 여승무원 안내 방송에서 관찰될 수 있음). 휴지 위치 선택에서 이런 자유는, 억양구에 대한 원리 잡힌 언어학적 정의를 제시하려는 모든 노력들을 헛수고로 만들어 버린다(또한 Ladd 1986도 보기 바람). 억양구들은 어느 정도 화자의 의도적 제어 아래 있는 화용적 기제인 것이다.

둘째, 말하는 속도와 어떤 일반적인 관련성이 있다. 더 적은 휴지 위치 선택은, 늦은 속도에서보다 빠른 속도의 발화에서 취해진다. 화자는 늦은 발화에서보다 빠른 발화에서 구성 내용들을 훨씬 더 많이 연결해 놓는다. 사실상 발화의 속도를 올리는 것은 대체로 짤막한 쉼을 무시해 버리는 데에 기인한다. 더욱이 아주 짤막하거나 아주 기다란 억양구들을 회피하는 경향도 분명히 있다. 즉 휴지 위치를 고르게 분포시키는 것이다(Grosjean, Grosjean and Lane 1979; Gee and Grosjean 1983). 이런 경향에 대한 원인은 분명치 않다. 그렇지만 막 언급된 발화 속도에 대한 관계와 함께, 이는 화자들이 특정 범위의 지속시간 속에서 억양구를 만드는 것을 선호한다는 뜻이다. 억양구는 이상적으로 대략 2초의 폭을 지니며, 1초와 3초 사이의 범위에 있어야 한다. 자발적 발화에 대한 디스(Deese 1984)의 자료는 이들 추정치와 일치한다. 디스(1984)의 〈표 6-5〉에서 가져온 다음 예문은, 억양구들 사이에 짧막한 쉼 지속시간(문장 사이에 있는 빗금들 속의 숫자)과 각 구의 지속시간(문장 위에 적어 놓은 숫자)을 ms로 제시해 준다.

(17)

1,249 1,831
… /1,580/ before they discover that /499/ the bankers and the landowners /
…/짧막한 쉼/ 그들이 그것을 발견하기 전에 /짧막한 쉼/ 그 은행원들과 지주들이 /

1,593
680/ are going to take all the profits /
짧막한 쉼/ 모든 이득을 갖게 될 것이며 /

3,060
230/ and then insist that the Holbrook family owes them /
짧막한 쉼/ 그런 뒤 홀부룩 집안이 그들에게 빚진다고 주장하므로 /

1,910 1,535
510/ so the idyll of farm life /420/ proves an illusion as well /
짧막한 쉼/ 목가적인 시골 생활은 /짧막한 쉼/ 또한 환상임이 입증된다 /

만일 그것이 자발적 발화에 대하여 조금이라도 실증될 수 있다면, 동등한 지속시간에 대한 그러한 경향은 조음 임시저장고의 크기에서든지, 아니면 들이마시는 공기의 알맞은 양에서이든지, 아니면 둘 모두에서이든지, 조음 근육운동 작동원리에서 '존재 이유'를 지닐 수 있다.

세 번째 요인들의 집합은 통사적이다. 화자들은 보통 통사 경계에 다다르면 멈춘다. 짧막한 쉼과 음높이의 변화를 증거로 간주하면서, 디스(1984)는 자발적 발화에 대한 그의 대규모 표본에서 문장 경계의 76%가 운율상 표지가 들어 있음을 찾아내었다. 그럼에도 여전히 억양구가 하나의 문장 경계를 가로지를 수 있음에 유의해야 한다. 앞에 있는 제 8장 2절 3항에서, '삽입 어구들의 경계와 수사 의문문과 비-제한적 관계절'을 억양상의 멈춤에 대한 유발 요인들로 언급하였다. 그것들은 모두 문장 구성성분이다. 제 8장 2절 3항에서 논의된 또다른 통사 요인은, 동일한 유형의 구성성분들에 대한 셋 또는 그 이상의 연속 나열(바비큐 · 숯 · 아이스박스)이다. 이는 구성성분마다 하나의 억양구가 되는 '목록나열 억양'을 불러일으킨다.

네 번째 요인은 기원상 의미적이다. 화자는 아주 우세한 음높이 악센트 뒤에서 짧게 멈추려고 할 가능성이 있다. 그렇다면 후자는 그 억양구의 핵이 된다.

마지막 요인은 '조절 가능한'(*operational*) 것이라고 말할 수 있다. 새로운 표면구조 단편들에 대한 이용 가능성이다. 만일 잠재적 휴지 시점에서 음운 부호화를 위해서 추가적 표면 재료가 더 이상 이용될 수 없다면, 화자는 반드시 처리 시간을 벌기 위하여 이런 선택을 할 것이다. 우리가 이미 살펴보았듯이, 새로운 수급 부품의 결여는 서로 다른 원인들을 지닐 수 있다. 메시지 층위에서나 또는 문법 부호화의 층위에서 계획하기 어려움이 있을 수도 있는 것이다.

이제 저자가 억양구 경계를 음운론적 휴지 선택으로서 '순환적' 요인이라고 부른 이유가 명백해질 것이다. 휴지를 선택하는 결정은 억양구 경계를 만들어 낸다. 즉 휴지가 결코 억양구 경계에 의해서 결정되는 것은 아니다.

4) 율격 구조 및 음성 지속

'분절음 · 음절 · 낱말 · 구 · 짤막한 쉼'에 대한 다양한 지속시간 동안에 율격 구조는 부분적으로 스스로를 보여 준다. 그 관계는 단순한 것이 아니다. 강세 받은 음절은 강세 없는 음절보다 더 길어지는 경향이 있다. 구 끝자리의 강세 없는 음절도 또한 길게 늘어날 수 있다. 율격 구조에서 묵음 박자의 열들은 아마 짤막한 쉼들에 대응할 것이다. 그렇지만 셀컥(Selkirk 1984a)은 더 복잡한 관계를 제안한다. 한 낱말을 뒤따르는 묵음 위치들의 숫자는, 마지막 음절의 장음화 및 뒤따르는 짤막한 쉼의 합계에 저절로 반영될 것이다. 따라서 율격 강세 및 묵음이 음절 길이에 사상될 수 있다. 운율 생성기는 연속된 음절들에 대하여, 그리고 그것들 사이에 있는 짤막한 쉼들에 대하여, 지속시간 매개인자들을 계산해야 한다. 이들 매개인자는 음성 내용명시 기제 속으로 물려 들어가야 한다. 이는 연속된 음절들에 대한 음성계획을 산출한다. 이들 시간적 음성 매개인자들의 계산에 대해서는 거의 알려진 것이 없다. 그렇지만 다수의 경험적 연구, 특히 음절 지속시간에 대한 연구가 이 논제와 관련된다. 우리는 계속하여 낱말들에서, 구들에서, 더 큰 발화에서 음절 길이에 대한 연구를 살펴볼 것이며, 짤막한 쉼들에 대한 몇 가지 언급으로 이 절을 완결지을 것이다.

더 긴 낱말에 있는 음절들은 더 짧은 낱말에 있는 동일한 음절들보다 더 짧아지는 경향이 있음은 잘 확립된 사실이다. 누트붐(Nooteboom 1972)은 불어 낱말들에 있는 음절 〔pâ〕의 증가 길이를 측정한 로데(Roudet 1910)의 출간물을 인용하였다.

불어 낱말에서 음절 〔pâ〕의 실현	지속시간
pâte 〔빠알〕(밀가루 반죽)	270ms
pâté 〔빠아떼〕(고기·생선의 파이)	200ms
pâtisserie 〔빠띠스히〕(밀가루로 만든 과자)	140ms
pâtissetrie St. Germain 〔빠띠스히 생 줴흐맹〕(파리 줴흐맹 거리에 있는 유명한 빠띠스히 빵집)	120ms

그리고 이런 발견은 음성학자들에 의해서 다시 반복적으로 확증되었다(Lindblom 1968; Lehiste 1970을 보기 바람). 르히스띠(Lehiste 1970)

에서는 이런 현상이 화자들이 낱말들을 똑같은 길이로 만들고자 하는 경향에 기인할 수 있음을 제안하였다. 그렇다면 더 긴 낱말에 있는 음절들은 더 짤막한 낱말에 있는 음절들보다 필수적으로 더 짧아져야 한다. 그러나 누트붐(Nooteboom 1972)은 이것이 그렇지 않음을 보여 주었다. 특정한 음절의 지속시간을 결정해 주는 것은, 한 낱말에 있는 음절들의 전체 숫자가 아니라, 뒤따르는 음절들의 숫자인 것이다. 이를 보여 주기 위하여, 누트붐(Nooteboom 1972)은 피험자들로 하여금 강세 받은 하나의 음절 mAm〔맴〕을[24] 포함하는 무의미 낱말들을 발음하도록 하였다. 이 음절을 앞서며 뒤따르는 음절들이 전혀 없거나 또는 더 많이 더해져 있었지만, 모두 mam〔맴〕이라는 유형이었다. 〈그림 10-2〉는 강세 받은 음절을 뒤따르는 음절 0개와 1개와 2개에 대한 평균값 발견내용을 보여 준다. 오직 뒤따르는 음절들의 숫자만이 실질적인 효과를 지녔다. 강세 받은 모음의 지속시간은, 대략 뒤따르는 0개 음절로부터(= 그림의 위로부터 첫 번째 막대) 뒤따르는 2개 음절까지(= 그림의 세 번째 막대)의 절반쯤이 되었다. 자음 지속시간도 또한 줄어들지만, 오직 20% 정도이다(= 그림의 두 번째 이하에 있는 막대 앞부분들이 조금 줄어들었음). 비슷한 결과에 대해서는 게이(Gay 1981)를 보기 바란다.

후지무라(Fujimura 1981)는 조음동작의 덜 줄어드는 부분들을 '빙산'(*icebergs*)이라고 불렀다. 한 음절이 그 부분들의 지속시간 사이에 고정적 관계로 저장되는 것은 아니다. 음절을 길게 늘이거나 짧게 줄이는 일은, 중간에 끼어 있는 파도(특히 그 마루나 V 부분)들에 영향을 주는 것보다도 그 빙산(특히 그 C 부분)에 훨씬 덜 영향을 미친다. 그러나 서로 다른 자음들은 서로 다른 정도로 '빙산'처럼 늘어나거나 줄

---

24) 제 10장 2절 5항에 이 표기의 발음이 〔m〕과 〔æ〕로 이뤄져 있다고 명시적으로 언급하였다. 따라서 〔맘〕으로 쓰지 않고 〔맴〕으로 써 둔다. 마찬가지로 mamam의 발음도 〔매맴〕으로 적어 둔다.

〈그림 10-2〉 낱말 시작 음절에 있는 강세 받은 모음(a′)의 지속시간과 그 낱말을 뒤따르는 음절 숫자와의 함수 관계 (Nooteboom 1972)

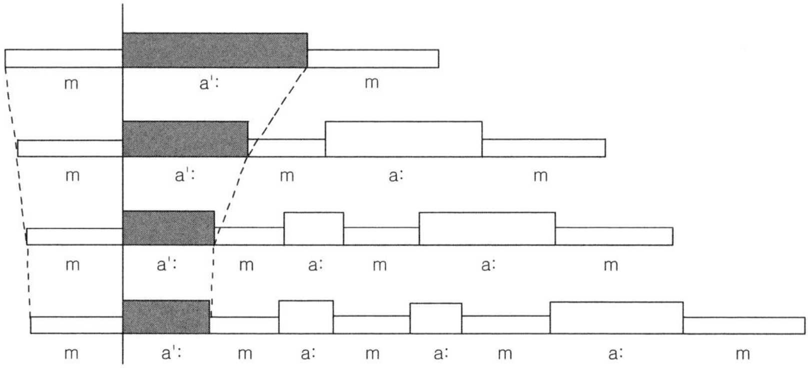

어든다. 음절 마지막 위치에서는 그것들이 더 부드러워지는 경향이 있다(Cooper and Danly 1981).

누트붐(Nooteboom 1972)의 결과들은, 다만 강세 받은 음절들에 대해서만 나카타니·오우코너·애스턴(Nakatani, O'Connor, and Aston 1981)에 의해 확증되었다. 그밖에는 더 긴 낱말들에 있는 음절을 압축시켜 놓거나, 또는 짤막한 낱말들을 늘여 놓는 경향이 전혀 없었다. 낱말 지속시간은 엄격히 그 낱말의 음절 숫자에 대한 1차 함수였다.

모두 함께 살펴보면, 이들 결과는 전체적으로 그 낱말과 함께 저장된 선호된 지속시간 매개인자가 없을 것처럼 만들어 준다. 그보다는 각 음절에 대하여 지속시간 매개인자가 그 낱말에서 뒤따르게 될 음절 숫자의 함수로서 고정된다. 한 낱말에 있는 음절들(또는 마루들)의 숫자는, 율격 내용명시 동안에 이용될 수 있다. 그러므로 이는 이들 매개인자들에 대한 운율 생성기의 계산을 위한 어떤 기반이 될 수 있다. 분명히, 운율 생성기는 첫 음절의 지속시간 매개인자를 결정하기 위하여 완전한 낱말을 미리 내다볼 필요가 있다. 더욱이나 음절 길이는 율격 강세의 함수이다. 나카타니·오우코너·애스턴(Nakatani, O'Connor, and

Aston 1981) 에서는 낱말 악센트를 실어 나르는 음절이 그 낱말의 다른 음절들보다 더 길며, 이런 차이가 만일 그 낱말에 음높이 악센트가 있다면 더욱 우세해짐을 발견하였다.

그러나 음절 길이도 또한 낱말 외부에 있는 조건들에 달려 있다. 특히 그 구에서 뒤따르는 음절들의 숫자에 달려 있는 것이다. 후지무라 (Fujimura 1981) 는 다음 예들을 제시한다.

It was yEllow ice cream. 〔잍 워즈 옐로우 아이스 크림〕
(그게 노오란 아이스크림이었어)
It was yEllow, I screamed. 〔잍 워즈 옐로우, 아이 스크림드〕
(난 그게 노오랑이었어 라고 외쳤다)

yEllow가 구 마지막 위치에 있는 두 번째 발화에서, 그 낱말은 첫 번째 발화의 맥락에서보다 훨씬 더 늦은 속도로 발화된다. 구의 마지막 위치에서 음절의 장음화는 여러 연구자들에 의해서 반복적으로 밝혀져 왔다(Klatt 1975; Kloker 1975; Umeda 1975; Cooper 1976; Cooper and Cooper 1980; Cooper and Danly 1981; Nakatani et al. 1981; 또한 Vaissière 1983에 의한 짧은 개관도 참고하기 바람). 나카타니 · 오우코너 · 애스턴(Nakatani, O'Connor, and Aston 1981) 은 강세 받은 음절들이 음운구의 끝 쪽을 향해 점차 더 길어지게 됨을 찾아내었다. 그러나 강세 없는 음절들에 대해서는 그렇지 않았다. 이는 구 위치에 대하여 둔감한 것이다. 반면에 강세 받은 그리고 강세 없는 음절들은 모두 낱말 마지막 장음화 효과를 보여 주었다.

쿠퍼 · 댄리(Cooper and Danly 1981) 는 한 발화의 마지막이 아닌 구에서보다 마지막 구에서 구의 위치 효과가 더 강함을 보고하였다. 즉, 예 (19) 보다 예 (18) 에서 더 강한 것이다.

(18) Bob made a counter-offer to the largest bid.

(밥은 가장 높은 입찰가에 대하여 그것을 능가하는 반대-가격을 불렀다)

(19) The couple made the largest bid on the cottage.
(그 부부는 그 오두막을 놓고서 가장 높은 입찰가를 불렀다)

이는 핵 강세에 말미암을 수 있으며, 오직 문장의 마지막에서만 일어난다. 만일 그렇다면, 이는 음절의 길이가 강세의 정도에 따라서 달라진다는 나카타니 · 오우코너 · 애스턴(Nakatani, O'Connor, and Aston 1981)의 발견내용을 확증해 준다.

또한 구 위치 효과에 밀접히 관련된 것은, '고립 낱말 효과'로 부를 수 있는 것이다. 고립된 낱말들은 실질적으로 구에 있는 낱말들보다 좀더 길게 발음된다. 이는 구 위치 효과의 특별한 경우일 수 있다. 물론 고립된 낱말은 그 구에서 마지막 낱말이다. 고립된 낱말이 구 마지막 낱말들만큼 길게 발음되는지 여부는 점검되어야 할 사항으로 남아 있다.

구 마지막 음절의 장음화는 멀리 미리 내다보지 않은 채 운율 생성기에 의해서 계산될 수 있다. 운율 생성기는 그 구에서 마지막 음운낱말에 관심을 갖는다. 거기에서부터 구 경계는 운율 생성기에 대해서 '가시적'이다. 나카타니 · 오우코너 · 애스턴(Nakatani, O'Connor, and Aston 1981)에 의해 보고되었듯이, 전체 억양구의 경로에 걸쳐 강세를 받은 음절들의 점차적인 장음화는 다른 종류의 설명을 요구한다. 만일 그것이 조금이라도 더 자연스런 발화상황에서 실증될 수 있다면(Nakatani et al. 에서는 Nooteboom의 과제를 수정한 형태를 이용했음), 화자가 그 억양구의 끝에 이를 때까지 연속된 강세를 받은 음절들의 지속시간을 '맹목적으로' 늘이며, 그러고 나서 다음 구에 대하여 시작 값에 대한 지속시간 매개인자를 재조정한다고 짐작할 수도 있다. 또다른 가능한 설명은 핵 강세를 포함한다. 구 마지막 강세들은 '핵 강세 부여 규칙'의 기제 덕택에 자연스럽게 그 문장의 끝 쪽을 향하여 '커져 간다'. 그리고 더 강한 강세 음절들이 더 길어지는 경향이 있다. 우리가 이미 살펴보았듯이 핵 강세 배당의 기제들은 미리 살펴보기를 많이 요구하지 않는다.

이제 구 층위 위에 있는 효과들을 살펴보기로 한다. 르히스띠(Lehiste 1975)는 독자들이 읽기 문단의 맨 마지막 문장을 늘여 뻗친다고 보고하였다. 이것이 자발적 발화에서 발언 순서의 마지막 문장들에 대해서도 일반화가 되는지 여부는 아직 알려지지 않았다. 발언 순서를 얻어내는 의도들은 자발적 발화에서 중요한 역할을 맡는다. 디스(Deese 1980, 1984)에 의해서 보고된 문장을 '급히 말하기'(*sentence-shortening*) 효과는[25] 제 8장 2절 2항에서 언급되었다. 이 절에서 언급된 다른 연구들과 대조적으로, 디스(1980, 1984)는 자연스런 대화를 분석하였다. 그는 그것들이 대략 1초당 10음절로 이뤄진 말하기 속도로 가속이 붙은 발화의 연결체를 포함함을 찾아내었다(발화의 정상속도는 1초당 5~6음절이었음). 이것이 겸양의 표현으로 될 수 있거나, 또는 발언권 유지 기능에 이바지할 수 있다: "내가 지금 문장의 끝으로 다가가고 있지만, 내 발화가 끝난 것은 아니오. 말할 게 더 있으니 기다리시오." 실제로 화자들은 경계 어조로서 적합한 '지속적 상승'과 함께 발화 연결체들을 끝마쳤다.

이들 발화 차원의 발견내용들은 본질적으로 말하는 속도에 대한 발견이다. 그리고 말하는 속도는 어느 정도 직접적인 의도적 제어 아래 놓여 있다. 화자는 주로 짤막한 쉼을 삭감함으로써, 자신의 발화 속도를

25) 앞에서 화자가 자신의 발언권을 계속 유지하기 위해서 급히 한 문장(발화)을 종결짓고서 곧장 다음 문장(발화)으로 이어간다고 언급하였다. 곧 상대방이 발언 순서를 빼앗아 가버리는 것을 막기 위해 일부러 급히 말하는 것이며, 급히 말하는 일(*shortening*) 자체가 상대에게 화자의 말이 다 안 끝났으니 계속 들으면서 기다리라는 속뜻을 전해 준다.

늘여 놓는다. 음절 지속시간의 억제는 거의 25%를 초과하지 않는다.

이것이 짤막한 쉼(*pause*)을 다루도록 이끌어 간다. 먼저 제7장 2절에서 논의된 지·그로씨인(Gee and Grosjean 1983)의 연구를 기억하기 바란다. 그들은 읽기 과제에서 얻어진 자료들에 있는 짤막한 쉼의 분포를 분석하였다. 이 과제에서 피험자들은 간단한 문장을 하나씩 서로 다른 발화 속도로 읽었다. 짤막한 쉼 길이는 통사 자질 및 운율 자질들을 포함하는 복합 지표들로부터 완벽히 예측될 수 있었다. 한 휴지 순간에 그런 자질들이 동시에 더 많이 일어나면 일어날수록, 그 짤막한 쉼이 더 길어졌다. 주요 운율 자질들은 그 휴지가 음운구나 또는 억양구들 사이에 있는 경계를 포함하였는지 여부였다. 그렇지만 문장 끝자리 핵 강세를 실어 나르는 음운낱말 앞에서도 또한 휴지가 허용되었다. 뷘봐잌(Van Wijk 1987)은 이들 발견결과들에 대한 재분석을 발표하였다. 이것도 이미 제7장 2절에서 다루었다. 그는 운율 요인들이 단독으로 동일한 예측을 내리기에 충분하였다고 논의하였다. 즉, 최소한의 짤막한 쉼이 실사와 그것에 달라붙은 허사 사이에 생겨나야 한다는 것이다. 우리는 이것이 음운낱말들의 통합을 가로막는다고 말할 수 있다. 다음으로 더 큰 '쉼'(*pause*) 선택은, 음운구 속에 있는 실사들 사이에 있다. 여전히 더 큰 쉼들도 음운구들 사이에 있는 경계들에서 기대될 수 있다. 여기서 뷘봐잌(1987)은 '중립적' 구 경계와 '유표적' 구 경계 사이를 구분하였다. 이것들이 모두 쉼에 대한 예측요소이다. 후자 유형은 오직 억양구 경계들로 해석될 수 있다. 왜냐하면 그것들이 지속적 상승과 같은 핵 음높이 운동을 포함할 수 있기 때문이다. 그럼에도 여전히 뷘봐잌(1987)은 지·그로씨인(1983)의 억양구 경계 자질이 관련됨을 부인하다. 그렇지만 어쨌거나 그것은 읽기 과제에서 운율 구 구조가 단독으로 쉼 유형을 예측하기에 충분한 듯하다.

지금까지 우리는 '이상적 전달 모습'을 준비할 수 있는 화자가 음운구 구조에 따라서 자신의 쉼 지속시간들을 만들어 낼 수 있다고 결론을 지을 수 있다(그 과제가 단일한 문장을 하나 읽는 경우가 바로 이런 사례임). 쎌컥(Selkirk 1984a)의 흐름도에서 묵음 박자들의 숫자가 똑같이 쉼 지속시간들에 대한 양호한 예측 요소가 될 것인지 여부를 검사하고 싶을 수도 있다. 또한 한 낱말을 뒤따르는 묵음 박자들의 숫자가 음절 마지막 장음화 및 뒤따르는 짤막한 쉼의 합계를 예측할 것이라는 그녀의 짐작에 대하여 추가 증거를 찾아보고 싶을 수도 있다. 즉 음절 장음화 및 쉼 사이에 있는 역방향의 상관성에 대한 증거이다. 후자의 짐작에 대한 어떤 간접적인 증거는 스깥(Scott 1982)에게서 볼 수 있다.

그러나 쉼이 여러 가지 요인으로 결정됨을 결코 잊지 말아야 한다(개관을 보려면 O'Connell and Kowal 1983을 참고하기 바람). 코월·배쎝·오우커늘(Kowal, Bassett, and O'Connell 1985)이 두 건의 대중매체 전문직 종사자에 대한 읽기 및 면담 유형의 분석으로 보여 주었듯이, 특히 쉼(*pause*)과 쉬지 않음(*non-pauses*)은 미묘한 의사소통 기능들에 이바지할 가능성이 있다. 읽기에서는 문장 끝자리의 쉼이 거의 언제나 만들어졌다. 실제로 전체적인 쉼 유형이 '이상적 전달 모습'의 규범을 따랐다. 그렇지만, 문장들 사이에 있는 쉼들의 누락이, 그리고 (아마도) 문장 경계를 넘는 억양구의 확장이, 면담에서 거의 그 사례의 40% 정도로 나타났다. 이는 특히 자아(*ego*)와 관련된 발화에서 빠른 속도로 일어났다. 반면에, 쉼들은 수사학적인 효과를 만들어 내기 위해서, 자발성을 시사하기 위하여, 기타 여러 이유로 이례적인 곳(*odd places*)에 삽입될 수 있다. 쉼의 관리에는 훨씬 더 많은 실행상의 제어가 있다. 우리는 발화에서 침묵의 분포를 지배하는 엄격한 음운론적 규칙을 기대해서는 안 된다. 또한 큰소리 내며 읽기로부터 자발적 발화에 이르기까지 이들을 놓고서 운율에 대한 발견내용들을 일반화하는 데에는 훨씬 많은 제약을 부과해야 한다.

5) 등간격 시간성 (*isochrony*)[26]

영어는 '강세 박자' 언어라고 논의되어 왔다(Pike 1945). 이 언어에서 화자들은 강세 받은 음절들을 규칙적으로, 그리고 대략 등간격 시간상으로 강세 음절들을 산출하는 경향이 있다. 불어와 스페인어와 같이 다른 언어들은 '음절 박자' 언어로 가정된다. 즉 각 음절에 대해서 대략 동등한 지속시간을 주는 것이다. 강세를 받거나 우세한 어떤 음절에서 시작하여 그 다음 강세를 받은 음절 바로 앞에서 끝나는 간격은 전통적으로 '음보'(*foot*) 라고 불린다(Abercrombie 1967). 핼리데이(Halliday 1970) 에서 가져온 다음 예문은 음보 나누기를 보여 준다.

each / fOOt in /tUrn con / sIsts of a / nUmber of /sYllables /
(각 음보는 차례로 음절들의 숫자를 구성한다)

---

26) 'equal+time'(등간격+시간)의 어원을 지닌 isochrony은 '등시성'(구희산 외 역 1998:484《음성학과 음운론》한신문화사; 김기호 외 역 2000:155쪽《음성과학》한국문화사; 윤여범 역 2004:55쪽《옥스포드 언어교육 지침서: 발음》범문사)이나 '등시 간격성'(조성식 외 1990:1074쪽《영어학 사전》신아사)으로 번역된다. 여기서는 '똑같은 간격의 시간'이란 뜻으로 '등간격 시간'으로 번역해 둔다. Pike(1945)에서 처음 '등간격 시간'을 재는 두 가지 방식이 제시되었다고 한다. 여기서 등간격 시간이란 객관적 물리적 시간 측정이 아니고, 우리가 느끼게 되는 심리적이며 주관적인 시간 측정이다. 하나는 강세로써 시간을 재는 '강세 박자'(*stress-timed*) 언어이다. 다른 하나는 음절로써 시간을 재는 '음절 박자'(*syllable-timed*) 언어이다. '-timed'〔시간이 측정된〕는 때로 '-timing'〔시간을 측정하는〕으로도 쓰며, 시간 측정 단위가 결국 '박자'(*beat*)로 환원되므로, '강세 박자/음절 박자'로 부른다. 강세 박자 언어에는 '영어·스웨덴어·러시아어·아랍어' 등이 있다. 음절 박자 언어에는 '불어·스페인어·일본어·한국어' 등이 있다. 만일 이런 분류가 궁극적이라면, 여기서 강세 박자 언어와 관련되는 율격 유형들의 논의는 다시 음절 박자 언어에서 재확인되어야 옳을 것이다. 강세 박자와 관련하여 쉬운 설명을 보려면, 윤여범 역(2004:54쪽 이하, 126쪽 이하)《옥스포드 언어교육 지침서: 발음》(범문사)을 참고하기 바란다.

강세 박자는 음보들이 동등한 길이를 지니는 경향이 있음을 뜻한다. 운율상 관련 대상으로서 음보에 대한 이런 개념은, 언어학에서 대체로 포기되어 다뤄지지 않았다. 언어산출에 대한 이론에서도 저자는 음보의 역할을 전혀 찾을 수 없었다. 음보에 대한 현대 개념은 전적으로 음운낱말에 대해 내재적이다(Nespor and Vogel 1986). 그럼에도 여전히 영어에서 강세 받은 음절들에 대한 간격 잡기가 과연 등간격 시간성의 경향을 지니는지 여부는 경험적 논제이다.

발화의 산출에서 등간격 시간성이 어떻게 얻어질 수 있는 것일까? 두 가지 방식이 있다. 첫째, 화자들이 음보에 있는 음절들의 숫자에 따라, 음절 지속시간들을 늘여 뻗치거나 또는 압축시킬 수 있다. 한 음보 속에 많은 음절들이 있다면, 그것들은 오직 몇 개만 있는 경우보다도 더 빠른 속도로 발음되어야 한다. 둘째, 대략 똑같은 길이를 지닌 음보들을 만들기 위하여, 화자들이 악센트를 더해 놓거나 탈락시키거나 또는 바꿀 수 있다. 현재의 상태대로라면, 화자들이 등간격 시간성을 수립하기 위하여 음절 지속시간을 바꾼다는 가정에 대하여 오직 반증되는 증거만이 있다. 그러나 화자들이 강세 받은 음절들의 분포를 더 고르게 만들어 내기 위하여 악센트들을 바꾼다고 가정할 만한 타당한 이유가 있다. 이들 '등간격 시간성'을 수립하는 두 가지 방식을 차례차례 논의하기로 한다.

르히스띠(Lehiste 1977)는 등간격 시간성 연구들을 개관하고, 일부 발견결과는 등간격 시간성에 대하여 옹호하고 있지만, 다른 발견결과는 반증하고 있다고 결론지었다. 그녀는 특히 통사 경계들을 표시해 주기 위하여 화자들이 자주 등간격 시간성을 위배함을 언급하였다(실험적 증거를 위해서는 Cutler and Isard 1980을 보기 바람).

르히스띠(Lehiste 1977)의 개관이 출간된 이후에 일부 추가 연구들이 나왔으나, 다시 이중적 결론을 지닌다. 나카타니 · 오우코너 · 애스턴(Nakatani, O'Connor, and Aston 1981)은 그들의 실험 자료에서 등간격 시간성에 대한 증거가 조금도 없음을 발견하였다. 그늘의 측정에서는 이른바 다시 반복된 발화에 관심을 두었다. 거기서 피험자는 'remote stream'(오지에 있는 외딴 개울)과 같이 '형용사+명사' 짝을 읽고, 그것을 mamAmAm〔매매맴〕으로 발음하게 요구받았다. 그 짝지어진 구는 다음처럼 어떤 문장 속에 내포되었다.

the remote stream was perfect for fishing.
(그 외딴 개울은 낚시하기에 완벽하였다)

그 문장의 나머지 부분은 정상적으로 말해졌다. 그러므로 그 발화의 완전한 연결체는 다음처럼 될 것이다.

the mamAmAm was perfect for fishing.
(그 매매맴은 낚시하기에 완벽하였다)

'형용사+명사' 짝들은 더 짧거나 더 긴 음보를 포함한 방식으로 구성되었다. 예를 들면 위에 있는 문장에서는 1음절 음보 /mout/〔모웉〕을 포함한다.[27] 나카타니·오우코너·애스턴(Nakatani, O'Connor, and Aston 1981)은 가장 유창한 피험자들에 의해 말해진 것으로서 '1음절,

27) remote의 뒷부분 발음 〔mout〕을 음절 박자 언어인 우리말에서는 두 개의 모음이 두 개의 음절 핵을 이루므로, '2음절'로 받아들인다. 그렇지만 강세 언어인 영어에서는 강세를 중심으로 하여 음절을 형성하게 된다. 먼저 강세가 '오'에 얹히면, 이것이 음절 마루가 된다. 따라서 이 마루 앞에 기부 자음이 얹히고, 이 마루 뒤에 공명도가 더 낮은 음소들이 계속 내리막 골을 이뤄 나가게 된다. 예스퍼슨의 공명도 표시로는 m이 4, o가 7, u가 6, t가 1이다. 따라서 이는 '4761'의 연결이며, 강세를 중심으로 보면 마치 '╱⁀╲'처럼 되는 것이다. 결과적으로 하나의 마루만 음절로 계산하므로, 이를 '1음절'로 파악하는 것이다. 우리말에서는 '오우'를 이어서 발음하든지, 따로따로 떼어내어 각각 발음을 하든지에 상관없이 언제나 '2음절'로 본다. 그렇지만 영어 화자는 강세가 얹힌 마루만을 인식하여 이를 '1음절'로 보는 것이다.

2음절, 3음절, 4음절 음보'의 지속시간들을 분석하였다. 만일 등간격 시간성을 향한 경향이 있다면, 음보 지속시간은 선조적으로 음절들의 숫자와 함께 증가되어서는 안 된다. 그렇지만 음보 지속시간이 증가되었다. 음보 크기와 무관하게, 각 음절은 고정된 양의 시간(대략 150 ms)을 한 음보의 지속시간에 더해 놓았다. 각 음절은 정확히 두 개의 분절음 〔m〕과 〔æ〕로 이뤄져 있었으므로, 평균 분절음 지속시간이 대략 75ms였다. 이것의 관련성은 곧 분명해질 것이다.

반면에 제썸·힐·위튼(Jassem, Hill, and Witten 1984)은 입말 영어에서 핼리데이(Halliday 1970)의 경로와 어울리는 녹음된 자료들을 대상으로 하여 자세한 음소별 분석에서 등간격 시간성을 옹호하는 어떤 증거를 찾아내었다. 그들은 분절음들이(그리고 따라서 음절들이) 짧은 음보에서보다 긴 음보에서 유의미하게 더 짧아졌으며, 평균 분절음 발음속도가 1초당 13.3개였음을 찾아내었다. 이는 75ms의 분절음 평균 지속시간에 해당된다. 따라서 여기서 살펴본 두 가지 연구에 있는 발화 속도는 정확히 동일하다. 그럼에도 여전히 '등간격 시간성'에 대한 발견내용들은 차이가 난다. 나카타니·오우코너·애스턴(Nakatani, O'Connor, and Aston 1981)은 그들의 발견결과들을 과도 일반화하는 데 대하여 경고한다. 특히 그들의 실험 자료들은 다시 반복된 '형용사+명사' 구들이었다. 그것들은 허사를 포함하지 않았다. 등간격 시간성이 어느 정도 허사들의 지속시간만을 조절함으로써도 얻어질 수 있기 때문에 제외해 놓았던 것이다.

제썸·힐·위튼(Jassem, Hill, and Witten 1984)은 다른 흥미로운 발견내용들도 있다. 그것들 중 하나는 이른바 '시행 시작 잉여음'(*anacruses*: 급속히 빠른 발화의 짤막한 연결체)에는 등간격 시간성이 전혀 없다는 점이다. 앞에서 언급되었듯이, 디스(Deese 1984)는 그런 연결체들이 자발적 발화에서 아주 흔함을 보여 주었다. 등간격 시간성에서 무엇이 있든지 상관없이, 이렇게 급히 말하는 속도에서는 휴지들이 드물어진다는 점이 여기에 관련된다. 빠른 음보(*trot*, 트로트)에서는 등간격 시간성이 있겠지만, 질주 음보(*gallop*, 냅다 달리는 걸음새)에서는 등간격 시간성이 존재하지 않는 것이나.

다우어(Dauer 1983)는 다섯 가지 다른 언어들을 놓고서 등간격 시간성의 경향들을 서로 비교하였다. 강세 박자 언어인 영어와 음절 박자 언어인 스페인어를 포함한다. 그 자료들은 토박이 화자들에 의해 읽힌 문학 텍스트들이었다. 그 선택은 조금 유감스럽다. 문학 텍스트들이 운율이 아주 잘 깃들도록 꾸며져 있을 가능성이 높기 때문이다. 그럼에도 여전히 그 결과는 놀라웠다. 강세 사이 간격들(즉 음보)의 변이 가능성은, 음절 박자 언어에서와 강세 박자 언어에서 모두 똑같았다. 영어 음보는 지속시간에서 스페인어 음보처럼 변화하였다. 그리고 모든 언어들에 대해서 평균 음보 길이가 통계상으로 똑같이 400ms와 500ms 사이였다. 그렇지만 이것이 등간격 시간성일까? 현재의 해석으로는, '등간격 시간성'이 단지 음보 길이가 포함하는 음절들의 숫자에 대한 1차 함수는 아님을 뜻할 뿐이다. 한 음보 속에 음절들이 많으면 많을수록, 음절들이 더 짧아져야 하는 것이다. 다우어(1983)는 그녀 자신의 자료에 대해서 그 함수가 1차 함수임을 보여 주었다. 추가된 각 음절은 강세 사이 간격에 대해 110ms를 더해 놓았다. 그녀가 다룬 다섯 가지 언어에서 모두 그러하였다. 달리 말하여, 문학 텍스트들에 대한 읽기에서조차 '등간격 시간성'은 존재하지 않았다.

다우어(Dauer 1983)와 제썸 · 힐 · 위튼(Jassem, Hill, and Witten 1984)의 서로 상충되는 결과들은, 이 논제를 처음 시작했을 때처럼 결정을 짓지 않은 채 유보해 둔다. 어쨌든, 지금까지 화자로 하여금 등간격 시간의 음보로 발화를 전달하도록 유도해 주는 내부의 시계 또는 속도 조정기를 짐작할 근거란 전혀 존재하지 않는 것이다. 다우어(Dauer 1983)는 그녀 자신의 자료에도 아랑곳하지 않고서, 그런 등간격 시간의 개념에다 스스로를 무리하게 맞춰 놓는다.

화자가 등간격 시간성을 수립하는 두 번째 가능한 방식은, 강세의 배치를 조정해 주는 일을 통해서이다. 마치 제 10장 2절 2항에서 살펴본 셀컥(Selkirk 1984a)의 '격자 조율 규칙'이 그렇게 하듯이, 박자 이동도 바로 그런 일을 한다. 박자 이동이 대안이 되는 강세들의 운율을 향상시키고, 따라서 등간격 시간성을 향상시키는 것이다. 등간격 시간성에 대한 이런 견해는 이전의 견해보다 언어학상 동기가 훨씬 더 잘 마련되어 있다. 특히 그것이 음절 길이에 대하여 아무런 중요성도 지니지 않음이 주목되어야 한다. 등간격 시간성은 이어 붙는 강세를 받은 음절들의 열을 회피함으로써 수립되는 것이다. 더 많은 또는 더 적은 음절들을 고정된 시간 틀 속으로 쥐어짜서 집어넣음으로써 수립되는 것은 아니다.

이런 내용의 등간격 시간성을 입증하기 위하여 필요할 것 같은 자료는, 알맞게 조율하여 맞추는 일이 실제로 자발적 발화에서 만들어진다는 점일 듯하다. 예를 들면, 통계상으로 다음처럼 충돌하는 강세들을 서로 멀리 떨어지도록 바꿔 놓는 것이

'sIxteen dOllars'
(16불; sixtEEn에서 강세 충돌을 피하여 sIxteen으로 바뀜)

실제로 아무런 동기도 없이 강세를 바꿔 놓은 다음 사례보다

*'he becOmes sIxteen.'
(그는 16살이 된다; 아무런 동기도 없이 sixtEEn의 강세가 잘못 앞으로 이동함)

더 흔한 경우일까? 이런 문제를 위해 최근 두 편의 연구가 나왔다. 하나는 쿠퍼 · 이디(Cooper and Eady 1986)에 의한 것이며, 다른 하나는 켈리 · 복(Kelly and Bock 1988)에 의한 것이다.

쿠퍼・이디(Cooper and Eady 1986)는 다섯 가지 실험을 보고하였다. 거기에서는 충돌하는 강세들과 같이, 박자 이동에 대한 조건들도 만들어 내었다. 예를 들면, 다음 두 문장이 피험자들에 의해 읽힐 목록 속에 들어 있었다.

(20) Thirteen corporations submitted bids to build the new shopping mall.
(열세 군데의 법인에서 그 새로운 쇼핑몰을 짓기 위해 입찰서를 제출하였다)

(21) Thirteen companies submitted bids to build the new shopping mall.
(열세 군데의 회사에서 그 새로운 쇼핑몰을 짓기 위해 입찰서를 제출하였다)

예문(20)에서 thirteen(열 셋)은 보통 제2음절에 주 강세를 가지고 thirtEEn〔써틴〕으로 발음될 수 있다. 강세 없는 음절이 두 개 뒤따르고 있기 때문이다. 그렇지만 예문(21)에서는 company(회사)가 강세 받은 음절을 갖고서 cOmpany〔캄퍼니〕로 시작하기 때문에 강세들이 충돌할 위험이 있다. 등간격 시간성 또는 박자 이동 경향이 thIrteen〔써틴〕이란 발음으로 유도될 듯하다.

쿠퍼・이디(Cooper and Eady 1986)는 율격 분석이 등간격 시간의 운율을 향한 변화를 좀더 예측할 것 같은 여러 가지 다른 경우들도 구성해 놓았다. 모든 문장들이 큰 소리로 읽혀졌고, 중요한 음절들이 그 지속시간 및 음높이(즉 F_0)와 관련하여 분석되었다. 즉, 강세 받은 음절이 강세 없는 음절보다 더 긴 지속시간으로 그리고/또는 더 높은 음높이로 실현되어야 하는 것이다. 이런 광범위하고 신중한 연구의 결과들은 완벽히 부정적이었다. 'thirteen'이란 음절들에 관한 한, 예문(20)과 (21) 사이에서 측정 가능한 차이가 전혀 없었다. 그리고 비슷하게 검사된 다른 조건들 어떤 것에서도 강세 변화들에 대한 증거가 전혀 없었다. 우리가 율격 음운론에 의해서 기만당하고 있는 것일까?

켈리 · 복(Kelly and Bock 1988)이 확신을 회복시켜 놓았다. 그들의 실험 접근법은 아주 달랐다. 그들은 자신의 피험자들에게 'colvane'〔콜베인〕과 같이 2음절의[28] 무의미 낱말을 포함하는 문장들을 제시해 주었다. 주어진 문장의 맥락에서, 그 무의미 낱말은 명사로 기능하거나, 아니면 동사로 기능할 것이다. 가령, 예문(22)와 (23)에서 colvane은 명사의 역할을 맡는다. 반면에 예문(24)와 (25)에서 그 무의미 낱말은 동사로 표상된다.

(22) Use the colvane proudly. 〔noun, trochaic biasing context〕
(그 콜베인을 자랑스럽게 이용하시오.) 〔명사이며, 강약 격으로 치우친 맥락임〕

(23) The proud colvane proposed. 〔noun, iambic biasing context〕
(그 자랑스런 컬베인이 제안하였다.) 〔명사이며, 약강 격으로 치우친 맥락임〕

(24) Planes will colvane pilots. 〔verb, trochaic biasing context〕
(비행기들이 조종사를 콜베인할 것이다.) 〔동사이며, 강약 격으로 치우친 맥락임〕

(25) The pins colvane balloons. 〔verb, iambic biasing context〕
(그 바늘들이 풍선을 컬베인한다) 〔동사이며, 약강 격으로 치우친 맥락임〕

켈리 · 복(Kelly and Bock 1988)은 명사 기능이 '강약' 격의 낱말 악센트를 유도할 것이라고 예측하였다. 즉, tIger〔타이거〕(범)와 sOldier〔쏘

28) 우리말대로라면 3음절이다. 그러나 영어에서는 두 개의 음절 마루를 지녀 col-vane처럼 음절이 나뉜다. 뒤에 있는 음절은 중모음으로 간주된다.

우줘〕(군인) 등과 같이, 영어 명사에 대한 대다수 규칙대로 cOlvane〔콜베인〕으로 되는 것이다. 반대로 무의미 동사는 '약강' 격의 악센트를 받을 것으로 기대하였다. convEne〔컨비인〕(모이다)과 expEct〔익스펙트〕(기대하다)처럼, 영어 동사의 대다수 규칙대로 colvAne〔컬베인〕이 되는 것이다. 그렇지만 그 실험에서 중요한 변수는 율격 맥락이었다. 거기에서 무의미 낱말이 실현되었다. 사례(22)에 있는 명사는 보통 강세 없는 음절 'the'(정관사)가 앞에 나와 있고, 강세 받은 음절 'proud'(자랑스런)이 뒤따르고 있다. 이런 환경은 '명사' colvane에 대한 기대된 강약 리듬 cOlvane〔콜베인〕을 뒷받침할 듯하다. 그러나 예문(23)에서는 강약 리듬 cOlvane〔콜베인〕이 율격 맥락과 상충될 듯하다. 그것이 proud와 col 사이에서 강세 충돌을 만들어 낼 것 같다. 그 맥락은 다음처럼 약강 유형으로 치우친다.

the prOud colvAne propOsed.

사례(24)와 (25)에 있는 무의미 동사에 대해서도 비슷하다. 전자에서는 그 맥락이 동사들에 대한 정상적인 '약강' 유형과는 반대로, 강약 낱말 악센트 쪽으로 기울어진다. 그렇지만 후자에서는 그 맥락이 약강으로 된 동사 유형을 뒷받침한다.

켈리·복(Kelly and Bock 1988)의 실험에서 피험자들은 그런 문장들을 읽었고, 그들의 발화가 녹음되었다. 그런 뒤 핵심적인 무의미 낱말들만을 그 녹음으로부터 따왔다. 두 사람의 판정자가 그 낱말 악센트를 약강 또는 강약으로 범주화하였다. 두 판정자 사이에 일치된 그 결과들은 다음과 같다. 비록 강약 유형이 지배적이었지만, 예문(22)와 (23)에서처럼 명사들은, 예문(24)와 (25)에 있는 동사들보다 좀더 유의미하게 '강약' 격으로 된 발음을 만들어 내었다. 예문(22)와 (24)에서처럼 강약 격으로 치우친 맥락들은, 예문(23)과 (25)에서와 같이 약강 격으로 치우친 맥락들보다 좀더 '강약' 격의 발음을 만들어 내었다. 후자의 결과는, 비록 화자들이 동사와 명사에 대하여 선호하는 악센트 부여 방식을 지닌다는 사실에도 불구하고, 강세 충돌을 피하여 대안이 되는 강세 운율을 부과해 놓는 경향이 있음을 보여 준다. 강세 충돌이 한 낱말의 율격 유형을 알맞게 조정해 놓음으로써 어느 정도 회피된다는 점에서, '등간격 시간성' 쪽으로 향하는 경향이 있다.

이들 결과가 쿠퍼 · 이디(Cooper and Eady 1986)에게서 얻어진 것과 왜 그렇게 다른지에 대한 의문이 남아 있다. 첫 번째 주목해야 될 것은, 켈리 · 복(Kelly and Bock 1988)에게서 맥락상 치우친 효과가 비록 아주 유의미하지만, 대단히 강력한 것은 아니라는 점이다. 강약 격으로 치우친 맥락은 84% 강약 유형을 만들어 내었고, 약강 격으로 치우친 맥락은 77% 약강 유형을 만들어 내었다. 만일 효과가 이렇게 작다면, 그것들을 탐지하기 위하여 많은 관찰을 할 필요가 있다. 켈리 · 복(1988)은 쿠퍼 · 이디(1986)보다 조건 당 50번 이상의 수많은 관찰 기회를 가졌다. 둘째, 잠재적으로 중요한 차이가 켈리 · 복(1988)은 강세에 대한 지각 판단을 이용하였지만, 반면에 쿠퍼 · 이디(1986)는 물리적 측정값을 이용하였다는 점이다. 지각된 강세는 한 음절의 구성 · 소리 크기 · 지속시간 · 음높이 운동 · (아마) 조음의 정확성에 대한 복합 함수이다. 이들 모든 특질이 그 판정자들에게 이용될 수 있었고, 그것들의 무게를 잴 수 있었다. 쿠퍼 · 이디(1986)는 다만 지속시간 및 음높이 측정값만 가졌고, 따라서 강세에 기여하는 다른 미세한 특질들을 놓쳐 버렸을 가능성이 있다. 셋째, 쿠퍼 · 이디(1986)는 실제 낱말들을 이용하였다. 켈리 · 복(1988)에 의해 관찰된 효과는 실제 낱말들을 이용한다면 심지어 더 작아질 수도 있다.

모두 함께, 이들 두 연구는 큰소리를 내며 읽기보다 오히려 자발적 발화가 관련된 실험을 포함하는, 율격 조율 규칙들에 대한 추가적 실험 탐구를 강력히 초대하고 있다. 운율에 있는 거의 모든 실험연구가 읽기 과제들을 포함한다. 그렇지만 점증적 발화 계획을 위한 일반 조건들은 읽기에서 충족되지 않는다. 읽기에서 화자의 운율 계획과 미리 내다보기에 대해 얻어진 결과들은, 정상적인 자발석 발화에 대하여 일반화될 수 없다.

마지막으로 커뜰러(Cutler 1980b)에 의한 연구는 강세 분포를 골고루 부여해 주려는 화자의 경향이 특징적인 발화 오류들을 유도할 수 있다는 흥미로운 증거를 제공해 준다. 특히 커뜰러(1980b)는 다음 사례(26)과 같은 음절 탈락이나 사례(27)과 같은 강세 변화를 포함하는 자발적 발화 오류를 연구하였다.

(26) Next we have this bicEntial rug. 〔bicentEnnial의 오류임〕
(다음에 우리는 이 2백 년 기념 양탄자를 갖게 된다; 〔바이센테녈〕을 잘못 〔바이쎈셜〕로 말함)

(27) We do think in spEcific terms. 〔specIfic의 오류임〕
(우리는 특정한 용어들로 생각을 한다; 〔스뻬씨픽〕을 잘못 〔스뻬씨픽〕으로 말함)

커뜰러(Cutler 1980b)는 이들 오류가 목표 발화에 원래 모습대로 거기에 있었을 때보다도 등간격 시간성을 더 많이 수립하였는지 여부를 점검하였다(= 등간격 시간성을 수립하기 위해 그런 오류가 빚어진 것이지 여부를 점검하였다: 옮긴이). 예를 들어, 사례(26)에 대하여 목표 발화는 다음과 같은 음보 구조를 지니게 되었을 것이다. 그 오류 음보 구조가 비교를 위해 주어져 있다.

목표 문장: / Next we / have this bicen / tennial / rug /
오류 문장: / Next we / have this bi / cential / rug

오류를 포함하는 음보(두 번째 음보)는 음절들의 숫자에서 목표 문장에 있는 두 번째 음보보다 앞뒤 환경의 음보에 더 가깝다. 따라서 오류 문장은 목표 문장이 보여 줄 법한 것보다도 '등간격 시간성'을 더 잘 수립해 준다. 커뜰러(Cutler 1980b)는 더 등간격 시간성을 향한 이런 경향이, 그녀의 음절 탈락 오류들의 자료를 해석하기 위해서 아주 중요함을 발견하였다.

사례(27)에서와 같이 강세 오류에 대한 비슷한 검사에서, 커뜰러(Cutler 1980b)는 귀결되어 나오는 음보의 유형들이 목표 유형들보다 더 등간격 시간성을 띠었다고 확정하였다.

제 10장 1절 1항에 있는 〈그림 10-1〉의 모형 얼개에서 이들 오류가 어느 부분에서 일어날 수 있는 것일까? 사례(26)은 한 음절의 탈락을 포함한다. 운율 생성기가 음성 내용명시 층위에다 강세 없는 음절 얼개의 전달하지 않은 채 넘어가버리는 것으로 짐작할 수 있다. 사례(27)에 있는 오류는 설명하기가 더 어렵다. 커뜰러(Cutler 1980a)가 보여 주었듯이, 그런 강세 배치 오류들은 형태론상 관련 낱말의 동시 활성화로부터 기원한다. specific(특정한)에 대한 관련 낱말은 specify(명시하다)일 것이다. 이는 첫 번째 음절에 낱말 악센트를 갖고 있다. 두 낱말의 율격 유형이 율격 내용명시에서 명시되었고, 두 낱말의 강세 유형이 동시에 운율 생성기로 물려 들어갔으며, 그런 뒤 조율이나 운율이 최소노력으로 수립될 수 있는 방식으로 그 선택이 이뤄졌다고 짐작할 수도 있다. 그렇지만 artIculatory〔아티큘러토뤼〕(명료한)의 음절 숫자를 지니지만 articulAtion〔아티큘레이션〕(명료한 표현/조음)의 악센트 배치를 잘못 지닌 *articulAtory〔아티큘레이토뤼〕에서와 같이, 이런 설명은 동시에 함께 발생하는 두 개의 낱말에 대한 율격 유형의 혼합을 포함하는 낱말 강세 오류들을 설명해 줄 수 없다. 운율 생성기의 운용 방식은 여태 거의 수수께끼인 것이다.

이것으로 '등간격 시간성'에 대한 개관을 끝마친다. 주요 결론은 다음과 같다. 운율 생성기의 율격 계획은 더 강세를 받은 음절과 덜 강세를 받은 음절의 대안이 되는 분포를 개선해 준다. 이는 어느 정도의 '등간격 시간성'을 수립해 준다. 그렇지만 등간격 시간성에 대한 원래 개념이 오히려 덜 뒷받침되어 있음을 알았다. 시간상 강세 받은 음절들을 골고루 간격을 띄워 놓으려는 목적을 위해서는, 음절 길이들이 거의 또는 결코 고쳐지지 않는다.

이것으로 또한 율격 계획에 대한 개관을 끝맺는다. 이는 연속 발화에서 운율 생성기가 하는 첫 번째 주요 작업이다. 우리는 음운낱말들에 대해서 그리고 구로부터 억양구의 층위에 이르는 과정에 대해서 율격 유형이 어떻게 계산될 수 있는지 서술하였다. 이런 생성이 단일한 낱말 하나 이상의 표면구조에 대하여 미리 살펴보지 않고서도 점증적으로 이뤄질 수 있는지 여부를 분석하였다. 운율을 수립하는 조율 작용(*euphony operations*)이 이론상 무한히 미리 내다보기를 요구한다는 사실에도 불구하고, 그 대답은 고무적이었다. 우리는 또한 운율 생성기의 산출물에 대한 주요 유형들 중 하나를 살펴보았다. 즉, 강세의 유형과 죽 연속된 음절 및 침묵들에 대한 지속시간 매개인자이다. 이들 매개인자는 음성 내용명시의 운용과정 동안에 구현되는 것이다. 낱말이나 구나 문단 또는 발언 순서에서, 그것들은 음절의 위치에 대해 민감하다. 마지막으로 '등간격 시간성'에 대한 경험적 연구가 개관되었다. 화자가 강세 받은 음절들 사이에 있는 간격을 더 등간격 시간을 지니도록 만들어 주기 위하여, 강세 없는 음절들의 길이를 적합하게 만든다는 원래의 생각에 대해서는 오직 아주 제한된 증거만 있었다. 화자가 강세 받은 음절들에 대하여 적어도 어느 정도 고른 분포를 부과해 주기를 선호한다는 점을 뒷받침해 주는 더 나은 경험적 근거가 있었다.

3. 억양의 생성

운율 생성기가 하는 두 번째 주요 작업은, 죽 이어진 억양구들에 대하여 음높이(*pitch*) 형상을 계산하는 것이다. 제 8장 2절 3항에서 보았듯이, 억양구의 선율은 다양한 힘들의 결과이다. 특히 음조(*key*) 나 언어투식 음계(*register*) 에서, 억양구는 화자의 감정 간여 내용을 표현한다. 그 율조(*tune*) 는 새로운 주제가 도입되는 경우에 상승되거나, 또는 대화 상대방의 새로운 주제 도입에 대한 반응으로 상승된다. 또한 지속적 상승 또는 마지막 하강의 방식으로 화자가 발화를 지속하기를 의도하는지 여부를 표현한다. 억양은 음높이 악센트를 통하여 두드러지고 새로우며 또는 대조적인 정보가 어디에 위치하는지를 신호해 준다. 그리고 핵 어조를 통하여 발화의 '비-언표 효력'을 표현하기 위한 중요한 도구가 된다.

이들 모든 힘으로부터 귀결되어 나오는 문장 선율에 대하여 실시간 계산을 제공해 주는 처리 모형은 아직 존재하지 않는다. 그러므로 이하에서는 사뭇 제한된 과제만을 다루게 될 것이다. 우리는 문장 선율의 전반적 속성과 지엽적 속성들에 각각 영향을 주는 몇 가지 요인 및 그것들이 지닌 효과를 살펴볼 것이다. 전반적 속성은 쇠락(*declination*) · 음조(*key*) · 언어투식 음계(*register*) 이다. 지엽적 속성은 핵 앞부분 율조(*prenuclear tune*) 와 핵 어조(*nuclear tone*) 이다. 이 절의 주요 내용은, 억양 계획이 아마 상당한 '미리 내다보기'가 없이도 점증적으로 실행될 수 있음이 될 것이다. 그러나 '조율'(*euphony*) 과 선율(*melody*) 은 작은 양의 '미리 살펴보기'가 있는 경우에 향상될 수 있다. 이는 앞 절에서 율격 계획에 대하여 찾아낸 것과 완전히 조화된다.

1) 쇠락

적어도 많은 언어에서 음높이는 억양구의 경로에서 점차 아래로 떨어져 내려간다는 증거가 있다. 코은·하알(Cohen and 't Hart 1965)은 이런 현상을 '쇠락'(*declination*)이라고 불렀다. 한 가지 예가 〈그림 10-3〉에 주어져 있다.

음높이 악센트 및 핵 어조와 어울리는 음높이 운동은 일반적으로 아래로 내려가고 있는 '쇠락 선' 위에 겹쳐 얹힌 듯하다. 빌름(Willems 1983)은 영국 영어의 자발적 발화에서 1초당 평균 0.3 반음(*semitones*)의 쇠락 값을 측정해 내었다(한 옥타브에는 모두 12개의 반음이 있음).[29] 그렇지만 그런 측정값들에서 변이 가능성이 아주 크므로, 쇠락 현상의 보편성에 대한 의심에는 근거가 있다(Liberman, Katz, and Jongman

〈그림 10-3〉 억양구 전반에 걸친 음높이의 점진적인 쇠락
음높이 악센트 마루가 쇠락선 위에 겹쳐 부가되어 있음(Cohen et al. 1982)

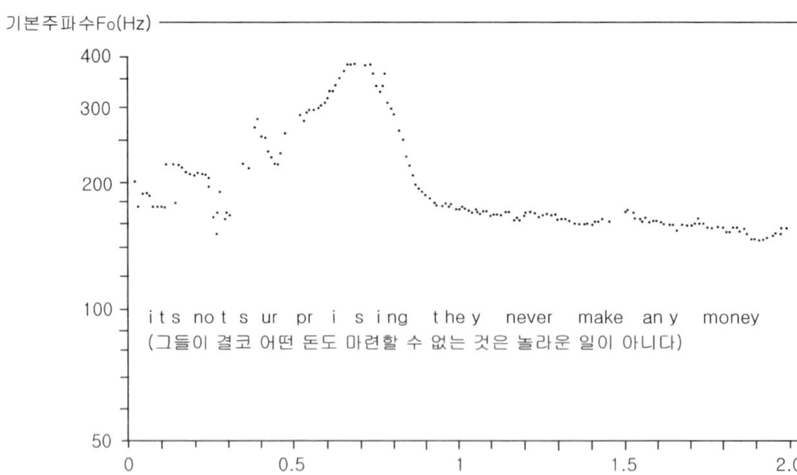

29) 8음 옥타브의 위와 아래에 각각 2개의 반음(半音)이 더 들어 있으므로 모두 12개가 된다.

1985; 또한 쇠락과 관련한 통계적 주장에 대해서는 Ladd 1984를 보기 바람).

쇠락이 체계적인 경우에, 화자의 음성계획에 기인하는 것이 아니라, 오히려 쇠잔해지고 있는 성문 폐쇄음 하부의 공기 압력과 같은 생리학적 요인들에 기인하는 것일 수 있다(제 11장을 보기 바람). 억양구의 끝에서 화자는 숨을 들이쉬며, 그 음높이 수준이 더 높은 시작 위치에다 재조정된다. 결과적으로 죽 이어진 억양구에 걸쳐서 일종의 쇠락에 대한 톱날 유형이 생겨난다.

그러나 모종의 쇠락에 대한 계획이 가능하다고 제안되어 왔다. 특히 쇠락이 긴 발화보다는 짤막한 발화에 대해서 더 가파르다는 증거가 있다(Ohala 1978; Cooper and Sorensen 1981; De Pijper 1983; Collier and Gelfer 1983). 후자의 발견은 당장 보면, 억양의 점증적 이론과 조화되기가 쉽지 않다. 만일 화자가 그 구에 대한 완전한 표면구조를 채 생성해 내지 않았다면, 자신의 억양구가 얼마나 길게 지속될지를 어떻게 미리 알 수 있는 것일까? 그렇지만 극적 결론을 이끌어 내기에는 너무나 이르다. 첫째, 그 효과는 읽기에서 가장 분명해진다. 그러나 가장 축자적인 의미로, 읽기에서 화자는 '미리 살펴보기'를 실제로 하게 된다(= 대략 훑어보는 일: 옮긴이). 둘째, 구 길이 및 쇠락의 경사 사이에서 (만일 있다면) 인과관계가 상반될 가능성이 있다. 어떤 이유에서이든지 상관없이, 만일 화자가 자신의 음높이를 급격히 쇠락해 가도록 만든다면, 화자는 곧장 재조정할 필요를 느낄 것이다. 이것이 화자로 하여금 조기 휴지를 선택하도록 유도할 수 있다. 결과적으로 진행 중인 억양구는 짤막한 것으로 될 것이다.

2) 음조와 언어투식 음계 정하기

억양구에서 음높이 운동의 범위, 곧 음조(*key*)는 특히 그 구의 '보도가치'(*news value*)에 달려 있다. 하나의 규칙으로서, 어떤 구가 '주요 행로'나 전경으로 초점 모아진 정보를 표현하는 경우에(제 4장 3절 5항을 보기 바람), 그 음조는 '부차 행로'나 배경으로 된 정보보다도 더 높아질 것이다. 브롸운·커뤼·켄워씨(Brown, Currie, and Kenworthy 1980)는 화자가 새로운 주제를 도입하는 경우에 그 음조가 또한 더 높아지며, 임의의 주제가 소진되는 경우에 그 음높이 행로가 사그라지는 것을 찾아내었다. 또한 그들은 화자가 새로운 주제를 도입하는 경우에, 음높이 영역의 기준선(즉 언어투식 음계)이 전반적으로 들려 있음을 보여 주었다. 더욱이 화자는 자신이 말하고 있는 내용에 강력히 자아(*ego*) 관련 내용이 들어 있는 경우에, 음조와 언어투식 음계가 모두 함께 위로 들려 있다. 그런 '자아 관련성'이 일반적인 의사소통 긴장에서 기인할 수도 있거나(Heeschen, Ryalls, Hagoort, and Bloem 출간중), 또는 놀라운 열정에서 비롯될 수도 있다. 더 높은 언어투식 음계가 또한 친밀감과 무기력함 등을 표현하기 위해 선택될 수 있다.

이들 음조와 언어투식 음계를 정하는 일은, 어떤 미리 내다보기도 요구하지 않는다. 언어투식 음계에 관한 한, 운율 생성기는 음성 내용 명시에 대하여 전체적인 음높이 매개인자를 고정할 것이다. 이는 죽 이어진 음절들에 대한 기본값 음높이 수준이다. 그렇다면 음높이 악센트 부여 또는 핵 어조들에 대한 음높이 행로는, 기준선으로부터 벗어난 편차로서 프로그램된다. 음높이 행로의 크기인 음조(*key*)는, 음높이 악센트가 만들어질 때마다 매번 구체적인 사례로 나타날 전반적인 매개인자로 고정될 수 있다. 이런 방식으로 전반적으로 전경 정보 및 배경 정보가 화자에 의해서 대조될 수 있다. 대안이 되는 다른 방식으로는, 특정한 어휘항목 접근 가능성이나 또는 대조성에 따라, 그 행로의 크기가 하나의 음높이 행로를 요구하는 각 음절마다 새롭게 고정될 수도 있다.

3) 핵 어조(*nuclear tone*) 계획

제 8장에서 살펴보았듯이, 어조(*tone*)가 나눌 수 없는 전체는 아니다. 우선 핵 음높이 운동(*nuclear pitch movement*)이 있다. 이는 핵 쪽으로 한 단계 올라가거나 내려가는 일과, 핵으로부터의 하강 또는 상승(또는 불변의 안정 수준)이다. 둘째 경계 어조(*boundary tone*)가 있다. 이는 억양구의 마지막 음절에서 생겨나는 음높이 운동이다. 이들 두 가지 음높이 운동은 여러 가지 음절들에 의해서 구별될 수 있거나, 또는 그것들이 하나의 단일 음절 안에서 서로 뒤따를 수 있다. 이는 〈그림 10-4〉에서 예시된다. 여기에서는 하강 뒤 상승 어조인 【어조 V】에 대한 세 가지 사례가 주어져 있다(제 8장 2절 3항을 보기 바람).

〈그림 10-4-가〉에서, 핵 운동은 'po' 위에 있고, 경계 어조는

〈그림 10-4〉 핵 음높이 운동 및 경계 어조가 점차 서로 겹치며 구별이 줄어드는 경우

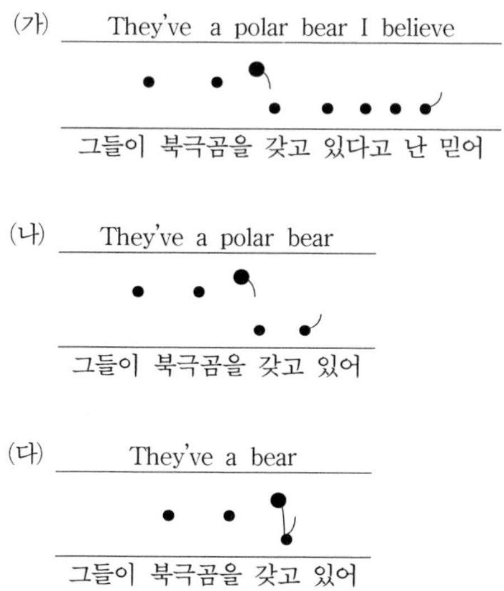

'lieve' 위에 있다. 〈그림 10-4-나〉에서는 여전히 핵이 'po'이지만, 이제 bear가 구의 마지막 음절이며, 그것이 경계 어조를 실어 나르고 있다. 〈그림 10-4-다〉에서는 bear가 모두 핵 및 경계 음절이 되며(= 서로 겹쳐짐), 그렇다면 음높이 운동들이 모두 동일한 단일 음절 위에 투사된다.

어조에 대한 이들 두 가지 구성성분은 아마 독립적으로 고정될 수 있을 것이다. 그것들은 서로 다른 표출 역할을 맡는다. 핵 음높이 운동은 대부분 초점을 모으는 기제이다. 그것은 억양구에서 가장 두드러진 어휘 항목을 가리킨다. 그러나 이외에도 그것은 비-언표적 기능을 갖고 있다. 객관적으로 사실 있는 그대로의 속성을 표현하거나 재확신 상태 등을 표현한다. 경계 어조는 여러 가지 서로 다른 기능을 수행할 수 있다. 어조는 그 발화의 비-언표 효력을 표현할 수도 있는데, 그 화자가 실행하는 언약의 종류이다. 어조는 또한 발언 순서를 끝마치거나 지속하려는 화자의 의도를 표현할 수 있다. 그리고 어조는 친밀성을 나타내는 상승 어조에서처럼 화자의 태도를 표현할 수도 있다.

핵 음높이 운동을 생성하기 위하여, 운율 생성기는 반드시 핵 음절을 선택해야 한다. 이를 실행하기 위하여 미리 내다보기가 얼마만큼 필요할 것인가? 제 10장 2절 2항에서는 음높이 악센트 또는 핵 강세의 배당에 전혀 미리 내다보기가 필요하지 않음을 살펴보았다. 그러나 핵 음높이 운동을 배당해 주기 위하여, 운율 생성기는 반드시 음높이 악센트를 받거나 핵 강세를 받은 어떤 음절이 그 억양구의 마지막 음절인지 여부를 알아야 한다. 여기서 우리는 제 10장 2절 3항의 결론으로 다시 되돌아가야 한다. "휴지를 선택하는 결정은 억양구 경계를 만들어 낸다. 즉 휴지가 결코 억양구 경계에 의해서 결정되는 것은 아니다." 달리 말하여, 화자는 음높이 악센트를 받은 음절이나 핵 강세를 받은 음절에 도달할 때마다 그것에 핵 어조를 주고, 편리한 대로 다음의 휴지 선택 지점에서 멈추기 위하여, 어떤 결정이 내려질 수 있다.

어떤 종류이든지 상관없이 이는 미리 내다보기를 전혀 요구하지 않는다. 특히, 편리한 대로 내리는 휴지 선택은 미리 살펴보는 시야 속에 들어 있을 필요가 없다. 오직 휴지가 나타나는 대로 곧장 선택되어야 하는 결정만 있을 뿐이다. 제 10장 2절 3항에서, 특히 가장 두드러진 음높이 악센트들이 화자로 하여금 휴지에 대하여 결정을 내리도록 유도할 수 있다고 제안되었다.

미리 내다보기가 핵 음높이 운동을 자리 잡게 하기 위한 필요조건이 아니라는 사실이, 화자들이 핵 어조를 어디에서 시작할지 결정할 때 미리 내다보기를 할 가능성을 배제해 버리는 것은 결코 아니다. 율격계획에 대해서 살펴보았듯이, 미리 내다보기는 발화의 '조율'(*euphony*)을 증진시켜 줄 수 있다. 특히 표면구조의 산출이 음운 부호화에 훨씬 앞설 수 있는 느린 발화에서, 화자가 문장 경계에 대하여 미리 살펴보기를 하는 경우에, 더 이상적 전달 모습이 계획될 수 있다. 그렇다면 화자는 그 문장 경계에서 억양구를 완결짓도록 결정할 수 있고, 따라서 그 문장의 마지막 음높이 악센트를 받거나 핵 강세를 받은 음절에서 핵 강세 운동을 만들도록 결정할 수 있다.

경계 어조의 생성은, 명백히 하나의 단일 음절보다 더 많은 음절을 미리 내다보도록 요구하는 것이 아니다. 경계 어조는 휴지 이전에 있는 마지막 음절 위에 만들어진다. 단, 그 휴지만은 미리 살펴보는 시야 속에 들어 있어야 한다.

이런 방식이든 저런 방식이든, 운율 생성기는 반드시 핵 어조가 무엇을 부과하는지 알고 있어야 한다. 이미 살펴보았듯이, 그것은 여러 가지 요인들에 달려 있다. 이들 요인들 중 일부는 아마 메시지 층위에서 가리켜질 듯하다. 비-언표 효력·서법·양태는 언어로 표현될 메시지를 생성하는 경우에 화자에 의해서 계획된다(제 3장 5절 1항을 보기 바람). 표면구조 층위에서 이들은 부분적으로 통사적 문장 서법(서술문·의문문·명령문)으로, 양태 동사나 부사의 사용으로, 그리고 핵 음높이 운동 및 경계 어조들을 위한 지시바늘로 번역된다(제 5장 2절을 보기 바람). 표면구조에서 이들 지시바늘이나 매개인자들은 운율 생성기에 의해서 인식된다. 또는 그렇게 된다고 가정한다.

여전히, 이들 매개인자가 핵 어조의 유일한 결정 요소일 것 같지 않다. 예를 들어, 경계 어조의 선택을 살펴보기로 한다. 많은 질문들이 하강 경계 어조와 함께 나타난다(Brown et al. 1980; de Pijper 1983). 낮은 하강 핵 어조를 지닌 다음 예문(28-가)를 살펴보기로 한다.

(28-가)

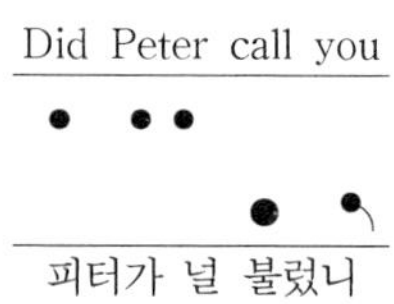

(28-나)

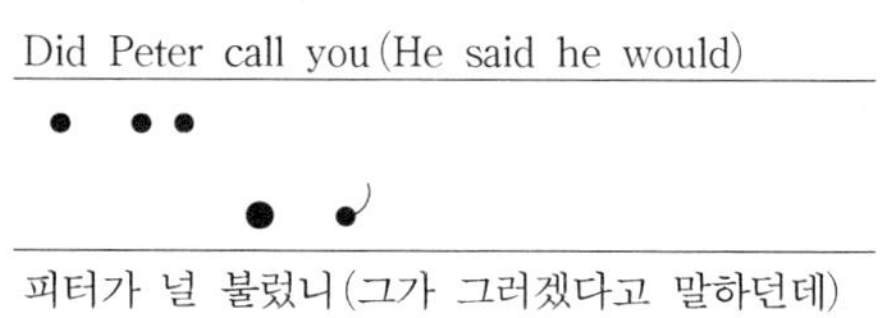

하강 경계 어조가 표면구조의 층위에서 지시되었다고 가정하기로 한다. 만일 그 문장을 끝마치기 전에 화자가 바로 자신의 발언 순서를 끝내는 것이 아니라, 다른 절 "He said he would"(그가 그러겠다고 말하던데)을 덧붙이기로 결정한다면, 이런 지시는 쉽게 무효로 되어 버릴 것이다. 이제 그는 예문 (28-가)에서와 같이, you(너) 위에 경계 어조로 지속적 상승을 만들게 될 것이다. 이는 표면구조에 대한 재-계획이라기보다, 직접적 실행 제어처럼 보인다. 또한 친밀감을 주는 상승 경계 어조처럼, 어조에 대한 정감적이며 태도를 드러내는 측면은, 아마 메시지 및 표면구조를 통한 매개가 없이 정감 체계에 의해서 직접 유도될 듯하다. 어떤 아직 채 알려지지 않은 모종의 방식으로 운율 생성기는 어조의 마지막 선택을 내리는 데에 이들 활성화의 다양한 자원을 통합할 것이다.

4) 핵 앞쪽 율조(*prenuclear tune*) 계획

핵은 억양구에서 유일하게 악센트를 받는 음절이 될 수 있다. 그렇다면 기본값 율조(*default tune*)는 대략 일정한 중간 수준의 음높이이다. 물론 언제나 작은 음높이 변이들이 있다. 특히, 율격 강세와 함께 체계적인 공동작용 변이가 있다. 음높이 수준에서 강세 받은 음절들은 강세 없는 음절들보다 다소 더 높아지는 경향이 있다. 또는 더 정확히 말하여, 부분적으로 율격 강세는 음높이에 있는 변이를 통해서 실현되는 것이다. 기본값 율조는 율격 강세를 배당하기 위해 요구되는 정도만 미리 내다보기를 한다. 그 이상은 더 요구하지 않는다. 그러나 미리 내다보기가 있는 경우에 율조의 경로가 '향상'될 수 있다. 디파이퍼(De Pijper 1983)는 악센트들이 없는 율조가 여러 음절들로 확대되는 경우에, 글을 읽는 독자가 오르막 기울기(*inclination*)를 보임을 발견하였다. 즉, 핵으로 향해 점차적인 음높이의 상승을 만들어 가는 것이다. 기본값 율조 및 오르막 기울기의 율조는 다음 (29)에 그려져 있다. 거기서 핵은 하나의 어조를 갖는다.

(29-가) 기본값 율조

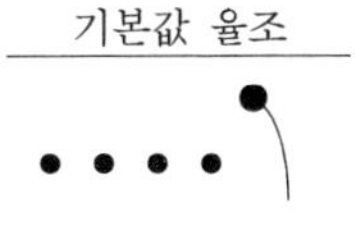

(29-나) 오르막 기울기의 율조

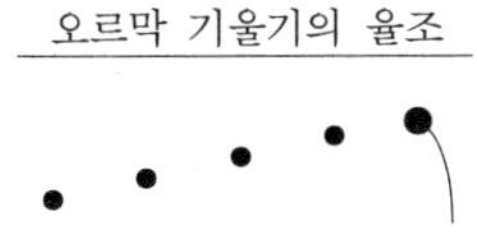

오르막 기울기로 된 율조를 위해 필요한 미리 내다보기의 총량은 물론 아주 제한되어 있다. 화자는 거의 '맹목적으로' 경사지게 만들 수 있다. 운동경기 중계방송에서 가끔 그러듯이, 유일한 위험은 자신의 음높이 천장까지 다 올라가 버릴 경우이다. 달리 말하여, 화자는 핵이 아직 시야에 들어오지 않는 한, 너무 많이 치올라가지 말아야 하는 것이다.

만일 대화에서 억양구가 새로운 주제를 도입한다면, 첫 번째로 강세받은 음절과 죽 이어진 율조가 영국 영어에서는 적어도 아주 높은 음높이가 될 수 있다(Brown et al. 1980). 좀더 일반적으로 말하여, 높은 음높이 율조는 말해진 바와 관련하여, 화자의 특별한 관여를 신호해 준다. 또한 다음처럼 wh-의문문 및 어떤 종류의 강조 발화는 높은 음높이 개시 율조를 지닌다.

Who will be at the party?
(누가 그 파티에 갈 것입니까?)
Do come to the party.
(그 파티에 꼭 오세요)

물론 그렇게 높이 시작하는 수준이, 특정한 미리 내다보기 없이도 정해질 수 있다.

율조는 또한 하나 또는 그 이상의 추가 음높이 악센트를 지닐 수 있다. 미리 내다보기의 분량에 따라, 이들 음높이 악센트들은 개별적으로 실현되거나 또는 서로 결합하여 실현된다. 만일 그 율조에 추가적인 음높이 악센트가 하나 있다면, 이들 두 가지 경우는 (30-가)와 (30-나)에서처럼 예시될 수 있다. 거기서 핵 어조는 각각 현격한 하강 어조 및 사소한 하강 어조이다.

(30-가) 개별적 실현

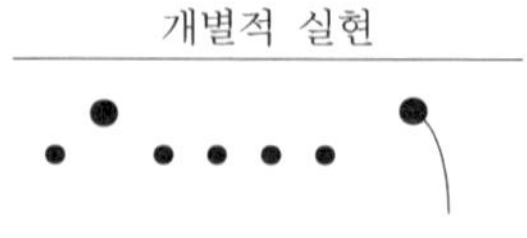

(30-나) '모자(hat) 유형'

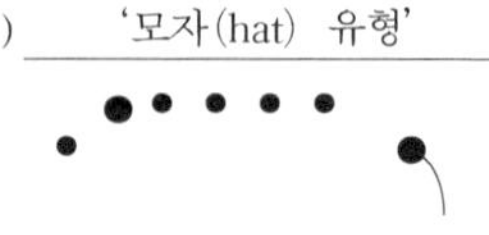

이들 두 가지 유형은, 악센트를 받은 might와 go를 지닌 다음과 같은 문장에 대해 대안이 되는 실현이다.

We mIght be able to gO.
(우리가 갈 가능성이 좀 있다)

사례 (30-가)에서 율조가 음높이 악센트를 받은 might 다음에 바로 중간 수준으로 도로 떨어지며, 그 수준이 go 위에 핵 어조가 만들어질 때까지 계속 유지된다. 사례 (30-나)에서는 이른바 모자 유형을 보여준다('t Hart and Collier 1975). 즉 화자가 상승으로써 might에 악센트를 주고, 중간 수준까지 한 단계 내려가는 방식으로 다시 go에 악센트를 주게 된다. 이들 두 악센트의 중간에서 율조가 높은 음높이 수준을 유지하게 된다. 미리 내다보기는 모자 유형을 산출하기 위한 하나의 조건이다. 맨 처음 음높이 악센트에서 화자는 반드시 다른 것이 뒤따르게 될 것임을 알아야 한다. 사례(30)에 있는 두 가지 유형 사이에서 분명히 억양 의미상 차이는 전혀 없다. 그러나 모자 유형 억양이 더 잘 조율되어 있다. 그것이 두 개의 잇따르는 악센트들에 대하여 심미적으로 더 듣기 좋은 전달 모습을 구성해 준다. 모자 유형은 두 개의 악센트가 가깝게 연속되어 만들어질 경우에 더 그럴 듯한 음높이 형상이다. 그러나 설령 그렇다고 하더라도, 화자는 종종 개별적인 실현을 따로 만들어 낼 것이다. 브롸운 등(Brown et al. 1980)은 그런 경우에 종종 음높이 마루들 사이에서 도로 중간 수준까지 하강하는 일이 온전히 실현되지 않았음을 발견하였다. 마루들 사이에 있는 음절들이 음높이에서 다소 상승된 채 머무는 이런 현상을 그들은 '어조 연성 변화'(*tonal sandhi*)이라고 불렀다.

핵 앞쪽 율조 및 핵 어조에 대하여 운율 생성기가 점증적으로 계산해 내는 음높이 운동 매개인자들은 직접적으로 음성 내용명시 절차에 영향을 준다. 죽 이어진 음절들이 음높이에서 상승되거나 하강되도록 고정되거나, 또는 기본값에 의해서 선행 음절과 함께 같은 수준에서 머물도록 고정된다. 그 상승 및 하강의 크기와 기울기는 물론, 그것들의 정확한 적정 시간도 프로그램되어 있다. 음절에서 상승이나 하강이 어디에다 만들어지는지는 아주 중요한 것이다('t Hart and Collier 1975).

이것으로 억양 계획에 대하여 간략한 논의를 끝맺는다. 율격 및 억양 계획은 서로 협력하며 진행된다. 율격 마루들은 음높이 운동의 주요 자리이다. 억양구의 계획은 억양 관련 사안 못지않게 아주 율격적이다. 더욱이 율격 계획의 두 가지 형태들이 모두 점증적으로 실행될 수 있음을 살펴보았다. 연속 발화의 운율을 작동시키기 위하여, 화자가 표면구조의 기다란 연결체를 임시저장고에 담아 둘 필요는 없는 것이다. 그러나 마치 느린 발화에서나 읽기에서 그러하듯이, 그런 임시저장이 가능하다면, 운율 생성기는 더 매끄럽게 조율된 산출물과 더 운율 있는 구 배열과 더 커다란 선율 가락을 산출할 수 있을 것이다.

4. 연속 발화에서 낱말형태들의 생성

제 9장에서 낱말형태들의 생성을 살펴보았을 때에는 머릿속에 저장된 '인용' 형태들의 내용명시에만 국한되었다. 연속 발화에서 낱말이 실현됨에 따라 현재의 절에서는 낱말형태 내용명시를 다시 살펴볼 것이다. 제 10장에서는 연속 발화에서 낱말형태들에 대한 음절 및 분절음 구성이 맥락 의존적임을 논의하면서 시작하였다. 분절음 및 음성 내용명시는 운율 결정에 달려 있다. 특히 음절화의 영역은 인용 형태가 아니라, '음운낱말'(*phonological word*)인 것이다(제 10장 2절 1항을 보기 바람). 그러므로 완벽한 음성 내용명시가 가능해지기 이전에 운

율 생성기는 반드시 음운낱말들을 구성해 내어야 한다. 그러나 음운낱말의 구성은 분절음 정보들에 접속하지 않고서는 불가능하다. 이런 논제가 현재의 절에서 먼저 다뤄질 것이다. 그러고 나서 맥락 속에서 음성 내용명시의 몇 가지 측면으로 옮겨가게 될 것이다.

1) 맥락 속에서의 분절음 내용명시

'ten books'가 /tεm buks/〔템 북스〕처럼 되는 자음동화나, 접어화나 'a bottle o'milk'〔어 바틀 오밀크〕의 축약에서 일어나는 예들과 같이, 맥락 의존적 분절음 내용명시를 설명해 주기 위하여, 우리는 분절음 내용명시가 반드시 두 단계의 과정이라고 가정해야 한다.

첫 번째 단계는 기본적으로 제 9장 2절 2항에 기술되어 있는 대로이다. 한 항목의 주소지 틀에 대하여 형태 홈들이 적합한 형태소들로써 채워지는 경우에, 저장된 그 항목의 음절 및 분절음 구성이 내용명시된다.

두 번째 단계는 운율 생성기를 포함한다. 계속 이어진 각 어휘 항목에 대하여 그것은 첫 번째 단계로부터 나온 내용명시를 받아들인다. 율격 정보는 독자적으로 율격 내용명시 및 구 구조 정보로부터 운율 생성기 속으로 물려 들어가며, 분할(*partitioning*)에 의해 음운낱말들로 만들어진다. 영어에서 가장 빈도가 높은 경우는, 하나의 단일한 입력물 항목이 하나의 단일한 음운낱말로 되는 것이다. 그러나 제 10장 2절 1항에서 논의된 제한적인 미리 내다보기와 더불어, 둘 또는 심지어 그보다 더 많은 항목으로 이뤄지는 음운낱말들이 수립될 수 있다. 이들 항목들에 대한 분절음 열들은 아주 일반적인 음운 규칙들을 준수하면서 연결되고 수정된다. 게다가 음운낱말 경계들에서 /tεm buks/〔템 북스〕와 같이 역행동화 현상이 생성된다.

각각의 음운낱말에 대하여, 이런 수정된 분절음 산출물은 음성 내용명시 절차들에 대한 입력물을 형성한다. 음절 얼개들 각각에 대하여 정해진 율격 및 억양 매개인자들과 함께 곧바로 제 9장 2절 3항에서 제안된 방식으로 음절 얼개들의 주소지가 채워진다.

두 가지 사례가 분절음 내용명시의 층위에 있는 두 단계 절차를 명료하게 하는 데 도움을 줄 수 있다. 첫 번째는 제 10장 2절 1항에서 의무적 접어화로 불렸던 사례이다. 두 번째는 수의적 접어화의 사례이다.

접어화는 만일 '작은' 요소가 음절을 이루지 못한다면 의무적으로 된다. "ve'와 "ll'과 같은 조동사 형태들은 완전한 형태 have와 will의 변이형태이다. 우리는 그것들이 '표면구조' 표상에서 그렇게 변이형태로 가리켜진다고 가정해야 할 근거들을 살펴보았다. 따라서 만일 화자가 다음 문장을 생성하기 위하여

They have called.
(그들이 불렀다)

비-격식투의 말을 쓴다면, 접속된 첫 번째 두 개의 형태소는 they와 've가 될 것이다. 이들 요소들에 대하여 분절음 내용명시의 첫 단계는 다음을 산출할 것이다.

(31)

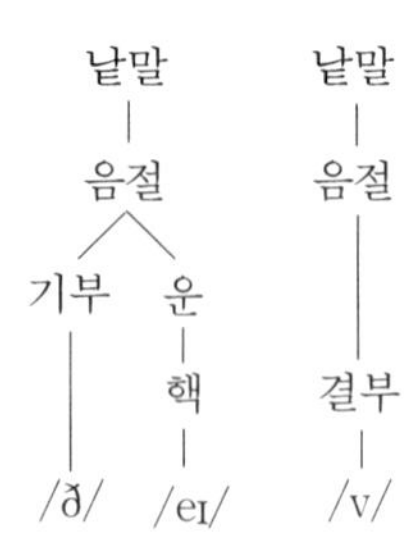

운율 생성기가 이런 짝을 받으면, 음절을 이루지 못하는 두 번째 낱말의 결부 가지 /v/를, 첫 번째 낱말의 운에 붙여 놓는 두 번째 단계를 시작할 것이다. 이는 다음을 만들어 준다.

(32)

그런 뒤 기부·핵·결부로 된 음절 구성요소의 3원 체계는 음성 내용명시에 대한 입력물이 된다. 이런 음운낱말이 하나의 음절로 이뤄지기 때문에, 운율 생성기는 음성 내용명시 절차를 위하여 하나의 음절 얼개를 생성한다. 제 10장 2절과 3절에서 논의된 것처럼, 그 음절 얼개는 율격 정보 및 억양 정보와 더불어 '풍부해진다'.

언어투식이 비-격식적이고 비교적 빠른 발화 속도인 경우에, 운율 생성기는 수의적 접어화를 부과할 수 있다. 화자가 'John got to swim in the morning'(아침에 존이 수영을 시작하였다)라는 문장을 산출하는 경우에, 어휘 항목 got과 to를 내용명시해 주는 첫 번째 단계는, 그것들의 '인용' 음절 구조를 산출한다. 두 번째 단계에서 운율 생성기가 그것들을 하나의 음운낱말로 결합한다. 이는 재음절화를 포함한다. 이들 단계를 다음에 있는 그림으로 보인다.

(33)

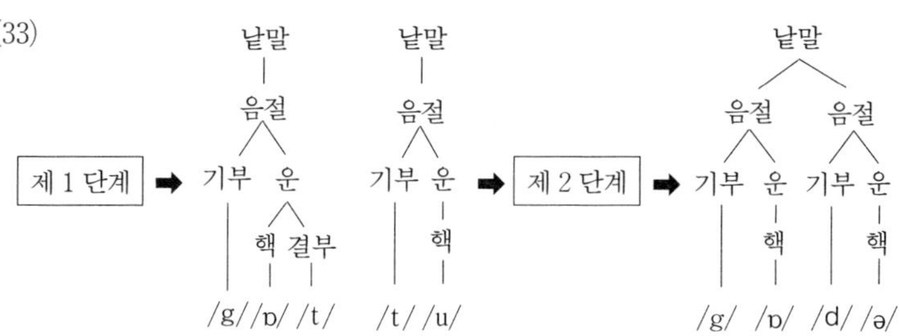

여기서 우리는 분절음의 탈락(/t/)과 변화(/t/→/d/, /u/→/ə/)를 모두 관찰한다. 낱말 경계의 소실과 더불어, 이는 아마 궁극적인 음성 유형을 간략히 만들어 놓을 것이다.

앞에서 이들 음운 맞춤 수정이 아주 정규적이라고 언급되었다. 이는 확립된 사실이라기보다는, 오히려 하나의 가정이다. 그러나 그런 가정을 하는 이유가 있다. 만일 알맞게 조정하는 어떤 형태나 접어화가 불규칙적이라면(곧, 특정한 낱말에 대해서나 또는 한 짝의 낱말에 대해서 개별적으로 특수하다면), 아마 그것은 암기할 수 있도록 어휘로 되어야 할 것이다. 다시 말하여, 접어화가 어휘부 속에 접어로서 그렇게 저장되어야 하는 것이다. 이런 사례들은 do not의 축약 'don't'와 will not의 축약 'won't'이다. 오히려 영어에서 이것들은 불규칙적인 접어들이다. 달리 말하여, 만일 운율 생성기가 이들 구성들 중 하나를 다루어야 한다면, 분명히 그 불규칙적 모습을 저장해 두었을 것이다. 그런 저장은 정확히 어휘부가 해야 하는 일이다. 어휘부는 형태들의 저장고이다. 운율 생성기는 그것들을 맥락에 따라 알맞게 고칠 수 있는 것이다. 또한 빈번하게 나타나는 규칙적인 접어화도 그렇게 저장되어 있을 가능성을 배제해서는 안 된다. /gɒdə/〔가더〕가 그런 경우일 수 있다. want to에 대해서 더 빈번히 관찰되는 /wɒnə/〔워너〕도 훌륭한 후보이다.

우리는 제 2단계를 지배하는 규칙들을 어떤 형태로든 자세히 살펴보지 않을 것이다. 그것들은 언어마다 서로 차이가 난다. 심지어 영어에 대해서도 그것들이 잘 알려져 있지 않다(그러나 Dogil 1984, Kaisse 1985, Nespor and Vogel 1986, Pullum and Zwicky 1988을 보기 바람). 그렇지만 이들 규칙이 지엽적인 구 구조에 민감하다는 점이 거듭 강조되어야 한다. got to(하게 되었다)가 다음 문장에 나타나는 경우에

John got, to be sure, to swim every morning.
(확실히 아침마다 존이 수영을 하게 되었다)

도표(33)에서 보인 종류의 접어화는 전혀 없을 것이다. got 뒤에 나오는 삽입구 경계가 음운낱말 /gɒdə/〔가더〕의 형성을 막아 버린다. 지엽적인 구 구조 조건들이 접어화 및 동화규칙들의 적용 가능성을 지배한다. 일반적으로 말하여, 제 2단계에 있는 음운론적 운용내용은, 입력물 열보다 조음노력을 덜 들이고 발음될 수 있는 분절음 산출물 열을 마련한다.

제 2단계의 절차는 율격 구조의 분절음 결과물들을 계산해 낸다. 운율 생성기는 임의 항목의 저장된 율격 정보를 받아들인다. 게다가, 그것은 (있다면) 임의 항목의 음높이 악센트 자질도 받아들인다. 귀결되어 나오는 율격 계획은 또한 분절음 층위에서 결과물들을 가질 수 있다(제 10장 2절을 보기 바람). 예를 들면, 한 음절의 모음이 강세가 없는 경우보다도 강세를 받은 경우가 상이한 분절음으로 될 수 있다. 이들 율격 계획의 결과물들은 아마도 또한 제 2단계에서 구현될 듯하다.

2) 맥락 속에서의 음성 내용명시

음성 내용명시에 대한 첫 번째 입력물은 주소지 틀들에 대한 임의의 열이다. 각각 세 가지 홈을 포함하고 있다. 기부와 핵과 결부의 홈들이다(제 9장 5절 1항을 보기 바람). 각 틀은 운율 정보에 의해서 '풍부해진다'. 그것은 그 음절의 지속시간·소리 세기·음높이 운동에 대한 매개인자들을 담고 있다. 또한 틀들 사이에 있는 침묵의 짤막한 쉼들이 가리켜진다. 음성 내용명시에 대한 두 번째 입력물은 기부·핵·결부의 3원 체계로 이뤄진다. 이것들이 그 틀들을 채우게 된다. 이들 3원 체계는 앞에 있는 제 2단계에 의해서 산출되고, 필요한 경우에 자음군 구성이 이뤄진다(제 9장 3절 2항을 보기 바람). 제 9장 6절에서 우리가 궁금하게 여겼듯이, 모든 분절음과 자음군들이 마개로서 이용될 수 있기 전에, 엄격히 음절 기능들로써 명칭이 명시적으로 붙여져야 할지 여부에 대해서 다시 궁금하게 여길 수 있다. 그러나 이 논제를 다시 더 추구하지는 않을 것이다.

적합한 음절 구성요소들에 의해 채워진 각 주소지 틀은, 그 음절에 대하여 '표준' 음성계획이 찾아질 수 있는 어떤 주소지를 형성한다. 실제 음성계획은 그 주소지 틀에 부착되어 있는 운율 매개인자들이 부과됨으로써 귀결되어 나온다.

이들 매개인자 고정은 빠른 발화의 어떤 특징적 현상에 대한 원인이 된다. 빠른 발화에서 일어날 수 있듯이, 음절 지속시간이 아주 짧게 고정되는 경우에, 음성계획에서 자음 길이보다 모음 길이가 오히려 훨씬 많이 줄어들 것이다(제 10장 2절 4항을 보기 바람). 극단적인 경우에 이런 모음 약화는 p'tato〔프테이토〕(감자), t'mato〔트메이토〕(토마토)와 같은 약화에서 관찰하였듯이, 그 음절의 음절 성립 가능성을 무너뜨릴 수 있다. 지속시간이 짧은 경우에, 음성계획은 또한 시간상 이웃한 음소들의 겹침을 더 잘 보여 줄 것이다. cue〔큐〕(단서)라는 낱말을 살펴보기로 한다. 여기서는 모음이 입술을 둥그렇게 만드는 원순성 조음자질을 요구한다. 느린 발화에서 그 원순성은 이중모음의 경로로 실현될 수 있다. 그렇지만 빠른 발화에서는 조금이라도 빨리 실현될 수 있도록, 시작하는 첫 자음과 더불어 원순성이 시작되어야 할 것이다. 달리 말하면, 어느 정도 기부 자음 및 뒤따르는 모음의 동시조음(*coarticulation*)이 있어야 하는 것이다. 한 음절의 음성계획은 어느 순간에 다양한 조음운동들이 개시되어야 하는지를 구체화해 준다. 이들 시간적 관련성은 핵심적으로 그 음절의 지속시간에 달려 있다.

아마 음성 내용명시가 음운낱말마다 조직되는 것이 실제의 경우일 것 같다. 비록 음절 얼개들이 잇따라서 그것들의 3원 체계에 의해서 채워지더라도, 그것들이 이용될 수 있음에 따라 음운낱말에 대한 전체 음성계획은 조음기관에 전달되기 전에 모아져야 할 것 같다. 달리 말하여, 만일 조음기관이 한 낱말의 전체 음성계획을 받지 못한다면, 음운낱말의 첫 음절에 대한 발음을 시작할 수 없는 것이다. 이런 가정을 뒷받침하는 마이어(Meyer 1988)의 증거는 제 9장 5절과 6절에서 언급되었다. 만일 음운낱말의 첫 음절이 이용될 수 있게 되자마자 곧장 조음기관이 작동을 시작할 예정이었더라면, 한 낱말의 첫 번째 음절이 양호하게 점화(*good prime*)되었을 것이다. 그렇지만 첫 번째 음절 더하기 두 번째 음절의 일부는 그러하지 않았을 것이다. 그렇지만 마이어(1988)는 pitfall〔핕폴〕(함정)과 같은 낱말이 pit〔핕〕에 의해서보다는 pitf〔핕프〕에 의해서 더 강력히 점화되었음을 찾아내었다. 비슷하게 pedagogue〔페더가그〕(교육자)와 같은 낱말도 pe〔페〕에 의해서보다는 peda〔페더〕에 의해서 더 강력히 점화되었다. 더 나아가, 만일 음운낱말의 음절들이 모두 다 계획될 때까지 음성 내용명시가 전달되지 않는다면, 어떤 낱말에서 음절이 더 많이 있는 경우에 음운 부호화는 시간이 더 많이 들어갈 것으로 기대할 법하다. 사실상 이것이 실제 사실인 듯하다. 클랩(Klapp)과 그의 동료들에 의해 수집된 증거는 제 11장 1절에서 개관될 것이다. 거기서 우리는 음운 부호화 및 조음의 상호접합 작용을 살펴보게 될 것이다.

이 절에는 연속 발화의 맥락에서 낱말형태 계획의 몇 가지 측면을 논의하였다. 명백히 입말 낱말들의 맥락 의존성과 속도 의존성 때문에, 그것들의 실현 맥락에 따라 명시되어 저장된 형태들을 적합하게 고쳐 놓는 기제들을 살펴봐야 했다. 그런 기제들은 연속 발화에서 유창하게 발음할 수 있는 음성계획들을 만드는 데 도움을 준다. 운율 생성기는 음운낱말을 만들어 냄으로써, 그리고 음성 내용명시를 위해 적합한 매개인자들을 고정해 놓음으로써, 이렇게 알맞게 고쳐 놓는 일에 중심 역할을 떠맡는다. 음성 내용명시는 아마 음운낱말마다 조음기관이 이용 가능하도록 만들어질 듯하다.

5. 요 약

이 장에서는 화자의 연속 발화에 대한 음운 부호화를 개관하였다. 이 장은 〈그림 10-1〉에 있는 연속 발화의 음성계획 밑바닥에 깔려 있는 처리과정 기본 얼개에 대한 밑그림과 함께 시작하였다. 제 9장에서 소개된 내용명시 절차들과 상호작용하는 운율 생성기가 소개되었다. 그것은 다양한 종류의 입력물을 받아들인다. 첫째, 표면 구 구조 및 음높이 악센트 정보가 있다. 이는 운율 계획과 관련된다. 둘째, 율격 내용명시가 있고, 그 위에 율격 계획이 토대를 잡는다. 셋째, 실천적이며 태도와 정감을 나타내는 입력물이 있다. 이는 말하는 속도, 의도적인 짤막한 쉼, 일반적인 소리 세기 수준, 율조, 어조와 같이 음성계획의 여러 측면에 영향을 준다. 마지막으로 분절음 내용명시로부터 나온 입력물이 있다. 이는 새로운 음운낱말을 만들어 내기 위하여 운율 생성기에 의해서 수정될 수 있다.

운율 생성기는 두 종류의 출력물을 산출한다. 첫 번째 종류는 음성 내용명시를 위한 주소지 틀들의 열이다. 각 주소지 틀은 그 음절의 정해진 지속시간, 소리 세기, 음높이 운동, (아마) 조음의 정확성에 대한 매개인자들에 의해서 풍부해진다. 두 번째 종류의 산출물은 이들 주소지 틀에 대한 마개들로 이뤄진다. 기부나 핵이나 결부 홈들을 채울 수 있는 분절음이다. 그러고 나서 음성 내용명시는 저장된 음성 음절 계획들의 인출과, 지속시간 · 소리 세기 등을 위하여 그것들의 뒤이어진 매개인자 구현으로 이뤄진다. 음운낱말에 대한 모든 음절들은 계획이 끝나자마자 즉시 조음기관이 인계받는다.

운율 생성기에 대한 주요 작업의 하나는 운율의 생성이다. 그것은 음운낱말 · 음운구 · 억양구들을 생성한다. 이들 구조를 만들어 내기 위하여 운율 생성기가 약간 미리 내다봐야 한다는 점을 보여 주기 위하여, 저자는 길게 논의를 하였다. 대부분 그것은 점증적으로 실행될 수 있다. 이는 적합한 율격 값을 배당해 주기 위해서 한두 개의 연속된 어휘 요소 이상을 임시저장고에 저장할 필요가 없음을 의미한다. 그러나 더 천천히 말하는 속도에서처럼 임시저장이 더 많이 이뤄질 수 있다면, 귀결되어 나오는 율격 유형은 임시저장이 제한되어 있는 경우보다 더 매끄럽게 조율될 수 있다. 특히 저자는 새로운 음운낱말들이 어떻게 접어에 의해서 생성되는지를 논의하였다. 또한 음운구와 억양구의 생성에 대하여 기본절차들을 개관하였다. 그리고 율격 격자들에 대한 대안의 얼개에서 세 가지 절차들을 살펴보았다. 그러고 나서 서로 다른 낱말과 구 맥락들에서 분절음 및 음절 지속시간에 어떤 일이 일어나는지를 개관함으로써, 그리고 원래 정의된 대로 '등간격 시간성'에 대한 취약한 증거를 개관함으로써, 운율 계획에 대한 절을 끝맺었다. 저자는 등간격 시간성에 비춰 볼 때에 거기 존재하는 실체는 강세 없는 음절들에 대한 확장 연결이나 줄여 놓기에서 비롯되는 것이 아니라, 율격 조율 규칙들에 의해 비롯된다고 주장하였다.

운율 생성기의 또다른 주요 과제는 그 발화에 대하여 음높이 형상을 계산하는 것이다. 이것도 또한 음높이에 대한 더 전반적인 그리고 더 지엽적인 두 측면을 위해 미리 많이 살펴보지 않고서도 실행될 수 있다. 더 전반적인 측면들 중에는 쇠락·음조·언어투식 음계가 있다. 특히 저자는 관련 문헌에서 화자가 자신의 쇠락의 기울기를 억양구의 길이에 맞춰 고친다는 반-직관적 제안을 따져 보았다. 이를 사실로서 받아들이기 위해 확신을 주는 근거는 전혀 찾을 수 없었다. 율조와 어조의 더 지엽적인 현상들에 대해서도, 그 사정이 율격 계획과 아주 비슷하다. 아주 약간 미리 살펴보기나 또는 임시저장이, 한 억양구에 적합한 음높이 곡선을 배당하기 위해 요구되는 것이다. 그러나 모자 유형이나 오르막 기울기와 같이 미리 내다보기가 많으면 많을수록 더욱 더 선율적인 가락으로 귀결될 수 있다.

마지막 절에서는 접어화 및 동화에 대한 연속 발화 현상들을 다루었다. 맥락 속에서 낱말형태들의 생성은, 그 낱말들의 인용 형태로부터 현저한 일탈을 일으킨다. 새로운 음운낱말들이 둘 또는 셋으로 이뤄진 어휘항목의 짝으로부터 형성되며, 모든 종류의 맞춤 조정이 음운낱말들 사이에 있는 경계에서 일어날 수 있다. 이렇게 맥락에 맞춰 고치는 일을 떠맡은 기제들이 개관되었다. 분절음 내용명시의 산출물을 놓고서 작동하는 규칙들에 대한 체계이다. 그 규칙들은 그것들 사이에 있는 구 구조의 관계들에 따라, 항목들을 놓고서 병합 및 재음절화를 시행할 수 있다. 음성 내용명시에 대한 입력물을 형성하는 것이 바로 이런 재구조화된 재료이다. 궁극적인 결과는 연속 발화에 대한 음성계획이다.

제 11 장

조음하기

유창한 조음은 아마도 인간의 가장 복잡한 근육운동 기술일 것이다.[1] 조음은 대략 100개나 되는 근육들을 조화롭게 사용한다. 1초당 약 15개의 음소 비율로 말소리가 산출된다. 이들 근육은 해부학상 세 가지 기관에 걸쳐 분포되어 있다. 호흡 기관 · 후두 기관 · 후두상부 기관이다. 허파를 그 중심 기관으로서 지닌 호흡 체계는, 발화산출에 대한 힘의 원천이 되는 공기 흐름을 관장한다. 성대를 포함하는 후두 구조는 소리내기 · 소리 멈추기 사이의 교체를 떠맡는다. 또한 음높이를 늘이거나 줄이는 조절을 한다. 연구개 · 아래턱 · 입술 등 움직일 수 있

1) 우리 신경계는 크게 신체의 중심에 있는 중추 신경계와 신체의 주변에 있는 말초 신경계로 나뉜다. 중추 신경계는 뇌와 척수이다. 말초 신경계는 뇌신경과 척수신경들이다. 어떤 전기적 자극이 중추 신경계로부터 말초 신경계로 전달되는 과정을 motor(운동성)라고 말한다(신경근육 다발들이 협동하여 동시에 움직이게 함). 거꾸로 말초 신경계로부터 중추 신경계로 전달되는 과정을 sensory(감각성)라고 말한다. 운동성 및 감각성 신경계를 비유적으로 각각 '원심성' 및 '구심성' 신경계라고도 부른다. 뒤에 있는 본문의 〈그림 11-8〉에서는 중추 신경과 말초 신경을 각각 원심성 신경과 구심성 신경으로 언급한다.

는 기관을 그 주요 부분으로 갖고 있는 후두상부 구조는 '소릿길'(聲道)이라고도[2] 불린다. 소릿길은 조음에서 두 가지 기능을 실행한다. 첫째, 마찰음·파열음과 다른 자음들을 산출하기 위하여, 특정한 방식으로 공기 흐름을 좁게 하거나 방해한다. 둘째, 연속된 말소리들의 음색(*timber*)을[3] 늘이거나 줄여 조절하면서 울림통의 역할을 맡는다. 특히 이 음색은 구강·비강·인두강[4]들의 모양에 따라 달라진다. 제 11장 2절에서는 이들 세 가지 소리 기관에 대하여, 그리고 음성계획의 조음기관 실현에서 그것들의 역할에 대하여, 간략한 개관을 제시한다.

허파로부터 입술에 이르기까지 거의 모든 소리 기관들이 말소리에 단독으로 기여하는 것이 아니다. 다른 기능들을 뒷받침하며 서로 도와준다. 호흡 체계의[5] 주요 기능은 숨쉬기이다. 대기로부터 산소를 섭

2) vocal track은 소릿길 또는 한자어로 성도(聲道)로 부른다. 소리는 날숨 공기들이 공명을 얻어야 비로소 생겨난다. 소릿길은 공명통의 기능을 한다. 해부학 용어는 국립 국어원에서 펴낸《표준 국어대사전》과 "해부학 용어 사전"(http://anatomy.or.kr)에 있는 것들을 따르되, 괄호 속에 한자어를 적어 둔다.

3) 조성식 외(1990:1264)《영어학 사전》(신아사)에 보면, timber(음색/소리 색깔)는 두 가지 뜻으로 쓰인다. 하나는 개별 소리들 사이에 구별되는 진동수와 진폭이다. 다른 하나는 개인들 사이에 차이가 나는 소리의 성질을 가리킨다. 전자는 sound quality(음질, 소리 품질)이나 colouring(소리 색깔)이라고도 부른다. 후자는 voice quality(개인의 목소리 특질)이라고도 부른다. 여기서는 앞의 뜻으로 쓰였다.

4) 비록 한자어로 목구멍 후(喉)와 목구멍 인(咽)의 새김이 똑같지만 서로 구별하여 쓴다. 후두개를 연상하면 이 구분이 쉽다. 후두를 제외한 후두 윗부분을 인(咽)으로 쓴다. pharynx를 '인두'(목 윗부분)로, larynx를 '후두'(후두개를 포함한 영역)로 번역한다. 인두와 후두를 합쳐서 laryngopharynx〔인후〕로 부른다. 음식물을 삼킬 때에는 특별히 후두개가 목젖까지 치올라 간다. 그렇지만 평상시에는 한참 아래로 내려가 있다. 따라서 인두강(또는 인강)은 성대로부터 후두덮개를 거쳐 목젖 아래까지를 가리키게 된다. cavity(울림통)를 속이 빈 동굴 '강'(腔)으로 번역한다(구강, 비강, 인두강 등). 구강·비강·인두강은 울림통 구실을 한다.

5) 이 장에서는 특히 체계(*system*)·기관(*organs*)·구조(*structure*)란 용어가 '어

취하고 이산화탄소와 입김과 같은 노폐물을 몸밖으로 내보낸다. 후두는 음식물이 침투하지 않도록 성문(*glottal*)을 조절하여 호흡 체계를 보호해 준다. 후두상부 구조들은 음식물을 잘게 씹고 삼키는 데 쓰인다. 대체로 똑같은 근육 조직이 말소리의 산출에도 포함되어 있지만, 협력작동(*coordination*)의[6] 유형은 완전히 다르다. 말소리 조음에 대한 이론들은, 반드시 이런 협력작동의 '말하기 모습'을 설명해 주어야 한다. 그것들은 말소리 운동 제어에 대한 본질을 밝혀 준다. 즉, 음성계획들이 소리 기관들에 의해서 실행되는 방식을 구체적으로 명시하는 것이다. 제 11장 3절에서는 말소리 운동 제어에 대한 몇 가지 주요 이론을 개관한다. 비록 이들 이론이 아주 다르지만, 음성계획 또는 조음계획들을 놓고서 상대적으로 불변하는 또는 상대적으로 맥락에 영향받지 않는 본질에 대해서는 오히려 일반적인 합의가 있다. 지배적 맥락에 따라, 의도된 조음상의 목표를 실현하는 것이 바로 실행 운동 체계이다.

조음기관은 하나의 처리 구성부문으로서 입력물 표상을 산출물 표상으로 사상하지 않는다는 점에서 특별하다. 오히려 그것은 자신의 입력물 표상을 실행한다. 즉, 한 발화의 음성계획을 실행하는 것이다. 그 결과는 어떤 운동 유형이다. 어떤 것에 대한 정신 표상이 아니다. 우리는 음성계획이 죽 이어진 음절들에 대한 조음운동을 그것들의 모든 분절음 및 운율 매개인자들과 함께 구체화해 놓음을 살펴보았다. 언어형식 주조기의 산출물인 이 계획은, 정확히 조음운동의 실제 속도에 의존하지 않는 어떤 속도로 이용될 수 있다. 이는 그 음성계획에 구체화된 속도이다. 하나의 규칙으로서, 그 음성계획이 — 즉, 그 운

휘 사슬' 관계에 있다.

6) 제 11장 3절 6항에 있는 정의에 따르면, coordination(협력작동)은 하나의 기능이나 목적을 위해서 자동적으로(= 무의식적으로) 여러 근육들이 함께 작동하는 것을 말한다.

동 프로그램이 실행을 위해 이용될 수 있도록 유지되기 위하여 어떤 임시저장고가 필요하게 될 것이다. 우리는 제 11장을 이러한 이른바 조음 임시저장고(*Articulutory Buffer*)의 관리에 대한 연구를 개관하면서 시작할 것이다. 이는 음운 부호화 및 조음운동 사이에 있는 상호접속(*interface*)을 형성한다.

1. 조음 임시저장고 관리

음운 부호화 및 조음운동의 상호접속은 일정량의 음성계획을 임시로 저장할 수 있는 어떤 체계를 포함한다. 제 10장에서 음운 부호화 장치는 가장 작은 단위들로서 음운낱말들을 위한 계획을 조음기관에 전달한다고 제안하였다. 조음기관에서 음성계획이 이용될 수 있음에 따라, 그것은 '운동-신경 명령문'들로[7] 점증적으로 전개될 수 있다. 그러나 조음의 경로상 아주 엄격한 시간 제약이 있다. 유창하게 꾸준한 속도로 말하기를 유지하는 일은, 발화가 전개되어 나감에 따라 음성계획을 임시 저장할 수 있는 저장 기제를 필요로 한다. 아마도 그것은 소수의 음운구들을 포함할 수 있을 듯하다. 더욱이 그것은 말하기가 개시되기 위해서 반드시 최소량의 작동내용을 담고 있어야 한다. 아마 하나의 음운낱말만큼은 되어야 할 듯하다. 현재의 절에서는 이런 저장고의 관리를 다루어 온 일부 연구들 가운데, 특히 클랩·스떤버그(Klapp, Sternberg)와 그들의 동료들에 의해 이뤄진 업적을 논의할 것이다.

---

7) 원문의 instruction(지시내용)은 command(명령, 지령)이나 indication(지시사항)과 함께 비유적으로 쓰이고 있다(주인이나 상관이 하인 또는 하급자에게 명령하여 일을 시키는 모습). 모두 동일한 뜻이므로 여기서는 일관되게 '명령문'으로 번역해 둔다. 그리고 motoneural(운동-신경의)라는 용어는, 뒤에 neuromotor(신경-운동)라는 용어로도 쓰인다(차례가 서로 뒤바뀜). 이들은 신경을 통해 근육 운동을 일어난다는 점에서 모두 같은 것으로 판단된다.

단일한 낱말이나 숫자들이 큰소리 내며 읽히는 경우에, 그 자극의 기부로부터 측정된 '성대진동 개시'(*voice-onset*)[8] 대기시간이 그 발화에 있는 음절들의 숫자와 함께 증가한다는 점은 오랫동안 알려져 왔다(Eriksen, Pollack, and Montague 1970). 클랩 · 앤더슨 · 베리언(Klapp, Anderson, and Berrian 1973)은 이런 '음절 대기시간 효과'(*syllable latency effect*)가 입력물 (시각적) 처리에 기인하는 것이 아니라, 조음 반응의 준비에 기인하는 것임을 발견하였다. 그들은 우선 피험자들에게 동일한 숫자의 철자들을 담은 1음절 및 2음절 낱말들을 시각적으로 보여 주어(가령 clock〔괘종시계〕[9] 및 camel〔낙타〕) 발음하게 함으로써 음절 대기시간 효과를 되풀이하였다. '낱말 이름 부르기'(*word-naming*) 대기시간들은 유의미하게 평균 14ms로 차이가 났다(다음 〈표 11-1〉의 첫 번째 열을 보기 바람).

이는 낱말 지각 시간상의 차이에 기인한 것이 될 수는 없다. 의미 범주화 실험에서 그 낱말들을 발음하도록 요구되지 않은 경우에는 그 차이가 사라졌기 때문이다. 후자의 실험에서, 피험자들의 절반이 그 낱말이 동물이름(가령 camel〔낙타〕)인 경우에 '예'라고 대답하고, 그렇지 않다면 '아니오'라고 대답해야 했다. 피험자들의 나머지 절반은 그 낱말이 사물이름(가령 clock〔시계〕)인 경우에 '예'라고 대답하고, 그

8) 동일한 뜻으로 제 6장 5절 1항과 2항에서는 speech-onset latency(말소리 개시 대기시간)이란 용어가 쓰였다. 조음운동과 관련하여 쉽게 뜻을 새길 수 있도록 voice-onset을 '성대진동 개시'(또는 성대진동 시작)로 번역해 둔다. 이를 번역하지 않고 'VOT'(*voice onset time*, 성대진동 개시시간, 음성 개시시간)로 쓰기도 한다.

9) 영어는 어두 자음군을 허용한다. clock〔클락〕에서 'cl'은 허용되는 어두 자음군이며, 이들이 음절 기부를 이룬다. 전체적으로 보아 핵 모음 'o'를 중심으로 음절의 기부와 결부가 묶인 1음절 낱말로 간주된다. 하지만 영어와 같은 어두 자음군을 허용하지 않을 뿐만 아니라, 이른바 schwa(애매모음/약모음)로 불리는 '으'가 분명히 뜻을 구분해 주는 모음인 우리말에서는 이 발음을 2음절로 파악하게 된다.

〈표 11-1〉 1음절 및 2음절 낱말들에 대한 발음 대기시간
(Klapp 외 1973, 1976)

음절 숫자	낱말 이름 부르기	범주화하기	그림 이름 부르기	단순반응	발화 지속시간
1음절	518.4ms	695.6ms	619.3ms	310.8ms	495ms
2음절	532.8ms	697.4ms	633.3ms	312.5ms	494ms
차이	14.4ms	1.8ms	14.0ms	1.7ms	−1ms

렇지 않다면 '아니오'라고 대답하도록 지시되었다. 〈표 11-1〉의 두 번째 열에 주어져 있듯이, '예' 반응 대기시간이 실질적으로 1음절 및 2음절 낱말들에 대해서 동일하였다. 여기서는 오직 입력물 낱말들이 음절의 숫자에서 차이가 난다. 피험자들의 대답은 차이가 없다. 클랩·앤더슨·베리언(Klapp, Anderson, and Berrian 1973)은 자극이 이름을 불러줘야 할 (시계나 낙타 등의) 그림인 경우에도, 실지로 음절 대기시간 효과를 얻어내었다. 이런 조건에 대한 대기시간은 〈표 11-1〉의 셋째 열에 주어져 있다. 2음절 이름들이 1음절 이름들보다도 말소리가 개시되는 데에 평균 14ms가 더 걸렸다. 이는 인쇄된 낱말들의 읽기에 대해서 찾아진 것과 동일한 대기시간 차이이다. 비슷한 음절 대기시간 효과들이, 숫자 읽기에서도 찾아졌다. 가령 twenty seven(27)처럼 4음절 숫자를 읽는 것이, twenty six(26)처럼 3음절[10] 숫자를 읽는 것보다 성대진동 대기시간이 더 오래 걸려 일어났다. 실험 자료 및 추가 참고문헌들은 클랩(Klapp 1974)을 보기 바란다.

이들 대기시간 차이는 조음 반응의 준비과정에서 어디쯤에서 일어

10) 음절 박자 언어인 우리말과 음절 계산 방식이 다름에 주의하기 바란다. 영어에서는 인용 형태 〔투웬티〕가 〔투어니〕로 동화·약화되어 발음되며, 맨 앞 음절에 강세가 얹히어 '투어'가 1음절로 관념된다. 따라서 〔투어+니+세+븐〕은 4음절로 치게 된다. 또한 〔씩스〕에서 맨 마지막의 모음이 schwa(애매모음/약모음)이므로 음절을 이루지 못한다. 이는 1음절로 간주된다. 따라서 〔투어+니+씩스〕가 총 3음절로 간주하는 것이다.

나는 것일까? 그것들은 음성계획이 조음 임시저장고에 전달되기 전에 존재하는 것일까? 또는 오히려 본질적으로 그것들이 조음과정 도중에 존재하는 것일까? 다시 말하여, 조음 임시저장고로부터 그 낱말을 위한 음성계획이 인출되고 실행되기 위해서 '정보 꾸러미가 풀리는' 경우에 일어나는 것일까? 저자는 대다수 음절 대기시간 효과가, 임의 낱말의 계획이 그 임시저장고로 전달되기 전에 일어난다고 논의할 것이다. 그러나 저자는 계속하여 음성계획의 크기도(비록 꼭 그 음절들의 숫자가 아니라 하더라도) 또한 그 임시저장고로부터 인출의 대기시간에 영향을 미친다고 논의할 것이다. 더욱이, 인출된 음성계획을 풀어내는 과정에서, 작지만 일관된 음절 숫자 효과가 있다. 그 증거는 스떤버그(Sternberg)와 그의 동료들의 업적으로부터 나온다.

화자가 그 발화를 개시함이 없이도 사실상 음성계획을 마련할 수 있음이 기억되어야 한다. 교통신호 앞에서 대기하면서 화자는 그 불빛이 바뀌는 대로 즉시 '초록'을 말하려고 미리 준비할 수 있겠지만, 그 대답을 말하지 않은 채 그대로 있을 수도 있다. 그 불빛이 초록으로 바뀌는 경우, 그 반응시간은 300ms 정도로 짧게 될 수 있다. 그렇다면 이것이 그 대답을 시작하는 데 필요한 시간이다. 그런 대답은 '단순반응'이라고 불린다. 그 음절 대기시간 효과가, 일종의 음운 부호화일 것인가, 아니면 일종의 대답 개시일 것인가? 이를 검사하기 위하여, 클랩·앤더슨·베뤼언(Klapp, Anderson, and Berrian 1973)은 단순반응 과제를 이용하였다. 그 낱말이 읽기를 위해 화면상에 제시되었지만, 자극 개시 후 3초 지연시간을 두고 '가시오!'(Go)라는 신호가 나타날 때까지 화자에게 그 낱말을 말하지 않도록 요청하였다. 이는 화자에게 그 대답을 프로그램할 시간을 주었다. 화자는 이를 조음 임시저장고에다 마련해 두었다. 발음 대기시간이 '가시오!'(Go) 신호로부터 측정되었을 때, 앞에 있는 〈표 11-1〉의 넷째 열에 있는 값들이 얻어졌다. 이들 환경 아래에서는, 1음절 및 2음절 낱말들 사이의 발음

대기시간에서 전혀 차이가 없었다. 그러므로 음절 효과는, 실제 프로그래밍 효과 또는 음운 부호화 효과이다. 대답 개시 효과는 아니다.

그러나 2음절 낱말들을 프로그램하는 일이, 1음절 낱말을 프로그램하는 일보다 시간이 더 걸린 까닭은 무엇 때문일까? 클랩(Klapp)과 그의 동료들의 실험에서, 2음절 낱말들은 1음절 낱말들보다 단순히 음절이 더 길었던 것이다. 이것이 그것들의 부호화에서 시간이 더 많이 걸렸던 이유가 될 수 있었던 것일까? 비-언어적 운동반응을 측정한 실험들로부터, 시간이 더 길게 소요되는 반응들은 준비 시간을 더 많이 필요로 함이 알려졌다. 그렇지만 발화 지속시간은 음절 대기시간 효과를 설명할 수 없다. 뒤이은 연구로 클랩·어윈(Klapp and Erwin 1976)은 1973년 연구의 1음절 낱말과 2음절 낱말들에 대한 발화 지속시간을 측정하였다. 그 값은 앞에 있는 〈표 11-1〉의 맨끝 열에 제시되어 있다. 실질적으로 양자 사이에는 아무런 차이도 없다. 이는 제 10장에서 논의된 발화의 음절 의존 지속시간에 대한 관점에서 보면 놀랄 만하다. 그렇지만 피험자들이 개별적인 낱말들을 목록과 같은 모습으로 발음하는 경우에, 그 낱말들을 거의 똑같은 길이로 만들어 주는 경향을 지녔을 가능성이 있다. 1973년 실험에서도 피험자들이 동일한 일을 하였다는 점은, 그럴 가능성이 있지만, 당연한 것으로 간주되어서는 안 된다.

반응 지속시간이 계획 차이에 대한 원인이 될 수 없다고 가정하면서, 키일(Keele 1981)은 그 차이가 운동 프로그램(즉, 음성계획)의 계층적 본성으로부터 유래한다고 제안하였다. 특히 운율 생성기는 반드시 다중음절 낱말에서 음절들에 대한 상대적 시간안배를 세워 놓아야 한다. 이는 clock(1음절, 시계)보다 camel(2음절, 낙타)에 대해서 더 높은 프로그램 짜기 부담을 포함할 수도 있다. 비-언어적 반응(가령, 가볍게 두드리기)으로 이뤄진 연구들로부터, 어떤 반응(가령, 가볍게 두드리는 리듬)에서 요구된 시간안배 관계가 더 복잡하면 복잡할수록, 그 반응 대기시간이 더 길어지는 듯하다(Klapp and Wyatt 1976). 이런 견해에서 본다면, 음절 대기시간 효과는 운율 생성기가 2음절 낱말에 대한 음절들 사이의 지속시간 관련성을 계산하는 데에 필요한 별도의 시간에서 말미암을 수 있다.

대안이 되는 더 간단한 설명은 제 10장에서 제안된 것이다. 어떤 음운낱말에 대한 음성 내용명시에서, 음절 프로그램들이 순차적인 차례로 하나씩 전달된다. 따라서 음운낱말에 있는 음절들의 숫자가, 음성 내용명시에 대한 지속시간을 결정할 것이다. 만일 오직 전체 낱말들에 대한 계획만 조음기관에 전달된다면, 조음작용에 대해 단일 음절 낱말은 다중음절 낱말보다 더 일찍 이용될 수 있다. 바로 여기에 Wundt의 점증적 산출 원리로부터 흥미로운 일탈이 있다. 한 낱말의 첫 번째 음절이 프로그램이 끝나자마자, 조음기관이 곧장 작업을 시작할 수 없는 것이다. 자신의 첫 번째 음절에 대한 음성 프로그램 실행을 시작할 수 있기 전에, 그것은 반드시 전체 낱말을 기다려야만 하는 것이다.

이제 조음정보 풀어내기와 실행에 대한 대기시간 연구로 돌아가기로 한다. 스떤버그·몬슬·놀·롸잍(Sternberg, Monsell, Knoll, and Wright 1978)은 그들의 피험자들에게 보통 숫자상 낱말 하나로부터 다섯까지 걸쳐 있는 낱말 목록들을 발음하도록 요청하였다. 그 낱말들은 시각적으로 하나씩 제시되었다. 그러고 나서 4초 지연시간 뒤에 (채색된 사각형으로) '가시오!'(Go) 신호가 화면상에 나타났다. 피험자는 될 수 있는 대로 신속히 그 목록을 반복해야만 했다. 그러므로 이는 '단순반응' 과제였다. 마치 클랩·앤더슨·베뤼언(Klapp, Anderson, and Berrian 1973)의 단순반응 과제 조건에서와 같이, 피험자는 오직 조음 임시저장고로부터 준비된 음성계획을 인출하고 그 실행을 시작해야만 했다. 한 가지 주요한 실험 질문은 그 임시저장고에 있는 항목들의 숫자가 '가시오!'(Go) 신호로부터 측정된 성대진동 대기시간에 영향을 줄 수 있었는지 여부에 대한 것이었다.

스떤버그·몬슬·놀·롸잍(Sternberg, Monsell, Knoll, and Wright

1978) 은 모든 종류의 목록들을 이용하였다. 예를 들면 정상적인 순서나 또는 무작위 순서로 된 주일(*weekdays*), 오름차순이나 또는 무작위 순서로 된 숫자, 그리고 명사들의 목록 등이었다. 모든 경우에서, 그 결과는 본질적으로 동일하였다. 그 목록에 있는 항목들의 숫자가 늘어남에 따라, 1개의 추가 항목마다 대략 10ms 정도로 성대진동 대기시간이 증가해 나갔다. 한 낱말이 들어 있는 '목록' 한 장에 대한 발음을 시작하는 데 대략 260ms가 걸렸다. 두 낱말이 들어 있는 '목록' 한 장에 대한 발음을 시작하는 데에는 대기시간이 270ms였고, 세 낱말이 들어 있는 목록에서는 280ms였다.

스떤버그 · 몬슬 · 놀 · 롸잍(Sternberg, Monsell, Knoll, and Wright 1978) 은 이런 결과를 '인출 효과'로 해석하였다. 그들은 조음 임시저장고가 그 항목들을 담고 있는 순번 붙은 단지(*pot*) 와 같다고 가정한다. 1번 항목을 인출하기 위하여, 화자는 무작위로 항목을 하나 뽑고, 그것이 1번 항목인지 여부를 알아보기 위해서 그것을 검사한다. 만일 1번 항목이 아니라면, 다른 항목을 뽑아내어 검사한다. 1번 항목이 나타날 때까지 계속해 나간다. 이 시점에서 그 항목의 음성계획에 대한 정보가 풀려 해독되고, 그 명령문들이 신경-운동 기관에 보내어진다. 올바른 항목을 포함하여 검사된 항목들은 모두 도로 그 항아리 속으로 되돌려진다. 그리고 다음 항목을 위한 탐지가 시작된다. 이런 모형에서 목록상으로 1번 낱말을 찾아내는 평균 시간은, 명백히 그 임시저장고에 있는 항목들의 총 숫자에 달려 있다. 오직 한 항목만 있는 경우에, 그것은 첫 번째 뽑기에서 인출된다. 두 개의 항목이 있는 경우에, 인출은 한 번이나 또는 두 번 뽑아야 한다(평균 1.5번임). 세 개의 항목이 있는 경우에는 평균 2번 뽑아야 한다. 만일 한 번 뽑는 데에 20ms가 걸린다면, 그 목록에 있는 각 추가 항목들이 평균 성대진동 대기시간을 10ms씩 증가시켜 나갈 것이다.

추가로 이 모형에서는 흥미로운 예측을 한다. 두 번째 항목을 인출하는 일이, 바로 첫 번째 항목을 인출하는 시간만큼 걸릴 것이다. 왜냐하면 모든 항목들이 도로 그 단지 속으로 되돌려졌기 때문이다. 2번 항목을 인출하는 일도, 1번 항목을 인출하는 것처럼 복잡하다. 특히 그것은 똑같은 방식으로 그 목록에 있는 항목들의 총 숫자에 달려 있을 것이다. 각각의 추가 항목은 2번 항목에 대한 평균 인출시간에다 10ms를 더해 놓을 것이다. 사실상 이는 그 목록에 있는 모든 항목에 대하여 성립할 것이다. 그러므로 짤막한 목록보다 긴 목록에 대해서 말하기가 더욱 느려질 것이다. 그 목록에 있는 모든 추가 낱말에 대해서, 한 항목마다 말하기 지속시간이 10ms씩 늘어날 것이다. 그리고 거의 정확히 이것이 그들의 연구에 의해 밝혀진 내용이다. 더욱이 스떤버그(Sternberg)와 그의 동료들은 이들 10ms · 20ms · … 등등의 증가가, 그 낱말들의 마지막 부분에 영향을 주고 있음을 보여 주었다. 우리는 곧 이런 관찰을 다시 다루게 될 것이다.

한 가지 실험에서 스떤버그 · 몬슬 · 놀 · 롸읻(Sternberg, Monsell, Knoll, and Wright 1978)은 피험자들의 1음절 낱말로 된 목록들에 대한 수행과 2음절 낱말로 된 목록들에 대한 수행을 비교하였다. 그들은 신중히 그 낱말들이 부합되도록 만들어 놓았다. 가령, 다음처럼 짝을 지워 놓았다.

bay〔베이〕(만)	:	baby〔베이+비〕(아기)
rum〔뤔〕(술 종류)	:	rumble〔뤔+블〕(우르릉 천둥소리)
cow〔카우〕(소)	:	coward〔카+워드〕(겁쟁이)

이 실험에서 첫 번째 발견내용은, 모든 목록의 길이(1 · 2 · 3 · 4)에 대하여, 1음절 낱말 목록의 성대진동이 2음절 낱말 목록의 성대진동보다 대략 4.5ms 더 짧았다. 이는 〈표 11-1〉의 제 4열에 주어져 있는 클랩 · 앤더슨 · 베뤼언(Klapp, Anderson, and Berrian 1973)의 결과와 차

이가 남에 주목하기 바란다. 그들의 한 낱말 '목록'들은, 1음절 낱말과 2음절 낱말들에 대하여 똑같은 '단순반응' 시간을 보여 주었다. 이런 차이는 결코 만족스럽게 설명된 적이 없으며, 저자도 짐작을 추가해 놓지는 않을 것이다. 스떤버그·몬슬·놀·롸잍(Sternberg, Monsell, Knoll, and Wright 1978)은 그 임시저장고로부터 1번 항목을 인출함으로써, 추가적으로 그 구성요소 운동 명령문들이 이용될 수 있도록 하기 위하여 화자가 그 정보를 풀어 해독해야 하는 것으로 짐작하였다. 이렇게 풀어 해독하는 일은, 유형 및 크기에 달려 있다. 예를 들면, 2음절 낱말이 1음절 낱말보다 풀어 해독하는 일을 더 많이 담고 있다. 그리고 만일 그 목록이 1음절이 아니라 2음절 낱말과 함께 시작한다면, 첫 음절의 계획을 풀어 해독하는 일이 약간 추가된 ms시간을 소요할 것이다. 이는 첫 번째 음절의 조음동작이 시작될 수 있기 전에, 모종의 두 번째 음절을 풀어 해독하는 일이 실행될 것이기 때문이다.

이들을 모두 함께 고려한다면, 음절 대기시간 효과는 이중 기원을 지닌 듯하다. 클랩(Klapp)의 14ms 음절 효과가 음운 부호화의 하나이다. 반면에 스떤버그(Sternberg)의 4.5ms 효과는 정보 풀어 해독하는 일의 하나이다. 조음 임시저장고에 대한 스떤버그의 이론에서는 그것이 계층적으로 조직된 음성계획이나 또는 운동 프로그램으로 실리게 된다고 말한다(또한 Gordon and Meyer 1987을 보기 바람). 이 프로그램의 단위들은, 그 목록에 있는 낱말들(또는 곧 논의될 것이지만 오히려 음운구들)이다. 그 임시저장고에 있는 각 단위는, 그 음절들 및 그것들의 구성요소인 변이음(*allophone*)에 대하여 완전히 구체화된 하부 프로그램들로 이뤄진다. 조음 임시저장고로부터의 인출은 완벽한 임시저장 단위들을 포함한다. 즉, 그 목록에 있는 낱말(또는 구)들에 대한 완전한 음성계획들이다. 임의 단위를 인출한 뒤에, 그 음성계획이나 또는 운동 프로그램이 해독되어야 한다. 그럼으로써 그 운동 명령문들이 실행을 위해 이용될 수 있다. 이는 간단한 단위에서보다 더 복잡한 단위에서가 시간이 더 많이 걸린다. 1음절 낱말보다 2음절 낱말에 대한 것이 시간이 더 많이 소요된다. 다음 층위에서 단일 자음으로 시작되는 음절에서보다는 아마 어두 자음군으로 시작되는 음절에서가 시간이 더 많이 들 것이다.

지지될 수 없는 대안이 되는 다른 견해는, 조음 임시저장고가 (우리의 레마 주소지와 동등한) 낱말 층위의 주소지를 포함하지만, 더 추가적인 음성계획은 포함하지 않는다는 것이 될 듯하다. 임의의 단위를 인출함으로써, (대략 우리의 내용명시 절차들과 동등한) 그 낱말의 주소지가 열리게 될 것이며, 이용 가능한 조음운동 계획을 만들게 된다. 이런 견해에서는, 그 임시저장고가 조음운동의 임시저장고로 되지 않을 것이다. 이런 이론을 배척하기 위하여, 스떤버그 · 몬슬 · 놀 · 롸잍 (Sternberg, Monsell, Knoll, and Wright 1978)은 유의미한 낱말들의 목록 및 무의미한 낱말들의 목록을 놓고서 발화 대기시간과 지속시간들을 비교하였다. 만일 임시저장고에 있는 단위들이 조음 프로그램들이 인출된 뒤에 (저장 내용으로부터 내용명시되는 것이 아니라) 여태 구성되어야 할 무의미한 낱말이라면, 그 첫 번째 항목을 발화하는 데에 비교적 긴 성대진동 대기시간을 기대하고, 그 목록을 전체적으로 발화하는 데에 비교적 긴 지속시간을 기대할 것 같다. 무의미한 낱말들의 목록은, 음소 배열상 신중히 유의미한 낱말들의 목록들과 짝처럼 부합되어 있었다. 실험 절차는 핵심측면들에서 더 앞에서 본 연구와 동일하였다. 유의미한 낱말 목록 및 무의미한 낱말 목록들을 놓고서, 성대진동 대기시간 및 발화 지속시간들에 대한 결과는 거의 구별될 수 없는 것으로 드러났다. 스떤버그 · 몬슬 · 놀 · 롸잍(1978)은 유의미한 낱말이거나 무의미한 낱말이거나 상관없이, 두 경우에서 모두 임시저장고가 그 목록에 있는 모든 단위들에 대하여 완전히 조합된 프로그램들을 담고 있었다고 결론을 내렸다. 그렇기 때문에 그것이 진정한 조음 임시저장고인 것이다.

스떤버그 · 몬슬 · 놀 · 롸잍(Sternberg, Monsell, Knoll, and Wright 1978)에 따르면, 프로그램 짜기(즉 음성 부호화)와 임시저장고로부터 인출하고 해독하기 단계들에는 마지막으로 명령 및 실행 단계가 뒤이어진다. 여기서 운동 명령문들이 신경-운동 기제에 보내어지고, 그 반응이 실행된다. 임의 낱말의 지속시간은 그 실행시간이다. 스떤버그 · 롸잍 · 놀 · 몬슬(Sternberg, Wright, Knoll, and Monsell 1980)은 스스로 다음처럼 질문하였다. "실행시간이 인출시간에 의해 영향을 받을 것인가, 아니면 임의 낱말의 실행시간이 단순히 고정된 양일 것인가?" 인출 및 실행 과정들이 시간상 완벽히 안 겹치고 떨어져 있는 경우에, 그 목록에 있는 계속 이어진 낱말이 각각 발화되기 전에 짤막한 침묵을 기대할 것 같다. 이 낱말 앞쪽 쉼의 길이는, 그 목록에 있는 항목들의 총 숫자에 따라 달라질 듯하다. 즉, 추가되는 각 항목에 대해서 별도로 10㎳라는 시간이 더해질 것 같다.

별도의 인출시간으로 말미암아 이들 10㎳의 배수가 사실상 낱말들 사이에 있는 짤막한 쉼 위에 투사될 것인가? 그렇지 않다. 화자들이 실행하는 바는 선행 낱말의 마지막 부분을 늘여 놓는 것이다. 즉 그것은 그 발화의 실행을 길게 늘여 놓음으로써 인출시간을 '벌어 준다'. 스떤버그 · 롸잍 · 놀 · 몬슬(Sternberg, Wright, Knoll, and Monsell 1980)은 2음절 낱말들의 목록을 놓고서 신중하게 무엇이 일어났는지에 대해 분석하였다. 그 인출시간들은 거의 완벽하게 그 낱말들의 두 번째 음절에 의해 흡수되었음이 밝혀졌다. cooper〔쿠퍼〕(구리)라는 낱말의 두 번째 음절은, 그 낱말이 세 낱말로 된 목록의 중간에 나타난 경우보다도, 다섯 낱말로 된 목록의 중간에 나타난 경우에 더 길었다. 그렇지만 첫 번째 음절은 두 경우에서 대략 똑같은 길이였다. 명백한 해석은, ① 그 인출 과정이 다음 낱말이 발화되기 바로 전에 일어나며, ② 발화의 유창성이 선행 낱말의 마지막 부분을 확장해 늘임으로써 얻어진다는 것이다. 이는 묵음 박자들이 짤막한 쉼에 의한 것만큼이나 음절 천천히 늘여끌기에 의해서도 실현될 수 있다는 셀컥(Selkirk 1984a)의 개념을 뒷받침해 준다.

앞에서 낱말들보다 오히려 음운구들이 조음 임시저장고에 있는 운동단위임이 언급되었다. 스떤버그(Sternberg)는 그것들을 '강세군'이라고 불렀다. 스떤버그·몬슬·놀·롸잍(Sternberg, Monsell, Knoll, and Wright 1978)에서 싹튼 이 개념은, 어떤 추가실험 결과들에 근거를 두었다. 한 가지 실험에서 스떤버그·몬슬·놀·롸잍(1978)은 어떤 목록의 명사들 사이에다 허사들을 끼워 넣었다. 예를 들면, bay-rum-cow(만-술-소)는 다음처럼 제시될 수 있다.

bay and rum or cow
(만과 술이나 소)

이것이 다섯 가지 항목의 목록으로 '간주될' 것인가, 아니면 세 가지 항목의 목록으로 간주될 것인가? 그 자료의 분석에서는, 그것이 마치 세 가지 항목의 목록처럼 행동하였음을 보여 주었다. 각 목록에서 3개의 강세 받은 낱말이 있었기 때문에, 조음 임시저장고에 있는 운동 계획 단위들이 사실상 '강세군'이라는 짐작이 이뤄졌다. 여기서 강세군은 가령 'and rUm'〔앤 뤔〕과 같이 강세 받은 요소를 하나 담고 있는 작은 음운구에 지나지 않는다. 그러므로 그 짐작은 앞에 있는 제 10장에서 전개된, 음운구들이 음운 부호화의 중요한 단위들이라는 개념과 완전히 일치한다. 그 임시저장고가 잇따라 음운낱말들로 채워진다. 그 임시저장고가 무겁게 채워진 경우에는, 더 큰 음운구 단위들이 형성되는 것 같다. 이들 연구로부터 부각되어 나오는 그림은 다음 〈표 11-2〉에 요약되어 있다.

이런 그림은 자발적 발화에 대하여 어느 범위까지 타당할 것인가? 물론 일상생활에서 우리는 이따금 실제로 목록들(가령 전화번호들)을 재생한다. 더욱이 스떤버그 · 롸잍 · 놀 · 몬슬(Sternberg, Wright, Knoll, and Monsell 1980)의 실험에서는 그 목록들이 운율 깃든 총체로서, 즉 정상적인 쇠락 및 경계 어조들을 지닌 억양구로서 발화되었음이 수복되어야 한다. 더욱이 제 1단계 음운부호 계획과 제 4단계 실행이 언제나 정상적 발화의 일부였음은 의심할 나위 없다. 오히려 질문은, 정상적으로 유창한 발화에서 임시저장 및 정보 해독이 얼마만큼 실행되어야 하는지에 대한 것이다.

분명히 화자는 모든 세부사항들이 프로그램되기 전에 음운구 발화를 시작할 수 있다. 이는 어휘 앞(*prelexical*)의 주저거림 사례들로부터 명백해진다. 화자는 다음처럼 아주 정상적인 운율로 시작해 둔 음운구의 한 중간에서 멈춰야 할 경우도 있다.

〈표 11-2〉 발화 운동 제어에 있는 여러 국면

■ **제 1 단계: 프로그램 조립**
이는 음성계획을 산출물로 지닌 음운 부호화의 단계이다(제 8장~제 10장 참고). 음성계획은 음운낱말에 의해 하나씩 전달된 상세한 운동 프로그램이다. 그 과제가 요구하는 경우, 음성계획들이 조음 임시저장고에 저장될 수 있다. 바람직한 저장 보관단위들은 음운구이다.

■ **제 2 단계: 운동 프로그램 인출**
화자가 준비해 놓은 발화를 시작하려고 결정하는 경우, 그 운동 단위들(즉 그 음운구들에 대한 음성계획들)이 조음 임시저장고로부터 인출된다. 각 단위들을 인출하는 데 필요한 시간은 그 임시저장고에 있는 단위들의 총 숫자에 달려 있다.

■ **제 3 단계: 프로그램 하위정보(*subprograms*) 해독**
일단 인출이 이루어지면, 음운구에 대한 음성계획은, 운동 명령문들의 전체 계층을 이용할 수 있도록 하면서 해독되어야 한다. 운동단위들이 복잡하면 복잡할수록, 정보가 해독되는 데 시간이 더욱 더 많이 소요된다.

■ **제 4 단계: 운동 명령문 실행**
이 단계에서 운동 명령문들이 신경-운동 회로들에 보내지고 근육조직에 의해서 실행된다. 음절들은 이어진 항목의 음절 인출 대기시간을 흡수하기 위해서 천천히 늘여질 수 있다.

I saw him in … eh, in … eh, in Vallauris
(난 그를 에 …, 에 …, 〔프랑스 남부 해안도시〕 발로히에서 봤거든)

명백히, 여기서 실행을 위해 필요하였을 때에 그 지명(*Vallauris*)에 대한 임시저장은 말할 것도 없고, 완전한 프로그램이 아직 조립도 되지 않았다. 그럼에도 그 음운구의 전치사 in(에서)이 정상적으로 발화되었다. 아주 짧은 거리에서 실행이 음운 부호화를 뒤따를 수 있다. 완전한 음운구보다 더 작은 거리인 것이다. 아마 이 거리는 하나의 음운 낱말의 크기일 것이며(음운 부호화 장치에 의해서 전달된 가장 작은 '덩이'), 임시저장이 최소한도로 되거나 결여될 것이다. 반면에, 이따금 문법 부호화 및 음운 부호화가 신속한 단계를 밟아 진행될 수 있다. 따라서 정상적인 발화 속도에서 실행될 수 있는 것보다 좀더 큰 분량으로 된 이미 만들어진 프로그램이 이용될 수 있다. 그런 환경 아래에서 조음 임시저장고의 저장은 중요한 편의수단이 된다.

2. 발성기관 및 말소리의 기원

음성계획의 실행은 고도로 복잡한 근육조직의 협력작동을 포함한다. 다음 〈그림 11-1〉은 발화산출에 포함된 기관들을 보여 준다. 이하의 논의에서는 그 그림에서 호흡기 · 후두 · 후두상부 기관들로 분할한 내용을 따를 것이다.

1) 호흡 체계

평소 정상적인 호흡에서 양쪽 허파는 약 3리터의 공기를 담는다. 우리는 한 번에 약 0.5리터 정도를 들이마시고 내쉰다. 말하기에서는 한

번에 훨씬 더 많은 공기가 밖으로 나올 수도 있다. 3.5리터까지도 비정상은 아니다. 물론 이는 더 깊은 들숨을 필요로 한다. 말하기 동안에 숨 들이쉬기는 신속하다. 호흡주기의 15% 정도를 들숨으로 받아들이는 것이다(정상 호흡에서의 40%와 비교하기 바람). 말하기에서는 대부분(85%)의 호흡주기가 날숨이 차지한다. 이는 이내 10초 내지 15초가 소요된다(평상시 호흡에 걸리는 3초와 비교하기 바람).

들숨과 날숨은 흉부와 복부에 있는 다양한 근육들에 의해서 제어된다. 들숨 근육이 수축하면, 갈비뼈들에 의해 둘러싸인 흉강의 부피가 늘어난다. 따라서 낮아진 압력의 변화는 공기가 허파 속으로 흘러들어오게 한다. 평소 정상적인 호흡을 하는 동안에, 날숨은 주로 들숨근육

〈그림 11-1〉 말소리 산출에 관련된 호흡기・후두・후두상부 기관

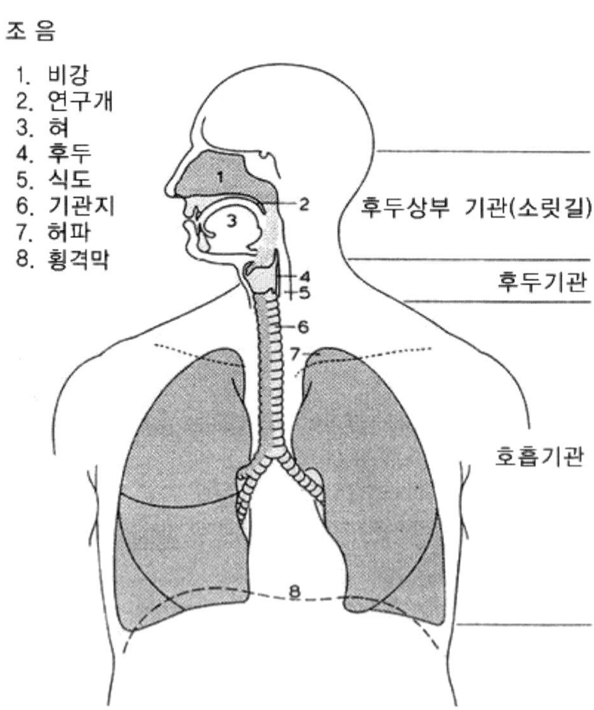

들을 이완시킴으로써 일어난다. 탄성으로 흉부가 도로 수축하는 일이, 날숨에 필요한 약간 밀도 높은 기압을 만들어 내기에 충분하다. 그렇지만 말하기에서 이 날숨의 개시단계 동안에 들숨근육들은 그 공기를 도로 꽉 붙들어둠으로써, 계속 신경을 자극하게 된다. 그런 뒤 그것들이 갑자기 이완되고, 흉부의 날숨근육들이 그 부피를 더 많이 압축하는 일을 맡는다. 좀 뒤에 날숨이나 말하기 단계 동안에 복부근육들이 수축을 시작할 수 있다. 결과적으로 횡격막은 그 부피가 더 많이 줄어들면서, 흉강 안으로 밀려 올라간다. 날숨 동안에 이런 복잡한 근육활동의 상호작동은, 발화산출 동안 오히려 일정한 공기압을 유지하도록 해 준다. 그럼에도 여전히 이런 기압에서 약간 줄어드는 기울기가 있다. 이는 발화의 경로에서 음높이 쇠락의 주요 원인이다(제 10장 3절 1항을 보기 바람).

2) 후두 기관

후두는 말하기에서 정상적으로 말소리 내기뿐만 아니라, 또한 속삭이기와 (남성의 높은 목소리로 꾸민 가성처럼) 다른 덜 일반적인 언어투식들에 대한 발성을 맡는다. 〈그림 11-2-a〉는 후두를 목 뒤쪽에서 본 그림을 나타낸다. 후두는 허파들에 이어져 있는 관인 기관(*trachea*)의 꼭대기에 자리 잡는다. 전체적으로 후두는 아래턱·머리뼈·가슴에 붙은 여러 외부근육들에 의해서 위아래로 그리고 앞뒤로 움직일 수 있다.[11] 이들 움직임은 방패 연골의 앞으로 튀어나온 부분인 '아담의 사

11) 후두는 다섯 개의 뼈로 되어 있다. 첫째, 방패 모양으로 생겼고 후두의 앞면과 좌우면을 감싸고 있는 가장 큰 연골(방패모양 물렁뼈, 甲狀 軟骨 *thyroid cartilage*)로서, 앞쪽에 있는 아담의 사과를 만질 수 있다. 둘째, 혀뿌리와 붙어 있는 뼈이다(목뿔뼈, 舌骨 *hyoid bone*). 셋째, 음식물이 숨구멍으로 들어가지 못하도록 후두를 덮는 후두개(*epiglottis*)이다. 넷째, 마치 옛날 도장을 새긴 반지처럼 생긴 연골(반지모양 물렁뼈, 環狀軟骨, 輪狀軟骨 *cricoid*

과'를 만져 봄으로써 쉽게 추적될 수 있다. 그것들은 특히 날숨 동안에 발음된다. 후두의 꼭대기에 후두개가 있다. 이는 후두의 출구를 덮어 보호할 수 있다. 음식물이 입에서 식도를 거쳐 위로 전달되는 경우에,

〈그림 11-2〉 (a) 목 뒤에서 본 후두, (b) 위에서 내려다 본 성대와 연골 (Calvert 1980)

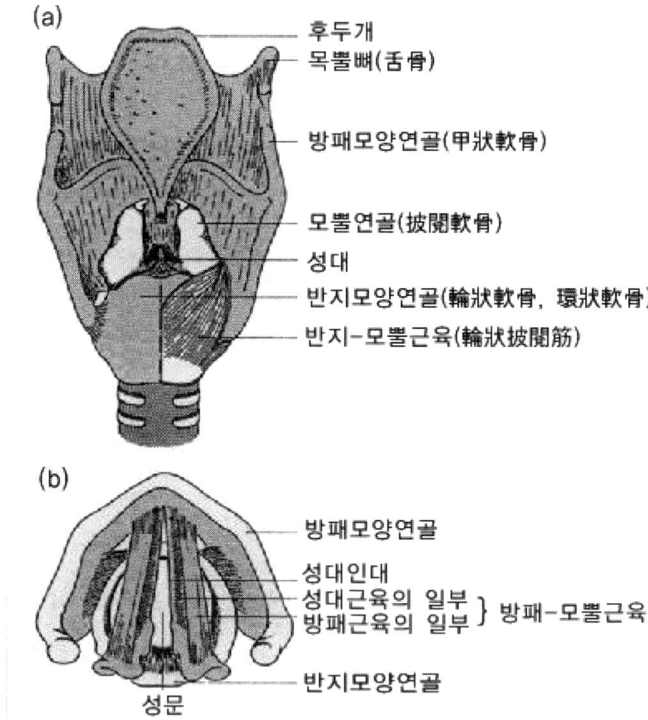

cartilage)이 있다. 마지막으로 성대가 붙어 있고 두 개의 주전자 모양의 연골(*arytenoid cartilage*)이 있다. 옛날에는 성대를 양옆으로 '젖혀 열어 놓는다'는 뜻으로 이를 피열〔披閱〕 연골이라고 불렀다(성대는 열어 젖혀지는 것이 아니고, 붙고 떨어지는 운동만 할 뿐임). 어원은 pitcher-shaped or like a ladle (주전자 또는 국자 모양의)이다. 《해부학 용어사전》(http://anatomy.or.kr)에서는 '모뿔' 물렁뼈라고 번역하였다.

삼키는 순간에 보호작용이 실행된다. 이들 순간에 또한 두 개의 다른 후두 폐쇄가 이뤄진다. 성문이 성대들에 의해서 닫히며, 단단히 닫아 놓기 위하여 (진짜 성대 조금 위에 있는) 가짜 성대들도 함께 움직인다. 말하기와 정상적 숨쉬기 동안에는 가짜 성대들이 활짝 벌려져 있다.

후두의 중심 부분은 성대주름('성대'라고도 불림)을[12] 중심으로 한 구조이다. 〈그림 11-2-b〉는 이 부분을 위에서 내려다 본 화살촉 모양의 그림이다. 성문(*glottis*)은 성대주름들 사이에 있는 공간이다. 이는 열리고 닫힌다. 대략 2㎝ 길이로 된 두 개의 성대주름은 삼각형 모습으로 열어 놓기 위해서 목 뒤쪽에서 서로 당겨 떨어질 수 있다. 그것들이 목 앞쪽에서는 움직일 수 없다. 앞쪽의 두 주름이 모두 (아담의 사과 바로 뒤에) 방패모양 연골에 붙어 있기 때문이다. 그러나 그것들이 목 뒤쪽에서 서로 갈라질 수 있다. 왜냐하면 각각 모뿔 연골에 붙어 있고, 이들 두 연골이 그것들에 붙어 있는 일련의 근육들—즉 각각 뒤쪽과 옆쪽의 반지-모뿔(*cricoarytenoid*) 근육들에 의해서 벌어지거나 모아질 수 있기 때문이다. 성대주름들은 또한 그것들이 접촉하는(그리고 최대한도로 진동하는) 부분만 제외한다면, 대체로 근육 조직이다. 즉, 이들 주름 부분은 인대인 것이다. 성대주름에는 두 종류의 근육이 있다. ① 세로 방향의 '방패' 근육(*longitudinal thyromuscularis*)은 성대가 수축되는 경우에 성대주름을 줄여 놓는다. 따라서 그것이 붙어 있는 모뿔 연골은 앞 방향으로 옮겨진다. 그 연골을 도로 제자리로 당겨 주는 반작용 근육이 '반지-방패' 근육들이다. 그것들의 수축은 성대주름들이 더 길어지며 더 팽팽해지도록 해 준다. ② 성대근(*vocalis*)이 인대

12) vocal cord(성대/소리 줄)라는 말은, 현악기의 줄이 소리를 내듯이, 우리 목소리도 줄에 의해서 소리가 난다고 잘못 추정했던 때의 유산이다. 이를 대신하여 뒤에 성대주름(*vocal folds*)이란 용어가 나왔다. 성대주름은 연속적으로 재빨리 서로 붙고 떨어지는 운동만을 할 뿐이다. 이 과정에서 나온 공기덩이(*puffs*)들이 계속 쌓이며 후두강과 구강 또는 비강에서 공명을 일으키게 된다.

조직에 붙어 있으며, 그 인대의 만곡에 영향을 줄 수 있다.

소리를 내는 일은 호흡 체계에 의해서 기압이 수립되는 동안, 두 성대주름이 가까이 서로 당겨지는 경우에 생겨난다. 그 기압이 충분히 높으면 성대주름이 터져 벌어지며 공기덩이를 방출한다. 이것이 이번에는 잠시 성문하부 기압의 저하를 초래한다. 이것이 다시 그 성문이 닫히도록 만든다. 그 주기는 저절로 율동 있게 반복된다〔이것이 '베르누이 효과'(*Bernoulli effect*)로 불림〕. 성문은 공기덩이의 주기적 연속체를 방출한다. 이들 공기덩이의 평균 주파수(*frequency*)는 여성 목소리에서 대략 200Hz이며, 남성 목소리에서 100Hz이다. 한 시점에서의 실제 주파수는 그 말소리의 기본 주파수(*fundamental frequency*) 또는 F_0라고 불린다(뒤에 나온 〈그림 11-7〉 아래의 설명을 참고하기 바람).

하나의 공기덩이(*puff*)가 나오는 동안에 기류의 유출량은 우선 거의 선적으로 증가한다. 그런 뒤 동일한 방식으로 다시 감소한다. 〈그림 11-3-a〉는 하나의 단일 공기덩이에 대한 이런 유형을 보여 준다. 만일 단독으로 이런 유형의 정규적 반복내용을 들을 수 있다면, 그것은 소리굽쇠의 부드러운 음이 아니라, 아마 오보에 진동판(*oboe reed*)의 날카로운 음을 닮았을 듯하다. 소리굽쇠 소리는 공기 이동이 정현곡선(*sinusoidal*)인 경우에 만들어진다. 물리적으로 말하면, 〈그림 11-3-a〉의 톱날 유형이 지속적으로 반복되는 경우에 일련의 정현곡선 구성성분들의 총합으로 구성될 수 있다. 동일한 소리가 다음과 같은 종류의 소리굽쇠들 한 다발에 의해서도 산출될 수 있다. 큰 소리굽쇠가 기본 주파수에서 진동한다(가령 200Hz라고 하자). 다소 더 작은 소리굽쇠가 정확히 한 옥타브 더 높이(즉 400Hz에서) 진동한다. 더 작은 3분의 1배 소리굽쇠가 더 높은 주파수(즉 600Hz)로 진동한다. 그리고 여전히 더 작은 소리굽쇠들이 800Hz에서, 1,000Hz에서, 1,200Hz에서 진동한다.[13] 5,000Hz나 6,000Hz 이상의 주파수에서 진동하는 아주 작은 소리굽쇠들은 소리 사이를 구별해 주는 데에 무시할 수 있다.

〈그림 11-3〉 (a) 하나의 단일 성문 공기덩이에 있는 기류의 증가와 감소(Denes & Pinson 1963), (b) 200㎐ 성문 공기덩이 유형의 스펙트럼(분음도) 분석

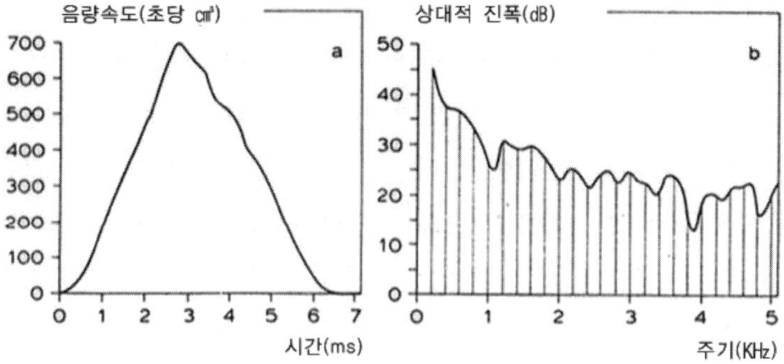

〈그림 11-3-b〉는 각각의 소리굽쇠에 의해 산출된 소리 강도를 데시벨(dB)로 표시해 준다. 하나의 막대는 하나의 소리굽쇠에 해당한다. 그 강도가 200Hz 소리굽쇠에 대해서는 높고, 더 높은 주파수를 지닌 소리굽쇠들에 대해서는 강도가 감소해 간다. 성문 공기덩이들의 정상적인 열은 이런 소리굽쇠들의 다발에 의해서 정확히 모방되기 때문에, 〈그림 11-3-b〉는 〈그림 11-3-a〉에서와 같이 공기덩이들로 이뤄진 톱날 모양의 진동 유형에 대한 스펙트럼(분음도) 분석으로 간주될 수 있다. 달리 말하여, 성문에 의해서 산출된 200Hz 진동에 대한 스펙트

13) 김기호 · 양병곤 · 고도흥 · 구희산 뒤침(2000:39쪽 이하) 《음성과학: 조음 · 음향 · 청각음성학》(한국문화사)에 보면 주기를 갖는 복합음이 어떻게 만들어지는지를 쉽게 설명하고 있다. 주기적 복합음은 늘 기본주파수의 정수 배로 음이 계속해서 만들어진다. 기본주파수가 여기서처럼 200Hz라면, 제 2배음은 400Hz, 제 3배음은 600Hz, 제 4배음은 800Hz 등으로 계속 이어지는 것이다. 그곳에서는 이런 배음(조화음) 열의 생성을 현을 갖고서 설명한다. 제 1현의 길이가 100이라면, 제 2배음은 그 현의 절반인 50에서 산출된다. 제 3배음은 다시 원래 현의 3분의 1에서 산출되고, 제 4배음은 원래 현의 4분의 1에서 산출된다. 제 n배음은 원래 현의 n분의 1에서 산출된다. 이렇게 합성된 복합음의 정현곡선은 아주 복잡해지겠지만, 청자가 지각하는 음은 복합음의 기본 주파수라고 한다. 이 예에서는 200Hz의 주파수로만 듣는 것이다.

럼 분석인 것이다. 이 음은 (정현곡선으로 된) 순음 200Hz 음에다, 다시 줄어드는 각 배음들(400Hz, 600Hz, 800Hz 등등)의 총량을 합친 것으로 이뤄진다. 이들 더 높은 구성성분들은, 그 음에 음색(*timber*)을 제공한다. 기본 주파수 구성성분(현재의 예에서는 200Hz임)이 또한 첫 조화음(*harmonic*, 배음)이라고도 불린다. 첫 번째 얹히는 400Hz의 음은 두 번째 조화음(배음)이 된다. 〈그림 11-3-b〉에서 각 조화음(배음)에 대한 강도는, 수직 막대로 제시되어 있다. 막대들을 이어주는 울퉁불퉁 요동치는 선은 '스펙트럼 물결선'이라고 불린다. 성문이 200 Hz 이상에서 서로 다른 주파수로 진동하는 경우에, 스펙트럼 물결선은 대체로 동일하다. 오직 막대들의 간격만이 변동되는 것이다. 그 음높이에 상관없이 스펙트럼 물결선은 주기를 지닌 말소리의 음색에 대한 유용한 특성이 된다.

말소리의 음높이 형상들은 기본 주파수 F_0를 다양하게 함으로써 실현된다. 성대주름들의 진동 주파수는, 대략 두 옥타브의 범위에 걸쳐서 변동할 수 있다(전문 직업 가수는 훨씬 더 잘할 수 있음). 그렇지만 평소 말하기에서는 보통 한 옥타브를 넘지 않는다. 이런 주파수는 다양한 요인들에 대한 복합함수이다. F_0는 성문하부 기압과 함께 변동된다. 이미 살펴보았듯이, 이것이 말하기에서 음높이 쇠락의 주요 요인이다. F_0는 또한 성대의 길이 및 긴장에 의해 실질적으로 영향을 더 입는다. 이들 두 가지 요인은 상반된 효과를 지닌다. 길게 늘이기는 기본 주파수 F_0를 감소시킨다. 긴장하기는 기본 주파수 F_0를 증가시킨다. 반지-방패(*crycothyroid*) 근육이 성대주름들을 길게 뻗으면, 길게 늘이기 및 긴장하기가 둘 모두 있다. 마치 고무줄을 늘여 뻗는 경우처럼, 긴장 효과가 늘이기 효과를 압도한다. 결과적으로 기본 주파수가 증가하게 된다. 성대주름들의 긴장을 제어하는 작은 근육들이 큰 호흡 근육들보다 훨씬 더 신속하게 조정될 수 있다. 따라서 발화에서 숙달된 신속한 음높이 운동은 주로 후두근육들에 달려 있다.

말소리의 크기(*loudness*)는 대체로 성대주름 진동의 강도에 의해서 결정된다. 이 강도는 부분적으로 성문하부 기압에 달려 있다. 그 기압이 높으면 높을수록 기류가 더 빨라지고, 그 말소리가 더 커진다. 진동의 강도도 또한 실질적인 정도로 성문 개방의 크기에 달려 있다. 엄격히 말하여, 공기덩이들 사이에 있는 각 시점마다 성문이 전적으로 완벽히 닫힐 필요는 없다. 성대주름들 사이에 쐐기(V) 모습의 약간 개방이 있는 경우에도 또한 '베르누이 효과'가 일어날 것이다. 결과적으로, 일부 공기는 자신의 에너지를 성대주름에 전달하지 않은 채 나가버릴 것이며, 그 진동이 약화된다. 에너지 소모에서 큰 소리 및 부드러운 소리 사이의 차이는, 단위 시간당 교체된 공기의 양으로 측정된 경우 아마 아주 작을 것이다.

속삭이기에서는, 성문이 많이 열려서 성대주름의 진동이 더 이상 주기적으로 일어나지 않더라도 공기가 그 사이를 통과하는 경우에, 여전히 그 공간이 좁아서 '쉬'하는 소음(*hissing noise*)이 만들어져 나온다. 이런 방식으로 말소리가 조음되는 경우에는, 말소리의 유성음 부분들이 '쉬'로 된 부분들에 의해서 대치된다.

3) 소릿길

후두상부 체계 또는 소릿길(聲道)은 후두개와 입술과 코 사이에 있는 기관들로 이뤄진다. 〈그림 11-4〉는 이들 기관을 보여 준다.

소릿길은 주요한 세 가지 울림통(腔)으로 이뤄진다. 인두강(또는 목)·구강·비강이다. 인두강과 구강은 본래 움직일 수 있으므로 유연하지만, 비강은 고정된 기관이다. 이들 세 가지 울림통(腔)은 소릿길의 공명 성격들을 결정해 놓는다. 기류의 유출을 좁혀 주는 장소 및 방식은, 말소리 분절음들의 적정한 조음을 결정해 놓는다.

〈그림 11-4〉 소릿길(Calvert 1980)

1. 비강
2. 경구개
3. 연구개
4. 구강
5. 잇몸 융기(齒槽)
6. 입술
7. 이
8. 혀
9. 코-목 출입문
10. 목젖
11. 편도
12. 인두
13. 후두개
14. 후두
15. 반지모양 연골
16. 성대주름
17. 방패모양 연골
18. 기관
19. 식도

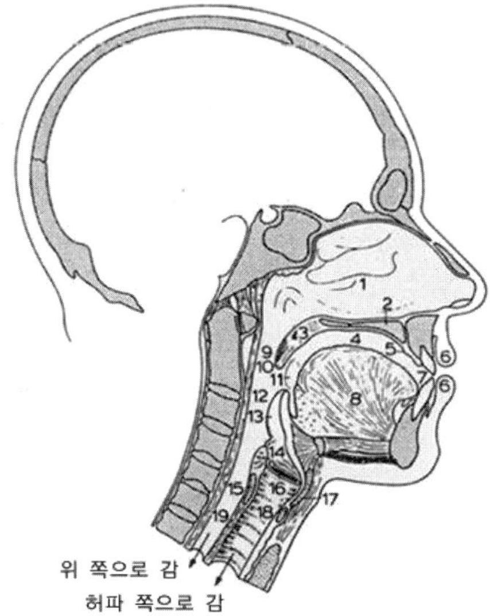

■ 공 명

이들 세 가지 울림통(腔)은 각자 성대주름에 의해 산출된 웅웅거리는(*buzzing*) 소리와 함께 공명을 일으킬 수 있다. 비강을 살펴보기로 한다. 비강은 후두와 개방 연결이 있는 경우에, 말소리의 음색을 만들어 내는 데 참여한다. 이는 코-목 출입문(*nasopharyngeal port* 鼻咽頭門)을 열어 주기 위해 아주 유연한 기관인 연구개 또는 연한 입천장이 앞쪽으로 움직이는 경우에 생긴다. 이는 호흡에서 정상적인 위치이다. 이렇게 열린 출입문과 더불어 산출된 말소리는, 특징적인 '콧소리 음색'을 지닌다. 이것이 자음 〔m〕, 〔n〕, 〔ŋ〕의 조음 특징이다. 영어 chance〔촨스〕(기회)나 불어 en〔앙〕(하나의)에 있는 모음처럼, 비음화된 모음의 조음 특징이다.

이런 특별한 음색은, 비강이 성대주름들에 의해 산출된 그 소리의 에너지 스펙트럼(분음도)에 영향을 주기 때문에 생겨난다. 성문에서

〈그림 11-5〉 비음〔m〕의 스펙트럼(분음도) 물결선

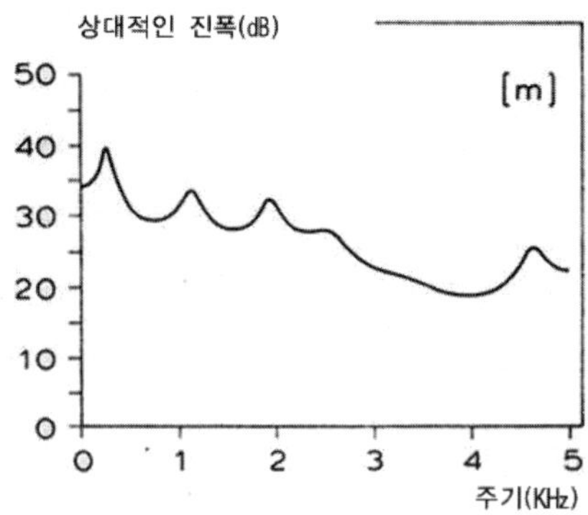

산출된 웅웅거리는 소리의 스펙트럼(분음도)은, 앞에서 본 〈그림 11-3-b〉에 주어져 있다. 거기에 점차 감소하는 강도의 마루들에 대한 열이 있다. 기본 주파수 F_0로부터 대략 5㎑까지 확장되어 있다. 비강은 높은 주파수 범위에 있는 에너지를 감폭시키거나 약화시켜 줄 것이며, 아주 낮은 범위(대략 200Hz 정도)에 있는 에너지를 증폭시켜 줄 것이다. 결과되어 나오는 스펙트럼(분음도) 물결선은, 〈그림 11-5〉에 주어진 것과 같다. 이는 〔m〕 소리에 대한 분석이다.

비강이 결코 말소리 음색을 만들어 주는 데 포함된 오직 유일한 울림통이 아니다. 후두와 비강 사이를 매개해 주는 기관인 인두가, 모든 비음과 모든 비음 아닌 소리들의 산출에 반드시 포함된다. 인두의 모양이나 또는 목구멍은 고정되어 있지 않다. 먼저 인두가 스스로 좁혀질 수 있다. 이는 특히 음식물을 입으로부터 식도로 옮겨주는 연동운동을 하는 동안에 생겨난다. 둘째, 그것이 특별한 일련의 올림근육(擧筋)들에 의해 들리고 넓혀질 수 있다. 셋째, 연구개의 위치에 따라서 그 모양새가 바뀐다. 후두의 모양새는 각각 말소리의 음색에 대하여 그 나름의 효과를 지니게 될 것이다.

입(*mouth*)의 공명 속성들은 '아래턱·혀·위아래 입술·입천장'의

위치들에 달려 있다. 이들이 모두 독자적으로 움직일 수 있다. 아래턱은 위아래로, 앞뒤로, 옆으로 움직일 수 있다. 말소리와 관련되는 것은 주로 '위아래' 운동이다. 그것은 구강의 부피를 현저하게 줄이거나 늘일 수 있다. 구강 용적이 작아지면 더 높은 주파수가 증폭된다. 구강 용적이 커지면 더 낮은 주파수들이 더 우세해진다.

아마 말소리의 조음에 가장 중요한 기관인 혀는 아주 융통성 있는 기관인 듯하다. 계통 발생학적으로만 보면, 혀의 역할은 특히 입안에서 음식물을 씹는 동안 음식물을 옮겨 주고, 침과 음식물 덩이를 인두로 내려보내는 것이다. 혀는 또한 중요한 감각 기능인 맛의 본거지이다. 혀는 외부근육과 내부근육들로 이뤄지며, 이것들에 의해서 움직인다. 외부근육들은 머리뼈와 후두에 붙어 있다. 대부분의 혓몸은[14] '턱끝 혀근육'(*genioglossus* 頤舌筋)으로 이뤄져 있다. 아래턱에 있는 구강 앞쪽으로부터 시작하여, 혀의 뒤·가운데·앞까지 뻗어 있는 외부근육이다. 혀를 움츠리거나 내뻗음으로써, 그리고 혀를 아래로 깔아 내리거나 들어올림으로써, 그 근육은 강력하게 구강의 모습에 영향을 줄 수 있다. 혓몸에 두루 걸쳐, 가로와 세로로 뻗어 있는 내부근육들은, 여러 가지 방식으로 더 세밀한 구강 모양새에 영향을 미친다. 혀를 더 길게, 그리고 더 좁게 만들 수도 있다. 혀를 두껍게 그리고 평평하게 만들 수도 있다. 혀끝을 위나 아래로 움직일 수도 있다. 위쪽 표면을 볼록하거나 오목하게 만들 수도 있다. 이들 운동이 모두 공명에 관련되고 자음들의 조음에 관련된다.

입술은 pit〔핕〕(구덩이)에서와 같이 평평하게 폄으로써, 그리고 put〔풑〕(두다)에서와 같이 둥글게 말아 줌으로써, 말소리의 음색에 가

---

14) '혓몸, 혀끝, 혓날'은 국어사전에 표제 항목으로 올라 있지 않다(혓밑, 혓바닥, 혓소리, 혓줄기 등은 표제자임). 아마 자주 쓰이지 않기 때문일 것이다. 이들도 모두 하나의 낱말이어서, 〔현몸〕이나 〔현날〕과 같이 낱말 내부의 음성 변화를 초래한다. 여기서는 모두 일관되게 사이시옷 표기를 채택해 둔다.

장 두드러지게 영향을 준다. 위아래 입술을 둥글게 하고 앞으로 삐죽 내미는 일은, 입을 벌려 여는 주변에 있는 내부근육인 '입 둘레 근육'(*orbicularis oris* 球輪筋)에 의해서 만들어진다. 다른 근육들은 위아래 입술을 안으로 그리고 밖으로 움직일 수 있다. 입의 가장자리들을 위 또는 아래로 끌어당길 수 있다. 입술근육과 다른 얼굴근육들은 입말 의사소통을 하는 동안에 얼굴 표정에서 중요한 역할을 맡는다. 이들 표정이 대화 상대방에게 시각적인 비-공식 신호들을 제공해 줄 수 있는 것이다(제 2장 1절 2항을 보기 바람).

목젖은 입천장에서 유일하게 움직일 수 있는 부분이다. 입천장은 잇몸 융기(齒槽), 구강의 천장을 만드는 경구개, 연구개로 이뤄진다. 우리가 살펴보았듯이 말하기에서 연구개의 주요 기능은 비강을 열고 닫는 것이다. 그렇게 하면서 그것은 입의 모양새에 영향을 준다.

세 가지 소릿길의 울림통 모습은 한 언어의 모음들에 대하여 특징적 음색을 결정해 준다. 특히 구강이 그러하다. 모음 음색에 대한 주요한 구강의 기여 요인은 혀와 입술의 위치들이다. 위아래 입술에 관한 한, 특히 논의거리가 되는 것이 원순화(그리고 조금 앞으로 튀어나옴)이다. 모음들의 음질에 대한 혀의 기여는, 대체로 혓몸의 위치를 조절하는 외부근육들의 활동에 달려 있다. 이는 높고(입천장에 가까워짐) 낮음 사이에서, 그리고 입의 앞과 뒤 사이에 변동한다. 이들 위치와 거기에 맞는 영어 모음들이 〈그림 11-6〉에 도표로 그려져 있다.

〈그림 11-6〉에 있는 모음들은 스펙트럼(분음도) 속성에서도 체계적으로 차이가 난다. 다음의 〈그림 11-7〉에서는 4개의 모음 〔ɛ〕, 〔ʌ〕, 〔i〕, 〔æ〕에 대한 스펙트럼(분음도) 물결선이 주어져 있다.

〈그림 11-7-a〉는 〔ɛ〕에 대한 스펙트럼(분음도)을 나타낸다. 이 그림으로부터 소릿길은 특히 500Hz와 1,700Hz와 2,400Hz의 범위에 있는 주파수로 공명됨을 살펴볼 수 있다. 스펙트럼(분음도)에 있는 이들 마루는 제 1, 제 2, 제 3포먼트(*formant*, 공명마루)[15] 또는 F_1, F_2, F_3으

〈그림 11-6〉 8모음의 혀 위치(Denes and Pinson 1963)

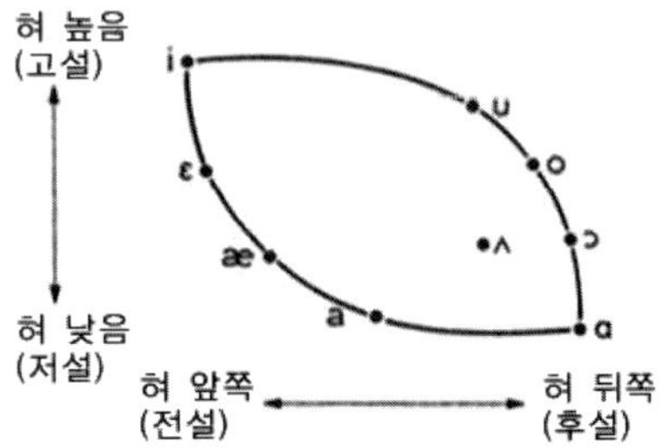

로 불린다. 성대주름의 진동 주파수가 F_0로 불렸음을 기억하기 바란다.[16] 스티븐스(Stevens 1983)가 지적하였듯이, 〔ε〕와 같은 전설모음

15) formant는 외래어로 '포만트' 또는 '포먼트'를 쓰거나, 아니면 번역 용어를 만들어서 조성식 외(1990:440) 《영어학 사전》(신아사)에서 '형성음'(形成音), 황귀룡 역(1994:236) 《음성학 입문》(한신문화사)에서 '음형대'(音形帶), 고도흥·구희산·김기호·양병곤 역(1995:71) 《음성언어의 이해》(한신문화사)에서 '공명 주파수'를 쓰기도 한다. formant는 어떤 음(특히 주기파이므로 모음들에만 해당함)의 공명 주파수에서 마루들을 가리킨다. 따라서 이 뜻에 충실한 용어를 만들면 '공명 주파수 마루'이다. 간단히 '공명마루'로 부를 수도 있다. 한편 Borden et al. (1994, 김기호·양병곤·고도홍·구희산 역 2000: 111) 《음성과학: 조음·음향·청각음성학》(한국문화사)에 보면, 제 1포먼트(공명마루)는 입을 여닫는 것에 따라 민감히 달라지고, 제 2포먼트(공명마루)는 구강 속의 혀와 턱의 동작에 따라 민감히 달라지며, 제 3포먼트(공명마루)는 전방 수축과 후방 수축에 따라 민감히 달라진다. Clark and Yallop (1995, 구희산·고도홍·양병곤·김기호·안상철 역 1998:422~23) 《음성학과 음운론》(한신문화사)에는 소릿길 면적 함수와 포먼트(공명마루)의 관계를 언급하고 있다.

16) Borden et al. (1994, 김기호·양병곤·고도홍·구희산 역 2000:116) 《음성과학: 조음·음향·청각음성학》(한국문화사)에서는 성대를 통과할 때의 기본 주파수 F_0가 〔i〕를 만들어 내기 위하여 울림통 역할을 하는 소릿길을 통과하면서 어떻게 F_1, F_2, F_3으로 바뀌는지를 도표로 그려 놓았다. 성대의 동일한 기본 주파수로부터 시작하므로, 본문에 있는 그림에서는 첫 출발 진폭이 모두 동일한 지점으로 표시되어 있음에 주목하기 바란다. 고도홍·구희산·김기호·양병곤 역(1995:71) 《음성언어의 이해》(한신문화사)에서는 성대를 막 통과해 나오는 F_0를 '배음 주파수'(정수 배로 계속 늘어남)로, 소릿길이라는 울림통을 거쳐 나오는 F_1 등을 '공명 주파수'로 번역하였는데, 배음 주파수는 성대에 의

〈그림 11-7〉 모음 [ɛ],[ʌ],[i],[æ]의 스펙트럼(분음도) 물결선(Stevens 1983)

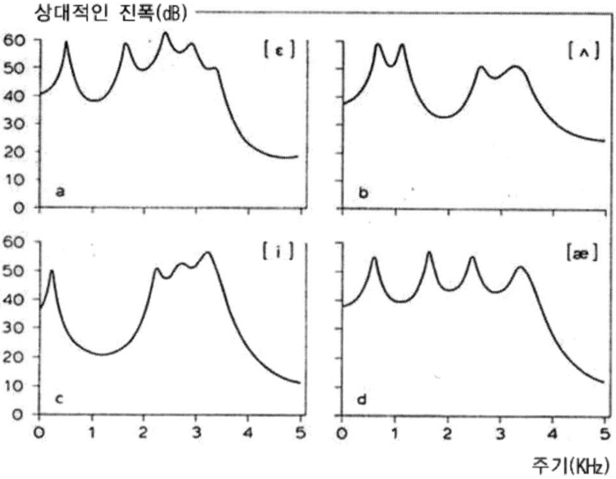

에 대해서는, 제 1포먼트(공명마루) F_1과 제 2포먼트(공명마루) F_2가 전형적으로 아주 멀리 떨어져 있다. 이를 식별하기 위하여, [ɛ]의 스펙트럼(분음도)을 〈그림 11-7-b〉에 주어진 후설모음 [ʌ]의 스펙트럼(분음도)과 서로 비교해 보기 바란다. 〈그림 11-7-b〉에서는 제 1포먼트(공명마루) F_1과 제 2포먼트(공명마루) F_2가 서로 아주 가까이 있다. 달리 말하여, 전설모음들은 전형적으로 높은 주파수 대역에서 밀집된 공명을 보여 준다. 반면에 후설모음들은 낮은 주파수 대역에 그 에너지가 집중되어 있다.

고설모음과 저설모음도 또한 그 스펙트럼(분음도) 물결선에서 체계적으로 차이가 난다. 〈그림 11-7-c〉와 〈그림 11-7-d〉는 각각 고설모음 [i]와 저설모음 [æ]에 대한 스펙트럼(분음도)을 나타내어 준다. 둘 모두 제 1포먼트(공명마루) F_1과 제 2포먼트(공명마루) F_2의 특징적 확

해 정해지고, 공명 주파수는 소릿길에서 결정되는 것이므로, 배음 주파수와 공명 주파수가 일치하지 않음을 지적하고 있다.

대 분포를 지닌 전설모음이다. 스티븐스(Stevens 1983)에 따르면, 그것들의 핵심적 차이점은 제1포먼트(공명마루) F_1의 위치이다. 〔i〕와 같이 고설모음은 아주 낮은 수파수 범위에서 제1포먼트(공명마루)를 갖는다. 반면에 〔æ〕와 같이 저설모음의 제1포먼트(공명마루)는 실질적으로 주파수 범위가 더 높다.

모음 스펙트럼(분음도)들에 대한 이들 정적인 그림은, 모음들이 조음되는 동안에 자신의 스펙트럼(분음도) 속성을 바꾸지 않는다는 착각을 제공해서는 안 된다. 유창한 발화에서 한 모음의 특징적 스펙트럼(분음도)은, 있다 하더라도 오직 짤막한 순간 동안만 생겨난다. 어떤 특정 모음에 대하여 소릿길이 이상적인 모습에 접근하는 정도는, 그 모음이 실현되는 맥락과 그 말하는 속도에 달려 있다. 더욱이 스펙트럼(분음도)을 변화시킴으로써 성격이 갖춰지는 모음들도 있다. 이들은 '이중모음'이라고 불린다. 영어의 이중모음은 다음과 같다.

night〔나잍〕(밤)에 있는 〔aɪ〕,
toy〔토이〕(장난감)에 있는 〔ɔɪ〕
sake〔세잌〕(동기)에 있는 〔eɪ〕
owl〔아울〕(올빼미)에 있는 〔au〕
phone〔포운〕(전화)에 있는 〔ou〕

이중모음의 발음은 혓몸을 한 위치에서부터 시작하여 다른 위치로 미끄러져 가는 동작을 포함한다.

모음들뿐만 아니라 자음도 그 음질에서 소릿길에 있는 모습들에 대한 형상을 반영해 준다. 이는 특히 성대의 주기적 진동을 포함하는 유성자음에서 분명하다.[17] 그 예들이 〔b〕, 〔d〕, 〔g〕, 〔v〕, 〔z〕는 물

17) 자음(닿소리)은 학술 용어로 소음(*noise*)이라 부른다. 소음이란 주기를 찾을 수 없는 파장이므로, '비-주기파'(*non-periodic wave*)로도 불린다. 그런데 본문에서 주기적 진동을 포함한다고 언급하고 있으므로, 서로 모순처럼 보일 수

론, 콧소리 자음 〔m〕, 〔n〕, 〔ŋ〕이다. 그러나 〔p〕, 〔t〕, 〔k〕, 〔f〕, 〔s〕와 같은 무성자음들도 또한 그것들 나름의 특징적 주파수 스펙트럼(분음도)을 갖고 있다. 이는 그것들을 조음하는 과정에서 오히려 철저하게 바뀔 수 있다(Schouten and Pols 1979). 모든 말소리들은 천천히 또는 급격히 바뀌는 음색을 지닌다. 이는 소릿길의 모양새를 바꿔 놓는 일(따라서 공명 속성을 변화시키는 일)에 달려 있다.

■ 조음

소릿길은 서로 다른 장소에서, 그리고 서로 다른 방식으로, 좁혀 닫을 수 있다(제 8장 1절 5항을 보기 바람). 가장 가시적으로 확실히 좁혀 닫는 곳은 위아래 입술이다. 영어 〔p〕, 〔b〕, 〔m〕, 〔w〕는 두 입술을 좁혀 닫음으로써 산출된다.

좁혀 닫음(*constriction* 狹窄)은 또한 아랫입술과 윗니 사이에서도 가능하다. 이런 장소에서 좁혀 닫음이 이뤄지는 경우에, 그 말소리를 순치음(또는 치순음)이라고 부른다. 〔f〕와 〔v〕가 영어에서 두 가지 순치음이지만, 〔w〕는 여러 다양한 언어들에서 순치음이다(단, 영어에서는 순음임).

조음장소가 혓날(舌端)과 윗니 사이에 있는 경우 그 말소리는 치음이라고 불린다. 영어의 자음 〔θ〕와 〔ð〕는 치음이다. 좀더 뒤로 그리고 덜 가시적인 것이, 이질적인 묶음의 말소리들인 〔t〕, 〔d〕, 〔s〕, 〔z〕, 〔n〕, 〔l〕, 〔r〕, 〔j〕에 대한 조음장소이다. 이것들은 모두 잇몸이나 잇몸 융기를 따라 어딘가를 좁혀 놓음으로써 만들어지는 것들이다.

있다. 자음은 주기적 진동을 하지 않는다. 대신 자음이 자신의 소릿값을 확보하려면 빨리 뒤따르는 모음에 얹혀야 한다. 그 차례는 유성 자음이 제일 빠르며(80~100㎳ 사이에 얹힘), 다음으로 된소리(경음, ㄲ, ㄸ, ㅃ 등), 예사소리(평음 ㄱ, ㄷ, ㅂ 등), 거센소리(유기음, 격음, ㅋ, ㅌ, ㅍ 등)의 차례이다. 본문의 '진동을 포함한다'는 진술은 더 정확히 "제일 빠르게 모음의 주기파에 얹혀 모음의 진동을 따른다"고 해야 옳다.

따라서 이들은 치경음(*alveolars*)으로 불린다.

소릿길의 주요한 좁힘이 경구개를 따라 어딘가에서 이뤄지면, 구개음이 만들어진다. 〔ʃ〕와 〔ʒ〕가 그런 사례이다. 일부 구개 자음들에 대해서는 주요한 좁힘이 잇몸 융기상에 경계가 걸쳐 있다. 이들 말소리는 '구개-치경음'이다. 그런 것들 중에 〔ʧ〕와 〔ʤ〕가 있다. 치음으로부터 구개음까지 걸쳐서, 주요한 좁힘에 혓날이 이용되는 모든 말소리는 설정음(*coronal*, 혀끝 들어올리는 소리)이라고 불린다.

연구개음(*velars*)은 주요한 좁힘이 만들어지는 장소가 말랑 입천장이다. 영어에는 세 가지 연구개음이 있다. 〔k〕, 〔g〕, 〔ŋ〕. 그러나 종종 〔w〕도 이 조음장소에서 제2차 또는 주요 좁힘을 포함한다.

몇 자음에서 목젖을 포함하는 언어들이 있다. 목젖은 말랑 입천장의 살로 이뤄진 추 모습 부속물이다. 예를 들면 불어의 〔r〕의 경우와 스페인어·화란어·히브리어〔*x*〕의 경우이다. 따라서 이런 조음장소는 목젖이라 불린다. 조음의 가장 깊숙한 장소는 성문(*glottis*)이다. 〔h〕에 대한 주요 좁힘이 바로 그곳이다. 그것이 성문음 말소리이다.[18] 잇몸 융기 뒤에서 주요한 좁힘을 갖는 모든 말소리는 '후방음'으로 불린다. 이는 '전방음'과 대립된다.

조음장소는 각각 서로 다른 조음방식과 어울릴 수 있다. 한 가지 방식은 조음장소에서 소릿길에 대해 일시적으로 완벽히 닫아 버리는 것이다. 정체된 기압이 곧 뒤이어 방출된다. 이것이 터짐 효과를 만들어 낸다. 이런 종류의 말소리들은 파열음(*plosives*) 또는 폐쇄음(*stops*)으로 불린다. 영어의 예는 〔p〕와 〔b〕, 〔t〕와 〔d〕, 〔ʧ〕와 〔ʤ〕, 〔k〕와 〔g〕이다. 이들은 짝을 이루는데, 각각 무성자음과 유성자음이다. 그러므로 무성음 및 유성음 사이의 구별은 조음방식이다. 이번에는 유성

---

18) 중세 국어 표기에서 히읗이 두 개가 나란히 쓰인 'ㆅ'이 목구멍 가장 깊숙한 곳으로부터 만들어지는 소리라고 하였다. 흔히 〔x〕로 표기하고, 여기에 설명된 성문음으로 간주된다.

폐쇄음들이 비음으로 되는 추가적인 방식을 지닐 수 있다. 앞에서 살펴보았듯이 영어의 콧소리 폐쇄음은 〔m〕, 〔n〕, 〔ŋ〕이다.

또다른 조음방식 자질은, 앞에서 언급된 put〔풑〕(두다)에서 보았듯이 위아래 입술을 둥글게 하는 일을 포함한다. 모음 〔u〕는 원순음이다. pit〔핕〕(구덩이)에 있는 평순음 〔ɪ〕와 대립된다. 영어에서 〔w〕도 또한 원순음이다.

완벽히 닫아 놓지 않고 오히려 아주 좁혀 놓음으로써 난기류가 만들어지는 경우에, 그 조음방식이 마찰음(*fricative*)이나 조찰음(*strident*)이나 마찰장애음(*spirant*)으로 불린다. 영어 마찰음들도 무성자음과 유성자음의 짝으로 나타난다. 〔f〕와 〔v〕, 〔θ〕와 〔ð〕, 〔s〕와 〔z〕, 〔ʃ〕와 〔ʒ〕, 〔h〕와 〔ɦ〕이다. 뒤의 두 음은 변이음이다. 유성음 〔ɦ〕는 'Ohio'〔오하이오〕에서와 같이 모음 사이에 있는 위치에서 나타난다. 폐쇄자음 〔ʧ〕와 〔ʤ〕는 공기가 방출되는 순간 곧 마찰음처럼 행동한다. 그런 의미에서 그것들은 폐쇄음과 마찰음의 트기들이다. 일부 음성학자들은 그것들을 파찰음(*affricatives*)으로 부른다. 폐쇄음·마찰음·파찰음이 세 가지 변이체로 된 장애음(*obstruents*)들이다.

좁혀 놓기가 여전히 덜 좁은 경우, 따라서 들을 수 있는 장애마찰 결과가 없는 경우에, (이중모음과 흡사하게) 아주 신속한 공명 변화가 만들어진다. 이것이 반-모음(*semi-vowel*) 조음방식이다. 영어에서 yet〔옡〕(아직)에 있는 〔j〕, 그리고 wet〔웰〕(젖은)에 있는 〔w〕가 반-모음이다. 영어의 많은 방언에서 〔r〕도 그러하다. 아주 특별한 경우가 〔l〕이다. 그 조음방식은 설측음(*lateral*)이라고 불린다. 이는 혀가 일시적으로 가운데 잇몸을 좁혀 닫는다. 혀 옆쪽으로 공기가 통과하게 된다.

이 절에서는 발화산출에 포함된 주요한 발성기관들을 살펴보았다. 더 자세한 논의는 캘뷜(Calvert 1980)에게서 찾을 수 있다. 물론 조음이론의 중심 논제는, 화자의 음성계획이 협동하는 근육운동의 작용에서 어떻게 실현되는지에 대한 것이다. 만일 음성계획이 앞 장에서 제시된 대로라면, 의도된 조음 유형을 일어나게 하려고 호흡・후두・후두상부 근육들은 어떻게 준비되는 것인가? 음성계획은 여전히 추상적인 층위에 있는 운동 프로그램이다. 운율 및 가락 변인들에 대해서, 속도 및 강도의 변인들에 대해서, 성취될 조음의 정확성에 대해서, 음절 동작들의 열은 매개인자가 된다. 그러나 이 운동 프로그램이 가동되기 위해서, 조음자질들은 반드시 이 절에서 개관한 세 가지 주요 기관들에 대한 근육조직으로 실현되어야 한다. 똑같은 자질이 흔히 다르지만 동등한 방식으로 실현될 수 있다. 다양한 경계 조건들에도 불구하고, 특정한 조음자질을 실현할 수 있게 하는 운동-신경 실행에는 융통성이 있다. 말소리의 운동 실행에 대한 이런 맥락 의존성은, 음성학자들을 크게 당황스럽게 했다. 다음 절에서는 말소리의 운동 제어에서 이런 융통성을 설명하려고 제안되어 온 일부 이론들을 살펴볼 것이다.

3. 말소리 운동 제어

궁극적으로 음운 부호화로부터 생겨나는 화자의 음성계획 또는 조음계획은 강력하게 음절에 기반을 둔다. 한 음절의 낱소리(*phones*)는 그 실행이 그 음절에 있는 다른 위치들에, 그리고 대체로 동시조음이 이뤄지는 다른 낱소리들에, 크게 의존하는 조음동작이다. 저자는 만일 그 음절이 말소리에서 실제로 운동 실행의 단위라면, 음성계획에서 조음 세부내용들이 얼마만큼 구체화되어야 하는지를 논의할 것이다. 운동 제어에 대한 완벽한 이론은 마지막 분석에서 반드시 말소리에서 신경근육 활동들에 대한 세밀한 세부내용을 설명해 주어야 할 것이다. 관련 문헌에서는 강력히 조음계획 또는 음성계획(또한 '운동 프로그램'으로도 언급됨)에 있는 이런 세부내용을 모두 또는 거의 포함하는 경향이 있어 왔다. 그렇다면 이는 개별 근육 수축들에 대한 완전한 세부내용을 규정해 놓을 것 같다.

그렇지만 운동 제어 이론에서 최근의 발전 내용들은, 이런 시각을 매력이 없게 만들어 왔다. 필기에 대한 연구들에서는, 서로 다른 방식으로 실행되고 있는 어떤 프로그램의 실행에서 놀랄 만한 불변성이 있음을 보여 주었다(van Galen and Teulings 1983; Thomassen and Teulings 1985; Kao, van Galen, and Hoosain 1986). 한 가지 잘 알려진 사례는 글자 모습에 있는 일관성, 종이에 필기하기와 칠판에 판서하기 사이에 있는 필기 속도이다. 개별 근육 활동의 층위에서는, 이들 두 가지 필기 방식에 대한 신경-운동 유형은 전적으로 다르다. 그러나 심지어 그런 극적 차이를 무시하더라도, 고도로 맥락에 들어맞는 것은 바로 운동 실행의 어떤 일반적 속성이다. 마치 도로 표면의 저항도에 따라, 거기에 맞춰 걸음걸이가 달라지듯이, 필기는 즉각적으로 그 종이 재질의 속성에 맞춰 달라진다. 똑같은 방식으로 말소리 운동 명령문의 실행도, 가령 입에 담배 파이프를 물고 있는 경우와 같이 주변 맥락에 맞춰 바뀌게 된다.

그러므로 조음계획에 있는 명령문들이, 오직 운동 실행의 맥락 자유 측면 또는 불변의 측면들만을 담고 있으며, 그 작동내용의 맥락 의존적 신경근육 구현은 고도로 자율적인 신경-운동 실행체계에 맡겨져 있다고 가정하는 것은 매력적이다. 이 체계는 그 프로그램 신호들을 적합한 신경-운동 작동모습으로 번역해 준다(Gallistel 1980). 그런 맥락 의존적 번역이 없다면, 다음처럼 가정해야 한다. 실행 맥락에 대하여 각각 서로 다른 운동 프로그램이 마련되어 있다. 운동 실행의 맥락은 끝없이 변동할 수 있으므로, 이는 근육운동 활동의 계획에서 정보처리 자원들을 엄청나게 소모해야 할 것 같다. 이하의 논의에서는 프로그램 짜기와 실행 사이에 있는 노동 분업이 수용될 것이다. 그러나 이런 접근에도 위험이 있다. 신경근육 실행체계가 그 이론 제안자가 설명해 낼 수 없는 모든 것을 알아서 처리해 줄 억지스런 '만능 해결사'로[19]

전락해 버리기 쉬운 것이다. 어떤 운동 체계의 적응가능성에 대한 설명을 자율적 실행체계로 바꿔 놓는 일은, 이들 자율성들을 인과적으로 설명해 주어야 할 필요를 만들어 낸다. 그렇지만 이런 구분은, 사실 말소리 운동 명령문의 본질에 대한 여러 이론들을 제외해 버린다. 특히, 다음의 두 이론을 제외해 버리는 것이다.

1) 배치 프로그램

배치 프로그램(*location programming*) 이론은[20] 그 프로그램이 조음근육조직의 목표 배치들에 대한 순서 열로 이뤄진다고 가정한다. 낱소리(*phone*)는 각각 그런 일련의 목표 위치들을 포함한다. 그 이론은 매력적으로 간단하다. 한 근육의 목표 확장 길이는 근육 방추체에 부호로 입력될 수 있는 것으로 알려져 있다. 그렇다면 말초신경계 반사경로인 알파/감마[21] 순환회로는 그 근육의 시작 길이에 상관없이 자동적으로 이 목표 길이를 실현할 것이다. 더 자세한 내용은 〈그림 11-8〉을 보기 바란다.

음성 분절음을 실현하기 위하여 여러 근육들이 특정한 목표 확장길이로 준비될 것이다. 그 낱소리를 위한 모든 목표 위치들에 도착하자마자, 다음 묶음의 위치들에 대한 명령이 내려질 것이며, 어떤 발화 프로그램이 끝날 때까지 그런 방식으로 지속되어 나갈 것이다. 그 프로그램은 목표 위치들의 순서 열을 구체화한다. 그렇지만 그것들이 명

19) 원문 'deus ex machina'은 연극의 갈등을 해결하기 위해 기계 장치에 의해서 무대로 내려오는 신이다.

20) 배치는 '조음기관의 목표 위치를 정하는 일'이다. location programming은 '조음기관들의 목표 위치를 지정하는 명령문을 짜 놓기'로 풀 수 있다. 여기서는 동명사를 새기지 않고 프로그램으로만 적어둔다.

21) 운동신경의 굵기가 큰 것(지름 8~20㎛)이 알파 신경이고, 작은 것(지름 2~8㎛)이 감마 신경이다.

확히 안배되는 것이 아니다. 그 계획에 내재적 시간안배(*intrinsic timing*)는 전혀 없는 것이다. 하나의 음성 목표로부터 다음 목표로 움직이는 지속시간은, 오직 관련된 근육조직의 기계적 속성들에 달려 있다. 즉 그 음성계획을 넘어선 실행 요인들에 의존하는 것이다. 이는 외재적인 시간안배(*extrinsic timing*)로 불린다.

〈그림 11-8〉 근육-긴장 제어에 있는 알파/감마 순환회로

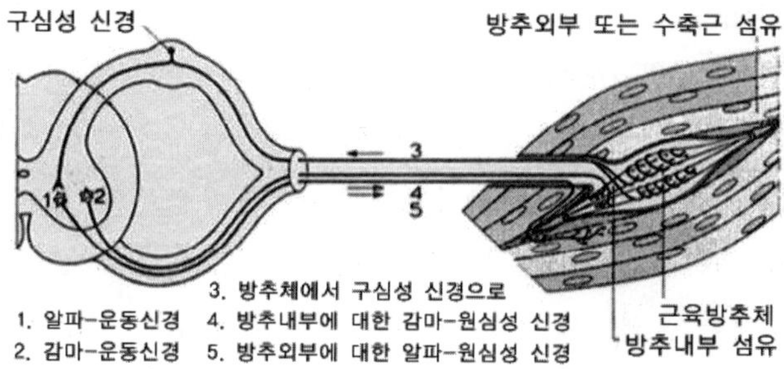

골격 근육의 주요 섬유인 방추외부 섬유 또는 수축근 섬유는 척추에서 비롯되는 알파-운동 신경들에 의해서 자극을 받는다. 수축근 섬유들 사이에 흩어져 있는 것이 방추내부 섬유들이며, 척추에서 나오는 감마-운동 신경에 의해서 그 수축이 조절된다. 방추내부 섬유들의 둘레를 감싸고 있는 것은 근육 방추체이다. 방추내부 섬유들이 이웃한 방추외부 섬유들보다 더 많이 수축되는 경우에, 이들 구심성 신경이 점화된다. 이런 '차별 정보'는 척추에 있는 알파-운동 신경으로 되돌려진다. 이것이 알파-운동 신경들로 하여금 방추외부 섬유들에 대하여 자극을 내보내도록 한다. 결과적으로 방추외부 섬유들이 수축한다. 이는 방추 활동의 감쇄를 초래한다. 왜냐하면 방추외부 섬유와 방추내부 섬유들의 신전(*stretching*) 사이에 더 나은 합치가 얻어지기 때문이다. 그 합치가 완벽히 이뤄질 경우에 평형점에 도달한다. 알파/감마 순환회로는 그 근육의 목표 길이를 세밀히 조절해 준다. 낮은 질량의 방추내부 섬유들을 수축함으로써, 감마 체계는 전체적으로 그 근육에 대해서 신속히 목표 확장 길이를 '지시해 준다'. 근육의 실제 질량인 그 근육의 수축근 섬유들은, 알파/감마 순환회로를 통해서 미리 정해진 방추내부 섬유 길이들을 적의하게 고쳐 놓게 된다. 측정을 해 보면, 한 근육의 알파 신경과 감마 신경들의 자극 감응은 거의 동시적임을 알 수 있다. 그러나 과부하가 걸리지 않는 가벼운 방추내부근육 체계는, 그 목표 확장 길이에 비교적 신속히 도달한다. 그러나 방추외부근육의 본체는 더 천천히 고쳐진다.

저자는 제 8장과 제 10장에서 내재적 시간안배에 대해 논의하였다. 음운 부호화의 여러 단계들에서는 (음운낱말 및 구, 억양구, 말할 기회 등과 같은) 운율 단위들로 그 발화의 구성 내용을 반영하는 지속시간 매개인자들이 정해진다. 이들 매개인자는 궁극적으로 음성 내용명시 절차들에 전달되고, 음절 프로그램으로 구현된다. 결과적으로 계속 이어진 음절들에 대한 음성계획들은 내재적으로 시간이 안배된다. 이런 시간안배가 어떻게 실현되는지는 그 음절의 내적 구성에 달려 있을 것이다. scratch〔스끄뤠취〕(긁다)와 같이 많은 자음들을 포함하는 음절은, 언제나 at〔앹〕(에서)과 같이 적은 수의 자음을 지닌 음절보다 더 길게 될 것이다.[22] 그러한 음절 특징적 지속시간 속성들은, 저장된 음절 프로그램의 일부이다. 그러나 그것들은 더 위층위에 있는 운율 매개인자들에 의해서 수정될 것이다. 코울러(Kohler 1986)는 두 층위로 된 이런 내재적 음절 시간안배에 대한 명백한 모형을 제공해 준다. 비록 배치 프로그램 이론이 지속시간에서 음절 특징적 차이점들에 대한 자연스런 설명을 제공해 주더라도(가령 실현되어야 할 목표 위치들의 더 긴 순서 열이 있기 때문에 scratch가 at보다 더 많은 시간이 소요됨), 더 높은 층위의 운율 매개인자들을 구현해 줄 가능성이 전혀 없다.

그렇지만, 이 이론은 동시조음(*coarticulation*)의 한 측면을 설명해 준다. 가령 CVC 음절에서, 한 모음의 목표 위치에 도달하기 위해서 조음기관들이 움직이는 시공간 경로는, 이전에 도달한 목표 위치에 달

---

22) 강세 박자 언어인 영어에선 scratch와 at이 모두 1음절이며, 음절 핵이 모두〔æ〕이다. 차이점은 앞의 낱말이 영어가 허용하는 어두 자음군(scr)과 어말 자음군(tch)를 갖고 있다. 그러나 뒤의 낱말은 오직 결부 자음만 하나(t) 갖고 있을 뿐이다. 영어와는 달리, 음절 박자 언어인 우리말에서는, 특히 '으'가 뜻 구분을 하는 모음이므로(우리말에서는 결코 schwa가 아님), 응당 scratch〔스끄뤠취〕를 4음절로 간주할 것이며, at은 1음절이다. 따라서 동일한 1음절을 비교하는 것으로 여기지는 않을 것이다. 음절 구성 방식에 대한 심리적 실재가 언어 간에 서로 다른 것이다.

려 있다. 즉 음절 개시 자음의 위치에 달린 것이다. 비슷하게 그 모음의 목표 형상으로부터 나온 경로 또한 그 음절의 결부에 대한 성격에 달려 있을 것이다. 따라서 car〔카〕(자동차)에서와 father〔퐈더〕(아버지)에서의 모음 동작 〔a〕는 서로 차이가 날 것이다. 왜냐하면 이들 환경에서 그 모음 동작이 달리 시작하고 달리 끝나기 때문이다.

그 이론은 맥락 의존적 운동 실행의 다른 측면들을 설명해 주지는 못한다. 특히 그것은 말소리 조음에서 보전 운동을 처리할 수 없다. 만일 aba〔아버〕(털로 짠 옷감)를 말한다면, 그 화자는 〔b〕의 폐쇄성을 실현하기 위하여, 턱과 입술을 모두 움직인다. 배치 프로그램 이론에서는 아래턱과 위아래 입술의 위치를 조절해 주는 근육조직에 대한 일련의 목표 확장길이들로 낱소리 〔b〕를 구체화함으로써 이를 설명한다. 그러나 이는 다음 사항을 설명해 주지 못한다. 만일 턱이 열린 위치로 고정된다면(음성학자들이 그런 잔인한 일을 함), 화자가 aba〔아버〕(털로 짠 옷감)를 발음하는 동안에, 입술들이 여전히 가까이 접근할 것이다. 화자는 위아래 입술로써 닫기 운동을 더 넓게 만들어 줌으로써, 턱 운동을 보전해 준다. 달리 말하여, 위아래 입술에 대해서 서로 다른 목표 위치가 마련되는 것이다. 그 이론에서는 아무런 것도 이런 사실을 예측하지 못한다. 우리는 곧 이런 보전 행위로 돌아가 살펴볼 것이다. 이는 맥락 의존적 운동 실행의 개념을 발전시키기 위한 주요한 논거가 되어 왔다.

이런 이상화된 형태로 된 배치 프로그램 이론을 아무도 만족스럽게 받아들이지 않았다. 먹닐리쥐(MacNeilage 1970)가 가장 가깝게 다가갔었으나, 더 뒤에 나온 글들에서는 그 이론을 포기하였다(MacNeilage and Ladefoged 1976; MacNeilage 1980).

2) 덩어리-용수철 이론

배지 프로그램 이론의 가까운 친족이 덩이리-용수철(*mass spring*) 이론이다.[23] 이는 팔다리 운동의 제어를 설명해 주기 위하여 발전되었다(Fel′dman 1966a, b). 손가락으로 가리키는 동작에 대한 이 이론의 실험적 검사를 르펠트·리처드슨·라헤이지(Levelt, Richardson, and La Heij 1985)가 보고했다. 본질적으로 부정적 결과들을 담고 있다. 일찍이 린블럼(Lindblom 1963)이 말소리에서의 운동 제어를 설명하기 위해 이 이론을 이용하였다. 더 뒤에 퐈울러·터뷔(Fowler and Turvey 1980)에 의해, 그리고 퐈울러·루빈·뤼메즈·터뷔(Fowler, Rubin, Remez, and Turvey 1980)에 의해 이 이론이 이용되었다.

가장 단순한 형태로, 이 이론에서는 팔다리의 '작동근'(*agonist*)과 이에 맞선 '길항근'(*antagonist*)을 정상적 휴식상태(0 위치)에 도달하기를 '원하는', 늘어날 수 있는 용수철(*stretchable springs*)로 취급한다. 팔다리는 관절 둘레에서 교대로 순환할 것이다. 궁극적으로 작동근과 길항근의 당김에 의해서뿐만 아니라, 또한 중력에 따라 결과되어 나오는 회전력들의 평형점에 의해 결정된 안정상태 위치(0 위치)에 도달할 것이다. 팔다리의 목표 위치가 프로그램되기 위해서는 작동근 및 길항근의 '0 위치'가 조율되어야 한다. 이는 한 근육의 목표 길이를 앞에서 언급된 방추 체계로 정해 줌으로써 실행된다. 그렇다면 각 근육은 자신의 목표 길이를 위해 팔다리 움직임을 제어하는 서로 다른 근육들의 끌어당김 사이에서 평형점에 도달될 때까지 경쟁할 것이다. 정상적으로 어떤 근육 목표길이도 결코 팔다리의 안정상태에 이르게 되지는 않을 것이다. 여기서 덩어리-용수철 이론이 배치 프로그램 이론으로부터 달라진다. 후자에서는 근육들이 각자 '조율된' 목표 위치에 실제로

---

23) 위아래 진동을 할 수 있는 용수철 끝에 어떤 물체 덩어리가 매달린 모습을 가리킨다.

도달한다.

덩어리-용수철 이론의 장점은, 특정한 안정상태에 도달하는 데에 단일한 조율 방식이 없다는 점이다. 오히려 동등한 부류의 조율들이 있다. 동일한 안정상태 위치는 작동근과 길항근을 아주 짤막해지게 조율함으로써 도달될 수 있다. 마치 모두 그것들을 어떤 중간 지점에 고정함으로써 도달하는 것과 같다. 근육들은 짤막해지게 조율하는 경우, 중간 지점에 고정하는 것보다 더 많이 긴장된다. 따라서 짧게 조율하는 경우가 중간 지점에 고정하는 경우보다 팔다리 목표 위치에 더 빨리 도달한다. 이것이 덩어리-용수철 모형에서 운동 시간안배가 제어될 수 있는 방식이다.

배치 프로그램 이론과 같이, 그 단순한 형태로서 덩어리-용수철 이론도 맥락에 대한 보전 조정 현상을 다룰 수 없다. 우리가 파이프를 입에 문 채 말을 하는 경우에, 파이프를 물지 않은 때보다 여러 모음들에 대한 혀의 목표 위치가 달라진다. 성인 화자에게 이빨 사이에 깨물 수 있는 재갈이 주어진 경우에도,[24] 곧장 알아들을 수 있는 모음들을 산출한다. 이는 그 모음들이 정상적인 목표 위치로부터 각각 실질적으로 동일한 편차를 지낸 채 조음되는 경우에만 실행될 수 있다(Lindblom, Lubker. and Gay 1979; Gay and Turvey 1979; Fowler and Turvey 1980). 자음들의 조음 또한 그런 방해 환경들에 맞추어 알맞게 적응을 한다(Folkins and Abbs 1975; Kelso, Tuller, and Harris 1983; Kelso, Saltzman, and Tuller 1986).

비슷하게 화자가 위로 올려다보거나 아래로 굽어보는 경우, 머리를 푹 숙이는 경우, 또는 고개를 옆쪽으로 돌리는 경우, 후두 체계도 또한 즉각 알맞게 적응한다. 그리고 똑같이 호흡 체계도 적응한다. 호흡

---

24) 조음기관들의 움직임을 알아보기 위하여, 일부러 볼펜 따위의 특정 기구를 입에 물린 채 소리를 내도록 하는 실험이다. 다시 제 11장 3절 5항에서 관련 내용이 다뤄진다.

은 서 있고, 앉아 있고, 누워 있는 맥락에서 서로 다르게 기능해야 한다. 덩어리-용수철 모형은 팔다리나 조음기관의 운동이 기계적으로 방해를 받는 경우에 생겨나는 이런 보전 현상을 예측해 주지 못한다. 방해를 하는 힘은 단순히 평형점이 수립된 힘들의 집합에다 따로 더해진다. 결과적으로 궁극적인 휴식이나 안정상태의 위치는 방해받지 않고 자유로운 운동이 있는 경우와 서로 차이가 날 것이다(Levelt et al. 1985). 그러나 이런 차이에 대한 적합한 보전은 없을 것이다. 〔b〕의 조음에서 움직이지 않는 턱을 보전해 주기 위해서 위아래 입술이 공기 흐름의 폐쇄를 떠맡는 일과 같이, 다른 어떤 조음기관도 '인계받아 떠맡는' 일은 없을 것이다.

근육의 목표 길이들에 대한 프로그램이나 조음기관에 대한 목표 휴식위치를 포함하는 이론에는 또다른 문제점이 있다. 하나는 대부분의 낱소리(*phones*)들이 바로 목표 위치에 의해서 성격이 지어질 수 없다는 점이다. 즉 그것들은 시간상으로 이어진 동작들인 것이다. 이중모음은 소릿길 형상의 매끄러운 변화에 의해 이뤄지는 이중모음이다. 자음들의 조음위치는 정의될 수 있는 목표 위치가 정해지는 듯하다. 그렇지만 조음방식은 목표 위치에 근접하거나 떨어져 있는 방식으로 특정한 임시 성격들을 요구한다. 이것은 배치 프로그램에 의해서 제어될 수 없다. 적어도 덩어리-용수철 이론은 휴식위치에 도달하는 속도에 대한 제어를 허용한다. 그러나 운동 궤적에 대한 완전한 제어는 또한 단순한 덩어리-용수철 설명보다 더 많은 것을 요구한다(Saltzman and Kelso 1987).

조음에 대한 덩어리-용수철 설명에서 (설명될 가능성이 있지만) 추가적인 문제점은 혀처럼 부드러운 근육을 위해 똑같은 내용을 작동해 내어야 하는 것이다. 그 이론은 애초에 관절 둘레에 있는 팔다리의 회전을 설명해 주기 위하여 발전되었다. 그러나 다수의 말소리 조음기관들은 모형화하기 어려운 감폭 속성 및 경직 속성을 지닌다. 린블럼(Lindblom

1963) 과 퐈울러 · 루빈 · 뤼메즈 · 터뷔(Fowler, Rubin, Remez, and Turvey 1980) 에서는 이런 문제점을 고려하였다. 그렇지만 곧 보게 되겠지만, 이들의 해결책은 아주 다르다.

덩어리-용수철 모형의 여러 가지 문제점(특히 보전 현상에 대한 설명 실패) 에도 불구하고, 이 모형의 요소들이 운동 제어의 또다른 개념화의 일부로서 다시 부각될 것이다. 그렇지만 그런 이론으로 가기 전에 조음운동 제어에 대한 세 가지 이론들이 먼저 개관될 것이다.

3) 청각상의 변별자질 표적

운동 명령문 부호들이 조음기관들의 목표 위치들보다 더 추상적이라면, 그 부호들의 본질은 무엇이 될 것인가? 그 본질이 청각적이거나 또는 음향적임이 제안되었다(Nolan 1982; Stevens 1983; Kent 1986). 이 견해에 따르면, 화자의 부호들은 의도된 소리 구조에 대한 이미지들이다. 운동 단위로서 음절을 놓고서, 화자는 낱소리들의 음절 순서열에 대한 청각적 속성들을 부호로 집어넣을 것이다. 스티븐스(Stevens 1983) 는 이들 속성들이 일련의 음성 변별자질들에 의해서 가장 성격이 잘 드러날 수 있다고 제안하였다. 이것들은 말소리들에서 변이체에 대하여 쉽게 지각될 수 있는 대조적 차원이다. 언어학상으로 관련된 대조점들은 정확히 이들 변별자질의 차원에 따라서 이뤄진다. 양순유성음 /b/는 '비음성'(콧소리) 에 대한 지각 가능한 차원에서 비음 /n/과 대조된다. 심지어 유성음에 대한 지각 가능한 차원에서 양순무성음 /p/와 대조된다. 낱소리의 실현에 대한 표적은 언어학상으로 지각 가능한 자질들의 집합이다.

지각상으로 변별되기 위해서, 그 자질들은 산출 기제에 의해서 음향학상으로 산출되어야 한다. 예를 들면, 어떤 폐쇄(*stop*) 자음을 지각하기 위한 음향 조건들을 살펴보기로 한다. 스티븐스(Stevens 1983) 에서는 폐쇄음을 지각하는 주요 조건이 스펙트럼(분음도) 변화의 급격함이라고 논의하였다. 〔ba〕(바) 와 〔wa〕(와) 사이에서 지각상의 구별을 알아보기로 한다. 오직 〔ba〕에 있는 자음만이 폐쇄음 또는 파열음(*plosive*) 으로 지각된다. 스티븐스(1983) 에서 보여 주었듯이, 이는 음절 개시 자음으로부터 모음으로 진행하는 데에서 급격한 스펙트럼(분음도) 변화와 함께 동시에 수반된다. 또다른 스티븐스(1983) 에서의 사례는 비음성(콧소리) 의 자질인데, 제 11장 2절 3항에서 이미 논의되었다(〈그림 11-5〉를 보기 바람). 비음성 소리와 비음이 아닌 소리들 사이에 명백한 지각상의 구별은, 스티븐스(1983) 에 따르면 아주 낮은 주파수 스펙트럼(분음도) 에 있는 공명의 실현에 근거한다. 이들 그리고 다른 지각상으로 변별적 자질들이, 화자가 성취하려고 하는 음향 목표들이다. 한 음절에 있는 각 낱소리들에 대하여 반드시 작은 집합의 그런 음향 목표들이 실현되어야 한다.

이 이론의 매력은, 조음의 목표들을 청자의 귀에 두고 있다는 점이다. 이런 견해에서는 말소리의 운동 프로그램과 말소리의 지각 분석 사이에 있는 관계가 자의적이지 않으며, 체계적이다. 이 체계성은 여러 차례 계속 강조되어 왔지만, 보통 그것이 반대의 방식(= 청자의 지각보다는 화자의 발성 기제에 초점을 둠: 옮긴이) 으로 해석된다. 예를 들면, 린블럼(Lindblom 1983) 에서는 다음처럼 논의한다.

> "언어는 발화산출 운동 기제들의 적응으로 간주될 수 있는 소리 유형들 쪽으로 진화하는 경향이 있다."

가능한 말소리들의 집합은 (비록 Stevens처럼 Lindblom도 또한 이것이 중요한 기준이라고 강조하지만) 전적으로 지각적 변별성에 의해서 결정된다. 산출 기제의 생체-역학 속성들이, 엄격히 언어들에서 채택할 수 있는 가능한 소리-형태 변별내용들에 대한 부류를 제한해 놓는 것이다. 역사적으로 다소 더 뒤로 가 보면, 리버먼 · 쿠퍼 · 솅봐일러 · 스뚜덜-캐너디(Liberman, Cooper, Shankweiler, and Studdert-Kennedy 1967)에서도 또한 말소리 지각을 다룬 그들의 운동 이론에서 이런 반대 방향의 움직임을 만들었다. 이 이론에 따르면, 말소리를 분석하는 데에 청자는 화자가 그 말소리를 산출해 낼 수 있는 조음운동에 대한 모형을 구성한다. 분석의 지각적 표적은 말소리 운동 유형(*speech motor patterns*)들이다. 아주 비슷한 견해가, 말소리 지각에 대한 '합성에 의한 분석'(*analysis-bysynthesis*) 이론에서 할리 · 스티븐스(Halle and Stevens 1964)에 의해서 개진되었다. 이는 정확히 말소리 운동 산출에 대한 음향적 이론과 정반대 내용이다. 여기서는 산출의 목표가 변별적인 지각 유형들이다.

비록 분명히 말소리들의 지각 및 산출 사이에 아주 체계적 관련이 있다는 견해에 동조하겠지만(심지어 이 견해에 대한 중요한 신경학적 뒷받침도 있음; Ojemann 1982를 보기 바람), 산출에 대한 연구자들은 청자의 지각 표적들을 추측하지만, 반면에 지각에 대한 연구자들은 화자의 운동 표적들을 예측한다는 점에서 서로 어긋나서 우려스럽다. 이는 요셉과 마리아가 각자 거룩한 아기를 상대방이 돌보고 있는 것으로 잘못 가정하는 것과 비슷하다. 운동 명령문들에 대한 음향 이론이나 또는 청각 이론의 주요한 문제점은, 먹닐리쥐(MacNeilage 1980)에서 지적하였듯이 그것이 "실제적인 운동들의 제어를 위한 결론을 생성해 내지" 못한다는 점이다. 예를 들면, 표적이 음향신호에서 비음성(콧소리)으로 지각되는 아주 낮은 주파수로 된 공명 구성부분인 경우에, 화자는 왜 코-목 출입문(*nasopharyngeal port* 鼻-咽頭門)을 열어 놓게 되는 것일까?

4) 구강감각 목표들, 변별자질, 내재적 시간안배

이런 문제를 처리하기 위한 어떤 단계가 퍼어켈(Perkell 1980)에게서 제안되었다(또한 Stevens and Perkell 1977도 참고하기 바람). 비록 말소리 운동 프로그램에 대한 '원심성'(*distal*, 운동신경의)[25] 목표들이 실제로 '유성음 · 장애음 · 비음'과 같이 감각 변별자질들이지만, 화자는 구심성(*proximal*, 감각신경의) 목표들을 더 많이 실현시켜 줌으로써, 이들 목표가 어떻게 달성될 수 있는지를 배운다. 이것들은 '구강-감각 목표'(*orosensory goals*)들로 불린다. 각각의 변별자질은 화자에 의해 감각될 수 있는 조음의 특정한 측면과 대응된다.

예를 들면, 모든 폐쇄음의 속성인 장애음 자질을 살펴보기로 한다. 화자는 파열음의 원심성 청각 목표가 구강 내부기압을 증가시킴으로써 실현될 수 있고, 이런 기압을 자율 조절하는 구강감각기들이 있음을 배웠다. 따라서 구심성 조음 목표가 그 기압 수준에 도달하게 된다. 차례로 그 목표가 어떻게 달성되는지는 동시에 실현되어야 하는 다른 자질들에 달려 있을 것이다. 예를 들면, 만일 〔t〕에서와 같이 "혀끝 들어올리는"(*coronal* 舌頂性) 조음방식 자질이 있다면, 혀와 잇몸 융기 사이에서 좁혀 닫음을 만들어 놓음으로써 그 기압이 증가될 것이다. 그렇지만 〔p〕에서와 같이 순음 자질이 실현되어야 한다면, 위아래 입술에서 소릿길(聲道)을 닫음으로써 그 기압이 증가될 것이다. 그렇지

25) distal(원심성/중심으로부터 멀리 떨어진)은 proximal(구심성/중심에 가까이 있는)과 대립되는 용어이다. 여기서는 앞에서 다룬 내용과 통일하여 각각 '원심성'과 '구심성'으로 번역해 둔다. 우리 신경체계는 중추 신경계로부터 말초 신경계로 이어진다. '멀다'라는 표현은 말초 신경 쪽을 가리킨다. '가깝다'는 표현은 중추 신경 쪽을 가리킨다. 더 앞에서 본 〈그림 11-8〉에서는 구심성(*afferent*, 중추신경 쪽)과 원심성(*efferent*, 말초신경 쪽)이라는 용어를 썼다. 신경계는 운동과 감각 작용을 한다. 멀리 떨어진 원심성 신경은 운동(*motor*)과 관련되며, 가까이 있는 구심성 신경은 감각(*sensory*)과 관련된다.

〈그림 11-9〉 발화산출에 대한 Perkell(1980) 모형의 세 가지 주요 구성부문

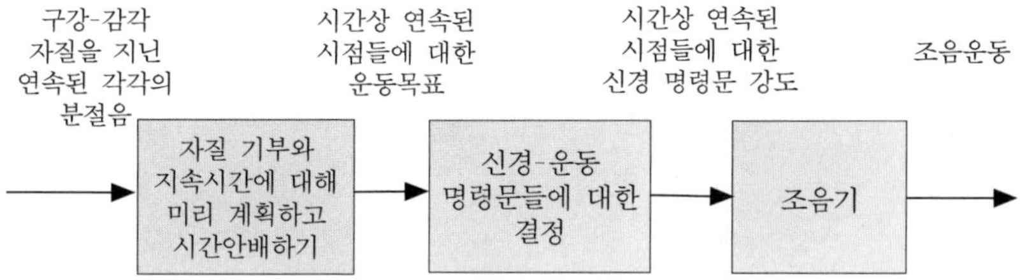

만 두 경우에 모두 폐쇄자음을 만들기 위한 '구강-감각 목표'(즉, 감각된 기압 증가)는 동일하다. 그러므로 그 목표가 여전히 아주 추상적이다. 그것은 구체적인 근육수축들에 대한 구체적 내용을 담고 있는 것이 아니다.

이들 실행 측면들을 고려하기 위하여, 퍼어켈(Perkell 1980)은 운동제어에 대하여 계속 이어지는 단계들을 가정하였다. 거기서는 추상적 운동 명령문들이 근육에 대한 수축 유형들로 재조직되고 번역된다. 출발점은 추상적인 구강-감각 자질행렬이다. 이는 그 발화의 뒤따르는 분절음(자음, 모음) 각각에 대하여 반드시 실현되어야 하는 구강-감각 자질들을 구체적으로 만들어 준다. 〈그림 11-9〉를 보기 바란다. 이는 추상적인 운동 명령문들의 층위이다. 이 층위에 내재적 시간안배가 있다. 분절음 지속시간들은 모종의 방식에 의해서 전반적으로 구체화된다.

연속적 단계에서, 작은 분절음 각각에 대하여 시간상의 운동 목표들이 구체화된다. 이들 목표는 두 가지 방식으로 맥락에 의존한다. 첫째, 어떤 자질에 대한 운동 목표들의 실현이 다른 자질들에 달려 있을 수 있다. 예를 들면, 어떤 모음의 지속시간은 뒤따르는 자음의 위치자질에 달려 있을 것이다. lob〔로브〕(땅속 벌레/느린 공)와 log〔로그〕(통나무/일지)에서와 같이, 그 자음(=b)이 조음의 전방위치와 관련된다면, 그 모음은 조음의 후방위치를 지닌 자음(=g)의 경우보다도

더 짧아질 수 있다. 둘째, 어떤 자질들의 실현이 그 목표가 실제로 도달되기 전에 미리 상당한 시간 안에 개시되어야 한다. 이는 서로 다른 분절음들로부터 나온 자질들의 '동시조음'(*coarticulation*)을 필요로 한다. 한 가지 예가 〔u〕와 같은 모음에서 원순성 자질이다. crew〔쿠루〕(승무원)라는 낱말이 너무 천천히 발음되는 것이 아니라면, 첫 번째 자음 〔k〕가 나타날 때에 이미 위아래 입술이 둥그렇게 된다. 모음이 원순성을 지니지 않는 crow〔크로우〕(까마귀)의 발음과 crew〔쿠루〕(승무원)의 발음을 서로 비교해 보기 바란다.[26] 벨-버어티 · 해뤼스(Bell-Berti and Harris 1979)는 모음들에서 원순화에 대한 고정된 시간 예측을 측정하였다. 이런 '미리 계획하기 단계'에서 재조직화는 다양한 자질의 기부(*onsets*) 및 지속시간에 대한 올바른 시간안배를 떠맡고 있다.

다음 단계에서 시간이 안배된 이들 운동 목표는 조음근육들에 대하여 '운동-신경 명령문'들로 번역된다. 이들 '운동-신경 명령문'은 그 근육의 수축 유형들을 제어한다. 퍼어켈(Perkell 1980)의 주장에 따르면, 그 명령문 길이는 운동 목표뿐만이 아니라, 또한 그 조음기관들로부터 나온 되짚어보기에도 달려 있다. 이런 되짚어보기는 분명히 앞에서 논의된 보전작용 현상들에 대한 기반일 것이다. 퍼어켈(1980)은 여기에 포함될 수 있는 다양한 종류의 되짚어보기에 대해서도 논의하였다. 그것들 중에는 근육 방추체 되짚어보기 순환회로가 있고(〈그림 11-8〉을 보기 바람), 다양한 종류의 구강-감각 되짚어보기가 있으며, (다음 제12장에서 논의하게 될) 아마 어떤 청각 되짚어보기가 있을 것이다. 그렇지만, 이들 되짚어보기 순환회로가 결정적인 보전현상들을 산출하기 위하여 어떻게 운동-신경 명령문 유형들을 새로 만드는지에

26) 원래 후설모음 '오'와 '우'는 기본적으로 원순성을 지닌다. 이들이 서로 다른 점은 '우'가 입을 삐죽 앞으로 내민다는 점에 있다. 따라서 본문에서 '원순성을 지니지 않는다'는 진술은 '약한 원순성을 지닌다'는 표현으로 고쳐지는 것이 바람직하다.

대한 설명은 전혀 주어져 있지 않다. 〈그림 11-9〉에 그려진 이 마지막 단계는 실제의 말소리 조음을 포함한다.

원심성 청각 표적(*distal auditory target*)에 어떻게 도달하게 되는지에 대한 질문을 놓고서, 퍼어켈(Perkell 1980)의 대답은 간단하다. 화자가 그것을 구강-감각 목표들로써 대치하기를 배운다는 것이다. 이 대치는 순간순간마다 말소리를 제어하는 동안에는 일어나지 않는다. '구심성' 운동 명령문(*proximal motor commands*)들이 직접 구강-감각 목표들로 되어 있는 것이다. 그렇지만 어린이는 청각 되짚어보기에 의해서 올바른 구강-감각 목표들을 습득해야 한다. 또한 청각 되짚어보기도 구강-감각 목표들에 대한 세밀한 조율을 유지하는 데에 필요하다. 오랜 기간 지속되는 후천적 청각장애의 경우에 주목할 만한 퇴행이 있는 것이다.

이런 유형의 운동 제어모형들에 대해서는 관련 문헌에서 사뭇 뜨거운 논의들이 있어 왔다(Fowler 1980; Hammarberg 1982; Fowler 1983; Parker and Walsh 1985). 운동 명령문들의 1차적 또는 추상적 층위가 이미 운동 실행의 시간안배를 구체화해 놓는지 여부가 이런 논쟁에서 중심적이었다. 퍼어켈(Perkell 1980) 모형에 따르면 그 모형이 어느 정도 구체화해 놓는다. 그렇지만 몰·드닐롶(Moll and Daniloff 1971), 드닐롶·해머버그(Daniloff and Hammarberg 1973), 해머버그(Hammarberg 1976)는 그런 주장을 하지 않는다. 후자의 모형들에서는 추상적인 운동 명령문들이 자질들의 다발로 이뤄진 시간에 무관한 분절음들이다. 시간적 특징은 오직 운동실행의 더 뒷단계들에서만 추가된다. 파울러(Fowler 1980)는 그런 이론을 외재적 시간안배 이론(*extrinsic-timing theory*)이라고 불렀다. 그녀는 내재적 시간안배(*intrinsic timing*)를 옹호하였다. '추상적' 운동 명령문 단위들이 이미 시간상의 배열 모습으로 완전히 구체화되어야 한다는 것이다. 이는 퍼어켈(1980)의 '미리 계획하기' 단계에서 실행된 것과 같은 운동 명령문들의 재조직 과정을 불필요하게 만든다. 임의의 분절음에 대한 추상적 음성계획이, 이미 시간상으로 조직된 완전한 동작 모양새들을 구체화해 주는 것이다.

그러나 퍼어켈(Perkell 1980)의 두 번째 단계가 제거된다면, '동시조음'(*coarticulation*)을 어떻게 설명할 수 있을 것인가? 파울러(Fowler 1980)에 따르면, 동시조음은 시간 구체화 내용이 시간상으로 겹쳐 있는 낱소리들에 대한 동시 실현에 지나지 않는다. 예를 들면, 모음 〔u〕에 대한 운동 명령문은 일찍 음절 기부(*onset*)를 원순성으로 구체화해 놓는다. 그렇다면 이것이 crew〔쿠루〕(승무원)에서처럼 선행하는 낱소리들과 시간상으로 겹쳐질 수 있다. 임의 발화의 연속적인 분절음들에 대하여, 시간상으로 구체화된 운동 명령문들이 덧붙여지거나 더해진다. 파울러(1983)는 벡터 총합(*vector summation*)에 대해 언급한다. 귀결되어 나오는 근육 신경분포(*innervation*)는 어떤 선형 함수 또는 비-선형 함수이거나, 개별 명령문들로부터 선행하는 신경분포의 '합'이다. 귀결되어 나오는 근육 이동이 두 가지 (또는 더 많은) 입력 명령문들과 어떻게 관련될 것인지는, 추가적으로 움직이는 부분들에 대한 생체역학에 달려있을 것이다. 전형적으로 그 '총합'은 비선형적이다(Fujisaki 1983). 이는 하나의 명령문이 실현되는 정도가, 나머지 다른 명령문들의 강도에 달려 있음을 의미한다. 요약하면 다음과 같다. 시간상으로 분절음 동작들이 겹치는 경우에 간단히 그것들이 공동-산출된다. 이런 공동-산출 가정을 비판한 디을(Diehl 1986)에 대한 답변으로, 파울러(1986b)는 벡터 총합을 뒷받침하는 경험적 증거를 인용한다. 파울러(1983)의 접근에 대한 추가적인 발전은 브롸우먼·골스타인(Browman and Goldstein 1986)에게서 찾아볼 수 있다.

5) 모형에 근거한[27] 제어를 지닌 청각 표적

이제 구심성 표적들이 청각 목표인 이론들로 돌아가기로 한다. 우리는 린블럼 · 럽커 · 게이(Lindblom, Lubker, and Gay 1979)가 제안한 이론을 살펴보아야 한다. 이 이론에서는 청각 목표가 실제 운동들에 대한 제어로 어떻게 번역되는지를 설명하는 문제를 다루기 위하여 많은 노력을 쏟고 있다. 그 문제는 먹닐리쥐(MacNeilage 1980)에 의해 제기되었는데, 제 11장 3절 3항을 보기 바란다.

린블럼 · 럽커 · 게이(Lindblom, Lubker, and Gay 1979)는 자세히 실험내용을 보고하였는데, 거기서 피험자들에게 재갈을 물려 발음시켰다. 화자가 위아래 이빨 사이에 재갈을 물고 있는 경우에도, 명백히 모음들의 포먼트(공명주파수 마루) 구조가 본질적으로 불변함을 보여준다. 이는 필시 혀가 보전 위치를 잡는 일을 포함한다. 왜냐하면 린블럼 · 럽커 · 게이(1979)가 보여 주었듯이, 그런 보전작용이 없었다면, 재갈 물린 조건에서 실질적으로 서로 다른 포먼트(공명주파수 마루) 구조들이 나타났을 것이기 때문이다. 이 보전작용은 맨 첫 시도에서부터, 그리고 성문에 의해서 방출된 맨 첫 공기덩이에서부터 나타났다. 이들 발견내용은 재갈 물려 발음한 결과들에 대한 두 가지 설명을 배제한다. 첫 번째 설명은, 화자가 스스로의 말소리를 들음으로써, 그리고 계속 근사치를 만들어 냄으로써, 지속적인 시도를 통해서 배운다는 것이다. 모든 시도에 걸쳐 그런 학습은 전혀 일어나지 않았다. 두 번째 설명도 배제된다. 화자가 자신이 만들어 내고 있는 모음을 당장 고쳐 가기 위하여, 맨 처음 성문진동 동안에 일어나는 바로부터 나온

---

27) 여기서 model(모형)은 화자가 자신의 발성 기제에 대한 어떤 '내적 모형'을 가리킨다. 다시 말하여, 화자가 스스로 '소리 이미지'에 대한 '내적 모형'에 근거하여 발성을 수정해 나간다는 뜻이다. 이런 수정을 일으키는 요인은 '재귀적으로 감지되는 정보'이다.

청각 되짚어보기를 즉각 이용한다는 것이다. 거의 완벽한 보전작용은 청각 되짚어보기에 근거하지 않는다. 그 보전작용은 막 조음의 시작하는 시점에서부터 존재하는 것이다.

그러고 나서 계속하여 린블럼 · 럽커 · 게이(Lindblom, Lubker, and Gay 1979)는 운동 명령문들의 표적이 감각적임을 논의한다. 즉, 어떤 모음의 표적은 그 모음이 지각되어야 하는 방식인 것이다. 이런 표상은 아주 추상적이며, 이런 감각 인상이 산출될 수 있는 많은 동등한 방식들로부터 멀리 떨어져 있다. 그러나 이들 동등한 방식(가령 재갈을 물린 채, 그리고 물리지 않은 채)은 실제 어떤 자질을 공유한다. 모음들에서 공유 자질은 이른바 '면적 함수'(*area function*)이다.[28] 이는 소릿길(聲道)에 실재하는 모양새들이, 어떻게 그 소릿길의 공명 스펙트럼(분음도)을 결정하는지에 대한 측정값이다. 그렇다면 어떤 특정한 감각의 모음 질(*sensory vowel quality*)에 대한 신경생리학 부호는 그 모음의 '면적 함수'가 된다.

화자가 입에 파이프나 음식이나 재갈을 물었거나 새로운 틀니를 넣었거나, 아니면 아무것도 물지 않은 경우에, 올바른 소릿길(聲道) 모양새를 어떻게 만들어 내는 것일까? 린블럼 · 럽커 · 게이(Lindblom, Lubker, and Gay 1979)는 '재귀적 감지'(*proprioception*)에 의해서, 특히 구강에 있는 점액막 살갗으로부터 나온 촉감 되짚어보기에 의해서, 소릿길의 상태에 대한 정보가 두뇌에 전해지는 것으로 가정한다(물론 다른 형태의 구강감각 되짚어보기도 있으며, Stevens and Perkell 1977을 보기 바람). 이는 그 소릿길의 모양새가 어떠한지를 두뇌에게 말해 준다. 면적 함수가 주어지면, 다음에 두뇌는 그 모양새의 소릿길이 울림통으로 이용되는 경우에 감각 효과를 연산해 낸다. 만일 이런 내적으

---

28) 성문으로부터 입술까지를 일정한 면적으로 분할한 것이다. 자세한 설명은 Clark and Yallop(1995, 구희산 · 고도홍 · 양병곤 · 김기호 · 안상철 뒤침 1998 : 420쪽 이하) 《음성학과 음운론》(한신문화사)을 보기 바란다.

로 생성된 감각 표상이 그 운동 명령문의 감각 표적과 중대하게 다르다면, 화자는 그 소릿길의 모양새를 고쳐 나가며(가령 혀를 움직여 고쳐 나감), 이 새로운 배치와 어울리는 감각 표상을 연산할 수 있다. 그 표적에 대한 근사치가 만족스러울 경우에 그 모음이 조음될 수 있으며, 곧 올바른 소리가 될 것이다.

달리 말하면, 화자는 자신의 소릿길(聲道)의 관련 속성들에 대한 '내적 모형'을 갖고 있다. 실제 소릿길로부터 나온 재귀적 감지의 되짚어보기에 의해서, 화자는 이런 모형에서 매개인자들을 고정하며, 그런 모양새의 실제 소릿길을 이용하면서 기대된 감각 산출물을 연산할 수 있다. 만일 연산된 감각 산출물이 만족스럽지 않다면, 실제 모양새는 적합한 원심성(운동신경) 활동에 의해서 알맞게 고쳐질 수 있다.

물론 이 이론은 모음 산출의 제어에만 국한되는 것이 아니다. 모종의 조음동작으로부터 이끌어낸 자음들에 대한 감각 효과도 또한 내적으로 모의하거나 예측할 수 있어야 한다. 그리고 실제로 자음의 조음에서도 즉각 맞춰 고침 현상이 또한 관찰되었다. 예를 들어, 폴킨스·애브즈(Folkins and Abbs 1975)는 어떤 기계적 장치로써 턱 움직임을 방해하였다. 만일 모음 사이에 〔p〕를 지닌 어떤 낱말이 말해져야 할 때에, 이런 방해가 뜻하지 않게 적용된 경우에는 화자들이 평소보다 위아래 입술을 모두 더 앞으로 죽 내뻗음으로써 여전히 완벽한 입술 폐쇄를 만들어 내었다. 좀더 최근에 켈쏘·쌀츠먼·털러(Kelso, Saltzman, and Tuller 1986)도 〔b〕의 발음에 대해서 비슷한 결과를 얻어내었다. 이제 우리는 이들 결과로 돌아가 살펴볼 것이다.

감각 결과들을 모의하는 내적 모형에서는, 자기 자신의 말소리에 귀를 기울이는 일과 더불어 광범위한 경험에 근거하고 있음이 분명해져야 한다. 올러·먹닐리쥐(Oller and MacNeilage 1983)는 4살과 9살 아동들을 대상으로 하여 시행한 재갈 물린 발음실험에서 온전한 보전작용을 찾아낼 수 없었음은 놀라운 일이 아니다. 청각 장애자들도 물론 그런 모형이 없다.

이런 유형의 운동 제어는 '모형에 근거한 제어'(*model-referenced control*)로 불린다(Arbib 1981). 그것은 닫힌 순환회로 제어의 형태이다. 왜냐하면 그것이 되짚어보기 순환회로를 포함하기 때문이다. 재귀적 감지 정보는 내적 소릿길 모형의 매개인자들을 고정하기 위해 다시 입력되어 들어간다.

퐈울러·터뷔(Fowler and Turvey 1980)는 린블럼·럽커·게이(Lindblom, Lubker, and Gay 1979)의 이론이 한 가지 주요한 측면에서 제대로 구체화되지 않았음을 지적하였다. 의도된 소리 및 내적 모형으로 모의된 소리 사이에 유관한 차이가 있는 경우, 소릿길에 대해 알맞게 고쳐 주는 어떤 일이 시작되어야만 한다. 그러나 그 이론에서는 알맞게 고쳐 주는 일이 어떻게 생성되는지 아무것도 말해 주지 않는다. 이것이 시행착오에 의해 진행되기란 거의 불가능하다. 오히려 그것은 의도된 말소리와 모의된 말소리 사이에 있는 차이점(단순히 크기뿐만이 아님)의 성격으로부터 도출되어야 한다.

동시에, 퐈울러·터뷔(Fowler and Turvey 1980)는 그 이론이 또한 과도하게 명시되었다고 논의하였다. 즉, 불필요하게 복잡하다는 것이다. 모형에 근거한 제어는 또한 다음처럼 파악될 수 있다. 재귀적으로 감지하는 되짚어보기에 의해서 그 모형은 소릿길(聲道)의 현재 상태를 연산한다. 의도된 소리(즉, 운동 프로그램으로 된 부호나 명령문)가 주어지면, 그것은 의도된 소리를 만들어 낼 소릿길 모양새를 연산할 수 있어야 하는 것이다. 그런 뒤에 그것은 소릿길 근육조직에 원심성(운동신경의) 제어 신호들을 내보낼 것이다. 이것이 실제 형상으로부터 연산된 형상으로 소릿길 모양새를 움직일 것이다. 물론 이런 대안은 실제 상황으로부터 시작하여, 어떤 특정한 의도된 소리를 산출할 상황에 이르기까지, 어떤 변화를 달성해 내는 방법에 관한 문제에 대하여 어떤 해결책을 제시되기를 요구한다.

켈쏘 · 홀트 · 커글러 · 터뷔(Kelso, Holt, Kugler, and Turvey 1980)의 반대 주장에도 불구하고, 린블럼 · 럽커 · 게이(Lindblom, Lubker, and Gay 1979)에서 기존의 자료와 그 이론을 모순되게 만드는 것은 전혀 없다. 퐈울러 · 터뷔(Fowler and Turvey 1980)는 이를 인식하고서, 켈쏘 · 홀트 · 커글러 · 터뷔(1980)에서보다 더 신중하게 진술하였다. 즉, 상이한 이론을 선호할 만한 선험적인 근거가 있을 것이라고 말하였다. 이제 우리는 그 이론을 살펴나갈 것이다.

6) 협력작동 구조

상당한 중앙부서의 제어가 없이도, 근육운동의 복잡한 협력작동이 가능함이 오랫동안 알려져 있었다. 시골 농가에서 볼 수 있는 고전적인 시범 사례는 목이 베어진 채 달아나는 닭이다. 전체 묶음의 근육들에 대한 협력작동의 이용을 포함하여, 명백히 자동적으로 움직일 수 있는 여러 일련의 근육운동 작용이 있다. 이들은 전통적으로 '상승효과'(*synergisms*)로 불린다. 레너버그(Lenneberg 1967)는 이 개념을 발화산출에 응용하였다. 그가 자세히 분석한 한 가지 상승효과는 말하는 동안의 호흡이다. 레너버그(1967)에 따르면, 호흡에 대해 특별히 '말하기 모습'이 있다. 이는 말하지 않는 상태의 호흡과 아주 차이가 난다(제 11장 2절 1항을 보기 바람). 말할 때에는 길게 내뿜은 날숨이 있고, 오직 짤막한 순간의 들숨만 있다. 평소 숨쉬기에서 차지하는 40%의 들숨에 비교하여, 말하는 동안에는 오직 호흡주기 시간의 15%만이 들숨에 해당한다. 말하는 동안의 호흡주기는 말하지 않을 때의 호흡주기에서보다 공기의 배기량이 대략 4배나 많다. 말하기에서는 기류가 상대적으로 일정하다. 그렇지만 평소 숨쉬기에서는 그렇지 않다. 호흡 관련 근육들의 협력작동 유형은, 말할 때의 숨쉬기에서와 말하지 않을 때의 숨쉬기에서 현격하게 차이가 난다.

호흡 체계뿐만이 아니라 또한 모든 발성기관들도 말하기 이외의 다른 용도를 지닌다. 잘게 씹고 삼키는 일은 대체로 말하기에서와 같이 동일한 근육을 포함한다. 그렇지만 말하는 상태와 발하지 않는 상태 사이에는, 실질적으로 그 근육들의 협력작동에서 차이가 난다. 자동적 기능계로 작동하도록 마련된 근육조직들은 '협력작동 구조'(*coordinative structure*)라고 불린다(Easton 1972; Turvey 1977).

협력작동 구조는 현격히 줄어든 숫자의 자유도만을 지닌 어떤 체계로 간주될 수 있다. 각 개별 근육이 한 순간에 여러 가지 다른 방식으로 작동할 수 있다. 그렇지만 그 근육들이 협력작동 구조의 일부로 기능하지 않는다면, 이들 대부분의 기능은 발생할 수 없다. 예를 들면, 음식물을 삼키려면, 구강 및 인두 근육들이 엄격히 시간에 따른 순서로 수축된다. 이 조직화는 자동적임(심지어 반사작용으로도 작동될 수 있음)과 동시에 기능적이다(음식물을 입으로부터 식도로 옮겨 주는 일처럼 어떤 특정한 종류의 과제를 수행하기 위해 마련됨). 이 체계에서 남겨진 자유도는 단지 몇 가지가 있을 뿐이다. 예를 들면, 그것은 작은 음식물이나 액체를 옮겨주는 경우보다, 큰 음식물을 삼키는 경우에 약간 다르게 행동할 것이다.

그러므로 협력작동 구조는 그 작용에서 전적으로 경직적인 것만은 아니다. 그 구조는 모두 똑같은 종류의 기능적 결과를 산출할 같은 부류의 작동들을 수행하기 위해 마련되어 있다. 같은 부류들 속에서 어떤 특정 운동작용이 수행되는지는 그 작동의 맥락에 달려 있다. 가령 음식물을 삼키는 일은 틀림없이 그 맥락이 식도로 내려보내는 음식물의 종류와 관련되고, 걷는 일은 그 맥락이 발과 노면 사이의 마찰력과 관련되어야 하며, 눈 움직임은 가시적인 표적의 방향과 속도에 관련되어야 한다. 협력작동 구조는, 추상적이고 맥락이 들어 있지 않은 운동 명령문과, 구체적이며 맥락에 알맞게 고쳐진 운동 실행 사이에 있는 돌쩌귀로 간주될 수 있다. 추상적인 명령문은 요구된 종류의 행위를 구체화해 준다. 협력작동 구조의 실행은 그 결과가 산출되어야 하는 말초신경 맥락을 떠맡는다.

협력작동 구조의 관점에서 살펴본다면, 걷는 일은 팔·다리·발·발가락들의 근육체계들을 포함하는 어떤 하위체계들의 위계를 포함하는 듯하다. 앞에서 언급된, 불운하게 목이 잘려 달아나는 농가 닭의 예에서도 어떤 비슷한 위계 조직화가 있겠지만, 그 내용은 거의 손 댄 적 없는 처녀지나 다름없다. 또한 협력작동 구조들은 순환 행위를 산출하는 경향이 있다. 이는 걷기와 숨쉬기에서 명백하다. 바로 이 시점에서 덩어리-용수철 설명이 운동 제어의 협력작동 구조 이론과 통합되는 것이다. 순환성은 덩어리-용수철 작동에 대한 아주 자연스런 결과이다. 그 운동에 대해 감폭이 조금 있는 경우, 그 체계는 궁극적인 안정상태를 초과하여 당분간 앞뒤로 흔들릴 것이다. 걷기에서와 같이 이런 진동은 기능상 협력작동 구조의 행동으로 통합될 수 있다.

말소리 운동 제어에 대한 협력작동 구조의 설명은, 흔히 그 순환적이고 계층적인 본질을 강조한다. 말소리를 내는 데에는 주요한 두 가지 순환 현상이 있다. 하나는 숨쉬기 가락이다. 이는 레너버그(Lenneberg 1967)에 의해 연구된 날숨과 들숨의 특별한 순환 상승효과이다. 다른 것은 음절 가락이다. 이는 대체로 소릿길 기능 발휘의 한 속성이다.

어떤 협력작동 구조로 간주된다면, 말하는 모습에서 소릿길(聲道)은 어떤 음절들의 열을 산출하도록 정해진다. 그것은 그 구조의 특징적인 종류의 산출물이다. 물론 반드시 운동 명령문에 어느 특정 음절들이 말해질 것인지에 대한 정보가 들어 있어야 한다. 그렇지만 말소리 운동 제어에서 소릿길에 대한 기능적 조직화가, 이를테면 운동 명령문이 모든 음절에 공통적인 것을 반드시 담아야 한다는 종류는 아니다. 브로더(Brodda 1979), 쏘로킨·게이·유은(Sorokin, Gay, and Ewan 1980)은 세계의 언어들에서 정상적인 음절 산출속도(1초당 5~6 음절)가 소릿길에 대한 생체역학의 결과임을 주장하였다. 그것이 그 체계 — 특히 아래턱의 운동에 대한 고유 진동수(*eigenfrequency*)이다. 이런 속도에서 그 운동들은 근육 에너지의 최소치를 흡수한다. 이것이 꼭 운동 프로그램에 들어 있을 필요는 없다. 외재적으로 시간안배가 될 수 있는 것이다.

그러나 이런 음절 속도의 편차는 반드시 프로그램되어야 한다. 이것이 내재적 시간안배이다. 왜냐하면 이들 시간 관련 매개인자들이 음성계획의 일부이기 때문이다. 외재적 매개인자들이 음성계획에 부호화되는 방식은 오히려 추상적일 수 있다. '강세 없는 음절' : '강세 받은 음절'의 대립에서와 같이, 더 짤막한 지속시간은 관련 조음기관이 덜 확장된 운동들을 만들어 냄으로써 얻어질 수 있다. 다음 차례로, 이는 이들 조음기관에 대하여 덜 극단적인 지엽적 표적(*local targets*)들을 고정해 줌으로써 실현될 수 있다. 이는 조음계획에서 부분적으로 지속시간이 공간적으로 부호화될 수 있음을 의미한다.

말소리 운동 제어는 또한 계층적이다. 다시 한 번 음절을 프로그램 단위로 간주하기로 한다. 협력작동 구조의 설명상 그 실행은 적어도 두 가지 하위체계를 포함한다. 하나는 마루의 실현에 대한 것이다. 다른 하나는 공명을 덜 일으키는 마루 옆에 있는(*flanking*)[29] 자음들의 실행을 위한 것이다. 대체로 이들은 나란히 작동할 수 있는 별개의 근육 체계들을 포함한다고 논의되어 왔다. 이는 제 11장 3절 7항에서 다시 다뤄질 것이다.

---

29) 산마루를 중심으로 보면, 그 곳으로 올라가는 부분과 거기서부터 내려가는 부분이 있다. 이를 flanking(옆에 있는/측면의)으로 부르고 있다. 음절을 지각하는 도표에서는 흔히 모음 마루(F_1과 F_2)에 얹히는 기울기를 중심으로 자음을 구분한다. 이를 오름새와 내림새로 부른다(上向 轉移 · 下向 轉移). '마루'와 그 '옆쪽'이란 말은 자음들이 오름새와 내림새에 의해 표시되는 데에서 말미암는다(김기호 외 뒤침 2000 : 제 6장 《음성과학 : 조음 · 음향 · 청각음성학》을 보기 바람). 이 용어는 제 11장 3절 7항의 마지막 부분에서 자음군을 다루면서 다시 쓰인다. 거기서는 음절을 '공명도의 언덕'(*hills of sonority*)으로 부른다.

협력작동 구조들의 개념은 현재 말소리 운동의 프로그램 이론에서 보편적이다(특히 Kelso et al. 1983, 1986; Fowler 1980, 1983, 1986a; Fowler et al. 1980을 보기 바람). 이런 관점에서 보면, 운동 명령문들은 음성 행위들이나 조음 '과제'들에 대하여 순서대로 열을 지은 지시문들이다. 각 행위는 맥락에 무관한 방식으로 구체화된다. 예를 들면 〔b〕는 어떤 힘으로 위아래 입술을 닫아 놓는 과제를 포함한다. 그러나 이 과제를 완수하는 데에 턱과 입술 운동의 몫이 얼마만큼 되어야 하는지 미리 고정되지는 않는다. 실제로 그것을 완수하는 데 아주 많은 방식들이 있다. 그렇지만 그 과제 자체는 최소한도로 구체화된다. 음성 행위의 자질들을 자세히 해 줄 필요는 없다. 이는 자동적으로 더 낮은 수준들의 운동 실행에서 떠맡게 된다. 즉 이른바 조음기관 그물조직에 의해서 실행되는 것이다(Saltzman and Kelso 1987). 그 그물조직은 아주 빠르게 스스로 조직하는 방식으로 맥락의 우연한 요소들에 맞춰 알맞게 고치고, 그 목표에 도달하기 위해 최소한으로 에너지를 소비하는 방식을 찾아낼 것이다. 적어도 그 주장이 그러하다. 만일 턱이 움직일 수 없다면, 위아래 입술이 더 많이 움직임으로써 모자라는 부분을 보전해 줄 것이다.

최근에 그런 스스로 조직하는 운동체계들에 대한 수학적 모형을 계발해 내는 일에 실질적 진전이 이뤄졌다(Saltzman and Kelso 1987). 보통 과제 변인들이 있는 것보다 조음기관 변인들이 더 많이 있다. 단 하나의 입술 벌리기 과제를 실현하기 위해서, 조음기관 변인으로 두 입술과 하나의 턱이 움직일 수 있다. 그러므로 그 수학 모형에서는 반드시 조음기관 변인들이 그 과제를 실행하는 데 있어서 얼마나 잉여적인지를 구체화해 주어야 한다. 즉, 그 '조음기관 그물조직'에서 그 조음기관의 운동 유형들이 상호간에 어떻게 규제하고 있는지를 밝혀 줘야 한다. 앞에서 본 음식물을 삼키는 반사운동에서 예시되었듯이, 협력작동 체계에서 분명히 자유도의 축소가 있을 것이다. 이제 그런 축소의

〈그림 11-10〉 협력작동 구조이론에서 모형에 근거한 제어

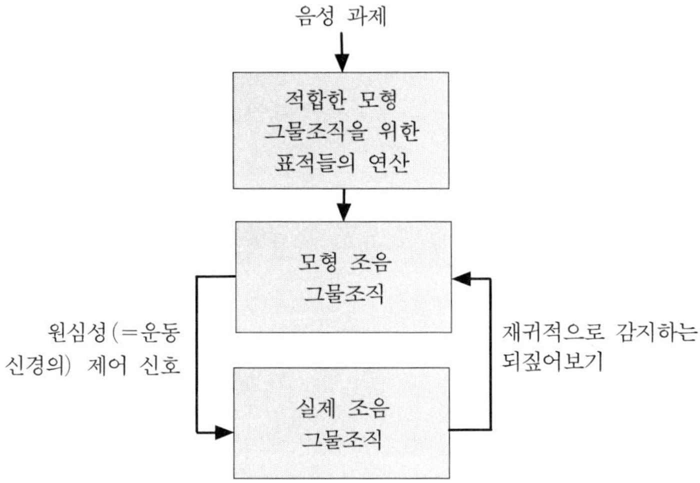

효과를 내기 위한 일반적인 수학적 처리절차들이 이용 가능해졌다.

더욱이 그 이론은 조음기관 그물조직이 그 조음기관들의 상태를 어떻게 '알' 수 있는지, 다시 말하여, 그것들의 위치와 방향과 운동 속도를 어떻게 알 수 있는지 구체적으로 밝혀 주어야 한다. 협력작동 구조의 덩어리-용수철 체계에서는 되짚어볼 점검사항이 전혀 없는 것으로 제안되었다(Fowler, Rubin, Remez, and Turvey 1980). 그렇지만 이는 옳은 것이 될 수 없다. 보전 행위는 어떤 되짚어보기를 요구한다. 쌀츠먼·켈쏘(Saltzman and Kelso 1987)는 그런 되짚어보기 체계를 제공한다. 〈그림 11-10〉은 그것을 도표의 형태로 제시해 준다. 개념상으로 그것은 본질적으로 린블럼·럽커·게이(Lindblom, Lubker, and Gay 1979)의 모형에 근거한 제어와 차이가 나지 않으며(앞 절의 논의를 보기 바람), 닐슨·닐슨(Neilson and Neilson 1987)의 '적응 모형 이론'(*adaptive model theory*)과 비슷하다.

조음기관 그물조직은 실제 조음기관들과 이들 조음기관의 어떤 모형

으로 이뤄진다. 그 모형의 초기 상태를 구성하는 모형 조음기관의 근육 긴장・위치・속도에 대한 매개인자들은 재귀적으로 감지하는 되짚어보기로부터 도출되어 나온다(이하의 논의를 보기 바람). 과제는 그 모형의 행위를 유도하는 것이다. 모형 조음기관들은 그것들의 상호간 규제 방식으로 그 모형에서 그 과제가 완수되어 나가도록 움직인다. 그 모형의 운동들에 대한 시-공간 속성과 힘 속성들이 실제 조음기관들로 실시간으로 맞물려 들어가며, 충실하게 그 속성들을 실행한다. 재귀적 감지에 의해서 귀결되어 나오는 이들 실제 운동들의 시-공간 속성들은 그 모형으로 다시 입력되어 들어간다. 이는 그 모형 운동들로부터 나온 유의미한 편차들을 어떤 것이라도 탐지해 낼 수 있다. 만일 어떤 유의미한 편차가 있다면, 그 모형은 정해진 목표에 도달하기 위하여 결손 부분을 보전할 것이다. 올바른 모형 조음들은 실제 조음기관들로 입력되어 들어간다. 이는 보전해 주는 운동을 실행해 간다.

이제 이것이 턱-입술 보전에 대해서 어떻게 작동하는지 살펴보기로 한다. 그 과제는 〔b〕를 발음하기 위하여 위아래 입술을 닫는 것이다. 협력작동 체계의 수학적 모형은 턱과 입술 운동들에 걸쳐서 어떤 최적의 에너지를 보존하는 방식으로 입술을 닫는 운동을 분배한다. 이들 운동이 그 모형에서 수행된다. 실제 조음기관들은 턱이 (실험상으로) 그 운동의 경로에서 제동이 걸려 멈출 때까지 충실히 뒤따라 실행한다. 재귀적으로 감지하는 일은 편차가 나는 이런 운동 유형을 도로 그 모형에 알려 준다. 이는 다시 세 가지 조음기관들에 대해서 입술을 닫는 그런 동일한 효과를 얻어내는 운동의 다른 분배 방식을 연산해 낸다. 이들 올바른 운동 유형들이 실제 조음기관들로 전달된다. 조음기관들은 그것들을 실행해 낸다.

적어도 이것은 그 모형이 임박한 방해(*obstruction*)에 대하여 미리 재귀적으로 감지된 정보를 전혀 갖고 있지 않은 경우의 이야기이다. 린블럼・먹닐리쥐(Lindblom and MacNeilage 1986)에 따르면, 그런 경우에 그 모형이 해야 하는 일은, 턱에다 힘을 더 많이 발휘하도록 하는 애초 반응을 내어 주며, 따라서 명백한 방해 사항이 극복된다. 만일 그 되짚어보기에서 여전히 편차가 크다면, 다른 조음기관들이 완전히 보전이 이뤄지도록 일을 함께 떠맡는다. 린블럼·먹닐리쥐(1986)는, 애브즈·콜(Abbs and Cole 1982)에 의해 이뤄진 발견결과를 주목하였다. 즉, 간섭받는 조음기관에 사실상 애초부터 더 많은 힘이 발휘되어 들어간다는 사실이었다. 이것이 또한 다른 조음기관들에 있는 보전 행위도 진행시켜 나간다.

그러나 입에 재갈을 물려 발음한 경우에는, 적어도 그 운동이 개시되기 이전에 어떤 재귀적으로 감지되는 되짚어보기가 있다. 깨무는 근육들에는 높은 긴장이 있지만, 상응하는 아래턱의 운동은 없다. 따라서 그 모형의 개시 매개인자들이 고정될 것이고, 보전이 곧장 이뤄질 수 있다. 그리고 이것이 실제로 재갈 물려 발음한 실험들에서 찾아진 내용이다.

협력작동 구조의 기본적인 조음 요소들은 덩어리-용수철 체계이다. 그렇지만 그것들이 특정한 음성 과제를 수행할 수 있는 하나의 전체로서 운용되기 위해 서로 결합되어 있다. 조음기관들의 연합은 각 과제마다 서로 다른 것으로 될 수 있다. 단일한 조음기관은 어떤 것이라도 여러 가지 다른 협력작동 구조에 참여할 수 있다. 우리가 살펴보았듯이, 턱은 〔b〕를 발음하는 일을 떠맡은 협력작동 구조의 일부이다. 그것은 또한 〔z〕를 발음하는 일을 떠맡은 그 구조의 일부가 될 수도 있다. 그러나 이것들은 두 가지 서로 다른 협력작동 구조들이다. 켈쏘·털러·봐띠교티스-베이츤·퐈울러(Kelso, Tuller, Vatikiotis-Bateson, and Fowler 1984)는 〔b〕와 〔z〕에 대해서 모두 보전 실험을 수행하였다. 그 과제가 〔b〕를 발음하고 그 턱의 운동에 제약이 가해진 경우에, 보전해 주는 입술 운동이 늘어났다. 그렇지만 그 과제가 〔z〕를 발음하고 턱의 운동이 비슷하게 제어되어 멈춘 경우에, 위아래 입술에서 보전해 주는 운동은 어떤 것도 일어나지 않았다. 이는 턱-입술 짝짓기가 유관한 음성 과제(phonetic task)에 대해서만 특별함을 보여 준다. 협력작동 구조는 조음기관들에 대하여 기능적이지만 '단단히 고정되어 있는' 연합은 아닌 것이다.

그렇지만 비관적인 결론은, 반복되어 일어나는 음성 분절음이 각각 그 고유한 협력작동 구조를 요구한다는 점이다. 물론 기본적인 협력작동 구조들에 대한 어떤 상위계층 조직화(이 진영에 있는 이론가들에 의해 약속된 '계층적' 제어 구조)를 찾아보고 싶을 수도 있다. 2차 계층의 조직화에 대한 바람직한 후보는, 한 언어의 가능한 음절들을 산출하는 일을 담당하는 내용이다. 음절들에 대한 운동 제어가 걷기나 또는 타자 글쇠 치기에서와 같이 계층적으로 조직화될 수 있다. 음절의 조직화는 곧 이어지는 하위 절의 주제가 될 것이다.

말소리 운동 제어의 이론들에 대한 짤막한 이런 개관은 한 가지 점을 아주 명백히 만들어 준다. 이론이 결핍되어 있는 것이 아니라, 여러 이론들 사이에서 하나로 수렴될 필요가 있는 것이다. 여러 이론들은 각각 추정하는 명령문들의 본질에서, 그리고 운동 실행의 모형화에서 모두 차이가 난다. 그렇지만 이들 이론 사이에서 한 가지 수렴점은, 말소리 운동 명령문들이 상대적으로 불변이지만, 한편 실행 운동 체계가 그렇게 하도록 지령을 받지 않고서도 즉각적인 실행 맥락에 맞춰 알맞게 고치는 일을 떠맡을 수 있다는 생각이다. 불가피한 한 가지 발전 방향은 상대적으로 모형에 근거한 제어를 포함하는 설명 쪽에 놓여 있다. 마지막으로, 대부분의 이론가들이 말소리 운동 실행에 대한 단위로서 '음절'의 개념에 대해서 서로 동감하고 있다.

7) 음절들의 조음

음절은 여러 방식에서 최적의 조음운동 단위이다. 음설은 사음들이 너무 많은 조음 간섭이 없이도 그 마루와 함께 동시 산출되도록 허용해 준다. 어먼(Öhman 1966), 퍼어켈(Perkell 1969), 퐈울러 · 루빈 · 뤼메즈 · 터뷔(Fowler, Rubin, Remez, and Turvey 1980), 린블럼(Lindblom 1983)가 주장하였듯이, 그 이유는 자음과 모음들이 흔히 변별적인 조음기관을 포함하기 때문이다.

대부분의 모음 산출은 외부근육들을 이용하여 혓몸(*tongue body* 舌背)을 위치시키는 데 달려 있다. 특히 턱끝 혀 근육(*genioglossus* 頤舌筋)에 중요하다. 혀를 조금이라도 포함하는 대부분의 자음은 혀의 내부근육들을 써서 조음된다. 특히 혀끝 들어올리는(*coronal* 舌頂性) 자음을 생각해 보기 바란다. 내부근육은 혓몸 위치시키기보다는 오히려 혀의 모양새에 영향을 미친다. 혓몸을 이리저리 움직이는 일은 상대적으로 더딘 과정이다. 반면에 대부분의 자음 관련 조음기관들은 아주 신속히 적응될 수 있다. 자음과 모음의 산출에 관련된 근육들이 사실상 서로 별개가 되는 범위까지, 그 운동은 간섭이 없이 동시에 산출될 수 있다. 이런 관점에서, 조음은 덧얹혀 있는 자음 조음을 지니고 있는 음절 마루들의 흐름에 대한 산출로 간주될 수 있다.

만일 브로더(Brodda 1979)와 린블럼(Lindblom 1983)과 같이 음절 산출속도가 대체로 모음 산출에 포함된 운동 부분(아래턱과 혓몸)들의 고유 진동수(*eigenfrequency*)에 의해서 결정된다는 가정이 옳다면, 이런 안정된 음절 마루들의 흐름은 에너지 절약 산출기제의 산물이다. 실제로 퐈울러 · 루빈 · 뤼메즈 · 터뷔(Fowler, Rubin, Remez, and Turvey 1980)는 모음 조음의 지속적인 흐름이 있다고 짐작한다. 이는 상대적으로 독립된 근육 조직화에 의해서 다뤄진다. 이것이 자음들의 조음에 대한 '반송파'(*carrier wave*)이다.[30] 물론 자음과 모음 조음기관들의 분리를 너무 과장되게 진술하지 않도록 유의해야 한다. 이는 퐈울러(Fowler 1986b) 도 인정하듯이, 가령 턱과 같이 자음과 모음 산출에 모두 능동적으로 참여하는 다양한 조음기관들이 있기 때문이다.

그러나 음절 조직화의 경제성은 자음과 모음의 공동산출 가능성에만 기반을 두는 것이 아니다. 또한 자음 조음이 조음기관들의 공간상 실행을 최소한도로만 포함하게 될 방식으로 그 음절에 걸쳐서 자음들을 배분하는 경향도 있다. 이는 최소한도의 에너지 소모를 의미한다. 린블럼(Lindblom 1983) 의 주장에 따르면, 세계의 언어들은 인접한 분절음들이 잘 어울릴 수 있는 조음기관들을 포함하는 그런 방식으로 한 음절의 분절음들을 배열하는 경향이 있다. 이는 마루와 그 옆에 있는 자음들 사이에서만 성립되는 것이 아니다. 또한 인접한 자음들 사이에서도 성립한다. 조화 가능성은 〔sp〕, 〔sk〕, 〔pl〕, 〔skr〕, 〔spl〕과 같은 자음군에 드러나 있다. *〔pb〕, *〔kg〕, *〔tfd〕와 같이 서로 조화되지 않는 부류는 자음군 속에 들어 있지 않다. 후자 종류의 자음군은 거의 한 번도 음절 구성에 나타나지 않는다.

또한 제 8장 1절과 제 9장 6절에서 논의되었듯이, 음절들은 '공명도의 언덕'(*hills of sonority*) 들이다. 한 음절에서 더 공명도가 높은 자음들은 공명도가 덜한 것들보다도 그 음절 마루에 더 가까이 자리 잡는 경향이 있다. 예를 들면 공명 자음 〔r〕과 〔l〕은 직접 음절 마루를 앞서거나 뒤따르는 경향이 있다. 반면에 〔t〕와 〔s〕는 한두 개의 중간에 끼어 있는 자음들에 의해서 음절 마루로부터 떨어질 수 있다. 가령, 음절 구성이 'rtam'보다는 오히려 'tram'이 더 나은 후보이며, 'lsam'보

30) A라는 파동 위에다 다시 어떤 정보를 실어 나르기 위해서 B라는 파동을 얹어 놓는 과정을 '변조'라고 한다. 여기서 변조되기 이전의 파동 A를 '반송파'라고 한다('搬送'은 운반하여 보낸다는 뜻이며, 때로 실어 나른다는 뜻의 '운반파'로도 번역함). 말소리에서 모음(母音, 어미 소리) 은 음절 구성의 핵이다. 자음(子音, 자식 소리) 은 언제나 모음의 규칙적인 파동 위에 얹혀야 한다. 따라서 모음을 자음을 실어 나르는 '반송파'로 표현하고 있다.

다 오히려 'slam'이 더 나은 것이다.

달리 말하여, 하나의 음절은 그 분절음들에 대한 최적의 공동조음을 위해 마련된 산출 단위이다. 결과적으로, 최소량의 조음노력으로, 지각상 최대한의 변별속성이 산출되는 것이다.

4. 요 약

이 장에서는 인간의 가장 복잡한 운동 기술들 중 하나를 살펴보았다. 유창한 말소리 조음이다. 조음은 음성계획의 운동 실행이다. 조음이 이뤄지기 전에, 음성계획은 잠시 임시저장고에 저장될 수 있다. 제1절에서는 이른바 이런 조음 임시저장고의 관리를 논의하였다. 이는 아마 음성계획을 만들어 내는 속도와 조음하는 속도 사이에 유동적 차이에 대하여 보전을 해 주는 듯하다.

말소리가 개시되기 위하여, 어떤 최소량의 음성계획이(아마 하나의 음운낱말이) 반드시 조합되고 조음기관으로 전달되어야 한다. 따라서 클랩·앤더슨·베뤼언(Klapp, Anderson, and Berrian 1973)은 '기부대기시간'(*onset latency*)이 1음절 낱말보다 2음절 낱말에 대해서 더 길다는 사실을 보여 주었다. 이른바 이런 음절 효과에 대한 한 가지 조건은, 화자가 조음반응을 준비하고 임시저장고에 저장할 수 없다는 점이다. 어떤 낱말의 음절들에 대한 음성 내용명시는 순차적인 과정이다. 따라서 조음하기 위하여 2음절 낱말을 준비하는 일은, 1음절 낱말을 준비하는 것보다 더 오래 걸린다.

스떤버그(Sternberg)와 그의 동료들은 조음 임시저장고로부터 그 프로그램을 인출하고 그것을 풀어 정보를 얻어내는 기제들을 광범위하게 연구하였다. 조음 프로그램을 인출해 내는 데 필요한 시간은 임시저장고에 있는 항목들의 숫자(아마도 음운구들의 숫자)에 대한 1차 함수이다. 추가적인 발견내용은, 2음절 낱말을 풀어 정보를 얻는 일이 단일 음절 낱말을 풀어 해독하는 일보다 시간이 약간 더 걸린다는 점이다. 이런 현상에 대한 가능한 해석은, 한 낱말의 조음이 그 첫 음절이 풀려 정보가 해독되자마자 당장 시작될 수는 없다는 것이다. 오히려 두 번째 음절의 일부가 또한 이용될 수 있어야만 하는 것이다. 그것이 한 낱말의 음절들 사이에서 유창한 조음의 연음(*liaison*)을 만들어 내기 위한 하나의 필요조건일 수 있다. 마지막으로 한 발화의 음성계획의 실행에 대한 전체 지속시간이, 그 음절들의 숫자뿐만이 아니라 또한 임시저장고에 있는 전체 항목(낱말 또는 짤막한 구)들의 숫자에도 달려 있음이 밝혀졌다. 임시저장고에 항목들이 많이 있으면 많이 있을수록, 그것들을 각각 인출해 내는 것이 더 어려워진다. 다음 항목을 인출하는 데 필요한 별도의 시간은, 흔히 현재 항목의 마지막 음절을 늘여 끎으로써 얻어진다. 유창한 발화에서 조음 임시저장고의 역할은 오히려 제약되어 있을 가능성이 있다. 그럼에도 조음상 임시저장고에 저장하는 일이 실험상으로만 찾아낸 효과는 아닌 것이다.

다음으로 우리는 발화산출에 포함된 발성기관들을 다루었다. 그것들은 세 가지 주요한 기관으로 조직되어 있다. 호흡 체계는 말하는 동안 안정된 기류를 제어한다. 그것은 음향 에너지 자원을 공급해 준다. 말하는 동안 그것은 고유한 모습의 기능을 지닌다. 평상시 말하지 않고 숨을 쉬는 일과는 두드러지게 차이가 나는 모습이다. 중심 부분으로서 성대주름을 가진 후두 체계는, 말소리에서 소리내기 및 소리 세기를 제어한다. 소리를 내는 동안에 그것은 공기덩이(*puff*)의 주기적인 연속체를 생성해 낸다. 이것이 공명이 수립되는 광역 주파수 스펙트럼(분음도)을 제공해 준다. 후두상부 체계 또는 소릿길(聲道)은 공명이 전개되는 울림통을 갖고 있다. 특히 비강・구강・인두강이다. 그것들의 모양새는 모음과 자음의 음색을 결정해 준다. 더욱이 소릿길은 말소리 분절음들의 적정한 조음에 대한 주요한 기여 요소이다. 소릿길(聲道)이 좁혀지거나 닫힐 수 있는 서로 다른 장소들이 있다. 그리고 좁혀지고 닫힘이 만들어지는, 그리고 터져 방출되는 서로 다른 방식들이 있다. 조음장소 및 소음방식들에 대한 결합은 풍부하고 다양하게 가능한 말소리들을 제공해 준다. 각 언어는 오직 이것들의 하위 집합만을 쓰는 것이다.

제 3절에서는 말소리 운동 제어의 조직화에 관심을 두었다. 주요한 물음은 운동 명령문들의 본질과 그런 명령문이 실행되는 방식에 관련되어 있었다. 이들 물음은 서로 독립되어 있지 않다. 말소리 운동 제어에 대한 이론의 대부분이 어떤 또는 다른 방식으로 그 대답들을 짝으로 이어 준다.

첫 번째 이론에서는 운동 명령문들을 조음기관들에 대한 목표 위치로 간주한다. 이런 배치 프로그램 이론은 충분히 추상적이지 못하기 때문에 비판을 받았다. 목표 위치들은 아주 맥락 의존적이다. 한 분절음의 조음방식은, 바로 옆에 붙어 있는 분절음들(= 이웃 환경)에 달려 있을 뿐만 아니라, 또한 입에 물고 있는 음식물이나 굳게 다문 이빨이나 머리 수그리기와 같이 우연한 맥락 요인들에도 달려 있다. 맥락 변이는 끝이 없으므로, 음성 또는 조음 프로그램을 마련하는 일이 지나치게 복잡한 일이 될 듯하다. 비슷한 비판이 운동 실행에 대한 단순한 덩어리-용수철 설명에도 적용된다. 그런 설명으로는, 외부의 힘들이 조음기관들의 운동에 끼어들어 방해하는 경우에는 '의도된' 목표 위치에 도달할 수 없다. 그런 맥락은 각각 서로 다른 운동 명령문을 요구하게 될 듯하다.

다른 모든 이론들은 말하기(즉 조음계획)에 있는 운동 명령문들의 추상적이고 비교적 불변하는 속성에서 서로 일치한다. 그 운동 명령문들을 지배적인 물리적 맥락에 맞춰 알맞게 고치는 것은 오직 실행 기제인 것이다.

다음으로 추상적 명령문들이 어떤 조음 목표들에 도달하게 되는 이론들을 개관하였다. 이들 이론에서는 화자가 자신이 산출하고자 하는 소리의 감각 이미지들을 수립한다. 특히 린블럼(Lindblom)의 이론은 그런 이미지가 운동작용을 어떻게 인도할 수 있는지에 대하여 아주 자세히 논의한다. 모형에 근거한 제어가 있는 것이다. 이는 화자가 자신의 발성 기제에 대한 '내적 모형'을 지님을 뜻한다. 그 모형의 각 형상들에 대하여, 결과되어 나오는 감각 이미지가 도출되고, 목표 이미지에 대해 서로 비교될 수 있다. 모형에 근거한 제어의 개념은, 특히 이른바 보전현상을 처리해 내기 위해 유용하다. 조음기관이 그 운동들에서 방해를 받는 경우에, 그럼에도 불구하고 의도된 소리가 산출되도록 다른 것이 대신 '떠맡아' 보전해 줄 수 있는 것이다.

비록 원심성 목표로서 조음 목표들의 개념에 대하여 동조하지만, 다른 이론들에서는 운동 명령문들이 더 구심성 목표들을 포함하도록 취급한다. 퍼어켈(Perkell 1980)은 구강-감각 목표들의 존재를 제안한다. 즉, 화자 자신의 소릿길(聲道)에 대한 감각경험으로 정의할 수 있는 목표인 것이다. 장애음 및 비음과 같은 청각적으로 중요한 변별자질들은 긴밀한 구강-감각 상관물(*correlates*)을 지니는 것으로 주장된다.

마지막으로 협력작동 구조 이론에서는, 실행 체계가 과제와 관련된 구조들의 위계로 구성된다고 가정된다. 그런 협력작동 구조는 각각 하나의 단위로서 기능하기 위해, 임시로 고정된 한 집단의 근육들이다. 음성계획은 조음 과제들에 대한 하나의 열 또는 위계이다. 조음 과제는 각각 서로 다른 협력작동 근육들의 연합을 요구한다. 그런 연합 속에서 근육 신경분포는 그것들의 자유도를 심하게 제약하고 줄여 놓는다. 그렇지만 어떤 특정한 종류의 결과를 보장해 주는 어떤 기능에 의해서 짝이 지어진다. 개별 근육들의 초기 상태가 어떠하든지에 무관하게, 또는 아래턱 움직임을 방해하는 입에 문 담배 파이프처럼 제약을 가하는 외부 조건들에도 상관없이, 그 결과가 얻어지는 것이다. 모형에 근거한 제어는 협력작동 구조들에 대한 본질적 측면이다. 운동 제어에 대한 덩어리-용수철 설명에서도 그러하다. 조음에 대한 협력작동 구조 설명에서는 실행 체계가 상당량의 지능을 지닌다. 비록 이런 '신체의 지혜'(*wisdom of the body*)를 풀어내기 위하여 앞으로도 여전히 많은 작업이 진행되어야 할 것이다. 그렇지만 협력작동 제어에 대한 수학적 모형에서 이룩된 최근의 발전들은 그 기획에 성공할 가능성이 있음을 보여 준다.

마지막 제 3절에서는 음절들에 대한 조음을 다루었다. 거기서는 음절들이 중요한 조음 단위임이 논의되었다. 한 음절의 음성계획에 대한 주요한 측면들은 저장될 (그리고 음성 내용명시 동안에 인출될) 가능성이 높을 뿐만이 아니라, 또한 음절들은 그 분절음들에 대하여 빠른 속도로 동시조음이 쉽게 일어나도록 위하여 최적으로 조직화될 가능성이 높다. 이런 조음노력의 최소화는, 심지어 빠른 속도의 발화에서도 지각상의 변별성에 대한 최대화와 어울려 진행되는 것이다.

제 12 장

스스로 점검하기와 스스로 고치기

화자들은 자신이 말하고 있는 바와 그것을 어떻게 말하고 있는지를 점검한다. 화자는 실수를 하거나 또는 덜 알맞은 방식으로 뭔가를 표현하는 경우에, 스스로 중단하여 고쳐나갈 수 있다. 이는 자연스런 대화에서뿐만 아니라, 또한 모든 종류의 담화에서도 명백하다. 다음에 세 가지 사례가 있다. 첫 사례는 쉬글롶 · 제퍼슨 · 색스(Schegloff, Jefferson, and Sacks 1977)가 보고하였다.

(1) 갑: And he's going to make his own paintings.
(그러고 그가 자신의 그림들을 만들 예정이야)
을: Mm hm,
(으 흠)
갑: And — or I mean his own frames.
(그러고 — 아니면 내 말뜻은 그 자신의 그림틀들 말야)
을: Yeah.
(그래)

〈그림 12-1〉 묘사될 일련의 유형 중 한 가지

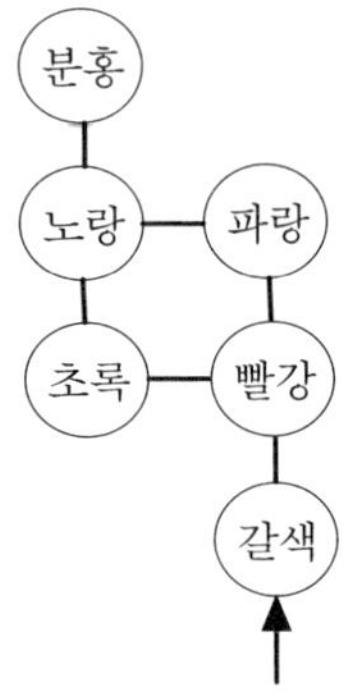

*그 실험에서는 교점들에 색깔이 칠해져 있었음(Levelt 1982a).

받아들이는 신호로서 을의 'Mm hm'(으 흠: 긍정 반응) 이라는 대답에도 불구하고, 갑은 자신이 'frames'(틀) 대신에 'paintings'(그림) 로 잘못 말했음을 깨닫게 되었고, 자신의 다음 발언기회에 이를 고쳐 놓았다.

두 번째와 세 번째 사례는 르펠트(Levelt 1982a, b) 가 보고한 실험에서 얻어진 유형 묘사이다. 〈그림 12-1〉에서 보인 것과 같은 그림을 놓고서 피험자들에게 그 유형을 묘사하도록 요구하였다. 그들의 묘사 내용들은 녹음되었다. 그들에게는 이들 녹음내용을 근거로 하여 그 유형들을 그리게 될 다른 피험자들에게 들려 줄 것이라고 말해 주었다 (또한 제 4장 4절 2항과 거기에 있는 〈그림 4-5〉도 보기 바람). 한 사람의 피험자가 노랑 교점과 분홍 교점 사이에 연결선을 가리키는 중이었으며, 다음처럼 말하였다.

(2) And above that a horizon —, no a vertical line to a pink ball.
(그리고 그것 위로 한 수평 —, 아니 한 수직선이 분홍 공으로)

이는 예(1) 에 있는 오류 고치기와 아주 닮았다. 그렇지만 여기서는 고쳐 놓는 데에 아주 신속하였다. 문제되는 항목인 'horizontal'(수평의)

이 아직 'horizontal line'(수평선)으로 완결되지도 않았다. 또다른 화자는 노랑 교점으로부터 파랑 교점으로 진행하면서 다음처럼 말하였다.

(3) To the right is blue — is a blue point.
(오른쪽으로 파랑이 있 — 어떤 파랑 점이 있어요)

명백히 이는 오류 교정이다. 오히려 그 화자는 그 파랑 교점에 대한 묘사를 더 자세히 그 과제에 더 적합하도록 만들었다. 사례(1)과 (2) 같은 오류 고치기와 사례(3) 같은 적합성 고치기 사이를 구별하는 것이 중요한데, 앞으로 이 장에서 분명해질 것이다. 세 가지 예들은 화자들이 자신의 발화를 점검하고 고칠 수 있음을 보여 준다. 그리고 이런 스스로 점검하기(*self-monitoring*)는 대화 상대방의 되짚어보기를 필요로 하지 않는다. 예문(1)에서 비록 '을'이 무시하였지만, 화자 '갑'은 자신의 오류를 찾아내었다. 다른 두 가지 고치기 사례도 또한 자발적으로 이뤄졌다. 즉, 청자가 화자에게 'What?'(뭐라고요?) 또는 'What do you mean?'(무슨 말이에요?)라고 되물어 봄으로써, 대화 상대방인 청자가 고치기를 개시하기 하는 일이 없었던 것이다.

제 12장 1절에서는 이런 스스로 점검하기 과정을 다룰 것이다. 유창한 발화는 스스로 점검하기에 어떻게 의존하는 것일까? 화자가 무엇을 점검하는 것일까? 화자가 자신의 발화에서 문젯거리를 어떻게 깨닫게 되는 것일까? 특히 우리는 점검하는 일에 대한 두 가지 이론적인 설명을 살펴볼 것이다. 편집-수정기(*editor*) 이론과[1] 연결주의자 모형이다. 제 12장 2절에서는 화자가 문젯거리를 탐지하는 과정에서 무엇을 하는지를 살펴볼 것이다. 화자는 조만간 고치기를 개시하기 위하여 자신의 발화를 중단할 수 있다. 이는 흔히 대화 상대방이나 청자에게 문

1) '편집/편집기'란 말은 수정한다는 뜻이 강하지 않다. 여기서는 '편집-수정'이라고 붙여 써 둔다.

제를 일으키게 된다. 정상적인 발화 흐름이 중단되고, 죽 진행되고 있는 발화의 해석이 변경되거나 제한되어야 한다. 화자들은 흔히 자신의 청자에게 이를 급작스런 짤막한 쉼(*pausing*)에 의해서, 그리고 다음과 같은 편집-수정 표현들을 써서

'er', 'rather', 'no', 'I mean'
('어', '그보다는', '아니', '내 말뜻은')

신호를 보낸다. 우리는 이런 스스로 중단하기의 과정과 편집-수정 표현들의 채택에 있는 체계성을 분석할 것이다. 마지막으로 화자는 알맞게 고쳐 나가는 일을 시작할 것이다. 제 12장 3절에서는 화자들이 자신의 고치기를 구성하는 방식을 논의할 것이다. 언어학 관련문헌에 있는 어떤 주장들과는 정반대로, 고치기는 아주 정규적인 모습으로 이뤄진다. 그것들은 엄격한 언어규칙들과 엄격한 대화규칙들을 준수하는 것이다.

1. 스스로 점검하기

1) 화자들이 왜 점검을 하는 것일까?

화자들이 자신이 수행하고 있는 여러 다양한 측면의 행위들에 대해서 주의를 기울일 수 있다는 점은, 화자들이 자발적으로 행하는 스스로 고치기의 종류들로부터 명백하다. 몇 가지 주요한 점검 목표들은 다음과 같을 것이다(㉮ ~ ㉶).

㉮ 이 표현이 지금 내가 표현하고 싶은 메시지인가/개념인가?

앞에서 언급한(Levelt 1983) 일련의 유형 묘사로부터 나온 한 가지 예는 다음과 같다.

(4) We go straight on, or — we enter via red, then go straight on to green
(우리가 죽 곧장 가는데, 아니면 — 빨강을 통해 들어가고 나서 초록으로 죽 곧장 가거든)[2)]

여기서 화자는 자신의 일직선 나열방식이 적합하지 않았음을 깨달았다. 초록 교점으로 옮겨가기 전에, 그는 갈색 교점을 언급해 두어야 했던 것이다. 그는 말을 멈추고 다시 올바른 방식으로 시작하였다.

또한 자신의 발화를 좀더 자세히 살펴보면, 어떤 특정 메시지가 그 의도와 관련하여 올바르지 않거나 적합하지 않을 수도 있다. 이런 경우

2) '억양'이 표시되어 있지 않으므로 별개의 문장으로 오해될 소지가 있다. 그렇지만 아래 해설을 보면, 맨 첫 발화가 'We go straight on to green'(우리가 죽 곧장 초록으로 가거든)을 말하려고 하였던 것을 알 수 있다. 번역에서는 이를 나타내기 위해서 일부러 밑줄을 그어 놓는다.

는 다음 발화에 있는 사례가 되는 듯하다(Schegloff 1979에서 가져옴).

(5) Tell me, uh what — d'you need a hot sauce?
(내게 말해 줄래, 어 뭐가 — 너는 매운 소스가 필요하니?)

여기서 화자는 아마 시작은 'What do you need?'(뭐가 넌 필요하니?)를 말하려고 하였을 것이다. 그렇지만 명백히 다른 형태인 '예-아니오' 질문으로 말하는 것이 더 적합하였음을 깨달았을 것이다. 원래의 발화가 말하는 도중에 중단되었다. 이어 다소 차이가 나는 화행이 이뤄졌다.

이들 경우에서, 그리고 비슷한 경우들에서, 화자의 문젯거리는 개념 차원에 있다. 화자는 언어로 표현하기 위해 자신이 준비한 메시지들을 직접 점검할 수 있다. 언어형식 주조해 내기가 시작되기 이전이나 이후에, 임의의 메시지를 거절할 수도 있다. 전자의 경우에는, 비록 어떤 주저거림이 있을 것이지만, 공공연히 말해진 발화를 고치는 일로 귀결되지는 않을 것이다. 후자의 경우에는, 원래의 발화가 조만간 대안이 되는 메시지를 발화 형식으로 만들어 냄으로써 대체될 것이다.

나 이 표현이 내가 전달하려는 메시지를 말하는 방식인가?

비록 화자가 전달될 정보에 대해서는 확신을 가졌다고 하더라도, 담화기록이 주어지는 경우에 — 즉 그 주제와 앞서 진행된 담화의 내용이 주어지고, 축자적으로 좀 더 앞에서 말해진 내용이 주어진 경우 등등(제 4장 2절을 보기 바람) — 화자는 그것이 언어로 표현되어야 하는 방식을 재고할 수도 있다. 유형에 대한 묘사로부터 가져온 다음 예문을 살펴보기 바란다.

(6) To the right is yellow, and to the right — further to the right is blue.

(오른쪽으로 노랑이 있고, 그리고 오른쪽으로 — 더 오른쪽으로 파랑이 있어)

여기서 화자는 의도된 개념을 표현하면서 말을 시작하였다. 그렇지만 시작하고 나서 곧바로 앞서 묘사된 움직임도 또한 오른쪽으로 되었음을 깨달았다. 'further'(더)를 추가해 놓음으로써, 그 화자는 자신의 발화를 앞서 나온 담화와 더 잘 연결되도록 만들어 주었다.

화자는 또한 자신이 말하고 있는 내용이 청자에게 잠재적 중의성을[3] 담고 있음을 깨달을 수도 있다. 의도된 개념이 언어로 표현되었지만, 되돌아봄으로써 제대로 그것이 맥락이 충분히 주어져 있지 않았다. 쉬글롶 · 제퍼슨 · 색스(Schegloff, Jefferson, and Sacks 1977)에게서 가져온 다음 예문이 핵심을 드러내어 준다.

(7) Hey, why didn't you show up last week. Either of you two.
(어이, 지난주에 너희〔= 집단 해석〕들이 왜 모임에 안 나왔어. 너희 둘 중 어느 누구라도 말야)

여기서 화자는 지난주 모임에 모습을 나타내지 않은 일에 대하여 대화 상대방들에게 질문을 하였다. 그러나 그 뒤 의사소통 상황이 중의적일 수 있음을 깨달았다. 그는 대화 상대방들을 집단(너희들 모두)으로서

3) 원문의 ambiguous(중의적)란 말은 형식의미론의 원칙에 따라 vague(애매함)와 구별해서 번역해 둔다. 중의성은 어휘적 중의성과 구조적 중의성으로 나뉜다. 본문의 인용은 어휘적 중의성에 해당된다. '우리'라는 대명사가 대표적이다. 청자까지 포함되는 '우리'가 있고(가령 '우리 같이 떠나자'), 청자가 배제되는 '우리'가 있다(가령 '우리 마누라'). 구조적 중의성은 '순이 사진'에서 순이가 사진에 찍힌 피사체일 수도 있고, 아니면 사진을 갖고 있는 소유자일 수도 있다. 앞의 해석은 보충어 논항(목적어 위치)으로 자리잡은 해석이고, 뒤의 해석은 지정어 논항(주어 위치)으로 자리잡은 해석이다. 제 2장 1절 3항에 있는 옮긴이 각주 9)도 참고 바람.

가 아니라 개인별로(너희 중에 한 사람) 언급하고자 의도하였었다. 그 중의성이 뒤이은 고치기에 의해서 제거되었다.

요약하면, 이 층위에서 화자의 점검은 맥락 적합성과 표현된 정보의 충분성에 관심을 둔다. 점검하기에 대한 이런 초점에 긴밀히 관련된 것이 다음 내용이다.

다 내가 말하고 있는 것이 사회적 기준에 접근하는가?

화자의 낱말 선택은 보통 담화맥락에 의해서 요구된 격식성의 수준에 달려 있다. 법정에서는 'cop'(경찰에 대한 속어)보다 오히려 'policeman'(경찰)이라고 말할 것이다. 이것이 언어투식(*register*)에 대한 선택이다. 격식 기준과 체면 기준으로부터 벗어나서 허용될 수 없는 위반 사항이 없는지 여부에 비춰, 화자들이 자신의 발화를 점검한다는 어떤 증거가 있다. 특히 모뜰리·캠든·바아스(Motley, Camden, and Baars 1982)는 화자들이 발화하기 이전에 금기어들을 아주 잘 포착해 냄을 실험상으로 보여 주었다.

라 내가 어휘상의 오류를 저지르고 있는가?

화자의 메시지가 의도된 대로 되며 맥락에도 적합할 수 있다. 하지만 여전히 언어형식으로 만들어 놓는 일에 잘못이 생겨날 수 있으며, 화자는 이들 오류에 대하여 실제로 자신의 발화를 점검한다. 유형 묘사로부터 나온 한 사례를 살펴보기로 한다. 그것은 〈그림 12-1〉에서 보인 유형에 대한 한 피험자의 묘사에서 나타났다.

(8) Left to pink — er straight to pink
(<u>왼쪽</u> 분홍으로 — 어 <u>곧장</u> 분홍으로)

여기서 화자는 거의 틀림없이 'straight'(곧장)이라는 개념을 표현하려고 의도하였다. 바로 앞선 발화에서 노랑 교점을 소개하였는데, 거기로부터 왼쪽으로 진행하는 것은 전혀 불가능하다. 그럼에도 불구하고 제 6장에 논의된 원인들로 말미암아 잘못된 레마(*lemma*, 어휘의 통사·의미값) 'left'(왼쪽)가 활성화되었다. 그 화자는 그 오류를 붙잡아 내었고, 그것을 고쳤다. 다음에 또다른 사례가 있다. 르펠트·커뜰러(Levelt and Cutler 1983)에게서 가져왔다.

(9) Well, let me write it back — er, down, so that …
(그럼, 그걸 <u>도로</u> 적을게 — 어, <u>받아</u> 적을게, 그래서 …)

화자들은 어떤 문법범주(= 허사)의 어휘 오류에 대해서 점검하지만, 모든 어휘 오류들이 포착되는 것은 아니다.

마 내 발화 속의 통사론과 형태론은 모두 괜찮은가?

어떤 언어형식 만들어 놓기 오류들은, 대체로 어휘 접속에서 말미암는 것이 아니라, 그보다는 오히려 문법 부호화에 있는 다른 문젯거리들로부터 기인한다. 그리고 때로 화자들은 그들의 고치기로부터 자명해지듯이, 실제로 어그러진 통사나 형태에 대해 깨닫게 된다. 다음 사례들을 살펴보기 바란다.

(10) What things are this kid — is this kid going to say incorrectly? (Levelt and Cutler 1983)
(어떤 것들을 <u>이들 꼬마</u>가 — <u>이 꼬마</u>가 부정확하게 말하려고 하는가?)

여기서 그 화자는 단수 복수 일치의 오류를 알아차리고서 그것을 고쳐 놓았다.

(11) Why it is — why is it that nobody makes a decent toilet seat? (Fay 1980b)
(왜 그렇다 — 왜 그리지 아무도 좌변기 의자를 품위 있게 해 놓지 않으니 말야?)

여기서는 통사 혹은 어순 바꾸기의 오류로서 순서 짓기 오류가 포착되었고, 즉각 고쳐졌다.

바 내가 음운-형식 오류를 저지르고 있는가?

음운 부호화에서의 문젯거리도 더러 화자들에 의해서 인식되며, 자발적인 고치기로부터 이 점이 자명해진다. 아래 있는 사례(12)와 (13)은 명백하게 화자에 의해서 신속히 알아차려진 분절음(= 음소) 및 초분절음(= 운소)의 음운론적 문젯거리의 예들이다.

(12) A unut — unit from the yellow dot (Levelt 1983)
(그 노랑 점으로부터 나온 한 단우 — 단위)

(13) … from my prOsodic — prosOdic colleagues (Cutler 1983b)
(… 내 운율론 전공 — 운율론 전공 동료들로부터)

이하에서 우리는 화자들이 당장 임박한 무의미 낱말을 발화하기 이전에 바로 알아차리고서 차단할 수 있다는 바아스·모뜰리·머카이 (Baars, Motley, and MacKay 1975)가 제시한 실험상의 증거를 논의할 것이다.

사 나의 조음은 알맞은 속도·강도·정확성·유창성을 지니는가?

화자들이 이런 종류의 매개인자들에 대하여 자신의 말소리 전달을 점검한다는 어떤 최소한의 증거가 있지만, 이는 자발적인 스스로 고치기로부터 나오는 것이 아니다. 화자가 자발적으로 어떤 낱말을 더 정확하게 하거나, 혹은 더 느리게 하거나 혹은 더 크게 하여 반복하는 것은 실제로 예외적이다. 그런 고치기는 전형적으로 대화 상대방에 의해서 유도된다. 대화 상대방이 'what?'(뭐라고요?) 이라고 말하거나, 눈살을 찌푸리거나, 아니면 그 화자의 전달 내용이 최적이 아니었음을 신호한다. 조음 강도(*loudness*)에 대해서도 스스로 점검한다는 어떤 실험상의 증거가 있다. 시끄러운 소음에 의해서 덮여 버리는 경우에, 화자들은 자신의 말소리의 강도를 즉각 높여 준다. 이는 자연스럽게 칵테일 파티에서 일어나며, 또한 실험상으로도 유발될 수 있다(Siegel and Pick 1976).

스스로 점검하기의 초점들 사이에 더 자세히 구별해 주는 일도 분명 가능하다. 예를 들면, 쉬글롶 · 제퍼슨 · 색스(Schegloff, Jefferson, and Sacks 1977)는 낱말 선택하기, 사람을 가리키거나 부르기,[4] 다음 화자를 선택하여 발언권 넘겨주기에 대한 점검을 언급한다. 앞에서 살펴본 예문(7)은 후자의 경우이다. 커뜰러(Cutler 1983b)는 화자의 음높이 악센트 자리 점검에 대하여 흥미로운 발견결과들을 보고한다. 심지어 이들 더 미세한 구별들이 없더라도, 여기서 그 주요한 결론은 간단해질 수 있다. 화자들은 그들 자신의 발화에 대해 거의 모든 측면을 점검할 수 있는 것이다.

---

4) 원문은 person reference(사람 지시내용)이다. 대화 상대방이나 주제가 되는 인물을 '어떻게' 부를 것인지를 언급하는 것으로 보인다. 대화 상대방을 집단으로 불러줄 것인지, 개인으로 불러줄 것인지, 아니면 그 사람의 직함으로 불러 줄 것인지, 존대하여 '씨'를 붙여 부를 것인지, 친하게 곧장 이름만 불러줄 것인지, 별명으로 불러줄 것인지 등을 점검하는 것이다. 대체로 여러 문화에서 사람을 가리키는 '지칭어'와 직접 상대방을 부르는 '호칭어'가 서로 분화되어 있다(가령 우리말에서 다른 사람에게는 '집사람/아내'로 지칭하지만, 아내를 부를 때에는 '여보'라고 함).

2) 스스로 점검하기에서 선택적으로 주의 기울이기

화자들이 실제로 동시에 자신의 발화를 놓고서 이들 모든 측면에 주의를 기울이는 것일까? 그럴 것 같지는 않다. 또한 ① 많은 산출 문젯거리들이 화자에 의해 주목되지 않는다. ② 점검하기가 맥락에 민감하다. 즉 발화의 어느 측면이 화자에 의해서 가장 정밀하게 살펴질 것인지에 대한 것은 맥락 요인들이 결정한다. ③ 스스로 생성된 문젯거리에 대하여 화자가 주의를 기울이는 정도는 한 발화가 나오는 동안에 유동적으로 바뀐다라는 견해를 뒷받침하는 자료가 있다.

화자가 지닌 문젯거리의 그물은 그물눈들이 너무 커서, 그 자신의 발화에 있는 괴상한 물고기를 모두 다 붙잡을 수 없다는 간접 증거와 직접 증거가 있다. 누트붐(Nooteboom 1980)은 메륀줘(Meringer 1908)의 말하기 오류에 대한 자료를 분석하였고, 등록된 음운 오류들의 75%와 어휘 오류 53%가 화자에 의해서 고쳐졌음을 찾아내었다. 이는 간접 증거이다. 왜냐하면 화자가 모든 오류들을 찾아낼 수 있지만, 그럼에도 불구하고 그것들을 하나도 빠짐없이 고치려고 신경 쓰지 않기 때문이다.

더 직접적인 증거는 르펠트(Levelt 1983)에게서 찾아질 수 있다. 여기서는 유형 묘사 과제에서 색깔 이름 부르기 오류들을 보고한다. 피험자의 과제가 다른 피험자로 하여금 그 유형을 그릴 수 있도록 내용을 묘사해 주는 것이었음을 상기하기 바란다. 그러므로 모든 경우에 그 화자가 올바른 색깔 이름들을 말해 주는 것이 필수적이었다. 색깔 이름 부르기에 있는 오류들을 놓고서, 총 53명의 피험자들에 의해 산출된 모든 묘사내용 2,809건이 점검되었다. 그런 오류는 472개가 있었다. 어떤 화자가 가끔 'green'(초록) 대신 'yellow'(노랑)을 말하거나, 'pink'(분홍) 대신 'orange'(귤색)을 말하거나, 'blue'(파랑) 대신 'green'(초록)을 말하는 것 등이다. 이들 오류 가운데 오직 218개만이 그 화자에 의해 고쳐졌다. 이는 46%에 해당한다. 어휘 오류에 대한 스스로 고치기를 분석한 누트붐(Nooteboom 1980)의 53%와도 잘 대응한다. 그러므로 심지어 올바른 색깔 이름을 산출하는 것이 화자에게 주어진 과제인 경우에도, 다만 그 오류들의 거의 절반만이 포착된다. 이는 탐지 실패에 기인하는 것으로 보는 것이 가장 그럴 듯하다.

모든 문젯거리의 연원들에 대해 주의력이 똑같이 주어지는 것은 아니다. 담화맥락은 화자가 막거나 가로채거나 고쳐낼 종류의 결함들에 대한 중요한 결정 요인이다. 사람들은 화자가 진행되고 있는 담화에 대해서 잠재적으로 혼란을 주는 문젯거리에 아주 신중하게 주의를 기울일 것으로 기대할 것이다. 이런 방향을 가리키고 있는 증거를 커뜰러(Cutler 1983b)가 제공하였다. 거기서는 앞의 사례(13)에서와 같이 어휘상의 강세 오류들에 대한 자료를 분석하였다. 이들 오류의 대략 50%가 자발적으로 고쳐졌다. 고치기의 가능성은 그 오류가 청자에게 얼마나 혼란을 줄 것 같은지에 달려 있었다. 잠재적으로 혼란을 주는 강세 오류는 또한 분절음 변화—특히, 모음 성질에서의 변화가 있는 그런 것이었다. 이는 사례(13)에 있는 강세 오류 *'prOsodic'〔*프롸+서+딕〕(운율적)에 대해서도 성립한다. 밑줄 친 두 번째 모음이 〔ə〕로 약화되고,[5] 더 이상 올바른 발음인 〔ɒ〕로 지각되지 않는다〔프뤄+사+딕〕. 이는 강세 오류 *'sarcAsm'〔*싸+캐즘〕(비아냥거림)에 대해서는 성립되지 않는데(=〔싸+캐즘〕으로 발음해야 하지만, 잘못된 강세 오류가 청자에게 전혀 혼란을 주지 않음), 두 모음이 모두 의도된 모음 성질을 유지하기 때문이다. 후자보다 전자 종류의 강세 오류가 실제로 청자에게 훨씬 더 혼란을 준다는 사실이 커뜰러·클립튼(Cutler and Clifton 1984)에 의해 실험상으로 확증되었다. 그들은 잠재적으로 혼란을 주는 강세 오류들이 그런 경우의 63%가 자발적으로 고쳐지지

5) 영어 화자들이 지각하는 음절에 대한 표시는 각괄호 속에 '+'로 표시해 두었다. 이하 Sarcasm에서도 같다.

만, 혼란을 주지 않는 강세 오류들은 고작 23%만이 고쳐졌음을 알아내었다.

물론 이런 증거가 간접적임에 유의해야 한다. 혼란을 안 주는 강세 오류들은 화자가 고치려고 신경 쓰지 않은 채 주목했을 수도 있다. 이런 관련성에서 불안한 발견내용이, 앞에서 언급된 누트붐(Nooteboom 1980)이다. 담화를 이해하는 데에 사람들은 음운 오류보다는 어휘 오류가 더 혼란스러울 것으로 기대할 듯하다. 그러나 오직 어휘 오류의 53%만이 자발적으로 고쳐졌다. 이는 음운 오류의 75%가 고쳐진 것과 대조된다. 메륀줘(Meringer 1908)의 피험자들은 자신의 어휘 오류들을 고치려고 신경을 쓰지 않았던 것일까? 전혀 그럴 것 같지 않다. 아마 그들이 시작에서부터 어휘 오류들을 주목하지 않았던 듯하다. 그렇다면 거의 "화자가 청자들에게 가장 혼란을 주는 결함들에 주목할 것"이라는 개념에는 문제가 있다. 메륀줘(1908)가 고쳐놓기를 모두 신중하게 등재해 놓았던 것일까? 그의 연구 목표는 말하기 오류였다. 고치기가 아니었다. 명백히 그 경우가 확실치 않지만, 곧 스스로 점검하기에 대한 이론을 살펴볼 때 그 논제를 다시 다룰 것이다.

점검하기의 맥락 민감성에 대한 훨씬 많은 직접적인 증거가, 바아스(Baars)와 모뜰리(Motley) 등에 의한 다양한 실험상의 연구들로부터 진행된다. 이런 저런 방식으로 이들 연구에서는 모두 제 9장 5절 2항에서 논의된 '말하기 오류 유도기법'을 이용하였다. 피험자에게 'ball dome'(공 둥근 지붕)과 같이 일련의 짝 지운 편향 낱말들을 제시하고, 이들 짝을 오직 눈으로만 읽도록 하였다. 그러고 나서 'darn bore'(젠장, 귀찮은 놈!)와 같이 짝 지운 표적이 뒤따랐다. 이는 큰소리를 내며 읽어야 한다. 표적 짝의 낱말 시작 음소들이, 편향된 짝들의 음소들과 똑같지만 배열순서가 뒤바뀐 경우에, 화자들은 표적 짝에 대해서 이따금 오류를 저질렀다. 가령 올바른 'darn bore'(젠장, 귀찮은 놈!) 대신에 잘못된 'barn door'(헛간 출입문)를 말하게 되는 것이다. 말하기 오류들의 산출을 연구하기 위해서뿐만 아니라, 또한 그런 오류들을 점검하기에서 화자들의 선택적 주의력을 연구하기 위해서도 이런 기법이 이용되었다.

그런 연구의 훌륭한 사례가 바아스 · 모뜰리 · 머카이(Baars, Motley, and MacKay 1975)가 어휘 편향 효과를 조사한 첫 연구이다(= 오류들이 실제 쓰이는 의미 있는 낱말인 경우가, 무의미한 낱말로 된 오류들보다도 더 잘 일어난다는 발견임). 앞에 있는 제 9장 5절 2항에서, 우리는 이런 발견에 대하여 활성화 확산 설명을 살펴보았다. 활성화의 역방향 확산(= 낮은 층위로부터 높은 층위로 진행됨)이 다만 어휘 교점들에 영향을 줄 수 있고, 무의미 낱말들에 대한 그런 교점은 없다는 것이다. 그러나 어휘 편향 효과에 대한 원래 해석은 다른 것이었다(Baars, Motley, and MacKay 1975). 그들은 화자가 어휘 상태(= 그 어휘가 옳은지 여부)에 대하여 그것을 발화하기 이전에 자신의 말하기를 '편집-수정'한다고 결론을 내렸다. 무의미 낱말의 실수는 그것이 발화되기 이전에 차단되지만, 유의미한 낱말의 실수는 이런 포착 차단을 통과할 수 있다. 우리는 곧 다음 절에서 이 '편집-수정 이론'으로 돌아가 살펴볼 것이다. 여기서 중요한 점은 바아스 · 모뜰리 · 머카이(1975)가 이런 무의미 낱말 실수에 대한 점검이 선택적 주의력에 의해 지배됨을 보여줄 수 있었다는 사실이다. 어휘 편향이 필수적 효과는 아니다. 그것은 맥락상으로 마련된 환경에 달려 있다. 그 목록에 있는 항목들의 모든 짝이 무의미한 낱말들이었던 경우에, 무의미한 낱말 실수들에 대한 편향은 전혀 없었다. 즉, 유의미한 낱말 실수 및 무의미한 낱말 실수가 똑같은 비율로 나타났던 것이다. 그러나 일부 유의미한 실재 낱말들의 짝이 그 목록에 추가되자마자(= 표적 짝들은 불변인 채 남겨졌음; 곧 표적들이 무의미한 낱말들로 되어 있었음), 다시 어휘 편향이 나타났고, 그 실수들이 유의미한 실재 낱말들 쪽으로 치우치는 경향이 있었다. 만일 어느 화자의 과제가 전적으로 무의미한 낱말들을 다루는 것이라면, 명백히 그는 자신의 산출물의 어휘 상태(= 그 어휘가 올바른 어휘인지 여부)에 대해 신경을 끄고서 주의를 기울이지 않는다. 그렇지만 정상적인 낱말들이 검사 자료들 속에 나타나는 경우에, 이런 태도는 철저하게 바뀐다. 이 발견내용은 어휘 편향 효과에 대한 활성화 확산 설명과 화합되기 어렵다. 활성화 확산에서는 두 조건에 모두 똑같이 적용되는 것이기 때문이다.

동일한 기법이 또한 화자의 선택적 주의력에서 다른 맥락 민감성을 수립하는 데에도 도움이 된다. 일부 이들 발견내용은 활성화 확산에 의해서 설명될 수 있지만, 다른 발견내용들에 대해서는 설명이 쉽지 않다. 여기서 우리는 이것들을 액면 그대로 받아들여, 화자의 스스로 점검에 대한 맥락 효과로 간주할 것이다. 점검하기에 대하여 대안이 되는 다른 이론들은 이어지는 다음 절에서 다뤄질 것이다.

모뜰리(Motley 1980)는 의미 편향을 도입할 수 있는 종류의 추론 항목들을 화자의 편집-수정하기에서 이용하였다. 예를 들면, 표적 짝 'bad-mug'〔배드-머그〕(나쁜-머그 컵)보다 의미상으로 편향을 일으키는 짝이 'irate-wasp'〔아이뢰잍-와습〕(격노한 말벌), 'angry-insect'〔앵그뤼-인섹트〕(화가 난-곤충)처럼 먼저 제시되었다. 이것들은 'mad-bug'〔매드-버그〕(미친-벌레)와 같은 실수에 대한 저항감을 약화시켜 놓을 수 있다. 그리고 그것이 바로 모뜰리(1980)가 찾아낸 것이다. 그런 실수는 그 맥락이 중립적인 경우보다도, 의미상으로 편향된 경우에 편집-수정이 덜 일어났다. 비슷하게, 통사적인 편향들도 유도될 수 있었다. '형용사-명사'와 같이 특정한 통사 구성에 대한 편향이었다(Motley, Baars, and Camden 1981).

또한 모뜰리(Motley 1980)는 대화 배경상황을 편향되게 하는 일을 만들어 낼 수 있었음도 흥미롭다. 이 실험에서 그는 '표준' 음운 간섭(편향) 항목들이 먼저 나오는 표적 짝들을 이용하였다. 그 표적 항목들은 두 가지 종류였다. 한 종류는 'shad-bock'〔쉐드-복〕(청어류-흑맥주)

에 의해 예시된다. 적합한 간섭 항목들이 먼저 나오는 경우에 이는 'bad-shock'〔배드-샥〕(나쁜 전기 충격)라는 말실수를 이끌어 낼 수 있다. 이는 '전기' 종류의 표적이었다. 또 다른 표적들은 '성' 종류였다. 'lood-gegs'와 'goxi-firl'과 같이 의도된 말실수가 명백하였다〔good-legs(날씬한 다리), foxi-girl(여우 같은 소녀)에 대한 실수〕. 두 가지 표적 유형들이 그 목록에 뒤섞여 있었다. 피험자들의 절반에게는 가짜 전기 막대를 붙여놓고서, 약한 전기 충격이 주어질 수 있음을 미리 말해 주었다. 운 좋은 나머지 절반의 피험자들은 그런 위협을 당하지 않았지만, 매력적이고 옷을 야하게 차려 입은 여성 연구자가 실험을 주도하였다. 결과되어 나오는 말실수는 처치조건들과 일치하였다. 전기 충격 처치조건에서는 '전기' 관련 말하기 오류가 우세하였다. 성 유혹 처치조건에서는 '성' 관련 말하기 오류가 지배적이었다. 모든 말하기 오류가 음운 간섭 항목들에 의해서 유도되었기 때문에, 모뜰리(1980)는 그 차이가 '편집-수정하기 효과'였다고 결론을 내렸다. 사람들이 전기에 관한 것들을 기대하는 경우에, 그런 항목을 산출한 음운 실수가 편집-수정기에 의해서 걸러지지 않을 것이다. 성에 관한 항목들에 대해서도 비슷한 내용이 성립한다. 피험자에게 주의력 편향이 있는 것이다.

결론으로, 화자는 자신의 발화 산출물의 서로 다른 측면들에 주의를 기울일 수 있다. 이런 방식으로 잠재적 결함들이 공개적으로 발화되기 이전에 차단될 수 있다. 이는 '조음에 바로 앞선 편집-수정하기'(*pre-articulatory editing*)로 불린다.

더욱이 자신의 산출물에 대한 화자의 주의력이, 발화되는 동안에 변동된다는 증거가 있다. 그 증거는 앞에서 언급한 472개 색깔 이름 오류들에 대한 분석으로부터 나온다(Levelt 1983). 이들 오류 각각에 대하여, 진행되고 있는 구에서 그 오류가 어디에서 일어나는지 결정되었다. 좀더 정확히 말하여, 잘못된 색깔 낱말이 그것이 속한 통사 구성성분(보통은 명사구임)의 끝 지점으로부터 몇 개의 음절만큼 떨어져 있는지가 결정되었다. 예를 들면, 아래 있는 예문(14)~(17)에서 잘못된 색깔 낱말들이 빗금으로 표시된 그 구의 끝 지점으로부터 각각 0음절, 1음절, 2음절, 3음절[6] 떨어져 있다.

(14) And then you come to blue / —I mean green.
(그러고 그 뒤 여러분이 파랑으로 갑니다 / —내 말뜻은 초록입니다)
(15) There is a yellow node / to the right of the red one.
(거기 노랑 교점이 있는데 / 빨강의 오른쪽으로요)
(16) To the right is a black crossing / from which you can go up or down.
(오른쪽으로 검정 교차로가 있는데 / 거기로부터 여러분이 올라가거나 내려갈 수 있습니다)
(17) You enter at a green nodal point. /
(여러분이 초록 교점으로 들어갑니다)

그러고 나서 이들 서로 다른 위치에서, 색깔 이름 오류들이 얼마나 화자에 의해서 알아차려지고, 사례(14)처럼 고쳐졌는지 결정되었다. 그 결과가 다음의 〈그림 12-2〉에 주어져 있다. 이는 명백하게 오류 탐지 비율이 그 구의 끝자리 쪽으로 향해 가파르게 증가함을 보여 준다. 구

6) 강세 박자 언어인 영어에서는 음절 계산 방법이 음절 박자 언어인 우리말과 좀 다르다. 먼저 (15)에서는 node〔노욷〕(교점)이 1음절이다. 〔오우〕가 이중모음이며(밑줄 친 글씨는 강세 표시임), 이 핵을 중심으로 기부에 'ㄴ'이 오고, 결부에 'ㄷ'이 온다. (16)은 crossing〔크롸+씽〕(교차로)이 2음절이다. 영어에서 'cr'이 허용되는 자음군이므로 함께 기부를 차지한다. (17)은 nodal point는 〔노우+들+포인트〕와 같이 음절이 나뉜다. point가 1음절로 취급되는 이유는, 핵이 이중모음 〔오이〕이고, 기부에 'ㅍ'가 들어가며, 결부에 자음군 'ㄴㅌ'가 함께 들어간다. 비록 맨 마지막 자음에 다시 schwa(약모음/애매모음) 〔ə〕가 추가되지만, 이는 뜻구분에 참여하지도 못하고 강세가 없으며 결코 음절을 구성하지 못한다.

끝 지점의 색깔 이름 오류들 중에 57%가 탐지되고 고쳐졌다. 구 끝 지점이 아닌 곳의 오류들에 대해서는 고치기가 고작 15% 정도를 넘지 않았다. 달리 말하면, 화자가 자기 자신의 발화산출에 대하여 선택적으로 주의를 기울이는 일은, 구들의 끝 지점 쪽으로 갈수록 점점 증가하는 것이다. 발화 동안에는 화자의 주의력이 주로 메시지 계획에 쓰인다. 그렇지만 구들의 끝 지점 근처에서는 현재의 발화 산출물을 평가하기 위하여 주의력이 잠깐 바뀔 수 있다.

저자는 점검하기에서 선택적으로 주의 쏟기를 다뤄왔지만, 점검 이론들에 대한 논의는 미뤘다. 말하기에서 스스로 점검에 대한 일반적으로 받아들여진 유일한 이론이란 존재하지 않는다. 그러나 주요한 이론

〈그림 12-2〉 현재 구의 상이한 위치에서 탐지 수정된 색깔 이름의 오류 비율
단, 괄호 속 숫자는 그 위치에 대한 교점 색깔 이름 오류들의 총 숫자임
(Levelt 1983)

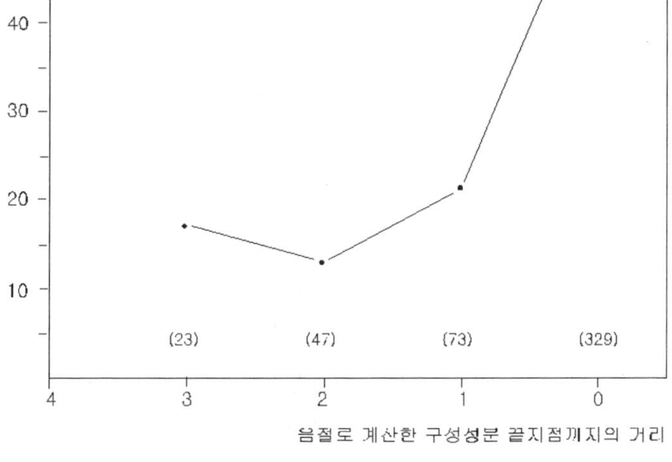

이 여기서 미리 암시되었다. 점검에 대한 '편집-수정기' 이론이 있고, 활성화 확산 설명들처럼 '연결주의' 이론이 있다. 이들을 다음에 다루어 나가기로 한다.

3) 점검에 대한 편집-수정기 이론

편집-수정기 이론(*editor theory*)의 주요 특징은, 산출 결과들이 외부에 있는 기제를 통해서 다시 산출 체계로 도로 입력되어 들어간다는 점이다. 그런 기제는 '편집-수정기'(*editor*) 또는 '점검기'(*monitor*)로 불린다. 서로 다른 층위의 처리에서 중간에 있는 결과들을 점검할 수 있다는 의미에서, 이런 기제가 분산 배치될 수 있다. 가령, 편집-수정기는 언어로 되기 이전의 메시지 구성, 어휘 접속의 적합성, 통사의 적격 형식, 음운 형태 접속의 무결점 성격 등을 점검할 수 있다. 다시 말하여, 각 처리기에 연결된 빈틈없이 경계하고 점검하는 어떤 '작은 난쟁이'가 있는 것이다. 분산 배치된 편집-수정기는 레이붜(Laver 1973, 1980), 디스밑·캠픈(De Smedt and Kempen 1987), 뷘봐잌·캠픈(Van Wijk and Kempen 1987)에 의해서 제안되었다.

분산 배치된 편집-수정기에서 주요 문제의 하나는 중복성이다. 특정한 처리 구성부문의 산출물을 평가하는 편집-수정기는, 반드시 자신이 점검하는 구성부문으로서 동일한 종류의 지식을 합병해 놓아야 한다. 그 구성부문의 산출물 이외의 것을 편집-수정기가 어떻게 평가할 수 있을 것인가? 〔평가할 수 없다.〕 따라서, 각 층위의 처리마다 지식의 중복이 있게 된다. 즉 그 처리기의 지식과 그 점검기의 지식이다. 더욱이 분산 배치된 편집-수정기들은 자동적인(= 독자적인) 전문기관들로 간주되는 구성부문들의 개념과 정보를 주고받는 긴밀한 관계도 아니다. 제1장 3절에서는 한 구성부문의 운용방식이 다른 구성부문들의 산출물에 의해서 최소한도로만 영향을 받는 그런 체계의 분할을 제안하였다. 어떤 점검 주체에 의해서 각 처리 구성부문들이 따로 제어되는 경우에, 이런 원리가 무너져 버린다.

좀더 제약된 편집-수정 기제가 모뜰리 · 캠든 · 바아스(Motley, Camden, and Baars 1982)에 의해 제안되었다. 그것은 발화산출에서 모든 중간 매개 산출물을 검사할 수는 없다. 그렇지만 오직 조음에 바로 앞선 산출물만을 검사한다. 이들의 논의에 따르면, 편집-수정은 음운 부호화를 따라간다. 그 편집-수정기는 문제가 되는 산출물을 조음이 되기 이전에 차단하거나 거부할 수 있다. 따라서 '조음에 바로 앞선 편집-수정'이라고 부르는 것이다.

그런 편집-수정기의 존재에 대한 어떤 증거가 앞서 있는 절에서 개관되었다. 이 측면에서 특히 중요한 것은 모뜰리 · 캠든 · 바아스(Motley, Camden, and Baars 1982)에 의한 연구이다. 앞에서 언급된 모뜰리(1980)의 내용과 아주 많이 닮은 어떤 실험에서, 그들은 사회적으로 덜 적합한 발화 오류들을 유도하였다. 가령 'tool kits'〔툴 깉스〕(도구 상자들)가 첫 자음들이 뒤바뀌어 'cool tits'〔쿨 팉스〕(멋진 젖꼭지들)로 된다. 이들 경우에 화자는 ① 점잖지 못한 그 오류를 범하지 않거나, ② 그 오류를 범하거나, ③ 아니면 부분적 오류를 범할 수 있다. 부분적 오류는 환전한 뒤바뀜이 있는 것이 아니라, 오히려 오류가 미리 앞서 일어나거나(*anticipation*) 또는 뒤에까지 보존되는(*perseveration*) 것이다. 가령 'cool kits'〔쿨 킽스〕(대단한 도구 상자들)나 'tool tits'〔툴 팉스〕(도구 젖꼭지들)와 같다. 이들 두 가지 오류 중 앞의 것이 뒤의 것보다 사회적으로 더 점잖다. 모뜰리 · 캠든 · 바아스(1982)는 점잖은 부분적 말하기 오류가, 점잖지 않은 것보다 좀더 자주 일어났음을 찾아내었다. 그들은 이를 '조음에 바로 앞선 편집-수정'의 기제로 설명하였다. 그들은 화자가 내적으로는 완전한 금기어 오류 'cool tits'〔쿨 팉스〕(멋진 젖꼭지들)를 산출하고, 그것을 조음하기 시작하였을 것으로 짐작하였다. 만일 그 금기어를 인식할 시간이 충분히 있었다면, 그들이 그것을 차단하고 발화하기 이전에 고쳐낼 수도 있었을 것이다. 그 결과는 순진한 부분적 오류인 'cool kits'〔쿨 킷스〕(대단한 도구 상자들)로 되었을 것이다.

이런 짐작은 무시할 수 없는 두 가지 결과를 예측한다. 첫 번째 것은 잠재적인 금기어가 첫째 자리에 나타나는 경우보다 둘째 자리에 나타나는 경우, 화자들이 순진한 부분적 오류들을 꾸며내는 성향이 더 많아지게 될 것이다. 막 바로 언급된 사례에서는, 금기어가 두 번째 나타난다. 금기어가 다음과 같은 오류의 경우에는 첫째 자리에 올 것이다.

'fits tall'→'tits fall'
('딱 맞는 것들로서 큰 것'→'젖꼭지들이 떨어지다')

후자의 경우, '편집-수정기'가 그 금기어를 인식하고 차단할 충분한 시간이 거의 없을 것이다. 그리고 이것이 실제로 보고된 실험에서 찾아진 내용이다. 예측된 두 번째 결과는, 잠재적인 금기어가 화자에 의해서 인식되기 때문에, 그 화자는 분명히 상응하는 감정 반응을 보일 것이라는 점이다. 연구자들은 그 피험자들의 피부 전기반응을 측정하였다. 이는 감정 솟구침을 반영해 주는 것으로 알려져 있다. 이 예측은 다음 이유로 말미암아 아주 중요하다. 'cool kits'(대단한 도구상자들)처럼 순진한 부분적 말하기 오류가, 어떤 편집-수정기의 간섭도 없이 미리 앞서 일어나는 간단한 오류로 산출될 수 있었을 것이다. 그런 경우, 음운 부호화에 어떤 금기어도 생성되지 않았을 것이다. 따라서 화자는 감정 반응을 보일 이유가 전혀 없었을 것이다. 그렇지만 '조음에 바로 앞선 편집-수정하기' 설명에서는 완전한 오류 'cool tits'(멋진 젖꼭지들)가 내적으로 생성되었다고 전제한다. 금기어가 전혀 입 밖으로 나오지 않았다는 사실에도 불구하고, 그것이 상응하는 피부 전기반응을 산출해 내었을 것으로 본다. 다시, 이것이 바로 모뜰리 · 캠든 · 바아스(Motley, Camden, and Baars 1982)에서 찾아낸 내용이다. 문법 손상 환자들에게서 '조음에 바로 앞선 편집-수정'에 대한 훌륭한 임상 증거도 있다(Garnsey and Dell 1984).

분산 배치된 편집-수정기와는 다르게, 조음에 바로 앞선 편집-수정기는 언어산출 체계에 두루 있는 것이 아니다. 그것은 중간매개 결과들을 평가할 수도 없으며, 대부분의 처리 구성부문들의 운용에 영향을 주지 않은 채 내버려둔다. 이런 편집-수정기가 '중복'되어 있는지 여부는 아직 해결되지 않았다. 물론 분명히 그것이 조음에 바로 앞선 발화 또는 내적 발화를 놓고서, 의미 · 통사 · 음운 그리고 그 밖의 다른 측면들을 평가할 수 있어야 한다. 중복성을 함의하지 않은 채, 이것이 어떻게 납득될 수 있을 것인가?

한 가지 분명한 해결책은, 그 편집-수정기를 언어이해 체계와 동일하게 보는 것이다. 화자는 남들의 발화에 주의를 기울일 수 있는 것과 똑같은 방식으로, 바로 자기 자신의 발화에도 주의를 기울일 수 있다. 언어를 이해하기 위한 똑같은 기제들이 포함되어 있는 것이다. 르펠트(Levelt 1983)는 그 체계에 이중의 '지각 순환회로'(*perceptual loop*)가 있다고 가정함으로써, 이런 제안을 정교히 가다듬었다. 화자는 자기 자신의 내적 발화를 놓고서도 그것이 입 밖으로 나오기 전에 주의를 기울일 수 있으며, 또한 스스로 산출된 자신의 외현 발화에도 주의를 기울일 수 있는 것이다. 두 경우에 모두 그 발화가 지각되고, 평상시 언어이해 체계에 의해서 분석된다. 스스로 점검에 대한 이런 견해는 〈그림 12-3〉에 그려져 있다. 이는 제 1장의 〈그림 1-1〉에 대한 요약 내용에 지나지 않는다.

언어이해 체계가 그 말하기 입력물로부터 임의의 메시지를 도출해 낼 수 있을 뿐만이 아니라, 또한 언어상의 기준들로부터도 위반 사항들을 탐지해 낼 수 있음에 유의해야 한다. 남들의 발화를 듣는 경우

〈그림 12-3〉 스스로 점검하기에 대한 두 가지 지각 순환회로 이론

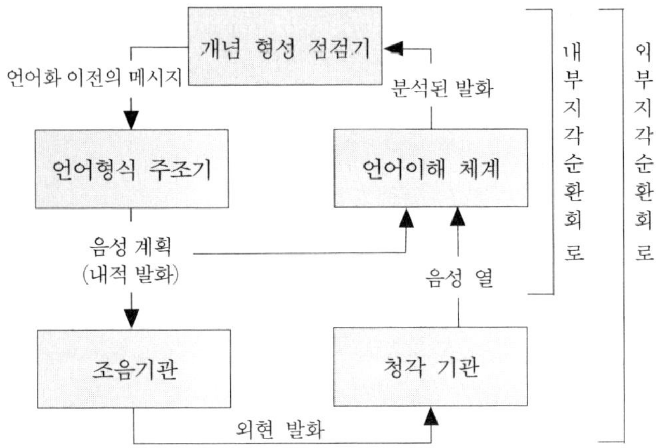

에, 우리는 잘못된 소리·낱말·통사 형식을 식별할 수 있다. 지각 순환회로 이론에 따르면, 동일한 기제가 우리 자신의 내적 발화 또는 외현 발화를 점검하는 데에도 포함되어 있다.

이런 접근의 주요한 장점은 추가적인 편집-수정 기제가 전혀 추정될 필요가 없다는 것이다. 레마(*lemma*, 어휘의 통사·의미값) 접속·문법 부호화·분절음 내용명시 등의 산출물들을 점검하는, 특정한 목적을 위한 편집-수정기들이 전혀 존재하지 않는다. 오직 마지막 (조음에 바로 앞선) 음성계획이나 내적 발화 및 산출된 외현 발화들만이 그 언어 이해 체계에 의해서 주의가 기울여질 뿐이다. 그렇다면 화자가 특히 민감해지게 될 스스로 산출된 발화의 측면들은 맥락에 달려 있게 될 것이다. 이는 모뜰리·캠든·바아스(Motley, Camden, and Baars 1982)의 발견내용과도 합치된다.

이것은 중요하다. 왜냐하면 머카이(MacKay 1987)는 화자가 자신의 발화에서 탐지해 내는 오류들이, 종류상 남들의 발화에서 찾아내는 오류와는 다르다는 점을 근거로 하여, 편집-수정기 이론을 반박하는 논

의를 하였기 때문이다. 머카이(1987)는, 스스로 고치기에 대한 메륀줘(Meringer 1908) 자료에 있는 수치 및 남이 산출한 발화에서의 오류 탐지에 대한 텐트・클락(Tent and Clark 1980) 자료의 수치를 누트붐(Nooteboom 1980)이 계산한 수치들과 비교하였다. 이미 언급하였듯이, 누트붐(1980)은 음운 오류에 대하여 75%의 고치기 비율을 찾아내었고, 어휘 오류에 대하여 53%의 고치기 비율을 찾아내었다. 피험자들에게 정확히 그들이 들은 문장들(그리고 이들 문장이 다양한 종류의 오류들을 포함할 수 있었음)을 적어 내도록 요구한 텐트・클락(1980)은, 음소 발음 잘못이 형태소나 음절 오류보다 훨씬 덜 자주 주목되었음을 발견하였다.

그러나 이런 논의는 부당하다. 두 가지 자료의 묶음들이 아주 비교 불가능하다는 사실(가령 Tent and Clark 1980의 실험 문장들에는 무색 소음이[7] 더해졌음)을 논외로 하더라도, 주의력 기준이 듣기와 말하기에서 아주 다를 것임은 명백하다. 청자의 첫 관심거리는 비록 잘못 형성된 내용이라 하더라도, 거기에 아랑곳하지 않고 말소리 신호로부터 의미를 뽑아내는 것이다. 그렇지만 화자는 반드시 자신의 발화의 유의미성뿐만 아니라, 또한 문법 기준들의 충족성까지 신경 쓰며 점검해야 한다. 그의 주의력은 이에 따라 조율이 이뤄질 것이다.

더욱이, 남이 산출한 발화에 대한 점검은 그 자체로 아주 맥락 의존적이다. 곧, 서로 다른 유형의 오류들에 대한 탐지 비율이, 그 청자에

7) white noise(무색 소음/백색 소음)은 구희산 외 4인 역(1998:326) 《음성학과 음운론》(한신문화사)와 고도홍 외 3인 역(1995:153) 《음성언어의 이해》(한신문화사)를 참고하기 바란다. 무색 또는 백색이란 말은 사람이 들을 수 있는 불규칙한 주기파・진폭・위상이 극대화되면, 마치 7색깔의 빛이 합쳐졌을 때 무색이나 백색이 되는 것과 같이, 가청 주파수가 동일하게 되는 효과를 지니기 때문에 붙여졌다. 만일 음성의 강도가 소음의 강도보다 100배(20dB) 정도 클 경우에는, 우리가 말소리를 듣는 데 아무런 지장이 없다. 그러나 만일 음성과 소음이 똑같은 강도일 경우에는, 우리가 말소리를 50%밖에 듣지 못하는 것으로 알려져 있다.

게 부여된 과제의 종류에 따라 아주 달라지는 것이다(Bond and Small 1984). 청자에게 특정한 종류의 오류들에 대하여 점검하도록 요구하는 경우에, 탐지 기회들은 가파르게 올라간다(Cooper, Tye-Murray, and Nelson 1987). 간단히 말하면, 스스로 점검에 대한 탐지 분포 및 다른 사람의 발화 점검에 대한 탐지 분포 사이에 있는 어떤 차이는 지각 순환회로 모형을 반대하는 논거로서 거의 쓰일 수 없는 것이다. 두 분포가 모두 맥락 및 과제에 따라 달라지기 때문이다. 평상시 대화 상황에서 이들 맥락은 스스로 점검에 대해서와 남의 발화 점검에 대해서 체계적으로 달라진다.

앞의 〈그림 12-3〉에 따르면 지각 순환회로는 두 가지 경로로 이뤄진다. 하나는 스스로 산출한 '외현 발화'에 대한 지각을 포함하는 순환회로이다. 다른 하나는 '내적 발화'를 포함하는 순환회로이다. 이들 두 가지 경로가 실험상으로 구별될 수 있는 것일까? 특히 이들 두 체계에 의해서 포착된 특성들에 질적인 차이가 있는 것이며, 되짚어보기 속도에서도 차이점들이 있는 것일까?

래크너·털러(Lackner and Tuller 1979)의 창의적 연구에서는 두 질문에 대해 모두 긍정적인 답변을 산출하였다. 피험자들에게 가령 'pi-di-ti-gi'〔피-디-티-기〕와 같이 4음절로 된 열이 하나 주어졌고, 30초에 걸쳐 계속하여 이 열을 반복하여 말하도록 요구되었다. 이들 음절을 말하는 일은 1초당 1번 반짝이는 불빛에 의해서 간격이 마련되었다. 이는 혀 배배꼬임(*tongue-twister*) 같은 상황이다. 화자들은 가끔 그 음절들을 발음하면서 오류를 저질렀다. 피험자들에게 스스로 그런 오류를 알아차릴 때마다 단추를 누르도록 하였다. 이런 방식으로 두 가지 측면의 점검 사항이 등록될 수 있었다. 스스로 산출한 오류에 대한 탐지 여부와 (말소리 기부로부터 단추 누르기까지의 시간 간격으로 측정된) 탐지 대기시간이다. 그 실험은 외현적 되짚어보기가 있는 조건을 외현적 되짚어보기가 없는 조건과 비교하기 위하여 마련되었다. 후자 조건은 이어폰을 이용하여 화자들에게 강한 '무색 소음'을 제시하여 줌으로써 실현되었다. 그 소음이 스스로 산출한 외현적 말소리를 대체로 또는 완전히 뒤덮어 버렸던 것이다.

이들 두 조건 사이에 있는 스스로 점검하기는 질적인 차이가 있을 것인가? 래크너·털러(Lackner and Tuller 1979)는 세 가지 종류의 혀 배배꼬임 열을 이용하였다. 앞에서 예시되었듯이 기부 자음들이 차이가 나는 CV 음절들을 포함하는 유형과는 별도로, 그들은 다음과 같이

'pi-œ-ti-o'〔피-외-티-오〕

CV 음절과 V 음절이 서로 교체된 열들, 그리고 다음과 같이 다만 V 음절로 이뤄진 열들을 제시해 주었다.

'œ-i-o-u'〔외-이-오-우〕

앞의 두 종류의 열들에 대해서는 오류들이 ① gi〔기〕를 di〔디〕로 잘못 말한 조음위치 오류, ② ti〔티〕를 di〔디〕로 잘못 말한 유성음 오류, ③ 또는 양자 모두의 오류 등의 범주로 나눌 수 있었다. 이들 세 가지 종류의 오류에 대한 탐지 비율이 실제로 두 가지 검사 조건들 사이에 차이가 났었을까? 과연 차이가 났다. 유성음 오류의 탐지 비율은 청각상으로 뒤덮어 버리는 조건들에서가 뒤덮지 않은 조건보다 두드러지게 더 낮았다. 그렇지만 조음위치 오류들에 대해서나 또는 두 유형이 결합된 오류들에 대해서는, 탐지 비율에서 거의 어떤 차이도 존재하지 않았다. 명백히 유성음에서의 문젯거리는 내적 발화를 통해서보다 외현 발화를 통해서 훨씬 더 잘 지각된다. 지각 순환회로의 관점에서 보면 이런 결과는 놀랄 일도 아니다. 조음 계획에서 '유성' 파열자음과 '무성' 파열자음 사이에 있는 변별은, 소릿길(聲道)에서 장애음의 방출

뒤에 곧 바로 이어진 성대진동 개시 시점에 있는 아주 작은 차이에 달려 있다.[8] 그렇지만 이것이 실질적인 음향 효과를 만들어 낸다. 이것이 외부 지각 순환회로에 의해서 포착될 수 있다. 비슷하게 래크너·털러(Lackner and Tuller 1979)는 뒤덮기가 없는 경우에, 모음 성질에 있는 오류들이 훨씬 더 잘 탐지되었음도 알아내었다. 뒤덮어 버리는 조건에서는, 표적 모음으로부터 벗어난 사소한 위반 사항들이 포함된 모음 오류들(가령 〔ɪ〕를 잘못 〔ɛ〕로 발음함)은 흔히 주목되지 않은 채 지나쳐 버렸다.

탐지 대기시간에서도 또한 두 조건 사이에 차이가 있었다. 비록 누구나 덮어 버리는 조건이 더 어려울 것이며, 따라서 더 긴 대기시간을 만들어 낼 것으로 기대하겠지만, 그 기대와 정반대되는 내용이 사실인 것으로 밝혀졌다. 탐지 대기시간들은 뒤덮인 조건에서 더 짧았다. 그리고 이것이 응당 그렇게 되어야 하는 바이다. 외현 발화의 외부 지각 순환회로는 더 오래 걸린다. 즉, 외현 발화로부터 특징들을 뽑아내는 일이, 조음분석 및 음향분석을 모두 요구하는 것이다. 그렇지만 이들 과정이 내부 순환회로에는 포함되지 않는다. 뒤덮어 버리는 소음은 더 긴 외부 지각 순환회로를 늦춰 놓는다.

래크너·털러(Lackner and Tuller 1979)는 정상적 발화 상황에서 두 순환회로가 모두 포함된다고 논의한다. 분명히 이는 스스로 산출한 오류들에 대한 탐지 대기시간이 다른 사람이 산출한 오류들에 대한

8) 연구자들에 따라 조금 차이가 있지만, 대략 유성자음(b, d, g, …)은 80~100ms 사이에 모음(주기파)에 얹히게 된다(우리말에서는 유성음이 '음소'가 아닌 오직 '변이음'으로만 존재함). 그렇지만, 무성자음인 평음(p, t, k, …)이 대략 120ms 전후로 모음에 얹혀진다. 우리말에서 'ㄲ, ㄸ, ㅃ'와 같은 경음은 유성음과 무성음 사이에서 관찰된다. 이런 까닭에 영어의 유성음들이 모두 우리말에서는 경음으로 발음되기 일쑤다. bus〔뻐스〕, dollar〔딸라〕, gas〔까스〕 등. 마지막으로 유기음(ph, th, kh, …)이 제일 늦게 160~180ms 정도로 모음 주기파에 얹힌다.

탐지 대기시간들보다 더 짧아질 것임을 예측해야 한다. 스스로 산출한 오류들과 다른 사람이 산출한 오류들에 대한 탐지 대기시간들을 비교하는 실험에서는, 이것이 실제로 사실이었음을 보여 주었다. 위에 있는 실험에서 이용된 종류들의 자료에 대하여, 다른 사람의 발화 점검에서보다 스스로 내적 발화 점검에서가 탐지 대기시간이 100ms 이상 더 짧았다.

지각 순환회로가 오류를 차단하기에 충분히 짧게 작동하는 것일까? 물론 외부 지각 순환회로는 그러하지 않다. 왜냐하면 오직 어떤 낱말이 조음되는 경우에라야, 그것이 평가될 수 있기 때문이다. 그렇지만 내부 지각 순환회로의 효율성은, 음성계획이 조음보다 얼마나 먼저 앞서 있는지에 달려 있다. 우리는 더 앞의 논의에서 먼저 앞서는 것이 하나의 음운구나 또는 심지어 몇 음운구까지 될 수 있음을 이미 살펴보았다. 조음 임시저장고에 더 많이 저장될수록 스스로 점검하는 기회가 더 많아진다. 그러나 임시저장고에 저장하는 일이 아마 최소한도로 될 법한, 빨리 진행되는 발화는 어떠할 것인가?

여기서 내부 지각 순환회로와 조음기가 음운 부호화 장치에 의해 전달된 음운낱말을 놓고서 동시에 작업을 개시한다고 가정하기로 한다. 조음기가 그 음성 프로그램을 해독하고 조음을 개시하는 데에 얼마나 많은 시간을 쓰는 것일까? 우리가 갖고 있는 유일한 측정값들은 제 11장 1절에 있는 〈표 11-1〉의 네 번째 칸에 있는 대기시간이다. 이것들은 클랩 · 앤더슨 · 베리언(Klapp, Anderson, and Berrian 1973)의 실험에 있는 단순한 반응 대기시간이었다. 이것들은 대략 310ms였다. 그러나 이들 대기시간은 '가시오!'(Go) 신호를 지각하는 일(가령 80ms)을 포함하였다. 그러므로 조음기의 고유한 대기시간은 대략 200ms~250ms로 추정될 수 있다. 이는 음성계획의 전달과 조음의 개시 사이에 적어도 이만큼의 시간이 소요됨을 의미한다. 이것이 내부 지각 순환회로가 그 낱말을 인지하고, 문젯거리가 있는 경우에 조음기에 차단 신호를 보내는 데에 충분한 시간일 것인가?

빨리 진행되는 발화에서는 낱말을 인지하는 데 얼마나 많은 시간이 걸리는 것일까? 마슬런-윌슨 · 타일러(Marslen-Wilson and Tyler 1981, 1986)의 결과들은, 평균적으로 낱말 기부 뒤에 대략 200ms만에 인지가 가능하다고 언급한다. 이는 대략 한 음절의 길이나 또는 단일 음절 낱말에 해당한다. 이런 짤막한 시간은 외현되어 빨리 진행되는 발화에 대한 듣기에 대해서도 성립한다. 즉 그것은 청각 과정에 의해 소요된 시간도 포함하는 것이다. 그러므로 화자 자신의 내적 발화에 대한 인지가 가령 150~200ms의 대기시간을 지니고서 심지어 더 신속해질 수 있다. 이는 문젯거리가 생겨난 경우에 조음기관에 차단 신호를 보내주기 위하여 내부 지각 순환회로에 0~100ms를 남겨둘 듯하다. 달리 말하여, 유창한 발화에서 대부분 효과적인 낱말 층위 점검에 대하여 내부 지각 순환회로가 충분히 짧아질 수 있다. 즉, 문제가 있는 낱말이 입 밖으로 말해지기 전에 조음을 차단하기 위하여, 충분히 짧은 시간 안에 진행될 수 있는 것이다. 그리고 이것이 임시저장고에 저장된 것이 전혀 없는 극단적인 사례가 된다. 만일 임시저장고에 이용 가능한 음성계획이 더 많이 있다면, 어떤 것이 되었건 시간안배 문제는 전혀 없어야 한다.

그렇지만 이는 최적의 주의력 조건들을 필요로 한다. 이미 앞 절에서 살펴보았듯이 이것들이 언제나 주어지는 것은 아니다. 그렇다면 여전히 화자는 문제가 되는 항목을 가로채는 데에 너무 늦어질 수도 있다. 이는 다음과 같은 고치기로 이끌어 갈 수 있는 것이다.

(18) To the left side of the purple disk is a v—a horizontal line
(자주색 원반의 왼쪽에 수지 — 수평선이 하나 있어요)

여기서 'vertical line'(수직선)이란 낱말의 실행이 줄표로 표시되어 있듯이, 발화가 중단되기 전에 조금 시작되었었다. 그런 고치기는 스스로 점검하기가 실제로 외현 발화에 근거할 필요가 없음을 보여 준다. 시작 위치의 〔v〕 소리로부터(그리고 유형 묘사의 맥락으로부터) 증명되듯이, 잘못된 낱말이 계획되었지만, 그 낱말이 거의 발음되지 않았으므로 '외부 지각 순환회로'를 통하여 인지가 가능하도록 되지는 않았다.

이상을 요약하면 다음과 같다. 우리는 조음에 바로 앞선 편집-수정과 조음 바로 뒤에 편집-수정 둘 모두에 대하여 훌륭한 증거를 살펴보았다. 조음에 바로 앞선 편집-수정이 있다는 점은, 예문(18)에서와 같이 부분적으로 차단된 오류들로부터 명백하다. 그렇지만 특히 모뜰리 · 캠든 · 바아스(Motley, Camden, and Baars 1982)의 실험들로부터 그러한데, 이들의 부분적으로 고치기 및 심리-생리학적 반응에 대한 무시할 수 없는 예측들이 완전히 확증되었다. 더욱이 외현 발화의 점검이 있다는 점도 래크너 · 털러(Lackner and Tuller 1979)의 결과들로부터 명백해진다. 이는 청각적 되짚어보기 및 방해된(=무색 소음으로 뒤덮인) 되짚어보기의 조건들 아래서 스스로 산출한 오류들에 대하여 차이가 나는 민감성을 보여 준다. 간단히 말하여, 외적 되짚어보기 그리고 내적 되짚어보기 순환회로 둘 모두의 존재에 대한 증거가 있는 것이다.

스스로 점검하기에 대한 연결주의 설명들을 살펴보기 전에, 한 가지 추가 언급이 이뤄져야 한다. 발화 동안에 모든 스스로 점검하기가 지각 순환회로들에 의해서 매개되는 것은 아니다. 화자들은 또한 자신의 메시지들을 언어형식으로 주조되기 이전에 점검할 수도 있다. 그들은 자신이 계획하고 있는 그 화행의 적합성과 도움 수단과 공손성에도 주의를 기울일 수 있다. 이것은 전적으로 개념상의 활동이다. 언어형식 주조나 분석을 어떤 것도 포함할 필요가 없는 것이다.

4) 점검에 대한 연결주의 이론

화자 자신의 말하기 제어에 포함된 발화산출 기제 외부에는 어떤 시제도 존재하지 않는다는 것이 연결주의 설명의 특징이다. 긍정 진술문으로 다음처럼 말할 수 있다. 그 체계의 자기 제어는 아마 어쨌든 간에 발화산출에서 작동할, 동일하고 고유한 되짚어보기에 말미암는 듯하다. 즉, 그물짜임에 있는 더 낮은 층위의 교점들로부터 더 높은 층위의 교점들로까지 진행되는 아래에서 위로의 점화인 것이다(제9장 5절 1항을 보기 바람). 그 산출 체계의 산출물을 감시하는 편집-수정기는 존재하지 않는다.

심지어 활성화 확산 설명에 대한 강력한 옹호자들인 델(Dell 1986)과 스템버거(Stemberger 1984)는 교조적으로 다른 종류의 되짚어보기를 배척하지는 않는다. 가령 언어이해 체계를 통한 되짚어보기를 허용한다. 그럼에도 불구하고, 사람들은 당연히 가능한 한 그 개념을 멀리 밀어내어 버려 되짚어보기를 인정하려고 하지 않는다. 점검에 대하여 가장 멀리 도달한 그물짜임 설명은 머카이(MacKay 1987)의 설명이다. 그의 교점 구조 이론은 다음의 노선을 통하여 오류 탐지를 설명한다.

언어산출 및 언어이해는 대체로 정신 교점들의 층위별 그물짜임인 하나의 그리고 동일한 교점 구조에 의해서 촉진된다. 이것이 도식 형태로 〈그림 12-4〉에 제시되어 있다. 이는 그 그물조직의 아주 작은 일부만 그려 놓고 있다. 그 그림의 윗부분에 나타낸 세 가지 정신 교점은 산출 및 지각에 공통적이다. 그 그림의 아랫부분에 있는 두 가지 유형은 특정적이다. 그것들은 각각 '근육-운동 교점'과 '감각-분석 교점'들이다. 이들 교점은 각각 조음과 청각에 포함된다.

언어에 대한 그물짜임은 여러 층위의 정신 교점들을 갖고 있다. '명제 교점, 개념 교점, 어휘 교점, 음절 교점, 음운 교점, (변별)자질 교점'의 층위들이다. 이들 정신 교점의 층위는 모두 산출체계 및 이해체

〈그림 12-4〉 교점 구조 이론에서의 공통 교점과 특정 교점(MacKay 1987)

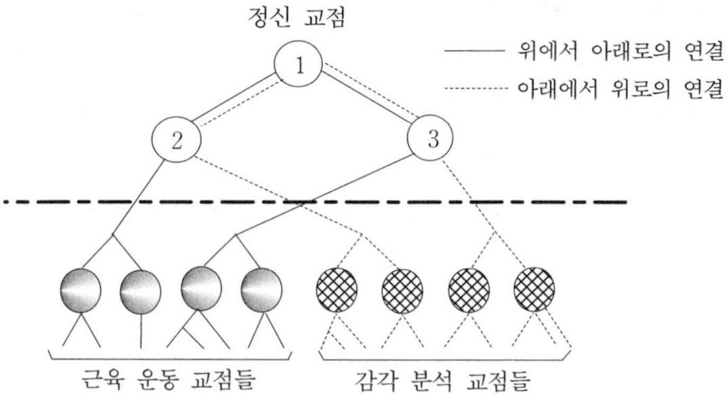

계에 의해서 공유된다. 활성화된 정신 교점은 그것과 연결된 모든 교점들을 점화한다. 차례로 이것들이 어떤 더 작은 범위까지 그것들과 연결된 모든 교점들을 점화한다. 그 이론은 정신 교점들의 층위들 사이에서 양방향의 점화를 가정한다는 점에서 델(Dell 1986)의 논의와 아주 비슷하다. 그것은 또한 또다른 측면에서도 비슷하다. 델(1986)의 이론에서는 임의의 교점이 '현재 교점'으로 될 수 있었다. 이는 그 활성화 수준을 높여 주었을 것이다. 예를 들면 시간상 어떤 시점에서 음절 기부 음소가 구조적으로 요구된 경우에, 가장 강력하게 점화된 기부 음소가 현재 교점으로 되었을 것이다. 똑같은 원리가 교점 구조 이론에서도 이용된다. 가령 기부 음소들의 영역과 같이 어느 특정 영역에서, 가장 많이 점화된 교점이 그것이 구조적으로 요구된 순간에 '활성화된' 교점이 될 것이다. 교점 구조 이론에 있는 임의의 '활성화된' 교점은 델(1986)의 활성화 확산 이론에 있는 '현재 교점'과 동등하다.

또한 두 이론에서 오류들이 동일한 방식으로 일어난다. '잘못된' 교점이 '현재 교점' 또는 '활성화된' 교점이 되는 것이다. 이는 '잘못된' 교점이 그런 교점의 활성화가 필요한 시점에서 그 종류 중 가장 강력하게 점화된 경우에 생겨난다. 이는 여러 가지 원인을 지닐 수 있다.

화자가 'the green light'(초록 신호등)를 말하려고 하지만, 우연히 'the red light'(빨강 신호등)로 잘못 말할 수 있다. 화자가 자신의 명제를 마련하는 경우에, 어떤 시점에 수식어 GREEN(조록)과 대상 TRAFFIC LIGHT(신호등) 개념에 대한 정신 교점이 활성화된다. 그것들이 자신과 연결된 교점을 점화한다. 가령 GREEN(초록)으로부터 COLOR(색깔)를 점화하고, TRAFFIC LIGHT(신호등)으로부터 RED(빨강)를 점화하는 것이다. 그것들은 또한 다음 어휘 층위에 있는 교점들을 점화한다. green(초록)에 대한 교점이 GREEN(초록)에 의해서, 그리고 COLOR(색깔)에 의해서 점화된다. red(빨강)에 대한 교점은 RED(빨강)에 의해서 그리고 COLOR(색깔)에 의해서 점화된다. 어떤 형용사가 필요한 시점에 red(빨강)의 점화가 green(초록)의 점화를 우연히 훨씬 더 넘어설 수도 있다. 그런 경우에 비록 GREEN(초록)이 '수식어' 유형에 대한 유일한 '현재' 개념 교점이었음에도 불구하고, red(빨강)가 '현재' 또는 '활성화된' 형용사 교점으로 될 것이다. 아래에서 위로의 점화가 잘못된 활성화의 또다른 원인이 될 수 있는 것이다.

교점 구조 이론에서는 오류가 어떻게 탐지되는 것일까? 뒷방향 점화(*backward priming*)를 통해서이다. red(빨강)가 잘못 활성화된 경우에, 그것은 자신의 활성화를 개념 교점 RED(빨강)로 도로 전달해 준다. 이 교점은 갑작스런 점화의 증가를 겪게 된다. 그리고 그 교점 구조 이론에서 정확히 이것이 지각(*perception*)으로서, 정신 교점들에 대한 아래에서 위로의 점화인 것이다. 머카이(MacKay 1987)에서는 이런 방식으로 오류가 거의 즉각 지각되고, 그 오류의 조음이 개시되기 전에 올바른 작동이 시작될 수 있다고 주장한다. 그렇게 고쳐 놓는 작동기제가 아직까지 교점 구조 이론에서는 제대로 잘 정의되어 있지 않다.

편집-수정 설명과 연결주의 설명을 서로 비교하는 경우에, 가장 우려되는 진단 내용은 둘 모두 현재 상태로 부당성을 입증하기가 아주 어렵다는 점이다. 초기의 편집-수정기 이론은 지식의 중복성으로부터 타격을 받았음을 살펴보았다. 이것은 지각 순환회로 설명에서 고쳐졌다. 거기에서는 점검 기제가 바로 화자의 언어이해 체계인 것이다. 머카이(MacKay 1987)의 교점 구조 이론에서는 언어의 산출 및 이해에 대한 정신 그물조직을 동일하게 만들어 놓음으로써 심지어 경제성이 더 얻어진다. 이는 이 책에서 따르지 않는 과감한 발걸음이다. 저자의 견해로는, 실험 및 임상에서 모두 언어의 산출과 이해에 포함된 처리기들에 대하여 실질적으로 별개로 나눠 놓는 일을 지지하는 워낙 많은 경험적 증거가 있다고 본다(= 동일하게 만들어 놓은 MacKay 처리법은 이런 경험적 증거와 어긋남).

그럼에도 불구하고 말하기 체계와 듣기 체계 사이에 긴밀한 연관이 있음은 의심의 여지가 없다(Cutler 1987). 좋은 견본 한 가지는 '일부러 늦춰 놓은 청각 되짚어보기'(*delayed auditory feedback*) 현상이다. 이는 머카이(Mackay 1987)에 의해서 광범위하게 연구되고 논의되었다(이 작업에 대한 개관에 대해서 Mackay 1987을 보기 바람). 그 기본적인 현상은 이러하다(Lee 1950). 화자는 자기 자신의 말소리를 이어폰을 통해서 듣는다. 그 말소리는 증폭되고 일부러 늦춰진다. 그 늦춰짐이 200ms의 배열 순서로 되어 있다면, 화자의 말소리 전달에서 심각한 유창성 결함이 일어난다. 그것은 말소리의 반복과 지연, 그리고 모음들의 조음에서 늘여끎을 지닌 일종의 말 더듬거림으로 되어 버린다. 여기서 말소리 지각이 즉각적으로 말소리 산출에 간섭을 한다. 이는 두 체계 사이에 짧은 회로의 연결들이 없었더라면 가능하지 않았을 것이다.

이 효과에 대한 머카이(MacKay 1987)의 설명은 본질적으로 이러하다. 활성화된 교점이 그 활성화 뒤에 곧 완벽히 억제된다는 것이 교점 구조 이론의 핵심 속성이다. 결과적으로 시간상 바로 다음 시점에서 그것은 가장 활동적인 교점이 될 수 없다. 이는 동일한 영역에 있는 또다른 교점이 다음 활성화된 교점 또는 '현재 교점'이 되도록 하는 길을 열어 준다. 그렇지만 억제의 국면은 짧다. 음소나 변별자질을 나타내는 교점들은, 억제 뒤에 대략 150ms 내지 200ms만에 다시 활성화될 수 있다. 그리고 그것이 바로 체계적으로 늦춰 놓은 청각 되짚어보기의 상황에서 일어난 내용이다. 〈그림 12-4〉에서 도로 입력되어 들어간 그 말소리에 반응하는 감각 교점(⊗)들은, 대략 200ms 앞서서 활성화되었던 정확히 똑같은 정신 교점들을 점화한다. 이런 점화는 그 말소리의 증폭 때문에 실질적으로 상당히 커진다. 그렇다면 많은 경우에 똑같은 교점이 다시 '현재 교점'으로 선택될 것이다. 그것이 다시 그 종류에서 가장 크게 점화된 교점으로 되었기 때문이다. 그러고 이것이 동일한 근육-운동 활동의 반복인 말 더듬거림으로 이끌어 간다.

다른 것들은 교점 구조 이론이 스스로 점검을 설명하는 일에 대하여 더욱 문제가 된다. 그 이론에서는 모든 오류가 거의 즉각적으로 탐지된다고 함의한다. 아래에서 위로의 점화가 언제나 직접적이고 자동적인 것이다. 그렇지만 이것은 오류 탐지가 실질적으로 늦춰질 수 있다는 르펠트(Levelt 1983)의 발견결과와 서로 합치되지 않는다. 이는 다음 절에서 취급될 첫 번째 논제이다.

또한 처리하기가 어려운 것으로, 모뜰리(Motley)와 그의 동료들이 수립해 놓은 일부 묶음 효과(*set effects*)들이 있다. 가장 처리하기 어려운 것 중 하나는 바아스·모뜰리·머카이(Baars, Motley, and MacKay 1975)의 오류 이끌어내기 절차에서 오직 무의미 낱말들만 쓰인 경우에 어휘 편향 효과가 사라져 버렸다는 발견결과이다(제12장 1절 2항을 보기 바람). 후자의 경우에 어휘 교점들에 대한 아래에서 위로의 점화가 실제로 유의미한 낱말들이 이용된 경우처럼 많이 있었다. 그렇지만 어휘 편향 효과는 일어나지 않았던 것이다. 교점 구조 이론에서 제안하듯이, 스스로 점검하기가 자동적인 것이 아닐 수 있다. 피험자가 어휘 상태(= 유의미한 낱말인지, 무의미한 낱말인지 여부)에 대하여 신경을 쓰거나 또는 신경을 쓰지 않을 이유를 갖고 있을 수도 있다. 화자가 자신의 말소리에 대한 다른 특징들과 관련하여 갖고 있는 태도에 대해서도 동일한 내용이 성립한다.

2. 차단 및 편집-수정 표현의 사용

화자가 자신의 현재 기준에 따라서 충분히 경고사항이 되는 문젯거리를 탐지하는 경우에, 발화를 중단하고 고치기를 개시하는 결정이 내려질 것이다. 여기서 살펴보게 될 논제가 두 가지 있다. 첫째, 탐지와 차단 사이에 있는 시간 관계이다. 화자가 중단하기 이전에 일정 부분의 발화를 완결짓는 것일까? 아니면, 차단이 즉각적인 것일까? 둘째, 화자가 청자에게 문젯거리가 가까이 있고 어떤 고치기가 곧 만들어질 것임을 신호하는지 여부와 어떻게 그런 신호를 하는지에 대한 것이다.

1) 발화 차단하기

자발적으로 차단하기에 대한 현재의 증거는 다음과 같이 '주요 차단 규칙'을 마련할 수 있게 해 준다. 이 규칙에 한 가지 사소하지만 흥미로운 예외는 곧 아래에서 논의될 것이다.

주요 차단 규칙
문젯거리가 탐지되는 대로 즉각 발화의 흐름을 멈춘다.

이 규칙은 메륀줘(Meringer 1908)의 자료에 있는 수정사항들을 분석하면서 누트붐(Nooteboom 1980)이 처음 제안하고 논의하였다. 앞에서 논의된 시각적 교점들의 유형을 묘사하는 과제에서, 거의 1천 개 가량의 테이프에 녹음된 자발적인 '스스로 고치기'(*self-repairs*) 들을 근거로 하여, 그 규칙에 대한 자세한 경험적 분석을 르펠트(Levelt 1983) 가 제시하였다. 그 분석의 주요한 발견내용들이 일부 여기서 요약될 것이다.

문제가 되는 항목과 스스로 차단하는 시점 사이에는 변동되는 거리가 있다. 화자는 문젯거리를 발견하고, 스스로 그 문제 항목이 발화되기 이전에 차단할 수 있다. 이것은 다음과 같이 '숨겨진 고치기'(*covert repair*) 에 있는 사례이다.

(19) Here is a — er a vertical line.
(여기 하나의 — 어 하나의 수직선이 있어요)

이 경우에 우리는 문제가 되는 항목이 무엇이었는지 알지 못한다. 아마 막 그 화자는 horizontal(수평선) 을 말하고자 하였을 것이다. 어쨌든 발화를 차단하고서, 다시 시작할 어떤 이유가 있었다. 그 고치기가 '숨겨진'(*covert*) 으로 불린다. 우리가 무엇이 고쳐지고 있었는지 알지 못하기 때문이다. 그 자료의 고치기에서 25%가 이런 종류였다. 문젯거리의 연원을 알지 못하므로, 문젯거리의 연원과 차단의 순간 사이에 있는 지연에 대해서, 우리가 확실히 알 수 없는 것이다. 그러므로 이하에서 우리는 이들 숨겨진 고치기를 무시할 것이며, 오직 외현된(*overt*) 고치기에만 국한하여 다룰 것이다.

외현된 고치기에서는 문제가 되는 항목을 발화하는 동안에, 바로 그 뒤에서든지 하나 또는 그 이상의 음절 뒤에서 차단이 생겨날 수 있다. 〈그림 12-5〉에서는 유형 묘사 자료에 있는 '외현된 고치기'들에서 차단 시점들의 분포를 보여 준다. 만일 차단이 실제로 탐지 뒤꿈치를 따라 곧장 일어난다면, 〈그림 12-5〉에 있는 곡선은 또한 오류 탐지의 분포를 반영해 주는 것이다.

낱말 내부에서의 즉각 차단들로부터 시작하기로 한다. 다음이 그런 고치기 사례이다.

〈그림 12-5〉 문제 항목 뒤에 음절수로 표시된 차단 시점의 분포

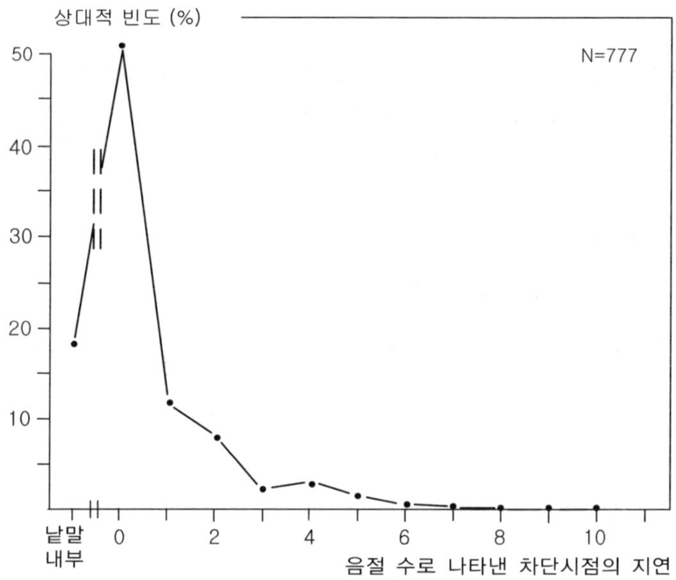

(20) We can go straight on to the ye-, to the orange node.
(곧장 죽 그 노-, 그 귤색 교점으로 갈 수 있네요)

그 자료에서 외현된 고치기의 대략 18% 정도가 이런 유형이었다. 차단은 또한 다음 사례에서와 같이 문제되는 항목 바로 뒤에 일어날 수도 있다.

(21) Straight on to green — to red.
(곧장 계속 초록으로 — 빨강으로 가요)

실제로 이는 아주 일반적이다. '문제 항목 바로 뒤'는 스스로 고치기의 전체 51% 정도로 발생하는 가장 빈번한 차단 위치이다.

그러나 차단이 또한 한 낱말이나 그 이상의 낱말에 의해서 늦춰질 수도 있다. 이는 외현된 고치기의 나머지 31%에서 일어난다. 사례 (22)에서 문제 항목은 green(초록)이었다.

(22) And from green left to pink — er from blue left to pink
(그리고 초록에서부터 왼쪽으로 분홍까지 — 어 파랑에서부터 왼쪽으로 분홍까지)

차단이 세 낱말 뒤에서 일어났다. 그렇게 늦춰진 간섭 사례는 드물었다. 31% 가운데 4%에 지나지 않았다. 그런 늦춰진 간섭은 (23)에서처럼 한 낱말의 내부에서 일어난 것이었다.

(23) And over the gray ball a pur- or er right of the gray ball a purple ball.
(그리고 그 회색 공 위에 자- 또는 어 그 회색 공의 오른쪽에 자주색 공)

'주요 차단 규칙'은 이들 모든 경우에서 화자가 문제를 깨닫게 됨에 따라 즉각 중단한다고 언급한다. 그러므로 차단의 지연은 탐지에서의 지연으로 귀속된다. 그 규칙에 대한 대안은 다음처럼 진술할 수 있을 듯하다.

> "화자는 즉각적으로 차단하지 않는다. 현재의 낱말이나 구나 절이나 또는 어떤 구성성분이든지 완결하는 것을 더 선호한다."

더 작거나 더 큰 구성성분들이 어떤 것이든 고치기로 인해서 차단될 수 있다. 앞에서 본 사례(20)의 경우이다. 거기에서는 오직 한 낱말의 차단만 있는 것이 아니라, 또한 명사구의 차단도 있었다. 거기에서 지연은 없는 것이다. 그리고 지연이 있는 경우에, 구성성분이 완결될 필요가 없다. 앞에서 본 사례(23)이 이 점을 시범적으로 보여 준다. 거기에 지연이 있었다. 그렇지만 그 낱말의 통합도 지켜지지 않고, 그렇다고 전혀 명사구 'a purple ball'(자주색 공)의 통합도 지켜지는 것이 아니다. 완결되지 않은 구성성분들이 들어 있는 지연된 차단은, 자발적인 스스로 고치기에서 아주 일반적이다.

그럼에도 불구하고 우리는 통계상의 논의를 진행할 수 있다. 화자들은 현재의 구가 완결된 뒤까지 차단을 늦춰 놓는 어떤 경향을 지닐 수 있는 것이다. 만일 그런 경향이 있다면, 고치기에서 더 늦춰진 차단은 즉각적인 차단보다 더욱 흔히 구 경계들을 준수하게 될 것이다. 그렇지만, 정반대의 내용이 사실임이 밝혀졌다. 문제되는 항목 뒤에서 즉각적인 차단에서는 그 사례들의 74%가 구 경계들을 준수하였다. 반면에 더 늦춰진 차단에서는 스스로 차단하기에서 66%만이 구 경계들과 함께 일어났다. 따라서 현재의 구를 완결하기 위해서 화자가 차단을 더 늦춰 놓는다고 가정할 이유는 전혀 없는 것이다.

그러나 화자들이 차단하는 경우에 낱말들의 통합성을 준수하는 것일까? 메륀줘(Meringer 1908)의 자료를 분석하면서 누트붐(Nooteboom 1980)은 낱말들이 거의 결코 파괴되지 않음을 찾아내었다. 적어도 화자들이 현재의 낱말이 완결될 때까지 차단을 늦춰 놓는 경향이 있다는 것이다. 그렇지만 메륀줘(1908)는 화자들이 스스로 차단하는 방식보다 말하기 오류들에 관심이 있었음이 상기되어야 한다. 특히, 심지어 주의력 많은 청자들조차도 어떤 화자가 자신의 발화를 정확히 어디에서 차단하는지 알아내기가 지극히 어렵다. 저자의 유형 묘사 자료에 있는 고치기들은 모두 테이프에 녹음되었다. 이는 정확히 스스로 차단하기가 어디에서 일어났는지를 결정할 수 있도록 해 주었다. 차단의 22%가 낱말 내부에서 일어났음이 드러났다. 낱말이 스스로 고치기에서 파괴할 수 없는 신성한 대상은 아닌 것이다.

낱말 내부에서의 차단에 대해서는 여전히 특별한 것들이 있다. 실제 오류인 낱말들은 단지 완벽히 적합하지 못한 낱말들이나 올바른 낱말들보다 훨씬 더 많이 차단되는 경향이 있다. 다음의 세 가지 사례를 비교해 보기 바란다.

(24) First a bro- —er a yellow and a green disk.
(먼저 하나의 갈 — 어 하나의 노랑 그리고 하나의 초록 원반)
(25) To the left of it a blanc, or a white crossing point.
(그것의 왼쪽으로 하나의 빈, 또는 하나의 흰색 교차점)
(26) Left to the pink disk, or right to the pink disk.
(그 분홍 원반 왼쪽에, 또는 그 분홍 원반 오른쪽에)

사례(24)에서 'brown'(갈색)이란 낱말이 잘못이고 그 화자가 고치려고 그것을 차단한다. 사례(25)에서 'blanc'(빈, 공백의)이란 낱말은 오류가 아니다. 오히려 그것은 다소 덜 적합한데, 그 화자가 흰색 교점을 묘사하기 위하여 언제나 'white'(흰색)를 썼기 때문이다. 그 화자가 'blanc'(빈, 공백의)을 차단하지 않음에 주목하기 바란다. 그 유형 묘사 자료에서 잘못된 낱말들은 단지 덜 적합한 낱말들보다도 3배나 더 많이 차단되었다. 사례(26)은 더욱 다르다. 오류 낱말 'left'(왼쪽)가 있지만, 그 화자는 늦게서야 그 문젯거리를 탐지하였다. 만일 'disk'(원반)이란 낱말이 발화되고 있을 때에 탐지가 일어났다면, 그 화자는 '주요 차단 규칙'에 따라서 분명히 그 낱말을 차단하였을 것이다. 그렇지만 그 자료는 그런 늦춰진 차단하기의 경우에 낱말들이 거의 파괴되지 않음을 보여 준다. 상당수의 낱말 내부에서 차단하기는 파괴된 낱말이 오류 그 자체인 경우들이다.

이것이 문젯거리의 탐지에 대한 증거로 제시될 수 있는 것일까? 거의 증거가 되지 않는다. 문제가 되는 낱말 내부에서, 사례(24)에서와 같이 오류의 탐지가, 사례(25)에서와 같이 덜 적합한 낱말의 탐지보다도 더 자주 일어난다고 가정할 이유는 없는 것이다. 그리고 사례(26)

에서와 같이, 문젯거리의 탐지가 늦어진 경우에, 한 낱말 내부에서 차단하기가 일어나지 않을 것이라고 할 가능성은 심지어 더욱 낮다. 즉, 우리는 '주요 차단 규칙'에 대한 실재 예외를 지닌다. 그 자체로 오류가 아닌 낱말들은 차단하기 이전에 완결되는 경향이 있는 것이다. 이런 발견결과에 대해서 화용적인 해석 쪽으로 기울 수도 있다. 한 낱말을 차단함으로써, 화자는 수신자에게 그 낱말이 오류임을 신호해 준다. 만일 한 낱말이 〔차단되지 않고〕 완결된다면, 그 화자는 청자로 하여금 그것을 올바로 전달된 것으로 해석하도록 의도하는 것이다.

음절 경계들이 화자가 한 낱말 내부에서 중단하는 경우에 준수되는 것일까? 다음에 있는 고치기들을 비교해 보기 바란다.

(27) Then follows a horizon-, no, a vertical line.
(그러고서 하나의 수평-, 아니, 하나의 수직선을 따라가세요)

(28) Over the gree-, no I am wrong, left of the green disk ⋯.
(그 초로- 위로, 아니 내가 틀렸네요, 그 초록 원반 왼쪽에 ⋯)

(29) I go f-, all the way straight.
(내가 더-, 내내 곧장 가세요)

사례(27)에서는 그 낱말이 파괴되었지만 그 음절 경계는 지켜졌다. 사례(28)과 (29)에서는 음절 경계도 준수되지 않는다. 이것은 스스로 차단하기에서 아주 일반적이다. 그러나 후자의 두 사례 사이에는 차이가 있다. 사례(28)에서 그 낱말의 발음된 부분은 그 자체로 가능한 음절이 된다. 그런 점에서 그 차단하기는 그 언어의 음소배열 제약들을 지키고 있다. 이것이 사례(29)에 대해서는 그러하지 않다. 거기서 그 화자는 가능한 음절이 아닌 마찰음 하나만을 산출하였다. 아마 'further'(더)의 첫 자음이었을 것이다. 그 자료에 있는 모두 172개의 낱말 내부에서의 차단을 놓고서, 귀로 들으며 신중히 분석한 결과 39%가 후자 종류의 것이었음이 드러났다. 즉, 그 언어에서 적격한 음절이 되지 못한 소리의 산출이었다. 화자들이 잘못된 낱말을 차단하는 경우에, 음절을 완결해 주는 음운론적 통합성에 관해서는 거의 고려하지 않는다. 문젯거리가 탐지되는 대로 곧 중단한다는 '주요 차단 규칙'이 그대로 준수되는 것으로 보인다.

요약하면, '주요 차단 규칙'이 한 가지 예외와 함께 계속 유지될 수 있다. 화자들이 문젯거리를 탐지한 경우에도 현재의 올바른 낱말을 완결해 놓는 경향이 있는 것이다. 이 규칙의 중요한 결과로서, 더 늦춰진 차단은 문젯거리에 대한 지연 탐지를 신호해 준다는 것이다. 그러나 문젯거리의 지연 탐지는 현재 모습대로의 교점 구조 이론에 의해서는 결코 설명이 이뤄질 수 없다.

2) 편집-수정 표현의 이용

화자가 스스로 차단하는 경우에 보통 짤막한 쉼이나 편집-수정 표현으로 불리는 것이 뒤이어진다(Hockett 1967). 편집-수정 표현들은 청자에게 화자의 발화에 문젯거리가 있음을 신호해 주고, 그것이 어떤 종류의 문젯거리인지 알려 주는 데 중요한 역할을 맡는다. 간단한 것으로서는 다음과 같은 것들이 있고,

er, that is, sorry, I mean
(어, 즉, 미안, 내 말뜻은요)

더 다듬어진 것으로서 다음과 같은 것도 있다.

oh, that's impossible; I will start again, OK?
(아, 그게 아니거든요; 다시 말해 줄게요, 괜찮죠?)

예를 들어, 제임스(James 1972, 1973)는 uh(어), oh(오), ah(아)의

이용과 의미상으로 그것들이 어떻게 다른지를 분석하였다. 그 분석에 따르면 uh(어)나 er(어)는 뭔가 잠시 잊어 버렸음을 신호해 준다. 두보이스(DuBois 1974)는 다음과 같이 that is(즉)라는 구가 고치기에서 하나의 지시대상을 구체적으로 나타내기 위해서 쓰인다고 논의하였다.

(30) He hit Mary — that is, Bill did.
(그가 메리를 때렸어 — 즉, 빌이 그랬어)

두보이스(DuBois 1974)에 따르면, rather(차라리)의 이용은 다음에서와 같이 '어감'(*nuance*)의 편집-수정을 위한 것이다.

(31) I am trying to lease, or rather, sublease my apartment.
(나는 내 아파트를 임대하거나 아니면 차라리 재임대하려고 하고 있어요)

그리고 공공연한 실수가 있는 경우에 I mean(내 말뜻은요)이 쓰인다.

(32) I really like to — I mean — hate to get up in the morning.
(나는 정말로 아침에 일어나는 게 좋아 — 내 말뜻은요 — 싫어해요)

이것들은 일부러 꾸민 사례이며, 관찰된 것이 아니다. 그렇지만 사례(32)에서와 같이 정직히 실수나 오류들을 신호해 주기 위한 특별한 편집-수정 표현이 있고, 사례(30)과 (31)에서와 같이 적합성 문제를 신호해 주는 다른 표현들도 있음을 강력하게 시사한다. 고치기 자료는 우리들에게 무엇을 말해 주는 것일까?

실제로 그것은 화자의 편집-수정 표현들의 이용이, 단순히 덜 적합한 항목 뒤에서보다 오류 뒤에서 아주 달라진 경우이다. 저자의 자료

(Levelt 1983)에서 가장 두드러진 차이는, 그 사례들의 62%가 오류에 곧 뒤이어 편집-수정 표현이 나왔다. 반면에 적합성 고치기에 대해서는 편집-수정 표현의 이용이 고작 28%였다. 그리고 의사소통상 이 차이는 의미가 있다. 사례(32)에서처럼 오류가 있는 경우에, 화자는 현재의 메시지가 곧 교체될 것임을 청자에게 알려 주려고 할 수 있다. 그러나 가령 사례(30)과 (31)에서처럼 부족하게 명시되어 덜 적합한 경우에는, 그런 철저한 단계가 절박한 것이 아니다. 이런 구별은 이미 잘못된 낱말들을 차단하지만, 덜 적합한 낱말들을 차단하지 않는 화자의 성향에서 명백해졌다.

고치기 자료는 또한 이용된 편집-수정 표현들의 종류에서 체계적 차이를 보여 주었다. 오류들에는 거의 er(어)와 or(또는)와 no(그게 아니고요)가 뒤이어졌다. 후자의 두 표현은 대안이 되는 표현이 곧 나올 것이며, 뭔가 취소될 것임을 청자에게 말해 준다. 그런 대립은 적합성 고치기에서 자주 만들어지는 것이 아니다. 화란어 자료에서 가장 흔한 적합성 편집-수정 표현은 dus(축자적으로 thus '따라서')였다. 이는 보통 선행 명제들의 정확성을 전제하고, 그것과 어울리는 어떤 결과나 사태를 도입하는 접속사이다. 달리 말하면, 화자가 스스로 중단하지만, 동일한 노선의 해석이 지속됨을 청자에게 말해 주는 것이다. 이 편집-수정 표현이 고치기의 사례가 오류인 경우에는 결코 쓰이지 않았다. 또한 화자들은 오류들 뒤에서 sorry(미안)와 같은 표현에 의해 사과를 한다. 그렇지만 덜 적합한 사례 뒤에서는 이 표현이 거의 안 쓰인다.

아주 특별한 편집-수정 표현은 er(어)이다. 그것은 모든 고치기 표현에서 30%나 쓰인 가장 흔히 이용된 편집-수정 표현이다. 그것은 또한 실질적으로 보편적이며 유일한 편집-수정 표현이다. 그것은 모든 언어에서 아니면 대다수의 언어에서 오직 사소한 음성 변이(= 애, 으, 저 따위: 옮긴이)와 함께 관찰되는 것이다. 모든 언어에 보편적인 경우에, er(어)가 유일하게 보편적인 낱말이 되는 것은 아닌지 의심을 자아낸다. 그렇지만 er(어)가 하나의 낱말인가?, 아니면 어떤 말하기 조건들 아래에서 일어날 것 같은 뜻 없는 중립적인 소리일 것인가?

유형 묘사 고치기에 대한 분석은 er(어)의 사용을 결정짓는 한 가지 주요 요인이 있음을 밝혀 준다. 문젯거리의 현실성(*actuality*)이거나 또는 최근성(*recency*)이다. 가장 빈번한 er(어)의 사용은 다음과 같이 숨겨진 고치기(*covert repairs*)에서 있었다.

(33) We start with a green — er — green point.
(우리는 하나의 초록 — 어 — 초록 점에서 시작합니다)

여기서 비록 정확히 무슨 종류의 문젯거리인지는 꼬집어 말할 수 없어도, 문젯거리가 명백히 나타났다. 그 자료에 있는 숨겨진 고치기들 중에서 3분의 2가 편집-수정 표현을 하나 담고 있었다. 이들 가운데에서 er(어)가 그 사례들의 84%나 되는 단연 가장 빈번한 항목이었다. 버금으로 빈번한 er(어)의 이용은 다음과 같이 바로 한 낱말의 도중 차단에 있었다.

(34) Right to lef — er to yellow.
(외 — 어 노랑에 대해서〔노랑을 중심으로〕 오른쪽이에요)

이런 경우에 편집-수정 표현이 쓰였다면, 그 사례들의 80%가 er(어)였다. 문제 지점과 차단 사이에 지연이 늘어난 경우에는, er(어)의 이용이 줄어들었다. 다음에 있는 사례(35)에서처럼 문제가 되는 낱말이 막 완결된 경우에는, er(어)가 더 이상 가장 빈번한 편집-수정 표현이 아니었지만, 여전히 그 편집-수정 표현들의 35%가 er(어)였다.

(35) Left — er — right in front of me.

(왼쪽 — 어 — 내 앞쪽으로 오른쪽)

한 낱말 또는 그 이상의 낱말들에 의해서 차단이 지연된 경우에, 사례 (36) 에서와 같이 er(어)의 이용이 21%까지 떨어졌다.

(36) From white I go straight to — er — right to blue.
(흰색에서부터 나는 곧게 갑니다 — 어 — 파란색 오른쪽으로요)

동일한 결과를 표현하는 또다른 방식이 있다. er(어)의 이용과 다른 편집-수정 표현들의 이용 사이에 다음과 같은 차이가 있다. 문제가 되는 낱말과 차단 사이에 지연이 짤막할 경우에는 er(어)가 쓰인다. 사실상 er(어)에 대한 평균 지연 길이는 1.7음절이다. 나머지 다른 표현들은 지연 길이가 더 길 경우에 쓰이는데, 평균 지연 길이가 4.3음절이다. 감탄사 er(어)는 명백히 문젯거리가 탐지된 그 시점에서 그 문제의 연원이 여태 현실적이거나 아주 최근임을 신호해 준다. 그러나 그런 경우가 아니라면, er(어)는 아무런 것도 의미하지 않는 듯하다. 곧 그것이 몸이 아파 끙끙대는 증상이며, 더 이상 언어 표현 기호는 아니다.

3. 고쳐 나가기

스스로 차단하기 뒤에 미적거리는 순간이 있다. 화자의 er(어)는 발언권을 유지하는 데 도움을 줄 수 있다. 똑같은 목적을 위해서 또는 가까이에 있는 일종의 문젯거리를 가리키기 위해서 다양한 편집-수정 표현들도 이용될 수 있다. 이런 미적거리는 순간은 고치기를 준비하는 데 이용될 것이다. 동시에 그것이 청자에게는 문제가 되는 순간이기도

하다. 발화 흐름에 대하여 진행 중인 해석이 갑자기 중단된다. 청자는 해석 지속의 문제를 지니게 된다. 얼마만큼의 중단된 발화가 재해석되거나 적격해질 것인가? 아니면, 그것이 머뭇거리는 시점이며, 그 뒤 말하기가 지속되어 나갈 것인가?

이 절에서는 청자의 해석 지속 문제가 최대한 알맞게 조정되는 그런 방식으로 화자들이 고치기를 만들어낸다고 논의될 것이다. 첫째, 화자들은 언어학적으로 원리가 깃든 방식으로 고쳐 나간다. 고치기는 그 차단된 발화에 대하여 어떤 간단하고 체계적인 통사 관계를 받아들인다. 이것이 청자로 하여금 원래 발화 및 고친 발화의 짝에 대한 해석을 이끌어 낼 수 있도록 만들어 준다. 둘째, 화자들은 자신의 고치기에서 원래 발화의 대부분을 포함한다. 이것은 청자로 하여금 고치기의 경우가 오류인지, 아니면 덜 적합한 것인지 여부를 알 수 있게 해 주는 중요한 방식이다. 셋째, 그 고치기의 바로 첫 낱말은 청자로 하여금 흔히 그 고치기가 원래의 발화에서 어디에다 끼어들어가야 할 것인지를 충분히 결정할 수 있게 한다. 넷째, 그 화자는 그것에 음높이 악센트를 할당해 줌으로써, 그 대체 항목에 초점을 모을 수 있다. 다음 제 12장 3절 1항부터 4항까지에서 체계적인 이들 고치기의 네 가지 속성을 다룰 것이다. 마지막 4항에서는 스스로 고치기에 대한 덜 관례적인 방식에 관심을 기울이게 될 것이다.

1) 고치기의 통사구조

화자들은 구 경계에서나 구성성분 경계에서 자신의 발화를 다시 시작함이 자주 관찰되어 왔다(DuBois 1974; Nooteboom 1980). 이것이 '구성성분 규칙'(*constituent rule*)이다. 이 규칙은 올바른 것일 뿐만 아니라, 또한 자명하다. 르펠트(Levelt 1983)의 자료에서 957개의 고치기를 점검해 보면 오직 사소한 예외만 있음을 보여 준다. 추가적으로 분석해 보면, 그 규칙에 대한 이런 엄격한 준수는 화자들이 고치는 방식에 기인하기보다, 오히려 그 언어에 기인함을 명백히 보여 준다. 영어나 화란어와 같이 오른쪽으로 가지를 벌려 가는 언어에서는, 문장에 있는 낱말이 거의 어떤 것이든지 통사 구성성분의 시작을 표시해 준다. 이는 다음과 같이 예시된다.

(37)

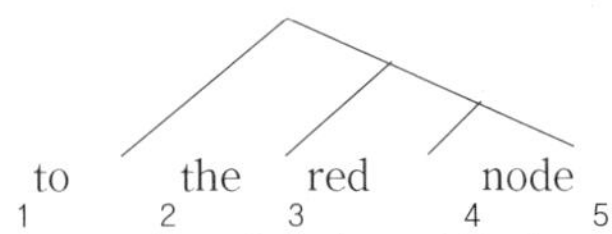

(그 빨간색 교점까지)

만일 사례(37)에서 고치기가 1번 위치에서 시작되었다면, 그것은 전치사구로 시작하였을 것이다. 그러나 2번이나 3번 위치에서 시작하였다면, 그것은 명사구를 도입하였을 것이다. 4번 위치가 또한 명사구의 시작 위치로 간주될지 여부는 우리가 이용하는 이론에 달려 있다. 관찰해야 될 중요한 것은, 사례(37)에서처럼 통사 가지뻗기가 지배적으로 오른쪽으로 진행되는 경우에, 새로운 구들이 계속 이어지는 위치(*subsequent positions*)들에서 시작된다는 점이다. 오직 구가 끝나는 지점들만이 서로 일치한다. 사례(37)에서 모든 구는 5번 위치에서 끝난다. 유형 묘사에서 실현되는 모든 낱말의 89%가 구의 시작 위치였다. 달리 말하여, 화자가 고치기를 만드는 동안에 '구성성분 규칙'을 위배하는 일이 아주 어렵다.

설상가상으로, 그 규칙은 고치기가 적격하게 형성되도록 보장해 주지 못한다. 마치 우리가 문장들의 적격성에 대하여 직관을 갖고 있는 것처럼, 고치기를 놓고서도 잘 '들어맞는지' 아니면 '들어맞지 않는지' 여부에 대한 오히려 강한 느낌을 지닐 수 있다. 다음에 일부러 꾸며낸 예문이 이 점을 예시해 주는 데 도움을 줄 수 있다.

(38) *Is the doctor seeing — er — the doctor interviewing patients?
(*그 의사가 환자들을 보고 — 어 — 그 의사가 면담하고 있습니까?)

이런 고치기는 오히려 우습게 들린다. 직관적으로 부적격한 것이다. 그럼에도 불구하고 그것이 '구성성분 규칙'은 지키고 있다. 그 고치기가 명사구 'the doctor'로 시작한다. 'the doctor interviewing patients' (그 의사가 환자들을 면담하고) 라는 고치기 그 자체에 문제를 일으키는 어떤 원인이 있는 것일까? 아니다. 다음과 같은 맥락에서는 동일한 고치기가 괜찮을 수 있다.

(39) Is the nurse — er — the doctor interviewing patients?
(그 간호사가 — 어 — 그 의사가 환자들을 면담하고 있습니까?)

이 경우의 고치기는 직관적으로 적격하다. 분명히 고치기의 적격성은, 내재적 통사구조의 속성이 아닌 것이다. 차라리 적격성은 (차단된) 원래 발화와 고친 항목의 관계에 달려 있다. '구성성분 규칙'은 그런 관계를 포착하지 못하고 무시해 버린다.

어떤 종류의 관계가 원래 발화와 더불어 유지되는 것일까? 핵심적으로 그 관계는 매우 간단하다. 통사적으로 말하여, 한 발화와 그 고치기 사이에는 일종의 '등위접속' 관계를 구성하며 (Levelt 1983; De Smedt and Kempen 1987), 반드시 등위접속의 통사규칙들이 뒤이어져야 한다. 이런 상황은 고치기에 대한 '적격성 규칙' (*Well-Formedness Rule*) 으로 포착될 수 있다. 이 규칙은 처음 보기에는 다소 추상적이지만, 쉽게 설명이 된다. 이 규칙에서 O는 원래 발화를 뜻한다. R은 적절한 고치기이다. C는 원래 발화를 완결시키게 될 0개 이상의 낱말들의 열이다. 그 규칙은 편집-수정 표현들의 이용을 무시해 버린다.

발화 고치기의 적격성 규칙
'원래 발화+고치기'인 〈OR〉 은, 〈OC '또는' R〉 열이 적격해지는 어떤 열 C가 있는 필요충분조건에서만 직격하다. 딘, C는 O의 마지막 요소를 직접 지배하는 그 구성성분의 완결체이다(그 마지막 요소 그 자체가 or나 and와 같은 접속사라면 '또는'이 생략된다).

이 규칙을 시범적으로 예시하기 위하여, 방금 논의해 둔 부적격한 사례와 적격한 사례를 놓고 적용할 것이다.

사례(38)로 주어진 부적격한 고치기에서, 원래 발화 O는 'Is the doctor seeing'이다. 원래 발화에서 차단된 구성성분은 동사구 'seeing …'이다. 예를 들어, 이 구는 the surgeon(외과의사)과 같이 명사구에 의해서 완결될 수 있다. 이를 C로 간주하기로 한다. 그렇다면, 규칙의 쐐기 괄호 속에 있는 '또는' 조항과 'the doctor interviewing patients'라는 고치기 R을 따르기로 한다. 그 결과는 다음과 같다.

(40) *Is the doctor seeing the surgeon or the doctor interviewing patients?
(*그 의사가 그 외과의사를 만나고 있고 또는 그 의사가 환자들을 면담하고 있습니까?)

그렇지만 이런 등위접속은, 사례(38)에 있는 고치기에서처럼 부적격하다.

적격한 경우인 사례(39)는 어떠한가? 거기에서 원래 발화 O는 'Is the nurse'이다. 그 마지막 낱말은 'nurse'이다. 그 자체로서 명사구 구성성분을 완결짓기 때문에 C는 텅 비어 있게 된다. 고치기 R은 'the doctor interviewing patients'이며, 그 규칙에 의해서 구체화된 등위접속 모습은 다음과 같을 것이다.

(41) Is the nurse or the doctor interviewing patients?
(그 간호사 또는 그 의사가 환자들을 면담하고 있습니까?)

이는 등위접속으로서 올바른 구성이다. 그러므로 이들 사례에 대해서 필요충분조건의 규칙이 올바르게 작동하는 것으로 보인다.

적격성 규칙이 자연스런 자료에 대해서는 어떻게 작동하는 것일까? 유형 묘사 고치기들에 대한 분석에서는 그 규칙이 오직 사소한 예외들과 더불어 엄수되었음을 보여 주었다. 즉, 피험자들은 통사적으로 적격한 고치기를 실행하였다. 관찰된 다음 고치기 사례에 그것을 적용해 보기로 한다.

(42) From purple up to, straight up to red.
(자주색으로부터 위로, 곧장 위로 빨간색까지)

그 규칙에 따르면, 이런 고치기는 부합하는 등위접속이 있기 때문에 적격하다. 원래 발화 O는 'from purple up to'이다. 이 발화의 마지막 낱말 'to'가 전치사구를 도입한다. 'green'으로써 그 구를 완결해 놓기로 한다. 'to green'(초록색까지)이 곧 C가 되는 것이다. 고치기 R은 'straight up to red'이다. 따라서 등위접속은 다음처럼 된다.

(43) From purple up to green or straight up to red.
(자주색으로부터 위로 초록색까지, 또는 곧장 위로 빨간색까지)

이는 적격한 표현이다.

지금까지 고치기에 대한 언어학 문헌에서 제시되어 온 것과는 대조적으로, 그 결론은 스스로 고치기가 통사적으로 규칙적인 과정임이 보장되었다. 고쳐 나가기 위하여, 화자는 통사론의 등위접속에 대한 일반 규칙들을 따르는 경향이 있다.

물론 이는 '적격성 규칙'이 화자의 고치기 행위에서 결코 위배될 수 없음을 뜻하는 것이 아니다. 말하기 오류에 대한 연구는, 거의 틀림없이 언어규칙이 어떤 것이든 가끔 화자들에 의해서 위배된다는 점을 넘칠 만큼 명백히 만들어 왔다. 그런 비-규칙성은 특히 주의력 실수가 있는 경우에, 또는 재빠른 발화에서와 같이 높은 처리 요구가 있는 경우에 일어나는 것 같다. 고치기 상황은 거의 언제나 화자에게 '부담되는' 순간들이다. 그러므로 화자들의 규칙적인 고치기가 어떻게 자주 일어나는지는 아주 놀랍다.

그러나 마치 실험상으로 말하기 오류를 이끌어내는 것처럼, 우리는 또한 실험상으로 부적격한 고치기도 이끌어 낼 수 있다. 뷘봐잌·캠픈(Van Wijk and Kempen 1987)은 통사적으로 제대로 제어된 문장들에서 고치기를 유도해 내기 위하여 창의적인 실험 절차를 마련하였다. 화자의 과제는 그림에 묘사된 어떤 사건을 서술해 주는 것이었다.

그런 그림의 한 가지 사례가 다음 〈그림 12-6-a〉에 주어져 있다. 그것이 다음과 같이 언급될 수 있다.

(44) The bald man with the spectacles pushes the sad clown.
(안경을 낀 그 대머리 남자가 그 슬픈 광대를 떠밀어낸다)

먼저 피험자는 있을 수 있는 행위주와 수혜주에 대해서, 그리고 그 그림에 그려져 있는 종류의 행위들에 대해서 익숙해지도록 하였다. 그것들이 'the man'(그 남자), 'the clown'(그 광대) 등으로 도입되었다. 그러므로 그 실험을 하는 동안에 이름 부르기 문제가 전혀 일어나지 않았을 것이다. 주요 실험에서, 한 그림에 있는 행위주인공(*protagonists*)들이 동시에 한꺼번에 나타나지 않고, 대신 한 사람씩 나타났다. 시간상으로 낱장 그림을 한 장씩 보여 주면서 진행되었다. 만일 〈그림 12-6-a〉에서 그 남자가 먼저 나타났다면, 피험자들은 보통 능동태 문

〈그림 12-6〉 고치기 유도 실험의 그림(Van Wijk and Kempen1987)

장을 만들기 시작하였다. 그러나 그 광대가 먼저 나타나고, 밀어내는 사람이 뒤이어 나온 경우에, 발화되어 나오는 문장이 다음처럼 수동태로 되었다.

The sad clown is pushed by the bald man with the spectacles.
(그 슬픈 광대가 그 대머리 남자에 의해서 안경으로 떠밀려진다)

이런 방식으로 서로 다른 통사구성들이 유도될 수 있었다. 그렇지만 중요한 변인은 다음과 같다. 화자가 발화하는 동안에 어떤 시점에서 그 그림이 변화되었다. 한사람의 행위주인공이나 다른 사람의 일부 속성이 바뀌거나, 그렇지 아니면 그림으로 그려진 행위가 바뀐 것이다. 예를 들면, 안경을 쓴 그 남자가 갑자기 〈그림 12-6-b〉에서와 같이 콧수염 기른 사람으로 바뀌었다. 그 화자가 'with the spectacles'(안경을 쓴)를 다 발화한 뒤 좀 있다가 그런 변화가 생긴 경우에는, 보통 말을 중단하고서 'spectacles'(안경)를 'moustache'(콧수염)으로 대체하여 고쳤다. 전형적인 고치기 사례는 다음과 같았다.

(45) The bald man with the spectacles — er with the moustache pushes the sad clown.
(안경을 쓴 — 어 콧수염을 기른 그 대머리 남자가 그 슬픈 광대를 떠밀어낸다)

명백히 사례(45)는 '적격성 규칙'을 엄수한다. 부합하는 등위접속문은 다음과 같이

The bald man with the spectacles or with the moustache pushes the sad clown.
(안경을 쓴 또는 콧수염을 기른 그 대머리 남자가 그 슬픈 광대를 떠밀어낸다)

이며 올바른 문장이다. 그러나 뵌봐익 · 캠픈(Van Wijk and Kempen 1987)은 이런 기법을 특히 아주 늦춰진 고치기를 유도하기 위하여 개선하였다. 그림상의 변화가 화자의 발화에서 늦게 나타난 경우에, 부적격한 고치기가 다음과 같이 일어날 수 있다.

(46) *The bald man with the spectacles pushes —er— with the moustache pushes the sad clown.
(*안경 쓴 그 대머리 남자가 — 어 — 콧수염 기른 〔 〕 그 슬픈 광대를 떠밀어낸다)

이는 부적격하다 왜냐하면 부합하는 등위접속 구문이 다음과 같이

*The bald man with the spectacles pushes a child or with moustache pushes the sad clown
(*안경 쓴 그 대머리 남자가 꼬마를 밀어내거나 콧수염 기른 〔 〕 그 슬픈 광대를 떠밀어낸다)

어떤 것인데, 이는 끔찍스러운 비문이기 때문이다. 그리고 실제로 사례 (46)과 같은 경우들이 그런 실험 조건 아래에서 정규적으로 일어난다.

이들 결과와 관련된 다른 실험 결과에 근거하여, 뷘봐잌 · 캠픈(Van Wijk and Kempen 1987)은 본질적으로 화자들이 고쳐 나가는 두 가지 방식을 지니고 있다고 추정한다. 첫 번째 방식을 그들은 재형성(*reformulation*)이라고 부른다. 화자가 새로운 통사 구성체를 만들어 내는 것이다. 한 가지 예가 앞의 사례(42)이다. 거기서 'up'(위로)이 'straight up'(곧장 위로)으로 재형성된다. 이는 통사적 추가 요소를 포함한다. 이들 고치기는 체계적으로 '적격성 규칙'을 엄수한다. 재형성은 통사론의 영역에 있는 문법 부호화 층위에서 일어난다.

두 번째 고치기 방식은 레마(*lemma*, 어휘의 통사 · 의미값) 대치하기이다. 레마 대치하기는 원래 발화의 통사론은 온전히 유지한다. 오직 한 낱말만이 바뀐다. 추가적인 문법부호 재입력은 없다. 사례(45)와 (46)이 이런 종류의 경우이다. 뷘봐잌 · 캠픈(Van Wijk and Kempen 1987)에 따르면, 그것들이 '적격성 규칙'을 엄수할 수는 있으나, 필수적인 것은 아니다. 그리고 실제로 또한 두 가지 그런 경우는 저자의 자연스런 고치기 자료에도 나타나 있었다. 바로 아래 제시한 사례(47)과 더 뒤에 있는 사례 (56)이다.

(47) right of purple is — er — of white is purple.
(자주색의 오른쪽이 — 어 — 흰색의 〔 〕 자주색이에요)

'적격성 규칙'은 부적격한 다음의 등위 접속 구성을 만들어 낸다.

*the right of purple is green or of white is purple.
(*자주색의 오른쪽이 초록색이거나 또는 흰색의 〔 〕 자주색이에요)

그런 고치기에 대한 체계적인 출현을 실질적으로 보장하기 위하여, 자연스런 자료에 대한 추가 정밀탐사가 필요하다. 그리고 만일 그것들이 낮은 빈도가 아니라 그 이상의 높은 빈도로 출현한다면, 그것들이 그 언어의 화자에 의해서 적격한 것으로 받아들여지는지 여부를 점검해 봐야 한다. 오직 그런 경우에라야 어떤 부차적 적격성 규칙이 고치기에 대한 문법에 추가될 필요가 있다.

2) 다시 시작하는 방식들

우리는 적격성 규칙을 엄수하면서 스스로 차단한 뒤에 여전히 아주 다른 방식으로 다시 시작할 수 있다. 고치기는 원래 발화의 일부를 포함하거나 포함하지 않을 수 있다. 또한 이들 고치기 부분이 더 작아지거나 더 커질 수도 있다. 화자가 어떻게 다시 시작하는지에 대하여 한 가지 아주 주요한 결정요소는 고치기 기회(*repair occasion*)이다. 즉, 화자가 처리하고 있는 문젯거리의 유형인 것이다. 더 앞쪽에서 우리는 문젯거리의 두 가지 부류를 구별해 놓았다. 공공연한 오류(*error*)와 부적합함(*inappropriateness*)이다. 전자의 경우에, 고치기는 반드시 그 실수를 되돌려 바로 잡아놓는다. 후자의 경우에는, 동일한 대상을 좀더 바람직한 방식으로 말하기 위하여, 어떤 추가적인 구체화 내용이 필요하다. 화자들이 자신의 고치기를 시작하는 방식은, 이들 두 종류의 고치기 기회에 대하여 체계적으로 차이가 난다. 이를 시범적으로 보여주기 위하여, 세 가지 방식의 다시 시작하기가 구별되어야 한다.

첫째 방식은 '일순간 고쳐놓기'(*instant repairing*)로 불릴 것이다.[9] 이런 경우에 문젯거리가 되는 단 하나의 낱말이 있으며, 화자는 바로

9) 본문에 이어지는 지적과 같이 instant(일순간/즉석)는, immediate interruption(즉각 차단하기)을 요구하지 않는다. 이런 점을 고려하여 '즉석/즉각'으로 번역하기보다 '일순간'으로 번역해 둔다.

그 낱말로 되돌아가서 어떤 새로운 항목으로 그것을 대체한다. 달리 말하여, 그 고치기는 사례(48)에서와 같이 대체(*replacement*)와 더불어 시작된다.

(48) Again left to the same blanc crossing point — white crossing point.
(다시 한 번 동일한 <u>공백</u> 교차점 — <u>흰색</u> 교차점의 왼쪽으로)

여기서 그 고치기의 바로 맨 처음 낱말 'white'(흰색)이 문제가 되는 항목인 'blanc'을 대체한다. 이 사례에서는 'crossing point'(교차점) 뒤에 이르기까지 늦춰진 차단이 있음에 유의하기 바란다. '일순간 고쳐 놓기'는 즉각적인 차단을 필요로 하지 않는다. 저자의 자료에 있는 모든 오류와 부적합함 고치기 중, 42%가 '일순간 고쳐 놓기' 사례이다.

다시 시작하는 두 번째 방식은 되돌아가서 문젯거리 요소에 선행한 어떤 낱말부터 반복하는 것이다. 이는 '더 앞쪽으로 되돌아가기'(*anticipatory retracing*)로 불린다. 한 가지 예는 다음과 같다.

(49) And left to the purple crossing point — to the red crossing point.
(그리고 그 <u>자주색</u> 교차점의 — 그 <u>빨간색</u> 교차점의 왼쪽에)

문젯거리 항목이 'purple'(자주색)이지만, 차단한 뒤에 그 화자는 그 전치사구의 시작 부분으로 되돌아가서, 'red'(빨간색)로써 'purple'(자주색)를 대체하는 일을 '도입하게' 된다. 이는 오류와 부적합성 고치기들 중 35% 정도를 차지한다.

다시 시작하는 세 번째 방식은 '새롭게 시작'(*fresh start*)을 하는 것이다. 화자가 즉석에서 문젯거리 요소를 대체하지도 않고, 더 앞쪽에 있는 낱말로 되돌아가는 것도 아니다. 사례(50)에서 보듯이, 오히려 차단된 원래 발화의 부분이 아닌, 새로운 자료로 다시 시작한다.

(50) From yellow down to brown — no — that's red.
(노란색에서 아래로 갈색까지 — 아니 — 그게 빨간색이에요)

그 화자는 바로 'red'(빨간색) 라고도, 그렇다고 'to red'(빨간색까지) 라고도 말하지 않는다. 그는 새로운 구성 방식 'that's … '(그게 … 이에요) 로 시작하는 것이다. '새롭게 시작하기'는 저자의 고치기 자료에 있는 오류와 부적합함 고치기들 중 23%로 나타난다. 특별한 종류의 새로운 시작은 그 화자가 새로운 자료로 시작하지만 그 뒤에 여전히 그 원래 발화의 일부를 복사하는 것이다. 다음이 그런 예이다.

(51) The road begins with a — or it goes on and it begins with a green crossing.
(그 길이 시작이 한 — 또는 그게 계속 죽 가고 그리고 그게 초록색 교차로와 함께 시작해요)

편집-수정 표현 'or'(또는) 뒤에 그 화자는 새로운 자료 'it goes on and it'(그게 계속 죽 가고 그리고 그게) 를 도입하고 나서 그 원래 발화의 일부 'begins with a'(함께 시작하다) 를 반복한다. 이런 특별한 종류의 새로운 시작은 '미리 구체화해 놓기'(*prespecification*) 라고 불린다.

화자가 오류를 저지른 경우에, 어떻게 다시 시작하고, 그 문젯거리가 덜 적합한 경우에 어떻게 시작할 것인가? 〈표 12-1〉에서는 저자의 유형 묘사 자료에서 이들 두 가지 부류의 고치기 기회에 대한 결과들을 숫자로 제시해 준다.

이 표에서는 두 가지 범주의 고치기 기회에 대하여, 다시 시작하는 방식에서 상당한 차이를 보여 준다. '오류 고치기' 범주에서는, 보통 일순간 고치기이거나, 아니면 더 앞쪽으로 되돌아가기에 의해서 이뤄

〈표 12-1〉 적합하게 고치기 및 오류 고치기에서 다시 시작하는 방식
(Levelt 1983의 자료임)

방식 \ 범주	일순간 고쳐 놓기	더 앞쪽으로 되돌아가기	새롭게 시작하기
적합하게 고치기 (전체 숫자 N = 290개)	30%	25%	44%
오류 고치기 (전체 숫자 N = 399개)	51%	41%	8%

진다. 실수 뒤에 새롭게 시작하기를 것은 예외적이다. 50개의 예가 그런 경우이다(8%에 불과함). '적합하게 고치기' 범주에 있는 '새롭게 시작하기'의 4분의 3은 앞에 있는 사례(51)에서 본 것처럼 '미리 구체화해 놓기'(*prespecification*)임이 추가되어야 한다. 오류 고치기에서 그러한 '미리 구체화해 놓기' 사례는 거의 잘 일어나지 않는다.

이들 발견내용의 골자는, 대부분의 오류 고치기가 잘못된 요소를 제외하고서는 원래 발화에 영향을 미치지 않은 채 내버려둔다는 점이다. 엄격히 필요하지 않은 것은, 아무것도 변하지 않고 아무것도 더해지지 않는다. 그렇지만 그 문젯거리가 중의성이나 또는 아직 구체화되지 못함과 같이 덜 적합한 항목인 경우에는, 화자가 새로운 자료를 도입하는 경향이 있다. 그는 새로운 문장이나 구를 만들어 냄으로써, 동일한 것을 다르게 말하거나, 아니면 더 앞으로 되돌아가기를 시행할 것이다(이는 원래 발화 속으로 새로운 통사 자료들의 삽입을 포함함). 실제로 후자가 적합하게 고치기에 대한 지배적인 절차이다. 새로운 자료의 삽입은 거의 언제나 '적격성 규칙'을 뒤따른다. 이는 또한 뵌봐익·캠픈(Van Wijk and Kempen 1987)의 실험 자료들에 대해서도 성립한다. 이를 달리 표현하면 다음과 같다. "덜 적합한 경우에는, 화자는 자신이 말한 내용을 재형성하는 경향이 있다. 그렇지만 오류의 경우에는, 자신의 원래 형성물을 보존하고 오직 문제가 되는 요소만을 바꾼다."

다시 시작하는 방식이 또한 차단 이전에 있는 지연의 총량에 의해서

도 영향을 입을 것으로 기대할 수 있다. 예를 들어, 즉각 차단 뒤에 일순간 고치기를 해 주는 것도 가능할 듯하다. 그렇다면, 문제가 되는 낱말에 즉각 그 교정 낱말이 뒤이어질 것 같다. 그렇지만 고치기 자료에 대한 자세한 분석은, 그런 체계적 의존성이 없음을 보여 주었다. 대체로 다시 시작하는 방식은, 원래의 발화가 어디에서 차단되었는지와 무관하게 따로 독립되어 있는 것이다.

3) 다시 시작하기와 청자의 해석 지속 문제

특별히 주목을 받아야 할 '다시 시작하기'의 또다른 측면이 있다. 화자뿐만 아니라 또한 청자도 어떤 발화가 중단된 경우에 어려움이 생긴다. 청자들이 발화를 될 수 있는 한 많이 '실시간으로' 해석한다는 사실은 잘 알려져 있다(가령 Marslen-Wilson and Tyler 1981을 보기 바람). 다시 말하여, 청자는 어떤 발화의 새로운 낱말을 각각 통사·의미·화용상 지금까지 자신이 이해해 놓은 내용 속으로 통합해 놓는 경향이 있다. 이런 통합은 심지어 그 낱말이 전달되고 있는 도중에도 매우 신속히 이뤄진다. 어떤 발화가 화자에 의해서 차단된 경우에, 청자의 문제는 그 새로운 고치기 정보를, 방금 전개되고 있던 원래 발화의 해석 속으로 어떻게 집어넣는지가 된다.

① 만일 고치는 첫 낱말이 나오자마자 청자가 이를 실행하는 방법을 알 수 있었다면, 아주 이상적으로 되었을 것이다. 특히 (어떤 것이든 상관없이 편집-수정 항목들 뒤에) 고치기의 첫 번째 낱말은, 사례(48)에서 보았듯이, 우선 문제가 되는 항목에 대해 즉시 대체가 될 수 있다. 그런 경우에, 청자는 이것이 사실인지뿐만 아니라, 또한 원래 발화에 있는 어느 낱말이 대체될 것인지를 알고 싶어 할 듯하다. ② 첫 번째 낱말은 또한 '더 앞쪽으로 되돌아가기'의 시작 부분이 될 수도 있다. 청자가 이것이 그러함을 어떻게 알 수 있으며, 원래 발화에 있는

어느 요소가 어떻게 되돌아가기의 표적인지 알 수 있을 것인가? ③ 세 번째 대안은, 첫 번째 낱말이 새로운 시작의 첫 부분이 되는 것이다. 그것은 알아둬야 할 중요한 것이 된다. 왜냐하면 그런 경우에 청자가 그것을 변화가 아니라 '추가'로서 해석할 것이기 때문이다. ④ 마지막으로 차단은 숨겨진 고치기에 기인할 수도 있다. 그런 경우에, 다시 시작하기 뒤에 있는 첫 번째 낱말은, 다음의 사례(52)에서처럼 현재 문장의 바로 다음 낱말이거나, 사례(19), (33), (53)에서처럼 원래 발화와 겹치는 어떤 항목이 된다. 청자에게는 후자의 경우가 '더 앞쪽으로 되돌아가기'와 같다.

(52) Left of the black dot — er — which was already mentioned.
(그 검은색 점의 왼쪽으로 — 어 — 그게 이미 언급되었는데)

(53) A vertical line to a — to a black disk.
(하나 〔 〕으로 — 하나의 검은색 원반 쪽으로 하나의 수직선이)

화자들이 다시 시작하는 방식은, 위 네 가지 경우들 중 어느 것인지 그들의 청자들에게 당장 드러나는 것일까? 그 대답은 대체로 '그렇다'이다. 특히 화자들은 이제 곧 논의될 두 가지 '다시 시작하기' 관례를 엄수한다. 두 가지 관례에서 모두 그 고치기의 첫 번째 낱말을, 원래 발화에 있는 더 앞에 있는 어떤 낱말과 관련짓는다.

동일 낱말 관례
만일 고치기의 첫 번째 낱말이 원래 발화에 있는 어떤 낱말 w와 동일하다면, 그 고치기는 w로부터 원래 발화에 대한 지속으로 해석될 것이다. 단, 만일 원래의 발화에서 그런 낱말이 하나 이상이 있다면, 맨 마지막 낱말을 택한다.

이 관례의 생각은 쉽게 예시된다. 다음 사례(54)의 경우에 그 관례를 엄수한다. 그러나 (55)는 그렇지 않다.

(54) Right <u>to</u> yellow — er — <u>to</u> white.

(노란색까지 — 어 — 흰색까지 오른쪽으로 〔가요〕)

여기서 또한 첫 번째 고치기 낱말인 'to'(까지)가 차단된 발화에 나타난다. 그러므로 의도된 해석은 'right to white'(흰색까지 오른쪽으로)이다. 특히 해석의 지속은, 삽입 지점에서 지엽적인 통사론이 인지됨을 의미한다. 다음의 경우를 보기로 한다.

(55) And at the bottom of the line <u>a</u> red dot — <u>a</u> vertical line.

(그리고 그 선 밑에서 하나의 빨간 점 — 하나의 수직선)

동일 낱말 관례는 'and at the bottom of the line a vertical line'(그리고 그 선 밑에서 하나의 수직선)이라는 해석을 처방해 준다. 그렇지만 이는 그 화자가 의도한 것이 아니다. 사례(55)처럼 위배하는 경우가 예외적인지, 아니면 오히려 아주 빈번한지 여부를 논의하기에 앞서, 저자는 두 번째 관례를 소개할 것이다. 이는 고치기의 첫 번째 낱말이 원래 발화에 있는 모든 낱말들로부터 차이가 나는 경우에 적용된다.

동일 범주 관례

만일 고치기의 첫 번째 낱말에 대한 통사범주가, 원래 발화의 어떤 낱말 w에 대한 통사범주와 동일하다면, w를 대체하는 그 첫 번째 고치기 낱말을 지니고서, w로부터 계속 어떤 지속으로서 해석될 것이다. 단, 원래 발화에 그런 낱말이 하나 이상이 있다면, 맨 마지막 낱말을 택한다.

두 번째 관례는 사례(56)에서는 준수되지만, 사례(57)에서는 위배된다.

(56) Down from white is a red node and from — pink node.

(흰색으로부터 아래에 빨간색 교점이 — 그리고 그 흰색으로부터 아래에 분홍색 교점이 있어요)

동일 범주 관례에 따라 그 해석은 'down from white is a pink node'(흰색으로부터 아래에 분홍색 교점이 하나 있다)가 되어야 한다. 왜냐하면 형용사 pink(분홍색)가 원래 발화에 있는 red(빨간색)를 대체할 것이기 때문이다. 이것이 실제로 의도된 해석이다.

(57) And then again a stretch to a red patch — stripe.

(그러고 나서 다시 하나의 빨간색 반점 — 줄까지 뻗어가요)

여기서 동일 범주 관례는 'and then again a stretch to a red stripe'(그러고 나서 다시 빨간 줄까지 뻗어가기)이라는 해석을 처방해 준다. 이 처방은 원래 발화에 있는 마지막 명사 'patch'(반점)를 대체하는 명사 'stripe'(줄)을 갖고 있다. 이것은 화자에 의해서 의도된 것이 아니었다. 'stretch'(뻗어가기)가 대체될 예정이었던 것이다.[10]

화자들이 이들 관례를 준수할 것인가? 사례(55)와 (57)은 이 자료에서 실제 예외들이다. '동일 낱말 관례'는 그것이 응당 적용되어야 하는 경우에서 13%의 위배가 있었다. 이들 경우의 대부분은, 마지막 낱말이 아니라 더 앞에 있는 동일 낱말이 선택되어야 했었다. '동일 범주

10) 의도대로 고쳐졌다면 'and then again a stripe to a red patch'(그러고 나서 다시 빨간 반점까지 줄이 이어져 있어요)가 된다.

관례'는 그 경우들에서 9%의 위배가 있었다. 그렇지만 사례(57)에서 보았듯이, 다시 한 번 이들 대부분의 경우에서도 더 앞쪽에 있는 동일 범주의 낱말이 선택되어야 했었다. 상당수의 많은 경우들에서 '동일 낱말 관례'가 위배되었다. 그렇지만 '동일 범주 관례'는 준수되었다. 사실상 피험자들은 그 경우들의 7% 미만으로 동시에 두 관례를 모두 위배하였다. 달리 말하면, 대다수의 경우에서 화자들은 청자가 즉각 고치기를 원래 발화의 올바른 홈에 삽입할 수 있는 그런 방식으로 자신의 고치기를 시작한다. 이것이 '발화+고치기'를 놓고서 청자에게 지장 없는 실시간 해석을 보장해 주는 것이다. 그리고 그 고치기에 들어 있는 운율은 이런 사실을 드러내 준다. 고치기 사례(54)~(57)에 있는 '연결' 부분들을 녹음 테이프로부터 조작하여 이어놓을 경우에는 정상적으로 유창한 발화가 생겨나는 것이다(Levelt 1984b).

독자들이 이미 두 관례의 유사성에 주목하였을 것이다. '동일 낱말 관례'는 아마 '동일 범주 관례'의 특별한 경우일 것이다. 그렇지만 그것들을 분리해 놓는 것이 심리학적으로 의미가 있다. 낱말 동일성의 경우에, 청자는 고치기가 '더 앞쪽으로 되돌아가기'가 될 것임을 안다. 즉, 수정에 대한 도입을 알게 될 것이며, '여유 있게' 해석될 수 있는 것이다. 단지 범주 동일성의 경우에, 일순간 대체가 있는데, 아마 이는 청자 쪽에 좀더 기민해지도록 요구할 것이다.

위에 있는 관례들이 청자의 해석 지속문제를 모두 해결하는 것은 아니다. 만일 어떤 관례에 대한 조건들도 충족되지 않는다면, 고치기는 새로운 시작이 되거나, 아니면 사례(52)에서 보인 유형의 숨겨진(*covert*) 고치기가 될 수 있다. 전자의 경우에는 새로운 통사 구성이 임박했고, 후자의 경우에는 그 발화의 통사가 단순히 지속된다. 이것이 실시간 해석에 있는 중요한 차이점이다. 그렇지만 문제는 드러나 보이는 것보다도 더 작다. 대다수의 고치기에서, 청자는 이용된 편집-수정 요소의 근거 위에서 어느 것이 그 경우인지 결정할 수 있다. 이런 종류에 대한 모든 숨겨진 고치기(즉 주저거림)의 92%에서 화자들은 편집-수정 요소로 er(어)를 이용하였다. 반면에 er(어)에 의해서는 오직 6%의 새로운 시작이 도입되었다. 새로운 시작의 3분의 2가 편집-수정 요소를 전혀 갖고 있지 않았지만, 놀랄 일도 아니다. 새로운 시작은 적합하게 고치기의 표시이다. 대부분의 경우에 적합하게 고치기는 편집-수정 표현들이 없이 진행된다.

그러므로 결론으로, 낮은 예외 비율과 더불어, 화자들은 고치기가 임박한 경우에 자신의 청자의 해석 지속문제를 해결한다고 말할 수 있다. 그 고치기의 첫 번째 낱말쯤에 이르면, 이미 청자가 그 고치기를 차단된 발화에 관련짓는 방법을 알 수 있는 것이다. 청자가 실제로 그 화자의 문젯거리를 처리하는 경우에, 그 정보를 이용하는지 여부는 또 다른 논의 사항이다. 그것은 이 책의 관심 대상이 아니다.

4) 스스로 고치기에서 운율 표시

고프먼(Goffman 1981)의 제안을 따라서, 커뜰러(Cutler 1983b)는 운율상 표시가 있는 고치기와 표시가 없는 고치기를 구별하였다. 고치기는 "화자가 원래 발화된 오류나 문젯거리 항목과 똑같은 음높이로 가능한 한 멀리 교정하여 말하는" 경우에, 운율상 표시가 없다. 또한 표시가 없는 고치기에서, 그 고치기의 진폭과 상대적 지속시간은 그 문제가 되는 항목의 내용을 모방한다. 고치기는 문제가 되는 항목의 운율과 그 교정이 실질적으로 차이가 나는 경우에, 운율상 표시가 이뤄진다. 운율 표시는 음높이 형상이나 크기에서나 또는 지속시간에서 대조를 만들어 냄으로써 실행될 수 있다. 하나의 규칙으로서, 커뜰러(1983b)는 음성 오류의 고치기가 운율 표시가 없음을 찾아내었다. 예를 들어, 다음과 같은 고치기에서

(58) Well it'll all have to be unsiled — unsigned.
(그래요 그게 모두 서며 없이 — 서명 없이 되어 있어야 할 거에요)

화자는 'unsigned'(서명 없이)와 잘못된 'unsiled' 사이에 운율 대조를 만들어 내지 않는다. 운율 표시는 전형적으로 다음과 같이 어휘 고치기에서 일어난다(단, 앞에서도 그랬듯이 음높이 악센트는 모음을 대문자로 써서 표시해 놓음).

(59) You're happy to — wElcome to include it
(당신이 그것을 포함한 것을 기뻡 — 환영합니다)

그럼에도 커뜰러(Cutler 1983b)의 자료에서 다만 38%의 어휘 고치기만이 운율상 표시가 이뤄졌다. 그렇다면 고치기를 운율로 표시해 주는 화자의 결정을 무엇이 지배하는 것일까? 이 문제를 다루기 위하여, 르펠트·커뜰러(Levelt and Cutler 1983)는 유형 묘사 자료에서 테이프로 녹음된 모든 어휘 고치기를 분석하였다. 두 연구자가 독자적으로 운율 표시 여부를 판단하였는데, 둘 사이에 일치된 그런 어휘 고치기는 299개가 있었다. 이들 중 45%인 134개가 운율이 표시되어 있었다.

첫 번째 분석에서는 그 고치기의 '차단/재시작' 유형에 관심을 기울였다. 차단이 즉각적이었던 경우에 — 즉 문제가 되는 낱말 내부나 또는 바로 뒤에서 — 화자는 대체하는 낱말을 운율로 더 자주 표시하였는가? 아니면 화자가 '더 앞으로 되돌아가기'와 '새로운 시작'에서보다도 '일순간 고치기'에서 운율 표시를 더 많이 하였는가? 이들 요인은 아무런 것도 고치기에서 운율 표시와 상관이 없는 것으로 드러났다. 달리 말하여, 운율 표시는 고치기 운용에 대한 통사론을 전혀 반영해 주는 것이 아니었다.

오히려 고치기 운율은 의미상 동기가 마련된다. 이는 우선 '오류 고치기'와 '적합하게 고치기'의 비교로부터 드러난다. 오류 고치기들 중 53%가 운율이 표시되어 있었다. 반면에 적합하게 고치기에서는 오직 19%만이 그러하였다. 오류에 대한 고치기는 더 앞에서 말해진 내용을 취소하기 위해 이뤄짐을 기억해야 한다. 우리가 살펴보았듯이, 이는 또한 'no, or, sorry'(아니오, 또는, 미안)와 같이 편집-수정 항목들의 이용으로부터, 그리고 오류 낱말을 다 말하지 않고 파괴하는 경향으로부터 명백해진다. 운율 표시는 이런 대조를 두드러지게 강조해 준다. 그렇지만 덜 적합함에 대한 고치기에서는, 그것이 추가적인 구체화 내용을 포함하는 만큼 취소를 포함하지 않는다. 앞서 말해진 내용에 대해서 대조가 수립되지 않는 것이다.

그럼에도 불구하고, 왜 오직 이들 오류 고치기의 53%만이 운율이 표시되는지에 대하여 물음이 제기되어야 한다. 그것들이 모두 의미상의 대조를 포함하지 않는 것일까? 아니다. 그것들은 의미상의 대조를 포함한다. 그렇지만 대조의 정도에 차이가 있다. 화자와 청자는 흔히 문제가 되는 항목에 대하여, 대안 표현들의 집합을 서로 잘 깨닫게 될 것이다. 'left — no, rIght'(왼쪽 — 아니, 오른쪽이요)에서 보여 주는 반의어의 경우에서처럼, 이런 집합이 작은 경우(두 개의 원소만 있는 경우), 대조의 의미가 가장 높게 나타날 것이다. 그 문젯거리 낱말에 대하여, 대안 낱말들의 숫자가 더 큰 경우에는 대조의 정도가 덜할 것이다.

우리가 연구한 고치기 자료는, 대조의 정도에 대한 이런 개념을 검사할 수 있도록 해 주었다. 어휘 교정들 중 색깔 이름 고치기가 다수 있었다. 그 실험 유형은 11개의 서로 다른 색깔들을 포함하였다. 따라서 어느 특정한 색깔에 대하여, 대안이 되는 낱말의 숫자는 10개이다. 또한 방향을 가리키는 용어들에서도 실질적인 오류의 숫자가 있었다. 이것들은 거의 언제나 왼쪽과 오른쪽, 수평과 수직, 또는 위와 아래와 같이 반의어로 바뀌었다. 그러므로 이들 대부분이 바로 하나의 대안 낱말만이 있었다. 만일 대조의 정도가 관련된다면, 색깔 이름 고치기에서보다 방향 용어의 고치기에서 운율 표시가 더 많이 있을 것으로 예측할 수 있다. 그리고 실제로 이것이 사실인 것으로 밝혀졌다. 방향 용어 고치기와 색깔 이름 고치기는 각각 '72% : 50%' 비율로 운율이 표시되어 있었다. 그러므로 의미 대조의 정도는 스스로 고치기에서 운율 표시에 대한 중요한 기여 요인인 것이다.

이들 발견결과는 고치기에 있는 운율 표시의 연원을 메시지 차원에 갖다 놓는다. 화자는 대조상의 우세함을 전달해 주고자 의도하는 것이다. 이는 다음에 문법 부호화에서 운율 초점을 끌어들인다(제 5장 2절 2항을 보기 바람). 이는 음운상 음높이 악센트로 실현된다.

고치기에서 운율 표시에 대한 이런 계통 이외에도, 개인 말투의 요인이 있을 것이다. 어떤 화자들은 실수를 저지르는 경우에 스스로 아주 당황해 하였다. 그런 경우 교정 내용들을 말하자면 외쳐대듯 말했을지도 모른다. 한 명의 화자는 심지어 모든 고치기에다 낱낱이 운율을 표시하였다. 다른 사람들은 마치 오해에 대해 화자보다 청자가 책임 있는 것인 양, 대체로 무심코 자신의 고치기를 실행해 나가는 것을 선호하였다. 독자 여러분이라면 어떻게 하였을 것 같은가?

5) 쉴 새 없이 고쳐나가기

앞에서 개관된 것들보다 고치기 방식들이 아주 더 많이 있다. 사실상 고치기와 고치지 않기 사이의 경계는 아주 흐릿하다. 일종의 때늦은 반성으로 나오는 삽입구와 확장 표현도 있다. 다음 사례를 고치기로 부를 수는 없을 것이다.

(60) He conquered Babylon, the great Alexander.
(그가 바빌론을 정복했어요, 위대한 알렉산더 대왕이 말예요)

분명히 이것은 적격한 발화이다. 만일 이것이 고치기였더라면, '적격성 규칙'이 부적격한 것으로 분류해 버렸을 것이다. 'He conquered Babylon and the great Alexander'는 만일 he와 the great Alexander가 상호 지시적이라면 (고쳐 말하는 적격성 규칙에 비춰) 부적격해졌을 것이다. 그러나 다른 경우들은 덜 분명하다. 다음 사례들은 어떠할까?

(61) That's the only thing he does is fight. (Kroch and Hindle 1982)
(그게 유일한 거야, 그가 하는 거, 싸움 말야)

(62) It seems to be a good marriage, of her parents. (C. van Wijk 개인 편지 교신)
(그게 훌륭한 결혼인 듯해, 그녀의 부모 말야.)

(63) Who did you think else would come? (Garrett 1980a)
(네 생각에는 그 밖에 누가 올 것 같니?)

이들 모든 경우에서, 명백한 멈춤과 재시작 운용이 없이도, 화자는 쉴새 없이 뭔가를 고친다(고치는 듯하다). 그런 경우에 대한 개관을 보려면, 뵌봐잌·캠픈(Van Wijk and Kempen 1987)을 참고하기 바란다. 화자들은 바로 자신의 발화의 유창한 전달을 계속 유지하기 위하여, 외견상 지엽적인 문젯거리를 처리하려고 기꺼이 자신의 통사를 확장하거나 심지어 비틀어 놓기도 한다.

이 장에서 살펴본 스스로 고치기의 기제가 얼마나 보편적일 것일까? 현재 자료의 토대와 분석이 여전히 아주 제한적이지만, 고치기의 조직화가 두루 여러 언어와 문화에 걸쳐서 한결 같다고 가정할 만한 근거가 있다. 특히 남태평양의 투발루안(Tuvaluan)어·중미 과테말라의 퀴치

(Quiche)어 · 태국어에 있는 고치기 행위들을 비교한 쉬글롶(Schegloff 1987)에 의해 이 점이 논의되었다. 쉬글롶(1987)에 따르면, 이들 행위의 보편적 유형은 "인간 상호작용에 대한 그럴 듯한 일반적 조직화의 우연성"에서 비롯되는 것이다.

4. 요약

화자들은 자신이 말하고 있는 내용과 그것을 말하는 방식에 대해 주의를 기울인다. 그들은 자신의 발화에 대하여 거의 모든 측면을 점검할 수 있다. 내용으로부터 시작하여 통사구조 · 낱말 선택 · 음운 형태 · 조음 속성에까지 걸쳐 있다. 그러나 이것들에 모두 지속적으로 주의를 기울이는 것은 아니다. 주의력은 한편으로 선택적이며, 다른 한편으로 유동적이다. 발화의 어느 측면들에 주의가 기울여지는지는 그 맥락에 달려 있고, 그 과제에 달려 있다. 어떤 화자가 특정한 종류의 오류나 빈약한 유창성에 주의를 쏟는 대신, 다른 것들은 무시하도록 준비될 수 있다. 또한 탐지 속도도 현재 발화의 구 구조를 전개해 나가는 일과 더불어 유동적으로 바뀐다. 점검은 구의 끝 지점에서 좀더 강해진다.

본질적으로 두 부류의 점검 이론이 있다. 편집-수정 이론과 연결주의 이론이다. 편집-수정 이론에서는 점검기를 언어산출 체계의 외부에 둔다. 연결주의 설명에서는 점검기를 그 체계에 내재되도록 한다. 전자 유형 중 가장 검박한 내용은 '지각 순환회로' 이론이다. 이는 점검기를 언어사용자의 발화 이해체계와 동일시한다. 이 이론에 따르면, 화자는 각각 내부 지각 순환회로와 외부 지각 순환회로를 통하여 자신의 내적 발화와 외현 발화를 모두 점검할 수 있다. 그러나 형성의 중간 매개 결과들에 대한 점검 접속은 없다. 연결주의 유형의 설명은 머카이(MacKay 1987)의 교점 구조 이론에서 가장 구체적으로 고려된다. 여기서는 언어산출 및 언어이해를 위해 체계들이 대체로 동시에 가동되는 연결 교점들의 그물조직이라고 가정한다. 이런 그물조직 안에서 오류 탐지는 아래에서 위로의 점화로부터 나온다. 두 종류의 이론이 나름대로의 장점과 단점들을 지니며, 모두 부당성을 입증하기 어렵다.

화자는 내용이나 적격성에 있는 어떤 결함을 주목한 뒤에, 스스로 차단하고 고치기를 가동할 수 있다. 스스로 차단하기가 즉각 문젯거리 탐지에 뒤이어진다는 증거가 있다. 화자들은 통사나 어휘나 음성 단위가 완결된 뒤까지 기다리는 것이 아니다. 그렇지만 이런 '주요 차단 규칙'에 대하여 한 가지 예외가 있다. 화자들이 낱말들의 통합성 — 적어도 그 자체로 올바른 낱말들에 대한 통합성은 준수한다. 다른 한편으로, 잘못된 낱말들은 자주 스스로 고치기에서 다 끝나기도 전에 파괴된다.

스스로 차단 뒤에 미적거리는 순간은 종종 어떤 편집-수정 표현으로 채워진다. 가장 빈도가 높은 것이 er(어)이다. 이 er(어)는 실제로 문제가 있음을 보여 주는 증상이다. 그것은 특히 문제가 되는 항목이 화자에 의해서 즉각 인지되는 경우에 나타난다. 다른 편집-수정 요소들도 가까이에 있는 문젯거리의 종류를 드러내어 준다. 완전한 실수가 있는 경우에, no(아닙니다)나 sorry(미안합니다)처럼 취소나 사과의 편집-수정 표현이 쓰인다. 말해진 내용이 온전히 적합한 것이 아닌 경우, 편집-수정 표현들이 많이 이용되는 것이 아니다. 이용된 경우에도, that is(다시 말해서)처럼 해석의 지속성을 강조하는 경향이 있다.

이런 중단 사건 뒤에, 화자가 발화를 재개하는 경우, 신중하게 그 고치기를 차단된 원래 발화에 관련지어 놓는다. 첫째, 원래 발화와 고치기 사이에는 통사적 관련성이 있다. 원래 발화와 그 고치기는 본질적으로 두 개의 등위 접속구로 전달된다. 고치기의 통사론은 '적격성 규칙'에 지배된다. 이는 이런 고치기의 등위접속 성격을 받아들인다.

그 규칙은 보통 자연스럽게 일어나는 고치기에서 준수된다. 그러나 언어규칙이 어떤 것이든 예외가 있듯이 이 규칙도 위배될 수 있다.

두 번째 관찰로서, 고치기의 방식은 문제가 되는 유형에 달려 있나는 것이다. 완전한 오류를 고쳐 줄 경우, 화자들은 그 고치기에서 원래 통사를 보존하는 경향이 있다. 그들은 물론 대체될 그 항목만을 제외하면, 원래 발화의 일부를 바꾸지 않은 채 그대로 인용한다. 고치기의 기회가 덜 적합한 표현에 대한 것이라면, 화자들은 종종 원래 발화에다 새로운 자료를 삽입하거나, 또는 새로운 발화로 고쳐서 시작해 나간다. 오류 고치기는 보수적이다. 그렇지만 적합하게 고치기는 오히려 혁신적인 재형성인 것이다.

화자들이 자신의 발화를 다시 시작하는 세 번째 속성은, 고치기를 원래 발화에 관련짓는 방식에 대하여 단서를 내어 주는 것이다. 고치기가 어떤 단어로부터 원래 발화의 지속으로서 이해되어야 하는 경우에, 첫 번째 고치기 낱말은 그게 어느 낱말인지를 밝혀 준다. 대부분의 다른 경우에는, 청자에게 이런 해석 지속문제를 해결하는 방법을 편집-수정 항목이 말해 준다.

모든 고치기가, 멈추고 나서 다시 시작하는 운용 방식으로 아주 깔끔하게 만들어지는 것은 아니다. 화자들은 '쉴 새 없이' 고쳐 나감으로써 유창성을 보존한다. 그렇지만 보통 통사 적격성을 희생하게 된다. 'What?'(뭐라고요?) 또는 'What do you mean?'(무슨 말씀이시죠?)이라고 되묻거나, 언어가 아닌 다른 신호를 전함으로써, 화자로 하여금 그의 발화에서 어떤 문젯거리를 깨닫게 해 주는 것은, 종종 대화 상대방이다. 화자는 직접 그 자신의 발화를 점검할 뿐만 아니라, 또한 간접적으로 대화 상대방의 반응도 눈여겨봄으로써 자신의 발화를 되점검한다.

옮긴이 해제

여기서는 제 1절에서 원저자와 번역대상 과제를 소개하고, 제 2절에서 책의 내용을 간략히 소개 겸 해제를 하며, 제 3절에서 각 장의 요약을 하고, 제 4절에서 옮긴이의 생각을 몇 가지만 덧붙이기로 한다.

I

이 책의 저자 르펠트(Willem J. M. Levelt, 1938~)는[1] 네덜란드 사람으로, 언어산출 분야의 연구에서 탁월한 학자이다. 1980년 막스 플랭크 언어심리학 연구소(Max Planck Institut for Psycholinguistics) 창설 이래, 25년간 소장직에 있으면서 여러 가지 중요한 연구들을 주도했다. 2006년 퇴임한 뒤 같은 연구소의 명예소장으로 있다.

저자의 주요 경력은 다음과 같다. 네덜란드 라이든대학교(Leiden University)에서 심리학을 전공하고, 1965년 "두 눈의 경합"(*On binocular rivalry*)으로 박사학위를 받은 뒤, 박사 후 연구생으로 미국의 유수

1) 더 자세한 내용은 저자의 웹페이지를 참고하기 바란다(http://www.mpi.nl/Members/PimLevelt). 옮긴이와 전자 서신을 주고받을 때에는 'Pim Levelt'라고 불렀는데, 아마 Willem의 화란어 애칭인 듯하다.

연구소에서 연구하였다. 1966년에 하버드대학교 '인지연구센터'에서 밀러(George Miller)와 브루너(Jerome Bruner)의 지도를 받고, 1967년에 미국 일리노이대학교 '비교언어심리학 센터'에서 오스굿(Charles Osgood)의 지도를 받았다.

1967년부터 1970년까지 네덜란드 그로우닝언(Groningen)대학 심리학과 부교수와 정교수를 역임하고, 1971년에 네덜란드 네이메이건(Nijmegen)대학 심리학과 정교수로 자리를 옮겼다. 1976년과 1979년 사이에 막스 플랭크협회 언어심리학 연구모임(Project Group for Psycholinguistics of the Max Planck Society)을 이끌었고, 1980년에 막스 플랭크 언어심리학연구소(Max Planck Institute for Psycholinguistics)를[2] 창설하여 소장직에 취임하였다. 또한 같은 해부터 막스 플랭크협회 언어심리학 분과 의장직을 맡아왔다. 2000년부터 2005년까지 네덜란드 왕립 예술 및 과학 학술원 의장(President of the Royal Netherlands Academy of Arts and Sciences)을 지냈다.

저자는 올해까지 11권의 전문서를 출간하고 230편이 넘는 논문들을 발표하였다. 그의 누리집에서[3] 130편 이상의 논문을 'pdf' 파일로 내려받을 수 있다. 언어심리학에 관련된 일부 주요 책자는 다음과 같다. Levelt(1974) 《언어학과 언어심리학에서 형식 문법 *Formal grammars in linguistics and psycholinguistics*》(The Hague: Mouton) 총 2권;

2) '막스 플랭크 과학진흥 협회'(Max-Planck-Gesellschaft)는 독일을 중심으로 하여 여러 곳에 흩어져 있는, 78개 연구소들이 네트워크를 이룬 협회다(http://www.mpg.de). 이 협회의 산하 연구소들은 '막스 플랭크 연구소'라는 명칭을 쓴다. '막스 플랭크 언어심리학 연구소'의 웹페이지는 다음과 같다. http://www.mpi.nl

3) http://www.mpi.nl/Members/PimLevelt/Publications

Levelt and Flores d' Arcais 편(1978) 《언어 지각의 연구 *Studies in the perception of language*》(New York: Wiley); Levelt, Mills, & Karmiloff-Smith(1981) 《유럽과학재단 국가들에서 어린이 언어 연구 *Child language research in ESF Countries*》(Strasbough: European Science Foundation); Levelt 편(1993) 《발화산출에서 어휘접속 *Lexical access in speech production*》(Cambridge: Blackwell).

1989년 MIT 출판부에서 나온 이 책 《말하기: 그 의도에서 조음까지 *Speaking: From Intention to Articulation*》는 언어산출 분야에서 처음 시도된 종합 연구서이다. 분량 또한 500쪽이 넘는다. 이 책이 출간되자마자 언어산출과 관련된 여러 분야로부터 많은 서평들이 나왔다. 현재 언어산출과 관련하여 가장 중요한 문헌의 하나로 간주되고 있다. 르펠트의 모형을 검토하는 후속연구들도 계속 출간되고 있는데, 특히 Härtl and Tappe 편(2003) 《개념과 문법 사이의 매개 *Mediating Between Concepts and Grammar*》(Berlin: Mouton de Gruyter)와 Pechman and Habel 편(2004) 《언어산출에 대한 학제연구 *Multidisciplinary Approaches to Language Production*》(Berlin: Mouton de Gruyter)가 주목된다.

II

언어는 인간을 우주 속에서 가장 독보적인 존재로 만들어 주는 가장 독특한 특성 중 하나이다. 언어는 인류진화의 역사 속에서 현생인류인 크로마뇽인에 의해 중기 구석기시대에서부터 발현된 것으로 추정된다. 어떤 독특한 언어기관이 생겨나고, 복합적인 여러 인지기관들의 긴밀한 뒷받침을 받아 '언어사용'이 이뤄지는 것이다. 이처럼 중요한 언어의 연구는, 문명의 시작과 더불어 언어에 대한 자각들이 부분적으로 있었으나, 19세기에 들어와서야 본격적으로 시작된다. 언어를 산출하고 이해하는 심리과정에 대한 연구는, 언어학에서 혁명으로 불리는 시기인 1950년대 이후 현재의 모습을 갖추게 된다.[4] 언어와 관련된 분야는 현대에 들어서야 시작된 매우 젊은 학문이다. 그렇지만 현대 기술문명의 도움을 받아 어느 분야 못지않게 심층적인 연구가 이뤄지고 있다.

언어를 다룰 때에는 반드시 포괄적으로 우리 인간의 정신이나 인지를 다루는 방식이 전제된다. 가장 중요한 시작점은 튜링(Turing, 1912~1954)의 보편지능에 대한 논의이다.[5] 그는 임의의 개체가 적어도

4) 우리말로 읽을 수 있는 압권은 이정모·이재호 편(1998) 《인지 심리학의 제문제 II》(학지사)와 조명한 외 11인(2003) 《언어 심리학》(학지사)이다. 특히 앞 책의 제1부에서 언어심리학의 연구사에 대하여, 그리고 뒤 책의 제13장에서 진화론 관점에 대하여 큰 지도를 그릴 수 있다. 최근 언어 진화와 관련된 논쟁이 있었다. Hauser, Chomsky, and Fitch 2002 "언어 능력: 그것이 무엇이며, 누가 지녔고 어떻게 진화하였을까? The Faculty of Language: What Is It, Who Has It, and How did It Evolve?", *Science*(298호)에서는 '협의의 언어 능력'(FLN)을 반복 함수(*recursion*, 회귀 함수)로 보고, 이것만이 유일하게 인간 특유의 속성이며, 생물학적 기반으로 갖고 있다고 하였다. 여타 능력인 '광의의 언어 능력'(FLB)은 다른 생물과 인간이 공유하고 있는 능력이라고 주장하였다. 이런 주장에 맞서 Jackendoff and Pinker 2005 "언어 능력의 본질과 언어 진화에 대한 함의 The Nature of the Language Faculty and its Implications for Evolution of Language", *Cognition*(97권 2호)에서는 인간 특유의 속성을 '협의의 언어 능력'에만 국한시킬 수 없음을 논박하고 있으며, 반복 함수로 설명할 수 없는 언어 현상들을 거론한다.

5) Turing(1950) "계산기계와 지능 Computing Machinery and Intelligence" 《정신 *Mind*》(제 56-239호). 옮긴이의 누리집에 우리말 번역을 올려두었다

10^9이라는 뇌세포 임계량을 넘어서야 '입출력 · 저장 · 중앙연산' 처리장치를 갖추게 되고, 비로소 지능이 발현된다고 보았다. 임의의 정신 또는 인지가 거대한 '입출력' 연산과정으로 모의될 수 있음이 밝혀지자, 인간정신을 다루는 가정들이 제안되기 시작하였다. 먼저 인간의 정신 또는 인지의 작동단위가 명제인지(Fodor 1975 《사고의 언어 *The Language of Thought*》 Harvard Univ. Press), 명제와 심상인지(Kintsch 1974 《기억에서의 의미표상 *The Representation of Meaning in Memory*》 Lawrence Erlbaum), 명제와 심상과 또 다른 상위처리 단위인지(Johnson-Laird 1983 《정신 모형 *Mental Models*》 Harvard Univ. Press)에 대하여 여러 가정이 제시되었다. 또한 이런 단위들이 엄격히 독자적인 여러 단원체로 이뤄져 연산되는지(Fodor 1983 《정신의 단원체 속성 *The Modularity of Mind*》 MIT Press), 또는 동시에 여러 부서들이 연결되어 처리되는지(Rumelhart, McLlelland and the PDP Research Group 1986 《병렬분산처리 *Parallel Distributed Processing*》 MIT Press, 2 volume set), 아니면 두 방식이 서로 혼합되거나 통합되어 있는지(Marcus 2001 《대수적 정신모형 *The Algebraic Mind*》 MIT Press)에 대해서도 논의되었다.

언어심리학 연구가 깊이 있게 진척되지 않았던 시기에는 언어산출과 이해의 과정이 비슷하거나 동일할 것으로 짐작되었다. 막연히 언어산출의 과정을 거꾸로 진행시키면 언어이해의 과정이 되며, 언어이해의 과정을 거꾸로 진행시키면 언어산출 과정이 되는 것으로 보았다. 그렇지만 두 과정이 기본적으로 단원체 가정을 따라 진행된다는 점만

(http://nongae.gsnu.ac.kr/~jhongkim).

제외하고서는, 서로 다른 경로를 따라 일어남을 알게 되었다.

산출은 '의사소통 의도'를 지니고서 복합개념들이나 어떤 메시지를 마련하는 일이 첫 단계가 된다. 이 메시지가 언어형식을 갖추기 위해서는 반드시 머릿속 어휘부에 있는 '레마'(*lemma*, 통사·의미 정보값)를 매개로 하여 낱말과 통사를 인출하고, 관련된 곡용과 활용어미들을 붙여 넣어서 '표면구조'를 산출한다. 이 표면구조는 음성으로 실현되기 위해 형태-음운 및 음성부서로 들어가며, 여기서 음절과 운율과 억양 등이 모두 갖춰지게 된다. 이는 내적 발화형태가 되며, 필요에 따라 화자에 의해서 스스로 점검될 수 있다. 이것이 조음기관을 거쳐 실제 발음되어 나오는데, 이런 외현발화도 맨 먼저 화자 자신에 의해 점검이 이뤄진다. 여기서 이들 단원체를 이어주는 중추적 매개체는 메시지와 언어형식을 연결시켜 주는 머릿속 어휘부의 '레마'이다. 이들 과정을 뒷받침해 주기 위해 필요한 작업기억은 다만 통사와 음운 처리과정에 관련된 '임시저장고'들이다. 이는 일종의 단기기억으로서 배들리(Baddeley 1986《작업기억 *Working Memory*》Clarendon)의 작업기억 모형이 더 수정되거나 확장될 필요가 없다.

그렇지만 특히 글말을 중심으로 밝혀진 언어이해의 과정은, 킨취의 '구성-통합'(CI) 모형에 따르면,[6] 크게 덩잇글의 표면구조로부터 시작하여 미시명제와 거시명제를 만들어 내면서 텍스트 기반을 형성한다. 텍스트 기반을 장기기억 속에 보관하기 위하여 상황모형을 만들어 내는 과정이 이어진다. 이런 단계들을 매개해 주는 중추요소는 이해주체

6) 킨취(1998)《이해: 인지 패러다임 *Comprehension: A Paradigm for Cognition*》(Cambridge University Press). 옮긴이 누리집에 전체 번역을 올려놓았다(http://nongae.gsnu.ac.kr/~jhongkim).

의 배경지식 속에 들어 있는 '거시명제' 후보들이다. 이런 측면에서 이해는 구성보다 통합과정에 더 무게가 실려 있다(짐작의 정교화 과정으로 말할 수 있음). 이 과정을 유기적으로 진행시키기 위해서는 반드시 장기기억의 일부를 빌려 작업기억으로 이용해야 한다. 이를 '장기 작업기억'(LTWM)이라고 부르며, 배들리의 작업기억 모형과는 관련되지 않는다. 이해의 과정의 마지막 단계는 심상으로 된 상황모형이다. 그렇지만 상황모형이 산출의 첫 단계인 복합개념들이나 메시지 형성단계와 동일하지도 않고 관련도 없다. 결국 언어산출과 언어이해의 과정은 비록 일부 겹치는 영역(어휘부와 명제형성 등)이 있겠지만, 서로 고유한 경로로 이뤄지는 것으로 보는 것이 온당하다.

언어산출에 대한 '강한' 단원체 이론은 우리가 경험하는 언어산출 내용을 왜곡해 버린다. 언어산출에서는 한 부서에서 정보처리가 완전히 다 끝난 다음에, 다른 부서로 정보를 전달하는 것이 아니다. 산출단위들은 자립할 수 있는 제일 작은 도막들로 계속 이어진다. 이를 '점증적 산출과정'(또는 분트Wundt의 원리)이라고 부른다. 이 도막들에 대한 점검과정을 통하여, 수시로 산출결과가 다시 수정될 수 있다고 본다. 이런 가정을 통하여 언어산출 과정은, 융통성을 많이 확보하게 된다. 이는 아래와 같은 그림으로 제시될 수 있다(Levelt 1999:87).
이 그림은 이 책에서 제시된 〈그림 1-1〉을 약간 수정한 것이다. 이전의 그림은 세 가지 부서가 일직선으로 이어져 있었다.

'개념 형성기 → 언어형식 주조기 → 조음기관'

그러나 여기서는 두 개의 부서만을 상정해 놓았다. 곧, '수사학적-의미론적-통사론적 체계' → '음운-음성 체계'로 더 단순화되었다. 이렇게 단순화된 모형은 언어기호가 '내용'과 '형식'으로 이뤄져 있다는 직

언어산출 체계의 청사진 (Levelt 1999)

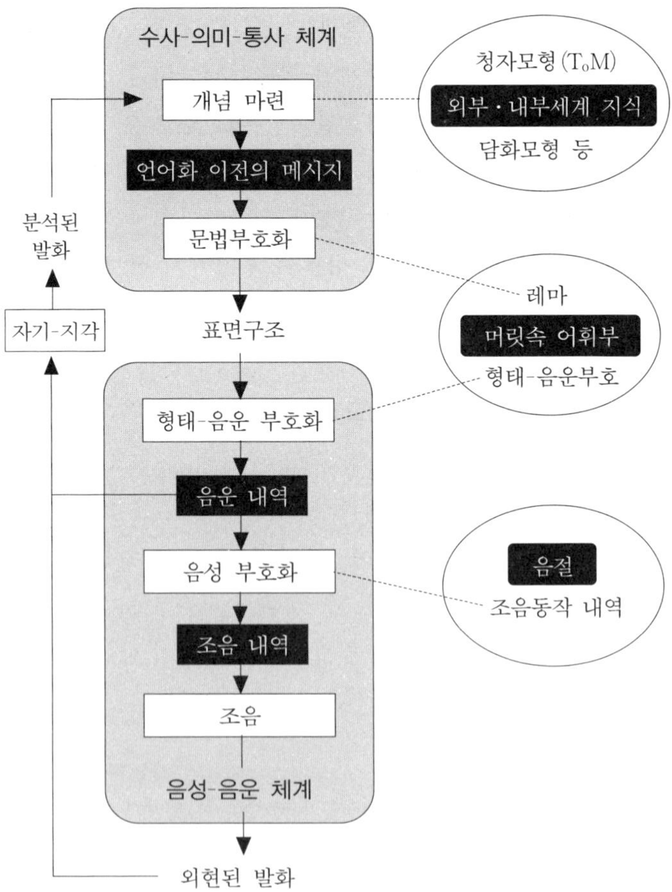

관에도 잘 부합된다. 이런 단계들의 설정은 발화에서 찾아지는 오류 또는 말실수들에 대한 자료를 통하여 심리학적 실재임을 논증된다.

위 그림의 맨 처음 나온 단원체는 '개념 마련' 부서이다. 의사소통을 하기 위하여 화자는 지금까지의 직접 · 간접 경험을 받아들여 장기기억에 배경지식으로 저장해 둔 세계지식을 활용한다. 의사소통은 반드시 상대방이 전제되므로, 의사소통을 하기 위해서는 청자에 대한 모형을 수립해야 한다.[7] 담화모형 등이 포괄적으로 이런 내용을 가리킬 수 있다. 의사소통이 모두 언어표현으로만 이뤄지는 것이 아니지만, 전형적으로 언어표현으로 될 수 있다는 점에서, 언어화 이전의 메시지들을 명제의 표상으로 나타낼 수 있다. 명제는 프레게(Frege, 1848~1925)의 양화표현을 갖는 술어논리에 따라 '논항-함수'의 구조로 표상되며, 논항마다 관련된 의미역할이 배당된다. 이런 언어화 이전의 메시지는 언어로 표현되기 위하여, 먼저 서술관점이 정해지고 서법이 정해져야 하며, 여기에 따라 머릿속 어휘부에 있는 '레마'를 인출해야 한다. 이는 대체로 점증적으로 처리되며, '왼쪽으로부터 오른쪽으로' 진행되어 나간다. 이 처리절차가 끝나면 '표면구조'가 생성되어 나온다. 여기까지가 '수사학적-의미론적-통사론적 체계'의 임무이다.

하나의 '레마'는 선택되는 즉시 그 형태부호가 활성화된다. 따라서 화자는 그 항목의 형태와 음운구성에 접속하게 된다. 이는 음운낱말을 수립하는 기본재료가 된다. 특히 통사적 맥락에서 한 낱말의 음절들을 산출하는 데 이용되는 것이다. 이런 점을 반영해 주기 위하여 앞의 그림에서 '레마'는 두 가닥의 점선이 그려져 있다. 위쪽 점선은 문법 부

7) 그림에서 'ToM'은 Premack and Woodruff(1978)의 용어인 '정신의 이론'(*Theory of Mind*)을 가리킨다.

호화에 관여하며, 낱말들을 모아 문장으로 만들어 준다. 아래쪽 점선은 낱말의 형태와 음운구성을 만들어 주는 정보를 제공해 주는 것이다. 음운 부호화에서는 그 발화의 '음운내역'이 점증적으로 세워져 나간다. 음절화된 낱말과 구 및 억양유형이 만들어지는 것이다.

음운내역에 있는 음절들은 각각 조음동작을 촉발시켜야 한다. 음성 부호화는 발화의 '조음내역'에 대한 점증적 산출과정이다. 이 단계는 이어서 바로 조음실행 단계로 들어간다. 이는 후두와 후두 상위기관 등에 의해서 외현된 말소리를 산출해 내는 것이다. 이것이 음운-음성 체계에서 일어나는 일들이다.

그런데 우리는 말을 할 때에 우리 자신의 외현발화는 물론, 내적 발화도 점검을 하게 된다. 앞의 표에서는 맨 왼쪽에 스스로 지각하는 부서가 나와 있다. 음운-음성 체계의 산출물인 외현발화를 점검할 수도 있고, 그 속에 들어 있는 '음운내역'(이를 '내적 발화'로 부름)을 스스로 점검할 수도 있는 것이다. 이런 점검과 분석의 결과, 만일 말실수나 오류가 있을 경우에 고치기가 일어난다. 고친 다음에는 다시 그림의 화살표가 보여주듯이 첫 부서로 재입력되는 것이다.

Ⅲ

이 책은 모두 12개 장으로 구성되어 있다.[8] 제1장과 제2장은 개관에 해당된다. 제1장에서는 산출 모형에 대한 기본얼개를 제시하고,

8) 이 책의 중요성을 반영해 주듯이, 이 책에 대한 서평이 여러 사람에 의해 이뤄졌다. 맨 뒤에 있는 참고문헌에 일부 서평의 출처를 밝혀놓았다. 그 내용들을 일일이 거론할 수 없지만, 그 중에서도 Merrill F. Garrett(1990)의 서평이 가장 자세하고 또한 가장 중요하며 권위가 있음을 밝혀둔다.

자동적 처리과정과 화자 점검 처리과정이 구분되었다. 대체로 문법 부호화·형태-음운 부호화·조음의 과정은 반사작용과 같이 신속히 일어나며, 우리가 주의를 기울이거나 의식할 수 없다. 그렇지만 메시지를 마련하는 단계와 '내적 발화'로 불리는 음성계획에는 화자가 주의를 기울일 수 있고, 잘못이 있을 경우에 곧 고쳐질 수 있다.

제 2장에서는 말하기의 전형적인 모습인 대화를 소개하고 있다. 화자와 청자는 그라이스(Grice)의 네 가지 대화규범에 따라 서로 긴밀히 협동하게 된다. 화자는 자신의 의도를 청자가 알아차릴 수 있도록 배려해 주며, 청자 또한 거기에 맞춰 특정한 반응을 보여 주게 된다. 이들 언어 표현 행위들은 주장이나 명령이나 언약이나 감정표출 또는 선언 등의 범주로 나눌 수 있다. "기차가 오고 있다"는 표현은 그 표현이 쓰이는 상황에 따라 서로 다른 속뜻이 담긴다. 그 표현이 경고일 수도 있고, 정보를 알려주는 것일 수도 있으며, 진위에 대한 명제일 수도 있다.

제 3장에서부터는 화자가 언어로 표현되기 이전의 복합개념들로부터 시작하여, 언어 표현을 만들어 내고, 목소리로 소리를 내며, 그 산출물을 스스로 점검하는 과정을 다룬다. 제 3장과 제 4장에서는 개념 형성기를 다룬다. 제 5장에서부터 제 10장까지는 머릿속 어휘부와 언어형식 주조기를 다룬다. 제 11장에서는 조음기관을, 마지막 제 12장에서는 스스로 점검하고 스스로 고쳐나가는 일을 다룬다.

제 3장에서는 언어로 되기 이전의 메시지를 다룬다. 언어화 이전의 메시지는 명제 표상으로부터만 이뤄지는 것이 아니라, 또한 공간적 형태나 근육 감각적 형태나 다른 형태를 띨 수도 있다. 그렇지만 발화 산출체계가 작동할 수 있기 위해서는 이들이 명제 형태로 바뀌어야 한

다. 인지 개념은 한 무리의 개체들 사이에서 동시에 여러 관계를 담을 수 있다. 즉, 동일한 사건이 능통태의 문장으로 될 수도 있고, 또한 수동태의 문장으로도 될 수 있는 것이다. 개념 형성기는 어떤 개념에 대한 명제 표상을 메시지로 바꿔 준다. 이는 세상에 있는 사건들에 대하여 서술하는 것으로서, 명제 구조를 갖고 있고, 논항-함수 구조로 표현되며, 의미 구조를 지니는 것이다.

제 4장에서는 메시지 생성에 대한 거시적 설계와 미시적 설계를 다룬다. 이들은 담화 상황이나 맥락에 따라 그 진행 방식은 민감하게 달라진다. 이런 상황 또는 맥락이 화자의 '담화모형'이라고 불린다. 거시적 설계는 무엇을 어떤 순서로 말할지 결정하는 일이다. 즉, 의사소통 의도를 구현해 줄 일련의 목표 및 하위 목표들을 선택하고 정교히 가다듬는 일로 이뤄진다. 여기서는 '담화 초점'이 중요한 개념이 된다. 담화의 초점은 점진적으로 바뀌어 나간다. 화자는 의사소통 의도를 구현해 주기 위하여 무엇이 말해져야 하는지를 점검해야 한다. 뿐만 아니라 대화 상대방이 자신의 말을 이해하고 잘 따라올 것인지도 점검해야 한다. 미시적 설계는 청자로 하여금 화자의 의도를 제대로 인식하게 해 줄 언어 표현 정보들을 구체화해 주는 일이다. 가령 지시대상을 선택하고, 관련된 담화모형 속에서 그 대상을 서술하며, 그 표현의 서술관점을 선택하고, 그 표현이 수식어를 갖는지를 결정하며, 그 표현의 서법들도 정해주는 것이다(Levelt 1999:93).

제 5장에서 제 7장까지는 언어형식 주조기의 첫 부분인 문법 부호화 과정을 다룬다. 이는 언어화 이전의 메시지로부터 나온 표면구조를 만들어 내는 과정이다. 이는 어휘에 의해서 주도된다. 또한 오른쪽에서부터 왼쪽으로 점증적으로 산출되며, 주요 문장 구성성분들을 나란히

생성해 준다. 이 때 영어처럼 '형상성'을 갖고 있는 언어들은 어순이 고려되며, 한국어처럼 형상성을 갖고 있지 않은 것으로 언급되는[9] 언어들은 문법기능을 나타내는 표지들을 붙여 넣게 된다. 앞장에서 논의된 초점 표지는 그대로 '레마' 층위까지 스며들어 내려간다.

제 6장에서는 머릿속 어휘부에 있는 어휘 항목의 구조를 다루고 있다. 각 어휘는 의미·통사·형태·음운 속성들을 갖고 있다. 의미와 통사 속성은 문법 부호화 장치에 의해서 이용되고, 형태와 음운 속성은 음운 부호화 장치에 의해서 이용된다. 부호화될 개념과 의미상 부합되는 경우에는 하나의 낱말이 선택된다. 가령 '주다'라는 낱말이 선택될 경우, 그 일부 속성을 살펴보기로 한다. 다음에 그 일부 속성을 표시해 놓았다(원문 191쪽).

9) 생성문법에서 형상성(*configuration*)은 어순이 고정되어 있는지 여부를 다루는 개념이다. 우리말에서는 어순이 자유롭다는 피상적인 관찰만으로 형상성이 없는 것으로 치부된 적이 있다. 그렇지만 다음 예에서 보듯이 어순이 바뀌면 뜻이 달라져 버리는 경우가 있다.

(ㄱ) 철수가 장난감을 고물로 만들었다.

(ㄴ) 철수가 고물로 장난감을 만들었다.

이 두 예문은 형태가 동일하고, 오직 어순만이 다르다. 그렇지만 이들이 결코 같은 의미를 지니는 것은 아니다. (ㄱ)은 파괴적인 해석을 지니지만, (ㄴ)은 생산적인 해석을 지닌다. 이 점은 감안한다면, 초기 표상에서는 우리말에서도 형상성이 주어진다고 가정해야만 옳다. 즉, 담화나 화용 조건에 따라서, 일부 낱말들이 자유롭게 이동이 일어난다고 설명해야 하는 것이다.

주다 개념 명세내역: 야기하다(X, (가다$_{소유물}$ (Y, (부터-까지 (X, Z)))))
개념 논항: (X, Y, Z)
통사 범주: 동사
문법 기능: (주어, 직접목적어, 간접목적어)....... 이하 생략

여기서는 '주다'의 통사 범주가 동사이며, 개념 논항 'X, Y, Z'를 갖고 있고, 이들이 각각 주어와 직접목적어와 간접목적어로 실현됨을 표시해 주고 있다. 이 동사의 개념은, 어떤 대상물 Y가 소유주 X로부터 수혜주 Z까지 가는 것인데, 그 사건을 소유주 X가 일으키고 있음을 나타낸다. 그렇지만 저자의 각주(번역에서는 제 6장 각주 8번임)에 적어 놓았듯이, "The bright lights gave Santa's arrival a colorful appearance"(여러 가지 밝은 빛들이 산타클로스의 도착을 다채로운 출현이 되도록 해 주었다)는 표현은 위에서 요구된 논항 유형을 갖고 있지 않다. 주는 대상도 없고, 받는 대상도 없는 것이다. 이런 사실은 하나의 어휘가 맥락과 무관하게 고정적인 값을 갖는다고 강하게 가정할 수 없게 한다. 하나의 어휘는 맥락에 따라 비유적으로 확장될 수 있도록 만들어 놓을 필요가 있다. 이는 한 어휘를 규정하는 속성들이 그 자체로 자족적일 수 없음을 의미한다. 또한 이 책에서 예시한 어휘 표상이 다만 시범을 보이기 위한 방편이라는 한계도 보여 주는 것이다.

제 7장에서는 표면구조의 생성과 관련하여, 문법 부호화 단위, 주제와 핵심 항목들의 부호화, 통사 결속 등이 다뤄진다. 제 8장에서부터 제 10장까지는 문법 부호화 장치에 의해서 산출된 표면구조로부터 연속 발화를 구성하는 음성계획으로 넘어간다. 이는 발화의 내적 형식으로 모든 낱소리들이 조음기관으로 들어가기 위해 마련되는 부서이다.

이곳에서는 자연스런 말실수나 유도된 발화 오류들을 관찰하고 분석하면서, 여기서 제시된 부서들의 심리학적 실재성을 확인해 준다.

제 11장에서는 낱소리를 산출해 주는 조음의 실제 작동과정들을 다룬다. 여기서는 조음 운동을 제어하는 대립 이론들을 소개하고(배치 프로그램 이론, 덩어리-용수철 이론, 변별자질 표적 이론, 발성 기제의 내적 모형에 근거한 제어 이론, 협력작동 구조 이론 등) 거기에 따른 많은 실험 증거들도 요약하여 제시해 준다. 그렇지만 여전히 저자는 아직도 확실치 않은 부분들이 많이 있음을 인정하고, 추가적인 후속 연구가 필요하다고 지적한다.

제 12장에서는 스스로 고치는 일을 지배하는 언어학적 제약들을 논의하고, 점검에 대한 편집-수정기 이론과 연결주의 이론을 소개한다. 그런 수정은 반드시 청자에게 화자가 고치고 있음을 인식시켜 주어야 한다. 이를 표시해 주기 위하여 화자는 청자에게 알려질 수 있는 신호들을 이용해야 한다. 이런 신호들은 보편적이거나 또는 문화적으로 결정된다. 화자가 자신의 발화에서 어떤 표현을 고쳤을 때에, 청자는 잘못된 기존 표현을 새롭게 고쳐진 표현으로 대체하여 일관된 해석을 지속해야 한다. 이런 해석을 보장해 주기 위한 규칙은 언어학적인 형식으로 되어 있는 것이 아니다. 보다 광범위한 인지 전략이 동원되는 것이다.

Ⅳ

이 책은 현재 단원체 가정을 받아들인 연산주의 관점에서 말하기 과정이 어떻게 이뤄지는지를 명시적으로 종합화해 놓은 첫 업적으로서 가치가 대단히 크다. 언어산출 관련 부서들 중에는 우리가 주의를 기울여 접속할 수 있는 것도 있고, 그렇지 않고 무의식적이며 자동적인 것도 있다. 그런데 이들의 실재를 입증하기 위하여 이용된 논거들은 실험 자료로부터 얻어진 것들이 많다. 이는 자연스런 대화 맥락에서 우리가 어떻게 말하는지를 연구하기가 사실상 어렵기 때문이다. 실험 조건은 언제나 쉽게 중립성임이 보장되는 것이 아니며, 피험자들의 수행에 영향을 주는 여러 가지 변인들이 복잡하게 작용할 것이다. 이런 점들이 물리학과 같은 엄격한 과학과 심리학을 구별해 놓는다. 이 책을 전개해 나가면서 저자가 몇몇 군데에서 아직 우리가 언어산출의 실상을 정확히 알 수 없다고 언급한 대목도 이런 한계를 그대로 보여 준다. 기존의 방식으로는 더 나은 논의가 어려울 것이다. 앞으로 뇌의 작용에 대한 연구가 발전해 나감에 따라, 미진한 부분들이 더 보충되고 확정되기를 기대할 수밖에 없다.

저자는 적격한 모든 대화에 대한 '완벽한' 집합을 상징적 표상을 다루는 '규칙 체계'들이 그려낼 수 없음을 인정한다.[10] 이는 언어사용의 밑바닥에 늘 자유의지(*free will*)가 깔려 있기 때문이다. 강한 의미의 자유의지는 언제나 규칙을 벗어난다. 마치 강한 의미의 '창조성'을 형식적으로 규정할 수 없는 것과 동일한 이치이다. 그러나 약한 의미의

10) 특히 원문 39쪽을 보기 바람(No finite set of rules can ever delineate the full set of well-formed conversations).

자유의지는 분명히 어떤 경향이나 성향을 지닌다. 우리는 이 부분을 조건화하거나 규칙으로 다뤄 나갈 수 있는 것이다. 자유의지는 결코 필연적이며 기계적인 인과율에 의해 지배되는 것이 아니다. 만일 규칙 체계를 기술하고, 그 체계대로만 움직였다면, 분명 그것은 인간이 아니라 로봇이나 꼭두각시에 지나지 않았을 것이다. 자연계의 인과율이 적용되지 않는다면, 인간의 행위를 다룰 방법은 없는 것일까? 인간의 누적된 행위 성향들이 어떤 조건이나 제약으로 기술될 수 있고, 그 조건이나 제약을 만족시킬 경우에[11] 어떤 결과가 뒤따르는 것이다. 이런 점은 의사소통에만 국한되는 것이 아니라, 불가피한 인간사의 본질 문제인 것이다.

옮긴이의 생각에, 언어산출과 관련하여 심도 있게 다뤄져야 할 사항을 세 가지만 마지막으로 지적해 두기로 한다. 첫째, 언어산출 과정은 태어나면서 미리 고정된 부서도 있을 것이고, 우리가 경험을 더 확대시켜 나감에 따라 줄기차게 변동하면서 커져 가는 부서도 있을 것이다. 이 책에서 개관된 언어산출의 흐름도는 다소 정적인 느낌을 준다. 매우 변동이 심한 부서는, 아마 스스로 자각할 수 있는 언어화 이전의 개념 형성기 부분이 그러할 것이다. 스스로 반성해 보면, 언어로 표현하기 이전에 생각을 구성해 내는 일이 더 품이 들고 어려운 것임을 알 수 있다. 이런 직관을 받아들이면, 언어산출을 다루는 일은, 우리 생각을 붙들어 내고 졸가리 잡는 일이 보다 더 중요한 몫을 차지할 수도 있다. 이런 점이 숙고될 필요가 있다.[12]

11) 킨취(Kintsch 1998: xiv, 2~5)에서 명시적으로 이해라는 인간의 인지과정을 '제약 만족 과정'(*constraint satisfaction process*)으로 간주한다.

12) 언어산출의 중요한 핵심 요소인 '의사소통 의도'를 다루려는 노력은, 초기에

둘째, 우리가 일상생활에서 쓰는 언어 표현은, 단순하고 직설적인 것만이 아니다. 간접적이며 변죽만 울리는 표현도 쉽게 관찰되고 또한 자주 쓰인다. 그렇다면, 의사소통 의도와 언어 표현이 늘 '1 : 1 대응' 관계에 놓이는 단순한 내용보다는, 몇 겹으로 둘러싸여 다소 불투명한 관계들도 언어산출에서 다뤄져야 할 것이다. 이런 측면은, 말해진 것과 말해지지 않은 부분이 공존한다는 점에서, 비유적 표현(제 2의 의미)의 산출과도 공유된 영역이 있을 듯하다. 왜 우리는 어떤 경우에 축자적인 표현을 쓰지만, 다른 경우에는 비축자적인 표현을 쓰려는 것일까? 언어산출의 연구가 심화되면 이런 현상도 심도 있게 다룰 수 있어야 한다.

셋째, 언어를 이해하는 경우에 상정된 '장기 작업기억'(*Long Term Working Memory*)에서와 같이, 언어산출과 관련하여서도 작업 기억의 역할이 분명 있을 것이다. 그 작업 기억은 무의식적으로 작동하는 임시저장고(*buffer*)만이 아니라, 우리가 계속 스스로를 반성하고 상대방의 반응을 고려하면서 말할 내용을 변경시켜 갈 수 있는 부서가 되어야 할 듯하다. 그렇지만 아직 언어산출 과정과 관련하여서 능동적인 작업기억이 본격적으로 다뤄지지 않은 듯하다.[13] 더욱이 이런 부서의

Grice(1971) "Intention and Uncertainty," *Proceedings of the British Academy* vol. #57, Grice(1986) "Actions and Events," *Pacific Philosophical Quarterly* vol. #67, Davidson(1980) *Essays on Actions and Events*(Clarendon) 등을 위시하여, 본격적인 논의들이 Cohen, Morgan, and Pollack(1990) eds., *Intentions in Communication*(MIT Press), Audi(1993) *Action, Intention, and Reason*(Cornell Univ. Press), Bratman(1999) *Faces of Intention* (Cambridge University Press), Mall, Moses, and Baldwin(2001) eds., *Intentions and Intentionality*(MIT Press) 등으로 출간되어 있다.

13) 언어산출과 관련하여 일부 작업 기억 내용을 다룬 Gathercole and Baddeley

존재는 앞에서 지적해 둔 '의사소통 의도'를 마련해 놓는 일뿐만 아니라, 자신의 발화 내용에 대한 점검 과정과도 통합적으로 작동할 개연성이 있다.

· 참고문헌

De Bot, K. (1992), "A Bilingual Production Model: Levelt's 'Speaking' Model Adapted", in *Applied Linguistics* 13(1), pp. 1~24.

Garrett, M. F. (1990), "Review of Speaking: From Intention to Articulation by Willem J. M. Levelt, Cambridge, MA: MIT Press 1989", in *Language and Speech* 33, pp. 273~291.

Levelt, W. J. M. (1992), "Fairness in Reviewing: A Reply to O'Connell", in *Journal of Psycholinguistic Research* 21(4), pp. 401~403.

Levelt, W. J. M. (1999a), "Producing Spoken Language: A Blueprint of the Speaker", in Brown and Hagoort eds. *Neurocognition of Language*, Oxford University Press, pp. 83~122.

Levelt, W. J. M. (1999b), "Models of Word Production", in *Trends in Cognitive Sciences* (Elsevier) 3(6), pp. 223~232.

O'Connell, D. C. (1992), "Book Review: Some Intentions Regarding Speaking", in *Journal of Psycholinguistic Research* 21(1), pp. 59~65.

Taylor, M. M. and I. Taylor (1990), "Review of 'Speaking: From Intention to Articulation'", in *Computational Linguistics* 6(1), pp. 52~56.

(1993:99) *Working Memory and Language* (Psychology Press)에서도 "작업기억과 언어산출 사이의 관련성에 대하여 직접적인 증거는 상대적으로 거의 없다" (there is relatively little direct evidence concerning the relationship between working memory and language production)고 하였다.

참고문헌

Abbs, J. H., & Cole, K. J. (1982). Considerations of bulbar and suprabulbar afferent influences upon speech motor coordination and programming. In S. Grillner, B. Lindblom, J. Lubker, & A. Person (Eds.), *Speech motor control*. Oxford: Pergamon Press.

Abercrombie, D. (1967). *Elements of general phonetics*. Edinburgh University Press.

Anderson, J. R. (1976). *Language, memory, and thought*. Hillsdale, NJ: Lawrence Erlbaum.

Anderson, J. R. (1983). *The architecture of cognition*. Cambridge, MA: Harvard University Press.

Appelt, E. A. (1985). *Planning English sentences*. Cambridge University Press.

Arbib, M. A. (1981). Perceptual structures and distributed motor control. In V. Brooks (Ed.), *Handbook of physiology. The nervous system: Vol. 2. Motor control*. Bethesda, MD: American Physiological Society.

Atkinson, J. M., & Drew, P. (1979). *Order in court*. London: MacMillan.

Austin, J. L.(1962). *How to do things with words*. Oxford: Clarendon Press.

Baars, B. J., Motley, M. T., & Mackay, D. (1975). Output editing for lexical status from artificially elicited slips of the tongue. *Journal of Verbal Learning and Verbal Behavior*, 14, 382～391.

Baddeley, A. (1986). *Working memory*. Oxford: Clarendon Press.

Barth, E. M., & Wiche, R. T. P. (1986), *Problems, functions and semantic roles*. Berlin: De Gruyter.

Barwise, J., & Perry. J. (1983). *Situations and attitudes*. Cambridge, MA: MIT Press.

Bates, E., & Devescovi, A. (forthcoming). Competition and sentence production. In B. MacWhinney & E. R. Bates (Eds.), *Cross-linguistic studies of sentence processing*. Cambridge University Press.

Bates, E., & MacWhinney, B. (1982). Functionalist approaches to grammar. In E. Wanner & L. Gleitman (Eds.), *Language acquisition: The State of the art*. Cambridge University Press.

Bates, E., & MacWhinney, B. (1987). Competition, variation, and language learning. In B. MacWhinney (Ed.), *Mechanisms of language acquisition*. Hillsdale, NJ: Lawrence Erlbaum.

Bates, E., Masling, M., & Kintsch, W. (1978). Recognition memory for aspects of dialogue. *Journal of Experimental Psychology: Human*

Learning and Memory, 4, 187～197.

Bauer, L. (1983). *English word-formation*. Cambridge University Press.

Beattie, G. (1978), Floor apportionment and gaze in conversational dyads. *British Journal of Social and Clinical Psychology, 17*, 7～16.

Beattie, G. (1980). Encoding units in spontaneous speech: Some implications for the dynamics of conversation. In H. W. Dechert & M. Raupach (Eds.), *Temporal variables in speech*. The Hague: Mouton.

Beattie, G. (1983). *Talk: An analysis of speech and non-verbal behavior in conversation*. Milton Keyes: Open University Press.

Beattie, G. (1984). "Are there cognitive rhythms in speech?"—A reply to Power, 1983. *Language and Speech, 27*, 193～195.

Beattie, G., & Butterworth, B. (1979). Contextual probability and word frequency as determinants of pauses in spontaneous speech. *Language and Speech, 22*, 201～211.

Beaugrande, R. de (1980). *Text, discourse, and processes*. Norwood, NJ: Ablex.

Bell-Berti, F., & Harris, K. (1979). Anticipatory coarticulation: Some implications from a study of lip rounding. *Journal of the Acoustical Society of America, 65*, 1268～1270.

Berg, T. (1987). The case against accommodation: Evidence from German speech error data. *Journal of Memory and Language, 26*, 277～299.

Bierwisch, M. (1965). Regeln für die intonation deutscher Sätze. In M. Bierwisch (Ed.), *Studia Grammatica VII. Untersuchungen über Akzent und Intonation im Deutschen*. Berlin: Akademie-Verlag.

Bierwisch, M. (1982). Linguistics and language error. In A. Cutler (Ed.), *Slips of the tongue and language production*. Berlin: Mouton.

Bierwisch, M. (1986). On the nature of semantic form in natural language. In F. Klix & H. Hagendorf (Eds.), *Human memory and cognitive capabilities: Mechanisms and performances*. Amsterdam: North-Holland.

Bock, J. K. (1977). The effect of pragmatic presupposition on syntactic structure in question answering. *Journal of Verbal Learning and Verbal Behavior, 16*, 723～734.

Bock, J. K. (1982). Towards a cognitive psychology of syntax: Information processing contributions to sentence formulation. *Psychological Review, 89*, 1～47.

Bock, J. K. (1986a). Meaning, sound, and syntax: Lexical priming in sentence production. *Journal of Experimental Psychology: Learning, Memory, and Cognition, 12*, 575～586.

Bock, J. K. (1986b). Syntactic persistence in language production. *Cognitive Psychology, 18*, 355～387.

Bock, J. K. (1987a). Coordinating words and syntax in speech plans. In A.

Ellis (Ed.), *Progress in the psychology of language* (Vol. 3). London: Lawrence Erlbaum.

Bock, J. K. (1987b). An effect of the accessibility of word forms on sentence structures. *Journal of memory and Language, 26*(2), 119～137.

Bock, J. K., & Irwin, D. E. (1980). Syntactic effects of information availability in sentence production. *Journal of Verbal Learning and Verbal Behavior, 19*, 467～484.

Bock, J. K., & Warren, R. K. (1985). Conceptual accessibility and syntactic structure in sentence formulation. *Cognition, 21*, 47～67.

Boehme, K. (1983). *Children's understanding of German possessive pronouns*. Unpublished doctoral dissertation, Nijmegen University.

Bolinger, D. (Ed.), (1972). *Intonation: Selected readings*. London: Penguin.

Bolinger, D. (1983). Where does intonation belong? *Journal of Semantics, 2*, 101～120.

Bolinger, D. (1986). *Intonation and its parts*. London: Edward Arnold.

Bond, Z. S., & Small, L. H. (1984). Detecting and correcting mispronounciations: A note on methodology. *Journal of Phonetics, 12*, 279～283.

Boomer, D. S. (1965). Hesitation and grammatical encoding. *Language and Speech, 8*, 148～158.

Boomer, D. S., & Laver, J. D. M. (1968). Slips of the tongue. *Journal of Disorders of Communication, 3*, 2～12. (Reprinted in Fromkin, V. A. (Ed.), (1973), *Speech errors as linguistic evidence*. The Hague: Mouton.)

Brazil, D., Coulthard, M., & Johns, C., (1980). *Discourse intonation and language teaching*. Burnt Mill, Harlow: Longman.

Bransford, J. D., & Johnson, M. K. (1973). Considerations of some problems of comprehension. In W. G. Chase (Ed.), *Visual information processing*. New York: Academic Press.

Bresnan, J. (1978). A realistic transformational grammar. In M. Halle, J. Bresnan & G. A. Miller (Eds.), *Linguistic theory and psychological reality*. Cambridge, MA: MIT Press.

Bresnan, J. (Ed.), (1982). *The mental representation of grammatical relations*. Cambridge, MA: MIT Press.

Broadbent, D. E. (1975). The magic number seven after fifteen years. In A. Kennedy & A. Wilkes (Eds.), *Studies in long term memory*. London: John Wiley.

Brodda, B. (1979). *Något om de Svenska ordens fonotax och morfotax*. (Paper No.38). University of Stockholm, Institute of Linguistics.

Browman, C. P. (1978). Tip of the tongue and slip of the ear. Implications for language processing. *UCLA Working Papers in Phonetics, 42*, 1～149.

Browman, C. P., & Goldstein, L. M. (1986). Towards an articulatory phonology. *Phonology Yearbook, 3*, 219～252.

Brown, G., Currie, K. L., & Kenworthy, J. (1980). *Questions of intonation*. London: Croom Helm.

Brown, G., & Yule, G.(1983). *Discourse analysis*. Cambridge University Press.

Brown, P., & Dell, G. S. (1987). Adapting production to comprehension: The explicit mention of instruments. *Cognitive Psychology, 19*, 44 1～472.

Brown, R. (1973). Schizophrenia, language and reality. *American Psychologist, 28*, 395～403.

Brown, R., & McNeill, D. (1966). The "tip of the tongue" phenomenon. *Journal of Verbal Learning and Verbal Behavior, 5*, 325～337.

Bruner, J. S. (1983). *Child's talk: Learning to use language*. New York: Norton.

Bühler, K. (1934). *Sprachtheorie*. Stuttgart: Fisher.

Bürkle, B., Nirmaier, H., & Herrmann, Th. (1986). *Von dir aus ··· Zur hörer-bezogenen lokalen Referenz*. (Bericht 10). Mannheim: University of Mannheim, Forschergruppe Sprechen und Sprachverstehen im Sozialen Kontext.

Butterworth, B. (1972). *Semantic analyses of the phasing of fluency in spontaneous speech*. Unpublished doctoral dissertation, University of London.

Butterworth, B. (1975). Hesitation and semantic planning in speech. *Journal of Psycholinguistic Research, 4*, 75～87.

Butterworth, B. (1980a). Some constraints on models of language production. In B. Butterworth (Ed.), *Language production: Vol. I. Speech and talk*. London: Academic Press.

Butterworth, B. (1980b). Evidence from pauses in speech. In B. Butterworth (Ed.), *Language production: Vol. I. Speech and talk*. London: Academic Press.

Butterworth, B. (Ed.), (1980c). *Language production: Vol. I. Speech and talk*. London: Academic Press.

Butterworth, B. (1982). Speech errors: Old data in search of new theories. In A. Cutler (Ed.), *Slips of the tongue and language production*. Berlin: Mouton.

Butterworth, B. (1983a). Lexical representation. In B. Butterworth (Ed.), *Language production: Vol. W. Development, writing and other language processes*. London: Academic Press.

Butterworth, B. (1983b). *Language production: Vol. 2. Development, writing and other language processes*. London: Academic Press.

Butterworth, B. (forthcoming). Lexical access in speech production. In W. Marslen-Wilson (Ed.), *Lexical representation and process*. Cambridge,

MA: MIT Press.

Calvert, D. R. (1980). *Descriptive phonetics*. New York: Decker.

Carr, T. H. (1979). Consciousness in models of human information processing: Primary memory, executive control, and input regulation. In G. Underwood & R. Stevens (Eds.), *Aspects of consciousness: Vol. I. Psychological issues. London*: Academic Press.

Carroll, J. M. (1958). Process and content in psycholinguistics. In R. Patton (Ed.), *Current trends in the description and analysis of behavior*. University of Pittsburgh Press.

Carroll, J. M. (1983a). Nameheads. *Cognitive Science, 7*, 121～153.

Carroll, J. M. (1983b). Toward a functional theory of names and naming. *Linguistics, 21*, 341～371.

Chafe, W. L. (1970). *Meaning and the structure of language*. University of Chicago Press.

Chafe, W. L. (1976). Giveness, contrastiveness, definiteness, subjects, topics, and point of view. In C. N. Li(Ed.), *Subject and topic*. New York: Academic Press.

Chafe, W. L. (1977). The recall and verbalization of past experience. In R. W. Cole (Ed.), *Current issues in linguistic theory*. Bloomington: Indiana University Press.

Chafe, W. L. (1979). The flow of thought and the flow of language. In T. Givon (Ed.), *Syntax and semantics: 12. Discourse and syntax*. New York: Academic Press.

Chafe, W. L. (1980). The deployment of consciousness in the production of a narrative. In W. L. Chafe (Ed.), *The pear stories. Cognitive, cultural, and linguistic aspects of narrative production.* Norwood, NJ: Ablex.

Chomsky, N., & Halle, M. (1968). *The sound pattern of English*. New York: Harper and Row.

Clark, E. V. (1970). How young children describe events in time. In G.B. Flores d'Arcais & W. J. M. Levelt (Eds.), *Advances in psycholinguistics*. Amsterdam: North-Holland.

Clark, E. V. (1974). Normal states and evaluative viewpoints. *Language, 50*, 316～332.

Clark, E. V. (1977). From gesture to word: On the natural history of deixis in language acquisition. In J. S. Bruner & A. Garton (Eds.), *Human growth and development*. Oxford: Wolfson College.

Clark, E. V. (1987). The principle of contrast: A constraint on language acquisition. In B. MacWhinney (Ed.), *Mechanisms of language acquisition*. Hillsdale, NJ: Lawrence Erlbaum.

Clark, E. V. (1988). On the logic of contrast. *Journal of Child Language, 15*, 317～335.

Clark, E. V., & Clark, H. H. (1979). When nouns surface as verbs. *Language,*

55, 767 ~ 811.

Clark, H. H. (1970). Word associations and linguistic theory. In J. Lyons (Ed.), *New horizons in linguistics*. Baltimore: Penguin.

Clark, H. H. (1973). Space, time, semantics, and the child. In T. E. Moore (Ed.), *Cognitive development and the acquisition of language*. New York: Academic Press.

Clark, H. H. (1979). Responding to indirect speech acts. *Cognitive Psychology, 4,* 430 ~ 477.

Clark, H. H. (1985). Language use and language users. In G. Lindsey & E. Aronson (Eds.), *The handbook of social psychology*. New York: Harper and Row.

Clark, H. H. (1987). Four dimensions of language use. In M. Bertuccelli-Papi & J. Verschueren (Eds.), *The pragmatic perspective*. Amsterdam: John Benjamins.

Clark, H. H., & Clark, E. (1977). *Psychology and language. An introduction to psycholinguistics*. New York: Harcourt Brace.

Clark, H. H., & Gerrig, R. J. (1984). On the pretense theory of irony. *Journal of Experimental Psychology: General, 113*, 121 ~ 126.

Clark, H. H., & Haviland, S. E. (1977). Comprehension and the given-new contract. In R. O. Freedle (Ed.), *Discourse production and comprehension*. New York: Academic Press.

Clark, H. H., Schreuder, R., & Buttrick, S. (1983). Common ground and the understanding of demonstratives. *Journal of Verbal Learning and Verbal Behavior, 22*, 245 ~ 258.

Clark, H. H., & Schunk, D.H. (1980). Polite responses to polite requests. *Cognition, 8*, 111 ~ 143.

Clark, H. H., & Wilkes-Gibbs, D. L. (1986). Referring as a collaborative process. *Cognition, 22*, 1 ~ 39.

Clements, G. N. (1985). The geometry of phonological features. *Phonology Yearbook, 2*, 25 ~ 252.

Clements, G. N., & Keyser, S. J. (1983). *CV Phonology. A generative theory of the syllable*. Cambridge, MA: MIT Press.

Cohen, A. (1965). Versprekingen als verklappears bij het proces van spreken enverstaan. *Forum der Letteren, 6*, 175 ~ 186.

Cohen, A. (1968). Errors of speech and their implication for understanding the strategy of the language users. *Zeitschrift für Phonetik, 21*, 17 7 ~ 181.

Cohen, A., Collier, R., & Hart, J. 't (1982). Declination: Construct of intrinsic feature of speech pitch? *Phonetica, 39*, 254 ~ 273.

Cohen, A., & Hart, J. 't (1965). Perceptual analysis of intonation patterns. *Proceedings of the Vth ICA, A16*, Liege, Belgium.

Collier, R., & Gelfer, C. E. (1983). Physiological explanations of F0 Declination. In M. P. R. Van den Broecke & A. Cohen (Eds.),

Proceedings of the Tenth International Congress of Phonetic Sciences. Dordrecht: Foris.

Cooper, W. E. (1976). *Syntactic control of timing in speech production*. Unpublished doctoral dissertation, Massachusetts Institute of Technology.

Cooper, W. E., & Danly M. (1981). Segmental and temporal aspects of utterancefinal lengthening. *Phonetica, 38*, 106～115.

Cooper, W. E., & Eady, S. J. (1986). Metrical phonology in speech production. *Journal of Memory and Language, 25*, 369～384.

Cooper, W. E., & Paccia-Cooper, J. M., (1980). *Syntax and speech*. Cambridge, MA: Harvard University Press.

Cooper, W. E., & Ross, J. R. (1975). World order. In R. E. Grossmann, L. J. San, & T. J. Vance (Eds.), *Papers from the parasession on functionalism*. Chicago Linguistic Society.

Cooper, W. E., & Sorensen, J. M. (1981). *Fundamental frequency in sentence production*. New York: Springer.

Cooper, W. E., Tye-Murray, N., & Nelson, L. J. (1987). Detection of missing words in spoken text. *Journal of Psycholinguistic Research, 16*, 233～240.

Crompton, A. (1982). Syllables and segments in speech production. In A. Cutler (Ed.), *Slips of the tongue and language production*. Berlin: Mouton.

Cruse, D. A. (1986). *Lexical semantics*. Cambridge University Press.

Cruttenden, A. (1986). *Intonation*. Cambridge University Press.

Cutler, A. (1980a). Errors of stress and intonation. In V. A. Fromkin (Ed.), *Errors in linguistic performance*. New York: Academic Press.

Cutler, A. (1980b). Syllable omission errors and isochrony. In H. W. Dechert & M. Raupach (Eds.), *Temporal variables in speech. Studies in honour of Frieda Goldman-Eisler*. The Hague: Mouton.

Cutler, A. (Ed.), (1982a). *Slips of the tongue and language production*. Berlin: Mouton.

Cutler, A. (1982b). *Speech errors: A classified bibliography*. Bloomington: Indiana Linguistics Club.

Cutler, A. (1983a). Lexical complexity and sentence processing. In G. B. Flores d'Arcais & R. J. Jarvella (Eds.), *The process of language understanding*. Chichester: John Wiley.

Cutler, A. (1983b). Speakers' conceptions of the function of prosody. In A. Cutler & D. R. Ladd (Eds.), *Prosody: Models and measurements*. Heidelberg: Springer.

Cutler, A. (1987). Speaking for listening. In A. Allport, D. G. MacKay, W. Prinz, & E. Scheerer (Eds.), *Language perception and production: Relationships between listening, speaking, reading and writing*. London: Academic Press.

Cutler, A., & Clifton, C., Jr. (1984). The use of prosodic information in word recognition. In H. Bouma & D. G. Bouwhuis (Eds.), *Attention and performance: X. Control of language processes*. Hillsdale, NJ: Lawrence Erlbaum.

Cutler, A., & Isard, S. (1980). The production of prosody. In B. Butterworth (Ed.), *Language Production: Vol. I. Speech and talk*. London: Academic Press.

Cutler, A., & Ladd, D. R. (Eds.). (1983). *Prosody: Models and measurements*. Heidelberg: Springer.

Cutler, A., & Pearon, M. (1986). On the analysis of prosodic turn-taking cues. In C. Johns-Lewis (Ed.), *Intonation in discourse*. London: Croom Helm.

Daniloff, R. G., & Hammarberg, R. E. (1973). On defining coarticulation. *Journal of Phonetics, I*, 239～248.

Danks, J. H. (1977). Producing ideas and sentences. In S. Rosenberg (Ed.), *Sentence production: Developments in research and theory*. New York: John Wiley.

Dauer, R. M. (1983). Stress-timing and syllable-timing reanalyzed. *Journal of Phonetics, 11*, 51～62.

Davidson-Nielson, N. (1975). A phonological analysis of English *sp, st, sk*, with special reference to speech error evidence. *Journal of the IPA, 5*, 3～25.

Deese, J. (1980). Pauses, prosody, and the demands of production in language. in H. W. Dechert & M. Raupach (Eds.), *Temporal variables in speech. Studies in honour of Frieda Goldman-Eisler*. The Hague: Mouton.

Deese, J. (1984). *Thought into speech: The psychology of a language*. Englewood Cliffs, NJ: Prentice-Hall.

Dell, G. S. (1980). *Phonological and lexical encoding in speech production: An analysis of naturally occurring and experimentally elicited speech errors*. Unpublished doctoral dissertation, University of Toronto.

Dell, G. S. (1984). Representation of serial order in speech: Evidence from the repeated phoneme effect in speech errors. *Journal of Experimental Psychology: Learning, Memory, and Cognition, 10*, 222～233.

Dell, G. S. (1985). Positive feedback in hierarchical connectionist models: Applications to language production. *Cognitive Science, 9,* 3～23.

Dell, G. S. (1986). A spreading activation theory of retrieval in sentence production. *Psychological Review, 93*, 283～321.

Dell, G. S. (1988). The retrieval of phonological forms in production: Tests of predictions from a connectionist model. *Journal of Memory and Language, 27*, 124～142.

Dell, G. S., & Reich, P. A. (1977). A model of slips of the tongue. *The Third LACUS Forum, 3*, 448～455.

Dell, G. S., & Reich, P. A. (1980). Toward a unified theory of slips of the tongue. In V. A. Fromkin (Ed.), *Errors in linguistic performance: Slips of the tongue, ear, pen, and hand*. New York: Academic Press.

Dell, G. S., & Reich, P. A. (1981). Stages in sentence production: An analysis of speech error data. *Journal of Verbal Learning and Verbal Behavior, 20*, 611～629.

Denes, P. B., & Pinson, E. N. (1963). *The speech chain*. Baltimore: Bell Telephone Laboratories.

De Pijper, J. R. (1983). *Modeling British English intonation: An analysis by resynthesis of British English intonation*. Dordrecht: Foris.

De Rooy, J. J. (1979). *Speech punctuation. An acoustic and perceptual study of some aspects of speech prosody in Dutch*. Unpublished doctoral dissertation, Utrecht University.

De Smedt, K., & Kempen, G. (1987). Incremental sentence production, self-correction, and coordination. In G. Kempen (Ed.), *Natural language generation: Recent advances in artificial intelligence, psychology and linguistics*. Dordrecht: Kluwer.

Deutsch, W. (1976). *Sprachliche Redundanz und Objektidentifikation*. Unpublished doctoral dissertation, University of Marburg.

Deutsch, W., & Jarvella, R. J. (1983). Asymmetrien zwischen Sprachproduktion und Sprachverstehen. In C. F. Graumann & T. Hermann (Eds.), *Karl Bühlers Axiomatik*, Frankfurt: Klostermann.

Deutsch, W., & Pechmann, T. (1978). Ihr, dir, or mir? On the acquisition of pronouns in German children. *Cognition, 6*, 155～168.

Deutsch, W., & Pechmann, T. (1982). Social interaction and the development of definite descriptions. *Cognition, 11*, 159～184.

Diehl, R. L. (1986). Coproduction and direct perception of phonetic segments: A critique. *Journal of Phonetics, 14*, 61～66.

Dik, S. C. (1978). *Functional grammar*. Amsterdam: North-Holland.

Dik, S. C. (1987). Linguistically motivated knowledge representation. In M. Nagao (Ed.), *Language and artificial intelligence*. Amsterdam: Elsevier Science Press.

Dixon, R. M. W. (1972). *The Dyirbal language of North Queensland*. Cambridge University Press.

Dogil, G. (1984). Grammatical prerequisites to the analysis of speech style: fast/casual speech. In D. Gibbon & H. Richter (Eds.), *Intonation, accent and rhythm*. Berlin: De Gruyter.

Doherty, M. (1987). *Epistemic meaning*. Heidelberg: Springer.

Donders, F. C. (1868). Die Schnelligkeit psychischer Prozesse. *Archiv Anatomie und Physiologie*, 657～681.

Dubois, J. W. (1974). Syntax in mid-sentence. *Berkeley Studies in Syntax and Semantics* (Vol. I: III.1～III.25). Berkeley: University of California, Institute of Human Learning and Department of Linguistics.

Duncan, S., & Fiske, D. W. (1977). *Face-to-face interaction: Research, methods and theory*. Hillsdale, NJ: Lawrence Erlbaum.

Easton, T A. (1972). On the normal uses of reflexes. *American Scientist, 60*, 591～599.

Ehrich, V. (1982). The structure of living space descriptions. In R. J. Jarvella & W. Klein (Eds.), *Speech, place and action. Studies in deixis and related topics*. Chichester: John Wiley.

Ehrich, V. (1985). Zur Linguistik und Psycholinguistick der sekundren Raumdeixis. In H. Schweizer (Ed.), *Sprache und Raum*. Stuttgart: Metzlersche Ver lagsbuchhandlung.

Ehrich, V. (1987). The generation of tense. In G. Kempen (Ed.), *Natural language generation*. Dordrecht: Martinus Nijhoff.

Ehrich, V., & Koster, C. (1983). Discourse organization and sentence form: The structure of room descriptions in Dutch. *Discourse Processes, 6*, 169～195.

Eibl-Eibesfeldt, I. (1974). Similarities and differences between cultures in expressive movements. In S. Weitz (Ed.), *Non-verbal communication*. Oxford University Press.

Eibl-Eibesfeldt, I. (1984). *Die Biologie des menschlichen Verhaltens: Grundriss der Humanethologie: Val. 1*. Munich: Piper.

Eriksen, C. W., Pollock, M. D. & Montague, W. E. (1970). Implicit speech: Mechanisms in perceptual encoding? *Journal of Experimental Psychology, 84*, 502～507.

Fauconnier, G. (1985). *Mental Spaces: Aspects of meaning construction in natural language*. Cambridge, MA: MIT Press.

Fay, D. (1980a). Performing transformation. In R. Cole (Ed.), *Perception and production of fluent speech*. Hillsdale, NJ: Lawrence Erlbaum.

Fay D. (1980b). Transformational errors. In V. A. Fromkin (Ed.), *Errors in linguistic performance: Slips of the tongue, ear, pen, and hand*. New York: Academic Press.

Fay, D. (1982). Substitutions and splices: a study of sentence blends. In A. Cutler (Ed.), *Slips of the tongue and language production*. Amsterdam: de Gruyter.

Fay, D., & Cutler, A. (1977). Malapropisms and the structure of the mental lexicon. *Linguistic Inquiry, 8*, 505～520.

Feigenbaum, E. (1963). The simulation of verbal learning behavior. In E. Feigenbaum & J. Feldman (Eds.), *Computers and thought*. New York: McGraw-Hill.

Fel'dman, A. G. (1966a). Functional tuning of the nervous system with control of movement or maintenance of a steady posture. II.

Controllable parameters of the muscles. *Biophysics, 11,* 565~578.

Fel'dman, A. G. (1966b). Functional tuning of the nervious system with control of movement or maintenance of a steady posture. III. Mechanicographic analysis of the execution by man of the simplest motor tasks. *Biophysics, 11,* 766~775.

Fillmore, C. J. (1968). The case for case. In E. Bach & R. T. Harms (Eds.), *Universals of linguistic theory.* New York: Holt, Rinehart and Winston.

Fillmore, C. J. (1973). May we come in? *Semiotica, 9,* 98~115.

Fillmore, C. J. (1977). The case for case reopened. In P. Cole & J. M. Sadock (Eds.), *Syntax and semantics: Vol. 8. Grammatical relations.* New York: Academic Press.

Fillmore, C. (1982). Towards a descriptive framework for spatial deixis. In R. J. Jarvella & W. Klein (Eds.), *Speech, place, and action: Studies in deixis and related topics.* Chichester: John Wiley.

Flores d'Arcais, G. B. (1975). Some perceptual determinants of sentence construction. In G. B. Flores d'Arcais (Ed.), Studies in perception. Milan: Martello.

Flores d'Arcais, G. B. (1987a). Automatic processes in language comprehension. In G. Denes, C. Semenza, P. Bisiacchi, & E. Andreewsky (Eds.), *Perspectives in Cognitive Neuropsychology.* Hillsdale, NJ: Lawrence Erlbaum.

Flores d'Arcais, G. B. (1987b). Perceptual factors and word order in event descriptions. In G. Kempen (Ed.), *Natural language generation: New results in artificial intelligence, psychology and linguistics.* Dordrecht: Martinus Nijhoff.

Flores d'Arcais, G. B., & Schreuder, R. (1987). Semantic activation during object naming. *Psychological Research, 49,* 153~159.

Fodor, J. A. (1975). *The language of thought.* Hassocks: Harvester Press.

Fodor, J. A. (1983). *The modularity of mind.* Cambridge, MA: MIT Press.

Fodor, J. A. (1985). Précis of the modularity of mind. *The Brain and Behavioral Sciences, 8,* 1~42.

Fodor, J. A. (1987). Modules, frames, fridgeons, sleeping dogs, and the music of the spheres. In J. L. Garfield (Ed.), *Modularity in knowledge representation and natural-language understanding.* Cambridge, MA: MIT Press.

Fodor, J. A., Bever, T. G., & Garrett, M. F. (1974). *The psychology of language: An introduction to psycholinguistics and generative grammer*. New York: McGraw-Hill.

Fodor, J. A., Garrett, M. F., Walker, E. C. T., & Parkes, C. H. (1980). Against definitions. *Cognition, 8,* 263~367.

Folkins, J. W., & Abbs, J. H. (1975). Lip and motor control during speech: Responses to resistive loading of the jaw. *Journal of Speech and*

Hearing Research, 18, 207～220.

Ford, M. (1982). Sentence planning units: Implications for the speaker's representation of meaningful relations underlying sentences. In J. Bresnan (Ed.), *The mental representation of grammatical relations.* Cambridge, MA: MIT Press.

Ford, M., & Holmes, V. M. (1978). Planning units in sentence production. *Cognition, 6,* 35～53.

Foss, D. J., & Hakes, D. T. (1978). *Psycholinguistics. An introduction to the psychology of language.* Englewood Cliffs, NJ: Prentice-Hall.

Fowler, C. A. (1980). Coarticulation and theories of extrinsic timing. *Journal of Phonetics, 8,* 113～133.

Fowler, C. A. (1983). Realism and unrealism: a reply. *Journal of Phonetics, 11,* 303～322.

Fowler, C. A. (1986a). An event approach to the study of speech perception from a direct-realist perspective. *Journal of Phonetics, 14,* 3～28.

Fowler, C. A. (1986b). Reply to commentators. *Journal of Phonetics 14,* 149～170.

Fowler, C. A., & Housum, J. (1987). Talkers' signalling of "new" and "old" words in speech and listeners' perception and use of the distinction. *Journal of Memory and Language, 26,* 489～504.

Fowler, C. A., Rubin, P., Remez, R. E., & Turvey, M. T. (1980). Implications for speech production of a general theory of action. In B. Butterworth (Ed.), *Language production: Vol. 1. Speech and talk.* London: Academic Press.

Fowler, C. A., & Turvey, M. T. (1980). Immediate compensation in bite-block speech. *Phonetica, 73,* 306～326.

Francik, E. P., & Clark, H. H. (1985). How to make requests that overcome obstacles to compliance. *Journal of Memory and Language, 24,* 560～568.

Franck, D. (1980). Seven sins of pragmatics: Theses about speech act theory, conversational analysis, linguistics and rhetorics. In A. Foolen, J. Hardeveld, & D. Springorum (Eds.), *Conversatieanalyse.* Nijmegen: Xeno.

Freud, S. (1904). *Zur Psychopathologie des Alltagslebens. Über Vergessen, Versprechen, Vergreifen, Aberglaube and Irrtum.* Frankfurt am Main: Fischer, 1954. (An English translation of Chapter V: Slips of the tongue, appeared in V. A. Fromkin (Ed.). (1973). *Speech errors as linguistic evidence.* The Hague: Mouton).

Friederici, A., & Levelt, W. J. M. (1986). Cognitive processes of spatial coordinate assignment. *Naturwissenschaften, 73,* 455～458.

Frijda, N. (1972). Simulation of human long-term memory. *Psychological Bulletin, 77,* 1～31.

Fromkin, V. A. (1971). The non-anomalous nature of anomalous utterances.

Language, 47, 27～52. (Reprinted in: V. A. Fromkin (Ed.). (1973). *Speech errors as linguistic evidence.* The Hague: Mouton).

Fromkin, V. A. (Ed.). (1973). *Speech errors as linguistic evidence.* The Hague: Mouton.

Fromkin, V. A. (Ed.). (1980). *Errors in linguistic performance. Slips of the tongue, ear, pen, and hand.* New York: Academic Press.

Fry, D. (1969). The linguistic evidence of speech errors. *BRNO Studies of English, 8,* 69～74.

Fujimura, O. (1981). Temporal organization of articulatory movements as a multi-dimensional phrasal structure. *Phonetica, 38,* 66～83.

Fujimura, O., & Lovins, J. B. (1978). Syllables as concatenative phonetic units. In A. Bell & J. B. Hooper (Eds.), *Syllables and segments.* Amsterdam: North-Holland.

Fujisaki, H. (1983). Dynamic characteristics of voice fundamental frequency in speech and singing. In P. F. MacNeilage (Ed.), *The production of speech.* New York: Springer.

Gallistel, C. R. (1980). *The organization of action: A new synthesis.* Hillsdale, NJ: Lawrence Erlbaum.

Gardiner, J. M., Craik, F. I., & Bleasdale, F. A. (1973). Retrieval difficulty and subsequent recall. *Memory and Cognition, 1,* 213～216.

Gårding, E. (1983). A generative model of intonation. In A. Cutler & D. R. Ladd (Eds.), *Prosody: Models and measurements.* Heidelberg: Springer.

Garfield, J. L. (Ed.). (1987). *Modularity in knowledge representation and natural-language understanding.* Cambridge, MA: MIT Press.

Garnham, A., Shillcock, R. S., Brown, G. D. A., Mill, A. I. D., & Cutler, A. (1982). Slips of the tongue in the London-Lund corpus of spontaneous conversations. In A. Cutler (Ed.), *Slips of the tongue and language production.* Berlin: Mouton.

Garnsey, S. M., & Dell, G. S. (1984). Some neurolinguistic implications of pre-articulatory editing in production. *Brain and Language, 23, 6 4～73.*

Garrett, M. F. (1975). The analysis of sentence production. In G. Bower (Ed.), *Psychology of learning and motivation: Vol. 9.* New York: Academic Press.

Garrett, M. F. (1976). Syntactic processes in sentence production. In R. J. Wales & E. Walker (Eds.), *New approaches to language mechanisms.* Amsterdam: North-Holland.

Garrett, M. F. (1980a). Levels of processing in sentence production. In B. Butterworth (Ed.), *Language production: Vol. 1. Speech and Talk.* London: Academic Press.

Garrett, M. (1980b). The limits of accommodation: Arguments for independent processing levels in sentence production. In V. A. Fromkin (Ed.),

Errors in linguistic performance: Slips of the tongue, ear, pen, and hand. New York: Academic Press.

Garrett, M. F. (1982). Production of speech: Observations from normal and pathological language use. In A. W. Ellis (Ed.), *Normality and pathology in cognitive functions.* London: Academic Press.

Garrod, S., & Anderson, A. (1987). Saying what you mean in dialogue: A study in conceptual and semantic coordination. *Cognition, 27,* 18 1～218.

Garrod, S., & Sanford, A. (1983). Topic dependent effects in language processing. In G. B. Flores d'Arcais & R. J. Jarvella (Eds.), *The process of language understanding.* Chichester: John Wiley.

Gay, T. (1981). Mechanisms in the control of speech rate. *Phonetica, 38,* 148～158.

Gay, T., & Turvey, M. T. (1979). Effects of efferent and afferent interference on speech production: Implications for a generative theory of speech-motor control. *9th International Congress of Phonetic Sciences.* Copenhagen: Institute of Phonetics.

Gazdar, G. (1979). *Pragmatics: Implicature, presupposition, and logical form.* New York: Academic Press.

Gazdar, G., Klein, E., Pullum, G., & Sag, I. (1985). *Generalized phrase structure grammar.* Oxford: Blackwell.

Gee, J. P., & Grosjean, F. (1983). Performance structures: A psycholinguistic and linguistic appraisal. *Cognitive Psychology, 15,* 411～458.

Glaser, W. R., & Düngelhoff, F. J. (1984). The time course of picture-word interference. *Journal of Experimental Psychology: Human Perception and Performance, 10,* 640～654.

Goffman, E. (1981). *Forms of talk.* Oxford: Blackwell.

Goguen, J. A., & Linde, C. (1983). *Linguistic methodology for the analysis of aviation accidents.* (NASA Contractor Report 3741).

Goldman, N. (1975). Conceptual generation. In R. Schank (Ed.), *Conceptual in formation processing.* Amsterdam: North-Holland.

Goldman-Eisler, F. (1958). Speech production and the predictability of words in context. *Quarterly Journal of Experimental Psychology, 10,* 96～106.

Goldman-Eisler, F. (1967). Sequential temporal patterns and cognitive processes in speech. *Language and Speech, 10,* 122～132.

Goldman-Eisler, F. (1968). *Psycholinguistics: Experiments in spontaneous speech.* New York: Academic Press.

Good, D. A., & Butterworth, B. (1980). Hesitancy as a conversational resource: Some methodological implications. In H.W. Dechert & M. Raupach (Eds.), *Temporal variables in speech.* The Hague: Mouton.

Goodglass, H., Theurkauf, J. C., & Wingfield, A. (1984). Naming latencies as evidence for two modes of lexical retrieval. *Applied Psycholinguistics, 5,* 135～146.

Goodwin, C. (1981). *Conversational organization: Interaction between speakers and hearers.* New York: Academic Press.

Gordon, H., & Meyer, D. E. (1987). Hierarchical representation of spoken syllable order. In A. Allport, D. G. MacKay, W. Prinz, & E. Scheerer (Eds.), *Language perception: Relations between listening, speaking, reading and writing.* London: Academic Press.

Grice, H. P. (1957). Meaning. *Philosophical Review, 66,* 377～388.

Grice, H. P. (1968). Utterer's meaning, sentence meaning and word meaning. *Foundations of Language, Vol.* 4, 225～242.

Grice, H. P. (1975). Logic and conversation. In P. Cole & J. L. Morgan (Eds.), *Syntax and semantics: 3. Speech acts.* New York: Academic Press.

Grice, H. P. (1978). Some further notes on logic and conversation. In P. Cole (Ed.), *Syntax and Semantics: Vol. 9. Pragmatics.* New York: Academic Press.

Grimes, J. E. (1975). *The thread of discourse.* The Hague: Mouton.

Grosjean, F. (1983) How long is a sentence? Prediction and prosody in the online processing of language. *Linguistics, 21,* 501～529.

Grosjean, F., Grosjean, L., & Lane, H. (1979). The patterns of silence: Performance structures in sentence production. *Cognitive Psychology, 11,* 58～81.

Grosz, B. J. (1981). Focussing and description in natural language dialogues. In A. K. Joshi, B. L. Webber, & I. A. Sag (Eds.), *Elements of discourse understanding.* Cambridge University Press.

Grosz, B. J., Joshi, A., & Weinstein, S. (1983). Providing a unified account of definite noun phrases in discourse. *Proceedings of the 21st Annual Meeting of the Association for Computational Linguistics.* Association for Computational Linguistics.

Grosz, B. J., & Sidner, C. L. (1985). Discourse structure and the proper treatment of interruptions. *Proceedings of the International Joint Conference on Artificial Intelligence.* Los Altos, CA: Morgan Kaufman.

Gruber, J. S. (1965). *Studies in lexical relations.* Bloomington: Indiana Linguistics Club.

Gumperz, J. J., & Hymes, D. (Eds.). (1972). *Directions in sociolinguistics.* New York: Holt, Rinehart and Winston.

Gussenhoven, C. (1984). *On the grammar and semantics of sentence accents.* Dordrecht: Foris.

Hale, K. (1981). *On the position of Warlpiri in a typology of the base.* Bloomington: Indiana Linguistics Club.

Halle, M., & Mohanan, K. P. (1985). Segmental phonology of modern

English. *Linguistic Inquiry, 16,* 57～116.
Halle, M., & Stevens, K. N. (1964). Speech recognition: A model and a program for research. In J. A. Fodor & J. J. Katz (Eds.), *The structure of language: Readings in the philosophy of language.* Englewood Cliffs, NJ: Prentice-Hall.
Halliday, M. A. K. (1967a). Notes on transitivity and theme in English: II. *Journal of Linguistics, 3,* 199～244.
Halliday, M. A. K. (1967b). *Intonation and grammar in British English.* The Hague: Mouton.
Halliday, M. A. K. (1970). *A course in spoken English: Intonation.* Oxford University Press.
Halliday, M. A. K., & Hassan, R. (1976). *Cohesion in English.* London: Longman.
Hammarberg, R. (1976). The metaphysics of coarticulation. *Journal of Phonetics,* 4, 353～363.
Hammarberg, R. (1982). On redefining coarticulation. *Journal of Phonetics, 10,* 123～137.
Hankamer, J. (forthcoming). Morphological parsing and the lexicon. In W. D. Marslen-Wilson (Ed.), *Lexical representation and process.* Cambridge, MA: MIT Press.
Harley, T. A. (1984). A critique of top-down independent levels of speech production: Evidence from non-plan-internal speech errors. *Cognitive Science, 8,* 191～219.
Hart, J. 't, & Collier, R. (1975). Integrating different levels of intonation analysis. *Journal of Phonetics, 3,* 235～255.
Hawkins, J. (1983). *Word order universals.* New York: Academic Press.
Hawkins, J. (1984). Modifier head or function-argument relations in phrase structure? *Lingua, 63,* 107～138.
Hawkins, P. R. (1971). The syntactic location of hesitation pauses. *Language and Speech, 14,* 277～288.
Hayes, B. (1986). Inalterability in CV Phonology. *Language, 62,* 321～351.
Heeschen, C., Ryalls, J., & Hagoort, P. (forthcoming). Psychological stress in Broca's versus Wernicke's aphasia. *Journal of Clinical Linguistics and Phonetics.*
Henderson, A., Goldman-Eisler, F., & Skarbek, A. (1966). Sequential temporal patterns in spontaneous speech. *Language and Speech, 9,* 207～216.
Herrmann, T. (1983). *Speech and situation: A psychological conception of situated speaking.* Heidelberg: Springer.
Herrmann, T., Bürkle, B., & Nirmaier, H. (1987). *Zur hörerbezogenen Raumreferenz: Hörecrposition and Lokalisationsaufwand.* (Bericht 12). University of Mannheim, Forschergruppe Sprechen und

Sprachverstehen im sozialen Kontext.

Herrmann, T., & W. Deutsch (1976). *Psychologie der Objektbenennung.* Bern: Huber.

Hill, C. (1982). Up/down, front/back, left/right: A contrastive study of Hausa and English. In J. Weissenborn & W. Klein (Eds.), *Here and there: Cross-linguistic studies on deixis and demonstratum.* Amsterdam: John Benjamns.

Hockett, C. F. (1967). Where the tongue slips there slip I. *To honor Roman Jakobson: Vol. 2.* The Hague: Mouton.

Hoenkamp, E. (1983). *Een computermodel van de spreker: Psychologische en linguistische aspecten.* Unpublished doctoral dissertation, Nijmegen University.

Holmes, V. M. (1984). Sentence planning in a story continuation task. *Language and Speech, 27*(2), 115～134.

Holmes, V. M. (forthcoming). Hesitations and sentence planning. *Language and Cognitive Processes.*

Hopper, P. I. (1979). Aspect and foregrounding in discourse. In T. Givon (Ed.), *Syntax and Semantics: Vol. 12. Discourse and syntax.* New York: Academic Press.

Hotopf, W. H. N. (1980). Semantic similarity as a factor in whole-word slips of the tongue. In V. A. Fromkin (Ed.), *Errors in linguistic performance: Slips of the tongue, ear, pen, and hand.* New York: Academic Press.

Humphreys, G. W., Riddoch, M. J., & Quinlan, P. T. (1988). Cascade processes in picture identification. *Cognitive Neuropsychology, 5,* 67～104.

Huttenlocher, J., & Kubicek, L. F. (1983). The source of relatedness effects on naming latency. *Journal of Experimental Psychology: Learning, Memory and Cognition, 9,* 486～496.

Isaacs, E. A. & Clark, H. H. (1987). References in conversation between experts and novices. *Journal of Experimental Psychology: General, 116,* 26～37.

Jackendoff, R. (1972). *Semantic interpretation in generative grammar.* Cambridge, Mass: MIT Press.

Jackendoff, R. (1977). $\overline{X}$ *Syntax: A study of phrase structure.* Cambridge, MA: MIT Press.

Jackendoff, R. (1983). *Semantics and cognition.* Cambridge, MA: MIT Press.

Jackendoff, R. (1987a). On Beyond Zebra: The relation of linguistic and visual information. *Cognition, 26,* 89～114.

Jackendoff, R. (1987b). *Consciousness and the computational mind.* Cambridge, MA: MIT Press.

Jaffe, J., Breskin, S., & Gerstman, L. J. (1972). Random generation of apparent speech rhythms. *Language and Speech, 15,* 68～71.

James, D. (1972). Some aspects of the syntax and semantics of interjections. *Papers from the Eighth Regional Meeting.* Chicago Linguistic Society.

James, D. (1973). Another look at, say, some grammatical constraints on, ok, interjections and hesitations. *Papers from the Ninth Regional Meeting.* Chicago Linguistic Society.

James, W. (1892). *Textbook of psychology.* London: Macmillan.

James, W. (1893). *The principles of psychology: Vol. 1.* New York: Holt.

Jarvella, R. J, & Herman, S. J. (1972). Clause structure of sentences and speech processing. *Perception and Psychophysics, 11,* 381～384.

Jarvella, R. J., & Klein, W. (Eds.). (1982). *Speech, place and action. Studies in deixis and related topics.* Chichester: John Wiley,

Jassem, W., Hill, D. R., & Witten, I. H. (1984). Isochrony in English speech: Its statistical validity and linguistic relevance. In D. Gibbon & H. Richter (Eds.), *Intonation, Accent, and Rhythm.* Berlin: De Gruyter.

Jefferson, G. (1978). Sequential aspects of story-telling in conversation. In J. Schenkein (Ed.), *Studies in the organization of conversational interaction.* New York: Academic Press.

Jefferson, G. (1985). An exercise in the transcription and analysis of laughter. In T. A. van Dijk (Ed.), *Handbook of discourse analysis: Vol. 3.* London: Academic Press.

Johnson-Laird, P. N. (1983). *Mental models.* Cambridge University Press.

Johnson-Laird, P. N., & Garnham, A. (1980). Descriptions and discourse models. *Linguistics and Philosophy, 3.* 371～393.

Jones, H. G. V., & Langford, S. (1987). Phonological blocking in the tip of the tongue state. *Cognition, 26,* 115～122.

Jorgensen, J., Miller, G. A., & Sperber, D. (1984). Test of the mention theory of irony. *Journal of Experimental Psychology: General, 113,* 112～120.

Kaisse, E. M. (1985). *Connected speech: The interaction of syntax and phonology.* New York: Academic Press.

Kamp, H. (1984). A theory of truth and semantic representation. In J. Groenendijk, Th. Jansen, & M. Stokhof (Eds.), *Truth, interpretation and information.* Dordrecht: Foris.

Kao, H. S. R., Galen, G. P. van, & Hoosain, R. (Eds.). (1986). *Graphonomics: Contemporary research in handwriting.* Amsterdam: North-Holland.

Keele, S. W. (1981). Behavioral analysis of movement. In V. Brooks (Ed.), *Handbook of physiology. The nervous system: Vol. 2. Motor control.* Bethesda, MD: American Physiological Society.

Keenan, E. L. (1976). Toward a universal definition of “subject”. In C. N. Li (Ed.), *Subject and topic.* New York: Academic Press.

Keenan, J., MacWhinney, B., & Mayhew, D. (1977). Pragmatics in memory: A study of natural conversation. *Journal of Verbal Learning and Verbal Behavior, 16*, 549～560.

Kelly, M. H., & Bock, J. K. (1988). Stress in time. *Journal of Experimental Psychology: Human Perception and Performance, 14,* 389～403.

Kelso, J. A. S., Holt, K. G., Kugler, P. N., & Turvey, M. T. (1980). On the concept of corrdinative structures as dissipative structures: II. Empirical lines of convergence. In G. E. Stelmach & J. Requin (Eds.), *Tutorials in motor behavior.* Amsterdam: North-Holland.

Kelso, J. A. S, Saltzman, E. L., & Tuller, B. (1986). The dynamical perspective on speech production data and theory. *Journal of Phonetics, 14,* 29～59.

Kelso, J. A. S., Tuller, B., & Harris, K. S. (1983). A "dynamic pattern" perspective on the control and coordination of movement. In P. F. MacNeilage (Ed.), *The production of speech.* New York: Springer.

Kelso, J. A. S., Tuller, B., & Harris, K. S. (1986). A theoretical note on speech timing. In J. S. Perkell & D. Klatt (Eds.), *Invariance and variability in speech processes.* Hillsdale, NJ: Lawrence Erlbaum.

Kelso, J. A. S., Tuller, B., Vatikiotis, E., & Fowler, C. A. (1984). Functionally specific articulatory cooperation following jaw perturbations during speech: Evidence for coordinative structures. *Journal of Experimental Psychology: Human Perception and Performance, 10,* 812～832.

Kempen, G. (1987). A framework for incremental syntactic tree formation. *Proceedings of the Tenth International Joint Conference on Artificial Intelligence.* Los Altos, CA: Morgan Kaufmann.

Kempen, G. (1988). Language generation systems. In I. Batori, W. Lenders, & W. Putschke (Eds.), *Computational linguistics: An international handbook on computer oriented language research and applications.* Berlin: de Gruyter.

Kempen, G., & Hoenkamp, E. (1982). Incremental sentence generation: Implications for the structure of a syntactic processor. In J. Horecky (Ed.), *Proceedings of the Ninth International Conference on Computational Linguistics.* Amsterdam: North-Holland.

Kempen, G., & Hoenkamp, E. (1987). An incremental procedural grammar for sentence formulation. *Cognitive Science, 11,* 201～258.

Kempen, G., & Huijbers, P. (1983). The lexicalization process in sentence production and naming: Indirect election of words. *Cognition, 14,* 185～209.

Kenstowicz, M., & Kisseberth, C. (1979). *Generative phonology.* New York: Academic Press.

Kent, R. D. (1986). Is a paradigm change needed? *Journal of Phonetics, 14,* 111～115.

Kintsch, W. (1974). *The representation of meaning in memory.* Hillsdale, NJ: Lawrence Erlbaum.

Kintsch, W., & Bates, E. (1977). Recognition memory for statements from a classroom lecture. *Journal of Experimental Psychology: Human Learning and Memory, 3,* 150～168.

Kiparsky, P. (1982). From cyclic phonology to lexical phonology. In H. van der Hulst (Ed.), *The structure of phonological representations: Part I.* Dordrecht: Foris.

Klapp, S. T. (1974). Syllable-dependent pronounciation latencies in number naming, a replication. *Journal of Experimental Psychology, 102,* 1138～1140.

Klapp, S. T., Anderson, W. G., & Berrian, R. W. (1973). Implicit speech in reading, reconsidered. *Journal of Experimental Psychology, 100,* 368～374.

Klapp, S. T., & Erwin, C. I. (1976). Relation between programming time and duration of the response being programmed. *Journal of Experimental Psychology: Human Perception and Performance, 2,* 591～598.

Klapp, S. T., & Wyatt, E. P. (1976). Motor programming within sequences of responses. *Journal of Motor Behavior, 8,* 19～26.

Klatt, H. (1975). Vowel lengthening is syntactically determined in a connected discourse. *Journal of Phonetics, 3,* 129～140.

Klein, W. (1978). Wo ist hier: Präliminarien zu einer Untersuchung der lokalen Deixis. *Linguistische Berichte, 58,* 18～40.

Klein, W. (1979). Wegauskünfte. *Zeitschrift für Literaturwissenschaft and Linguistik, 9,* 9～57.

Klein, W. (1982). Local deixis in route directions. In R. Jarvella & W. Klein (Eds.), *Speech, place, and action: Studies in deixis and related topics.* Chichester: John Wiley.

Klein, W. (1984). Bühler's Ellipse. In C. F. Grauman & Th. Herrmann (Eds.), *Karl Bühlers Axiomatik.* Fünfzig Jahre Axiomatik der Sprachwissenschaften. Frankfurt: Klosterman.

Klein, W., & Stutterheim, C. von (1987). Quaestio and referentielle Bewegung in Erzählungen. *Linguistische Berichte, 109,* 163～183.

Kloker, D. (1975). Vowel and sonorant lengthening as cues to phonological phrase boundaries. *Journal of the Acoustical Society of America, 57* (Suppl. 1), 33～34.

Kohler, K. J. (1986). Invariance and variability in speech timing: From utterance to segment in German. In J. S. Perkell & D. Klatt (Eds.), *Invariance and variability in speech processes.* Hillsdale, NJ: Lawrence Erlbaum.

Kohn, S. E., Wingfield, A., Menn, L., Goodglass, H., Berko Gleason, J., & Hyde, M. (1987). Lexical retrieval: The tip of the tongue phenomenon. *Applied Psycholinguistics, 8,* 245∼266.

Koriat, A., & Lieblich, I. (1974). What does a person in a "TOT" state know that a person in a "don't know" state doesn't know. *Memory and Cognition, 2,* 647∼655.

Koriat, A., & Lieblich, I. (1977). A study of memory pointers. *Acta Psychologica, 41*, 151∼164.

Kosslyn, S. M. (1980). *Image and mind,* Cambridge, MA: Harvard University Press.

Kowal, S., Bassett, M. R., & O'Connell, D. C. (1985). The spontaneity of media interviews. *Journal of Psycholinguistic Research, 14,* 1∼18.

Kozhevnikov, V. A., & Chistovich, L. A. (1965). *Speech: Articulation and Perception.* Clearinghouse for Federal Scientific and Technical Information. Joint Publications Research Service. Washington, DC: U.S. Department of Commerce.

Krauss, R. M., & Weinheimer, S. (1964). Changes in reference phrases as a function of frequency of usage in social interaction: A preliminary study. *Psychonomic Science, 1,* 113∼114.

Kroch, A., & Hindle, D. (1982). On the linguistic character of non-standard input. *Proceedings of the 20th Annual Meeting of the Association for Computational Linguistics.* Association for Computational Linguistics.

Kucera, H., & Francis, W. N. (1967). *Computational analysis of present-day American English.* Providence: Brown University Press.

LaBerge, D., & Samuels, S. J. (1974). Toward a theory of automatic information processing in reading. *Cognitive Psychology, 6,* 293∼323.

Labov, W. (1972). *Language in the inner city.* Philadelphia: University of Pennsylvania Press.

Labov, W., & Fanshel, D. (1977). *Therapeutic discourse,* New York: Academic Press.

Lackner, J. R., & Tuller, B. H. (1979). Role of efference monitoring in the detection of self-produced speech errors. In W. E. Cooper & E. C. T. Walker (Eds.), *Sentence processing: Psycholinguistic studies presented to Merrill Garrett.* Hills-dale, NJ: Lawrence Erlbaum.

Ladd, D. R. (1980). *The structure of intonational meaning.* Bloomington: Indiana University Press.

Ladd, D. R. (1984). Declination: A review and some hypotheses. *Phonology Yearbook, 1,* 53∼74.

Ladd, D. R. (1986). Intonational phrasing: The case for recursive prosodic structure. *Phonology Yearbook, 3,* 311∼340.

Ladd, D. R., Scherer, K., & Silverman, K. (1986). An integrated approach to studying intonation and attitude. in C. Johns-Lewis (Ed.), *Intonation in discourse.* London: Croom Helm.

Lakoff, R. (1970). Tense and its relations to participants. *Language, 46,* 838～849.

Laver, J. D. M. (1973). The detection and correction of slips of the tongue. In V. A. Fromkin (Ed.), *Speech errors as linguistic evidence.* The Hague: Mouton.

Laver, J. D. M. (1980). Monitoring systems in the neurolinguistic control of speech production. In V. A. Fromkin (Ed.), *Errors in linguistic performance: Slips of the tongue, ear, pen, and hand.* New York: Academic Press.

Lee, B. S. (1950). Effects of delayed speech feedback. *Journal of the Acoustical Society of America, 22,* 824～826.

Lehiste, I. (1970). *Suprasegmentals.* Cambridge, MA: MIT Press.

Lehiste, I. (1975). The phonetic structure of paragraphs. In A. Cohen & S. G. Nooteboom (Eds.), *Structure and process in speech perception.* Heidelberg: Springer.

Lehiste, I. (1977). Isochrony reconsidered. *Journal of Phonetics, 5,* 253～263.

Lenneberg, E. H. (1967). *Biological foundations of language.* New York: John Wiley.

Levelt, W. J. M. (1974). *Formal grammars in linguistics and psycholinguistics.* (3 Vols.). The Hague: Mouton.

Levelt, W. J. M. (1978). A survey of studies in sentence perception: 1970～1976. In W. J. M. Levelt & G. B. Flores d'Arcais (Eds.), *Studies in the perception of language.* Chichester: John Wiley.

Levelt, W. J. M. (1981). The speaker's linearization problem. *Philosophical Transactions Royal Society London B295,* 305～315.

Levelt, W. J. M. (1982a). Linearization in describing spatial networks. In S. Peters & E. Saarinen (Eds.), *Processes, beliefs, and questions.* Dordrecht: Reidel.

Levelt, W. J. M. (1982b). Cognitive styles in the use of spatial direction terms. In R. J. Jarvella & W. Klein (Eds.), *Speech, place, and action: Studies in deixis and related topics.* Chichester: John Wiley.

Levelt, W. J. M. (1983). Monitoring and self-repair in speech. *Cognition, 14,* 41～104.

Levelt, W. J. M. (1984a). Some perceptual limitations on talking about space. In A. van Doorn, W. van de Grind, & J. Koenderink (Eds.), *Limits of perception: Essays in honour of Maarten A. Bouman.* Utrecht: VNU Science Press.

Levelt, W. J. M. (1984b). Spontaneous self-repairs in speech: Processes and representations. In M. P. R. van den Broecke & A. Cohen (Eds.), *Proceedings of the Tenth International Congress of Phonetic Sciences.* Dordrecht: Foris.

Levelt, W. J. M., & Cutler, A. (1983). Prosodic marking in speech repair. *Journal of Semantics, 2,* 205~217.

Levelt, W. J. M., & Kelter, S. (1982). Surface form and memory in question answering. *Cognitive Psychology, 14,* 78~106.

Levelt, W. J. M., & Kempen, G. (1975). Semantic and syntactic aspects of remembering sentences: A review of some recent continental research. In A. Kennedy & A. Wilkes (Eds.), *Studies in long-term memory.* London: John Wiley.

Levels, W. J. M., & Maassen, B. (1981). Lexical search and order of mention in sentence production. In W. Klein & W. J. M. Levelt (Eds.), *Crossing the boundaries in linguistics. Studies presented to Manfred Bierwisch.* Dordrecht: Reidel.

Levelt, W. J. M., Richardson, G., & La Hey, W. (1985). Pointing and voicing in deictic expressions. *Journal of Memory and Language, 24,* 133~164.

Levelt, W. J. M., Schreuder, R., & Hoenkamp, E. (1978). Structure and use of verbs of motion. In R. N. Campbell & P. T. Smith (Eds.), *Recent advances in the psychology of language.* New York: Plenum Press.

Levelt, W. J. M., & Schriefers, H. (1987). Stages of lexical access. In G. Kempen (Ed.), *Natural language generation. New results in artificial intelligence, psychology and linguistics.* Dordrecht: Martinus Nijhoff.

Levelt, W. J. M., Zwanenburg, W., & Ouweneel, G. R. E. (1970). Ambiguous surface structure and phonetic form in French. *Foundations of Language, 6,* 260~273.

Levinson, S. C. (1983). *Pragmatics.* Cambridge University Press.

Levitt, A. G., & Healy, A. F. (1985). The roles of phoneme frequency, similarity, and availability in the experimental elicitation of speech errors. *Journal of Memory and Language, 24,* 717~733.

Lewis, D. K. (1969). *Convention: A philosophical study.* Cambridge, MA: Harvard University Press.

Liberman, A. M., Cooper, F. S., Shankweiler, D. S., & Studdert-Kennedy, M. (1967). Perception of the speech code. *Psychological Review, 74,* 431~461.

Liberman, M., & Pierrchumbert, J. (1984). Intonational invariance under changes in pitch range and length. In M. Aronoff & R. T. Oehrle (Eds.), *Language and sound structure: Studies in phonology presented to Morris Halle by his teacher and students.* Cambridge, MA: MIT Press.

Lieberman, P., Katz W., & Jongman, A (1985). Measures of intonation of read and spontaneous speech in American English. *Journal of the Acoustic Society of America, 77,* 649~657.

Lindblom, B. (1963). *On vowel reduction.* (Speech Transmission Laboratory Report 29). Stockholm: Royal Institute of Technology.

Lindblom, B. (1968). *Temporal organization of syllable production.* (Quarterly Progress and Status Report 2~3). Stockholm: Royal Institute of Technology.

Lindblom, B. (1983). Economy of speech gestures. In P. F. MacNeilage (Ed.), *The production of speech.* New York: Springer.

Lindblom, B., Lubker, J., & Gay, T. (1979). Formant frequencies of some fixed-mandible vowels and a model of speech motor programming by predictive simulation. *Journal of Phonetics, 7,* 147~161.

Lindblom B., & MacNeilage, P. (1986). Action theory: Problems and alternative approaches. *Journal of Phonetics, 14,* 117~132.

Linde, C., & Goguen, J. (1978). The structure of planning discourse. *Journal of Social and Biological Structures, 1,* 219~251.

Linde, C., & Labov, W. (1975). Spatial networks as a site for the study of language and thought. *Language, 51,* 924~939.

Lindsley, J. R. (1975). Producing simple utterances: How far do we plan? *Cognitive Psychology, 7,* 1~19.

Lindsley, J. R. (1976). Producing simple utterances: Details of the planning process. *Journal of Psycholinguistic Research, 5,* 331~351.

Linell, P. (1979). *Psychological reality in phonology.* Cambridge University Press.

Longuet-Higgins, H. C. (1987). *Mental Processes.* Cambridge, MA: MIT Press.

Lounsbury, F. G. (1954). Transitional probability, linguistic structure, and systems of habit-family hierarchies. In C. E. Osgood & T. Sebeok (Eds.), *Psycholinguistics. A survey of theory and research problems.* Bloomington: Indiana University Press.

Lyons, J. (1977). *Semantics* (2 Vols.). Cambridge University Press.

Lyons, J. (1981). *Language, meaning and context.* Bungay: Fontana Press.

MacKay, D. (1970). Spoonerisms: The structure of errors in the serial order of speech. *Neuropsychologia, 8,* 323~350 (Reprinted in V. A. Fromkin (Ed.). (1973). *Speech errors as linguistic evidence.* The Hague: Mouton.)

MacKay, D. (1972). The structure of words and syllables: Evidence from errors in speech. *Cognitive Psychology, 3,* 210~227.

MacKay, D. (1982). The problem of flexibility, fluency, and speed-accuracy trade-off in skilled behavior. *Psychological Review, 89,* 483~506.

MacKay, D. (1987). *The organization of perception and action: A theory for language and other cognitive skills.* New York: Springer.

Maclay, H., & Osgood, C. E. (1959). Hesitation phenomena in spontaneous English speech. *Word, 15,* 19~44.

MacNeilage, P. F. Motor control and serial ordering of speech.

Psychological Review, 1970, *77,* 182～196.

MacNeilage, P. F. (1980). Emerging concepts in speech control. In G. S. Stelmach & J. Requin (Eds.), *Tutorials in motor behavior.* Amsterdam: North-Holland.

MacNeilage, P., & Ladefoged, P. (1976). The production of speech and language. In: E. C. Carterette & M. P. Friedman (Eds.), *Handbook of perception: Vol. 7.* New York: Academic Press.

MacWhinney, B. (1977). Starting points. *Language, 53,* 152～168.

MacWhinney, B., & Bates, E. (1978). Sentential devices for conveying givenness and newness: A cross-cultural developmental study. *Journal of Verbal Learning and Verbal Behavior, 17,* 539～558.

MacWhinney, B., Bates, E., & Kiegl, R. (1984). The impact of cue validity on sentence interpretation in English, German, and Italian. *Journal of Verbal Learning and Verbal Behavior, 23,* 127～150.

Makkai, A. (1972). *Idiom structure in English.* The Hague: Mouton.

Malinowski, B. (1920). Classificatory particles in the language of Kiriwina. *Bulletin of the School of Oriental Studies, 1,* 33～78. (London Institution).

Mangold, R. (1986). *Sensorische Faktoren beim Verstehen überspezifizierter Objektbennennungen.* Frankfurt: Peter Lang.

Marshall, J. C. (1984). Multiple perspectives on modularity. *Cognition, 17,* 209～242.

Marslen-Wilson, W., & Komisarjevsky Tyler, L. (1980). The temporal structure of spoken language understanding. *Cognition, 8,* 1～71.

Marslen-Wilson, W., Levy, E., & Komisarjevsky Tyler, L. (1982). Producing interpretable discourse: The establishment and maintenance of reference. In R. J. Jarvella & W. Klein (Eds.), *Speech, place, and action: Studies in deixis and related topics.* Chichester: John Wiley.

Marslen-Wilson, W., & Tyler, L. (1981). Central processes is speech understanding. *Philosophical Transactions of the Royal Society London, B259,* 317～332.

Martin, J. G., & Strange, W. (1968). The perception of hesitation in spontaneous speech. *Perception and Psychophysics, 3,* 427～432.

McNeill, D. (1979). *The conceptual basis of language.* Hillsdale, NJ: Lawrence Erlbaum.

McNeill, D. (1987). *Psycholinguistics: A new approach.* Cambridge, MA: Harper and Row.

Meringer, R. (1908). *Aus dem Leben der Sprache.* Berlin: Behr.

Meringer, R., & Mayer, K. (1895). *Versprechen and Verlesen.* Stuttgart: Goschensche Verlag. (Re-issued, with introductory essay by A. Cutler and D. A. Fay (1978). Amsterdam: John Benjamins.)

Meyer, A. (1988). *Phonological encoding in language production: A priming study.* Unpublished doctoral dissertation, Nijmegen University.

Meyer, D. E., & Gordon, P. C. (1985). Speech production: Motor programming of phonetic features. *Journal of Memory and Language, 24,* 3～26.

Miller, G. A. (1956). The magical number seven, plus or minus two: Some limits on our capacity for processing information. *Psychological Review, 63,* 81～97.

Miller, G. A. (1969). A psychological method to investigate verbal concepts. *Journal of Mathematical Psychology, 6,* 169～191.

Miller, G. A. (1978). Semantic relations among words. In M. Halle, J. Bresnan, & G. A. Miller (Eds.), *Linguistic theory and psychological reality.* Cambridge, MA: MIT Press.

Miller, G. A. (1982). Some problems in the theory of demonstrative reference. In R. J. Jarvella & W. Klein (Eds.), *Speech, place, and action: Studies in deixis and related topics.* Chichester: John Wiley.

Miller, G. A., & Johnson-Laird, P. N. (1976). *Language and perception.* Cambridge, MA: Harvard University Press.

Mittelstaedt, H. (1983). A new solution to the problem of subjective vertical. *Naturwissenschaften, 70,* 272～281.

Mohanan, K. P. (1982). Grammatical relations and clause structure in Malayalam. In J. Bresnan (Ed.), *The mental representation of grammatical relations.* Cambridge, MA: MIT Press.

Moll, K. L., & Daniloff, R. G. (1971). Investigation of the timing of velar movements during speech. *Journal of the Acoustical Society of America, 750,* 678～684.

Montague, R. (1974). *Formal philosophy: Selected papers.* New Haven: Yale University Press.

Morton, J. (1969). The interaction of information in word recognition. *Psychological Review, 76,* 165～178.

Morton, J. (1979). Word recognition. In J. Morton & J. Marshall (Eds.), *Psycholinguistics: Series 2. Structures and processes.* London: Elek.

Motley, M. T. (1980). Verification of "Freudian slips" and semantic prearticulatory editing via laboratory-induced spoonerisms. In V. A. Fromkin (Ed.), *Errors in linguistic performance: Slips of the tongue, ear, pen, and hand.* New York: Academic Press.

Motley, M. T., Baars, B. J., & Camden, C. T. (1981). Syntactic criteria in prearticulatory editing: Evidence from laboratory-induced slips of the tongue. *Journal of Psycholinguistic Research, 10,* 503～522.

Motley, M. T., Camden, C. T., & Baars, B. J. (1982). Covert formulation and editing of anomalies in speech production: Evidence from experimentally elicited slips of the tongue. *Journal of Verbal Learning and Verbal Behavior, 21,* 578～594.

Munro, A. (1977). *Speech act understanding.* Unpublished doctoral dissertation. University of California, San Diego.

Nakatani, L. H., O'Connor, J. D., & Aston, C.H. (1981). Prosodic aspects of American English speech rhythm. *Phonetica, 38,* 84∼106.

Neilson, M. D., & Neilson, P. D. (1987). Speech motor control and stuttering: A computational model of adaptive sensory-motor processing. *Speech Communication, 6,* 325∼333.

Nespor, M., & Vogel, I. (1986). *Prosodic phonology.* Dordrecht: Foris.

Newell, A., & Simon, H. A. (1972). *Human problem solving.* Englewood Cliffs, NJ: Prentice-Hall.

Nolan, F. J. (1982). The role of action theory in the description of speech production. *Linguistics,* 20, 287∼308.

Noordman, L. G. M. (1979). *Inferring from language.* Heidelberg: Springer.

Noordman-Vonk. W. (1979). *Retrieval from semantic memory.* Heidelberg: Springer.

Nooteboom, S. (1967). Some regularities in phonemic speech errors. *Annual Progress Report. Institute for Perception Research IPO, 2,* 65∼70.

Nooteboom, S. (1972). *Production and perception of vowel duration.* Unpublished doctoral dissertation, Utrecht University.

Nooteboom, S. (1973). The tongue slips into patterns. In V. Fromkin (Ed.), *Speech errors as linguistic evidence.* The Hague: Mouton.

Nooteboom, S. (1980). Speaking and unspeaking: detection and correction of phonological and lexical errors in spontaneous speech. In V. A. Fromkin (Ed.). *Errors in linguistic performance.* New York: Academic Press.

Nooteboom, S., & Terken, J. M. B. (1982). What makes speakers omit pitch accents? An experiment. *Phonetica, 39,* 317∼336.

Norman, D. A., & Rumelhart, D. E. (1975). *Explorations in cognition.* San Francisco: Freeman.

Nunberg, G. (1979). The non-uniqueness of semantic solutions: Polysemy. *Linguistics and Philosophy, 3,* 143∼184.

Ochs-Keenan, E. (1976). The universality of conversational implicature. *Language in Society, 5,* 67∼80.

O'Connell, D., & Kowal, S. (1983). Pausology. In W. A. Sedelow & S. Y. Sedelow (Eds.), *Computers in Language Research: Part I. Formalization in literary and discourse analysis.* Berlin: Mouton.

O'Connor, J. D., & Arnold, G. F. (1973). *Intonation of colloquial English.* (2nd ed.). London: Longman.

Ohala, J. J. (1978). Production of tone. In V. Fromkin (Ed.), *Tone: A linguistic survey.* New York: Academic Press.

Öhman, S. E. G. (1966). Coarticulation in VCV utterances: Spectrographic measurements. *Journal of the Acoustical Society of America,* 39,

151～168.

Ojemann, G. A. (1982). Interrelationships in the localization of language, memory, and motor mechanisms in human cortex and thalamus. In R. A. Thompson & J. R. Green (Eds.), *New perspectives in cerebral localization.* New York: Raven Press.

Oldfield, R. C. (1963). Individual vocabulary and semantic currency: A preliminary study. *British Journal of Social and Clinical Psychology, 2,* 122～130.

Oldfield, R. C., & Wingfield, A. (1965). Response latencies in naming objects. *Quarterly Journal of Experimental Psychology, 17, 273*～281.

Oiler, D. K., & MacNeilage, P. F. (1983). Development of speech production. In P. F. MacNeilage (Ed.), *The production of speech.* New York: Springer.

Olson, D. R. (1970). Language and thought: Aspects of a cognitive theory of semantics. *Psychological Review, 77,* 257～273.

Osgood, C. E. (1971). Where do sentences come from? In D. Steinberg & L. Jakobovits (Eds.), *Semantics: An interdisciplinary reader in philosophy, linguistics and psychology.* Cambridge University Press.

Osgood, C. E. (1980). *Lectures on language performance.* New York: Springer.

Osgood, C. E., & Bock, J. K. (1977). Salience and sentencing: Some production principles. In S. Rosenberg (Ed.), *Sentence production: Developments in research and theory.* Hillsdale, NJ: Lawrence Erlbaum.

Paivio, A., Yuille, J. C., & Madigan, S. (1968). Concreteness, imagery, and meaningfulness values for 925 nouns. *Journal of Experimental Psychology, 76,* (1, Pt. 2).

Palermo, D. S., & Jenkins, J. J. (1964). *Word association norms.* Minneapolis: University of Minnesota Press.

Parker, F., & Walsh, T. (1985). Mentalism vs physicalism: A comment on Hammarberg and Fowler. *Journal of Phonetics, 13,* 147～153.

Partee, B., & Rooth, M. (1983). Generalized conjunction and type ambiguity. In R. Bäuerle, C. Schwarze, & A. von Stechow (Eds.), *Meaning, use and interpretation of language.* Berlin: De Gruyter.

Pechmann, T. (1984). *Überspezifizierung and Betonung in referentieller Kommunikation.* Unpublished doctoral dissertation, Mannheim University.

Perdue, C. (Ed.). (1984). *Second language acquisition by adult immigrants: A field manual.* Rowley, MA: Newbury House.

Perfetti, C. A., & Goldman, S. R. (1975). Discourse functions of thematization and topicalization. *Journal of Psycholinguistic Research, 4,* 257～271.

Perkell, J. S. (1969). *Physiology of speech production: Results and implications of a quantitative cineradiographic study.* Cambridge, MA: MIT Press.

Perkell, J. S. (1980). Phonetic features and the physiology of speech production. In B. Butterworth (Ed.), *Language Production: Vol. I. Speech and talk.* London: Academic Press.

Petrie, H. (1988). *Semantic and syntactic processes in speech production.* Unpublished doctoral dissertation, University of London.

Pierrehumbert, J. (1981). Synthesizing intonation. *Journal of the Acoustical Society of America, 70,* 985～995.

Pike, K. (1945). *The intonation of American English.* Ann Arbor: University of Michigan Press.

Pinker, S. (1985). *Language learnability and language development.* Cambridge, MA: Harvard University Press.

Posner, M. I., & Snyder, C. R. R. (1975). Attention and cognitive control. In R. Solso (Ed.), *Information processing and cognition: The Loyola symposium.* Hillsdale, NJ: Lawrence Erlbaum.

Power, M. J. (1983). Are there cognitive rhythms in speech? *Language and Speech, 26,* 253～261.

Power, M. J. (1984). Are there cognitive rhythms in speech?—A reply to Beattie (1984). *Language and Speech, 27,* 197～201.

Premack, D. (1976). *Intelligence in ape and man.* Hillsdale, NJ: Lawrence Erlbaum.

Prentice, J. L. (1966). Response strength of single words as an influence in sentence behavior. *Journal of Verbal Learning and Verbal Behavior, 5,* 429～433.

Prentice, J. L. (1967). Effects of cuing actor vs. cuing object on word order in sentence production. *Psychonomic Science, 8,* 163～164.

Priller, J., & Mittenecker, E. (1988). Experimente zum Unterschied von "Wort auf der Zunge" and "Gefühl des Wissens". *Zeitschrift für experimentelle and angewandte Psychologie, 35,* 129～146.

Prince, A. (1983). Relating to the grid. *Linguistic Inquiry, 14,* 19～100.

Prince, E. (1981). Toward a taxonomy of given-new information. In P. Cole (Ed.), *Radical pragmatics.* New York: Academic Press.

Pullum, G. K., & Zwicky, A. M. (1988). The syntax-phonology interface. In F. J. Newmeyer (Ed.), *Linguistics: The Cambridge Survey.* Cambridge University Press.

Pylyshyn, Z. W. (1984). *Computation and cognition: Toward a foundation for cognitive science.* Cambridge, MA: MIT Press.

Reason, J., & Lucas, D. (1984). Using cognitive diaries to investigate naturally occurring memory blocks. In J. E. Harris & P. E. Morris (Eds.), *Everyday memory, actions and absent-mindedness.* London: Academic Press.

Recanati, F. (1986). On defining communicative intentions. *Mind and Language, 1*, 213~242.

Redeker, G. (1986). *Language use in informal narratives: Effects of social distance and listener involvement.* Unpublished doctoral dissertation, University of California, Berkeley.

Reichenbach, H. (1947). *Elements of symbolic logic.* New York: Free Press.

Reinhart, T. (1982). Pragmatics and linguistics: An analysis of sentence topics. *Philosophica, 27,* 53~94.

Reinhart, T. (1984). Principles of Gestalt perception in the temporal organization of narrative texts. *Linguistics, 22,* 779~809.

Rochester, S. R., & Gill, J. (1973). Production of complex sentences in monologues and dialogues. *Journal of Verbal Learning and Verbal Behavior, 12,* 203~210.

Rochester, S., & Martin, J. R. (1979). *Crazy talk. A study of the discourse of schizophrenic speakers.* New York: Plenum Press.

Rosch, E. (1975). Cognitive reference points. *Cognitive Psychology, 7,* 532~547.

Rosch, E., Mervis, C. B., Gray, W., Johnson, D., & Boyes-Braem, P. (1976). Basic objects in natural categories. *Cognitive Psychology, 8,* 382~439.

Ross, J. R. (1970). On declarative sentences. In R. A. Jacobs & P. S. Rosenbaum (Eds.), *Readings in transformational grammar.* Waltham, MA: Ginn.

Roudet, L. (1910). *Eléments de phonétique générale.* Paris: Librairie Universitaire H. Welter.

Rubin, D. C. (1975). Within word structure in the tip-of-the-tongue phenomenon. *Journal of Verbal Learning and Verbal Behavior, 14,* 392~397.

Rumelhart, D. E., McClelland, J. L., & the PDP Research Group. (1986). *Parallel distributed processing.* (2 Vols.). Cambridge, MA: MIT Press.

Ryave, A. L. (1978). On the achievement of a series of stories. In J. Schenkein (Ed.), *Studies in the organization of conversational interaction.* New York: Academic Press.

Sacks, H. (1978). Some technical considerations of a dirty joke. In J. Schenkein (Ed.), *Studies in the organization of conversational interaction.* New York: Academic Press.

Sacks, H., Schegloff, E. A., & Jefferson, G. (1974). A simplest systematics for the organization of turn-taking in conversation. *Language, 50,* 696~735.

Sadock, J., & Zwicky, A. (1985). Speech act distinctions in syntax. In T. Shopen (Ed.), *Language typology and syntactic description: Vol. 1. Clause structure.* Cambridge University Press.

Saltzman, E., & Kelso, J. A. S. (1987). Skilled actions: A task-dynamic approach. *Psychological Review, 94,* 84～106.

Sanford, A. (1985). *Cognition and cognitive psychology.* London: Weidenfeld and Nicholson. (Also: Hillsdale, NJ: Lawrence Erlbaum).

Sanford, A. and Garrod, S. (1981) *Understanding written language: Explorations of comprehension beyond the sentence.* Chichester: John Wiley.

Schaffer, D. (1983). The role of intonation as a cue to turn taking in conversation. *Journal of Phonetics, 11,* 243～259.

Schank, R. C. (1972). Conceptual dependency: A theory of natural language understanding. *Cognitive Psychology, 3(4),* 552～631.

Schank, R. C. (1975). *Conceptual information processing.* Amsterdam: North-Holland.

Schegloff, E. A. (1972). Sequencing in conversational openings. In J. J. Gumperz & D. H. Hymes (Eds.), *Directions in psycholinguistics.* New York: Holt, Rinehart and Winston.

Schegloff, E. A. (1979). The relevance of repair to syntax-for-conversation. In T. Givón (Ed.), *Syntax and semantics.* (Vol. 12). New York: Academic Press.

Schegloff, E. A. (1987). Between macro and micro: Contexts and other connections. In J. Alexander, B. Giesen, R. Munch, & N. Smelser (Eds.), *The micro-macro link.* Berkeley: University of California Press.

Schegloff, E. A., Jefferson, G., & Sacks, H. (1977). The preference for self-correction in the organization of repair in conversation. *Language, 2,* 361～382.

Schegloff, E. A., & Sacks, H. (1973). Opening up closings. *Semiotica, 7,* 289～327.

Schenkein, J. (1980). A taxonomy for repeating action sequences in natural conversation. In B. Butterworth (Ed.), *Language production: Vol. I. Speech and talk.* London: Academic Press.

Scherer, K. (1986). Vocal affect expression: A review and a model for future research. *Psychological Bulletin, 99,* 143～165.

Schiffrin, D. (1985). Everyday argument: The organization of diversity in talk. In T. A. van Dijk (Ed.), *Handbook of discourse analysis.* (Vol. 3). London: Academic Press.

Schlesinger, I. M. (1977). *Production and comprehension of utterances.* Hillsdale, NJ: Lawrence Erlbaum.

Schmerling, S. (1976). *Aspects of English sentence stress.* Austin: University of Texas Press.

Schneider, W., & Shiffrin, R. M. (1977). Controlled and automatic human information processing: I. Detection, search and attention. *Psychological Review,* 84, 1～66.

Schouten, M. E. H., & Pols, L. C. W. (1979). Vowel segments in consonantal contexts: A spectral study of coarticulation. *Journal of Phonetics, 7,* (Part I) 1～23, (Part II) 205～224.

Schreuder, R. (1978). *Studies in psycholexicology: With special reference to verbs of motion.* Unpublished doctoral dissertation, Nijmegen University.

Schriefers, H. (1985). *On semantic markedness in language production and verification.* Unpublished doctoral dissertation, Nijmegen University.

Scollon, R., & Scollon, S. B. K. (1981). *Narrative, literacy and face in interethnic communication.* Norwood, NJ: Ablex.

Scott, D. (1982). Duration as a cue to the perception of a phrase boundary. *Journal of the Acoustic Society of America, 71,* 996～1007.

Searle, J. R. (1979). *Expression and meaning: Studies in the theory of speech acts.* Cambridge University Press.

Selkirk, E. (1972). *The phrase phonology of English and French.* Unpublished doctoral dissertation, Massachusetts Institute of Technology.

Selkirk, E. (1982). *The syntax of words* (Linguistic Inquiry Monograph 7). Cambridge, MA: MIT Press.

Selkirk, E. (1984a). *Phonology and syntax: The relation between sound and structure.* Cambridge, MA: MIT Press.

Selkirk, E. (1984b). On the major class features and syllable theory. In M. Aronoff & R. T. Oehrle (Eds.), *Language and sound structure: Studies in phonology presented to Morris Halle by his teacher and students.* Cambridge, MA: MIT Press.

Senft, G. (1985). Klassifikationspartikel im Kilivila—Glossen zu ihrer morphologischen Rolle, ihrem Inventar and ihrer Funktion in Satz and Diskurs. *Linguistische Berichte, 99,* 373～393.

Seuren, P. A. M. (1978). Grammar as an underground process. In A. Sinclair, R. J. Jarvella, & W. J. M. Levelt (Eds.), *The child's conception of language.* Heidelberg: Springer.

Seuren, P. A. M. (1985). *Discourse semantics.* Oxford: Blackwell.

Seuren, P. A. M. (1988). Presupposition. In A. von Stechow & D. Wunderlich (Eds.), *Handuch der Semantik/Handbook of semantics.* Frankfurt: Athenäum.

Seymour, P. H. K. (1979). *Human visual cognition.* New York: St. Martin's Press.

Shattuck-Hufnagel, S. (1979). Speech errors as evidence for a serial order mechanism in sentence production. In W. E. Cooper & E. C. T. Walker (Eds.), *Sentence processing: Psycholinguistic studies presented to Merrill Garrett.* Hillsdale, NJ: Lawrence Erlbaum.

Shattuck-Hufnagel, S. (1982). Three kinds of speech error evidence for the role of grammatical elements in processing. In L. K. Obler & L. Menn (Eds.), *Exceptional language and linguistics.* New York: Academic Press.

Shattuck-Hufnagel, S. (1983). Sublexical units and suprasegmental structure in speech production planning. In P. F. MacNeilage (Ed.), *The production of speech.* New York: Springer.

Shattuck-Hufnagel, S. (1985). Context similarity constraints on segmental speech errors: An experimental investigation of the role of word position and lexical stress. In J. Lauter (Ed.), *On the planning and production of speech in normal and hearing-impaired individuals: A seminar in honour of S. Richard Silverman* (ASHA Reports, 15).

Shattuck-Hufnagel, S. (1986). The representation of phonological information during speech production planning: Evidence from vowel errors in spontaneous speech. *Phonology Yearbook, 3,* 117～149.

Shattuck-Hufnagel, S. (1987). The role of word onset consonants in speech production planning: New evidence from speech error patterns. In E. Keller & M. Gopnik (Eds.), *Sensory processes in language.* Hillsdale, NJ: Lawrence Erlbaum.

Shattuck-Hufnagel, S., & Klatt, D. (1979). The limited use of distinctive features and markedness in speech production: Evidence from speech error data. *Journal of Verbal Learning and Verbal Behavior, 18,* 41～55.

Shepard, R. N., & Metzler, J. (1971). Mental rotation of three-dimensional objects. *Science, 171,* 701～703.

Shepard, R. N., & Hurwitz, S. (1984). Upward direction, mental rotation, and discrimination of left and right turns in maps. *Cognition, 18,* 161～193.

Siegel, D. (1974). *Topics in English morphology.* New York: Garland.

Siegel, G. M., & Pick, H. L. (1976). Auditory feedback in the regulation of voice. *Journal of the Acoustical Society of America, 56,* 1618～1624.

Slobin, D. (1982). Universal and particular in the acquisition of language. In E. Wanner & L. R. Gleitman (Eds.), *Language acquisition: The state of the art.* Cambridge University Press.

Smith, E., & Medin, D. L. (1981). *Categories and concepts.* Cambridge, MA: Harvard University Press.

Sonnenschein, S (1982). The effects of redundant communications on listeners: When more is less. *Child Development, 53*, 717～729.

Sonnenschein, S. (1984). The effect of redundant communication on listeners: Why different types may have different effects. *Journal of Psycholinguistic Research, 13*, 147～166.

Sorokin, V. N. Gay, T., & Ewan, W. G. (1980). Some biomechanical correlates of jaw movement. *Journal of the Acoustical Society of America, 68*(S1), S32(A).

Sowa, J. F. (1984). *Conceptual structures.* Reading, MA: Addison-Wesley.

Sperber, D., & Wilson, D. (1986). *Relevance: Communication and cognition.* Oxford: Blackwell.

Sridhar, S. N. (1988). *Cognition and sentence production: A cross linguistic study.* New York: Springer.

Steedman, M. J. (1982). Reference to past time. In R. J. Jarvella & W. Klein (Eds.), *Speech, place and action: Studies in deixis and related topics.* Chichester: John Wiley.

Steedman, M. J., & Johnson-Laird, P. N. (1980). The production of sentences, utterances and speech acts: Have computers anything to say? In B. Butterworth (Ed.), *Language production: Vol. 1. Speech and talk.* London: Academic Press.

Stemberger, J. P. (1982). The nature of segments in the lexicon: Evidence from speech errors. *Lingua,* 56, 43～65.

Stemberger, J. P. (1983a). *Speech errors and theoretical phonology: A review.* Bloomington: Indiana Linguistics Club.

Stemberger, J. P. (1983b). The nature of /r/ and /l/ in English: Evidence from speech errors. *Journal of Phonetics, 11,* 139～147.

Stemberger, J. P. (1984). *Lexical bias in errors in language production: Interactive components, editors, and perceptual biases.* Unpublished manuscript, Carnegie-Mellon University, Pittsburgh.

Stemberger, J. P. (1985a). An interactive activation model of language production. In A. W. Ellis (Ed.), *Progress in the psychology of language: Vol. 1.* Hillsdale, NJ: Lawrence Erlbaum.

Stemberger, J. P. (1985b). *The lexicon in a model of language production.* New York: Garland Publishing.

Stemberger, J. P., & MacWhinney, B. (1986). Form-oriented inflectional errors in language processing. *Cognitive Psychology, 18,* 329～354.

Stemberger, J. P., & Treiman, R. (1986). The internal structure of word-initial consonant clusters. *Journal of Memory and Language, 25,* 163～180.

Sternberg, S., Monsell, S., Knoll, R. L., & Wright, C. E. (1978). The latency and duration of rapid movement sequences: Comparisons of speech and typewriting. In G. E. Stelmach (Ed.), *Information processing in motor control and learning.* New York: Academic Press.

Sternberg, S., Wright, C. E., Knoll, R. L., & Monsell, S. (1980). Motor programs in rapid speech: Additional evidence. In R. A. Cole (Ed.), *Perception and production of fluent speech.* Hillsdale, NJ: Lawrence Erlbaum.

Stevens, K. N. (1983). Design features of speech sound systems. In P. F. MacNeilage (Ed.), *The production of speech.* New York: Springer.

Stevens, K., & Perkell, J. S. (1977). Speech physiology and phonetic features. In M. Sawashima & F. S. Cooper (Eds.), *Dynamic aspects of speech production.* University of Tokyo Press.

Svartvik, J., & Quirk, R. (Eds.). (1980). *A corpus of English conversation.* Lund: CWK Gleerup.

Tannenbaum, P. H., Williams, F., & Hillier, C. S. (1965). Word predictability in the environments of hesitations. *Journal of Verbal Learning and Verbal Behavior, 4,* 134～140.

Tannenbaum, P. H., & Williams, F. (1968). Generation of active and passive sentences as a function of subject and object focus. *Journal of Verbal Learning and Verbal Behavior, 7,* 246～250.

Tanz, C. (1980). *Studies in the acquisition of deictic terms.* Cambridge University Press.

Taylor, I. (1969). Content and structure in sentence production. *Journal of Verbal Learning and Verbal Behavior, 8,* 170～175.

Tent, J., & Clark, J. E. (1980). An experimental investigation into the perception of slips of the tongue. *Journal of Phonetics, 8,* 317～325.

Terken, J. M. B. (1984). The distribution of pitch accents in instructions as a function of discourse structure. *Language and Speech, 27,* 269～289.

Thomassen, A. J. W. M., & Teulings, H. L. (1985). Time, size and shape in handwriting: Exploring spatio-temporal relationships at different levels. In J. A. Michon & J. Jackson (Eds.), *Time, mind and behavior.* Heidelberg: Springer.

Thorson, N. (1983). Two issues in the prosody of standard Danish. In A. Cutler & R. D. Ladd (Eds.), *Prosody: Models and measurements.* Heidelberg: Springer.

Treiman, R. (1983). The structure of spoken syllables: Evidence from novel word games. *Cognition, 15,* 49～74.

Treiman, R. (1984). On the status of final consonant clusters in English syllables. *Journal of Verbal Learning and Verbal Behavior, 23,* 343～356.

Turner, E., & Rommetveit, R. (1968). Focus of attention in recall of active and passive sentences. *Journal of Verbal Learning and Verbal Behavior, 7,* 543～548.

Turvey, M. T. (1977). Preliminaries to a theory of action with reference to vision. In R. Shaw & J. Brandsford (Eds.), *Perceiving, acting, and knowing: Toward an ecological psychology.* Hillsdale, NJ: Lawrence Erlbaum.

Tyler, L., & Wessels, J. (1983). Quantifying contextual contributions to word-recognition processes. *Perception and Psychophysics, 34,* 409~420.

Umeda, N. (1975). Vowel duration in American English. *Journal of the Acoustical Society of America, 58,* 434~445.

Vaissière, J. (1983). Language-independent prosodic features. In A. Cutler & D. R. Ladd (Eds.), *Prosody: Models and measurements.* Heidelberg: Springer.

Valian, V. V. (1971). *Talking, listening and linguistic structure.* Unpublished doctoral dissertation, Northeastern University, Boston.

Van Bezooijen, R. (1984). *Characteristics and recognizability of vocal expression of emotion.* Dordrecht: Foris.

Van den Broecke, M. P. R., & Goldstein, L. (1980). Consonant features in speech errors. In V. A. Fromkin (Ed.), *Errors in linguistic performance: Slips of the tongue, ear, pen, and hand.* New York: Academic Press.

Van der Sandt, R. A. (1982). *Kontekst en presuppositie.* Nijmegen Institute of Semantics.

Van Dijk, T. A. (1985). *Handbook of discourse analysis.* (4 Vols.). London: Academic Press.

Van Galen, G. P., & Teulings, H. L. (1983). The independent monitoring of form and scale factors in handwriting. *Acta Psychologica, 54,* 9~22.

Van Wijk, C. (1987). The PSY behind PHI: A psycholinguistic model for performance structures. *Journal of Psycholinguistic Research, 16,* 185~199.

Van Wijk, C., & Kempen, G. (1987). A dual system for producing self-repairs in spontaneous speech: Evidence from experimentally elicited corrections. *Cognitive Psychology, 19,* 403~440.

Vorberg, D. (1985). Unerwartete Folgen von zufälliger Variabilität: Wettlauf-Mudelle für den Stroop-Versuch. *Zeitschrift für experimentelle and angewandte Psychologie, 32,* 494~521.

Wales, R., & Toner, H. (1980). Intonation and ambiguity. In W. Cooper & E. Walker (Eds.), *Sentence processing: Psycholinguistic studies presented to Merrill Garrett.* Hillsdale, NJ: Lawrence Erlbaum.

Walton, D. N. (1982). *Topical relevance in argumentation.* Amsterdam: John Benjamins.

Webber, B. L. (1981). Discourse model synthesis: Preliminaries to reference. In A. K. Joshi, B. L. Webber, & I. A. Sag (Eds.), *Elements of discourse understanding.* Cambridge University Press.

Webelhuth, G. (1985). German is configurational. *The Linguistic Review, 4,* 203~246.

Weissenborn, J., & Klein, W. (Eds.). (1982). *Here and there: Cross-linguistic studies on deixis and demonstration.* Amsterdam: John Benjamins.

Wells, G., MacLure, M., & Montgomery, M. (1981). Some strategies for sustaining conversation. In P. Werth (Ed.), *Conversation and discourse: Structure and interpretation.* London: Croom Helm.

Wells, R. (1951). Predicting slips of the tongue. *The Yale Scientific Magazine, 26,* 9～30. (Also in V. A. Fromkin (Ed.), (1973). *Speech errors as linguistic evidence.* The Hague: Mouton.)

Whorf, B. L. (1956). *Language, thought, and reality.* Cambridge, MA: MIT Press.

Wickelgren, W. A. (1969). Context-sensitive coding, associative memory, and serial order in (speech) behavior. *Psychological Review, 76,* 1～15.

Wickelgren, W. A. (1976). Phonetic code and serial order. In E. C. Carterette & M. P. Friedman (Eds.), *Handbook of Perception: Vol. 7.* New York: Academic Press.

Willems, N. (1983). *English intonation from a Dutch point of view: An experimental investigation of English intonation produced by Dutch native speakers.* Dordrecht: Foris.

Williams, E. (1983). Semantic and syntactic categories. *Linguistics and Philosophy, 6,* 423～446.

Wilshire, C. (1985). Speech error distributions in two kinds of tongue twisters. Unpublished bachelor thesis, Monash University, Clayton, Victoria.

Wilson, D., & Sperber, D. (1981). On Grice's theory of conversation. In P. Werth (Ed.), *Conversation and discourse: Structure and interpretation.* London: Croom Helm.

Wilson, D., & Sperber, D. (1988). Mood and the analysis of non-declarative sentences. In J. Dancy, J. Moravsik, & C. Taylor (Eds.), *Human agency: Language, duty and value.* Stanford University Press.

Wingfield, A. (1968). Effects of frequency on identification and naming of objects. *American Journal of Psychology, 81,* 226～234.

Winterhoff-Spurk, P., Herrmann, T., & Weindrich, D. (1986). Requesting rewards: A study of distributive justice. *Journal of Language and Social Psychology, 5*, 13～31.

Wunderlich, D. (1976). Towards an integrated theory of grammatical and pragmatical meaning. In A. Kasher (Ed.), *Language in focus: Foundations, methods and systems. Essays in memory of Yehoshua Bar-Hillel.* Dordrecht: Reidel.

Wunderlich, D. (1979). *Foundations of linguistics.* Cambridge University Press.

Wunderlich, D. (1981). Linguistic strategies. In F. Coulmas (Ed.), *A Festschrift for native speaker.* The Hague: Mouton.

Wunderlich, D., & Reinelt, R. (1982). How to get there from here. In R. Jarvella & W. Klein (Eds.), *Speech, place, and action: Studies in deixis and related topics.* Chichester: John Wiley.

Wundt, W. (1896). *Grundriss der Psychologie.* Leipzig: Kröner.

Wundt, W. (1900). *Die Sprache* (2 Vols.). Leipzig: Kröner.

Yarmey, A. D. (1973). I recognize your face but I can't remember your name: Further evidence on the tip-of-the-tongue phenomenon. *Memory and Cognition, 1*, 287~290.

Yngve, V. H. (1970). On getting a word in edgewise. In M. A. Campbell (Ed.), *Papers from the Sixth Regional Meeting, Chicago Linguistic Society.* University of Chicago Press.

Zubin, D. A., & Choi, S. (1984). Orientation and gestalt: Conceptual organizing principles in the lexicalization of space. In D. Testen, V. Mishra & J. Drogo (Eds.), *Papers from the Parasession on Lexical Semantics.* Chicago Linguistic Society.

Zwanenburg, W., Ouweneel, G. R. E., & Levelt, W. J. M. (1977). La frontière du mot en Francais. *Studies in Language, 1,* 209~221.

Zwicky, A. M. (1972). On casual speech. In P. M. Peranteau, J. N. Levi, & G. C. Phares (Eds.), *Papers from the Eighth Regional Meeting of the Chicago Linguistic Society,* 607~615.

Zwicky, A. M., & Pullum, G. K. (1983). Cliticization versus inflection: English n't. *Language, 59,* 502~513

국제 음성표기 기호

기호	영어 낱말 예	기호	영어 낱말 예
a	stop, cop	n	nose, annoy
ɑ	balm, rather	ŋ	wing, sink
æ	fat, placid	ou	go, soul
ʌ	but, flood	ɔ	walk, law
aɪ	eye, kite	ɒ	want, astronaut
au	owl, how	ɔɪ	boil, voice
b	boss, hobo	p	pie, nap
ʧ	cembalo, pitch	r	rim, parrot
d	do, had	s	simon, boss
ʤ	wedge, rage	ʃ	ship, facial
eɪ	bait, day	t	town, walked
ə	among, readily	θ	thin, myth
ɛ	weather, any	ð	then, weather
f	felt, left	u	roof, flew
g	go, leg	U	look, full
h	hat, how	ɜr	bird, worst
ħ	Ohio, ahead	v	voice, give
i	evil, bee	w	why, quail
ɪ	if, remit	x	(Spanish) proteger
j	yet, canyon		(Dutch) kachel
k	case, back	z	zeal, haze
l	lip, bill	ʒ	leasure, garage
m	man, him		

찾아보기

(용 어)

ㄱ

가능한 말하기 오류 174
가능한 자음군 40
가벼운 음절 50
가장 두드러진 어휘 항목 250
가장 두드러진 음높이 악센트 251
가장 활성화된 교점 158
가짜성대 287
가청도 33
간섭항목 355
감각 변별자질 314
감각 산출물 321
감각-분석 교점 370
감각신경 314
감각표상 321
감각표적 321
감소효과 166
감정 간여 내용 245
감정과 태도 182
감정반응 360
감정이입 74
감폭 325
감폭속성 310
강세 바꾸기 198
강세 박자 언어 36, 100, 112
200, 232, 236, 356
강세 받은 모음의 지속시간 225
강세 받은 음절 195, 227
강세 배당 규칙 49, 214
강세 배당의 차이 99
강세 배치 오류 243
강세교체 50
강세군 281

강세박자 233
강세배분 95
강세배치 243
강세변화 242
강세오류 100, 351
강세운율 241
강세유형 52, 55, 65, 243
강세충돌 51, 198, 212
219, 240, 241
강약 격의 낱말 악센트 239
강약리듬 240
강약유형 240, 241
강조발화 254
개념교점 370
개방부류 194
개방부류 낱말 193, 199, 212
개시 30
개인 말투 408
격식 갖춘 발화 186
격식 갖춘 언어투식 220
격식기준 346
격식성 67, 346
격자 조율 규칙 219, 237
결부 30, 37, 97, 113
결부 구성 절차 209, 210, 211
결부 자음군 122, 147, 171
결속원리 211
겹자음 39
경계 표지의 이용 213
경계어조 229, 249, 250
251, 252, 282
경제성 373
경직 속성 310
경합적 88
계시 201
계층적 제어 구조 331
계층적 조직 22
계층적 짜임새 47
고립 낱말 효과 228
고설모음 297
고유 진동수 326, 332
고유명사 115
고유한 범주의 마개 108
고저 음조의 윤곽 180
고조 81
고쳐 놓는 작동기제 372
고치기 기회 396
고치기의 방식 412
고치기의 적격성 389
고친 발화 387
곡용 형태론 28
공공연한 오류 396
공기덩이 287, 335
공기압력 247
공기의 배기량 323
공기흐름 268
공동-산출 318
공동산출 가능성 333
공명 292, 294
공명 주파수 296, 319
공명 주파수 마루 71, 296
공명도 33, 34
공명도 언덕 34, 326, 333
공명도 이어가기 일반화 34

공명도가 낮은 분절음 ………… 34
공명도가 높은 분절음 ………… 34
공명마루 ………… 295, 296
공명성 ………… 83
공명성 마루 ………… 83
공명음 ………… 33
공명음 이어가기 일반화 규칙 ………… 171
공명통 ………… 268
공범주 대명사 PRO ………… 191
과잉파괴 ………… 171
관대한 견해 ………… 208, 212
교점 구조 이론 ………… 370, 371, 372, 373, 374, 411
교착어 ………… 28
구 경계 ………… 185, 199, 204, 228, 379, 387
구 구조 ………… 62, 189, 218, 410
구 구조 및 율격 조건 ………… 205
구 구조 조건 ………… 204
구 끝 지점 ………… 357, 410
구 배배꼬임 ………… 138
구 위치 효과 ………… 227, 228
구 조건 ………… 185, 186
구강 ………… 291, 294
구강-감각 되짚어보기 ………… 316, 320
구강-감각 목표 ………… 314, 317, 337
구강-감각 상관물 ………… 337
구강-감각 자질행렬 ………… 315
구강감각기 ………… 314
구개-치경음 ………… 300
구개음 ………… 300
구성성분 경계 ………… 387
구성성분 규칙 ………… 387, 388
구성성분 통어 ………… 204
구심성 ………… 314
구심성 목표 ………… 337
구심성 신경 ………… 267, 314
구심성 운동 명령문 ………… 317
구심성 조음 목표 ………… 314
구심성 표적 ………… 319
구의 경계 어조 ………… 72
구의 마지막 음절 ………… 220, 228
구의 시작 위치 ………… 388
구의 어휘핵어 ………… 65, 208, 209, 210, 211
구의 접어화 ………… 211
구의 지속시간 ………… 222
구의 핵어 ………… 62
구조 ………… 268
구조 의존 규칙 ………… 190
구조 의존성 ………… 191
구조 의존적 사례 ………… 203
국제 음성표기 기호 ………… 41
굴절 ………… 22
굴절어 ………… 28
굴절어미 ………… 27, 28
굴절접사 ………… 27, 29
근사치 ………… 319, 321
근육 목표길이 ………… 308
근육 방추체 ………… 304
근육 방추체 되짚어보기 순환회로 ………… 316
근육-운동 교점 ………… 370
근육의 목표 길이 ………… 370

근육이동 318
근육조직의 협력작동 283
금기어 346, 360
금기어 오류 359
급격한 스펙트럼 변화 312
급작스런 짤막한 쉼 342
급히 말하기 효과 229
급히 말하는 속도 235
기관 268
기능범주 194
기능적 324
기본 강세 유형 49
기본 율격 유형 95, 197
기본 주파수 70, 288, 289
290, 293, 296
기본 주파수 구성성분 290
기본값 율조 253
기본선 음높이 248, 253
기본적인 강세 유형 196
기본절 59
기본형태 184, 215
기부 30, 36, 97
기부 대기시간 334
기부 자음군 37, 117, 122, 124
125, 126, 127, 147
148, 150, 171
기부 자음군 주소지 149
기부 최대화 규칙 39, 40, 122
기부 침범요소 170
기부 홈 122, 123, 127
144, 145, 146
기부마개 145
기술구 115
기저형 184
기하급수적 쇠락 159
긴장모음 152
긴장하기 290
길항근 308

ㄴ

나열 목록 배배꼬임 138
날숨 284, 325
날숨근육 285
날숨소리 42
남성 목소리 288
낭음성 봉우리 33
낱말 29
낱말 강세 오류 243
낱말 교점 25
낱말 기부 135, 137, 139
낱말 기부 자음 139
낱말 내부 379
낱말 내부에서 차단 379, 380, 381
낱말 동일성 404
낱말 마지막 장음화 효과 227
낱말 밑그림 91
낱말 쌍 161
낱말 악센트 243
낱말 앞쪽 쉼 280
낱말 이름 부르기 271
낱말 접사 23, 25, 26, 40
낱말 지속시간 226
낱말 첫소리 뒤바뀜 162

낱말 층위 82, 368
낱말 형태소 87
낱말 혼성 113
낱말오용 159, 160
낱말의 결합 26
낱말의 율격 정보 95
낱말의 인용 형태 215
낱말의 중간 부분 90
낱말의 차례 뒤바꿈 193
낱말형태 내용명시 180, 256
낱말형태 생성 92
낱말형태 어휘부 174
낱말형태 오류 143, 174
낱말형태 접속 87, 154
낱말형태 주소지 181
낱소리 32, 45, 51
내림새 326
내부 순환회로 366
내부 율격 구조 59
내부 지각 순환회로 367, 410
내부근육 294, 332
내용명시 85, 87
내용명시 층위 105
내재적 발화 20, 21
내재적 시간안배 305, 306, 315, 317, 326
내적 되짚어보기 369
내적 소릿길 모형 322
내적모형 321, 337
내적발화 361, 362, 364, 365, 368, 410
내파음 104
노동분업 303
높은 음높이 수준 255
누락 146, 148, 150
느린 발화 251
늘어날 수 있는 용수철 308
늦춰 놓은 청각 되짚어보기 373, 374
늦춰진 차단 380, 397

ㄷ

다시 시작하기 400, 401
단기 작업 기억 179
단속적 103
단순반응 273, 275, 278
단위 유사성 제약 108, 110, 111, 115, 120, 153, 170, 171, 174
단일한 억양구 67
단일한 음운낱말 199, 211
담화기록 344
담화맥락 351
닿소리 298
대기시간 367
대답 개시 효과 274
대립적 악센트 69
대명사 211
대안 표현들의 집합 407
대안낱말 408
대조상의 우세함 408
대조의 정도 407, 408
대조적인 정보 245
대조점검 오류 153

대조확인 ······ 174
대조확인 기제 ······ 153, 158
대조확인 단계 ······ 144
대조확인 실패 ······ 150, 166
대조확인 오류 ······ 145
대체 ······ 397
대치 ······ 150, 194
대치 오류 ······ 149
대화 배경상황 ······ 354
대화 상대방의 반응 ······ 412
더 강한 강세 ······ 218
더 높은 언어투식 음계 ······ 248
더 늦춰진 차단 ······ 382
더 뒤에까지 보존됨 ······ 145, 166
더 앞쪽으로 되돌아가기
······ 397, 400, 404, 406
더 큰 쉼 ······ 230
더딘 속도의 말하기 ······ 166
덩어리-용수철 모형 ······ 309
덩어리-용수철 설명 ······ 325, 336, 338
덩어리-용수철 이론 ······ 308, 309
덩어리-용수철 체계 ······ 330
데시벨 ······ 289
독일어 ······ 28, 66, 151, 152
동등한 지속시간 ······ 222
동시조음 ······ 103, 191, 262, 302
306, 316, 318, 338
동일 낱말 관례 ······ 401, 403
동일 범주 관례 ······ 402, 404
동일한 노선의 해석 ······ 384
동화 ······ 188, 190, 191
동화규칙 ······ 261
되삻어보기 ······ 316, 328, 364, 370
되짚어보기 순환회로 ······ 316, 322
두 단계의 제어 구조 ······ 144
두 방향 경로 ······ 158
두음교환 ······ 162
뒤바뀜 ······ 193
뒤에까지 보존됨 ······ 168
뒷방향 점화 ······ 372
듣기체계 ······ 373
들숨 ······ 284, 323, 325
들숨근육 ······ 284
들숨소리 ······ 42
등간격 시간성 ······ 197, 232, 233, 235
236, 237, 238, 241
242, 243, 265
등시 간격성 ······ 232
등시성 ······ 232
등위접속 ······ 389, 391, 411
등위접속문 ······ 394

ㄹ ~ ㅁ

레마 ······ 87, 89, 93, 347
레마 대치하기 ······ 395
레마 접속 ······ 154
레마들의 장기기억 형태표상 ······ 155
레마로부터 소리 형태에까지 ······ 89
마개 ······ 96, 105, 144, 174
마개 활성화 ······ 174
마개 후보 ······ 167
마루 ······ 326
마루들의 열 ······ 183

마지막 낱말 ……401, 402, 403
마지막 음절의 장음화 ……224
마찰음 ……301
마찰자질 ……44
마찰장애음 ……301
만능 해결사 ……303
말 더듬거림 ……373, 374
말소리 산출 속도 ……64
말소리 운동 유형 ……313
말소리 운동 제어 ……269, 302, 325, 331, 336
말소리의 운동 프로그램 ……312
말소리의 음높이 형상 ……290
말소리의 음색 ……290, 292, 293, 294
말소리의 지각 분석 ……312
말소리의 진동 주파수 ……48
말소리의 크기 ……291
말실수 ……166
말초신경 쪽 ……314
말초신경계 ……267
말하기 속도 ……64, 65, 67, 82, 161, 165, 182, 229
말하기 속도 매개인자 ……168
말하기 속도 효과 ……174
말하기 오류 ……109, 113, 164, 168, 169, 392
말하기 오류 유도기법 ……352
말하기 지속시간 ……277
말하기 체계 ……373
말할 내용이 더 있음 ……80
망원경 오류 ……146
맥락 민감성 ……354
맥락 의존 변이형태 ……100
맥락 의존성 ……185, 302
맥락 의존적 ……336, 363
맥락 의존적 변이체 ……45
맥락 의존적 분절음 내용명시 ……257
맥락 의존적 실현체 ……103
맥락 의존적 운동 실행 ……307
맥락 효과 ……354
맥락상 치우친 효과 ……241
맥락적 오류 ……137
머릿속 어휘부 ……51, 54, 82
멈춤 ……196
메아리 기능 ……76
면적함수 ……320
명령 ……270
명령 및 실행 단계 ……280
명백한 멈춤 ……409
명음 ……33
명제교점 ……370
명제의미 ……180
모뿔 연골 ……286, 287
모음 ……33, 34, 41
모음 스펙트럼 ……298
모음 장음화 ……70
모음오류 ……137
모음음색 ……295
모음축약 ……191
모자유형 ……255, 265
모형에 근거한 제어 ……322, 337
목록나열 ……69, 80
목록나열 억양 ……223
목젖 ……300

목표 위치 ··········· 304, 306, 310, 336
목표 확장길이 ··········· 307
목표 휴식위치 ··········· 310
목표낱말 ··········· 90, 91
무거운 음절 ··········· 49, 50
무색소음 ··········· 363, 365
무성음 ··········· 41, 42
무성자음 ··········· 299
무의미 낱말 ··········· 162, 239
무의미한 나열 목록 ··········· 138
무의식적 처리 ··········· 182
무조건 변이 ··········· 45
무한히 미리 내다보기 ··········· 244
무효로 만들기 ··········· 216
묵음박자 ··········· 61, 212, 213, 220, 231, 280
묵음박자의 분포 ··········· 213
묵음박자의 열 ··········· 224
묵음반박자 ··········· 61
묶음효과 ··········· 374
문법 부호화 ··········· 187
문법범주 ··········· 347
문장 구성부분 ··········· 62, 223
문장 구성부분의 끝 ··········· 60
문장 끝자리 핵 강세 ··········· 230
문장경계 ··········· 222, 223, 231, 251
문장선율 ··········· 66, 245
문장의 끝 ··········· 60
문장의 주어 ··········· 60
문장의 표면구조 ··········· 63
문제 항목 바로 뒤 ··········· 377
문젯거리 ··········· 380, 385
물리적 측정값 ··········· 241
미리 계획하기 ··········· 316, 317
미리 구체화해 놓기 ··········· 398, 399
미리 내다보기 ··········· 205, 208, 213, 214, 215, 218, 220, 242, 245, 248, 250, 251, 253, 254, 255, 257, 265
미리 살펴보기 ··········· 208, 209, 211, 214, 218, 229, 245, 247, 265
미리 앞서 일어난 오류 ··········· 145
미리 앞서 일어남 ··········· 145, 166, 168, 194
미리 처리하기 ··········· 214, 218, 220

ㅂ

박자 ··········· 232
박자 열 ··········· 212
박자삭제 ··········· 219
박자이동 ··········· 64, 198, 199, 205, 214, 218, 219, 237, 238
박자추가 ··········· 219
반-모음 ··········· 301
반복된 음소 효과 ··········· 165
반복된 음소의 오류 유발 효과 ··········· 164
반사운동 ··········· 327
반사작용 ··········· 324
반송파 ··········· 332
반음 ··········· 246
반응 대기시간 ··········· 157, 274
반응 지속시간 ··········· 274
반지-모뿔 근육 ··········· 287

반지-방패 근육 287, 290
반지모양 물렁뼈 285
발언 순서 64, 196
발언권 66, 349
발언권 유지 64, 229, 386
발음오류 87
발화 고치기의 적격성 규칙 390
발화 대기시간과 지속시간 279
발화 되점검 412
발화 운동 제어 282
발화 이해체계 410
발화 지속시간 274, 279
발화 차단하기 375
발화 형식 19
발화+고치기 404
발화산출 기제 370
발화선율 55, 65
발화속도 182, 229, 235
발화실수 29
발화의 유창성 280
발화의 정상속도 229
발화의 조율 251
방패근육 287
방패모양 물렁뼈 285
배경정보 248
배음 290
배음 주파수 296
배치 프로그램 이론 304, 306, 307, 308, 309, 336
백색소음 363
베르누이 효과 288, 291
벡터 총합 318
변별자질 46, 132
변별자질 교점 167, 370
변별자질 구성 167
변별자질 유사성 제약 151, 152
변별자질 층위 167
변별적인 지각 유형 313
변이음 32, 45, 51, 278, 301
변이음 변동 107
변이음 자질 구성 167
변이음 조정 132
변이음 처리 부서 175
변이체 186
변이형태 54, 55, 58, 83, 187
변이형태 선택 187, 201
변조 333
변항 211
변환과정 194
병렬적 활성화 175
병렬처리 구조 159
병합 266
보도가치 266
보수적 412
보전 327, 329, 330
보전 조정 현상 309
보전운동 307
보전위치 319
보전작용 316, 319, 321
보전행위 307, 328, 330
보전현상 310, 311, 316, 337
복합 핵 129, 139
복합음의 기본 주파수 289
부드러운 소리 291

부적격한 고치기 ………………… 392, 394
부적합성 고치기 ………………… 397
부적합한 마개 …… 99, 106, 107, 108
부적합함 ………………… 396
부정사 to의 접어화 ………………… 203
부정사의 불변화사 ………………… 202
부정의 범위 ………………… 78
부차 구성성분 경계 ………………… 210
부차 행로 ………………… 248
부착어 ………………… 28
분산 배치된 편집-수정기 …… 358, 361
분음도 ………………… 289
분절음 내용명시 …… 88, 92, 97, 104
105, 111, 112, 122, 125
140, 142, 144, 150, 169
171, 173, 182, 183, 184, 185
186, 188, 190, 258, 264, 266
분절음 내용명시 경로 ………… 100, 101
분절음 내용명시 층위
………………… 172, 175, 190
분절음 뒤바뀜 ………………… 91
분절음 열 ………………… 257
분절음 자리 옮기기 ………………… 167
분절음 첨가 ………………… 54
분절음 층렬 ………… 30, 31, 47, 55
분절음 층위 ………………… 42
분절음들의 열 ………………… 86
분할 ………………… 257
불가능한 말하기 오류 ………………… 174
불가능한 자음군 ………………… 40
불변성 ………………… 303
불변화사 ………………… 200
불어 ………………… 57, 66, 232, 300
불어 연음 현상 ………………… 183, 186
비-격식적 발화 현상 ………… 186, 188
비-격식적 변이형태 ………………… 187
비-격식적 언어투식 ………………… 188
비-격식적인 천천히 말하기 ………… 186
비-격식적인 형태 ………………… 187
비-대용 낱말 ………………… 216
비-맥락적 오류 ………………… 137
비-상호작용적 오류 ………………… 137
비-선형함수 ………………… 318
비-어휘핵어 ………………… 210, 211
비-언표적 기능 ………………… 250
비-언표효력 ………………… 245, 250, 251
비-종결성 ………………… 80
비-주기파 ………………… 33, 41, 298
비강 ………………… 291
비대칭성 ………………… 128, 131
비선형적 ………………… 318
비슷한 마개 범주 ………………… 110
비음 자질 ………………… 43
비음화 자질 ………………… 152
비정상적 주소지 얼개 ………………… 150
빙산 ………………… 225
빠른 발화 ………………… 58, 82, 188
190, 192, 220
빠른 발화 현상 ………………… 186
빠른 속도의 말하기 ………………… 166
빠른 음보 ………………… 236
뼈대 층렬 ………………… 30, 31, 32, 34
55, 83, 95

ㅅ

사무적 75
사소한 상승 어조 75
사소한 하강 어조 75, 254
사용역 187
3원 체계 142, 143, 144, 173
259, 261, 262
삽입구 408
삽입구 경계 261
삽입규칙 184
상대적 시간안배 274
상보적 88
상승 경계 어조 252
상승 뒤 하강 어조 79
상승효과 323
상한경계 72
상호 이용 가능성 167
상호간 규제 방식 329
상호작용적 오류 137
상호접속 270
새로운 음운낱말 199
새로운 통사 구성체 395
새롭게 시작 397, 399, 406
색깔 이름 고치기 407
색깔 이름 부르기 350
색깔 이름 오류 356
생리학적 요인 247
생체-역학 속성 312
서로 겹치는 조음동작 85
서로 뒤바뀜 169
서로 맞바꾸기 144, 145, 150
151, 167
서술격 조사 201
선율 30, 245
선율가락 180, 256
선조적인 순서 169
선택과 대조확인의 실패 153
선택단계 144
선택의 실패 150
선택적 주의력 353
선형함수 318
선호하는 악센트 부여 방식 241
설정성 자음 54
설정성 자질 43
설정음 300
설측음 301
성 유혹 처치조건 355
성대 287, 298
성대근 287
성대주름 287, 291
성대진동 개시 271, 366
성대진동 개시시간 271
성대진동 대기시간
.... 272, 275, 276, 279
성도 268
성문 287, 300
성문개방의 크기 291
성문음 300
성문하부 기압 288, 291
성조언어 83
소리굽쇠 288
소리색깔 268
소리세기 190, 261, 264

소리심상 21
소리의 감각 이미지 337
소리품질 268
소릿길 268, 291, 292, 320, 335
소릿길 근육조직 322
소릿길 모양새 320, 322
소릿길의 공명 스펙트럼 320
소릿길의 울림통 모습 295
소음 41, 298
속도 매개인자 183
속도 조정기 236
속삭이기 291
쇠락 245, 246, 265
쇠락 값 246
쇠락 선 246
수사학적 의도 182
수사학적 조치 208
수사학적인 효과 231
수식어-핵어 결합 68
수의적 접어화 259
수혜주 392
순서 뒤바뀜 193
순서 열 169
순서 짓기 170
순음 290
순차적 차례 157, 169, 175
순차적인 과정 334
순치음 299
순환 상승효과 325
순환적 213, 223
숨겨진 고치기
.... 376, 385, 401, 404, 405
숨쉬기 가락 325
쉬하는 소음 291
쉴 새 없이 고쳐나가기 408, 412
쉼 지속시간 230, 231
쉼의 관리 231
스스로 고치기 339, 343, 348, 351
363, 376, 377, 379
391, 408, 409
스스로 점검하기 339, 341, 343
349, 357, 361, 364, 369, 374
스스로 차단하기
.... 379, 381, 386, 411
스와힐리어 42
스웨덴어 66
스페인어 232, 236, 300
스펙트럼 물결선
.... 290, 293, 295, 297
스펙트럼 분석 289
시간대 층렬 30
시간대 홈 30, 32
시간안배 316, 368
시제 완형절 59
시행 시작 잉여음 68, 196, 235
시행의 중간휴지 62
신경-운동 270
신경-운동 기관 276
신경-운동 기제 280
신경-운동 실행체계 303
신경-운동 유형 303
신속한 음높이 운동 290
신체의 지혜 338
신호 보내기 활성화 168

실사 ············ 61, 130, 194, 212, 230
실사낱말 ············ 213
실시간 해석 ············ 400, 404
실행 제어 ············ 182
심리적 거리 ············ 73

ㅇ

아담의 사과 ············ 268, 269
아래에서 위로의 점화 ············ 370, 372, 374, 411
아주 낮은 주파수 스펙트럼 ············ 312
아주 늦춰진 고치기 ············ 394
안내방송 ············ 221
안정상태 ············ 325
안정상태 위치 ············ 308, 310
알파/감마 순환회로 ············ 304, 305
애매모음 ············ 34, 88, 100, 104, 122, 200, 356
약강 격의 악센트 ············ 240
약강유형 ············ 240, 241
약모음 ············ 34, 88, 100, 104, 122, 200, 356
약박 ············ 68
약화 ············ 262
양방향의 점화 ············ 371
양순성 자질 ············ 190
양순음 자질 ············ 43
어간 ············ 29
어간-접사 틀 ············ 150
어감 ············ 383
어근 ············ 22, 29
어근 교점 ············ 25
어근 접두사 ············ 25
어근 접사 ············ 23, 25, 26, 40, 50
어두 자음군 ············ 279
어조 ············ 73, 82, 84, 182, 249
어조 Ⅰ ············ 74
어조 Ⅱ ············ 75
어조 Ⅲ ············ 75
어조 Ⅳ ············ 76
어조 Ⅴ ············ 77
어조 Ⅵ ············ 79
어조 Ⅶ ············ 79
어조 앞쪽 악센트 ············ 74
어조 연성 변화 ············ 255
어휘 강세 오류 ············ 101
어휘 고치기 ············ 406
어휘교점 ············ 370, 374
어휘교정 ············ 407
어휘내용 지시바늘 ············ 173, 197, 200, 205, 206
어휘범주 ············ 194
어휘범주의 핵 투영구 ············ 196
어휘사슬 ············ 168, 208, 268
어휘선택 ············ 187
어휘오류 ············ 350, 351, 352, 363
어휘적 설명 ············ 205
어휘적 지위 ············ 206
어휘편향 ············ 161, 163, 168, 353
어휘편향 효과 ············ 163, 174, 353, 354, 374
어휘하부 단위 ············ 109, 139, 153
어휘하부 뒤바뀜 오류 ············ 195

어휘하부 오류 ······ 88, 161
어휘핵어 ······ 59, 61, 63
84, 199, 212
억눌린 억양 ······ 82
억양 매개인자 ······ 180
억양 악센트 ······ 70
억양계획 ······ 66, 71, 256
억양구 ······ 53, 58, 65, 67, 70
82, 182, 196, 197, 208
221, 223, 247, 264, 265, 282
억양구 경계 ······ 223, 230, 250
억양구 경계 자질 ······ 230
억양구 끝 ······ 60, 213, 228, 247
억양구 어조 ······ 72
억양구 연결 ······ 58
억양구의 마지막 음절 ······ 249, 250
억양구의 선율 ······ 69, 72, 83, 245
억양구의 존재 ······ 68
억양구의 핵 ······ 72, 223
억양구의 핵 앞쪽 부분 ······ 73
억양유형 ······ 52, 65
억양윤곽 ······ 67, 82
억양의미 ······ 71, 72, 84, 182
억양의미상 차이 ······ 255
억양층렬 ······ 31, 55
억양층위 ······ 55
언약 ······ 250
언어변이 ······ 186
언어오용 ······ 160
언어이해 체계 ······ 370, 373
언어투식 ······ 84, 186, 187, 259, 346
언어투식 음계 ······ 81, 82, 182, 186
245, 248, 265
언어형식 주조 절차 ······ 19
엄격힌 견해 ······ 208
엄격한 선조적 순서 짓기 ······ 171
엄마 말투 ······ 187
여성 목소리 ······ 288
역방향의 상관성 ······ 231
역행동화 ······ 133, 190, 257
역행확산 ······ 161, 163
연결 교점들의 그물조직 ······ 411
연결주의 ······ 174
연결주의 설명 ······ 372
연결주의 이론 ······ 358, 370, 410
연결주의자 모형 ······ 341
연구개음 ······ 300
연산자 ······ 211
연속나열 ······ 223
연속된 말소리 ······ 268
연속된 음절 ······ 224
연속발화 ······ 19, 20, 55, 56, 58
65, 83, 84, 86, 99
180, 181, 184, 185, 186, 188
190, 191, 192, 244, 256, 266
연속발화 산출 ······ 95
연속발화 생성 ······ 177, 195
연속발화 층위 ······ 82
연속발화 현상 ······ 186, 265
연속발화의 음성계획 ······ 264
연쇄반응 효과 ······ 219, 220
연음 ······ 335
연음규칙 ······ 57
연음현상 ······ 185

영 결부 120
영 기부 119, 120
영 마개 146
영 요소 146
0 위치 308
영어 음절 유형의 숫자 107
옛 정보 73
오류 고치기 340, 341, 398, 407, 412
오류교정 341
오류탐지 356, 370, 374, 376, 411
오르막 기울기 253, 265
오름새 326
올바른 변이형태 110
옮아가기 149, 150
완결되지 않은 구성성분 379
완결성 80
완벽한 보전작용 320
완전한 상승 어조 77
완전한 실수 411
완전한 하강 79, 80
완형절 69
외부 지각 순환회로 366, 369, 410
외부근육 294, 332
외재적 시간안배 305, 317, 326
외적 되짚어보기 369
외파 45
외파음 88, 104
외현된 고치기 376
외현발화 361, 362, 364, 365, 366, 369, 410
외현적 되짚어보기 364
외현적 말소리 365
욕조효과 90
우리말 음절 구성 36
운 30, 36, 97, 113
운동 명령문들의 표적 320
운동 시간안배 309
운동 실행의 시간안배 317
운동 프로그램 302
운동-신경 270, 302
운동-신경 명령문 316
운동경기 중계방송 253
운동목표 316
운동신경 314
운동제어 308, 315, 338
운동제어 이론 303
운동표적 313
운반파 333
운소 348
운율 30
운율 내용명시 147, 150, 183
운율 매개인자 186, 306
운율 생성기 96, 180, 182, 183, 186, 192, 213, 217, 224, 226, 243, 244, 245, 250, 251, 257, 259, 263, 264, 265, 274
운율 우세성 62
운율 처리 이론 196
운율격자 179
운율계획 179, 242, 264
운율구 179, 208
운율구 구조 189, 230
운율구조 83

운율낱말 201
운율대조 406
운율멈춤 196
운율상 표시 405
운율생성 183
운율초점 408
운율표시 406, 408
울림통 291, 320, 335
울림통 역할 296
원래 발화 387, 389, 400, 401, 402, 411
원래 발화의 일부 398
원순성 조음자질 262
원순자질 43
원심성 314
원심성 목표 337
원심성 신경 267, 314
원심성 청각 목표 314
원심성 청각 표적 317
원심성 활동 321
원음소 124, 125, 126, 127
원음소 분절음 명세 126
위계 조직화 325
위아래 입술 299
유기음화 45
유성음 41, 42, 54
유성음 자질 44
유성음화 자질 152
유성자음 298
유창성 412
유창성 결함 373
유창한 말소리 조음 334
유창한 발화 63, 113, 192, 282, 341, 368, 404
유창한 진딜 409
유추 102
유표적 구 경계 230
율격 내용명시 97, 105, 182, 226, 257, 264
율격 매개인자 180
율격 및 억양 계획 256
율격 연대성 59, 62
율격 조율 규칙 241, 265
율격 조직화 47
율격 형성 과정 214
율격강세 224, 253
율격격자 48, 51, 182, 212, 214, 216
율격격자의 표상 62
율격계획 64, 84, 197, 244, 245, 251, 256, 265
율격구조 87, 180, 196, 223, 224
율격규칙 215
율격마루 70, 256
율격맥락 240
율격분석 238
율격유형 47, 198, 199, 217, 218, 241, 243, 265
율격정보 91
율격층렬 31, 47, 48, 55
율격층위 55
율격형태 214
율조 73, 82, 84, 182, 245
융통성 302

음높이 매개인자 248
음높이 쇠락 285, 290
음높이 수준 247, 253
음높이 악센트 50, 51, 53, 63, 68, 72, 83, 96, 180, 196, 215, 220, 245, 246, 250, 254, 264, 387, 406, 408
음높이 악센트 마루 65
음높이 악센트 부여 248
음높이 악센트 우세 규칙 215
음높이 악센트 자리 점검 349
음높이 악센트 자질 182
음높이 악센트의 배당 218
음높이 영역의 기준선 248
음높이 운동 48, 70, 71, 103, 195, 213, 220, 246, 250, 261, 264
음높이 운동의 범위 247
음높이 이동 70, 72, 183
음높이 행로 248
음높이 형상 68, 71, 72, 179, 182, 183, 196, 245, 265
음높이의 변화 222
음보 지속시간 235
음색 268, 290
음성 32, 45
음성 내용명시 88, 92, 97, 103, 104, 106, 107, 115, 121, 124, 127, 140, 147, 168, 173, 180, 182, 183, 186, 190, 224, 256, 257, 261, 262, 263, 264, 266, 275, 334, 338
음성 내용명시 절차 259, 306
음성 내용명시 층위 105, 142, 143, 150, 172, 175, 191, 243
음성 명시내용 122
음성 변별자질 311
음성 부호화 280
음성 분절음 32
음성 오류의 고치기 405
음성 음절 계획 142
음성계획 19, 20, 21, 32, 51, 53, 55, 56, 224, 269, 273, 302, 306, 334
음성입력 계획 86
음성적 음절 부호 51
음성행위 20
음소 발음 잘못 363
음소 배열 규칙 40, 122
음소 배열 제약 381
음소 유사성 167
음소 유사성 제약 167
음소교점 167
음소맞바꿈 166
음소배열론 122
음운 배열 제약 381
음운 부호화 19, 20, 82, 85, 86, 95, 129, 157, 171, 172, 179, 181, 182, 183, 187, 263, 278, 281, 283
음운 부호화 효과 274
음운 부호화의 세 가지 층위 88
음운 유사성 91, 151
음운 차단 낱말 91
음운교점 370

음운구 ········ 59, 60, 62, 64, 84, 182, 196, 197, 208, 211, 212, 264, 265, 281, 283
음운구 경계 ················ 209, 212, 214
음운구 구성의 점증성 ················ 210
음운구 발화 ································ 282
음운구의 결부 구성 절차 ············ 210
음운구의 연결 ···························· 208
음운구의 주요 구성 절차 ···· 209, 210
음운구조 ·· 20
음운낱말 ········ 56, 83, 172, 192, 196, 197, 202, 233, 256, 257, 259, 262, 263, 264, 265, 266, 270, 275, 281, 283
음운낱말 경계 ···························· 257
음운낱말의 생성 ························ 205
음운론 층위 ································· 21
음운론적 구조 ······························ 53
음운론적 휴지 선택 ···················· 223
음운오류 ······················ 350, 352, 363
음운층위 ···································· 154
음절 ············ 85, 113, 302, 333, 334
음절 개시 자음 ················ 307, 312
음절 계산 방식 ···················· 37, 272
음절 구성성분 ······························ 36
음절 구성요소 ······ 97, 120, 165, 259
음절 군집화 ·································· 99
음절 내용명시 ···················· 106, 112
음절 늘이기 ································ 213
음절 대기시간 효과 ················ 271, 272, 273, 275, 278
음절 마지막 장음화 ···················· 231
음절 박자 언어 ···· 36, 100, 112, 200, 232, 236, 306, 356
음절 봉우리 ·································· 34
음절 산출속도 ···················· 325, 332
음절 성립 가능성 ························ 262
음절 순서열 ································ 311
음절 숫자 효과 ···························· 273
음절 작동내용 ···························· 103
음절 조직화의 경제성 ················ 333
음절 주소지 ······················ 122, 142
음절 지속시간 ············ 224, 230, 233, 262, 265
음절 천천히 늘여끌기 ················ 281
음절 프로그램 ···························· 281
음절 핵 ······································ 147
음절 홈 ······································ 171
음절가락 ···································· 325
음절경계 ································ 53, 381
음절계획 ···································· 104
음절교점 ······················ 165, 166, 370
음절구조 ······································ 58
음절기부 ······················ 37, 113, 135, 137, 146, 147
음절기부 마개 ···························· 149
음절기부 홈 ································ 150
음절기부의 취약성 ······················ 169
음절길이 ·························· 224, 226
음절놀이 ···································· 118
음절대치 ···································· 112
음절들의 열 ·································· 85
음절마루 ·························· 94, 332
음절성 ·································· 34, 95

음절성 정보 ……… 192
음절의 개념 ……… 331
음절의 장음화 ……… 227
음절의 지속시간 ……… 190, 261, 262
음절층렬 ……… 30, 35, 47, 55, 97
음절층위 ……… 55
음절탈락 ……… 242
음절표상 ……… 35
음절화 내용 ……… 86
음절화의 영역 ……… 256
음절효과 ……… 334
음조 ……… 81, 82, 84, 182
245, 247, 248, 265
음질 ……… 268
음향목표 ……… 312
음형대 ……… 296
의무적 접어화 ……… 258
의미 대조의 정도 ……… 408
의미단위 ……… 68
의미를 지닌 구 ……… 138
의미상의 대조 ……… 407
의미상의 차단 낱말 ……… 91
의미층위 ……… 154
의미편향 ……… 354
의사소통 기능 ……… 231
이산 ……… 103
이상적 전달 모습
……… 219, 220, 230, 231
이완모음 ……… 153
이용된 마개 ……… 167
이전의 강세 배당 ……… 215, 218
이전의 표면구조 ……… 218
이중 음절화 ……… 41
이중 활성화 ……… 165
이중모음 ……… 298, 310
인대 ……… 287
인두 ……… 268
인두강 ……… 268, 291
인용 악센트 배당 ……… 198
인용 율격 유형 ……… 197
인용형태 ……… 179, 256, 266
인출 및 실행 과정 ……… 280
인출시간 ……… 280
인출효과 ……… 276
인후 ……… 268
일본어 ……… 29
일순간 고치기 ……… 396, 400, 406
일순간 대체 ……… 404
일직선 나열방식 ……… 343
1차함수 ……… 334
임시저장고 ……… 220, 265, 270, 334
입 둘레 근육 ……… 295
잇몸 ……… 299
잇몸 융기 ……… 299, 300

ㅈ

자기제어 ……… 370
자동적 ……… 324
자동적 처리 ……… 182
자립성 ……… 22
자립어 ……… 207
자립어 낱말 ……… 192
자명음 ……… 33

자발적으로 차단하기 375
자아 관련성 248
자연 음운론 51, 125
자유도 324, 327, 337
자음 33, 34, 298
자음 지속시간 225
자음군 20, 21, 69, 70
80, 86, 121, 315
자음군 구성 38, 39, 87, 88
98, 104, 139, 333
자음군 구성 층위 150
자음군 내용명시 126
자음군 내용명시 절차 98
자음동화 257
자음들의 조음 294
자질교체 134
자질의 유무 44
자질층렬 31, 47, 83
작동근 308
작동의 맥락 324
작업기억 179
작은 낱말 178, 194, 200
202, 203
작은 요소 200, 258
잘못된 선택 145, 166
잘못된 순서 짓기 194
잘못된 활성화 372
잠재적 중의성 345
잠재적 휴지 시점 223
장애음 119, 301
재-음절화 과정 19
재갈 309, 319, 330
재갈 물린 발음실험 321
재구조화 58
재귀적 감지 320, 329
재귀적 감지 정보 319, 322
재빠른 발화 392
재시작 운용 409
재음절화 40, 54, 55, 57, 58, 83
86, 172, 178, 200
202, 204, 259, 266
재형성 395, 399, 412
재확신 상태 250
재확신하기 76
재활성화 158
저설모음 297
저조 81
저해음 119
적격성 규칙 389, 391, 392, 394
395, 399, 409, 411
적격한 기부 자음군 189
적격한 주소지 102, 104, 125
적응 모형 이론 328
적합성 고치기 341
적합성 편집-수정 표현 384
적합하게 고치기 405, 407, 412
적합한 마개 105, 108
전경정보 248
전기 충격 처치조건 355
전방음 300
전보말투 187, 188
전부 아니면 전무 59, 91
전설모음 297
전위 119

전접어 178, 200
전접화 205
전체 음성계획 262
전체 조음동작들 46
전체로서 이동 114
전형적인 어조 형상 82
절단 113, 117
절의 끝 60
점검기 358
점검기제 373
점검이론 410
점검하기의 맥락 민감성 352
점증적 발화 계획 242
점증적 배당 218
점증적 산출 197, 211
점증적 산출 원리 275
점증적인 음운 부호화 215
점화효과 157
접사 22
접사 뒤바뀜 195
접어 178
접어화 55, 56, 58, 83, 191, 192, 196, 199, 200, 204, 257, 260, 261
정보 풀어 해독하는 일 278
정상적 휴식상태 308
정상적인 쇠락 282
정상적인 호흡 283, 284
정서표출 64, 66, 84
정서표출 기제 66
정서표출적 84
정신교점 372
정신교점들의 층위 371
정현곡선 288, 289, 290
제1강세 142, 216, 217
제1부류 접사 23, 26
제1악센트 70
제1음높이 악센트 72
제1차적 접사 23
제1포먼트 296, 297
제2부류 접사 24
제2악센트 70, 72
제2차적 접사 24
제2포먼트 296, 297
제3강세 70, 72
제3포먼트 296
제어구조 159
조동사 접어 205
조동사 축약 55, 205
조동사 형태 258
조율 245
조율규칙 220
조율작용 244
조음 281
조음 54, 119, 299, 332, 370
조음 구성부문 42
조음 근육운동 작동원리 222
조음 바로 뒤에 편집-수정 369
조음 임시저장고 270, 273, 275, 276, 278, 279, 281, 283, 334, 335, 367
조음 프로그램 334
조음계획 269
조음기관 그물조직 328

조음기관 변인 ………… 327
조음노력의 최소화 ………… 338
조음단위 ………… 338
조음목표 ………… 337
조음방법 변별자질 ………… 152, 153
조음방식 ………… 300, 310, 336
조음방식 자질 ………… 43
조음방식 층렬 ………… 47
조음에 바로 앞선 편집-수정
………… 355, 359, 360, 369
조음운동 제어 ………… 311
조음위치 ………… 310
조음위치 변별자질 ………… 152, 153
조음위치 자질 ………… 43
조음위치 층렬 ………… 47
조음의 유창성 ………… 86
조음의 정확성 ………… 264
조음장소 ………… 299, 300, 336
조음정보 풀어내기 ………… 275
조찰 자질 ………… 43
조찰성 자음 ………… 54
조찰음 ………… 301
조화음 ………… 290
좁혀 닫음 ………… 299
종결성 ………… 80
주기적 복합음 ………… 289
주기파 ………… 33
주소지 명패 ………… 92
주소지 채우기 실패 ………… 111
주소지 채우기 오류 ………… 99, 106
주소지 틀 ………… 94, 96, 104, 105
123, 147, 150, 173
183, 257, 262, 264
주소지 홈 채우기 ………… 107
주요 구성 성분 ………… 211, 218
주요 구성 절차 ………… 211
주요 어휘 범주 ………… 25
주요 운율 자질 ………… 230
주요 차단 규칙 ………… 375, 378, 380
381, 382, 411
주요 처리 층위 ………… 154
주요 행로 ………… 248
주요 휴지 선택 위치 ………… 212
주요 휴지 위치 ………… 221
주의력 ………… 363
주의력 실수 ………… 392
주의력 편향 ………… 355
주인 ………… 207
주저거림 ………… 405
주파수 스펙트럼 ………… 299
죽 이어진 억양구 ………… 245, 247
중간 수준의 음높이 ………… 253
중간 음높이 악센트 ………… 81
중간표상 ………… 19
중립모음 ………… 88, 104
중립적 구 경계 ………… 230
중립적인 어조 ………… 80
중복성 ………… 358, 361
중앙 제어 부서 ………… 182
중음탈락 ………… 146, 147
중의적 ………… 345
중조 ………… 81
중추 신경계 ………… 267
중추신경 쪽 ………… 314

중화된 원음소 125
즉각 중단 378
즉각 차단 376, 400, 379, 397
즉시 대체 400
지각 372
지각 가능한 자질들의 집합 311
지각 순환회로 361, 365, 367, 369, 373
지각 순환회로 모형 364
지각 순환회로 이론 362, 410
지각적 변별성 312
지각판단 241
지각표적 313
지속시간 264
지속시간 매개인자 224, 226, 228, 244, 306
지속시간 및 음높이 238, 241
지속적 상승 229, 245, 252
지시내용 270
지시사항 270
지연 379
지연 탐지 382
지엽성 가정 203
직접 점검 344
진동 빈도수 70
진지함 75
질주 음보 236
짤막한 발화 연결체 64
짤막한 쉼 179, 182, 183, 195, 213, 220, 221, 224, 229, 230, 261, 382
짤막한 지속시간 326
짤막한 침묵 280
짤막한 쉼 길이 230
짤막한 쉼 지속시간 222
짤막한 쉼의 분포 230

ㅊ

차단 378
차단 시점들의 분포 376
차단/재시작 유형 406
차단낱말 90
차단의 지연 378
처리시간 223
처치조건 355
첨사 200
첫 음절의 지속시간 매개인자 226
청각 370
청각 되짚어보기 316, 320
청각표적 319
청자의 해석 지속문제 404, 405
체계 268
체면기준 346
초-어휘 형태 20
초두성 효과 90
초분절 음소 99
초분절음 348
초점 250
촉감 되짚어보기 320
최근성 385
최대한의 기부 자음군 127
최대한의 변별속성 334
최선의 휴지 선택 62

최소 범위의 미리 내다보기 205
최소량의 미리 내다보기 198
최소량의 조음노력 334
최소한도로 연속된 두 개의 날말 199
최신성 효과 90
최적의 공동조음 334
최적의 조음운동 단위 332
최적의 주의력 조건 368
최종말단 요소 194
추가 148, 150
추가 박자 217
추가 음높이 악센트 254
추가 활성화 156
추상 음운론 125
추상적 범주 48
추상적 운동 명령문 단위 317
축약 188, 191
축약된 변이형태 188, 190, 205
축약된 조동사 206
충돌하는 강세 238
층렬 21
층렬조직 31
치경음 300
치순음 299
치음 299
친밀감 252
침묵의 분포 231
침범 108
침범요소 108, 115, 116, 130, 137, 144, 151, 152, 174
침범음소 167

ㅋ ~ ㅌ

코 목 출입문 292
큰 날말 200, 202, 203, 205
큰 소리 291
탈-구개음화 131
탈-비음화 132
탈락규칙 184
탐지 대기시간 364, 366
탐지기회 364
탐지비율 363, 365
탐지속도 410
탐지실패 351
태도와 감정 180
터짐 효과 300
터키어 29
턱-입술 짝짓기 331
턱끝 혀근육 294
텍스트 및 격자 정렬 214
톱날유형 247
통사 적격성 412
통사경계 222, 233
통사층위 154
특수 구별자질 28
특수 구별자질 매개인자 27, 93, 140, 181
특수 구별자질 음높이 악센트 197
특질 30
틀 생성 오류 148, 149
틀 생성의 실패 150

ㅍ

파생 22
파생 접두사 25
파생어 22
파열음 300
파찰음 301
8모음 296
편집-수정 기제 359, 362
편집-수정 설명 372
편집-수정 요소 405
편집-수정 이론 353, 410
편집-수정 표현 342, 382, 383, 384, 386, 389, 398, 411
편집-수정 항목 400, 407
편집-수정기 360
편집-수정기 이론 341, 358, 362, 373
편집-수정하기 효과 355
편향 낱말 352
편향 쌍 162
평균 분절음 발음속도 235
평균 분절음 지속시간 235
평균 음보 길이 236
평균 주파수 288
평균 지연 길이 386
평소 숨쉬기 323
평평한 어조 79
평평한 음높이 79
평형점 308, 310
폐쇄부류 194
폐쇄부류 낱말 193, 199, 200, 211
폐쇄부류 요소 206
폐쇄음 300
표면 구 구조 264
표면구조 20, 21
표적 108, 115, 116, 130, 144, 145, 151, 152, 174
표적 쌍 162
표적 짝 353
표적마개 143, 145
표적요소 108
표적유형 355
표적음소 167
표적항목 162, 354
표준 음성계획 262
표준 음운 간섭 354
표지 없는 오류 148
피부 전기반응 360
피열연골 286
핀란드어 29

ㅎ

하강 경계 어조 252
하강 뒤 상승 어조 77
하위체계들의 위계 325
하한 경계 72
합성 22
합성어 25, 26
합성에 의한 분석 313
해석 지속문제 387, 412
해석의 지속 402, 411
핵 30, 37, 69, 82, 97, 113

핵 강세 ……………218, 228, 250, 251
핵 강세 부여 규칙 ….62, 65, 68, 69
215, 216, 217, 218, 229
핵 강세의 배당 ……………………220
핵 꼬리 끌기 ……………………74, 75
핵 마개 ……………………………171
핵 앞쪽 부분 ………………………84
핵 앞쪽 율조 ……………72, 74, 245
핵 어조 ………72, 73, 84, 221, 245
246, 248, 250, 251, 252, 254
핵 음높이 운동 ………230, 249, 250
251, 252
핵 음절 ………………………70, 250
핵 홈 ………………………………171
핵어 …………………………………26
핵으로부터 구 끝까지 …………72, 84
행간 어조 …………………………71
행위주 ……………………………392
행위주인공(*protagonist*) ……392, 393
허사 ………………50, 130, 178, 194
230, 235, 347
헝가리어 ……………………………29
혀 …………………………………294
혀 배배꼬임 ……135, 136, 138, 364
혀 배배꼬임 열 ……………………365
혀끝 맴돌기 ….87, 89, 90, 160, 172
혀의 모양새 ………………………332
현격한 상승 어조 …………………76
현격한 하강 어조 ……………74, 254
현재 개념 교점 ……………………372
현재 낱말의 강세 유형 ……………219
현재 이용 가능성 …………………156
현재교점 ….156, 158, 159, 161, 165
166, 168, 170, 183, 371, 374
현재의 결정 ………………………196
현재의 발화 산출물을 평가 ………357
협력작동 …………………………269
협력작동 구조 ….323, 324, 325, 326
328, 330, 331, 337
협력작동 구조 이론 …………325, 337
협력작동 유형 ……………………323
협력작동 제어 ……………………338
협력작동 체계 ………………327, 329
혓몸 ………………………………294
형성음 ……………………………296
형태 내용명시 ….150, 156, 159, 190
형태 명세내역 ……………19, 20, 46
형태 어휘부 ………………19, 20, 140
형태 주소지 …………………………93
형태-운율 내용명시 ………………140
형태-율격 내용명시 ………88, 92, 93
94, 96, 97, 101, 173, 182
형태-음소 규칙 ……………………53
형태-음소론적 관계 …………………54
형태구조 ……………………………20
형태론 층위 …………………………21
형태론적 구조 ……………22, 53, 94
형태론적 표상 ………………………95
형태소 경계 …………………………53
형태소 교점 ………………………165
형태소 내용명시 …………………111
형태정보 ……………………………20
형태층위 …………………………154
형태표상 ……………………………21

호흡기관 267
호흡주기 284
호흡체계 283
혼성형태 113
홈 104, 105
홈 마개 108
홈-마개 모형 169
홈-마개 이론 88, 134, 139, 140
143, 150, 156, 173, 175
화란어 66, 151, 152, 300, 384
화용적 기제 221
화자의 억양계획 82
화자의 음성계획 65, 82
화자의 주의력 355, 357
화자의 태도 250
확장 표현 408
활성화 상태 156
활성화 수준 371
활성화 확산 88, 154
활성화 확산 모형
.... 154, 158, 165, 166
활성화 확산 설명
.... 353, 354, 358, 370
활성화 확산 이론 156, 163, 167
168, 170, 173, 174, 175
활성화 확산의 속도 168, 182
활성화 확산하기 154
활성화된 교점 371, 374
활성화의 쇠퇴 168
활성화의 역방향 확산 353
활용어미 206
활용어미 뒤바뀜 오류 206
후두 268
후두개 285, 286
후두기관 267
후두상부 구조 268, 269
후두상부 기관 267
후두상부 체계 291
후두체계 309
후방성 자질 43
후방음 300
후설 : 전설 152
후설모음 297
후접어 178, 203, 204
후천적 청각장애 317
휴식위치 310
휴지 250
휴지 위치 선택 220, 221
휴지가 가능한 위치 60
휴지결정 221
휴지선택 208, 212, 213, 250, 251
흡착음 소리 42
히브리어 300

영문

C 34
c-command 204
coda 30
CV 표기법 35
CV-틀 158
CVC 음절 306
discrete 103
er 384, 405, 411

F ··· 71
F_0 ··· 70, 288
F_1 ··· 295
F_2 ··· 295
F_3 ··· 295
filler ··· 96
formant ··· 295
host ··· 207
isochrony ··· 197
key ··· 81
melody ··· 30
MIT 말뭉치 ··· 135, 151
MIT 말하기 오류 자료 ··· 130
nucleus ··· 30, 69
offset ··· 30
onset ··· 30
phone ··· 32
rime ··· 30
spell out ··· 85
template ··· 92
tiers ··· 21
timing ··· 30
to 접어화 ··· 202
TOT ··· 89
V ··· 34
V′ ··· 96
VOT ··· 271
wanna 동화 ··· 191

찾아보기

(인 명)

ㄱ~ㄴ

가안씨(Garnsey) 361

개뤝(Garrett) 59, 96, 111, 193, 194, 195, 206

갤리스뜰(Gallistel) 303

게이(Gay) 225, 309, 319, 320, 322, 323, 325, 328

고어든(Gordon) 154, 278

고울스틴(Goldstein) 152

고프먼(Goffman) 405

골스타인(Goldstein) 103, 318

그로씨인(Grosjean) 221, 230

나카타니(Nakatani) 226, 227, 228, 233, 234, 235

네스퍼(Nespor) 57, 59, 192, 196, 208, 214, 233

넬슨(Nelson) 364

놀(Knoll) 275, 276, 277, 278, 279, 280, 281

놀런(Nolan) 311

누트붐(Nooteboom) 151, 224, 225, 226, 228, 350, 351, 352, 363, 375, 379, 387

뉴얼(Newell) 92

닐슨(Neilson) 328

ㄷ

디우어(Dauer) 236
다질(Dogil) 191
댄리(Danly) 227
데니스(Denes) 289
델(Dell) 88, 113, 109, 120, 137, 153, 154, 156, 157, 158, 161, 163, 164, 165, 167, 168, 169, 170, 171, 174, 182, 361, 370, 371
두보이스(DuBois) 383, 387
드닐롶(Daniloff) 317
디루이(de Rooy) 213
디스(Deese) 64, 82, 222, 229, 235
디스밑(De Smedt) 358, 389
디을(Diehl) 318
디파이퍼(De Pijper) 252, 253

ㄹ～ㅁ

라헤이지(La Heij) 308
래드(Ladd) 70, 221, 247
래인(Lane) 221
래크너(Lackner) 364, 366, 369
랭포드(Langford) 90, 91
러빈스(Lovins) 113
럽커(Lubker) 319, 320, 322, 323, 328, 309
레너버그(Lenneberg) 323, 325
레빝(Levitt) 109, 130, 151
레이뷔(Laver) 358
롸잌(Reich) 154, 161
롸잍(Wright) 275, 276, 277, 278, 279, 280, 281
루빈(Rubin) 308, 311, 328, 332
뤼메즈(Remez) ... 308, 311, 328, 332
르펠트(Levelt) 308, 310, 340, 343, 347, 350, 355, 361, 374, 376, 387, 389, 404, 406
르히스띠(Lehiste) 224, 229, 233
리늘(Linell) 20
리버먼(Liberman) 246
리처드슨(Richardson) 308
린블럼(Lindblom) 309, 310, 312, 319, 320, 322, 323, 328, 329, 332, 333, 337
마슬린-윌슨(Marslen-Wilson) 368, 400
마이어(Meyer) 154, 157, 171, 263, 278
머카이(MacKay) 113, 151, 154, 156, 161, 162, 163, 164, 348, 353, 362, 370, 371, 373, 374, 411
먹니일(McNeill) 21, 89, 90
먹닐리쥐(MacNeilage) 307, 313, 319, 321, 329
먹휘니(MacWhinney) 148
메륀쥐(Meringer) 350, 352, 363, 375, 379
모뜰리(Motley) 161, 162, 163, 164, 346, 348, 352, 353

354, 359, 361, 362, 369, 374
모해넌(Mohanan) 28, 33
몬슬(Monsell) 275, 276, 277, 278
279, 280, 281
몬테규(Montague) 271
몰(Moll) 317

ㅂ

바아스(Baars) 161, 162, 163, 164
346, 348, 352, 353, 354
359, 361, 362, 369, 374
배들리(Baddeley) 179
베뤼언(Berrian) 271, 272, 273
275, 277, 334, 367
벨-버어티(Bell-Berti) 316
보우글(Vogel) 57, 59, 192, 196
208, 214, 233
복(Bock) 59, 237, 239, 240, 241
본드(Bond) 364
봐띠교티스-베이츤
(Vatikiotis-Bateson) 330
봔덴브로키(Van den Broecke) 152
뷘봐잌(Van Wijk) 59, 230, 358
392, 394, 395, 399, 409
분트(Wundt) 275
브로더(Brodda) 325, 332
브롸우먼(Browman) 103, 318
브롸운(Brown) 89, 90, 248
252, 254, 255
브뤄질(Brazil) 81
빌름(Willems) 246

ㅅ

색스(Sacks) 339, 345, 349
쇼우튼(Schouten) 299
쉐턱-허프내글(Shattuck-Hufnagel)
.... 88, 108, 109, 111, 112
114, 119, 120, 129, 130
131, 134, 135, 137, 138, 139
143, 151, 152, 166, 169, 170
쉬글롶(Schegloff) 339, 344, 345
349, 410
스깥(Scott) 231
스탬버거(Stemberger) 102, 109
114, 119, 124, 126
127, 128, 129, 148, 154
161, 165, 193, 194, 370
스떤버그(Sternberg) ... 270, 273, 275
276, 277, 278
279, 280, 281, 334
스몰(Small) 364
스티븐스(Stevens) 296, 311, 312
313, 320
쌀츠먼(Saltzman) 309, 310, 321
327, 328
쎌컥(Selkirk) 25, 28, 33, 34, 49
59, 61, 62, 64, 171
196, 198, 208, 212, 214
216, 224, 231, 237, 281
쏘로킨(Sorokin) 325
씨글(Siegel) 23

ㅇ

아널드(Arnold) 71
애버크롬비(Abercrombie) 232
애브즈(Abbs) 309, 321, 330
애스턴(Aston) 226, 227, 228, 233, 234, 235
앤더슨(Anderson) 271, 272, 273, 275, 277, 334, 367
어먼(Öhman) 332
어윈(Erwin) 274
에릭슨(Eriksen) 271
예스퍼슨(Jesperson) 33
오우코너(O'Connor) 71, 226, 227, 228, 233, 234, 235
오주먼(Ojemann) 313
올러(Oller) 321
와이엇(Wyatt) 274
위튼(Witten) 235, 236
윌셔(Wilshire) 139
유은(Ewan) 325
이디(Eady) 237, 238, 241
이스튼(Easton) 324
이자드(Isard) 233

ㅈ ~ ㅊ

제썸(Jassem) 235, 236
제임스(James) 382
제퍼슨(Jefferson) 339, 345, 349
조은즈(Jones) 90, 91
존스(Johns) 81
종먼(Jongman) 246
즈위키(Zwicky) 189, 201, 203, 207
지(Gee) 221, 230
촘스키(Chomsky) 62
치스또뷔치(Chistovich) 154

ㅋ

캐츠(Katz) 246
캘벝(Calvert) 286, 292, 301
캠든(Camden) 346, 354, 359, 361, 362, 369
캠픈(Kempen) 358, 389, 392, 394, 395, 399, 409
커글러(Kugler) 323
커뜰러(Cutler) 100, 147, 159, 160, 194, 233, 242, 243, 347, 349, 351, 373, 405
커뤼(Currie) 248
컥먼(Kerkman) 107
케이씨(Kaisse) 56, 185, 186, 189, 205
켄워씨(Kenworthy) 248
켄트(Kent) 311
켈리(Kelly) 237, 239, 240, 241
켈쏘(Kelso) 309, 310, 321, 323, 327, 330
코울러(Kohler) 306
코은(Cohen) 246
코제프니코프(Kozhevnikov) 154
콜(Cole) 330

콜리어(Collier) ······ 71, 255, 256
쿠퍼(Cooper) ······ 227, 237, 238, 241, 364
쿨타드(Coulthard) ······ 81
크롬튼(Crompton) ······ 103, 107, 131, 143, 147
크뤄튼든(Cruttenden) ······ 71, 78
클락(Clark) ······ 363
클랩(Klapp) ······ 263, 270, 271, 272, 273, 274, 275, 277, 278, 334, 367
클랱(Klatt) ······ 109, 130, 131, 134, 151
클레먼츠(Clements) ······ 31, 35, 47
클립튼(Clifton) ······ 351
키일(Keele) ······ 274
키파스끼(Kiparsky) ······ 23

ㅌ～ㅍ

타이-머뢰이(Tye-Murray) ······ 364
타일러(Tyler) ······ 368, 400
터뷔(Turvey) ······ 308, 309, 311, 322, 323, 324, 328, 332
털러(Tuller) ······ 309, 321, 330, 364, 366, 369
텐트(Tent) ······ 363
트롸이먼(Treiman) ······ 109, 116, 117, 127, 128
파잌(Pike) ······ 232
팔럭(Pollack) ······ 271
퍼어켈(Perkell) ······ 314, 315, 316, 317, 320, 332, 337
폴스(Pols) ······ 299
폴킨스(Folkins) ······ 309, 321
퐈울러(Fowler) ······ 308, 309, 311, 317, 318, 322, 327, 328, 330, 332
풔이(Fay) ······ 159, 160
풀럼(Pullum) ······ 201, 203, 207
프롬킨(Fromkin) ······ 99, 106, 109, 110, 113, 114, 121, 123, 129, 132, 146, 147, 149, 151
프린스(Prince) ······ 49
핀슨(Pinson) ······ 289

ㅎ

하앝('t Hart) ······ 71, 246, 255, 256
하킽(Hockett) ······ 382
할리(Halle) ······ 28, 33, 62, 313
해뤼스(Harris) ······ 316
해머버그(Hammarberg) ······ 317
핼리데이(Halliday) ······ 232, 235
홀트(Holt) ······ 323
후지무라(Fujimura) ······ 113, 225, 227
힐(Hill) ······ 235, 236
힐리(Healy) ······ 109, 130, 151

빌름 르펠트(Willem J. M. Levelt)

지은이 르펠트는 네덜란드 언어심리학자이며, 2000년~2005년 네덜란드 왕립 예술 및 과학 학술원 의장을 지냈다. 1965년 네덜란드 라이든(Liden) 대학교에서 심리학으로 박사학위를 받은 뒤, 미국 하버드 대학과 일리노이 대학에서 연구하였다. 1967년 네덜란드 그로우닝언(Gronigen) 대학교를 거쳐, 1971년 이후 네이메이건(Nijmegen) 대학교에서 가르쳤고, 1980년 막스 플랑크 언어심리학 연구소를 창설하여 2006년 퇴임 때까지 소장으로 재직하였다. 11권의 전문서적과 230편이 넘는 논문이 있다(http://www.mpi.nl/Members/PimLevelt).

김지홍

옮긴이 김지홍은 제주대학교 국어교육과를 졸업한 뒤, 精文研(현재 한국학 중앙연구원) 한국학 대학원(문학석사)과 서강대 대학원(문학박사)에서 공부하였고, 1988년 이래 경상대학교 사범대학 국어교육과 교수로 있다. 한문 번역서로《유희 언문지》,《옛 제주인의 표해록》과《제주 삼읍 교학 사료집》이 있으며, 옥스퍼드 대학 출판부에서 나온 옥스퍼드 언어교육 지침서 12권 중《듣기, 말하기, 읽기, 쓰기, 어휘, 문법, 담화, 평가》8권을 범문사에서 번역 출간하였다(http://nongae.gsnu.ac.kr/~jhongkim).